Christian Wagner
Die Septuaginta-Hapaxlegomena
im Buch Jesus Sirach

Walter de Gruyter
1749 250 1999
Berlin · New York

Beihefte zur Zeitschrift für die alttestamentliche Wissenschaft

Herausgegeben von
Otto Kaiser

Band 282

Walter de Gruyter · Berlin · New York
1999

Christian Wagner

Die Septuaginta-Hapaxlegomena im Buch Jesus Sirach

Untersuchungen zu Wortwahl und Wortbildung
unter besonderer Berücksichtigung
des textkritischen und übersetzungstechnischen Aspekts

Walter de Gruyter · Berlin · New York
1999

♾ Gedruckt auf säurefreiem Papier,
das die US-ANSI-Norm über Haltbarkeit erfüllt.

Die Deutsche Bibliothek – CIP-Einheitsaufnahme

[Zeitschrift für die alttestamentliche Wissenschaft / Beihefte]
Beihefte zur Zeitschrift für die alttestamentliche Wissenschaft. –
Berlin ; New York : de Gruyter
   Früher Schriftenreihe
   Reihe Beihefte zu: Zeitschrift für die alttestamentliche Wissenschaft
   Bd. 282. Wagner, Christian: Die Septuaginta-Hapaxlegomena im
   Buch Jesus Sirach. – 1999
Wagner, Christian:
Die Septuaginta-Hapaxlegomena im Buch Jesus Sirach : Untersu-
chungen zur Wortwahl und Wortbildung unter besonderer Berück-
sichtigung des textkritischen und übersetzungstechnischen Aspekts /
Christian Wagner. – Berlin ; New York : de Gruyter, 1999
   (Beihefte zur Zeitschrift für die alttestamentliche Wissenschaft ; Bd.
   282)
   Zugl. Regensburg, Univ., Diss., 1997
   ISBN 3-11-016506-6

Printed in Germany
Druck: Werner Hildebrand, Berlin
Buchbinderische Verarbeitung: Lüderitz & Bauer-GmbH, Berlin

Zum Geleit

Vorliegende Studie ist die erweiterte Fassung meiner Dissertation, die im SS '97 von der Katholisch-Theologischen Fakultät der Universität Regensburg angenommen wurde. Um den Rahmen dieser Untersuchung nicht vollends zu sprengen, erschien es ratsam, das weithin tabellarisch angelegte Kapitel über den wortstatistischen Befund (bezogen auf die Gesamtgräzität) einer separaten Publikation vorzubehalten.

Nach Abschluß meiner Arbeit ist es mir im Blick auf 1 Thess 5,18 (ἐν παντὶ εὐχαριστεῖτε) ein dringendes Anliegen, in vielfacher Hinsicht für all das Gute, das man mir entgegengebracht hat, zu danken:

Ein besonderer Dank gilt zuallererst meinem Doktorvater, Prof. Dr. A. SCHMITT. Er hat mich bereits während des Studiums als studentische Hilfskraft gefördert und mir dann als wiss. Mitarbeiter zielstrebig und engagiert den Weg in die Textkritik und den Reichtum der polyglotten Bibel gewiesen. Mit geduldigem Interesse und konstruktiver Kritik verfolgte er den Fortgang meiner Dissertation. Ohne den mir von ihm gewährten Freiraum hätte meine Arbeit sicherlich nicht in dieser Form vorgelegt werden können.

Ein herzliches Vergelt's Gott möchte ich auch Herrn Prof. em. Dr. J. SCHREINER, Würzburg, aussprechen, der spontan und bereitwillig die Mühe des Korreferats übernommen hat. Die im Gutachten geäußerten Anregungen und Hinweise waren für mich sehr hilfreich.

Zu danken habe ich ferner Dr. A. ANGERSTORFER; er stand mir insbesondere in der Anfangsphase für Fragen und Diskussionen zur Verfügung und hat v.a. auch verschiedene Abschnitte meiner Arbeit mit mir kritisch besprochen. Für seine zahlreichen Erklärungen und Ratschläge bin ich ihm sehr verbunden. Durch ihre freundliche und hilfsbereite Art hat die Sekretärin des Lehrstuhls, Frau A. DENGG, den Fortschritt meiner Arbeit mit Rat und Tat begleitet: Danke!

Ferner gebürt ein Dankeswort auch meinen Freunden und Kollegen, die mich ein Stück weit begleitet und über fachliche Angelegenheiten hinaus unterstützt haben. Meinen Dank möchte ich auch der Hanns-Seidel-Stiftung, München, aussprechen, die mich während meines Studiums finanziell gefördert hat. Nicht vergessen seien die Lehrer des Human. Gymnasiums in Straubing, die mir ein humanistisches "κτῆμα εἰς ἀεί" angedeihen ließen.

Herrn Prof. Dr. Dres. O. KAISER sowie dem Verlag W. de GRUYTER danke ich herzlich für die Aufnahme meiner Arbeit in die Reihe BZAW.

Für die Beschaffung und Bereitstellung von Faksimileabzügen bin ich dem Leiter der Taylor-Schechter-Collection, Prof. Dr. S.C. REIF, sowie den Syndics der Cambridge University Library sehr verbunden.

Dankbar bin ich meiner Familie. Sie war und ist für mich allzeit עזר ומבצר ועמוד משען (Sir H^B 36,24) - still, bescheiden und im Verborgenen. Ohne den Rückhalt durch meine Familie hätte ich wohl diese Arbeit nicht zu Wege bringen können. Gewidmet sei dieses Buch deshalb meiner Frau Dagmar, meinen Kindern Johannes, Samuel, Jakob und Sarah, sowie meinen Eltern, die mir viel Gutes getan haben: ܐܠܗܐ ܝܬܝܪ ܐܝܟ ܗܢ ܠܐ ܬܕܚܠ ܡܢ ܗܠܝܢ ܘܐܝܟ ܢܦܫܟ (Sir 7,28).

Aholfing/Niederbayern
am Fest *Mariae Verkündigung* 1999   Christian J. Wagner

Inhaltsverzeichnis

Einleitung

1. KAPITEL
Problematik der Definition des Begriffs »Septuaginta-Hapaxlegomenon«

2. KAPITEL
Der Bestand der »Septuaginta-Hapaxlegomena« im Buch Jesus Sirach

3. KAPITEL
Septuagintaspezifische Untersuchungen zu Wortwahl und Wortbildung

4. KAPITEL
Aspekte und Tendenzen zur Wortwahl

5. KAPITEL
Aspekte und Tendenzen zur Wortbildung

Vorwort

In der modernen exegetisch-theologischen Diskussion ist den antiken Übersetzungen des Alten Testaments von Anfang an wohl unter dem Einfluß der seit dem Humanismus vorherrschenden Maxime *(semper) ad fontes* untergeordneter Stellenwert zuerkannt worden; schließlich handelt es sich bei ihnen nicht um das *originale* Wort Gottes - so fragwürdig und problematisch der Begriff 'original' in theologischer Hinsicht auch ist -, sondern lediglich um eine *sekundäre* Übertragung in eine andere Sprache.[1] Von dieser Vernachlässigung betroffen sind in besonderer Weise die griechischen[2] und aramäischen Bibelübersetzungen, obwohl die Botschaft des AT gerade durch die LXX und ihren Tochterübersetzungen (lat., kopt., syr., arab., armen., georg., äthiop.) in die Welt hinaus getragen wurde. Nichtsdestoweniger nimmt die Septuagintaforschung nach wie vor lediglich den Rang einer Hilfsdisziplin ein - als Instrument zur textkritischen Beurteilung von 𝔐, zum Nachweis von LXX-Zitaten und -Anspielungen im NT, zur Lexikographie des neutestamentlichen Wortschatzes. Ebenso fristet auch die Auseinandersetzung mit den Targumim bei vielen christlichen Exegeten ein Schattendasein, obgleich gerade die Einbeziehung der aramäischen (u. syrischen) Bibelübersetzungen zur Beurteilung und Ein-

---

[1]   Zu dieser Problematik äußerte sich kürzlich A. van der KOOIJ in dem noch nicht publizierten Vortrag (gehalten anläßlich des Göttinger Symposiums zum LXX-Psalter im Juli 1997): "Zur Frage der Exegese im LXX-Psalter. Ein Beitrag zur Verhältnisbestimmung zwischen Original und Übersetzung."

[2]   Vgl. hierzu das Vorwort von M. HENGEL, in: *Ders.* - A.M. SCHWEMER (*Hg.*), Die Septuaginta zwischen Judentum und Christentum (WUNT 72), Tübingen 1994, V-VII, hier VI: "Schließlich und endlich sieht man in ihr [Septuaginta] eine „bloße", und d.h. zweitrangige, „Übersetzung" und rechnet sie dem nur für einige Spezialisten interessanten Bereich der „zwischentestamentlichen Literatur" zu, obwohl gerade sie mit ihren spätesten Schriften zeigt, daß das „Alte Testament" bis ins 1. Jh. n. Chr., d.h. bis zur Zeit Jesu und des Urchristentums reicht."
S. ferner auch G. REVENTLOW (*Hg.*), Theologische Probleme der Septuaginta und der hellenistischen Hermeneutik (Veröffentlichungen der wissenschaftlichen Gesellschaft für Theologie 11), Gütersloh 1997, 7: "Die Theologie der Septuaginta ist trotz weniger schon weiter zurückliegender Versuche, die theologische Eigenart der Septuagintafassung einzelner alttestamentlicher Schriften näher zu charakterisieren, noch immer ein weithin unerforschtes Gebiet. Dies ist eine bedauerliche Lücke, die um so schmerzlicher ist, als die Septuaginta die Sprachform darstellt, in der die heilige Schrift den ersten Christen weithin begegnet ist."

ordnung übersetzungstechnischer, insbesondere aber exegetisch-theologischer Charakteristika in LXX aufschlußreich sein kann.

Erst in jüngerer Zeit ist in der alttestamentlichen Bibelwissenschaft ansatzweise ein Wandel zu beobachten, der über den übersetzungstechnischen Aspekt hinaus den textgeschichtlichen Eigenwert und die hermeneutisch-theologische Dimension von Septuaginta (einschließlich der jüngeren Übersetzer) und Targum für die Erforschung von Frühjudentum und Urchristentum betont und darüber hinaus den rezeptionsgeschichtlichen[3] Gesichtspunkt für die biblische Theologie stärker in den Blick rückt.[4]

---

[3] Auch wenn der Bibelübersetzer sich noch so bemüht, in einer möglichst 'adäquaten' Wiedergabe hinter das Original zurückzutreten, ist jede Übersetzung - ob antik oder modern - zugleich Interpretation, ein individuelles "sich zu eigen Machen" des *lebendigen* Wort Gottes und insofern theologiegeschichtlich bedeutsam. Von daher ist das pessimistische und einseitig am Original orientierte Übersetzungsverständnis K. REINHARDTS (Sophokles. Antigone - übersetzt und eingeleitet, Göttingen ⁶1982, 3) für *'profane'* Texte möglicherweise akzeptabel, im Hinblick allerdings auf die theologischen Implikationen der biblischen Botschaft und ihrer inneren Dynamik problematisch: "Jede Übersetzung ist, verglichen mit dem Original, **Verlust im ganzen** [sekundäre Hervorhebung], und die Frage ist nur, was man opfert, um was zu behalten." Hinsichtlich der Bedeutung moderner Bibelübersetzungen vgl. auch den von J. GNILKA und H.-P. RÜGER herausgegebenen Sammelband: "Die Übersetzung der Bibel - Aufgabe der Theologie", Bielefeld 1985.

[4] S. hierzu z.B: M. RÖSEL, Theo-logie der griechischen Bibel. Zur Wiedergabe der Gottesaussagen im LXX-Pentateuch, in: VT 48 (1998), 49-62; *ders.*, Übersetzung als Vollendung der Auslegung. Studien zur Genesis-Septuaginta (BZAW 223), Berlin 1994; *ders.*, Die Übersetzung der Gottesnamen in der Genesis-Septuaginta, in: *Ders.* u.a. (*Hg.*), Ernten, was man sät (FS K. KOCH), Neukirchen-Vluyn 1991, 357-377. S. ferner auch die hermeneutisch-theologischen Beiträge von A.v. KOOIJ, J. LUST, R. ALBERTZ, A. SCHENKER, O. HOFIUS und G. SELLIN im jüngst erschienenen Sammelband von G. REVENTLOW (*Hg.*), Theologische Probleme der Septuaginta. J. COOK, The Septuagint of Proverbs: Jewish and/or Hellenistic Proverbs? Concerning the Hellenistic Colouring of LXX Proverbs (VT.S LXIX), Leiden 1997. A. MINISSALE, La Versione greca del Siracide. Confronto con il testo ebraico alla luce dell'attività midrascica e del metodo targumico (AnBib 133), Rom 1995. Y. MAORI, The Peshitta Version of the Pentateuch and Early Jewish Exegesis (hebräisch mit englischer Zusammenfassung), Jerusalem 1995. J. SCHAPER, Eschatology in the Greek Psalter, Tübingen 1995. HENGEL - SCHWEMER (*Hg.*), Die Septuaginta zwischen Judentum und Christentum. G. VELTRI, Eine Tora für den König Talmai. Untersuchungen zum Übersetzungsverständnis in der jüdisch-hellenistischen und rabbinischen Literatur (TSAJ 41), Tübingen 1994. A. SCHMITT, Der Gegenwart verpflichtet. Literarische Formen des Frühjudentums im Kontext griechisch-hellenistischer Schriften, in: G. SCHMUTTERMAYR u.a. (*Hg.*), Im Spannungsfeld von Tradition und Innovation (FS J. RATZINGER), Regensburg 1997, 63-88; *ders.*, Die Henochnotiz (Gen 5,21-24) in der Septuaginta (LXX) und die hellenistische Zeit, in: G. SCHMUTTERMAYR u.a. (*Hg.*), Glaubensvermittlung im Umbruch (FS M. MÜLLER), Regensburg 1996, 47-62. M. MÜLLER, The First Bible of the Church. A Plea for the Sep-

Gerade die textgeschichtlichen Probleme, die die Weisheit des Jesus Sirach aufgrund ihres Überlieferungsbefunds aufwirft, zeigen auf eindringliche Weise, daß trotz der nach wie vor unabdingbaren Rekonstruktion des »Ur-Sirach« die offenbar bewußt vorgenommenen Textabweichungen in den vier Sirachtraditionen (hebr., griech., syr., lat.) in ihrem Eigenwert erkannt und exegetisch aufgearbeitet werden müssen.[5] Im Gefolge eines *polyglotten Kanonverständnisses* verdienen die griechische, lateinische und syrische Übersetzung eine **theologische** Aufwertung, die ihnen bislang weitgehend versagt geblieben war.[6]

---

tuagint, Sheffield 1996 [s. auch K. JEPPSEN, Biblia Hebraica - et Septuaginta. A Response to Morgens Müller, in: SJOT 10 1996, 271-281]. K. KOCH, Rezeptionsgeschichte als notwendige Voraussetzung einer biblischen Theologie - oder: Protestantische Verlegenheit angesichts der Geschichtlichkeit des Kanons, in: H.H. SCHMID - J. MEHLHAUSEN (*Hg.*), Sola Scriptura. Das reformatorische Schriftprinzip in der säkularen Welt (*Veröffentlichungen der wissenschaftlichen Gesellschaft für Theologie*), Gütersloh 1991, 143-160. S. OLOFSSON, God is my Rock. A Study of Translation Technique and Theological Exegesis in the Septuagint (CB.OT 31), Lund 1990. A. SALVESEN, Symmachus in the Pentateuch (JSS 15), Manchester 1991. A. ANGERSTORFER, Überlegungen zu Sprache und Sitz im Leben des Toratargums 4QTgLev (1Q156), sein Verhältnis zu Targum Onkelos, in: BN 55 (1990) 18-35. A. v. KOOIJ, Symmachus, de vertaler der Joden, in: NTT 42 (1988) 1-20; *ders.*, Die alten Textzeugen des Jesajabuches. Ein Beitrag zur Textgeschichte des Alten Testaments (OBO 35), Freiburg - Göttingen 1981; *ders.*, The Oracle of Tyre. The Septuagint of Isaiah XXIII as Version and Vision (VT.S LXXI), Leiden 1998. R. HANHART, Die Bedeutung der Septuaginta für die Definition des »Hellenistischen Judentums«, in: J.A. EMERTON (*ed.*), Congress Volume Jerusalem 1986 (VT.S XL), Leiden 1988, 67-80; *ders.*, Die Bedeutung der Septuaginta in neutestamentlicher Zeit, in: ZThK 81 (1984) 395-416; *ders.*, Die Septuaginta als Interpretation und Aktualisierung. Jesaja 9:1(8:23)-7(6), in: A. ROFÉ - Y. ZAKOVITCH (*ed.*), Isaac Leo Seligmann Volume III, Jerusalem 1983, 331-346. J. GONZÁLES LUIS, Los targumim y la versión de Símaco, in: N. FERNÁNDEZ MARCOS (ed.), Simposio bíblico español, Madrid 1984, 255-268.

[5] Seit hebräische Textzeugen zur Verfügung stehen, läuft die Exegese des Siraziden meist über einen aus H, Gr und Syr reproduzierten, individuell gestalteten Mischtext ("Ur-Sirach"), wobei die als sekundär ausgewiesenen 'Varianten' überwiegend an den Rand des Interesses treten.

[6] Vgl. hierzu v.a. F. BÖHMISCH, Die Textformen des Sirachbuches und ihre Zielgruppen, in: Protokolle zur Bibel 6 (1997) 87-122, bes. 89-92; *ders.*, »Haec omnia liber vitae«: Zur Theologie der erweiterten Textformen des Sirachbuches, in: SNTU 22 (1997) 160-180. Ferner M. GILBERT, l'Ecclésiastique. Quel texte? Quelle autorité?, in: RB 94 (1987) 233-250. Dagegen zieht EÜ als textliche Basis und "Norm" für Verkündigung und Liturgie scheinbar grundsätzlich hebräische Lesarten und Textpartien Gr vor, entsprechend der Anweisung des II. Vat. (Dei Verbum 22) "mit Vorrang aus dem Urtext der heiligen Bücher" (*praesertim ex primigeniis Sacrorum Librorum textibus*) zu übersetzen. Man kann sich allerdings nicht des Eindrucks erwehren, als hätte damit im Zuge der Maxime (*semper*) *ad fontes* der griechische

Auch die vorliegende Studie, die sich der Problematik der Septuaginta-
Hapaxlegomena im Buch Jesus Sirach gestellt hat, versucht durch Eruierung von Kriterien sirazidischer Wortwahl und Wortbildung Aspekte be-
reitzustellen, auf deren Grundlage eine sprachlich-literarische als auch
übersetzungstechnisch-hermeneutische Skizzierung des Übersetzers möglich wird. Daß hierbei zum Großteil analytisch und nur eingeschränkt
synthetisch verfahren wurde, liegt in Wesen, Umfang und Komplexität
des Untersuchungsgegenstandes begründet. Vielfach konnte nicht auf einschlägige NT-Lexika und -Wörterbücher zurückgegriffen werden, da die
Hauptmasse der sirazidischen Septuaginta-Hapaxlegomena im NT nicht
begegnen und daher scheinbar auch lexikographisch vernachlässigt werden
konnten.[7] Zur Frage jedoch, ob und inwiefern gerade dieses *lexikalische*
Brachland für ein erweitertes literarisches und exegetisch-theologisches
Verständnis des Frühjudentums fruchtbar gemacht werden kann, versucht
diese Abhandlung mit dem von ihr anvisierten Gegenstand positiv Stellung zu beziehen.

Die in dieser Arbeit fokussierte Thematik bewegt sich insbesondere
unter dem Blickwinkel der Definition und des methodologischen Zugriffs
hinsichtlich der Kategorie »Septuaginta-Hapaxlegomenon« auf einem in
der Forschung bisher kaum beackerten Feld; demzufolge dienen die hier
vorgelegten Analysen und Ergebnisse als Ausgangsbasis und Diskusssi-
onsgrundlage für weiterführende Detailuntersuchungen.

Text hinsichtlich theologischer Bedeutsamkeit "ausgedient". Eine neue Situation hinsichtlich des Textzugriffs ergibt sich auch für das deuterokanonische Buch Tobit, zu
dessen Auslegung nun auch hebräische und aramäische Textstücke aus 4Q zur Verfügung stehen; s. hierzu K. BEYER, Die aramäischen Texte vom Toten Meer (Ergänzungsband), Göttingen 1994, 134-147.

[7]   Zur Methodologie der semantischen Erschließung des NT-Wortschatzes im ThWNT
vgl. besonders die kritischen Ausführungen von J. BARR, Bibelexegese und moderne
Semantik. Theologische und linguistische Methode in der Bibelwissenschaft, München 1965, 207-283.

Einleitung

1. Gegenstand und Fragestellung der Untersuchung

1.1 Der Gegenstand der Untersuchung

Im Falle des griechischen Sirachbuches, das zweifelsohne in vielerlei Hinsicht eine Sonderstellung[1] innerhalb des alttestamentlichen Kanons einnimmt, erweist sich gerade der singuläre Wortschatz als höchst aufschlußreich hinsichtlich der Eruierung des sprachlich-literarischen als auch des exegetisch-theologischen Charakters. Bereits R. SMEND wies im Vorwort seines Sirach-Kommentars auf die sprachliche »Sonderbarkeit« der griechischen Übersetzung hin:

"Was ich über die Übersetzungen als solche zu sagen wusste, habe ich in den Prolegomena ausgeführt. Im übrigen interessierten sie nur als Zeugen für den Urtext, so namentlich der sprachliche Ausdruck des Griechen, über den ich hiervon abgesehen kein Urteil habe.[..] Nach Kräften hat er [der Enkel] sich um die Kenntnis der griechischen Sprache bemüht und vermutlich auch mancherlei profangriechische Literatur gelesen, um seinem jüdischen Weisheitsvortrag den nötigen weltförmigen Putz zu geben. Denn die jüdische Weisheit als der griechischen ebenbürtig zu vertreten, war in Aegypten der Hauptzweck seines Unterrichts. Er gebraucht mehr als 200 griechische Wörter, die in der LXX und den Apokryphen des A.T. nicht vorkommen."[2]

---

[1] Einerseits gehört der griechische Sirach qua *Übersetzung* einer hebräischen Grundschrift zur übrigen alexandrinischen Übersetzungsliteratur (LXX im engeren Sinne), andererseits jedoch liegt bei der hebräischen Fassung kein masoretisch überlieferter Text vor, wie es mit Ausnahme von Tob bei den anderen hebräisch/aramäischen AT-Büchern der Fall ist. Kanongeschichtlich wird die Sirachübersetzung mit Tob, Jdt, 1-2 (3-4) Makk, Weish, Bar, Sus und Bel et Draco zu den deuterokanonischen (= griechischen) Büchern gerechnet (LXX im weiteren Sinne), obgleich - von den hebräisch/aramäischen Tobitfragmenten (vgl. BEYER, ATTM 1994, 134-147) abgesehen - nur zu Sir hebräische Texte (ca. 3/5 des Gesamtumfangs) zur Verfügung stehen. Bzgl. der definitorischen Vielschichtigkeit des Begriffs »Septuaginta« s. Kap. I.

[2] R. SMEND, Die Weisheit des Jesus Sirach, Berlin 1906, VII-VIII sowie LXIV.

In der LXX nicht mehr belegte Vokabeln ([LXX]Hplg) notierte R. SMEND in seinem Index, den er zur Beurteilung des Sprachgebrauchs und der Übersetzungsweise[3] erstellte, zusätzlich mit der Sigel §. Den Wert dieses griechisch-syrisch-hebräischen Index für die sprachliche und übersetzungstechnische Charakterisierung des griechischen Sirach hat J. ZIEGLER[4] ausdrücklich gewürdigt.[5] In Rahmen einer Wortschatzuntersuchung widmete sich J. ZIEGLER[6] der Frage nach dem lexikalischen Verhältnis Sirachs zur übrigen LXX sowie zu den jüngeren Übersetzern, namentlich zu Symmachus. Die von J. ZIEGLER aufgezeigte terminologische Abhängigkeit **und** lexikalische Eigenständigkeit (insbesondere aufgrund der vielen [LXX]Hplg) gegenüber LXX bedürfen insofern einer Erklärung, wie diese in Vokabular und Übersetzungsmethode erkennbare Ambivalenz zwischen *Abhängigkeit* und *Eigenständigkeit* grundsätzlich mit der Intention des Übersetzers vereinbar, und andererseits wie dieses sprachliche Spezifikum vor dem Hintergrund der übersetzungstechnischen Einordnung sirazidischer Wortwahl zu bewerten ist.

In letzter Zeit hat auch F.V. REITERER auf die lexikalische Eigenart Sirachs hingewiesen, die sich gegenüber dem Sprachgebrauch der übrigen LXX in der Gestalt von lediglich selten in LXX belegten Begriffen aus-

---

[3] R. SMEND, Griechisch-Syrisch-Hebräischer Index zur Weisheit des Jesus Sirach, Berlin 1907, III:
   "... die Bedeutung der hebräischen Wörter und Wortverbindungen muss ebenso sehr aus den Übersetzungen wie aus den Parallelstellen des Urtextes bestimmt werden, und umgekehrt will der Sprachgebrauch der Übersetzungen aus dem Urtext erklärt sein."

[4] Zum Wortschatz des griechischen Sirach, in: J. HEMPEL - L. ROST (*Hg.*), Von Ugarit nach Qumran. Beiträge zur alttestamentlichen und altorientalischen Forschung (FS O. EISSFELDT - BZAW 77), Berlin 1958, 274-287, hier 274.

[5] Leider stehen nur zu den wenigsten Büchern aus der "Übersetzungsseptuaginta" buchspezifische Wortindices zur Verfügung; so z.B. T. MURAOKA, A Greek - Hebrew/Aramaic Index to I Esdras (SCS 16), Chico (California) 1984. Mit Recht wurden immer wieder Mängel und Verbesserungsmöglichkeiten zur Standard-Konkordanz von HATCH-REDPATH artikuliert: M.L. MARGOLIS, Entwurf zu einer revidierten Ausgabe der hebräisch-aramäischen Aequivalente in der *Oxford Concordance to the Septuagint*, in: ZAW 25 (1905) 311-319 sowie SMEND, Index X-XII. Ferner äußerten sich T. MURAOKA, Literary Device in the Septuagint, in: Textus 8 (1973) 20-30, hier 20f. sowie E. TOV, The Text-Critical Use of the Septuagint in Biblical Research (JBS 3), Jerusalem 1981, 143-152, zur Notwendigkeit verbesserter Konkordanzen und Indizes. Zumindest Wortregister in den großen textkritischen Editionen (GSU) könnten dieses Manko reduzieren helfen. Bei Textausgaben klassischer Autoren (z.B. bei Pl., Arist.) ist dies zum Teil verwirklicht worden.

[6] ZIEGLER, Wortschatz 274-287.

weist. Nach Maßgabe seiner Wortstatistik kommt F.V. REITERER zu folgendem Resümee:

"Danach ergibt sich, daß insgesamt 527 z.T. nicht, z.T. in der LXX selten bezeugte Worte bei Γ [= Sigel für Gr] anzutreffen sind. Bei einem Gesamtwortschatz von etwas mehr als 2300 Worten macht dies ca. 23% (davon 10% Hapaxlegomena), also fast ein Viertel (!), aus. Man sieht daraus, daß Γ - zumindest in Relation zur LXX des protokanonischen Alten Testamentes - einen gewählten, um nicht zu sagen ausgefallenen Wortschatz aufweist."[7]

Ursprünglich lag das Interesse vorliegender Studie in der *isolierten* Betrachtung und Enträtselung des Wortmaterials, das innerhalb der LXX nur im griechischen Sirach begegnet (^{LXX}Hplg^{Sir}). Die Bedeutsamkeit dieses Gegenstands liegt darin begründet, daß es sich bei einem »Septuaginta-Hapaxlegomenon« *per definitionem* um lexikalisches Sondergut innerhalb der Septuaginta und damit um ein Wort (möglicherweise Begriff) handelt, das nur einem Übersetzer bzw. einem Übersetzungswerk »*eigen*« ist.[8] Vom sprachlichen Standpunkt her beansprucht dieses Faktum schon im Einzelfall Aufmerksamkeit und ist sicherlich einer weiteren lexikalischen Klärung für wert zu erachten.[9] Treten solche Begriffe jedoch innerhalb eines LXX-Buches in erhöhter Zahl auf, wie dies bei Gr festzustellen ist, so verstärkt dies die Frage nach der Genese dieser statistischen Erscheinung. Plakativ und vereinfachend ausgedrückt: Gezielte Wortwahl oder statistischer Zufall ?

---

[7]   F.V. REITERER, »Urtext« und Übersetzungen. Sprachstudie über Sir 44,16-45,26 als Beitrag zur Siraforschung (ATSAT - MUS 12), St. Ottilien 1980, 247. Direkt vom wortstatistischen LXX-Befund her *singulär* durch die stilistische Wertung *gewählt/ausgefallen* zu ersetzen, ist allerdings nicht unproblematisch. Zur Kritik quantitativer Lexemstatistik hinsichtlich der Erhebung von Stilkriterien vgl. z.B. T. KAUT, Befreier und befreites Volk. Traditions- und redaktionskritische Untersuchung zu Magnifikat und Benediktus im Kontext der vorlukanischen Kindheitsgeschichte (BBB 77), Frankfurt a.M. 1990, 15.

[8]   Da der Terminus "Hapaxlegomenon" bisher in der Exegese meist nur pragmatisch (ohne methodische Reflexion) definiert wurde, soll in einem separaten Abschnitt (Kap. I) detailliert zur Problematik der Definition und des methodischen Zugriffs bezüglich "Septuaginta-Hapaxlegomenon" Stellung bezogen werden.

[9]   Wie ertragreich solche Einzeluntersuchungen hinsichtlich Wortwahl sind, hat in jüngster Zeit A. SCHMITT, Henochnotiz 59-62, bezüglich der Entrückungsterminologien in der Septuaginta am Beispiel von μετατιθέναι gezeigt.

In diesem Zusammenhang ist ferner aufschlußreich, daß gerade in
'originalgriechisch' abgefaßten Büchern wie Weish[10] und 2-4 Makk[11]
ebenfalls ein derartiger Trend zu in der LXX singulären Ausdrücken und
Formulierungen beobachtet werden kann, während in der Übersetzungs-
septuaginta lediglich bei Spr und Ijob in ähnlicher Weise, allerdings nicht
in dem Ausmaß wie in Gr, solche Tendenzen singulärer Wortwahl zu re-
gistrieren sind.

In der Worthäufigkeitsforschung der modernen Sprachen, einem Teil-
gebiet der statistischen Linguistik, hat man das wortstatistische Phänomen
des Verhältnisses von häufig und selten verwendetem Vokabular innerhalb
eines Textes bzw. Textkorpus' insofern zu lösen versucht, als man eine
mathematische Formel postulierte, wonach das Produkt aus der Frequenz
(Zahl der Belege) eines Lexems mit dessen Rang auf der Häufigkeitsliste
konstant ist. Dieses sog. *Zipfsche Gesetz* hat zwar Widerspruch und Mo-
difizierungen erfahren, behielt aber als *Faustregel* Gültigkeit.[12] Daraus
ergibt sich, daß in einem beliebigen Text wenige Wörter häufig, der überwiegende Teil des Vokabulars aber selten vorkommt. Diese Verteilungs-
regel könnte - allerdings ausschließlich in **wortstatistischer** Hinsicht - das
breite Sondervokabular in Gr ([LXX]Hplg, [LXX]Dislg, [LXX]Trislg) innersirazidisch erklären helfen; septuagintaspezifisch bleibt es dennoch unklar, ganz
abgesehen von der in dieser Studie zentralen Fragestellung der Übersetzungstechnik, die eng mit dem Aspekt der Wortwahl gekoppelt ist. Das
vorliegende Diagramm[13] zeigt nämlich innerhalb des Textkorpus 'Septua-

---

[10] Vgl. E. GÄRTNER, Komposition und Wortwahl des Buches der Weisheit (Schriften
      der Lehranstalt für die Wissenschaft des Judentums II/2-4), Berlin 1912. H. HÜB-
      NER, Wörterbuch zur Sapientia Salomons. Mit dem Text der Göttinger Septuaginta
      (Joseph Ziegler), Göttingen 1985.

[11] Zu 4 Makk vgl. z.B. U. BREITENSTEIN, Beobachtungen zu Sprache, Stil und Gedan-
      kengut des Vierten Makkabäerbuchs, Basel-Stuttgart ²1978, 13-29.

[12] Am Beispiel von Klgl (𝔐) wurde diese mathematische Formel von B. KEDAR, Bibli-
      sche Semantik. Eine Einführung, Stuttgart 1981, 98f. verifiziert. Zu den hier behan-
      delten statistischen Gesetzmäßigkeiten (v.a. von Korpus-Hapaxlegomena) s. auch R.
      MORGENTHALER, Statistik des neutestamentlichen Wortschatzes, Zürich-Frankfurt
      1958, 25f.

[13] Die Daten zu dieser wortstatistischen Untersuchung sind auf der Grundlage des
      Septuaginta-Vokabulars von F. REHKOPF, das auf dem Textbestand der Rahlfs'schen
      Septuaginta basiert, erarbeitet worden. Aufgrund der Ausklammerung textkritischer
      Fragen haben die Zahlenwerte nur approximativen Wert (zur Definition von Sep-
      tuaginta-Hapaxlegomenon vgl. Kap. I). Um allerdings zu wenigstens vorläufigen
      Schlußfolgerungen hinsichtlich dieser Wortstatistik zu kommen, ist innerhalb der
      Übersetzungs-Septuaginta der Rekurs auf die »Vorlage« unabdingbar; insofern spie-
      gelt das Diagramm nicht mehr und nicht weniger als Zahlenverhältnisse wider.

ginta' eine bisweilen auffällige buch- und buchgruppenspezifische Verteilung von LXX-Hapaxlegomena.

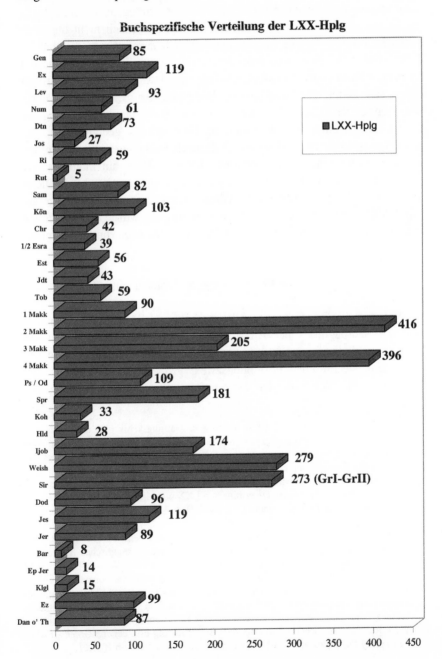

Buchspezifische Verteilung der LXX-Hplg

Da der Gegenstand der Untersuchung (^{LXX}Hplg^{Sir}) ein auf wortstatistischem Wege (also künstlich) gewonnener ist, erscheint diese sekundäre
Eingrenzung des Untersuchungsobjekts zwar vom arbeitstechnischen Standpunkt aus legitim, aus methodischer Sicht ist sie jedoch nicht unproblematisch. Denn einerseits muß grundsätzlich bezweifelt werden, daß der
Übersetzer sich primär von einer solchen modernen Kategorie[14], die ihm
in dieser Form unter Umständen völlig fremd war, in seiner Wortwahl
leiten ließ, andererseits sind insofern Bedenken anzumelden, ob ein derart
eingeschränktes Untersuchungsfeld für eine repräsentative Erhebung von
Übersetzungstechnik und Wortwahl bei Gr überhaupt geeignet ist.[15] Beiden Einwänden kann annähernd nur dadurch Rechnung getragen werden,
daß der lexikalische und übersetzungstechnische Blick auf möglichst ver-
schiedenartige Aspekte innerhalb LXX **und** Gr ausgeweitet wird. Die sirazidischen ^{LXX}Hplg sind eben nur (künstlich erschlossener) Teil des gesamten LXX-Wortmaterials; jedwede Vereinseitigung würde den sprachlich-
literarischen und exegetisch-hermeneutischen Charakter von Gr verzerren.

1.2 Die Fragestellung der Untersuchung

Während die Erforschung von Wortschatz und Wortwahl auf dem Gebiet der Septuaginta - der Anzahl und dem Umfang der Publikationen
nach zu schließen[16] - eher untergeordnetes Interesse findet[17], wird dem
übersetzungstechnischen Forschungszweig größere Aufmerksamkeit entgegengebracht. Von daher hat der *terminus technicus* »Übersetzungstech-

---

[14] Auch die bisweilen in der Exegese überzogene Gattungskritik geht den methodisch
nicht ungefährlichen Weg, den ins Auge gefaßten Text in anachronistischer Weise
mit modernen bzw. sekundär gewonnenen Kategorien einer mitunter sehr enggefaß-
ten Gattung/Kleingattung zuordnen zu wollen.

[15] Ganz abgesehen davon, daß der buchspezifische Bestand der ^{LXX}Hplg zwangsläufig
je nach Definition der beiden Determinanten LXX und Hplg fluktuiert.

[16] Das lexikographische Engagement E. Tovs (s. Lit.-Verz.) verdient freilich besondere Erwähnung.

[17] Von daher ist wohl auch erklärbar, daß ein z.B. nach dem Vorbild von BAUER -
ALAND (*Wörterbuch zum Neuen Testament*) erarbeitetes exegetisches Septuaginta-
Wörterbuch bisher noch nicht in Angriff genommen wurde. WAHLS *Clavis* (1853)
und SCHLEUSNERS *Thesaurus* (1822) sind zweifelsohne nach wie vor wertvolle Hilfsmittel, bedürfen jedoch aufgrund weiterer Textfunde (z.B. Sir; Tob; ägyptische
Papyri) und detaillierterer Forschungsergebnisse aus dem Bereich der Übersetzungstechnik einer eingehenden Überarbeitung und Erweiterung. Ein positiver Schritt in
diese Richtung ist sicherlich das inzwischen vollständig erschienene *Greek - English
Lexicon of the Septuagint* (I-II) unter der Herausgeberschaft von J. LUST.

nik« in den letzten zwei Dezennien in der atl. Exegese eine breite Ausfä-
cherung und Spezifizierung von Einzelaspekten erfahren, die im Gegensatz zu früheren, der methodologischen Defizite wegen über weite Strek-
ken noch pauschal gehaltenen Schlußfolgerungen eine differenziertere
Bewertung der »Übersetzungsweise« erlauben. Insbesondere I. SOISALON-
SOININEN und E. TOV (s. Lit.-Verz.) haben hierzu wichtige methodologische und analytische Beiträge geliefert.

Nach den einschlägigen Bibliographien[18] liegt allerdings bei Untersuchungen der Übersetzungstechnik verschiedener LXX-Bücher ein weit
größerer Schwerpunkt bezüglich grammatikalischer sowie syntaktischer
Fragestellungen[19] als hinsichtlich des Aspekts der Wortwahl (d.h. einer
aus einer Reihe von möglichen Begriffen vom Übersetzer mehr oder minder *bewußt* erfolgten Favorisierung eines *bestimmten* Wortes)[20] vor. Dies

---

[18] S. BROCK - C. FRISCH - S. JELLICOE, A Classified Bibliography to the Septuagint,
Leiden 1973; E. TOV, A Classified Bibliography of Lexical and Grammatical Studies on the Language of the Septuagint, Jerusalem 1982; C. DOGNIEZ, Bibliography
of the Septuagint. Bibliographie de la Septante (1970-1993) (VT.S 60), Leiden u.a.
1995.

[19] Vornehmlich I. SOISALON-SOININEN und sein Schülerkreis haben auf diesem Gebiet
wertvolle Beiträge geliefert: z.B. I. SOISALON-SOININEN, Die Infinitive in der Septuaginta (AASF B 132), Helsinki 1965; *ders.*, Methodologische Fragen der Erforschung der Septuaginta-Syntax, in: C. COX (*ed.*), VI. Congress of the International
Organization for Septuagint and Cognate Studies (SCS 23), Jerusalem 1986, 425-
443; *ders.*, The Rendering of the Hebrew Relative Clause in the Greek Pentateuch,
in: A. SHINAN (*ed.*), Proceedings of the Sixth World Congress of Jewish Studies, Jerusalem 1977, 401-406; *ders.*, Die Wiedergabe des hebräischen, als Subjekt stehenden Personalpronomens im griechischen Pentateuch, in: A. PIETERSMA - C. COX
(*ed.*), De Septuaginta (FS J.W. WEVERS), Toronto-Brandon 1984, 115-128. K.
HYVÄRINEN, Die Übersetzung von Aquila (CB.OT 10), Lund 1977. A. AEJME-
LAEUS, Parataxis in the Septuagint. A Study in the Renderings of the Hebrew Coordinate Clauses in the Greek Pentateuch (AASF 31), Helsinki 1982; *dies.*, On the
Trail of the Septuagint Translators. Collected Essays, Kampen 1993; *dies.*- R.
SOLLAMO (*Hg.*), Studien zur Septuaginta-Syntax (FS I. SOISALON-SOININEN - AASF
B 237), Helsinki 1987. R. SOLLAMO, Renderings of Hebrew Semiprepositions in the
Septuagint (AASF 19), Helsinki 1979. Ferner J. HELLER, Grenzen sprachlicher Ent-
sprechung der LXX. Ein Beitrag zur Übersetzungstechnik der LXX auf dem Gebiet
der Flexionskategorien, in: MIOF 15 (1969) 234-248. J. SAILHAMER, The Transla-
tional Technique of the Greek Septuagint for the Hebrew Verbs and Participles in
Psalms 3-41 (SBG 2), New York 1991. J. JOOSTEN, Elaborate Similes - Hebrew and
Greek. A Study in Septuagint Translation Technique, in: Bib. 77 (1996) 227-236.
Bereits davor schon P. KATZ, Zur Übersetzungstechnik der Septuaginta, in: WO 2
(1952) 267-273.

[20] Hinsichtlich der Bedeutung der Wortwahl für die Exegese vgl. z.B. W. EGGER,
Methodenlehre zum Neuen Testament. Einführung in die linguistische und historisch-kritische Methoden, Freiburg i.Br. ³1993, vor allem 74-91, hier 78: "Die Ei-

hat sicherlich damit zu tun, daß nach wie vor Übersetzungstechnik überwiegend zur Textbewertung bzw. -verbesserung der masoretischen Lesart[21] herangezogen wird.

Zur Erhebung der Übersetzungstechnik, die vornehmlich unter dem
Aspekt der Wörtlichkeit (*literalness of translation units*) als Gradmesser
der textkritischen Verwertbarkeit für 𝔐 betrachtet wird, lassen sich nach
E. Tov[22] folgende Teilaspekte differenzieren:

> *a) Consistency* (Grad von Standardäquivalenz)
> *b) Representation of the constituents of Hebrew words*
>   *by individual Greek equivalents*
> *c) Word-order*
> *d) Quantitative representation*
> *e) Linguistic adequacy of lexical choices*[23]

Unter spezieller Berücksichtigung der o.g. Kategorien *consistency* und
linguistic adequacy of lexical choice, deren grundsätzliches Interesse der
Frage »Wie **regelmäßig** und **passend** gibt ein Übersetzer einen bestimmten hebräischen Begriff (bzw. Wurzel) mit demselben griechischen Wort
wieder?« gilt, soll in dieser Studie die sirazidische Wortwahl sowohl von
sich aus (innersirazidisch) als auch hinsichtlich ihres lexikalischen und
übersetzungstechnischen Verhältnisses zur Septuaginta (septuagintaspezifisch) untersucht werden. Darin eingeschlossen ist in besonderer Weise
die Frage nach den Gründen und Motiven der Favorisierung eines bestimmten sirazidischen Septuaginta-Hapaxlegomenons ([LXX]Hplg[Sir]), wobei
der bereits von E. Tov erwähnten Gefahr der Subjektivität (v.a. bedingt
durch diachron erarbeitete Indizien) nur durch vorsichtige Schlußfolgerungen entgegengewirkt werden kann.

---

genart eines Textes hängt u.a. auch am Wortschatz, der einem Autor zur Verfügung
steht. Ein Text verwendet nie das ganze Lexikon einer Sprache, sondern nur eine
Auswahl. Diese Auswahl ist für den Text charakteristisch."

[21] Darüber hinaus dient die aus LXX erschlossene hebräische Vorlage auch der Frage
nach der Authentizität gegenüber 𝔐. Vgl. hierzu A. AEJMELAEUS, Übersetzung als
Schlüssel zum Original, in: *Dies.*, On the Trail of the Septuagint Translators. Collected Essays, Kampen 1993, 150-165, hier 155:
"Obwohl die Biblia Hebraica, die den MT bietet, in der Praxis fast für das
Original oder den Urtext gehalten wird, ist es doch klar, daß der MT nur eine - obwohl oft gut erhaltene - Textform repräsentiert."

[22] Text-Critical Use of the Septuagint 50-66.

[23] Tov (S. 59) relativiert jedoch die Tragfähigkeit dieses Kriteriums hinsichtlich der
Evaluation von Wörtlichkeit einer Übersetzung: "However, because of its subjective
nature, this criterion cannot be used profitably in the analysis of translation units."

Die Evaluation sirazidischer Übersetzungstechnik, Wortwahl und Wortbildung als kombinierte Fragestellung, wie sich die vorliegende Studie zur Aufgabe gemacht hat, dient daher nicht nur (bzw. nicht so sehr) der textkritischen Aufarbeitung der hebräischen Gr-Vorlage gegenüber den zur Verfügung stehenden Sirachfragmenten, sondern peilt vor allem die literarische, exegetische und hermeneutische Dimension insofern an, als die Übersetzungen in LXX (hier: Gr) als exegetische Produkte und Zeugnisse ihrer Zeit (zwischentestamentliches Frühjudentum) mit ganz individueller hermeneutischer Vorgehensweise und literarischer *couleur* anzusehen sind.[24] Die Relevanz dieser Materie für atl. wie auch ntl. Exegese ist offensichtlich.[25]

In der vorliegenden Untersuchung wird versucht, die drei Aspekte Übersetzungstechnik, Wortwahl und Wortbildung für sich allein, überwiegend aber in ihrer Konvergenz zu analysieren. Im Blick auf den speziellen Charakter des Untersuchungsgegenstands ergeben sich vor allem zwei Fragestellungen: Zum einen die Problematik der [LXX]Hplg[Sir] als wortstatistisches *Gesamtphänomen* vor dem Hintergrund ihrer tatsächlichen oder vermeintlichen Vorlage und zum anderen die Frage nach der Bewertung einzelner [LXX]Hplg[Sir] bzw. einzelner Kategorien (Wortarten, Komposita, echte Hplg usw.) und ihrer hebräischen Entsprechungen.

Als schwerwiegendes Defizit nicht nur für die in dieser Untersuchung gewählte Fragestellung, sondern generell für die Erforschung der Septuaginta ist der Tatbestand zu bewerten, daß bislang kein einigermaßen zufriedenstellendes, spezielles Wörterbuch[26] für die Septuaginta unter Ein-

---

[24] Die weitreichende Kritik J. BARRS am methodischen Vorgehen des Theologischen Wörterbuchs zum NT scheint allerdings die Möglichkeit zu relativieren, von der Wahl bestimmter Übersetzungsäquivalente auf theologisch-hermeneutische Charakteristika des Übersetzers zurückschließen zu können. Eine optimistischere Sicht dazu vertritt M. RÖSEL, Theo-logie der griechischen Bibel 49f.

[25] Vgl. z.B. J. ZIEGLER, Art. Bibelübersetzungen. I. Griechische B., in: LThK² II (1958) 375-380, hier 376:
"Die LXX hat viele theol. Ausdrücke erstmalig in griech. Form geprägt, die dann das NT u. die christl. Theologie übernahmen. Für die vorchristl. Zeit ist die LXX ein wichtiges Zeugnis der Angelologie u. Dämonologie, der Messiashoffnung u. Eschatologie, der Tugendlehre u. rel. Weltanschauung."

[26] Zur Verfügung stehen neben J.F. SCHLEUSNERS veraltetem *Novus thesaurus* nur noch C.A. WAHL, Clavis Librorum Veteris Testamenti Apocryphorum Philologica, Leipzig 1853 [Um einen Index vermehrter ND Graz 1972] sowie E. EUNIKEL - K. HAUSPIE - J. LUST, A Greek-English Lexicon of the Septuagint I-II, Stuttgart 1992/6. Über das von R. KRAFT und E. TOV ins Leben gerufene Projekt eines computergestützten Septuaginta-Lexikons (CATSS: Computer Assisted Tools for Septuagint Studies), urteilt J. LUST (Lexicon II): "The lexicon project proper, however,

schluß der griechischen, sog. pseudepigraphischen Literatur zur Verfügung steht, während im neutestamentlichen Bereich eine Reihe von Lexika
und theologischen Wörterbüchern die sprachliche Arbeit an der griechischen Bibel erleichtert. Da allerdings nicht einmal ¼ der sirazidischen
^{LXX}Hplg neutestamentlich bzw. frühchristlich belegt ist[27], und somit der
überwiegende Teil des ^{LXX}Hplg^{Sir}-Bestands nicht lexikographisch erfaßt
ist, muß auf profangriechische Lexika zurückgegriffen werden, die freilich die kontextliche Dimension der Lemmata nicht immer vollends erfassen.[28] Die von hebräischen Begriffen ausgehende Recherche der Übersetzungstechnik über den hebräischen Index der HATCH-REDPATH-Konkordanz (HRC) ist nach wie vor trotz des erweiterten hebräischen Index von
E. CAMILO dos SANTOS[29], auf den der LXX-Forscher dankbar zurückgreift, umständlich und mühselig.

Schwierig gestaltet sich ferner die septuagintaspezifische Analyse der
^{LXX}Hplg^{Sir} nach Wortfamilie, Wortfeld und Wortbildung aufgrund nur
weniger brauchbarer Hilfsmittel. Neben der von X. JACQUES[30] erstellten
Wortliste von LXX-Begriffen mit einem gemeinsamen Wortbildungsele-
ment stellen neuerdings vor allem der *Thesaurus Linguae Graecae* (*TLG #
D*) sowie das speziell für die sprachliche Arbeit an der hebräischen und
griechischen Bibel konzipierte *BibleWorks* ein wertvolles analytisches Instrument dar.

---

did not get off ground and seems to be dormant." F. REHKOPFS 'Septuaginta-Vokabular' (Göttingen 1989), das ohnehin vornehmlich für Studierende konzipiert wurde,
ist für die wissenschaftliche Arbeit - abgesehen von den wortstatistischen Angaben -
nur eingeschränkt hilfreich.

[27] Ein weiteres wortstatistisches Faktum, das nach sprachlichen, inhaltlichen und nicht
zuletzt auch theologischen Gründen (vgl. z.B. die Ausführungen zu μακροημέρευσις
auf S. 240f) fragen läßt.

[28] Vgl. J.A. LEE, A Note on Septuagint Material in the Supplement to Liddell and
Scott, in: Glotta 47 (1969) 234-242. Ferner: W. BAARS' Rezension zu *The Greek
English Lexicon. A Supplement* in: VT 20 (1970) 371-379.

[29] An Expanded Hebrew Index for the Hatch-Redpath Concordance to the Septuagint,
Jerusalem 1973.

[30] List of Septuagint Words Sharing Common Elements. Supplement to Concordance
or Dictionary (SubBi 1), Rom 1972. Der Wert dieses Hilfsmittel ist allerdings insofern eingeschränkt, als JACQUES nur nach Wortfamilien gruppiert hat. Gemeinsame
(Wortbildungs)Elemente wie Präverb (z.B. α- *privativum*, εὐ-, πολυ-) bzw. Suffix
(z.B. -ειδής, -ώδης) sind nicht berücksichtigt.

2. Methodisches Prozedere

Septuagintaspezifische Untersuchungen zu Wortwahl und Wortbildung bedürfen grundsätzlich des Rekurses auf das hebräische 'Original' und insofern auch der Betrachtung der Übersetzungstechnik. Eine exakte Analyse der Übersetzungsmethode ist jedoch prinzipiell nur möglich, wenn die griechische Originalübersetzung sowie deren Vorlage ohne schwerwiegende textkritische Mängel vorliegen. Diese Grundvoraussetzungen sind aber innerhalb des griechischen und hebräisch/aramäischen Alten Testaments (𝔐) aufgrund der Überlieferungslage ausnahmslos nicht erfüllt, wenngleich bei vielen Septuagintabüchern und ihrem semitischen Gegenstück, das durch die pedantische Überlieferungsarbeit der Masoreten[31] zwar vereinheitlicht wurde, andererseits aber auch vor textlichen Verderbnissen und Verwilderungen weitgehend geschützt blieb, augenfällige Korrelation erkennbar ist.[32] Anders verhält es sich jedoch bei der Weisheitsschrift Ben Siras, die bekanntlich weder auf Kanonizität jüdischerseits Anspruch erheben konnte noch durch masoretische Textüberlieferung vor rezensorischen[33] und exegetischen Eingriffen gefeit war.

---

[31] Abgesehen von aus dem 10./11. Jh. (und später) stammenden Handschriften (Ben-Asher-Codex von Aleppo, Codex 19A aus der Sammlung Firkowitch [vormals: Leningradensis], Codex Cairensis u.a.) stehen für 𝔐 vorausgehende bzw. von 𝔐 unabhängige Textzeugen lediglich die seit 1947 zuhauf ans Tageslicht getretenen Textfunde vom Toten Meer sowie das Papyrus-Nash-Fragment (2. Jh. v. Chr. - wahrscheinlich makkabäische Zeit) zur Verfügung.

[32] In besonderer Weise gilt dies für den Pentateuch. Eine Ausnahme bilden sicherlich die Bücher Ijob und Jer. Allerdings kann nur mittels eingehender textkritischer Abwägung die masoretische Fassung als Vorlage der uns überlieferten LXX-Lesart konstatiert werden. Vgl. dazu R. HANHART, Zum gegenwärtigen Stand der Septuagintaforschung, in: A. PIETERSMA - C. COX (ed.), De Septuaginta (FS J.W. WEVERS), Toronto-Brandon 1984, 3-18, hier 9. A. AEJMELAEUS, What can we know about the Hebrew Vorlage of the Septuagint, in: Dies., On the Trail of the Septuagint Translators. Collected Essays, Kampen 1993, 77-115. E.J. REVELL, LXX and MT: Aspects of Relationship, in: A. PIETERSMA - C. COX (ed.), De Septuaginta (FS J.W. WEVERS), Toronto-Brandon 1984, 41-51.
Eine entgegengesetzte Position vertreten E. TOV (The Text-Critical Use of the Septuagint 74.81) sowie J.W. WEVERS (An Apologia for Septuagint Studies, in: BIOSC 18 (1985) 16-38, hier 29). Ferner vgl. RÖSEL, Übersetzung als Vollendung der Auslegung 13-20.

[33] Vgl. hierzu die Kollation der Kairoer Lesarten mit denen des Masadatexts auf S. 58-64. Die Kairoer Lesarten zeigen deutlich gegen die Wortwahl von H^M offensichtlich (so die vorherrschende Meinung) sekundäre Angleichung an biblisches Vokabular und Ausdrucksweise.

Da in vielen Fällen aufgrund des fragmentarischen und lediglich auf
wenige voneinander unabhängige Textzeugen basierenden Überlieferungs-
materials des hebräischen Sirachbuchs nur eine einzige Lesart, ebenso
aber an zahlreichen Stellen, an denen die wenigen Textzeugen parallel
laufen, z.T. stark divergierende Lesarten vorhanden sind, bleibt zum einen die singuläre Lesart grundsätzlich unsicher[34], und zum anderen kann
bei Differenz der Lesarten die am plausibelsten als Gr-Vorlage erschlossene Lesart nur von der Übersetzung selbst her beispielsweise mittels
übersetzungstechnischer Kriterien identifiziert werden.[35] Das übersetzungstechnische Profil von Gr hingegen ist *die* unbekannte Größe, die erst bei
sicherer H-Vorlage faßbar wird.

Um diesen *circulus vitiosus* zu minimieren, liegt ein Aspekt vorliegender Studie darin, unabhängig von den hebräischen Textzeugen das sprachliche und literarische Kolorit der griechischen Übersetzung durch septuagintaspezifische Untersuchungen (s. Kap. III) bezüglich Wortwahl (WF
und WFd) und Wortbildung (WB) sowie mit Hilfe des wortstatistischen
Befunds der Gesamtgräzität (abgekürzt: **Wortst.**)[36] zu analysieren und
nach sprach- und literaturwissenschaftlichen Gesichtspunkten zu klassifizieren. Da es sich beim Untersuchungsgegenstand um [LXX]Hplg, also um
Begriffe handelt, die sich innerhalb eines religiösen Textkorpus' konstitu-
ieren, sind ebenso die theologische Literatur vorwiegend - gleichwohl nicht
ausschließlich - jüdisch-christlicher Provenienz, aber auch die »Profangräzität« als Ausgangsbasis jedweder sprachlichen und exegetischen Beurteilung in die Überlegungen mit einzubeziehen. Daraus ergeben sich für die
Übersetzungstechnik von Gr zusätzliche Kriterien, die nicht auf den unter
textkritischem Aspekt grundsätzlich fragwürdigen hebräischen Sirach-
handschriften fußen.

---

[34] Ein Vergleich der Gr-Lesarten mit innerhebräischen Textabweichungen (s. S. 58-64)
   dokumentiert, wie eng (der Tendenz nach) sich Gr gegen den Kairoer Text an die
   von Masada her bekannte Lesart anschließt. Bei den meisten nur durch einen Textzeugen überlieferten Stellen handelt es sich jedoch um Lesarten aus der Kairoer Genisa.

[35] Die textkritische Vorgehensweise, innerhebräisch nach primären und sekundären
   Lesarten zu differenzieren, ist freilich unabdingbar, kann aber zur Evaluation der H-
   Vorlage von Gr nur einen sehr eingeschränkten Beitrag leisten, da nachweislich sekundäre Zusätze oder Textabweichungen bereits durch Gr (GrI oder GrII?) bezeugt
   sind.

[36] Bedingt durch den Umfang des Datenmaterials wird der tabellarisch erstellte wortstatistische Befund separat publiziert. Insbesondere wurden gesondert berücksichtigt:
   Pseudepigraphische (AT) und apokryphe (NT) Literatur, NT, Patrologia Graeca,
   Philo v. Alexandrien, Josephus Flavius, vorchristliche und nachchristliche Profangräzität.

Die Interdependenz von Wortwahl und Wortbildung[37] einerseits und Übersetzungstechnik andererseits wird besonders an Stellen deutlich, an denen griechische Begriffe in der Übersetzung erscheinen, die ausgehend von hebräischer Sprachlehre (unabhängig von der tatsächlich überlieferten H-Lesart) bei Annahme formäquivalenter Wiedergabe nicht ohne weiteres erklärt werden können. Drei Beispiele sollen dies konkretisieren:

51,10c ἀβοηθησία ("Hilflosigkeit/Wehrlosigkeit"), ein ^{LXX}Hplg^{Sir}, das zudem in der Gräzität nur noch mehr ein einziges Mal (6. Jh. n.Chr.) bezeugt ist.[38] Ein entsprechender Begriff im bibelhebräischen Wortschatz[39] läßt sich schwerlich finden; dies ist auch nicht verwunderlich, da Privativkomposita, wie sie in indoeuropäischen Sprachen vorkommen, nach hebräischer Wortbildungslehre nicht möglich sind. Demzufolge muß von der Annahme einer formäquivalenten Übersetzung abgesehen werden.[40] Bei Einbeziehung des Kontexts (ἐν καιρῷ ὑπερηφανιῶν ἀβοηθησίας) zeigt sich zudem eine weitere stilistische Eigenart, die R. SMEND[41] als "geschraubt" bewertet, und in übersetzungstechnischer Hinsicht eher für Eigenständigkeit des Übersetzers gegenüber seiner Vorlage, wie auch immer deren Lesart gelautet haben mag, spricht. Dieses Faktum bleibt bestehen, auch wenn אֵין עֶזְרָה, wie O. FRITZSCHE[42] als Gr-Vorlage vermutet, gestanden habe, was »wörtlicher«[43] mit οὐκ ἔστιν βοήθεια wiedergegeben hätte werden können, eine Formulierung, die in 8,16 (H^A אֵין מַצִּיל) von Gr gewählt wurde. Tatsächlich ist zu 51,10c H^B בְּיוֹם שׁוֹאָה וּמְשׁוֹאָה (EÜ: *am Tag der Vernichtung und Verwüstung*) überliefert.

---

[37] Die in dieser Studie vorgelegten Analysen zur Wortbildung beziehen sich bei *übersetzungstechnischer* Blickrichtung vornehmlich auf WB durch Komposition, während zur *sprachlich-stilistischen* Charakterisierung des Übersetzers auch die Wortbildung durch Stammableitung analysiert wird.

[38] Hinsichtlich der auffälligen Häufigkeitsverteilung von Begriffen mit der Kompositionspartikel α-privativum in LXX s. S. 377.

[39] Vgl. die deutsch-hebräischen Wortindizes von Ges[17] und HALAT[3].

[40] Von daher kommt der Frequenz von Privativbegriffen besondere Bedeutung hinsichtlich der übersetzungstechnischen Einstufung eines griechischen Übersetzers (*Indikator für Orientierung an die Zielsprache* d.h. *Adressaten*) zu. Die in Kapitel V (s. hierzu Diagramm 6 auf S. 384) vorgelegte buchspezifische Verteilung dieses Wortbildungstyps zeigt nämlich ein wortstatistisches Resultat, das nicht "zufällig" sein kann.

[41] Weisheit LXIV (s. auch 501): "Dabei verfällt er auf geschraubte Konstruktionen, die z.T. schwerlich griechisch sind."

[42] Weisheit 309f.

[43] Zur Problematik dieses sehr oft in der Exegese benutzten Begriffs s. WRIGHT, No Small Difference 31f.

6,5b εὐπροσήγορος ("freundlich grüßend"), ein ᴸˣˣHplgˢⁱʳ. Auch dieses Kompositum wird man in Form einer wortbildungsmäßigen Entsprechung kaum adäquat im Bibelhebräischen (oder einer anderen semitischen Sprache[44]) nachbilden können.[45] Faßt man den gesamten Stichos ins Auge, so ergeben sich weitere Indizien zur literarischen und übersetzungstechnischen Charakterisierung von Gr: καὶ γλῶσσα εὔλαλος πληθυνεῖ εὐπροσήγορα (Hᴬ שׁפתי חן שׁואלו שׁלום). Bei dem Septuaginta-Dislegomenon[46] εὔλαλος (schön redend) liegt der Fall ähnlich. Im Hebräischen entsprächen diesem Begriff semantisch Wortverbindungen wie נבון דבר, דברים טובים איש דברים bzw. pejorativ איש שׁפתים, das jedoch bei wörtlicher verfaßten Übersetzungen hebräischer Syntax entsprechend z.B. mit σοφὸς λόγῳ (1 Sam 16,18) oder mit α' ἀνὴρ ῥημάτων (Ex 4,10; ο' ἱκανός) oder mit λόγοι ἀγαθοί (1 Kön 12,7), ῥήματα καλά (Sach 1,13) wiedergegeben wird. Der Übersetzer bewegt sich folglich der Wortwahl dieses Determinativkompositums[47] (das adjektivische Hinterglied προσήγορος wird durch die vorgeschaltete Kompositionspartikel εὐ- näher bestimmt) nach in typisch griechischen Denkstrukturen. Nicht zuletzt weist der Gleichklang von εὐ- λαλος und εὐ- προσήγορος auf gezielte Wortwahl hin, die sicherlich nicht als vorlagebedingt einzustufen ist.

37,14 ἐνίοτε ("manchmal"), ein ᴸˣˣHplgˢⁱʳ. Interessanterweise läßt sich für »manchmal« im bibelhebräischen Wortschatz kein Äquivalent ausmachen. Von daher stellt sich die Frage, ob der griechische Begriff überhaupt auf eine parallele hebräische Lesart zurückgeht oder kontextlich bedingter Zusatz ist. Das mit ἐνίοτε in Zusammenhang stehende εἰωθέναι ist in seiner Modalfunktion ebenfalls hebräischerseits schwer retrovertierbar, da bekanntlich das Hebräische im Gegensatz zur griechischen Sprache arm an Modalverben ist. Tatsächlich ist für 37,14 (Hᴮ) folgender Sti-

---

[44] Selbst Syh, die auf Schritt und Tritt der syrischen Sprache zugunsten einer möglichst nahen Übersetzung von LXX 'Gewalt' antut, übersetzt εὐπροσήγορος unbefriedigend mit ܪܚܝܡ ܐܝܟ ܩܠܐ; aufschlußreich ist hierbei auch, daß Syh das in diesem Stichos vorkommende Kompositum εὐ- λαλος aus wortbildungstypischer Hinsicht (nicht aber nach syrischem Sprachempfinden) durchaus akzeptabel mit (=λαλῶν) ܡܡܠܠܐ (=εὐ) ܫܦܝܪ umsetzt.

[45] Von daher dient auch dieser Wortbildungstyp (εὐ-) als Indikator der Orientierung des Übersetzers an die Zielsprache. Der wortstatistische Befund zeigt auch in diesem Fall ein charakteristisches Verteilungsverhältnis in LXX.

[46] Nur noch in Ijob 11,2. Zur Definition des Begriffs vgl. Kap. I.

[47] Zur Terminologie vgl. E. BORNEMANN - E. RISCH, Griechische Grammatik, Frankfurt a. M. ²1978, 317 (§ 307). Ferner M. MEIER-BRÜGGER, Griechische Sprachwissenschaft II. Wortschatz, Formenlehre, Lautlehre, Indizes (Göschen 2242), Berlin 1992, 18-39.

chos überliefert: שעיותיו יגיד [H^{BmargD} מגיד] לב אנוש (*das Herz des Menschen läßt ihm seine Stunden wissen*), das in Gr *frei* mit ψυχὴ γὰρ ἀνδρὸς ἀπαγγέλλειν ἐνίοτε εἴωθεν korrespondiert.[48]

Resümierend kann aus diesen drei exemplarisch gewählten Vokabeln (hier ^{LXX}Hplg^{Sir}) die Tragfähigkeit von Wortwahlanalysen für die Erhebung von Übersetzungstechnik und literarischem Profil der Septuaginta-Übersetzer und ihrer Übersetzungswerke *unabhängig* von der konkreten Vorlage ersehen werden. Für die Erforschung des Sirachbuchs leistet eine Untersuchung der Wortwahl von Gr in zweifacher Hinsicht Relevantes: Zum einen gewinnen wir Einblick, unter welchen **sprachlichen und literarischen** Bedingungen der Übersetzer bestimmte Inhalte aus seiner Vorlage einem mehr oder weniger fokussierten Adressatenkreis übermitteln will. Zum anderen sind wir aufgrund des erweiterten **übersetzungstechnischen** Bildes von Gr in einer argumentativ verbesserten Lage, die hebräischen Textzeugen von den Übersetzungen her sachgerechter zu beurteilen.

Trotz der großen textkritischen und -geschichtlichen Probleme, die die hebräischen Sirachfragmente aufwerfen, kann aber dennoch bei der Wortwahlanalyse der ^{LXX}Hplg^{Sir} auf die Einbeziehung der mit methodischem textkritischen Zweifel zu behandelnden hebräischen Lesarten nicht verzichtet werden. Im Laufe der für die vorliegende Arbeit angestellten Untersuchungen setzte sich nämlich immer mehr die Erkenntnis durch, daß dieses zunächst nur in wortstatistischer Hinsicht (und dies nur innerhalb der LXX) auffällige Phänomen der ^{LXX}Hplg^{Sir} nicht isoliert betrachtet und aus sich selbst erklärt werden kann, sondern der **Einordnung** in das übersetzungstechnische Kolorit des übersetzenden Enkels (als Gesamtgröße) vor dem Hintergrund der übrigen Septuaginta bedarf. Daher wird nach textkritisch plausibler Eruierung der Vorlage von Gr das Übersetzungsspektrum der konkreten Vorlage *septuagintaspezifisch* überprüft, um eine Klassifikation der Übersetzungsweise von LXX und Gr zu einer bestimmten hebräischen Vokabel oder Wortverbindung vornehmen zu können. Erst dadurch wird es möglich, charakteristische Wesenszüge der gesamten Sirachübersetzung und ihr Verhältnis zur übrigen Septuaginta bzw. zu den jüngeren Übersetzern zu erkennen und auf diesem Hintergrund das Wortmaterial, das statistisch mit der Nomenklatur »Septuaginta-Hapaxlego-

---

[48] Syr: ܠܒܐ ܕܒܢܝ ܐܢܫܐ ܢܚܕܐ (*das Herz des Menschen freut sich* (= יגיל) *auf seinem Weg*).

menon« ausgewiesen ist, differenzierter als bisher[49] zu beurteilen. Ferner sind ebenso die inhaltlichen und literarischen Charakteristika der hebräischen **Vorlage** zu berücksichtigen. Handelt es sich bereits in der hebräischen Grundschrift um Begriffe, die ansonsten im AT nicht begegnen, so wäre nicht verwunderlich, wenn auch in der griechischen Übersetzung in LXX singuläre Äquivalente belegt sind. Ist gerade das Gegenteil der Fall (geläufige hebräische Begriffe gegenüber singulären LXX-Begriffen), hat dies besondere Bedeutung für den übersetzungstechnischen Aspekt der Wortwahl. Außerdem muß sicherlich z.B. der Frage nach Gattung und Sprachniveau, wie sie in der Ausgangssprache vorliegen und wie diese in der Zielsprache wiedergegeben werden, Relevanz für die Beurteilung des zu untersuchenden Gegenstands zuerkannt werden: Inwieweit kann der griechische Übersetzer dem poetischen Anspruch oder den metrischen Gegebenheiten seiner hebräischen Vorlage gerecht werden? Ein weiterer Ansatzpunkt gründet in der Fragestellung nach dem (je verschiedenen) kulturell-soziologischen[50] Ambiente der Adressaten des hebräischen Originals und der seiner griechischen Übersetzung. Die hier aufgezeigten Teilaspekte werden jedoch in dieser Studie nicht systematisch, sondern entsprechend der sprachlich-stilistischen und übersetzungstechnischen Eigenart des konkreten [LXX]Hplg[Sir] abgehandelt.

Bevor mit der analytischen Arbeit schlechthin begonnen werden kann, ist der Begriff "*Septuaginta-Hapaxlegomenon*" vor allem in der Weise zu klären, wie die Determinanten dieser Kategorie (Septuaginta als Textkorpus sowie Hapaxlegomenon als wortstatistische Größe) definitorisch auf-

---

[49]   ZIEGLER, Wortschatz 282, argumentiert ohne vorhergehende inhaltliche und seman-
       tische Analyse der Vorlage als auch der LXX und resümiert:
          "Jedoch ist Sirach nicht sklavisch von der LXX abhängig; dies zeigen seine zahl-
          reichen Hapaxlegomena, viele abweichende Wiedergaben und Lieblingswörter."
       Ebenso schließt F.V. REITERER, »Urtext« 247, ohne semantische und inhaltliche
       Vorüberlegungen zur Vorlage lediglich aufgrund des wortstatistischen Befunds in-
       nerhalb LXX auf einen "gewählten, um nicht zu sagen ausgefallenen Wortschatz".
[50]   Zur Frage kulturell-ethnischer und weltanschaulicher Differenzierungen zwischen
       Juden aus dem Stammland gegenüber denen aus der Diaspora (Alexandriner, Antio-
       chener etc.) stehen leider nur wenige Primärquellen, die explizit darüber Informa-
       tionen liefern, (v.a. Philo v. Alexandrien) zur Verfügung.
       Von der Übersetzungspraxis lateinischer Autoren, die griechische Dramen (v.a.
       Komödien) ins Lateinische übertragen haben, wissen wir, daß diese von ihrer Vorla-
       ge dem Postulat der Wirkungsäquivalenz entsprechend sehr stark abgewichen sind,
       so daß man bisweilen im strengen Sinn nicht mehr von einer "Übersetzung" spre-
       chen kann. Zu sehr unterschieden sich griechische Sitten und Mentalität von römi-
       scher Lebensweise und Humor. Vgl. hierzu A. SEELE, Römische Übersetzer 7f.84-
       86.

zufassen, welcher Textumfang der LXX (Kanonfrage), welche Edition und damit welches textkritische Prozedere zugrunde zu legen sind (s. Kap. I). Zugleich ist aufgrund der im Zuge der Begriffsdefinition erfolgten Rahmenbedingungen die Indienstnahme dieser wortstatistischen Kategorie, auf der der Untersuchungsgegenstand und damit der Kern der Studie beruhen, angesichts ihrer grundsätzlichen Problematik (Fragwürdigkeit) zu legitimieren bzw. wenigstens auf ihren Wert für die Erforschung der Septuaginta zu untersuchen. Da der Bestand der sirazidischen ^{LXX}Hplg von der in Kap. I erfolgten Begriffsdefinition abhängt, haben in Kap. II eine Neufassung des Bestands sowie eine kritische Besprechung bereits bestehender Bestandslisten zu erfolgen. In Kap. IV (Aspekte und Tendenzen zur Wortwahl) und Kap. V (Aspekte und Tendenzen zur Wortbildung) werden unter der Fragestellung der ^{LXX}Hplg^{Sir} als *Gesamtphänomen* über die in Kap. III erarbeiteten Einzelbeobachtungen hinaus signifikante Merkmale und Besonderheiten zusammengetragen und durch vorsichtige Schlußfolgerungen zu werten versucht.

3. Einleitungswissenschaftlicher Abriß

Die Weisheitsschrift des Ben Sira bietet in ihren vier Haupttraditionen (H, Gr, Syr, La) in textkritischer und -geschichtlicher Hinsicht so gravierende Probleme, die entweder weitgehend noch unerforscht sind oder über die bisher in der Wissenschaft kein zufriedenstellender Konsens erzielt werden konnte[51], daß hinsichtlich des methodischen Zugriffs nicht auf eine eigene kritische Reflexion der für diese Untersuchung grundlegenden Einzelfragen verzichtet werden kann.

3.1 Die griechischen Textzeugen (Gr)

"Unter allen Büchern der Septuaginta", so J. ZIEGLER im Vorwort zu seiner 1965 erschienenen Sirachedition, "gibt Sirach (Ecclesiasticus) dem Textkritiker die meisten und schwierigsten Rätsel auf."[52] Zweifellos wur-

---

[51] S. hierzu v.a. das aktuelle Resümee zur Forschungsgeschichte von M. GILBERT, Art. Jesus Sirach, in: RAC 135 (1995) 878-906, hier 880.

[52] J. ZIEGLER, Sapientia Iesu Filii Sirach (Septuaginta XII/2), Göttingen 1965, 5.

de durch die auf den Neukollationierungen[53] des Göttinger Septuaginta-Unternehmens basierende Ausgabe J. ZIEGLERS, dessen umfassende textkritische Verwertung der Tochterübersetzungen und der indirekten Sirachüberlieferung (v.a. Väterzitate[54]) sowie aufgrund des Nachweises der O- und L-Rezension[55] ein solides Fundament für die Auslegung[56] und Erforschung des textgeschichtlichen Werdegangs des griechischen Sirach geschaffen.[57] Unter Zugrundelegung[58] des RAHLFS'SCHEN[59] Sirachtexts, der bekanntlich gegenüber den bis dahin erschienenen Ausgaben[60] erstmals einen kritisch gestalteten Text vorlegt, waren von J. ZIEGLER[61] nicht weniger als 70 Lesarten zu korrigieren, während P. KATZ[62] in seiner kritischen Besprechung der von A. RAHLFS edierten Stuttgarter Septuaginta (1936) zu Sirach an 270 Stellen Korrekturen vorgeschlagen hatte. Daß

---

[53] Vgl. ZIEGLER, Sapientia 7-13.

[54] Allerdings wurden die Sirachzitate des Georgius Monachus (mit Beinamen Hamartolos) von J. ZIEGLER nicht notiert; s. ZIEGLER, Sapientia 37-40;115f. Von besonderer Relevanz sind Varianten zu folgenden Sirachstellen, die nicht selten mit H, La (bzw. anderen Tochterübersetzungen) und/oder einzelnen wichtigen Minuskeln, namentlich 248 (= Compl.) und 744 [= Ald., die nach ZIEGLER, Sapientia 40f., "letzten Endes auf den vatikanischen Kodex B zurückgeht" und somit "mit vielen Sonderlesarten von B (und den abhängigen Minuskeln 68-744-768) übereinstimmt"], parallel laufen: 5,6c; 16,1b; 16,2b; 27,26a; 47,13b; 47,17b; 47,19a. Eine umfassende Kollation der Sirachzitate des Georgius Monachus liegt im Anhang dieser Studie vor (s. S. 394).

[55] Vgl. J. ZIEGLER, Hat Lukian den griechischen Sirach rezensiert?, in: E. VOGT (Hg.), Studia Biblica et Orientalia I (AnBib 10), Rom 1959, 76-95; ders., Die hexaplarische Bearbeitung des griechischen Sirach, in: BZ NF 4 (1960) 174-185; ders., Die Vokabel-Varianten der O-Rezension im griechischen Sirach, in: D.W. THOMAS (ed.), Hebrew and Semitic Studies (FS G.R. DRIVER), Oxford 1963, 172-190.

[56] Anders als bei Tob, Jdt oder Weish bestand - bedingt durch die Angaben im Prolog zur Übersetzung des Enkels - niemals Zweifel, daß es sich beim griechischen Sirach um eine Übersetzung im engeren Sinne handelte, so daß in der modernen Exegese durch Retroversionen versucht wurde, die ursprüngliche hebräische Diktion zu eruieren. Forciert wurde dieses Vorgehen durch Bekanntwerden hebräischer Sir-Fragmente (H^A-H^F; H^Q; H^M), die jedoch weder einzeln noch zusammengenommen den gesamten Sirachtext überliefern.

[57] Vgl. A. DI LELLA'S Rezension der ZIEGLER'SCHEN Sirachedition, in: CBQ 28 (1966) 539-541.

[58] ZIEGLER, Sapientia 47.

[59] A. RAHLFS, Septuaginta. Id est Vetus Testamentum graece iuxta LXX interpretes II, Stuttgart 1935, 377-471.

[60] Auch die große angelsächsische Septuaginta-Ausgabe von A. BROOKE, N. MCLEAN und H. THACKERAY (1897-1940) ging nicht den Weg der kritischen Textgestaltung.

[61] Ursprüngliche Lesarten im griechischen Sirach, in: Mélanges E. TISSERANT I (StT 231), Città del Vaticano 1964, 461-487, hier 461f.

[62] Besprechung der Septuaginta-Ausgabe von Rahlfs, in: ThLZ 61 (1936) 265-287, hier 278f. (Sirach).

freilich die textkritische und -geschichtliche Arbeit am griechischen Sirach
(insbesondere bzgl. GrII) nicht annähernd als abgeschlossen zu betrachten
ist, räumt J. ZIEGLER in der Schlußbemerkung seines Vorworts ein:

"Auch diese Ausgabe ist noch unterwegs, aber ich hoffe, daß sie
ein gutes Stück dem Ziel nähergekommen ist. Gerade beim Lesen
der Korrekturen steigen manchmal Zweifel auf, ob wirklich der
Text richtig gestaltet ist; man gerät in eine beklemmende ἀπορία
und möchte am liebsten (bei manchen schwierigen Stellen) noch
einmal von vorn anfangen."[63]

Abgesehen von einer Vielzahl überlieferungsbedingter Textentstellungen[64], die trotz scharfsinnigen Emendierens und Konjizierens nur ansatzweise behoben werden können, besteht im Rahmen einer Untersuchung
von Wortwahl und Wortbildung unter dem Aspekt sirazidischer Übersetz-
zungstechnik[65] innerhalb der griechischen Sirachüberlieferung ein besonderes textkritisches Problem, das bisher noch keiner befriedigenden Klärung[66] zugeführt werden konnte, darin, daß neben der Übersetzung des

---

[63] ZIEGLER, Sapientia 5.

[64] ZIEGLER, Sapientia 75, hinsichtlich des desolaten Zustands der griechischen Sirach-
      überlieferung:
      "Der griechische Text hat im Laufe der Jahrhunderte sehr gelitten und zeigt oftmals
      ein entstelltes Gesicht; im Sirach steht die Zahl der Emendationen und Konjekturen
      unter allen Büchern der Septuaginta an der Spitze ... Jedoch ist das weite Feld der
      Emendationen und Konjekturen noch lange nicht vollständig bearbeitet, da sich ver-
      schiedene verdächtige Stellen hartnäckig einer befriedigenden Erklärung sperren."

[65] Der in der atl. Exegese vielfach gebrauchte *terminus technicus* »Übersetzungstech-
      nik« wird trotz der v.a. von I. SOISALON-SOININEN und seinem Schülerkreis ausge-
      henden methodologischen Vorbehalte, daß damit dem Übersetzer eine systemati-
      sche Vorgehensweise in seiner Übersetzungsarbeit unterstellt zu werden scheint, bei-
      behalten. Zu den terminologischen Bedenken s. insbesondere A. AEJMELAEUS, Trans-
      lation Technique and the Intention of the Translator, in: *Dies.*, On the Trail of the
      Septuagint Translators. Collected Essays, Kampen 1993, 65-76, hier 65; ferner B.G.
      WRIGHT, No Small Difference. Sirach's Relationship to Its Hebrew Parent Text
      (SCS 26), Atlanta (Georgia) 1989, 19-118.

[66] "Bis jetzt ist GrII nicht richtig beurteilt und eingestuft worden." Diese Feststellung
      ZIEGLERS (Hexaplarische Bearbeitung 182) hat aufgrund der textkritischen und exe-
      getischen Vernachlässigung von GrII bis jetzt seine Gültigkeit bewahrt. Beispiels-
      weise wurde der Wortbestand von GrII lemmatisch weder von einem bisher erschie-
      nenen Wörterbuch oder Index noch von einer Konkordanz oder Edition aufgenom-
      men. Die Bedeutsamkeit des Wortinventars von GrII, die nicht als **einheitliche** Grö-
      ße betrachtet werden kann, betont ZIEGLER, Hexaplarische Bearbeitung 185:
      "Erst eine genaue Untersuchung des Wortschatzes von GrII, die in einem ei-
      genen Aufsatz gemacht werden soll, kann die Vorlage von O (und L) näher
      charakterisieren und sie vielleicht auch zeitlich genauer festlegen."

Enkels (GrI) ein erweiterter z.T. glossierter Texttyp (GrII) nachweisbar[67]
ist. Eine scharfe Unterscheidung zwischen GrI und GrII ist daher von fun-
damentaler Bedeutung für die vorliegende Studie. Abgesehen von leicht
identifizierbaren GrII-Zusätzen[68], die über den Textbestand der alten Unzialen B A S C (Zeugen für GrI) hinausgehen und sich verstreut bei O-
und L-Textzeugen finden, müssen nach ZIEGLER[69] auch innertextliche,
auf GrII zurückgehende Wortlautänderungen, Umstellungen und Auslassungen (jeweils nach H) von der GrI-Version geschieden werden. Aus
diesem Grund sind zunächst diese beiden Texttypen in textkritischer und
textgeschichtlicher Hinsicht zu beschreiben sowie deren "Autoren/Über-
setzer" zu charakterisieren.

Da mit guten Gründen am wenigsten damit zu rechnen ist, daß weder
GrII noch spätere Rezensenten (z.B. O L) auf den Prolog, der das urei-
genste[70] Werk (keine Übersetzung) des Enkels (GrI) ist, (rezensionellen)
Einfluß ausgeübt haben, kommt der sprachlichen Analyse des Prologs hinsichtlich der literarischen (Wortwahl[71]) und übersetzungstechnischen Einordnung des Enkels außerordentlicher Wert zu, insofern als hier Aspekte
seiner eigenen, von keiner Vorlage beeinflußten Diktion manifest werden,

---

Eine solche Wortschatzuntersuchung von GrII wurde bis heute nicht unternommen.
Aus diesen Gründen wird im Anhang dieser Untersuchung wenigstens ein Index der
GrII-Zusätze vorgelegt (s. S. 390-394).

[67] Vgl. SMEND, Weisheit XCI-CXIII. Auch in den Büchern Jos 15.18.19 (A-Text; B-
Text), Ri (A-Text; B-Text) und Tob (Gr^I[B A V]; Gr^{II} [S 319 La]; Gr^{III} [d Syr$^{.O}$]) liegen zwei bzw. drei Textformen vor, die aber aufgrund ihrer handschriftlichen Überlieferung klar voneinander zu unterscheiden sind. Zu Ri vgl. I. SOISALON-SOININEN,
Die Textformen der Septuaginta-Übersetzung des Richterbuches (AASF 72/1), Helsinki 1951. Zu Tob vgl. R. HANHART, Text und Textgeschichte des Buches Tobit
(MSU XVII), Göttingen 1984 sowie ders., Tobit (Septuaginta VIII/5), Göttingen
1983, 31-36.

[68] Als erste Sirach-Ausgabe hatte die von O. FRITZSCHE (Libri Apocryphi Veteris Testamenti Graece, Lipsiae 1871) die Zusätze aufgenommen, allerdings ohne kritische
Überprüfung und zudem nur im Apparat. In ZIEGLERS Edition sind die GrII-Zusätze
ob ihres theologischen und textgeschichtlichen Werts mit kleinerem Schriftsatz an
den betreffenden Stellen zu Recht im Text eingefügt.

[69] Die hexaplarische Bearbeitung 182. ZIEGLER wies jedoch diese innertextlichen Abweichungen in seiner Sir-Edition nicht explizit GrII zu.

[70] SMEND, Weisheit LXIV, hingegen äußert sich hinsichtlich der Authentizität des Prologs auffallend bedeckt:
"Die fehlerfreie Sprache des Prologs lässt dagegen vermuten, dass er [der En-
kel] ihn nicht selbständig, sondern mit fremder Hülfe zustande gebracht hat."

[71] Zu verstehen als eine aus einer Reihe von möglichen Begriffen vom Übersetzer
mehr oder minder bewußt erfolgten Favorisierung eines Begriffes.

die sich wenigstens latent (d.h. unbewußt) auch in der Übersetzungspraxis
bei konkreten Formulierungen maßgeblich ausgewirkt haben wird.

3.1.1 Der Prolog des Enkels

Der Prolog ist in allen Unzialen und in den meisten Minuskeln[72] einschließlich der Tochterübersetzungen (mit Ausnahme von Aeth und Arm)
überliefert.[73] In 248, einem wichtigen Zeugen der lukianischen Rezension, die der GrII-Textform nahesteht, ist stattdessen eine Fälschung - ent-
nommen der pseudoathanasischen Synopsis Scripturae Sacrae[74] - überliefert. Begreiflicherweise fehlt der Prolog in der Peschitta (Syr), die offensichtlich nicht Tochterübersetzung, sondern Primärübersetzung ist, wenngleich viele Abhängigkeiten gegenüber Gr nachgewiesen werden können.[75] In den aus Syr stammenden arabischen Übersetzungen ist der Prolog, soweit man dies vom Überlieferungsbefund her sagen kann, gleicher-
maßen nicht vorhanden.

Als beispiellos ist innerhalb der hellenistischen Übersetzungspraxis der
»Siebzig« das Faktum zu bewerten, daß der griechischen Version der
Weisheitsschrift Ben Siras ein ΠΡΟΛΟΓΟΣ in Form einer autobiogra-
phisch geprägten Stellungnahme des Übersetzers zu seiner Übersetzung

---

[72] In folgenden codd. fehlt der Prolog: 157' 248 315' 421 429 755 sowie 672' 768 (im
Gegensatz zu deren Tochter- bzw. Schwesterhandschriften 68-744 578 728, die letztlich auf B zurückgehen).

[73] Erstaunlicherweise auch in typischen GrII-Textzeugen wie 253-Syh (= Hauptzeugen
für O), 493-637 (= Hauptzeugen für L). Andererseits erscheint es D. DE BRUYNE,
Le Prologue, le Titre et la Finale de l'Ecclésiastique, in: ZAW 47 (1929) 257-263,
hier: 259, aufgrund der Existenz einer zweiten lateinischen Fassung des Prologs, die
er im Gothaer Kodex membr I 13 vorfand, und die gegenüber dem gewöhnlichen eine viel engere Anbindung an die griechische Vorlage hat, als evident, daß ursprünglich in der lateinischen Sirachüberlieferung der Prolog fehlte, daß er vielmehr erst
zu einer Zeit, als man La nach Gr revidierte, von zwei Übersetzern unabhängig
voneinander ins Lateinische übertragen wurde. Vgl. hierzu aber auch W. THIELE,
Vetus Latina. Die Reste der altlateinischen Bibel. Sirach (Ecclesiasticus), Freiburg
1988, 123f.

[74] MPG 28 283-438, hier 377. S. hierzu auch ZIEGLER, Sapientia 66.

[75] Es wird sich noch im Verlauf der Einzelanalysen zeigen, daß Syr auch eine griechische Sirachübersetzung benutzt hat, die von der Textform her nicht so sehr GrI als
vielmehr GrII nahestand. Denn von den annähernd 300 zusätzlichen GrII-Stichoi
weist Syr wenigstens 74 auf. Vgl. hierzu P. SKEHAN - A.A. DI LELLA, The Wisdom
of Ben Sira. A New Translation with Notes by † PATRICK SKEHAN, Introduction and
Commentary by ALEXANDER A. DI LELLA (AnB 39), New York 1987, 57.

und deren Adressaten vorgeschaltet ist.[76] Zwar findet sich am Ende des Esterbuches[77] in ähnlicher Weise eine epilogartige[78] *"Anmerkung"*, die ebenfalls über die näheren Umstände der Übersetzungsarbeit und der Authentizität der hebräischen Vorlage Auskunft gibt. Aber es handelt sich eben nur um eine kurze informative *Schlußbemerkung* ohne literarisches Gepräge, wie es im Gegensatz dazu am ΠΡΟΛΟΓΟΣ des Enkels erkennbar ist.

Auch in 2 Makk, das jedoch auf keine hebräische/aramäische Grundschrift zurückgeht, sondern originalgriechisch abgefaßt ist, sind vom Epitomator Prolog (2,19-32) und Epilog (15,37-39) eingefügt.[79] Bei eingehendem Vergleich dieser Textpartien können trotz mancher Unterschiede markante Parallelen literarischer und inhaltlicher Art zum Sir-Prolog ausgemacht werden, denen aber hier nicht weiter nachgegangen werden

---

[76] Es verwundert deshalb umso mehr, daß dieser in der LXX singulären literarischen Form in der atl. (und ntl.) Exegese bis jetzt dem Umfang der Sekundärliteratur nach - kanongeschichtliche Untersuchungen ausgenommen - wenig Aufmerksamkeit entgegengebracht wurde. S. hierzu die LXX-Bibliographien: BROCK-FRISCH-JELLICOE, Classified Bibliography; TOV, Classified Bibliography; DOGNIEZ, Bibliography. Abgesehen von den summarischen Beiträgen in Kommentaren und Studien verschiedenster Thematik finden sich in monographischer Hinsicht lediglich Aufsätze eher geringeren Umfangs: J. ZENNER, Der Prolog des Buches Ecclesiasticus, in: ZKTh 20 (1896) 571-574. E. NESTLE, Zum Prolog des Ecclesiasticus, in: ZAW 17 (1897) 123-134. J.H. HART, The Prologue to Ecclesiasticus, in: JQR 19 (1907) 284-297. DE BRUYNE, Le prologue 257-259. P. AUVRAY, Notes sur le prologue de l'Ecclésiastique, in: A. ROBERT (éd.), Mélange biblique (Travaux de l'Institut Cath. de Paris 4), Paris 1957, 281-287. B. DIEBNER, Mein Großvater Jesus, in: Dielheimer Blätter zum Alten Testament 16 (1982) 1-37. Ferner H.M. ORLINSKY, Some Terms in the Prologue to Ben Sira and the Hebrew Canon, in: JBL 110 (1991) 483-490, sowie G. VELTRI, Eine Tora für den König Talmai. Untersuchungen zum Übersetzungsverständnis in der jüdisch-hellenistischen und rabbinischen Literatur (TSAJ 41), Tübingen 1994, 133-145.

[77] Est F 10,11 (Ra. Est 10,3^l): Ἔτους τετάρτου βασιλεύοντος Πτολεμαίου καὶ Κλεοπάτρας εἰσήνεγκεν Δωσίθεος, ὃς ἔφη εἶναι ἱερεὺς καὶ Λευίτης, καὶ Πτολεμαῖος ὁ υἱὸς αὐτοῦ τὴν προκειμένην ἐπιστολὴν τῶν Φρουραι ἣν ἔφασαν εἶναι καὶ ἑρμηνευκέναι Λυσίμαχον Πτολεμαίου, τῶν ἐν Ιερουσαλημ.

[78] E. BICKERMANN, The Colophon of the Greek Esther, in: JBL 63 (1944) 339-362, hier 357, sieht in diesem vor den Jahren 78/77 v. Chr. verfaßten Epilog eine Art Kolophon, der "a remarkable specimen of Palestine Greek" repräsentiert, "which deserves the attention of philologists as well as students of the Septuagint".

[79] Allerdings sind als *inscriptiones* weder πρόλογος noch ἐπίλογος handschriftlich überliefert; lediglich in 2 Makk 2,32 (also nicht unmittelbar zu Beginn) findet sich als impliziter Hinweis für die Kleingattung Prolog der partizipiale Ausdruck τὰ προειρημένα.

kann.[80] Gerade die gattungskritischen Gemeinsamkeiten mit dem offensichtlich von hellenistischem Geist durchdrungenen zweiten Makkabäerbuch liefern Indizien der literarischen und weltanschaulichen Einordnung des Enkels.

Im Aristeasbrief, der entgegen den eigenen Angaben gewöhnlich in die 2. Hälfte des 2. Jh.s v.Chr. datiert wird[81], begegnet uns, freilich in einer eigenen Schrift (Kunstbrief[82]), die nicht von den Übersetzern persönlich herrührt, sondern im nachhinein pseudonym abgefaßt wurde, eine legendarisch[83] geprägte Form des Berichts über die Übersetzungsarbeit mit dem Pentateuch.[84] Der propagandistische Charakter dieser Schrift ist in der Forschung seit langem erkannt, wenn auch die konkrete Zielsetzung dieser Propaganda unterschiedlich, mitunter konträr gedeutet wird. Daß allerdings auch der Prolog propagandistisch orientiert ist und in *enger* Beziehung mit dem etwa zeitgleich entstandenen Aristeasbrief unter besonderer Berücksichtigung des jeweiligen Adressatenkreises gesehen werden muß, wurde bisher nur ansatzweise in Rechnung gestellt.

Bereits die Frage nach der Gattung wirft Licht auf das literarische Profil des Übersetzers. Textkritisch wird trotz des negativen Befunds in S und cod. 339[85] mit den meisten codd. ΠΡΟΛΟΓΟΣ, bezeichnenderweise ein Septuaginta-Hapaxlegomenon[86] (^{LXX}Hplg), dem Übersetzer zugesprochen[87], ohne jedoch dabei zu berücksichtigen, daß nicht selten im Laufe

---

[80] Näheres dazu s. A. SCHMITT, Der Gegenwart verpflichtet. Literarische Formen des Frühjudentums.

[81] Vgl. E. BICKERMANN, Zur Datierung des Pseudo-Aristeas, in: ZNW 29 (1930) 280-296; A. MOMIGALIANO, Per la data caratteristica della Lettera di Aristea, in: Aeg. 12 (1932) 161-173; P. KAHLE, Die Kairoer Genisa. Untersuchungen zur Geschichte des hebräischen Bibeltextes und seiner Übersetzungen, Berlin 1962, 225.

[82] Dagegen C. COLPE, Art. Aristeas. 2. A.-»Brief«, in: KP I (1964) 555f, hier 555: "ein nicht in Briefform gefaßter Bericht".

[83] Vgl. R. HANHART, Fragen um die Entstehung der Septuaginta, in: VT 12 (1963) 141-163.

[84] S. dazu N. MEISNER, Aristeasbrief (JSHRZ II/1), Gütersloh 1973, 35-88, hier: 37f.

[85] Syh hingegen bestätigt nicht πρόλογος [= ܡܩܕܡܬܐ bzw. ܪܝܫܠܘܼܚܐ], sondern vielmehr das durch 637, 443^s und 493 überlieferte προοίμιον [= ܩܘܡܪܐ].

[86] Zur Definition und Problematik des Begriffs »Septuaginta-Hapaxlegomenon« s. Kap. I.

[87] SMEND, Index 200, hält grundsätzlich die Überschrift für authentisch, fällt aber kein Urteil zwischen πρόλογος oder προοίμιον. Auch J. ZIEGLER (Wortschatz 282f) scheint im Rahmen seiner textkritischen Revidierung von SMENDS Bestand der in seinem Index mit § gekennzeichneten Septuaginta-Hapaxlegomena die Überschrift des sirazidischen Vorspanns zur Übersetzung implizit für echt zu halten, wobei er sich in seiner Sirach-Ausgabe für πρόλογος entscheidet. F.V. REITERER, »Urtext«

der Textüberlieferung bei vielen antiken Opera Überschriften und Titel sekundär hinzugefügt wurden.[88] Die Manier des Enkels, bald auf die hebräische Vorlage (der hs. Überlieferung nach zu schließen) zurückgehende bald eigene Überschriften[89] in sein Übersetzungswerk einzustreuen, kann nicht als ein Indiz dafür gewertet werden, daß auch die Setzung von ΠΡΟΛΟΓΟΣ authentisch sein muß. Denn thematische Überschriften verfolgen grundsätzlich einen anderen Zweck als Gattungstitulaturen. Unabhängig von der Authentizität von πρόλογος bzw. προοίμιον stellt sich die Frage nach der literarischen Klassifikation dieses Vorspanns:

Sind πρόλογος und προοίμιον unter gattungskritischem Aspekt zwei identische Termini oder müssen Unterschiede hinsichtlich ihrer Aussageabsicht und Zielsetzung angenommen werden?

Nach Aristophanes[90] *ran. 1119* und Aristoteles[91] *poet. 12.1452b.19* ist der Prolog **nicht** gesonderte Vorrede, in der der Dichter sich zu Wort meldet[92] , sondern integraler Bestandteil der Tragödie. Erst mit Libanius

---

243, stuft πρόλογος als sirazidisches Septuaginta-Hapaxlegomenon ein und erklärt damit implizit πρόλογος für authentisch.

[88] Das reiche Variantenmaterial zur *inscriptio prologi* - übersichtlich zusammengestellt in ZIEGLERS Sirach-Ausgabe - illustriert, wie im Laufe der Überlieferungsgeschichte vielfach an einer Stelle eingegriffen wurde, wo eine Lesart nicht zwingend authentisch und daher variabel erschien.

[89] 18,30 ΕΓΚΡΑΤΕΙΑ ΨΥΧΗΣ (H⁰, Syr ܪܟܘܐ.ܢ ܘ.ܐܠܐ.ܟ ܪܐܪܐ.ܢ ܐܠܗ.ܐ); 20,27 ΛΟΓΟΙ ΠΑΡΑΒΟΛΩΝ (H⁰, Syr ܪܐܪ.ܢ ܐܠܗ.ܢ ܐܠ.ܟ); 23,7 ΠΑΙΔΕΙΑ ΣΤΟΜΑΤΟΣ (H⁰, >Syr); 24,1 ΣΟΦΙΑΣ ΑΙΝΕΣΙΣ (H⁰, >Syr); 30,1 ΠΕΡΙ ΤΕΚΝΩΝ (H⁰, >Syr); 30,16 ΠΕΡΙ ΒΡΩΜΑΤΩΝ (>H, >Syr); 44,1 ΠΑΤΕΡΩΝ ΥΜΝΟΣ (Hᴮ שבח אבות עולם, >Syr); 51,1 ΠΡΟΣΕΥΧΗ ΙΗΣΟΥ ΥΙΟΥ ΣΙΡΑΧ (>H, >Syr). In handschriftlicher Hinsicht fällt auf, daß von den griechischen Textzeugen vor allem codd. der origeneischen und lukianischen Rezension, die zugleich GrII nahestehen, die Überschriften nicht überliefern (v.a. 23 106 157 253 Syh Cop.). Zur vornehmlich weisheitlich-didaktischen Eigenart, Textpartien gliedernde Über- und Unterschriften vor- bzw. nachzustellen vgl. A. SCHMITT, Wende des Lebens. Untersuchungen zu einem Situations-Motiv in der Bibel (BZAW 237), Berlin 1996, 217-219.

[90] καὶ μὴν ἐπ' αὐτοὺς τοὺς προλόγους σοι τρέψομαι, ὅπως τὸ πρῶτον τῆς τραγῳδίας μέρος πρώτιστον αὐτὸ βασανιῶ τοῦ δεξιοῦ.

[91] ἔστιν δὲ πρόλογος μὲν μέρος ὅλον τραγῳδίας τὸ πρὸ χωροῦ παρόδου. Vgl. aber auch *rhet.* III,14: τὸ μὲν οὖν προοίμιόν ἐστιν ἀρχὴ λόγου, ὅπερ ἐν ποιήσει πρόλογος καὶ ἐν αὐλήσει προαύλιον.

[92] Die Funktion des Prologs in den Dramen ist die der Exposition. Hier werden Grundzüge des Stoffes (evtl. Abweichungen gegenüber dem traditionellen Handlungsablauf) in verkürzter Form dargelegt. S. hierzu F. STOESSL, Art. Prolog, in: KP IV (1972) 1170-1173. Eine funktionelle Verschiebung erfährt der Prolog in den lateinischen Dramen, wo bisweilen der Dichter in Ich-Rede sich an die Zuschauer wendet (vgl. Plautus' Prolog zu Asin.), um Gunst wirbt oder auch über seine Übersetzungsweise gegenüber literarischen Konkurrenten reflektiert. So rechtfertigt Terenz (190-

(4. Jh. n. Chr.) or. 1,55[93] wird nachweislich πρόλογος[94] als einführende, oftmals in sich abgeschlossene, kunstvolle Eröffnung einer Rede (insbesondere zu λόγοι ἐπιδεικτικοί) erwähnt.[95] Ergänzend sei vermerkt, daß πρόλογοι von hohem literarischen Wert nicht selten, wie die des Libanius (or. 1,88[96]), von begeisterten Zuhörern (Kunstbeflissenen oder Rhetorikschülern) auswendig gelernt und zu bestimmten Anlässen rezitiert wurden. Folgende im sog. Prolog zutage tretende Topoi[97] weisen den Vorspann des Enkels als ein nach dem Vorbild griechisch-hellenistischer Autoren gestaltetes **Proömion**[98] aus:

---

159 v.Chr.) im Prolog zur Andria (1-3) seine inhaltliche Abweichung vom griechischen Original durch sein primäres Ziel der Orientierung am römischen Publikum:
Poeta quom primum animum ad scribendum adpulit
id sibi negoti credidit solum dari,
populo ut placerent quas fecisset fabulas.
Im Prolog zu Eunuchus polemisiert Terenz gegenüber fiktiven oder tatsächlichen Kritikern mit dem Argument der Wirkungsäquivalenz:
qui bene vortendo et easdem scribendo male
ex Graecis bonis Latinas fecit non bonas.
Näheres dazu s. H. GELHAUS, Die Prologe des Terenz. Eine Erklärung nach den Lehren von der *inventio* und *dispositio*, Heidelberg 1972, 32-57 sowie SEELE, Römische Übersetzer.

93 Übersetzung nach P. WOLF, Libanios. Autobiographische Schriften, Zürich 1967, 53: "*So war uns die ganze Stadt eine Musenstätte geworden; eignete man sich doch sogar meine Prologe anstelle volkstümlicher Lieder an und trällerte sie, wo man ging und stand.*" [οὕτως ἡμῖν ἅπασα ἡ πόλις καθειστήκει μουσεῖον· οἵ γε καὶ τοὺς προλόγους παραλαμβάνοντες, τἆλλα ἐκβάλλοντες ᾄσματα, ᾄδοντες πανταχοῦ διετέλουν]. Vgl. ferner Lib. Or. 4,8 (WOLF, Libanios 158): "*... Noch langlebiger als diese war einer, der durch seine Prologe berühmt geworden ist, mehr als durch seine eigentlichen Konzertreden.*" [τούτου μακροβιώτερος ἦν, ᾧ πολλή τις ἡ παρὰ τῶν προλόγων δόξα παρευδοκιμούντων τοὺς ἀγῶνας αὐτῷ].

94 Eine andere von Lib. gewählte Bezeichnung für denselben Sachverhalt ist προλαλία (v.l. προσλαλία).

95 Vgl. LSJ s.v. πρόλογος *I.3 introduction in a speech*. S. dazu A.F. NORMAN, Libanius' Autobiography (Oration I), London u.a. 1965, insbesondere 146.163.

96 Übersetzung nach WOLF, Libanios 65: "*... und wie kann ich erst die rechten Worte finden für die Tränen beim Prolog, den nicht wenige beim Weggehen auswendig konnten, und für den Begeisterungstaumel bei den folgenden Partien?* [... πῶς ἂν ἀξίως εἴποιμι περί τε τῶν ἐπὶ τῷ προλόγῳ δακρύων, ὃν καὶ ἐκμαθόντες ἀπῆλθον οὐκ ὀλίγοι, περί τε τῆς ἐπὶ τοῖς δευτέροις βακχείας].

97 Zu den für die Kleingattung Prolog konstitutiven Topoi s. Hermogenes Rhetor (2. Jh. n. Chr.) προγυμνάσματα, Menander Rhetor (3. Jh. n. Chr.) περὶ ἐπιδεικτικῶν, Aphthonius Rhetor (4./5. Jh. n. Chr.) προγυμνάσματα.

98 Vgl. hierzu v.a. R. VOLKMANN, Die Rhetorik der Griechen und Römer in systematischer Übersicht, Leipzig ²1885, 127-148. In der Gerichtsrede z.B. beinhaltet das Proömion "alles das, was sich vor dem Richter sagen lässt, bevor er die Sache selbst kennen lernt." Ziel des Proömions ist es, beim Hörer (ἀκροατής) Aufmerksamkeit

1. Panegyrische Eröffnung: Prol. 1-3
2. Vorgänger bzw. Gewährsleute: Prol. 4-14
3. Captatio benevolentiae: Prol.15-26
4. Autobiographisches: Prol. 7.27f.
5. Notwendigkeit und Schwierigkeit des Unternehmens: Prol. 20.30-33
6. Zweck des Werkes und Adressaten: Prol. 4-6.13f.34-36
7. Publikationstermini: Prol. 12.33: συγγράφειν, ἐκδιδόναι

Da nach antiker literarischer Praxis das Proömion[99] gewissermaßen als kunstvolle Ouvertüre namentlich epischen, dramatischen oder historischen Opera vorangestellt wurde, kann diese Intention auch dem Enkel unterstellt werden, wie dies Di Lella[100] unternimmt, wenn er Parallelen zu den Vorworten (*prefaces*) klassischer und hellenistischer Autoren herstellt.[101] Den topischen Ähnlichkeiten zu den von Di Lella genannten griechischen Autoren stehen aber auch augenfällige Differenzen gegenüber, die das eigenständige literarische Profil des Übersetzers erkennen lassen: Ungewöhnlich breit ist im Sir-Prolog Autobiographisches[102] entfaltet, wenngleich der Übersetzer trotz alledem namenlos bleibt, während in

---

und Wohlwollen zu evozieren. So bei Anaximenes (4.Jh. v.Chr.), Ars rhetorica 29 [*ed*. M. FUHRMANN, Leipzig 1966]: ... ἵνα γινώσκωσι, περὶ ὧν ὁ λόγος, παρακολουθῶσί τε τῇ ὑποθέσει, καὶ ἐπὶ τὸ προσέχειν παρακαλέσαι καὶ καθ᾿ ὅσον τῷ λόγῳ δυνατὸν εὔνους ἡμῖν αὐτοὺς ποιῆσαι. Quintilian rekurriert auf drei Hauptpunkte des Proömions: Wohlwollen, Aufmerksamkeit und Gelehrsamkeit des Publikums; vgl. *Institutio oratoria* IV 1,5: *id fieri tribus maxime rebus inter auctores plurimos constat, si benevolum, attentum, docilem fecerimus*. Ebenso soll auch im Proömion das Ziel der sich daran anschließenden Rede plausibel den Adressaten vor Augen geführt werden (vgl. Aristoteles, *rhet.* 1415a22-24: τὸ μὲν οὖν ἀναγκαιότατον ἔργον τοῦ προοιμίου καὶ ἴδιον τοῦτο, δηλῶσαι τί ἐστιν τὸ τέλος οὗ ἕνεκα ὁ λόγος.

[99] Vgl. dazu die Titulatur προοιμιον in den codd. 637 (einem Zeugen von L), 443[s] sowie indirekt Syh.

[100] P. SKEHAN - A.A. DI LELLA, Wisdom of Ben Sira 132. Von den Historikern nennt DI LELLA Herodot, Thukydides und Polybios sowie die Mediziner Dioscorides Pedanus (*De materia medica*) und Hippokrates (*De prisca medicina*), im Bereich jüdisch-christlicher Literatur den Aristeasbrief, Josephus (*Contra Apionem*) und Lk (1,1-4).

[101] SKEHAN, der für die Übersetzung und den textkritischen Anmerkungen verantwortlich zeichnet, betitelt allerdings den "Prolog" nicht als *preface* oder *prologue*, sondern als *foreword*.

[102] Um Wohlwollen beim Publikum zu erlangen, äußert sich der Redner zu seiner Person in der Regel nur sehr kurz; vgl. Schol. Dem. I,1: τὸ μὲν γὰρ ἐν τῇ λέξει μέτριον καὶ ἐπιεικὲς ἦθος ἔχον εὔνουν ποιεῖ τὸν ἀκροατήν. Wird aber dennoch das Autobiographische breiter angelegt als üblich, so versucht man dies mit der Sache an sich in Zusammenhang zu bringen (vgl. Cic. Pro Sulla 1,2; Pro Rabirio).

Herodots "Proömion"[103] zu seinen Historien nicht mehr als Name und Herkunft, wenn auch an exponierter Stelle, fallen: Ἡροδότου Ἁλικαρνησσέος ἱστορίης ἀπόδεξις κτλ. Auch in Thukydides' Einleitung[104] zum Peloponnesischen Krieg ist der Fall ähnlich: Θουκυδίδης Ἀθηναῖος ξυνέγραψε τὸν πόλεμον τῶν Πελοποννησίων καὶ Ἀθηναίων, ὡς ἐπολέμησαν πρὸς ἀλλήλους κτλ.[105]

Ein besonderes Charakteristikum des Prologs ist seine rhythmische und zudem periodisch[106] gestaltete Ausprägung. Erst A. RAHLFS hat diese wertvolle Beobachtung gemacht und deshalb als erster Editor den Prolog nicht prosaisch in *scriptio continua* gesetzt, wie dies ausnahmslos alle vorhergehenden Herausgeber[107] unternahmen, sondern entsprechend den Satzklauseln *quasi-stichisch* angeordnet und lediglich im textkritischen Apparat Anmerkungen zur Rhythmik angebracht.[108]

Nach E. NORDEN[109] zeichnet sich die rhythmisierte Rede, die nach antiker Vorstellung[110] mit der periodisierten identisch zu sehen ist, durch hochpoetische Worte (ἐκλογὴ ὀνομάτων) und Wortverbindungen (σύνθεσις ὀνομάτων) aus. Auch in dieser Hinsicht zeigt der Prolog auffällige Übereinstimmungen. Von daher erscheint in Anbetracht poetisch-rhetorischer Wortwahl die literarische Analyse des Prologs besonders aufschlußreich für die dieser Studie zugrundeliegende Thematik.

---

[103] Zur Frage, ob hier terminologisch evident von Proömion gesprochen werden kann, äußerte sich T. KRISCHER, Herodots Prooimion, in: Hermes 93 (1965) 159-167, skeptisch.

[104] Aufgrund der Darstellungsweise und Ausführlichkeit des Vorspanns zum peloponnesischen Krieg (§§ 1-23) kann nicht von einem komprimierten, in sich abgeschlossenen Proömion (qua Kleingattung) gesprochen werden. Näheres hierzu K. BEYER, Das Prooemium im Geschichtswerk des Thukydides, Marburg 1971.

[105] Bei Hippokrates (de prisca medicina), Flavius Josephus (contra Apionem), Polybios (historiae) sowie Dioscorides Pedanus (de materia medica) sind autobiographische Angaben weitgehend verdrängt.

[106] Der gesamte Prolog besteht nur aus drei Satzperioden.

[107] Vgl. z.B. die Druckausgaben von DRUSIUS 1596, LINDE 1795, BRETSCHNEIDER 1806, FRITZSCHE 1871, SWETE 1901-7.

[108] Leider äußerte sich A. RAHLFS nicht weiter zu seiner Beobachtung. ZIEGLER übernahm in seiner Sirach-Ausgabe diese *quasi-stichische* Schreibung des Prologs kommentarlos. Da diese aber weder handschriftlich noch sachlich (der Prolog zeigt eindeutig prosaisches Gepräge) legitimiert werden kann, hätte die Göttinger Edition nicht zuletzt der besseren Lesbarkeit wegen auf die bewährte 'scriptio continua' zurückgreifen können.

[109] Antike Kunstprosa, Leipzig-Berlin 1923, 41f.

[110] Cic. *or. 170, de or. III 195*; Quint. *Inst. IX 4,22.*

Diese bereits auf formal-stilistischer Ebene ausweisbare Tendenz literarischer Souveränität und rhetorischen Selbstbewußtseins bestätigt und verstärkt sich in inhaltlicher Hinsicht. In dem in drei Sinnabschnitte[111] zu gliedernden Prolog kommt der Übersetzer im ersten Teilabschnitt unmittelbar nach seiner panegyrischen Eröffnung hinsichtlich des hohen Gutes der heiligen Schrift, wofür Israel Ruhm gebühre, auf die theologische Bedeutung und Funktion[112] der Lesekundigen/Schriftgelehrten (ἀναγινώσκοντες) zu sprechen, unter die auch sein Großvater[113] יֵשׁוּעַ zu rechnen sei. Mit dessen biographischer und theologischer Würdigung[114] endet der erste Sinnabschnitt. Der Formulierung ὁ πάππος μου ist aus zwei Gründen besondere Aufmerksamkeit zu widmen. Einerseits ist damit die theologische und literarische Einordnung des Verfassers und seiner Weisheitsschrift hergestellt; andererseits wird zugleich, sozusagen in einem Atemzug, die personale Beziehung des Übersetzers zum Verfasser den Adressaten gewiß nicht unbeabsichtigt vor Augen geführt. Danach kann der Leserkreis vom Übersetzer Authentizität als auch legitimierte Kompetenz in der Wiedergabe bzw. Umsetzung des hebräischen Originals des Großvaters (ὁ πάππος μου) erwarten.

Daher überrascht es umso mehr, wenn der Enkel zu Beginn des zweiten Abschnitts in Form einer *captatio benevolentiae* um Nachsicht und Gunst für eventuelle Mängel seiner Übersetzung wirbt.[115] Erhaben und eloquent zugleich weiß er diese im Blick auf die grundsätzliche Problematik einer Übersetzung (aus dem Hebräischen) zu entschuldigen, zumal

---

[111] So mit HART, Prologue 284 und DI LELLA, Wisdom 132 gegen N. PETERS, Das Buch Jesus Sirach oder Ecclesiasticus. Übersetzt und erklärt (EHAT 25), Münster 1913, 2, der von zwei Abschnitten ausgeht.

[112] καὶ ὡς οὐ μόνον αὐτοὺς τοὺς ἀναγινώσκοντας δέον ἐστὶν ἐπιστήμονας γίνεσθαι, ἀλλὰ καὶ τοῖς ἐκτὸς δύνασθαι τοὺς φιλομαθοῦντας χρησίμους εἶναι καὶ λέγοντας καὶ γράφοντας (Prol. 4-6).

[113] Auch er hat seine Weisheitsschrift zu dem Zweck verfaßt, ὅπως οἱ φιλομαθεῖς καὶ τούτων ἔνοχοι γενόμενοι πολλῷ μᾶλλον ἐπιπροσθῶσιν διὰ τῆς ἐννόμου βιώσεως (Prol. 13f).

[114] ὁ πάππος μου Ἰησοῦς ἐπὶ πλεῖον ἑαυτὸν δοὺς εἴς τε τὴν τοῦ νόμου καὶ τῶν προφητῶν καὶ τῶν ἄλλων πατρίων βιβλίων ἀνάγνωσιν καὶ ἐν τούτοις ἱκανὴν ἕξιν περιποιησάμενος προήχθη καὶ αὐτὸς συγγράψαι τι τῶν εἰς παιδείαν καὶ σοφίαν ἀνηκόντων (Prol. 7-12).

[115] Παρακέκλησθε [...] συγγνώμην ἔχειν ἐφ᾽ οἷς ἂν δοκῶμεν τῶν κατὰ τὴν ἑρμηνείαν πεφιλοπονημένων τισὶν τῶν λέξεων ἀδυναμεῖν (Prol. 15-20). Die in der *captatio benevolentiae* gewählte **Pluralform** δοκῶμεν (vgl. hingegen Prol. 30 ἐθέμην) kann nicht so verstanden werden, als hätte er *nicht allein* diese Übersetzung abgefaßt. So bereits HART, Prologue 297. Hinsichtlich des Numeruswechsels vgl. MOULTON, Einleitung 137, worin hervorgeht, "daß »ich« und »wir« ... durchweg ohne Sinn und Verstand mit einander wechseln."

auch seinen Vorgängern (Konkurrenten?)[116] das gleiche Schicksal wider-
fahren sei.[117] Damit gesteht der Enkel de facto nicht nur Übersetzungsfehler ein, sondern scheint möglicherweise auch eigene Akzentverschiebun-
gen vom Original rechtfertigen zu wollen.
Der dritte Sinnabschnitt zeigt stark autobiographische Züge, die nicht
um ihrer selbst willen angebracht wurden. Selbstbewußt spricht der Übersetzer von seiner eigenen Person, wodurch der Leser Einblick in seinen
Lebenslauf (v.a. Herkunft) gewinnen soll. Unverkennbar wird deutlich:
Der Übersetzer will nicht stillschweigend und anonym[118] hinter das hebräische Original bzw. seine griechische Übersetzung zurücktreten, wie
dies beispielsweise bei den Übersetzern des griechischen Pentateuchs der
Fall ist, von denen wir keinerlei primäre Informationen haben. Darüber
hinaus kann gemutmaßt werden, daß sowohl die Tatsache der Abfassung
des Prologs[119] an sich als auch die in ihm enthaltene autobiographische
Notiz darauf hinweisen, daß zu dieser Zeit (Ende des 2. Jh. v. Chr.) griechischen Übersetzungen (hier: Sirachübersetzung) wenigstens in der grie-
chischsprachigen (ägyptischen) Diaspora ein solches Eigengewicht gegenüber der hebräischen Grundschrift zuteil wurde, daß der Bezug zum
fremdsprachigen[120] Original stark an Bedeutung verlor.[121]

---

[116] Dieser apologetische Hieb auf die anderen LXX-Übersetzer, die ebenfalls nicht mit
Isodynamie (vgl. Prol. 21 οὐ γὰρ ἰσοδυναμεῖ) ins Griechische zu übersetzen in der
Lage gewesen seien, könnte durchaus in Zusammenhang mit der Auseinandersetzung um unterschiedliche LXX-Fassungen bzw. -rezensionen (vgl. Aristeasbrief) gesehen werden.

[117] οὐ γὰρ ἰσοδυναμεῖ αὐτὰ ἐν ἑαυτοῖς Ἑβραϊστὶ λεγόμενα καὶ ὅταν μεταχθῇ εἰς
ἑτέραν γλῶσσαν· οὐ μόνον δὲ ταῦτα, ἀλλὰ καὶ αὐτὸς ὁ νόμος καὶ αἱ προφητεῖαι
καὶ τὰ λοιπὰ τῶν βιβλίων οὐ μικρὰν ἔχει τὴν διαφορὰν ἐν ἑαυτοῖς λεγόμενα
(Prol. 21-26).

[118] Zwar bleibt für uns der Übersetzer dem Namen nach völlig unbekannt, seine ver-
wandtschaftliche Beziehung (ὁ πάππος μου) zum Verfasser des Originals, ישׁמעֹ, ist
offensichtlich. Man kann daraus ersehen, daß dem Enkel der Hinweis auf seine
familiäre Abstammung wichtiger war als die explizite Erwähnung seines eigenen
Namens.

[119] Gerade die Tatsache, daß eine ausgefeilte »Vorrede« der Übersetzung vorangestellt
wird, sowie explizit ein Publikationsterminus (Prol. 33: ἐκδιδόναι) Verwendung
findet, kann als Indiz dafür gewertet werden, daß diese Übersetzung (GrI) als Buchveröffentlichung qua weisheitlich-philosophische Literatur für literarisch gebildete
Zielgruppen jüdischen Glaubens (vgl. Prol. 34f.: τοῖς ἐν τῇ παροικίᾳ βουλομένοις
φιλομαθεῖν προκατασκευαζομένους τὰ ἤθη ἐννόμως βιοτεύειν) bestimmt war.
Danach liegt bei dieser Übersetzung als Verwendungszweck (»Sitz im Leben«) nicht
vornehmlich praktische, sondern vielmehr intellektuelle und literarische Zielsetzung
vor.

[120] Als späteste hebräisch/aramäische Zeugnisse auf ägyptischem Terrain sind einzig ins
3./2. Jh. v. Chr. zu datierende Grabinschriften und unliterarische Papyri aus Edfu zu

Resümee:
Alle bisher vorgebrachten Einzelbeobachtungen veranlassen zu der wenn
auch erst vorläufigen Schlußfolgerung, daß wir es bei diesem Übersetzer
mit einem gegenüber der bis dahin gebräuchlichen Septuaginta-Tradition
durchaus selbstbewußten, rhetorisch versierten Literaten und Theologen
zu tun haben.[122] Daß dieses souveräne Selbstverständnis des Enkels, wie
es sich im Prolog manifestiert, auch Einfluß auf Wortwahl[123] und Übersetzungsweise, insbesondere da, wo feste Übersetzungsmuster der ihm
vorausgehenden Septuaginta-Tradition vorgegeben waren, ausgeübt haben, wird sich noch im Laufe der übersetzungstechnischen Detailuntersuchungen dieser Studie erweisen.

3.1.2 Zur Übersetzung des Enkels (GrI)

Die nach den Angaben des Prologs vom Enkel unternommene Übersetzung[124] der hebräisch abgefaßten Weisheitsschrift des Großvaters liegt der

---

benennen. Detailliertere Angaben dazu s. R. DEGEN, Zu den aramäischen Texten
aus Edfu, in: NESE 3 (1978) 59-66 sowie W. KORNFELD, Zu den aramäischen Inschriften aus Edfu, in: WZKM 71 (1978) 49-52. Zum hebräisch/aramäischen
Sprachwechsel vgl. A. ANGERSTORFER, Überlegungen zu Sprache und Sitz im Leben
des Toratargums 4Q Tg Lev (4Q 156), sein Verhältnis zu Targum Onkelos, in: BN
55 (1990) 18-35, hier: 18f.

[121] Beispielsweise hat J. FICHTNER, Der AT-Text der Sapientia Salomonis, in: ZAW 57
(1939) 155-192, hier: 190, nachgewiesen, "daß die Sap da, wo ATliche Stoffe benutzt werden, niemals mit dem hebräischen Urtext gegen die griechischen Übersetzungen geht, dagegen aber nicht selten eindeutig gegen den hebräischen Text mit einer griechischen Version." Hierbei ist es nicht von Belang, ob Weish o' oder Lesarten, die uns bei den jüngeren Übersetzern (v.a. σ') bekannt sind, folgt.

[122] Andererseits haben namhafte Exegeten die lexikalische und übersetzungstechnische
Abhängigkeit von LXX hervorgehoben. Vgl. z.B. SMEND, Weisheit LXIII und ZIEG-
LER, Wortschatz 282. Eine eher entgegengesetzte Position vertreten F.V. REITERER,
»Urtext« sowie WRIGHT, Difference.

[123] In diesem Begriff ist ebenso auch die Verwendung bestimmter Wortbildungstypen (s.
Kap. V) impliziert.

[124] Die Annahme, daß es sich bei GrI wahrscheinlich um die erste griechische "*Ur*"-
Übersetzung dieser Weisheitsschrift - wenigstens auf alexandrinischem Terrain -
handelt, die zudem auf eine durch den Prolog näher zu charakterisierende Überset-
zerpersönlichkeit zurückführt, liegt aufgrund des Hinweises der **dringenden Notwendigkeit einer griechischen Fassung** nahe: ἀναγκαιότατον ἐθέμην καὶ αὐτός
τινα προσενέγκασθαι σπουδὴν καὶ φιλοπονίαν τοῦ μεθερμηνεῦσαι τήνδε τὴν
βίβλιον (Prol. 30). Zur jüngsten Bewertung des durch die Namen P.A. DE LAGARDE
(Einheitshypothese) und P. KAHLE (Targumhypothese) bekannt gewordenen Ur-
Septuaginta-Streits vgl. R. HANHART, Zum gegenwärtigen Stand der Septuagintafor-

gesamtgriechischen Sirachüberlieferung (Vulgärtext) zugrunde. Abgesehen von einzelnen Auslassungen und nicht wenigen überlieferungsbedingten Entstellungen wird sie nach SMEND[125] *"am reinsten"* in den Unzialen B (= Sixt.), S*, A und C sowie in den von B abhängigen Handschriften, insbesondere 68-744-768, repräsentiert (sixtinische Textform).[126] Dennoch muß auch bei diesen sicheren GrI-Textzeugen die Möglichkeit der Kontamination durch GrII-Lesarten in der textkritischen Diskussion bedacht werden.[127]

Die zeitliche Ansetzung, die für die Bestimmung von Wortschatz und Wortwahl große Bedeutung hat, ergibt sich explizit aus dem dritten Sinnabschnitt des Prologs (Prol. 27-36), in dem der Enkel abschließend auf seine eigene Person[128] zu sprechen kommt. Aufgrund der Zeitangabe ἐν γὰρ ὀγδόῳ καὶ τριακοστῷ ἔτει ἐπὶ τοῦ Εὐεργέτου βασιλέως (Prol. 27) kann das Jahr 132 v. Chr. (= 38. **Regierungsjahr**[129] des Königs Ptolemaios VII. Physkon Euergetes II.) als *terminus post quem* der Übersetzungsarbeit bestimmt werden. Allerdings haben U. WILKEN[130] aufgrund der besonderen temporalen Verwendung der Präposition ἐπί in den unliterarischen Papyri und R. SMEND[131] - jedoch mit anderen Argumenten - darauf hingewiesen, daß der Enkel erst nach dem Tode des genannten Herrschers (117 v. Chr.) mit seiner Übersetzung bzw. dessen Herausgabe zum Abschluß kam, was "für die Datierung des Sirach, aber auch für die der LXX nicht gleichgültig"[132] sein dürfte.

Für unsere Untersuchung der Septuaginta-Hapaxlegomena ergibt sich damit das aufschlußreiche Faktum, daß zu der Zeit, als der Enkel an seine Übersetzungsarbeit ging, bereits der größte Teil der uns masoretisch über-

---

schung, in: A. PIETERSMA - C. COX, De Septuaginta (FS J.W. WEVERS), Toronto-Brandon 1984, 3-18.

[125] Weisheit XCI.

[126] Von den Tochterübersetzungen ist namentlich Cop ein wichtiger Zeuge von GrI, da sie v.a. cod. B sehr nahesteht.

[127] S. dazu bereits ZIEGLER, Die hexaplarische Bearbeitung 182.

[128] Auf literarisches Profil des Übersetzers deutet neben der Abfassung seines Prologs auch die Ich-Rede (im Gegensatz zum sonst üblichen Er-Stil) hin: Prol. 30 ἀναγκαιότατον ἐθέμην; in Prol. 19 jedoch spricht der Übersetzer von der 1. Person Plural (δοκῶμεν) spricht, was nicht zwingend als echter Plural, sondern vielmehr als *'pluralis maiestatis'* zu verstehen ist. Vgl. hierzu auch Anm. 115.

[129] Vgl. G.A. DEISSMANN, Bibelstudien 235.

[130] Archiv für Papyrusforschung III, 1906, 321f.

[131] Weisheit 3f. Von weitreichender Bedeutung für diese zeitliche Ansetzung ist vor allem das [LXX]Hplg[Sir] συγχρονίζειν (Prol. 28).

[132] SMEND, Weisheit 4.

lieferten Bücher übersetzt[133] war (sog. Übersetzungsseptuaginta) und ihm
sicherlich - in welcher Textform auch immer - vorlag, wie seine lexikalischen und terminologischen Anleihen und Zitate zeigen.[134] Umso mehr
stellt sich damit die Frage nach der Motivation des Übersetzers, in der
'Übersetzungs-Septuaginta' bisher nicht belegte Begriffe ([LXX]Hplg) zu verwenden.

Hinsichtlich der handschriftlichen Beschaffenheit (im Sinne der Authentizität gegenüber dem »Autographon«) der GrI-Vorlage, die ja einzig
ausschlaggebend für Untersuchungen übersetzungstechnischer und lexikalischer Art ist, muß mit R. SMEND darauf hingewiesen werden, daß dem
Enkel nicht das Original des Großvaters, wie man den Informationen des
Prologs nach erwarten könnte, zur Verfügung stand, sondern "eine viel
jüngere Kopie in flüchtiger Quadratschrift"[135], die nicht wenigen Lesefeh-
lern von seiten des Enkels Vorschub leistete. Zudem war die GrI-Vorlage
"an vielen Stellen verderbt und glossiert"[136]. In Anschluß an R. SMEND
hat M.H. SEGAL[137] in einem textgeschichtlichen Beitrag zum hebräischen
Sirach an vielen GrI-Stichen nachgewiesen, "that the Hebrew text used by
the translator must have differed in many passages from the original text
of the author"(S. 91). Unter diese Differenzen fallen vor allem Lesefehler
bzw. Schreibfehler in der Vorlage, Umstellungen, Auslassungen und Zusätze.

Ein weiteres, bei Analyse der Übersetzungstechnik zu beachtendes
Faktum ist, daß die hebräische Vorlage von GrI offensichtlich stark Defektivschreibung aufwies, die ebenso im Masadatext zu ersehen ist, während die Kairoer Textzeugen überwiegend sekundäre Pleneschreibung zeigen und damit Wortarten bzw. Verbformen überliefern, die nicht zwingend sein müssen.[138]

---

[133] Nach G.B. CAIRD hingegen (Ben Sira and the Dating of the Septuagint, in: E.A.
LIVINGSTONE (ed.), Studia Evangelica VII (TU 126), Berlin 1982, 95-100) war zur
Zeit des Enkels die LXX noch nicht komplett übersetzt. Zu den methodologischen
Schwächen s. WRIGHT, Difference 139-142.

[134] Vgl. z.B. SMEND, Weisheit LXIII, ZIEGLER, Wortschatz 274-287 sowie REITERER,
»Urtext« 248f (schließt aber auch die Möglichkeit einer nachträglichen Revision
nach LXX nicht aus). Eine entgegengesetzte Position vertritt WRIGHT, Difference.

[135] SMEND, Weisheit CL. In Anm. 1 auf S. CLI schließt SMEND aus der Tatsache, daß
keine Verwechslungen von Buchstaben aus der althebräischen Schrift nachgewiesen
werden können, auf quadratschriftliche Abfassung des Originals.

[136] SMEND, Weisheit CLI.

[137] The Evolution of the Hebrew Text of Ben Sira, in: JQR NS 25 (1934/35) 91-149,
hier: 91-98.

[138] Vom handschriftlichen Befund her muß Pleneschreibung als ein Indiz dafür gewertet
werden, daß dieser Text (Rolle) für einen Leserkreis bestimmt war, der nicht mehr

Die Tatsache, daß **alle** griechischen Sir-Handschriften[139] eine an sich nicht gravierende Kapitelvertauschung[140] aufweisen, ist in handschriftlicher Sicht insofern aufschlußreich, als dadurch erwiesen ist, daß die gesamte direkte griechische Sirachüberlieferung sowie die davon abhängigen Tochterübersetzungen auf einen **einzigen** *Kodex* zurückgehen müssen, der ursächlich infolge von Quaternionenvertauschungen für diese Textumstellung verantwortlich ist.[141] Denn im Gegensatz zu einem *volumen* (Rolle) ist nur bei einem *codex* eine Blattvertauschung möglich und auch anderweitig (bei einzelnen Hs.) bezeugt.[142] Da die Buchform des *codex* erst im 1. Jh. n. Chr. (Papyruscodex[143]) bzw. im 2. Jh. n. Chr. (Perga-

---

die Sprachkompetenz aufwies, die nötig war, den Text eindeutig zu verstehen. Umso auffälliger und in textkritischer Hinsicht wichtiger sind Lesarten, die entgegen der handschriftlichen Tendenz *defektiv* geschrieben sind. Andererseits kann ausgeprägte Pleneschreibung, wie sie in vielen Qumrantexten ersichtlich ist (z.B. לא - לוא; ה- כה, auch auf *rezitative* Verwendung hinweisen.

[139] Leider erlaubt das erst kürzlich entdeckte griechische Sirachfragment (cod. 336a) aus dem 14. Jh. 33(36),1-13a keinen Rückschluß, ob auch dieser Textzeuge besagte Kapitelvertauschung aufweist. Jedenfalls kann 336a keiner der von ZIEGLER eingeteilten Handschriftengruppen eindeutig zugeordnet werden. Vgl. R.B. WRIGHT - R.R. HANN, A New Fragment of the Greek Text of Sirach, in: JBL 94 (1975) 111f.

[140] Vertauscht wurden die Textpartien (30,27)33,13b (λαμπρὰ καρδία καὶ ἀγαθὴ ἐπὶ ἐδέσμασιν) - 36(33),16a (Κἀγὼ ἔσχατος ἠγρύπνησα) und 30(33),25 (ὡς καλαμώμενος ὀπίσω τρυγητῶν) - 33(36),13a (συνάγαγε πάσας φύλαις Ιακωβ).

[141] Bereits J.H.A. HART, Prologue 285, kam aufgrund dieser Kapitelvertauschung zur Einsicht, daß der gesamten Sir-Überlieferung nur eine Handschrift zugrunde lag, äußerte sich aber nicht detailliert zu den textkritischen Konsequenzen:
"The more serious dislocation of the Greek text, which is found in all our manuscripts of the book, is enough to show, that all come from one exemplar."

[142] Zur Blattvertauschung in der Pausanias- und Iamblich-Überlieferung vgl. A. DILLER, The Manuscripts of Pausanias, 501-525, hier 512, sowie H. HUNGER, Besprechung von M. Sicherl, Die Handschriften, Ausgaben und Übersetzungen von Iamblichos 'De Mysteriis', 526-534, hier 532, in: D. HARFLINGER, Griechische Kodikologie und Textüberlieferung, Darmstadt 1980.

[143] Bereits Martial (I 2,1-4) empfiehlt in seinen in die Jahre 84-86 n. Chr. fallenden Epigrammen den Kauf seiner Werke in der Gestalt von handlichen *membranae* (Pergamenthefte) bzw. *pugillares membranei* (Schreibtäfelchen aus Pergament):
Qui tecum cupis meos ubicumque libellos
et comites longae quaeris habere viae,
Hos eme, quos artat brevibus membrana tabellis:
scrinia da magnis, me manus una capit.
Von Pergamentcodices aus dem 1./2. Jh. n. Chr. sind lediglich Reste aus Euripides' Kreterinnen sowie ein Demosthenesfragment gefunden worden. S. dazu R.A. PACK, The Greek and Latin Literary Texts from Greco-Roman Egypt, AnnArbor ²1965, 293.300.437.

mentcodex[144]) aufkam, muß das 1. Jh. n. Chr., wahrscheinlicher aber das
2. Jh. n. Chr. als *terminus post quem* der Blattvertauschung[145] und damit
des Hyparchetyps angesehen werden.

Demnach schöpft als einzige von Gr abhängige Tochterübersetzung[146]
La, die die ursprüngliche Kapitelreihenfolge (nach H) bewahrt hat, noch
aus einer griechischen Vorlage, die **vor** dieser Blattvertauschung zu datieren ist bzw. gegenüber der uns überlieferten griechischen Sir-Tradition
unabhängig ist.[147] Das aber bedeutet, daß die griechische Handschrift, die
La vorlag, und der *codex*, von dem die Blattvertauschung ausging, beide
Hyparchetypi sind, die an sich gleichberechtigt nach den besseren Lesarten zu befragen sind, wenngleich die zu erschließende La-Vorlage unter
dem Einfluß von GrII steht (s.u.).

Mit dieser Feststellung relativiert sich jedoch der textkritische Wert der
gesamten griechischen Sirachüberlieferung, da sie letztlich auf nur einen

---

[144] Die ältesten griechischen Bibelkodizes sind in das 2. Jh. n. Chr. zu datieren und sind
ausnahmslos Papyruscodices. Aufgrund der Möglichkeit der beidseitigen Beschrif-
tung (*verso* in gleicher Qualität wie *recto*) gewann der Pergamentcodex nicht nur in
der christlichen Textüberlieferung große Bedeutung. S. ferner E. PÖHLMANN, Einführung in die Überlieferungsgeschichte und in die Textkritik der antiken Literatur,
Darmstadt 1994, 1-7.79-86.

[145] Anders dagegen A.A. DI LELLA, Authenticity of the Geniza Fragments of Sirach, in:
Bib. 44 (1963) 171-200, hier 175:
   "From this evidence we can conclude that by the end of the third century or
   some time during the fourth century A.D., at the very latest, the displace-
   ment of chapters in the Greek manuscript tradition was complete."

[146] Auch Syr sowie die davon abhänige arabische Tochterübersetzung in der *Waltoner
Polyglotte* weisen die korrekte Kapitelzählung auf, da sie bekanntlich direkt bzw.
indirekt auf den hebräischen Text zurückgehen. Bereits O.F. FRITZSCHE, Die Weisheit Jesus-Sirach's (Kurz gefasstes exegetisches Handbuch zu den Apokryphen des
Alten Testaments 5), Leipzig 1859, 169f. hat mit textkritischem Scharfsinn ohne
Kenntnis der hebräischen Textzeugen lediglich aus Syr und La die richtige Kapitelreihenfolge erschlossen.

[147] Demgegenüber äußert sich allerdings THIELE, Sirach 148, außerordentlich skeptisch
und zurückhaltend:
   "So einleuchtend die inneren Gründe gegen die Reihenfolge der griechischen Handschriften auch sind, so bleibt mir doch die textgeschichtliche Bedeutung des Befun-
   des unklar. Mit einer zufälligen Vertauschung der Lagen in einer Einzelhandschrift,
   von der dann alle anderen abhängig wären, kann man nur rechnen, wenn man (mit
   Rahlfs und Ziegler) in 36,16b LXX κατακληρονομησον mit L[-248] rezensiert und die
   Lesart der übrigen Zeugen κατεκληρονομησα als sekundäre Angleichung an 36,16a
   LXX ηγρυπνησα ansieht. [...] Ist es undenkbar, daß ein ursprünglicher Fehler des
   griechischen Originals vorliegt, der in der Vorlage der lateinischen Überlieferung
   nach dem Hebräischen verbessert wurde?"

einzigen Textzeugen (codex) basiert.[148] Diese Erkenntnis hat dazu geführt, daß man bisweilen gegen die gesamte griechische Sirachtradition mit La konjizieren glaubte zu sollen.

Gr 3,14 als Fallbeispiel:
ἐλεημοσύνη γὰρ πατρὸς [π̅ρ̅ς̅] οὐκ ἐπιλησθήσεται
καὶ ἀντὶ ἁμαρτιῶν προσανοικοδομηθήσεταί σοι.

Mit Ausnahme von 743 (προσανακομισθησεται) findet sich in allen Sirachcodices, die diesen Vers wiedergeben, das monströse Triplaverb[149] προσανοικοδομεῖν, das den Mikrokontext von V.14 empfindlich stört. G.D. KILPATRICK[150] hat gegen **alle** griechischen Textzeugen folgende scharfsinnige Konjektur vorgeschlagen: πατρὸς ἀνοικοδομηθήσεται. Danach ist die Präposition προσ- als von V.14a in V.14b eingedrungener Lesefehler der handschriftlichen Abkürzung π̅ρ̅ς̅ für πατρός entstanden. Nach La *matris* (= μ̅ρ̅ς̅) müßte wohl μητρός gestanden haben. Somit ergibt sich für 3,14b folgender Wortlaut, der der parallelen Gegenüberstellung von Vater und Mutter in 3,2-4.9.11.16 offensichtlich entgegenkommt: καὶ ἀντὶ ἁμαρτιῶν μητρὸς ἀνοικοδομηθήσεταί σοι.

Allerdings übersieht KILPATRICK zwei nicht unwichtige Aspekte, die gegen seine Konjektur sprechen:

a) Der Begriff ist entgegen seinen Behauptungen (solely lexicographical) noch dreimal[151] anderweitig belegt und daher nicht zwingend ein lexikalisches »Überlieferungsmonster«.

---

[148] Allerdings scheint ZIEGLER, Sapientia 27.29, der in textkritischer Hinsicht weitreichenden Dimension dieses Tatbestands im Rahmen der *recensio* nicht gebührend Rechnung getragen zu haben, wenn er in der Einleitung lediglich zur Problematik der Umstellungen in La (S. 27) und zur Kapitel- und Verszählung (S. 29) lapidar bemerkt:
"Besonders bedeutsam ist die ursprünglich mit H übereinstimmende Reihenfolge in La, die in G und allen Versionen fälschlich umgestellt ist ...; damit ist die in Sir. verwirrende Kapitel- und Verszählung noch mehr durcheinander geraten." (S. 27)
"La hat als einziger Zeuge die ursprüngliche Anordnung der Kap. 30/36 (siehe oben S. 27) bewahrt; dadurch steht in jeder Vulgata-Ausgabe die richtige Folge." (S. 29)

[149] Dieser Begriff für Komposita mit Doppelpräposition geht auf E. MAYSER, Grammatik der griechischen Papyri aus der Ptolemäerzeit. Mit Einschluß der gleichzeitigen Ostraka und der in Ägypten verfaßten Inschriften I/3, Berlin 1936, 240 zurück.

[150] προσανοικοδομηθήσεται Ecclus. iii 14, in: JThS 44 (1943) 147f.

[151] Heron, Dioptra 6, 117 (*ed.* H. SCHÖNE 1903); Historia Alexandri Magni, rec. γ II 35a,26 (*ed.* H. ENGELMANN 1963) [= Palladius, De gentibus Indiae et Bragmanibus (sp.) 2, 26].

b) GrI hat eine Vorliebe für προσ-Komposita, insbesondere für solche, die in der Septuaginta überhaupt nicht mehr (^{LXX}Hplg^{Sir}) und innerhalb der Gesamtgräzität nur sehr selten begegnen (s. **Wortst.**) und daher Anhaltspunkte für stilistische und übersetzungstechnische Typisierung bieten: 4,3 προσταράσσειν, 13,3 προσεμβριμᾶσθαι, 13,21 προσαπωθεῖν, 13,22 προσεπιτιμᾶν, 13,23 προσανατρέπειν.[152]

Resümee:
KILPATRICKS Konjektur erscheint zwar auf den ersten Blick aus paläographischen und kontextlichen Gründen plausibel, bei Berücksichtigung der GrI-Wortwahl bzw. -Wortbildung (s. obige Einwände) jedoch fraglich.[153]

Im Vergleich zu anderen LXX-Büchern (näherhin zum griechischen Pentateuch) muß bei Gr unverhältnismäßig oft - sogar gegen die Überzahl der Gr-Zeugen - mit dem Lateiner (bisweilen auch gegen ihn) und mit Syr (wo evident ist, daß sie gegen H mit La geht) konjiziert werden. Die Frage ist nur, ob die so erschlossene Lesart nicht zwangsläufig GrII zugeordnet werden muß. Insbesondere SMEND und KATZ[154] haben sich zu Recht des Konjizierens befleißigt, während RAHLFS und ZIEGLER zurückhaltender gegen die Gr-Überlieferung neue Lesarten erschlossen haben.[155]

An vier Beispielen, wo RAHLFS (Ra.) und ZIEGLER (Zi.) sich gegen SMENDS (Sm.) bzw. KATZ'S (Ka.) Konjekturen entschieden haben, soll vor dem Hintergrund der oben besprochenen handschriftlichen Einstufung der griechischen Textzeugen erneut die Frage nach der plausibelsten Lesart aufgeworfen werden:

1,22 Ra. Zi. ἡ γὰρ ῥοπὴ τοῦ θυμοῦ αὐτοῦ πτῶσις αὐτῷ
La: *iracundia enim animositatis illius subversio illius est* H⁰ Syr: *om.*

---

[152] Den all diesen Verben anhaftenden adverbialen Nebensinn (προσ- *darüber hinaus, zusätzlich*) übersetzt La nur 2mal (13,21f) eigens (*et; insuper*).

[153] Der in der textkritischen Argumentation häufig vorgebrachte Grundsatz der Priorität der *lectio difficilior* vor der *lectio facilior* trägt im Einzelfall nicht immer. Zwar kann die leichtere Lesart oft überzeugend als bewußte sprachliche Glättung oder gedankliche Vereinfachung erklärt werden. Andererseits aber ist es gerade bei Büchern mit schlechter Textüberlieferung (z.B. Gr) möglich, daß eine Stelle unbeabsichtigt zur *lectio difficilior* verdorben ist.

[154] In der Besprechung der RAHLFS'SCHEN LXX-Edition 278f.

[155] Gegenüber Ra. und den vorausgehenden Sirachausgaben liegt ein großer Vorteil in der Göttinger Edition darin, daß erstmals ZIEGLER gute Konjekturvorschläge (vor allem von SMEND und KATZ) in den Apparat aufgenommen hat. Gerade solche zusätzlichen Informationen bereichern die textkritische Diskussion.

Sm. und Ka. (auch HART) konjizieren aufgrund S* La (*iracundia*) ὀργη mit Verweis auf 10,18(22) ὀργὴ θυμοῦ (La *iracundia*) und 45,19(23) ἐν θυμῷ ὀργῆς (La *in impetu iracundiae*), während Ra. und Zi. mit der Mehrheit der Textzeugen, die allerdings erwiesenermaßen auf nur einen *codex* zurückgehen, an dem zumeist bewährten Grundsatz der *lectio difficilior* festhalten. Eine schwierigere Lesart kann jedoch auch durch Textverderbnis, die in Gr vielfach zu beobachten ist, hervorgerufen sein, zumal wenn der an sich geläufige[156] Begriff ῥοπή, der möglicherweise infolge einer nicht seltenen ο- ρ-Metathese aus ὀργὴ entstanden ist, in Verbindung mit dem Genitivattribut θυμοῦ sowohl phraseologisch als auch semantisch Schwierigkeiten bereitet.

14,11b Ra. Zi. καὶ προσφορὰς κυρίῳ ἀξίως πρόσαγε[157]
    La: *et Deo bonas oblationes offer*
    Syr *al*.: ܟܐܘ ܐܪ ܚܝܠ ܐܪ̈ܢܟܪܐ ܠܘ

Sm. konjiziert προσφορας αξιας mit La (*dignas* [*bonas^Gpl*] *oblationes*) und aufgrund des Fehlens von ἀξίως in Syh 106 sowie der veränderten Wortstellung in 70 (αξιως κυριω). Es ist unwahrscheinlich, daß hier La eine GrII-Lesart repräsentiert. Vielmehr scheint A in Ω, ohne beträchtlichen Schaden am Kontext hervorzurufen, korrumpiert zu sein, wie alle Handschriften mit Ausnahme von 755 (αξιους) zeigen. Allerdings ist auch der Rückschluß möglich, daß La einer fehlerhaften Vorlage (α statt ω) zum Opfer gefallen sein könnte.

42,11d Ra. Zi. καὶ καταισχύνη σε ἐν πλήθει πολλῶν
    La: *et confundat te in multitudine populi*
    Syr: ܟܕܐܡܗ ܐܡܐܘܠ ܒܚܠ ܕܬܡܒܫܐ
H^B: וְהֹבַשְׁתְּ עֲדַת שַׁעַר H^Bmargl: וְהוֹשַׁבְתָּךְ H^BmargII: וְהוֹבִישְׁתָּךְ

Sm. konjiziert in Analogie zu 7,7 ἐν πλήθει πόλεως (H^A בְעֵדַת שַׁעֲרֵי אֵל; Syr ܚܒܐܠܐ ܕܬܡܒܫܐ ܗܕܐ ܐܡܐ) für πολλῶν das Nomen πολεως. In 42,11 übersetzt La *in multitudine populi*, das jedoch nach L^-248 und Syr λαου voraussetzt. Andererseits scheint auch HERKENNES Konjektur (πυλων) durch die von 46^s gebotene Lesart πολων, die sicher nicht unbedarfte Verschreibung von πολλων ist, erwägenswert. Resümierend ist festzuhalten, daß das durch die Überlieferung gesicherte πολλων[158] (weder

---

[156] Im TLG # D mehr als 1700mal, in LXX 7mal belegt. Dagegen ZIEGLER, Sapientia 21: "Jedoch ist das seltene ῥοπή nicht anzutasten."

[157] H^A 14,11bc völlig anders: וְאִם יֵשׁ לְךָ הֵיטִיב לְךָ וְלָאֵל יָדְךָ הֹדֵשׁ.

[158] Der Ausdruck πλῆθος πολλῶν (eine "Menge von vielen") ist phraseologisch außergewöhnlich. Von daher auch die in 358 443 672 679 Sa überlieferte *lectio facilior* πληθει πολλω ("*Volksauflauf*"); vgl. Mk 3,7f; Lk 5,6.

durch La noch durch Syr gestützt) gegen die näher an H orientierte, vari-
antenlose Lesart in 7,7 πόλεως (GrI?) steht.

48,11b Ra. Zi. καὶ οἱ ἐν ἀγαπήσει κεκοιμημένοι[159]
        La: *et in amicitia tua decorati sunt*
        Syr al.:   ܟܕ ܛܒ ܠܐ ܡܢܝܬ ܐܝܬ ܐܠܐ ܚܒܝܐ ܢܘܝܐ

Sm. hält ἐν ἀγαπήσει (bzw. ἀγάπῃ S* bzw. ἀγάπῃ σου 547 S^c 543
545^c La Aeth) für "sinnlos und verderbt"[160]. Deshalb konjiziert er aufgrund der Analogie zu 38,23[161] das graphisch ähnliche ἐν ἀναπαύσει,
ohne dafür jedoch einen griechischen Textzeugen benennen zu können.

Resümee:
Aus diesen Beispielen kann - so hypothetisch die Konjekturen auch sein
mögen - ersehen werden, wie berechtigt Zweifel an der überlieferten Lesart der Gr-Textzeugen sind. Von daher stehen Untersuchungen sirazidischer Wortwahl und Übersetzungstechnik zu einem nicht zu unterschät-
zenden Grad unter textkritischem Vorbehalt.

3.1.3 Zur zweiten Übersetzung (GrII)

GrII wird in der von 248 (ein Hauptzeuge für L) und Syh (ein Hauptzeuge für O) angeführten Handschriftengruppe[162] sowie durch die Vetus
Latina (La), deren "Vorlage von der zweiten Übersetzung wohl noch stärker beeinflusst war als irgend eine griechische Handschrift"[163], repräsentiert. Nach 248 (= *editio Complutensis*) wird GrII auch unter der Bezeichnung "complutensische Textform" geführt.[164]

---

[159] In H^B sind zu diesem Halbvers auf dem Faksimile-Foto nur drei Buchstaben zu ent-
       ziffern: הר:.. ... ך.. La (*decorati*) las wohl in seiner griechischen Vorlage das
       "korrupte" (?) κεκοσμημενοι.
[160] SMEND, Weisheit z.St.
[161] ἐν ἀναπαύσει νεκροῦ κατάπαυσον τὸ μνημόσυνον αὐτοῦ
       H^B י ישבות ומ מושבת H^Bmarg זי ישבות מת ושבת זכרו כשבות מת.
[162] S^ca V 70 253 (= Hauptzeuge für O) 23 106 55 254 Slav, aber auch die Väterzitate
       (v.a. Clemens von Alexandrien und die späteren biblischen Florilegien).
[163] SMEND, Weisheit XCVIII.
[164] Wichtige Detailuntersuchungen zu GrII: A. SCHLATTER, Das neu gefundene hebräi-
       sche Stück des Sirach. Der Glossator des griechischen Sirach und seine Stellung in
       der Geschichte der jüdischen Theologie (BFChTh I,5-6), Gütersloh 1897; J.H.A.
       HART, Ecclesiasticus. The Greek Text of Codex 248 edited with a Textual Commen-
       tary and Prolegomena, Cambridge 1909; SMEND, Weisheit XCI-CXVIII; D. DE
       BRUYNE, Étude sur le texte latin de l'Ecclésiastique, in: RBen 40 (1928) 5-48;

Am augenfälligsten hebt sich GrII von der Übersetzung des Enkels durch Erweiterungen ab. SMEND[165] hat neben den lateinischen GrII-Lesarten[166] (mehr als 80 Verse) ca. 150 griechische Stichoi als Reste von GrII übersichtlich zusammengestellt. Gegenüber der Ausgabe von J. ZIEGLER, die als erste Sirachedition[167] dieses Plus mit in den Text (kenntlich durch kleineren Schriftsatz) aufnahm, ergeben sich folgende Differenzen[168]:

a) Stichoi, die Zi. gegen Sm. nicht zu GrII rechnet und daher in den textkritischen Apparat verweist:
3,28a;5,7c;5,1;9,9a;10,19;11,11;13,25;16,3bγδ (Sm. GrII[169] = H^B); 17,17c; 23,2; 23,4 (Sm. GrII[170]); 23,5; 50,29c.

b) Stichos, den Zi. gegen Sm. zu GrII rechnet: 3,7a[171].

c) Stichos, den Zi. gegen Sm. zu GrI rechnet: 17,17b.

Nach SMEND ist GrII nicht eine unabhängige neue Übersetzung, sondern "es scheint vielmehr, dass der zweite Übersetzer seinen Vorgänger nach Art eines Interpolators auf Grund eines erweiterten hebräischen Tex-

---

SEGAL, Evolution of the Hebrew Text of Ben Sira 104-110; C. KEARNS, The Expanded Text of Ecclesiasticus. Its Teaching on the Future Life as a Clue to Its Origin, Rom 1951 (Diss. masch.); BÖHMISCH, Die Textformen des Sirachbuches und ihre Zielgruppen; ders., Zur Theologie der erweiterten Textformen.

[165] Weisheit XCI-CXIII und SCHLATTER, Glossator 103-156.

[166] Angesichts der allgemeinen Überlieferungslage und insbesondere der stemmatischen Problematik lediglich zweier Hyparchetypi (s.o.) hätte aufgrund nicht nur der philologischen, sondern ebenso der theologischen Bedeutsamkeit von GrII wegen (vgl. ZIEGLER, Sapientia 69) die kritisch-selektive Aufnahme der bereits von SMEND, Weisheit IC-CXIII, notierten lateinischen GrII-Lesarten in der Göttinger Edition eine Bereicherung für die Auslegung des Siraziden (v.a. GrII) dargestellt.

[167] Zwar hat bereits GRABE (= cod. A) diese Zusätze in den Text aufgenommen, aber nicht vollständig. Hinzu kommt, daß trotz vieler wertvoller Konjekturen die mangelhafte Bewertung und Notierung des Variantenmaterials als Kardinalschwäche der GRABE'SCHEN Edition anzusehen sind. Vgl. ZIEGLER, Sapientia 45f. FRITZSCHE hat die Zusätze in den Apparat verwiesen.

[168] Bei den nun folgenden Versangaben wird von SMENDS Zählung ausgegangen. Sm. steht hier für SMEND, Weisheit IC-CXIII, Zi. für die Göttinger Sirach-Ausgabe.

[169] Vgl. SMEND, Weisheit XCII.

[170] In diesem Stichos ist ἀειγενής belegt, das innerhalb GrII nochmals (24,18) auftaucht. Unter wortstatistischem Aspekt ist dieser Begriff auffällig: innerhalb der Septuaginta nicht mehr belegt (^{LXX}Hplg s. S. 330f); innerhalb des NT und der frühchristlichen Literatur (vgl. WBA) kein einziger Beleg. Bei Einbeziehung der Gesamtgräzität ist dieser Begriff ebenfalls nur schwach belegt (weniger als 50 Belege).

[171] Zur Problematik der Zuordnung dieses Verses vgl. SKEHAN - DI LELLA, Wisdom of Ben Sira 154; R. BOHLEN, Die Ehrung der Eltern bei Ben Sira. Studien zur Motivation und Interpretation eines familienethischen Grundwertes in frühhellenistischer Zeit (TThSt 51), Trier 1991, 48.

tes korrigierte."[172] Hinsichtlich der Verifizierung von GrII-Bestandteilen ist zu beachten, daß keine einzige griechische Handschrift vollständig GrII *in Reinform* überliefert. Nicht selten führt jedoch La als verläßlichster GrII-Zeuge auf die Spur von GrII-Lesarten (Zusätze und Varianten zu GrI), die jedoch erst rückübersetzt werden müssen, aber gerade deswegen ein gewisses lexikalisches und semantisches Risiko bergen.

Demgegenüber weist ZIEGLER[173] darauf hin, daß "als »Reste« von GrII auch Wortlautänderungen (neue mit H übereinstimmende Wiedergaben), Umstellungen (nach H) und Auslassungen (nach H) verzeichnet werden müßten", was sich auch im Rahmen textkritischer Einzeluntersuchungen in vorliegender Studie bestätigte:

4,12 Gr καὶ οἱ ὀρθρίζοντες πρὸς αὐτὴν ἐμπλησθήσονται εὐφροσύνης
    La *et qui vigilaverint ad illam conplectebuntur placorem eius*
Sm. hält *conplebuntur* (vgl. Z* *replebuntur*) *placore* (vgl. LY²Z*Γ^{A2}g) *illius* für ursprünglicher und schließt aufgrund dessen in Analogie zu 39,18 (εὐδοκία *placor*) auf ευδοκια als GrII-Lesart, wenn sie nicht ursprünglich (= GrI) gegenüber dem eventuell fehlerhaften εὐφροσύνη ist.

6,5 Gr   καὶ γλῶσσα εὔλαλος πληθυνεῖ εὐπροσήγορα
    La   *et lingua eucharis in bono homine abundabit*
Auch hier stellt das von La aus der Vorlage transliterierte *eucharis* (= ευχαρις; vgl. Chrys IX 286 εὐχάριστος) bzw. *gratiosa* (La^{pc}) eine wichtige, in Gr nicht vertretene Variante dar, die mit guten Gründen GrII zuzusprechen ist.

20,14 Gr   οἱ γὰρ ὀφθαλμοὶ αὐτοῦ ἀνθ' ἑνὸς πολλοί
    La   *oculi enim illius septemplices sunt*
Sm. argumentiert hier ähnlich wie in 4,12: Wenn ἀνθ' ἑνὸς πολλοί nicht aus επταπλασιονες (nach La) korrumpiert ist, dann stellt sicherlich *septemplices* (= επταπλασιονες) die an H angeglichene GrII-Lesart dar.

Entsprechend SMENDS Theorie einer zweiten, von GrI abhängigen Übersetzung handelt es sich auch nach SEGAL[174] bei GrII um eine "revision of the grandson's version and its correction in places, where it was thought erroneous or defective" (S. 104). Dabei basiere GrII auf einer "new recension of the Hebrew text, which thus differed more or less materially from the Hebrew original of GrI" (S. 104). SEGAL datiert diese neue Rezension (H II), die GrII zugrunde lag, sehr früh, "probably pre-

---

[172] Weisheit XCV.
[173] Die hexaplarische Berarbeitung 182.
[174] Evolution of the Hebrew Text of Ben Sira 91-149.

Christian" (S. 109), da zur Zeit Clemens' von Alexandrien (150-215 n. Chr.) GrII bereits in hohem Ansehen gestanden habe. Ebenso setzt C. KEARNS[175] die Entstehung der Vorlage von GrII aufgrund eschatologischer Inhalte, der Parallelen zu Ps 15(16), Ps 16(17), Dtn 12 und dem apokryphen Jubiläenbuch, in vorchristliche Zeit an.

3.1.4 Der textkritische Wert von Syr und La hinsichtlich Gr

Die Peschitta zu Sirach[176] (Syr) ist nicht genuin Tochterübersetzung von Gr, wenngleich Abhängigkeiten feststellbar sind[177], sondern schöpft primär aus dem Hebräer, insbesondere aus dem erweiterten hebräischen Text (H II). Aufgrund zu vieler offensichtlicher Mängel jedoch kann Syr nur mit äußerster Vorsicht zur Textemendation herangezogen werden. Nach SMEND[178] ist Syr "wohl das schlechteste Uebersetzungswerk der syrischen Bibel". Es ist allenthalben erkennbar, daß der Übersetzer, der seine Version mindestens 300 Jahre nach GrI erstellt hat, vielfach nachlässig (ca. 370 Stichoi fehlen) und leichtfertig (sachliche Änderungen aufgrund inhaltlicher Bedenken) zu Werke gegangen ist.

Der hinter Syr stehende Übersetzer(kreis) hat bei seinem Versionsunternehmen stark die griechische Übersetzung benutzt[179] und bisweilen auch einen Kompromiß zwischen seiner H-Vorlage und der LXX-Lesart gesucht.[180] Doch kann die partielle Abhängigkeit von Syr gegenüber Gr auch durch nachträgliche Korrektur erklärt werden, da - wie H.-P. RÜGER[181] gezeigt hat - nicht selten die in der *Waltoner Polyglotte* abge-

---

[175] Expanded Text of Ecclesiasticus 89-224.

[176] Ediert von P. DE LAGARDE, Libri Veteris Testamenti Apocryphi Syriace, Osnabrück 1972 [ND Leipzig-London 1861]. In LAGARDES Edition nicht eingearbeitet ist allerdings der erst von A.M. CERIANI (Translatio Syra Pescitto Veteris Testamenti ex codice Ambrosiano IV, Milano 1883) im photolithographischen Druck herausgegebene *cod. Ambrosianus*.

[177] S. dazu S. 21 Anm. 75.

[178] Weisheit CXXXVII.

[179] So gehen Syr 43,1-10 sowie 26,19-27 fast wörtlich auf Gr zurück; s. SMEND, Weisheit CXXXIX.

[180] Vgl. SMEND, Weisheit CXXXIX-CXL. Dagegen ZIEGLERS (Sapientia 31) einseitige textkritische Bewertung von Syr: "Syr geht nicht auf G, sondern auf H zurück; deshalb wird Syr nur gelegentlich zitiert."
So vermißt man in der großen Göttinger Edition beispielsweise zur Stützung der Lesart ἁγίου in 43,10a [gegen ἁγίοις B La^pl und ἁγίων 613^c 631 Aeth (+ *eius*)] die von Gr abhängige Syr-Lesart (=Syh) ܩܕ ܝܫ (H^BBmarg אֵל, H^M אֲדֹנָי).

[181] Text und Textform 107-109.

druckte arabische Übersetzung (Arab^{WP}), welche Tochterübersetzung der Sirach-Peschitta ist[182], die ursprüngliche Syr-Lesart bewahrt hat.[183]

Beispielsweise wird in 3,8a die Lesart von H^A במאמר ובמעשה nicht nur durch Syh (ܒܚܠܬܐ ܘܒܥܒܕܐ) und Aeth, sondern auch durch Arab^{WP} بالقول والفعل gegen Gr ἐν ἔργῳ καὶ λόγῳ, La *in opere et sermone,* Syr ܒܥܒܕܐ ܘܒܚܠܬܐ gestützt. Erstaunlicherweise bietet jedoch die arabische Sinai-Handschrift 155 (Arab^{Sin}), die auf Gr zurückgeht, mit بالقول والفعال ebenfalls die Lesart, die durch Arab^{WP} bezeugt ist, obgleich dieser Textzeuge aus Syr schöpft.

Ebenso in 5,15: H^A מעט והרבה = Arab^{WP} بقليل ولا بكثير , La *pusillo et magno* gegen Gr ἐν μεγάλῳ καὶ ἐν μικρῷ (tr. 755 Arm II Anton. p.1036) und Syr ܣܓܝ ܘܒܙܥܘܪ und Arab^{Sin} باكبيروصغير .

Ebenso in 14,9b: H^A חלקו = Arab^{WP} (حظه) gegen Syr ܢܦܫܗ, La *animam suam,* Syh (ܢܦܫܗ ܕܝܠܗ), Gr ψυχήν (+ αυτου O-V L-694 La Aeth) und Arab^{Sin} نفسه.

M.M. WINTER[184] hat anhand etlicher Einzeluntersuchungen nicht ohne Widerspruch[185] aufzuzeigen versucht, "that a large number of alterations can be accounted for on the hypothesis that an Ebionite translated Ben Sira into Syriac and in doing so altered the wording to bring it into line with the distinctive theology of their sect."

---

[182] S. ferner W.D. MCHARDY, The Arab Text of Ecclesiasticus in the Bodleian Ms. Hunt 260, in: JThS 46 (1945) 30-41. Die arabische Sinai-Handschrift 155 hatte als Vorlage einen griechischen Sirachtext. Die Edition dieses Textzeugen, die ZIEGLER für seine Sirachausgabe noch nicht zur Verfügung stand, liegt nun vor in: R.M. FRANK, The Wisdom of Jesus Ben Sirach (CSCO 357/8 SA 30/1), Löwen 1974. Diese arabische Übersetzung ist ein wichtiger Zeuge für GrII; s. dazu FRANK, Wisdom XIV-XVII, hier XIV:
   "Fundamentally A belongs to a text tradition, chiefly witnessed in the remains of hexaplaric and Lucianic recensions, that has been labled GrII."
Eine wertvolle und weiterführende Studie zu den arabischen Sirachübersetzungen und ihren Vorlagen liegt in K.W. SAMAAN, Sept traductions arabes de Ben Sira (EHS.T 23/492), Frankfurt 1994 vor. Anhand z.T. nicht gerade aussagekräftiger Textpartien (für 1,1-12 und 24,1-22 steht kein hebräischer Text zur Verfügung!) kommt er zu dem Ergebnis, daß von den 7 untersuchten arabischen Übersetzungen zwei auf Syr, zwei auf GrII, eine auf die bohairische Version und zwei auf die Vulgata zurückgehen.

[183] Einer Revision bedarf daher SMENDS Urteil (Weisheit CXLVIII) hinsichtlich des textkritischen Werts von Arab^{WP}: "Für die Emendation des syrischen Textes ist die [arabische] Übersetzung von sehr geringem oder gar keinem Wert."

[184] The Origins of Ben Sira in Syriac, in: VT 27 (1977) 237-253, 494-507, hier: 251.

[185] Vgl. R.J. OWENS, The Early Syriac Text of Ben Sira in the Demonstrations of Aphrahat, in: JSS 34 (1989) 39-54.

Resümee:

In den hier selektiv behandelten Fällen stützt Arab^{WP} die Lesart des Kairoer Textzeugen nicht unerheblich. Von daher erhält Arab^{WP} für die textkritische Bewertung einer Syr-Lesart und damit für H besonderes Gewicht. Weiterhin ist ersichtlich, daß Anton. und Aeth wenigstens zu einem gewissen Grade einen nach H rezensierten Text vorauszusetzen scheinen. Trotz all dieser Beeinträchtigungen, und obwohl Syr bereits den erweiterten hebräischen Text (H II) voraussetzt, kann dennoch Syr im Einzelfall einen hilfreichen Beitrag zur Erhellung des textgeschichtlichen Werdegangs von GrI, insbesondere aber von GrII, leisten.

Der auf uns gekommene **lateinische** Sirach ist übersetzungskritisch keine einheitliche Größe. Denn wie P. THIELMANN[186] hinlänglich bewiesen hat, ist für Kap.1-43 und 51 ein anderer Übersetzer anzunehmen wie für Kap. 44-50. Darüber hinaus glaubt P. THIELMANN für den Prolog einen weiteren Übersetzer annehmen zu müssen.

Die *lateinische* Sirach-Tradition[187] (La) hat aufgrund der bereits behandelten handschriftlichen Einordung von Gr großen textkritischen Wert für die Emendation des griechischen Textes. Mitunter geht jedoch La gegen Gr auffällig mit H, weshalb La auch zur Sicherung hebräischer Lesarten (gegen Gr) herangezogen werden kann:

7,29   H^A ואת כהניו הקדיש

           Gr   καὶ τοὺς ἱερεῖς αὐτοῦ θαύμαζε

           La   *et sacerdotes illius sanctifica*

20,6b(7b)   H^C וכסיל לא ישמור עת

              Gr   ὁ δὲ λαπιστὴς καὶ ἄφρων ὑπερβήσεται καιρόν

              La   *lascivus autem et inprudens <u>non servabunt</u> tempus*

---

[186] Die lateinische Übersetzung des Buches Sirach, in: Archiv für lateinische Lexikographie und Grammatik 8 (1893) 501-561; ferner *ders.*, Die europäischen Bestandteile des lateinischen Sirach, in: Archiv für lateinische Lexikographie und Grammatik 9 (1896) 247-284. S. ferner hierzu auch H. HERKENNE, De Veteris Latinae Ecclesiastici capitibus I-LXIII una cum notis ex eiusdem libri translationibus Aethiopica, Armeniaca, Copticis, Latina Altera, Syrohexaplari depromptis, Lipsiae 1899. D. DE BRUYNE, Étude sur le texte de l'Ecclésiastique.

[187] Da Hieronymus keine Neuübersetzung hergestellt hatte, ist die altlateinische Übersetzung (La), erweitert durch den bis dahin fehlenden Prolog und die Kapitel 44-50 (laus patrum) in die Vulgata übernommen worden. Eine kritische Vulgata-Edition liegt vor in: Biblia Sacra Iuxta Latinam Vulgatam Versionem XII (Sapientia Salomonis, Liber Hiesu Filii Sirach), Roma 1964. W. THIELE ist seit 1987 damit betraut, Reste der altlateinische Bibel zum Buch Sirach (Ecclesiasticus) zu edieren (bisher bis Sir 16,21 erschienen).

44 Einleitung

30,16   H^B   אין עושר על עושר שר (H^Bmarg שאר) עצם
        Gr   οὐκ ἔστιν πλοῦτος βελτίων ὑγιείας σώματος
        La   *non est census super censum salutis corporis*

30,22   H^B   וגיל אדם האריך אפו
        Gr   καὶ ἀγαλλίαμα ἀνδρὸς μακροημέρευσις[188]
        La   *et exultatio viri est longevitas*

Da aber La der wichtigste Zeuge für GrII ist, ist La zur Herstellung
der Lesart von GrI nur bedingt geeignet, wie am folgenden Beispiel deutlich wird:

20,14b Ra. Zi.   οἱ γὰρ ὀφθαλμοὶ αὐτοῦ ἀνθ᾽ ἑνὸς πολλοί (H^0)
        La   *oculi enim illius septemplices sunt*
        Syr   ܟܠܗ ܓܝܪ ܥܝܢܘ̈ܗܝ ܒܚܕ ܣܓܝ̈ܐܢ

Trotz sprachlicher und kontextlicher Unversehrtheit in Gr konjiziert
Sm. (wie auch Ka.) nach La unter dem Vorbehalt, daß die so gewonnene
Lesart nicht GrII angehöre, ἑνὸς πολλοί in επταπλασιονες. Als Korrup-
tel verdächtig ist ἀνθ᾽ ἑνὸς insofern, als es gegenüber La (und Syr) singulär ist. Andererseits liefert die Wendung einen vorzüglichen Sinn. Ferner
müßte konsequenterweise auch die Herkunft von ἀνθ᾽ erklärt werden. Daß
La in seiner griechischen Vorlage επταπλασιονες las, liegt auf der Hand,
wenn man nicht annehmen will, daß hier La diekt nach H rezensiert wurde.[189] Aber man wird wohl diese Lesart, zumal »sieben« nach Syr in H
gestanden haben dürfte, GrII zuweisen müssen.

Daraus muß die nicht unerhebliche Schlußfolgerung gezogen werden,
daß La, wenn sie mit H und/oder Syr gegen Gr geht, *nicht ohne Vorbe-
halte* zur Textverbesserung von GrI herangezogen werden kann.

Andererseits ist an vielen Stellen zu erkennen, daß die griechische
Vorlage von La in einem ziemlich entstellten Zustand war, wie aus folgenden stichprobenartig gewählten Beispielen ersichtlich wird:

La 3,19:   *gloriam*   [δόξαν]   Gr 3,17: δότην
La 4,19:   *cogitationibus* [διανοήμασιν]   Gr 4,17: δικαιώμασιν
La 9,1:   *ostendas*   [δείξῃς]   Gr 9,1: διδάξῃς

---

[188] μακροημέρευσις bedeutet nach LSJ "length of days", das auch La in 1,12 mit *longi-
tudo dierum* wiedergibt. Von daher scheint die La-Version *longevitas* in 30,22 wohl
eher direkt auf H האריך אפו (nicht האריך יומים !) als auf Gr μακροημέρευσις
zurückzugehen.

[189] Vgl. hierzu auch ZIEGLER, Wortschatz 284, der hier eine übersetzungstechnisch signifikante Parallele zwischen Gr und Symmachus (Jer 15,9 שבע σ' πολλοί) sieht.

La 9,5:	*in decore* [εὐκοσμίαις]	Gr 9,5:	ἐπιτιμίοις
La 23,23:	*ore* [στόματι]	Gr 23,17:	σώματι
La 31,27	*velox* [ταχύς]	Gr 34(31),22	ἐντρεχής
La 44,20:	*similis* [ὅμοιος]	Gr 44,19:	μῶμος
La 48,26:	*retro rediit* [ἀνεπόδισεν]	Gr 48,23:	ἐνεπόδισεν
La 50,4:	*gentis* [λαοῦ]	Gr 50,5:	ναοῦ
La 50,12:	*partes* [μέρη]	Gr 50,12:	μέλη

Bei den o.g. selektiv gewählten Beispielen sind die Differenzen zwischen La und Gr ausnahmslos durch Hörfehler in der griechischen Vorlage von La zu erklären; textkritische Relevanz darf ihnen daher nicht beigemessen werden.

Diese textliche Verwilderung der griechischen Sirachüberlieferung zeigt sich auch in der aus Arab^Sin zu erschließenden Gr-Vorlage; auch hierzu nur stichprobenartige Beispiele[190]:

12,18:	يحتسب	[διαψηφήσει]	Gr:	διαψιθυρίσει
34(31),24:	كثيرا	[πολύς]	Gr:	πόλις[191]
35(32),16:	عطاياهم	[δωρήματα]	Gr:	δικαιώματα
40,19:	السنة	[τὸν νόμον]	Gr:	ὄνομα
40,21:	المدينة	[τὴν πόλιν]	Gr:	μέλη

---

[190] Vgl. hierzu FRANK, Wisdom of Jesus Ben Sirach VI-IX.
[191] Vgl. dazu auch die Variante πολλη in cod. 404.

3.2 Zur Problematik des hebräischen Originals (H)

3.2.1 Autor und Werk

In Anbetracht der gestellten Aufgabe ist hier nicht der Ort, in umfassender Weise zur einleitungswissenschaftlichen[192] Problemlage bezüglich Autor und Werk Stellung zu beziehen. Vielmehr sollen grundlegende, für die weitere Untersuchung relevant erscheinende Aspekte herausgegriffen und erneut einer kritischen Überprüfung unterzogen werden.

Nach Aussage des Übersetzers (Enkels) im Prolog (Prol. 7) lautet der Name des Verfassers (ὁ πάππος μου) Ἰησοῦς, was im Titel des Gesamtwerks nach Gr (Σοφία Ἰησοῦ Υἱοῦ Σιραχ) und in einer Überschrift (51,1: Προσευχὴ Ἰησοῦ Υἱοῦ Σιραχ) durch Zusatz eines Patronymikons bestätigt wird. Im ersten Nachwort (50,27-29) findet sich ebenfalls diese Namensbezeichnung, jedoch mit einer Erweiterung: (Ἰησοῦς υἱὸς Σιραχ) Ελεαζαρ ὁ Ἱεροσολυμίτης. Vom textkritischen Standpunkt aus kann Ἰησοῦς υἱὸς Σιραχ sowie die Herkunftsbezeichnung (ὁ Ἱεροσολυμίτης) als gesichert gelten[193], während bezüglich Ελεαζαρ unter Berücksichtigung der von zuverlässigen Textzeugen (68-744' La^{CΣ} eleazari Syh Aeth) überlieferten Variante Ελεαζαρου (Genitiv als verkürztes Patronymikon[194]) so zu verstehen ist, daß Eleazar der Vater von Σιραχ und somit der Großvater von Ἰησοῦς ist.[195] Damit ergibt sich von der griechischen Überliefe-

---

[192] Zu neueren Abhandlungen einleitungswissenschaftlicher und forschungsgeschichtlicher Fragen vgl. P.C. BEENTJES (ed.), The Book of Ben Sira in Modern Research. Proceedings of the First International Ben Sira Conference 28-31 July 1996 Soesterberg, Netherlands (BZAW 255), Berlin 1997; J. MARBÖCK, Das Buch Jesus Sirach, in: E. ZENGER u.a., Einleitung in das Alte Testament, Stuttgart u.a. 1995, 285-292; L. SCHRADER, Leiden und Gerechtigkeit. Studien zu Theologie und Textgeschichte des Sirachbuches (BET 27), Frankfurt a.M. 1994, 13-130; ferner O. KAISER, Grundriß der Einleitung in die kanonischen und deuterokanonischen Schriften des Alten Testaments III. Die poetischen und weisheitlichen Werke, Gütersloh 1994, 97-105. Zur Namensproblematik s. v.a. die detaillierte Besprechung bei REITERER, Bibliographie zu Ben Sira (BZAW 266), Berlin 1998, 1-10.

[193] Vgl. SCHRADER, Leiden und Gerechtigkeit 110.

[194] Vgl. Lk 6,15 Ἰάκωβος Ἀλφαίου (Jakob [der Sohn] des Alphäus). Ferner s. F. BLASS - A. DEBRUNNER - F. REHKOPF, Grammatik des neutestamentlichen Griechisch, Göttingen ¹⁷1990, 132 (§162).

[195] SCHRADER, Leiden und Gerechtigkeit 96, hält an der durch die Mehrzahl der Handschriften überlieferten Lesart Ελεαζαρ fest, steht aber hinsichtlich des zu erwartenden Patronymikons aufgrund des nicht überlieferten υἱός vor einem Problem (" ... wobei allerdings das Fehlen eines υἱὸς [sic!] zwischen Sirach und Elazar [sic!] befremdet.").

rung her folgender Name: Jesus, der Sohn des Sirach, des Sohnes Elea-
zars.

Trotzdem bleibt auffällig, daß der Enkel an exponierter Stelle[196] (Prol.
7) von seinem Großvater nur mit Ἰησοῦς (ohne Patronymikon) redet. Daher scheinen die Patronymika[197] im Titel und in der Überschrift zu 51,1
auf das erste Nachwort (H^B 50,27-29) zurückzugehen, von dem wir nicht
mit letzter Sicherheit wissen, ob es authentisch ist d.h. vom Verfasser
selbst stammt.[198] Es ist durchaus denkbar, daß das gesamte Nachwort
Werk der Herausgeber[199] (Schüler) oder Textüberlieferer ist, die im Anschluß an die Weisheitsschrift eigene Angaben zur Person des Autors (theologische Würdigung, Genealogie, Herkunft) in Form eines Nachworts (Kolophon) anbringen wollten.

In den hebräischen Sirachtexten ist im ersten Nachwort (H^B 50,27-29)
folgender Namenszug überliefert: שמעון ישוע בן אלעזר בן סירא.
Schimon wird allgemein als Abschreibfehler betrachtet, der m.E. auch als
aus einer Verschreibung von ישוע entstanden erklärt werden kann.[200]
Das zweite Nachwort (H^B 51,30)[201] ist allem Anschein nach abhängig

---

[196] Der Leser erfährt hier zum erstenmal den Namen des Verfassers der hebräischen
Grundschrift, wenn man davon ausgeht, daß er vor der eigentlichen Lektüre vorweg
den Prolog liest.

[197] Inwieweit der Zusatz dieser Patronymika zum ἀναγινώσκων Ἰησοῦς in Zusammenhang mit der Abgrenzung zum Buch Josua (LXX ΙΗΣΟΥΣ) oder zu Ἰησοῦς Χριστός
von jüdischer und/oder christlicher Seite steht, läßt sich aufgrund fehlender Quellen
nicht ergründen. Interessant ist jedoch der Wortlaut im zweiten Nachwort H^B 51,30
ישוע שנקרא בן סירא, was auf einen »Ersatznamen« (neben ישוע) hindeutet.

[198] Vgl. Koh 12,9-11 (erstes Nachwort) bzw. 12,12-14 (zweites Nachwort). Beide Nach-
worte stammen nach A. LAUHA, Kohelet (BK XIX), Neukirchen 1978, 216, aus
zweiter Hand.

[199] Während z.B. J. HASPECKER (Gottesfurcht bei Jesus Sirach, Rom 1967) und J. MAR-
BÖCK (Das Buch Jesus Sirach) im Sirachbuch eindeutig eine formal und inhaltlich zusammenhängende Einheit in lockerer Form erkennen, geht SCHRADER (Leiden und
Gerechtigkeit 110) von der Annahme aus, daß es sich bei Ben Siras Weisheitsschrift
"nicht um ein innerlich zusammenhängendes Ganzes, sondern um eine Sammlung ursprünglich selbständiger literarischer Einheiten handelt", so daß also "zwischen dem
Datum der Herstellung dieser Sammlung, die wohl nach dem Tode des Verfassers er-
folgte und dem der Abfassung der einzelnen Einheiten unterschieden werden" muß.
S. hierzu auch J. MARBÖCK, Structure and Redaction History of the Book of Ben Sira. Review and Prospects, in: P.C. BEENTJES (*ed.*), The Book of Ben Sira in Modern
Research (BZAW 255), Berlin 1997, 61-79.

[200] Anders dagegen SMEND, Weisheit 492, und SCHRADER, Leiden und Gerechtigkeit
96, die eine Verschreibung von 50,1.24 (שמעון בן) postulieren.

[201] עד הנה דברי שמעון בן ישוע שנקרא בן סירא
חכמת שמעון בן ישוע בן אלעזר בן סירא.

vom ersten[202] und hat daher für die Eruierung des Verfassernamens keinen kulminativen Wert.

Nicht unwichtig zur Bewertung der Lesart in H[B] 50,27b ist Syr, die den H[B] entsprechenden Stichos ohne Angabe eines Verfassernamens überliefert.[203] Lediglich im zweiten Nachwort (51,30) bietet Syr einen auf der fragwürdigen Lesart שמעון basierenden Verfassernamen, der zudem genealogisch anders lautet: ܪܬܘܥܐ ܒܪ ܐܝܣܪܐ ܣܝܪܐ ܒܪ ܐܠܥܙܪ.

Von daher stellt sich erneut die Frage der Authentizität der Verfasserangabe nach H[B] in dem Sinne, ob der Autor diese Unterschrift authentisch d.h. persönlich gesetzt hat, oder ob sie im Laufe der Überlieferung möglicherweise schon in der Vorlage von GrI oder erst in der erweiterten Rezenion, auf die GrII basiert, hinzugekommen ist. Somit bleibt es fraglich, ob man tatsächlich davon sprechen kann, daß sich im Sirachbuch "erstmals ein jüdischer Verfasser mit seinem wirklichen Namen"[204] vorstellt. Wenn nun aber der ἀναγινώσκων Ἰησοῦς nicht von sich aus seinen eigenen Namen über/unter sein Werk gesetzt hat, sondern vielmehr vorzog, in gebotener traditioneller "*Bescheidenheit*" anonym zu bleiben, so muß auch die theologische und literarische Einordnung von Autor und Werk gegenüber dem »Gesetz, den Propheten und den Schriften« erneut überprüft werden, zumal wenn jüngst SCHRADER unter Annahme der Authentizität von 50,27 zu folgendem weitreichenden Ergebnis kommt:

> "Daran, daß der wirkliche Verfassername erscheint, zeigt sich der Individualismus der hellenistischen Zeit. Die jüdische Literatur tritt aus der bisherigen kollektiven Anonymität heraus."[205]

Aus GrI 50,27 (ὁ Ἱεροσολυμίτης) wissen wir, daß der Verfasser unserer Weisheitsschrift aus Palästina, näherhin Jerusalem stammte. Sowohl der Prolog (Prol. 4-14) als auch Sir 24,23-34 und 38,34-39,8 weisen ihn als Schriftgelehrten und Weisheitslehrer (ἀναγινώσκων) aus.[206]

---

[202] Vgl. die zweimalige Aufnahme des offensichtlich sekundären שמעון.

[203] Syr 50,27: ܚܡܠ ܬܚܠܟ ܐܠܟܕ ܐܬܣܕܬܐ ܘܐܪ̈ܢܘܬܕܐ ܐܡܘܬ ܚܕܡܬܝ ܚܡܣܘܬ ܗܘ ([*dies sind*] alles Worte von Weisen und Sinnsprüche [*Rätselworte*] von ihnen, [*welche*] aufgeschrieben sind in diesem Buch.

[204] SCHRADER, Leiden und Gerechtigkeit 96. Vgl. ferner G. SAUER, Jesus Sirach (JSHRZ III/5), Gütersloh 1981, 483: "Zum ersten Male in der israelitisch-jüdischen Literatur nennt der Verfasser selbst seinen Namen ...".

[205] SCHRADER, Leiden und Gerechtigkeit 96.

[206] Zu Schriftgelehrsamkeit und weisheitlichem Format Sirachs s. die detaillierte, auf weitere Sir-Textstellen zurückgreifende Untersuchung von H. STADELMANN, Ben Sira als Schriftgelehrter. Eine Untersuchung zum Berufsbild des vormakkabäischen Sofer unter Berücksichtigung seines Verhältnisses zu Priester-, Propheten- und Weisheitslehrertum (WUNT 2/6), Tübingen 1980, insbesondere 177-310.

Ein besonderes Augenmerk verdient Sirachs Stellung zu Kult und Priestertum, da bei einem positiven Ergebnis auch Rückwirkungen auf seine Sprache und Ausdrucksweise (z.B. priesterlich-kultische Terminologie) angenommen werden müssen. Aufgrund eingehender Analyse verschiedener Einzelstellen[207], die als werkimmanente Eigenaussagen die "Kultbetonung und Kultfreudigkeit des Siraziden" manifestieren, sowie der Parallele zu der "von Priestern (!) getragenen Weisheitstradition der Babylonier" kommt STADELMANN[208] zur Schlußfolgerung, "daß auch der Autor des Sirachbuches Priester gewesen ist." Demgegenüber meldet SCHRADER Bedenken insofern an, als Sirach, sooft er in Ich-Rede auftritt, sich nie ausdrücklich als Priester bezeichne. Darüber hinaus sei ebenfalls die "Nichterwähnung der Zugehörigkeit zum Priesterstand" im ersten Nachwort (50,27-29) und in 38,24-39,14 auffällig und erklärungsbedürftig. Demzufolge argumentiert SCHRADER:

"Der Befund läßt kaum eine andere Erklärung zu als die, daß
es sich bei Jesus Sirach um einen Laien handelte, der freilich
im Dienst des Jerusalemer Tempelstaates als Weisheitslehrer
und Schriftgelehrter fungierte, wobei es nicht zuletzt um die
Ausbildung angehender Priester ging."[209]

Die Frage, ob Sirach letztlich Priester oder bloß ein *dem Priestertum nahestehender Laie* war, muß vor dem Hintergrund der hier zu behan-

---

[207] Instruktiv für Sirachs Verhältnis zum Priestertum ist v.a. die Textstelle 7,29-31 nach H[A] und Gr: *Fürchte Gott von ganzem Herzen,/ seine Priester halt in Ehren* [הקדיש θαύμαζε La *sanctifica*]! *Liebe deinen Schöpfer mit aller Kraft,/ und laß seine Diener nie im Stich! Ehre Gott* [H Gr om. La *in tota anima tua*] *und achte den Priester,/ entrichte ihm den Anteil, wie es dir geboten ist* ...(nach EÜ).
Auffällig ist darüber hinaus die deutlich bevorzugte Hervorhebung der Priester Aaron, Samuel, Pinhas, Schimon im 'Lob der Väter' (Sir 44,1-50,24). Hinsichtlich Sirachs Verhältnis zu Kult vgl.: 31(34),21-32(35),20 (Opferpraxis); 38,16f. (Aufforderung zum Vollzug des Trauerritus); 47,2 (Opferritus als Metaphorik des Auserwähltseins). Zur soziologischen und kultischen Einordung Sirachs s. neben STADELMANN, Ben Sira als Schriftgelehrter 1-176 auch die detaillierte und insgesamt überzeugende Darstellung bei SCHRADER, Leiden und Gerechtigkeit 101-110.
[208] Ben Sira als Schriftgelehrter 54f.
[209] SCHRADER, Leiden und Gerechtigkeit 107. Diese Schlußfolgerung geht weit über den tatsächlichen Befund hinaus und erscheint hinsichtlich der Nomenklatur "Laie" sowie der Zweckbestimmung "Ausbildung angehender Priester" anachronistisch überzeichnet. Entgegen der These, daß Weisheitslehrer/Schriftgelehrte für die "Ausbildung angehender Priester" verantwortlich waren, vgl. Jer 18,18b, wonach funktionell scharf differenziert wird zwischen der Anweisung (תורה) des Priesters, der Raterteilung (עצה) des Weisen/Weisheitslehrers und der Verkündigung (דבר) des Propheten: כי לא־תאבד תורה מכהן ועצה מחכם ודבר מנביא.

delnden Thematik nicht entschieden werden.[210] Als einzig entscheidend und wichtig für die hier zu verhandelnde Thematik bleibt festzuhalten, daß Sirach sich kultisch-priesterlicher Terminologie[211] bedient, die prinzipiell nicht durch literarische Abhängigkeit gegenüber atl. Stellen erklärt zu werden braucht.[212]

Hinsichtlich der Datierung der Lebenszeit Sirachs und damit der Abfassung unserer Weisheitsschrift ist *opinio communis* in der Exegese, daß als *terminus ante quem* wenigstens die Zeit vor der unter Antiochus IV. Epiphanes erfolgten makkabäischen Erhebung[213], also vor 167 v. Chr., anzunehmen ist; ein solcher gravierender Einschnitt in der jüdischen Geschichte hätte einen so eifrigen Anhänger von Kult und Priestertum literarisch nicht unbeeinflußt gelassen. Abgesehen von wenigen Frühdatierungsversuchen dürfte Ben Siras weisheitliche Wirksamkeit (Akme) etwa in die Zeit zwischen 190 und 180 v. Chr fallen.[214]

3.2.2 Die Textfunde aus der Kairoer Geniza

Im Jahre 1896 fiel S. SCHECHTER, dem Talmudlektor an der Universität Cambridge, ein aus der Geniza der Karäer-Synagoge von Alt-Kairo

---

[210] Zur Bestreitung des priesterlichen Charakters von Sirach vgl. J. MARBÖCK, Sir 38,24-39,11: Der schriftgelehrte Weise. Ein Beitrag zu Gestalt und Werk Ben Siras, in: M. GILBERT (*éd.*), la Sagesse de l'Ancien Testament (BEThL 51), Gembloux-Löwen 1979, 293-316, hier 306.

[211] Zur kultischen Fachsprache in der Septuaginta s. z.B. S. DANIELS, Recherches sure le vocabulaire du culte dans la Septante (Études et Commentaires LXI), Paris 1966.

[212] 49,1 הממלח סמים קטרת sowie רוקח bzw. σύνθεσις θυμιάματος sowie μυρεψός sind kultische Ausdrücke, die nicht zwingend auf literarische Abhängigkeit von Ex 25,6; 30,7; 31,11; 35,18; 37,29; 39,38; 40,27; Lev 16,12; Num 4,16 (sowohl 𝔐 als auch LXX) schließen lassen. So auch STADELMANN, Ben Sira als Schriftgelehrter 54, dessen Argumentationsweise allerdings wie ein Zirkelschluß anmutet:
   "War er Priester, so waren ihm die Bestandteile der kultischen Duftstoffe durch den persönlichen Umgang bekannt, und er hatte es sich nicht nötig, die entsprechenden Pentateuchstellen heranzuziehen ..."
   Weitere Beispiele können angeführt werden: H^AQ 6,30 תכלת פתיל (vgl. Ex 28,28.37; 39,21.31; Num 15,38) κλῶσμα ὑακίνθινον (vgl. LXX Num 15,38); H^AQ 6,31 תפארת עטרת (vgl. Jes 62,3; Jer 13,18; Ez 16,12 u.a.) στέφανον ἀγαλλιάματος.

[213] Vgl. SCHRADER, Leiden und Gerechtigkeit 116.

[214] So mit PETERS, Ecclesiasticus XXXII; vgl. ferner ROST, Einleitung 50; KAISER, Grundriß der Einleitung III 101; MARBÖCK, Das Buch Jesus Sirach 289.

stammendes handschriftliches Fragment in die Hände, das er als Sirachtext identifizieren konnte. Eine daraufhin sich anschließende systematische
Suche führte in den Jahren 1896-1900[215], 1930/31[216], 1958[217], 1960[218]
und 1982[219] zu weiteren Funden und deren Edition. Insgesamt konnten
sechs mittelalterliche Handschriften (9.-12 Jh.) ausgemacht werden, die
die Siglen H^A, H^B, H^C, H^D, H^E und H^F erhielten.

Als dieser Studie zugrundeliegende kritische Gesamtausgabe wird primär der 1973 von Z. BEN-ḤAYYIM[220] herausgegebene Sirachtext, in dem
allerdings H^F noch fehlt, herangezogen.[221] Bei transkriptorischen Unklarheiten wurde freilich nicht selten die neueste Sir-Edition von P. BEENT-
JES, die ein möglichst originalgetreues Layout bietet und zudem als erste
auch H^F eingearbeitet hat, hinzugezogen. Den Wert dieser Textausgabe,
die aufgrund ihres Konzeptes hinsichtlich der bisher erschienenen Sir-
Texte ein *Novum* darstellt, hat J. SCHREINER in seiner Rezension ausdrücklich gewürdigt.[222] Dennoch bleiben für Spezialfragen (z.B. zur Unterscheidung und Zuordnung der verschiedenartigen Marginallesarten)
nach wie vor die Faksimiledrucke unentbehrlich. Auf der folgenden Seite

---

[215] Frühe Druckausgaben: L.H. STRACK, Die Sprüche Jesus', des Sohnes Sirachs. Der
jüngst gefundene hebräische Text mit Anmerkungen und Wörterbuch (SIJB 31),
Leipzig 1903, sowie I. LÉVI, The Hebrew Text of the Book of Ecclesiasticus Edited
with Brief Notes and a Selected Glossary (SSS 3), Leiden 1904. Aufgrund nicht weniger Transkriptionsfehler dieser beiden Editionen ist die Sirachausgabe von SMEND
- nicht nur weil ihm die Kairoer Fragmente im Original vorgelegen haben sollen,
sondern v.a. aufgrund seines textkritischen Scharfsinns - von besonderem Wert: Die
Weisheit des Jesus Sirach. Hebräisch und Deutsch mit einem hebräischen Glossar,
Berlin 1906.

[216] J. MARCUS, A Fifth MS. of Ben Sira, in: JQR 21 (1930/31) 223-240.

[217] J. SCHIRMANN, A New Leaf from the Hebrew »Ecclesiasticus« (Ben Sira), in: Tarbiz
27 (1958) 440-443.

[218] J. SCHIRMANN, Some Additional Leaves from Ecclesiasticus in Hebrew, in: Tarbiz
29 (1960) 125-134.

[219] A.A. DI LELLA, The Newly Discovered Sixth Manuscript of Ben Sira from the Cairo Geniza, in: Bib. 69 (1982) 226-238.

[220] The Book of Ben Sira. Text, Concordance and an Analysis of the Vocabulary, Jerusalem 1973.

[221] Die sich durch ihr polyglottes Layout (Gr La - H Syr) auszeichnende und daher gern
benutzte Edition von VATTIONI [Ecclesiastico. Testo ebraico con apparato critico e
versioni greca, latina e siriaca (Instituto Orientale di Napoli. Pubblicationi del Semi-
nario di Semitistica - Testi I], Napoli 1968) ist, was den hebräischen Text [= ND
LÉVI] betrifft, vielfach von textkritischen Unklarheiten und Mängeln behaftet.

[222] P.C. BEENTJES, The Book of Ben Sira in Hebrew. A Text Edition of All Extant Hebrew Manuscripts and a Synopsis of All Parallel Hebrew Ben Sira Texts (VT.S
LXVIII), Leiden 1997. Vgl. hierzu auch die Rezensionen von J. SCHREINER, in: BZ
42 (1998) 118f. und A. MÜLLER, in: BN 89 (1997) 19-21.

ist ein Blatt (Hs. B VI *recto*) aus dem Bestand der Taylor-Schechter-Collection abgebildet, das aufgrund seiner handschriftlichen Beschaffenheit eindrucksvoll die textkritische Bedeutung zeigt.[223]

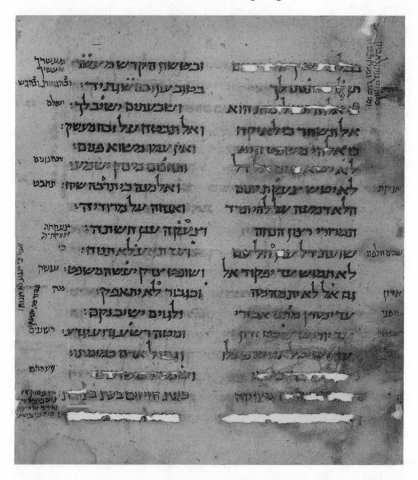

(Cambridge University Library, T.-S. 16.313; reproduced by permission of the Syndics; verkleinerte Abbildung - Originalformat 19 cm × 17 cm)

Sir 35,11-35,26d nach Handschrift B (H[B]) mit den verschiedenartigen Marginallesarten, die auf mindestens drei Hände zurückgehen dürften. Wichtig hierbei ist die Frage, welche Marginalnote ist echte Korrektur und welche Zeuge einer Rezension.

---

[223] S. hierzu auch den Fotoband von A. COWLEY - A. NEUBAUER, Facsimiles of the Fragments Hitherto Recovered of the Book of Ecclesiasticus in Hebrew, Oxford-Cambridge 1901.

Seit der erstmaligen Entdeckung einzelner Sirachfragmente wurden immer wieder Stimmen laut, die die Authentizität der Kairoer Sirachtexte entweder gänzlich oder teilweise in Frage stellten.[224] Trotz der Untersuchungen von E. KÖNIG[225] (bereits 1899) und A. FUCHS[226] (1907), die mit stichhaltigen Argumenten entschieden gegen die Rückübersetzungshypothesen eintraten, war das Problem der Originalität nie ganz zur Ruhe gekommen. Erneut aufgeworfen wurde diese Frage von J. ZIEGLER[227] (1964) und A.A. DI LELLA[228] (1965/66), von denen der eine in Sir 11,2b; 20,13a und 37,20b je ein Wort als Rückübersetzung aus dem Griechischen (Gr) und der andere einzelne Stichen[229] als Retroversionen aus dem Syrischen (Syr) zu erkennen glaubte. Dagegen wies H.-P. RÜGER mit überzeugender Beweiskraft nach, daß es sich bei den sowohl von ZIEGLER als auch von DI LELLA ins Auge gefaßten 'Rückübersetzungen' de facto um "genuin hebräische Glossen"[230] zum ursprünglichen hebräischen Sirach handelt, deren Entstehung auf jüdische Exegesepraxis zurückzuführen ist.

Zweifelsfrei widerlegt wurde die Rückübersetzungsthese erst durch die Sirach-Pergamentfunde (1965) aus Masada, die bei RÜGER (Text und Textform) noch nicht berücksichtigt waren. Denn der von Y. YADIN[231] edierte Masadatext, der paläographisch in die erste Hälfte des 1. Jh.s v. Chr. zu datieren ist, überliefert nach Einschätzung des Editors trotz nicht weniger schwerwiegender Differenzen[232] einen im Vergleich mit H^B im großen und ganzen identischen Text:

---

[224] D.S. MARGOLIOUTH, The Origin of the "Original Hebrew" of Ecclesiasticus, London 1899. G. BICKELL, Der hebräische Sirachtext eine Rückübersetzung, in: WZKM 13 (1899) 251-256.

[225] Die Originalität des neulich entdeckten hebräischen Sirachtextes, textkritisch, exegetisch und sprachgeschichtlich untersucht, Freiburg i.Br. u.a. 1899.

[226] Textkritische Untersuchungen zum hebräischen Ekklesiastikus. Das Plus des hebräischen Textes des Ekklesiastikus gegenüber der griechischen Übersetzung (Bst(F) XII/5), Freiburg 1907.

[227] Zwei Beiträge zu Sirach, in: BZ NF 8 (1964) 277-284 sowie ders., Ursprüngliche Lesarten 461-487.

[228] The Recently Identified Leaves of Sirach in Hebrew, in: Bib. 45 (1965) 163. Vgl. ebenso ders., The Hebrew Text of Sirach. A Text-Critical and Historical Study (SCL 1), London-Paris 1966, 106-142.

[229] Folgende Textstellen wurden von DI LELLA textkritisch als Retroversionen identifiziert: 5,4-6; 10,31; 15,14f.20; 16,3; 32,16.

[230] RÜGER, Text und Textform 4.8.

[231] The Ben Sira Scroll from Masada, Jerusalem 1965.

[232] S. hierzu die Kollationstabelle von Gr mit den je verschiedenen Lesarten von H^B, H^{Bmarg}, H^M, Syr und La (s. S. 58-64).

"The text of the scroll unquestionable confirms that Btext and the glosses of Bmarg represent the original Hebrew version ... in spite of many variants the scroll text is basically identical with that of the Genizah MSS."[233]

Ist damit die Echtheit der Kairoer Sirachtexte (d.h. keine Rückübersetzung!) offensichtlich, so weisen doch alle Manuskripte viele Schreibfehler und überlieferungsbedingte Entstellungen auf. Häufig sind ähnliche Buchstaben der in Quadratschrift geschriebenen Texte v.a. י und ו, ר und ד, כ und ב verwechselt[234] oder benachbarte durch Metathese vertauscht worden.[235] Nicht selten sind sogar Wörter umgestellt wie z.B in H^A 10,16 עד ערץ קעקע (statt עד קעקע ערץ).[236] Gelegentlich zeigen manche Stichen eine von Gr und Syr abweichende Wort-Reihenfolge an. Davon abgesehen können bei innerhandschriftlichen Dubletten und den wenigen parallel überlieferten Textpassagen auffällige Varianten vornehmlich lexikalischer Art festgestellt werden, die sich gewiß nicht ausschließlich als zufällige Verschreibungen der Überlieferer erklären lassen. H.-P. RÜGER hat durch seine Untersuchung der H^A-Dubletten und der Parallelüberlieferungen von H^A und H^C sowie von H^A und H^B eindeutig die Existenz zwei verschiedener Textformen aufgezeigt, deren "jüngere das Ergebnis einer unbewußt-bewußten Umgestaltung der älteren darstellt, einer Umgestaltung, die durch die sprachliche Interferenz von Seiten des Jüdisch-Aramäischen einerseits und die in der Zwischenzeit gewandelten ästhetischen und exegetischen Grundanschauungen andererseits verursacht wurde"[237]. Die ältere, in spätem Bibelhebräisch abgefaßte Textform zeige, so RÜGER, Parallelen zur GrI-Vorlage und entspreche dem hebräischen Original, während sich die jüngere, in Mischnahebräisch geschriebene Textform durch deutliche Beziehungen zu Syr und GrII auszeichne, weshalb es sich bei ihr um "das hebräische Original der zwischen 130 v.Chr. und 215 n.Chr. aufgekommenen sogenannten zweiten Übersetzung und der Peschitta"[238] handle.[239]

---

[233] YADIN, Ben Sira Scroll 7.10. Vgl. dagegen die berechtigte Kritik von SCHRADER, Leiden und Gerechtigkeit 18.

[234] Z.B. H^C 5,4a לו statt לי.

[235] Vgl. H^B 41,5: statt רעים steht ערים. H^B 43,13: statt ברק steht בקר.

[236] Vgl. Gr 10,16b: καὶ ἀπώλεσεν αὐτὰς ἕως θεμελίων γῆς.

[237] RÜGER, Text und Textform 112.

[238] RÜGER, Text und Textform 115.

[239] Eine entgegengesetzte Position, die von einer sekundären Anpassung an biblisches Hebräisch ausgeht, vertritt SCHRADER, Leiden und Gerechtigkeit 39-57. Zwischen beiden Thesen vermittelnd äußert sich BÖHMISCH, Textformen 162-164.

Resümee: Daraus ergibt sich für den hier zu verhandelnden übersetzungstechnischen Teilaspekt die Konsequenz, innerhalb des Kairoer Textkorpus' vornehmlich die Lesart der älteren Textform als GrI-Vorlage in Betracht zu ziehen und an den Stellen, wo nur eine einzige Lesart vorhanden
ist, wenigstens kritisch abzuwägen, welcher Textform sie aufgrund lexikalischer[240] und exegetischer Kriterien zugeordnet werden könnte. Bei Berücksichtigung der oben dargestellten Textentstellungen[241] und Textum-
formungen ist somit davon auszugehen, daß der Kairoer Geniza-Text nur
unter aufwendiger textkritischer Analyse für die Erschließung der Vorlage
von GrI (ebenso GrII und Syr) und für die Herstellung des originalen
Wortlauts herangezogen werden kann.

3.2.3 Sirachfragmente aus Qumran

Unter den zahllosen Fragmenten aus Höhle II von Ḥirbet Qumran iden-
tifizierte 1956 M. BAILLET[242] anhand zweier Lederfetzen Bruchstücke von
Versen des hebräischen Sirach (2Q18 = Sir 6,14f[243] ; 6,20-31) mit insge-
samt 40 mehr oder minder sicher entzifferbaren Buchstaben. Aufgrund
des hasmonäisch-herodianischen Schreibstils konnte ihr paläographisches
Alter in die zweite Hälfte des 1. Jh.s v. Chr. angesetzt werden. Die hs.
Überlieferung dieser hebräischen Sir-Belege war somit um mehr als 1000
Jahre älter als die der Kairoer Texte, die ins 9.-12. Jh. datiert werden.
Überraschend war auch die Beobachtung, daß 2Q18 bereits stichometrisch
angeordnet war und zudem in etwa dieselbe Lesart wie H[B] aufwies. Von
den lediglich fünf Wörtern, die ganz erhalten sind, ergeben sich fünf
Übereinstimmungen mit H[B]: 6,15 אין, 6,29 בגדי כתם und 6,31 תפארת
תעטרנה .

---

[240] Vgl. beispielsweise die Doppelüberlieferungen in 3,14:
  H[A] תנתע (H[Amarg] תנטע) / ותמור   (Mischnahebräisch = jüngere Textform)
  H[C] ותחת / תתנצ]ב[(Bibilischhebräisch = ältere Textform)
  Sowie in 3,16:
  H[A] ומכעיס   (Bibilischhebräisch = ältere Textform)
  H[C] יסחוב   (Mischnahebräisch = jüngere Textform)
[241] Am deutlichsten tritt die textliche Verwilderung im ursprünglich akrostichisch ange-
  legten Schlußgedicht (H[B] 51,13-30) sowie im Variantenmaterial von 30,11-36,3 zu
  Tage, wo kaum textkritisch sicher rekonstruiert werden kann.
[242] M. BAILLET - J. MILIK - B. DE VAUX, Les 'Petites Grottes' de Qumran (DJD III),
  Oxford 1962, 75-77.
[243] Oder 1,19f., was weniger wahrscheinlich scheint, da das zweite Fragment wiederum
  Lesarten aus Kap. 6 überliefert.

Ein weiterer Textfund trat in Höhle XI in Form einer vollständig erhaltenen (zunächst verschlossenen) Schriftrolle zutage, auf die man zwar bereits 1956 stieß, die aber erst 1961 geöffnet und 1962 durch J.A. SANDERS[244] ediert wurde (11QPs^a). Unter den ausschließlich poetisch-hymnischen, z.T. akrostichisierten Texten konnte ebenfalls ein hs. nahezu intaktes Textstück zu dem bereits in H^B überlieferten, ursprünglich als Akrostichon strukturierten Weisheitslied (51,13-20.30) ausgemacht werden (bricht jedoch mit der Kaf-Zeile ab). Wider Erwarten liegt kein expliziter Hinweis auf sirazidische Verfasserschaft vor, die SANDERS[245] schon deshalb ausschließt, da 11QPs^a davidische Autorschaft beansprucht.

Daraus ergibt sich die Frage, ob für Sir 51 (wenigstens VV. 13-30), das somit nicht auf Ben Sira selbst zurückgeht, der Enkel (GrI) als Übersetzer herangezogen werden kann. Denn SANDERS läßt kaum Zweifel aufkommen, daß GrI eine "interpretive recension of the canticle"[246] in der Weise darstellt, daß erotische Formulierungen und Anklänge von H^Q in GrI bezüglich des Verhältnisses des Weisen zur Weisheit weitgehend ersetzt bzw. getilgt wurden. Andererseits kann eine solche Zensur erotischen Vokabulars und Aussagen im übrigen Übersetzungswerk von GrI nicht festgestellt werden.[247]

Ein Vergleich[248] von H^Q, H^B und GrI ergibt, daß H^Q eine wohl "weitgehend" ursprünglichere Textform repräsentiert. Zwar geht GrI auffällig in einigen Varianten gegen H^B mit H^Q, daß aber diese in Qumran bezeugte Textform exakt die Vorlage von GrI war, muß unter Berücksichtigung der Differenzen gegenüber H^Q und der Parallelen mit H^B nicht zwangsläufig angenommen werden. Zu datieren ist die handschriftliche Abfassung des Fragments ins 1. Jh. n. Chr.[249]

---

[244] The Psalms Scroll of Qumrân Cave 11 (11QPs^a), DJD IV, Oxford 1965, 79-85.

[245] Psalms Scroll 83. SCHRADER, Leiden und Gerechtigkeit 75, hingegen schließt die Möglichkeit nicht aus, "daß er [Ben Sira] eine literarische Vorlage aufnahm und in seinem Sinn bearbeitete." Handschriftlich ist allerdings bemerkenswert, daß zwischen H^B 51,12o und 51,13 wohl bewußt eine Zeile freigelassen wurde; vgl. hierzu das entsprechende Faksimilefoto bzw. BEENTJES, Book of Ben Sira 93, der dies ebenso (im Gegensatz zu den Ausgaben von BEN-ḤAYYIM und VATTIONI) notiert hat.

[246] SANDERS, Psalms Scroll 83.

[247] Vgl. folgende ^{LXX}Hplg^{Sir}, die sicherlich nicht zur Annahme veranlassen, daß der Übersetzer von GrI (Enkel) grundsätzlich verbale Zurückhaltung erotisch-sexueller Ausdrücke zeige: 9,3 ἑταιρίζειν ("huren"); 9,8 εὔμορφος ("attraktiv, von erotischer Gestalt"); 20,4 ἀποπαρθενοῦν ("entjungfern"); 23,16.17 πόρνος ("Hurer bzw. Besucher eines Bordells"); 36(33),6: ὀχεία ("Begattungssprung des Hengstes").

[248] Vgl. die synoptische Gegenüberstellung von H^Q, H^B und Gr bei SANDERS, Psalms Scroll 80.

[249] SANDERS, Psalms Scroll 79.

3.2.4 Der Masadatext

Im Jahre 1964 entdeckte ein Ausgrabungsteam unter der Leitung von Y. YADIN in der Kasematte 1109 der östlichen Festungsmauer von Masada Schriftrollenfragmente des hebräischen Sirach, die die Kapitel 39,27-43,30 und 44,1-17 bruchstückhaft enthalten. Mittels archäologischer[250] und paläographischer[251] Indizien kann die Abfassung dieser Abschrift eindeutig in die erste Hälfte des 1. Jh.s v. Chr. datiert werden. Damit ist das Masadafragment das älteste uns erhaltene Textmaterial der Weisheit Ben Siras. Bereits ein Jahr nach Auffindung der Fragmente legte Y. YADIN eine vorbildliche textkritische Edition vor, die nur an sehr wenigen Stellen durch die 1973 herausgegebene Jerusalemer Gesamtausgabe korrigiert werden mußte.[252] Wie sich noch zeigen wird (s.u.), geht Gr weitgehend mit H^M gegen H^B, wobei H^{Bmarg} oftmals die Lesart aus Masada bestätigt.

Eine detaillierte textkritische Besprechung von H^M und den Varianten von H^B und H^{Bmarg} sowie den alten Übersetzungen (vornehmlich Syr und Gr) wurde neuerdings von SCHRADER vorgelegt, dessen Resümee lautet:

"Der Einzelvergleich der Lesarten, die nicht auf Versehen, sondern auf absichtlicher Änderung beruhen, zeigt mit hinreichender
Deutlichkeit das Nebeneinander zweier Textformen des hebräischen Sirachbuches, wobei die jüngere Textform das Ergebnis einer planmäßigen, im wesentlichen sprachlichen Überarbeitung der
älteren ist: der Wortlaut wurde an den durchschnittlichen Sprachgebrauch des Alten Testaments bzw. der Schriften des späteren
jüdischen Kanons oder an den einzelner Parallelstellen angegli-

---

[250] Als *terminus ante quem* muß das Jahr 73/74 n. Chr. (Zerstörung Masadas durch die römische Besatzungsmacht) angegeben werden.

[251] Nach den Klassifizierungen von F. CROSS, The Development of the Jewish Script, in: G. WRIGHT (*ed.*), The Bible and the Ancient Near East, New York 1961, 133, und N. AVIGAD, The Paleography of the Dead Sea Scrolls and Related Documents, in: C. RABIN - Y. YADIN (*ed.*), Scripta Hierosolymitana IV, Jerusalem 1958, 56-87, hier 56, ist die Masadahandschrift als *mittel- oder späthasmonäisch*, auf jeden Fall aber *vorherodianisch* (vor 30 v. Chr.) einzustufen.

[252] Vgl. YADIN, Ben Sira Scroll לוח ו.43: 42,18c nach YADIN [ ]דע, nach BEN-ḤAY-YIM ... כל [BEENTJES: ...]ד; ferner 42,23b nach YADIN הכל, nach BEN-ḤAYYIM והכל [= BEENTJES]. In 43,3b steht bei YADIN ל[ ]יתכל, jedoch bei BEN-ḤAYYIM: יתכולל [= BEENTJES]. Nach dem Foto (YADIN, Ben Sira Scroll לוח ו) allerdings erscheinen mir weder ein ו noch ein Konsonant (כ ?) zwischen dem *Doppellamed* (wie YADIN dies durch [ ] anzeigt) gestanden zu haben.

chen. Darüber hinaus wurden schwierige Ausdrücke ersetzt, erklärt oder verdeutlicht ..."[253]

Gegen SCHRADERS Schlußfolgerungen ist jedoch methodisch einzu-
wenden, daß die durch den Kairoer Textzeugen H^B repräsentierte Textform *nicht von vornherein* aufgrund ihrer Bindung an geläufiges biblisches Vokabular als *jünger* und *sekundär* klassifiziert werden kann gegenüber dem von Aramaismen und außerbiblischen Lexemen geprägten,
"schwierigeren" (?) Texttyp von H^M, auch wenn jener oftmals durch GrI
bestätigt wird. Als Beurteilungsraster für *schwierige* (und damit implizit
ursprünglichere) Ausdrücke lediglich biblisch belegtes Vokabular zugrunde zu legen, erscheint nicht stichhaltig genug.

In der nun folgenden Kollationstabelle soll in dem Textabschnitt, der
durch den wichtigen Zeugen H^M abgedeckt wird (Kap. 39-44), anhand signifikanter Einzelbeispiele[254] veranschaulicht werden, in welch *wechsel-
haftem* Verhältnis die vier Haupttraditionen (H, Gr, Syr, La) zueinander
stehen. Zwar hat bereits MINNISALE[255] die divergierenden Parallelüberlieferungen in H mit Gr kollationiert, allerdings Syr völlig außer Betracht
gelassen. Gerade die textkritische Einschätzung von Syr (gegenüber H
und Gr) ist jedoch für unsere Recherchen in Kap. III von besonderem
Wert.

	Gr (La)	H^M	Syr	H^B (I) - H^{Bmarg} (II)
39,27b	κακά (*mala*)	זרה	ܠܘܚܠܐ	I רעה
40,1a	> [ἔκτισται (*creata est*)]	lac.	ܐܪܠܐܡ [256]	I אל II עליון
40,1d	μητέρα (*matrem*)	lac.	ܐܬܟܐ	I אם II ארץ [257]
40,3a	ἀπὸ καθημένου (*residentes*)	lac.	ܚ ܕܒܬ̈	I מיושב II משוכן [258]
40,3b	τεταπεινωμένου (*humiliatum*)	lac.	ܕܒܬ̈	I לשוב II לובש, לבש
40,4b	καὶ ἕως (*usque ad*)[259]	lac.	ܘ ܐܡܕܒܘ ܘ	I ועד II עד

---

[253] Leiden und Gerechtigkeit 18-39. Vgl. hierzu auch die bereits von T. MIDDENDORP
(Die Stellung Jesu Ben Siras zwischen Judentum und Hellenismus, Leiden 1973,
100-112) vorgelegten textkritischen Bemerkungen zum Verhältnis von Gr und H^M.
[254] Eine lückenlose Erfassung aller Varianten ist daher nicht angestrebt.
[255] Versione Greca 153-169.
[256] Hinsichtlich der Varianten bei Gottesnamen vgl. auch 42,17c; 43,2b.5a.10a (s.u.).
[257] VATTIONI und BEENTJES haben als Randlesart ך כ' ארץ. SMEND, Weisheit (Hebräisch - Deutsch), und BEN-ḤAYYIM hingegen lesen als H^{Bmarg} lediglich אל.
[258] So BEN-ḤAYYIM. VATTIONI notiert keine Marginallesart. Für BEENTJES ist der Rand
nicht lesbar.
[259] La übersetzt jedoch auch in 40,3b καὶ ἕως mit *usque ad* (עד ܘ ܘ ܐܡܕܒ).

	Gr (La)	H^M	Syr	H^B (I) - H^{Bmarg} (II)
40,4b	περιβαλλομένου (*operitur*)	*lac.*	ܕܠܒܝܫܝܢ	I עוטה II עט[260]
40,12a	+	[....]	*om.*	*om.*
40,12b	+	[....]	*om.*	*om.*
40,13a	χρήματα ἀδίκων (*substantiae iniustorum*)	חיל מעול	ܢܟܣܐ ܕܥܘܠܐ	I מחול אל חול II חיל מחיל
40,15a	ἔκγονα ἀσεβῶν (*nepotes impiorum*)	נצר חמס	ܣܘܟܐ ܠܐܝܠܢܐ ܕܪܫܝܥܐ	I נוצר מחמס II נצר חמס
40,15b	πέτρας (*petrae*)	צר	ܕܫܘܥܐ	I סלע II צור
40,16b	πρό (*ante*)	*lac.*	ܕܩܕܡ	I מפני II לפני
40,16b	χόρτου (*faenum*)	חצ[י]ר	ܡܛܪܐ	I מטר
40,17a	χάρις (*gratia*)	חסד	ܘܚܣܕܐ ܕܐܠܗܐ	I וחסד
40,17a	ὡς παράδεισος (*sicut paradisus*)	כעד	ܠܥܠܡ	I לעולם
40,18a	αὐτάρκους (*sibi sufficientis*)	יתר	ܝܬܪܘܬܐ	I יין II יותר
40,18a	καὶ ἐργάτου (*operarii*)	שכר	ܘܐܓܝܪܐ	I ושכר II שכל
40,19c	*om.*	שאר	*om.*	I שם
40,27b	ὑπέρ (*super*)	על	ܥܠ	I כן
40,28a	τέκνον (*fili*)	*lac.*	ܒܪܝ	I מני II בני
40,28b	ἢ ἐπαιτεῖν	מפני חצף	*al.*	I ממסתולל
40,29c	ψυχὴν αὐτοῦ (*animam suam*)	*lac.*	ܢܦܫܗ	I נפש II נפשו
40,29c	ἀλλοτρίοις (*alienis*)	*om.*	*om.*	I *om.* II זבד
40,29d	πεπαιδευμένος (*eruditus*)	יסור[261]	*om.*	I סוד II יסור
40,30a	ἐν στόματι ἀναιδοῦς (*in ore inprudentis*)	בפי עז ..]ש	ܒܦܘܡܗ ܕܚܨܝܦܐ	I לאיש עוז נפש
40,30a	γλυκανθήσεται (*condulcabitur*)	ת[.	ܬܬܒܣܡ	I תמתיק II ממתיק
40,30b	πῦρ καήσεται (*ignis ardebit*)	כאש תבער	ܐܝܟ ܢܘܪܐ ܝܩܕܐ	I תבער כמו אש
40,30b	*om.*	כי	ܐܝܟ	I כמו
41,1a	ὦ (*o*)	הו[	ܗܐ	I חיים II הוי
41,1d	καὶ ἔτι (*et adhuc*)	עוד	ܘܬܘܒ	I ועוד
41,1d	ἰσχύοντι (*valenti*)	כח	ܚܝܠܐ	I חיל
41,2a	ὦ (*o*)	ע[	ܐܘ	I האח
41,2a	*om.*	מה	ܡܐ	I כי

[260] SMEND, Weisheit (Hebräisch - Deutsch), und BEN-ḤAYYIM: עד עט. VATTIONI (= LÉVI) jedoch: עד עושה. Vorsichtiger BEENTJES: עד עוש[.]

[261] So YADIN und BEN-ḤAYYIM. Vorsichtiger BEENTJES: סור[.].

Gr	Gr (La)	H^M	Syr	H^B (I) - H^Bmarg (II)
41,2a	σου τὸ κρίμα (iudicium tuum)	חֻ[ן	ܚܙܩ ܐܝܟ ܕܝ	I חקיך II חוקו חזק חוק
41,2b	ἀνθρώπῳ (homini)	[אֵין	ܠܓܒܪܐ	I לאיש
41,2c	ἐσχατογήρῳ (defecto aetate)	כשל	ܡܒܐ ܐܬܐ ܠ	I כושל II ומושל כושל
41,2c	περισπωμένῳ (cui de omnibus cura est)	ונוקש	ܕܡܚܫܠ	I ינקש II ונוקש
41,2d	ἀπειθοῦντι (incredibili)	אפס המרה	ܣܥܪ ܕܡܬܚܙܐ	I סרב II אפס המראה
41,3a	κρίμα (iudicium)	חֻקֻד	om.	I חוקיך
41,4a	κρίμα (iudicium)	קֻץ	ܘܚܠ	I חלק
41,4c	δέκα (decem)	עשר	om. 4c	I אלף
41,4c	χίλια (mille)	אֶלֶף	om. 4c	I עשר
41,4d	οὐκ ἔστιν (non est enim)	[.....]	om. 4d	I איש II אין ^262
41,5a	τέκνα (fili)	נין	ܘܐܬܐ	I נין II כי כן
41,5a	τέκνα (filii)	ת[...]ות	ܕܠܕܬܐ	I דבר II דבת
41,6a	τέκνων (filiorum)		ܡܢ ܒܢܝ	I מבן II מבין
41,6a	ἁμαρτωλῶν (peccatorum)	..]ל.	ܥܘܠܐ	I עול II ערל
41,6a	ἀπολεῖται (periet)	תֶאֱבַד	ܢܐܒܕ	om. II I
41,12b	χρυσίου (pretiosi)		al. ܕܕܗܒܐ	I חכמה II חמדה
41,12b	μεγάλοι θησαυροί (thesauri magni)		ܣܝܡܬܐ	I אוצרות II סומות
41,13a	ἀγαθῆς (bonae)	[טובת	nicht überliefert	I טובת II טוב
41,13a	ἀριθμὸς ἡμερῶν (numerus dierum)	מספר ימים	nicht überliefert	I ימי מספר
41,15a	ἀποκρύπτων (abscondit)	מטמ[ן	nicht überliefert	I מצפין
41,15b	ἀποκρύπτων (abscondit)	מצפן	nicht überliefert	I מצפין II יטמין
41,16b	διαφυλάξαι (observare)	לבוש	nicht überliefert	I לשמר
41,16c	+	om.	nicht überliefert	om. II I
41,17a	πορνείας (fornicatione)	פחז	nicht überliefert	I זנות
41,17b	δυνάστου (potente)	שר	nicht überliefert	I יושב II שר
41,18a	πλημμελείας (delicto)	קשר	nicht überliefert	I שקר
41,18c	κοινωνοῦ (socio)	שותף	nicht überliefert	I חבר II שותף
41,19a	κλοπῆς (furto)	יד	nicht überliefert	I זר II יד
41,21a	συγγενοῦς (proximo tuo)	שארך	nicht überliefert	I רעך II רעיך

---

^262 Zur Parallelüberlieferung אין und איש vgl. auch 41,2b (s.o.).

Gr	Gr (La)	H^M	Syr	H^B (I) - H^Bmarg (II)
41,21c	κατανοήσεως (respicias)	וּמֵהִתְבּוֹנֵן	nicht überliefert	I וּמֵהִ...[.]קֵן[.]לֹ
41,22a	ἀπὸ περιεργίας (ne scruteris)	מהתעשק	nicht überliefert	om. 22a II I
41,22a	αὐτοῦ (eius)	לך	nicht überliefert	om. 22a II I
41,22b	καὶ μὴ ἐπιστῇς (neque steteris)	ומהתקומם	nicht überliefert	om. 22a II I
41,22b	ἐπὶ τὴν κοίτην αὐτῆς (ad lectum eius)	על יצעיה	nicht überliefert	om. 22a II I
41,22c	ὀνειδισμοῦ (inproperii)	חסד	nicht überliefert	I חרפה II חסד
41,22d	μὴ ὀνείδιζε (ne inproperes)	חרף	nicht überliefert	I אל תנאיץ II שאלה
42,1b	ἀπὸ ἀποκαλύψεως (de revelatione)	מחשף	nicht überliefert	I מחסוף
42,1b	om.	כל	nicht überliefert	I כל II על
42,1b	λόγων (sermonis)	דבר	nicht überliefert	I סוד II דבר
42,2b	κρίματος (iudicio)	משפט	nicht überliefert	I מצדיק II משפט
42,3a	κοινωνοῦ (sociorum)	שותף	nicht überliefert	I חובר II שותף
42,3a	ὁδοιπόρων (viatorum)	דרך	nicht überliefert	I אדון ארח
42,3b	κληρονομίαν ἑτέρων (hereditatis amicorum)	נחלה ויש	nicht überliefert	I נחלה ויש II וישר
42,5b	παιδείας (disciplina)	מ[	nicht überliefert	I מוסר II מרדות
42,6b	πολλαί (multae)	רבות	nicht überliefert	I רפות II ר'
42,6b	κλεῖσον (clude)	מפתח	nicht überliefert	I תפתח II תפתח
42,7b	δόσις (datum)	ש[ ]	nicht überliefert	I מתת II שראה
42,7b	λήμψις (acceptum)	מתת	nicht überliefert	I לקח II תתה
42,8b	κρινομένου (iudicantur)	ענה	nicht überliefert	I נוטל עצה II עונה
42,9a	ἀπόκρυφος (abscondita)	מטמון	nicht überliefert	I מטמנת II מטמון
42,9b	μέριμνα αὐτῆς (sollicitudo eius)	[ ]	nicht überliefert	I דאגה II דאגתה
42,9c	παρακμάσῃ (adultera efficiatur)	תמאס	nicht überliefert	I תגור
42,9d	συνῳκηκυῖα (commorata cum viro)	בימיה	nicht überliefert	I בבתוליה
42,10a	βεβηλωθῇ (polluatur)	תחל	ܟܐܬܒܥܠ	I תפותה II תתפתה
42,11a	om.	[ ]	ܒܬ,	II om. I בני
42,11a	ἀδιατρέπτῳ (luxuriosam)	om.	om.	om. II I

Gr	Gr (La)	H^{M}	Syr	H^{B} (I) - H^{Bmarg} (II)
42,12a	ἔμβλεπε *(intendere)*	תבן	ܬܒܠܐ	I תתן
42,13a	σής *(tinea)*	סס	ܣܣܐ	I עש
42,14b	γυνή *(mulier)*	בת	*om. 14b*	I בית II בת
42,14b	ὀνειδισμόν *(opprobrium)*	חרפה	*om. 14b*	I אשה II חפרה
42,14b	καταισχυνοῦσα *(confundens)*	מפחדת	*om. 14b*	I מחרפת II מחפרת
42,15b	ἐκδιηγήσομαι *(adnuntiabo)*	אשננה	ܐܬܢܐ	I אספרה
42,15c	ἐν λόγοις κυρίου *(in sermonibus domini)*	באמר אדני	ܒܡܠܬܗ	I באומר אלהים
42,16a	φωτίζων *(inluminans)*	זהרת	ܕܢܚ	I זרחת
42,16b	πλήρης *(plenum)*	מלא	ܐܬܡܠܝܘ[263]	I על כל
42,17a	ἐξεποίησεν *(fecit)*	השפיקו	ܣܦܩܘ	I הספיקו
42,17b	π. τὰ θαυμάσια αὐτοῦ *(omnia mirabilia sua)*	כל נפלאתיו	ܠܬܕܡܪܘܬܐ ܕܓܒܪ̈ܘܬܗ	I נפלאות ייי II גבורותיו
42,17c	ἐστερέωσεν *(confirmavit)*	אמיץ	ܠܬܕܡܪ̈ܬܐ ܝܗܒ	I אימץ II אומץ
42,17c	κύριος *(Dominus)*	אדני	*om.*	I אלהים
42,18b	*om.*	*om.*	ܟܠܗܘܢ	I כל
42,20a	πᾶν *(omnis)*	*om.*	ܟܠ	I כל
42,20b	ἀπ᾽ αὐτοῦ *(ab eo)*	*om.*	ܡܢ ܩܕܡܘܗܝ	I *om.* II מנו
42,23a	πάντα ταῦτα *(omnia haec)*	הכל	ܟܠܗܘܢ	I הוא
42,23b	ὑπακούει *(obaudiunt ei)*	נשמר	ܫܡܥܝܢ	I ישמע II נשמע
42,25b	δόξαν αὐτοῦ *(gloriam eius)*	הודם	ܐܝܩܪܗܘܢ	I תוארם II תואר
43,2a	*om.*	נכסה	*al.*	I חמה
43,2a	ἐν ὀπτασίᾳ *(in aspectu)*	מופיע	*al.*	I מביע II מופיע
43,2a	ἐν ἐξόδῳ *(in exitu)*	בצאתו	*al.*	I בצרתו II בצאתו
43,2b	σκεῦος *(vas)*	כלי	ܡܐܢܐ	I מה
43,2b	ὑψίστου *(Excelsi)*	]ליון	ܕܡܪܝܡܐ	I ייי
43,3b	καὶ ἐναντίον *(in conspectu)*	ולפני	ܘܩܕܡ	I לפני
43,3b	καύματος αὐτοῦ *(ardoris eius)*	חרב	ܚܘܡܗ	I חרבו
43,4a	ἔργοις *(operibus)*	מעשי	ܒܥܒܕܐ	I מהם
43,4a	καύματος *(ardoris)*	מוצק	ܕܡܩܝܕܐ	I מצוק II מוצק
43,4b	τριπλασίως *(tripliciter)*	]של	ܬܠܬܐ ܚܕ	I שולח II שלוח

263 SMEND (Index s.v. πλήρης) parallelisiert πλήρης und על כל mit ܟܠ ܟܠ.

Gr	Gr (La)	H^M	Syr	H^B (I) - H^{Bmarg} (II)
43,4b	ἐκκαίων (exurens)		ܡܘܩܕ	I ידליק II יסיק
43,4c	ἐκφυσῶν[264] (exsufflans)	ת[נ]מור	ܢܫܒ	I תגמר
43,5a	κύριος (Dominus)	אדני	ܘܗܘ	I ייי II עליון
43,5a	ποιήσας αὐτόν (fecit illum)	עשהו	ܕܥܒܕܗ	I עושהו II עשה
43,6a	εἰς καιρὸν αὐτῆς (in tempore suo)	עתות	ܠܚܘܒܗ	I עתות שבות עתות שכות IIעת עת עד עת
43,7a	ἀπὸ σελήνης (a luna)	לו	ܡܢ ܣܗܪܐ	I בם II בו
43,7a	σημεῖον[265] (signum)	ממנו	ܐܬܘܬܐ	I זמני II ממנו
43,7a	ἑορτῆς (diei festi)	חג	ܕܥܐܕܐ	I חוק
43,8a	κατὰ τὸ ὄνομα αὐτῆς (secundum nomen eius)	כשמו	ܐܝܟ ܫܡܗ	I בחדשו II כשמו
43,8d	ἐκλάμπων (resplendens)	מן.[צף]	ܕܡܙܗܪ	I מרצף II מעריץ
43,8d	> (>)	lac.		I מזהירתו
43,9a	κάλλος (species)	תור	ܨܒܬܐ	I תואר
43,9a	δόξα (gloriosa)	והוד	ܘܡܫܒܚܬܐ	I והדר
43,9b	κόσμος (mundum)	עד	om.	I אורו II עדי
43,9b	φωτίζων (inluminans)	משריק	om.	I מזהיר
43,10a	ἁγίου (Sancti)	אדני	ܡܪܝܐ	I אל
43,12a	ἐγύρωσεν (gyravit)	חוג	nicht überliefert	I חוק II הוד
43,13a	προστάγματι αὐτοῦ (imperio suo)	גערתו	nicht überliefert	I גבורתו II גערתו
43,13a	χίονα (nivem)	ברד	nicht überliefert	I ברק II בקר[266]
43,14a	ἠνεῴχθησαν (aperti sunt)	פרע	nicht überliefert	I ברא
43,16a	σαλευθήσονται (conmovebuntur)	יניף	nicht überliefert	I יזעים
43,16b	θελήματι (voluntate)	אמרתו	nicht überliefert	I אימתו
43,17a	ὠδίνησεν (exprobravit)	יחיל	nicht überliefert	I יחול II יחיל
43,17c	ὡς πετεινά (sicut avis)	עלעול	nicht überliefert	I 'ז לעפות II על על
43,17c	πάσσει (aspargit)	יפרח	nicht überliefert	I יניף
43,17d	κατάβασις (descensus)	רדתו	nicht überliefert	I דרתו II רד'
43,18a	κάλλος (pulchritudinem)	תור	nicht überliefert	I תואר

---

[264] SMEND, Index 72, parallelisiert ἐκφυσᾶν und ܢܫܒ mit נושבת (bewohntes Land).

[265] SMEND, Index 210, gibt hier für σημεῖον kein syrisches Äquivalent an.

[266] Dem Faksimilefoto nach ist בקר (BEN-ḤAYYIM: בקר [ohne Dagesch lene!]) auch als בקד (VATTIONI: בקד [ohne Dagesch lene!]) zu lesen; vgl. das ד der rechten Marginalnotierung הוד. Beide Marginalia stammen eindeutig von der gleichen Hand.

Gr	Gr (La)	H^M	Syr	H^B (I) - H^{Bmarg} (II)
43,18a	λευκότητος αὐτῆς (caloris eius)	לבנו	nicht überliefert	I לבנה
43,19a	χέει (effundet)	ישפך	nicht überliefert	I ישכון II ישפך
43,19b	καὶ παγεῖσα γίνεται (et dum gelaverit fiet)	ויצמח	nicht überliefert	I ויציץ
43,19b	> (tamquam)	כ'	nicht überliefert	I כ'
43,19b	σκολόπων (cacumina)	סנה	nicht überliefert	I ספיר
43,20b	κρύσταλλος (cristallus)	כרגב	nicht überliefert	I כרקב
43,20b	ὕδατος (aqua)	מקור	nicht überliefert	I מקורו II מקוה
43,23b	νήσους (Dominus Hiesus)	איים	nicht überliefert	II איים II אוצר
43,24b	θαυμάζομεν (admirabimur)	נשמת]	nicht überliefert	I נשתומם
43,25b	κητῶν (beluarum)	רהב	nicht überliefert	I רבה
43,29b	ἡ δυναστεία αὐτοῦ (magnificentia eius)		nicht überliefert	I דבריו II גבורתו
44,2a	ἔκτισεν (fecit)	חלק	ܥܒܕܗ	I חלק II להם
44,5a	μουσικῶν (musicos)	קו	ܒܩܝܢܬܐ	I חוק II חקו
44,7a	ἐδοξάσθησαν (gloriam adepti sunt)	נכבדו	ܗܘܐ ܠܗܘܢ ܐܝܩܪܐ	II om. I נכבדו

Resümee: Aus der Kollationstabelle ist ersichtlich, daß die innerhebräischen Parallelüberlieferungen zwischen H^B, H^{Bmarg} und H^M z.T textkritisch als Hör- bzw. Schreibfehler etc. zu erklären sind, z.T. aber auch eine eigenständige Tradition - unabhängig vom Aspekt der Authentizität - bilden. Darüber hinaus ist zu beobachten, daß H^M und H^{Bmarg} viel häufiger *defektiv* geschrieben ist als H^B. Gr bestätigt *abwechselnd* bald H^B bald H^{Bmarg} und/oder H^M; an nicht wenigen Stellen freilich ist aufgrund der synonymen Vokabelvarianten in H eine eindeutige Zuordnung von Gr nicht möglich. Syr korrespondiert teils mit H^B, teils mit H^M (und/oder H^{Bmarg}), teils mit Gr gegen die hebräischen Textzeugen. La gibt in den allermeisten Fällen treu die Gr-Tradition wieder (bis hin zu bisweilen sonst in der lateinischen Bibel nicht mehr bezeugten Gräzismen), geht aber andererseits auch eigene Wege, die vereinzelt sogar mit H übereinstimmen (s. auch S. 43f.). Da Gr nicht selten mit H^{Bmarg} und H^M gegen H^B, auf die wir als Hauptzeugin (dem Umfang des überlieferten Sirachtexts nach) angewiesen sind, zusammengeht, erscheint eine Untersuchung der sirazidischen Septuaginta-Hapaxlegomena unter übersetzungstechnischem Aspekt (also wie stark das Vokabular der Vorlage auf die Wortwahl von Gr eingewirkt hat) nur bedingt durchführbar. Es erweist sich somit, insbesondere wenn nur eine Lesart zur Verfügung steht, als problematisch, Gr und H *unkritisch* gegenüberzustellen und daraus übersetzungstechnische und septuagintaspezifische Schlußfolgerungen zu ziehen.

1. Kapitel

Problematik der Definition des Begriffs
»Septuaginta-Hapaxlegomenon«

1. Hapaxlegomenon als antike Kategorie

Der in Sprachwissenschaft und Exegese geläufige *terminus technicus* Hapaxlegomenon (ἅπαξ λεγόμενον "ein einziges Mal gesagt") ist erst in spätantiker Gräzität (v.a. in Scholien) und da nur sehr vereinzelt nachzuweisen.[1] Dagegen kann man folgende denselben Sachverhalt bezeichnende Wendungen bei Grammatikern und Lexikographen des 1. und 2. Jh.s n. Chr. (Apollonius Sophistes[2], Erotian[3], Phrynichus[4], Sextus Empiricus[5]) sowie in den Scholien und antiken Lexika (Hesych, Suidas), die ihrerseits wiederum auf frühere Quellen zurückgreifen, häufiger lesen:

a. als Bezeichnung der Singularität innerhalb der Gesamtgräzität
1. (καὶ ἔστι) τῶν ἅπαξ εἰρημένων (λέξεων)
2. ἅπαξ εἴρηται ἡ λέξις
3. ἅπαξ ἐχρήσατο [z.B. Ὅμηρος]
4. ἅπαξ (ἔστιν)
5. τῶν ἅπαξ ἡ λέξις
6. ἅπαξ κεῖται ἡ λέξις

b. als einschränkende Bezeichnung
1. καὶ ἅπαξ εἴρηται (z.B. ἐν Ὀδυσσείᾳ)
2. τῶν ἅπαξ εἰρημένων (z.B. παρ' Ὁμήρῳ)
3. (z.B. ἐν δὲ τῇ ἀρχαίᾳ κωμῳδίᾳ) ἅπαξ εἴρηται
4. ἅπαξ (ἐν ...)

---

[1] Beispielsweise ist in den Scholien zur Ilias von mehr als 60 Ausdrücken und Formulierungen, die sachlich mit *Hapaxlegomenon* identisch sind, nur ein einziges Mal (Γ 54a) die Wendung ἅπαξ λεγόμενον belegt. Vgl. H. ERBSE, Scholia Graeca in Homeri Iliadem (Scholia Vetera) I-VI, Berlin 1969-1988.

[2] *Apollonii Sophistae lexicon Homericum* ed. I. BEKKER, Hildesheim 1967 [ND Berlin 1833].

[3] *Erotiani vocum Hippocraticarum collectio* ed. E. NACHMANSON, Göteborg 1918.

[4] *Phrynichi eclogae nominum et verborum atticorum* ed. C.A. LOBECK, Hildesheim 1967 [ND Leipzig 1820].

[5] *Adversus mathematicos* ed. H. MUTSCHMANN et J. MAU, Leipzig ²1961.

c. als zweifache "singuläre" Belegung
δὶς κέχρηται τῇ λέξει (z.B. ὁ ποιητής),
ἐν Ἰλιάδι ἅπαξ ἐπ᾽ Αἴαντος, ἐν δὲ Ὀδυσσείᾳ ἐπὶ τοῦ Ἴρου

Trotz der sicherlich nicht repräsentativen Überlieferungslage unserer Quellen kann dennoch aufgrund der vielen Fälle, in denen sachlich von *Singularität* gesprochen wird, festgehalten werden, daß als geläufige Bezeichnung für diesen Sachverhalt in der (Spät)Antike nicht so sehr ἅπαξ λεγόμενον, sondern vielmehr ἅπαξ εἰρημένον bzw. finite Formulierungen von ἅπαξ mit εἴρεσθαι, χρῆσθαι üblich waren.[6]

Bereits in voralexandrinischer Zeit bemühte man sich in lexikographischer Hinsicht um Homers Epen; darauf deutet die Existenz von für didaktische oder literarische Zwecke bestimmte Wortlisten (γλῶσσαι) hin, die schon ab dem 5. Jh. v. Chr. bezeugt sind.[7] Der altionische Wortschatz Homers bereitete eben nicht nur Lesern außerionischer Gebiete, sondern selbst den Ioniern des 4. und 3. Jh.s v. Chr. Probleme.[8] Daher wurden immer wieder Wörterbücher und Glossare erstellt, die insbesondere seltene und schwierige Begriffe, Formulierungen, aber auch grammatikalische und dialektale Eigentümlichkeiten benannten und zu erklären versuchten.[9]

In kategorialer Verwendungsweise wurde *Hapaxlegomenon* vermutlich erst von alexandrinischen Philologen in Gestalt von Randnotizen bei homerischen Textausgaben zur Kennzeichnung schwieriger Begriffe benutzt. Zur Zeit von Zenodot von Ephesus (325 - 234 v. Chr.), dem wahrscheinlich ersten Vorsteher der Bibliothek in Alexandrien, und Aristarch von Samothrake (217-145 v. Chr.) scheint diese Kategorie, nicht aber Terminologie (ἅπαξ λεγόμενον) im philologischen Sinne konsequent herangezogen worden zu sein. Aristarch sammelte sämtliche Parallelen aus Odyssee

---

[6] In lexikographischer Hinsicht muß kritisch angemerkt werden, daß LSJ weder s.v. ἅπαξ noch s.v. λέγω bzw. εἴρω (B) diesen Terminus (aber auch die o.g. Begriffe bzw. Syntagma) verzeichnet. Die gleiche Unzulänglichkeit ist auch in W. PAPE, Griechisch-deutsches Handwörterbuch I-II, Graz 1954 [ND Berlin ³1880] festzustellen. Einzig E.A. SOPHOCLES, Greek Lexicon of Roman and Byzantine Periods, Hildesheim - New York 1975 [ND Cambridge u.a. 1914] hilft mit Belegstellen weiter.

[7] So z.B. Antimachus von Kolophon (5./4. Jh. v. Chr.); Philetas von Kos (4./3. Jh. v. Chr.) verfaßte unter dem Titel Ἄτακτοι Γλῶσσαι (bzw. Ἄτακτα oder Γλῶσσαι) eine Schrift über seltene und schwer deutbare Begriffe.

[8] Vgl. hierzu z.B. W. SCHMID - O. STÄHLIN, Geschichte der griechischen Literatur (HAW VII 1/1), München 1929, 165f.

[9] Einen detaillierten Überblick über voralexandrinische Homerphilologie bietet R. PFEIFFER, History of Classical Scholarship, Oxford 1968.

und Ilias, versah in seiner Homerausgabe zweifelhafte Lesarten mit dem Vermerk κυκλικώτερον[10] und fügte, soweit es sich um *Hapaxlegomena* handelte, das Zeichen für διπλῆ[11] hinzu. Es ist allerdings davon auszugehen, daß diese Praxis der Beobachtung und Notierung von singulären oder schwierigen Begriffen nicht erst mit den alexandrinischen Philologen eingesetzt haben wird.

Dennoch ergibt sich aus der freilich nur relativ zu bewertenden Überlieferungslage kein Hinweis, der die Annahme einer strengen Definitionspraxis dieser Kategorie erhärten würde. Diese Art der Klassifizierung von sprachlichen 'Singularitäten' ist schlicht der praktischen Arbeit an Homer entsprungen und zeigt insofern zwangsläufig ein unsystematisches und facettenreiches Bild.

Die Bedeutung der glossographischen Erfassung singulärer Ausdrücke und Wörter vornehmlich aus Odyssee und Ilias ist eng verbunden mit dem an Homer orientierten antiken παιδεία-Ideal[12]. Plakativ ausgedrückt: Wer Homer zu rezitieren, erklären und zitieren wußte, galt schlichtweg als literarisch gebildet! Aus diesem Blickwinkel ist auch die in Aristophanes' erster Komödie Δαιταλεῖς[13] (uraufgeführt 427 v. Chr.) überlieferte Szene zu verstehen, wonach ein mißratener Sohn von seinem Vater durch Fragen nach der Bedeutung von schwierigen Begriffen (sog. Glossen) zu Homers Epen *gemaßregelt* wird:

Der Greis: *Du nun, nenne mir Glossen aus Homer! Was bedeutet* κόρυμβα ?
... was heißt ἀμενηνὰ κάρηνα ?

---

[10] Im Gegensatz zu ὁμηρικώτερον bedeutet κυκλικώτερον zum epischen κύκλος gehörig. Damit wurden nicht-homerische Bestandteile (οὐχ ὁμηρικῶς) in Odyssee und Ilias klassifiziert. Als Kriterium gegen die Autorschaft Homers galt dabei die Singularität eines Begriffes.

[11] διπλῆ ist die antike Bezeichnung eines textkritischen Symbols (>), das mehrfache Lesarten oder Deutungen anzeigt. F. MARTINAZZOLI (Hapax Legomenon I/1, Rom 1953) hat die Bedeutung dieses Zeichens und dessen Verwendung bei Aristarch nach den Scholien aufgeklärt.

[12] Vgl. dazu die Monographien von W. JAEGER (Paideia. Die Formung des griechischen Menschen I-III, Berlin - Leipzig 1936/44/47) und H.-I. MARROU (Geschichte der Erziehung im klassischen Altertum, Freiburg i. Br. 1957).

[13] Übersetzt nach der Textausgabe von J.M. EDMONDS, The Fragments of Attic Comedy I, Leiden 1957, 638f. Vgl. dazu auch den Text nach A. CASSIO, Aristofane. Banchettanti (ΔΑΙΤΑΛΗΣ) I Frammenti, Pisa 1977, 75-77: πρὸς ταύταις δ' αὖ λέξον Ὁμήρου γλώττας, τί καλοῦσι κόρυμβα. ... τί καλοῦσ' ἀμενηνὰ κάρηνα. ὁ μὲν οὖν σός, ἐμὸς δ' οὗτος ἀδελφὸς φρασάτω τί καλοῦσιν ἰδυίους. ... † τί ποτέ ἐστι τὸ εὖ ποιεῖν †.

Der Ungezogene: *Das war nun der deinige, der meinige aber ist: Der Bruder läßt fragen: was heißt* ἰδυίους *?* ... *was heißt* ὀπυίειν *?*

Von dieser Art homerischer Gelehrsamkeit ließen sich v.a. hellenistische[14] Autoren und Literaten namentlich Apollonius Rhodius (2. Jh. v. Chr.) insofern in ihrer Wortwahl beeinflussen, als sie singuläre und schwierige Begriffe (darunter auch *Hapaxlegomena*) bewußt aus Homer in ihre Opera übernahmen, um dadurch ihrem eigenen literarischen Schaffen das Etikett des *poeta doctus* aufzusetzen.[15]

2. Forschungsgeschichtliche Bilanz[16]

Nicht gerade selten wird in der Septuagintaforschung bei Wortschatzuntersuchungen[17] oder im Rahmen der semantischen Analyse insbesondere deuterokanonischer Bücher die wortstatistische[18] Problematik von in der Septuaginta singulären Begriffen gesehen[19], aber nur vereinzelt ist man der Frage nach ihrer lexikalischen (Wortwahl) und sprachgeschicht-

---

[14] Gerade in hellenistischer Zeit war von den Klassikern Homer am bekanntesten und beliebtesten. So sind unter den 'literarischen' Papyri aus Ägypten eine ungewöhnlich hohe Anzahl von Homerfragmenten aufgefunden worden. S. hierzu bes. A. RENGAKOS, Der Homertext und die hellenistischen Dichter (Hermes.E 64), Stuttgart 1993.

[15] Vgl. die vor kurzem erschienene Monographie zu dieser Thematik: P. KYRIAKOU, Homeric Hapax Legomena in the Argonautica of Apollonius Rhodius (Palingenesia 54), Stuttgart 1995.

[16] Bei diesem forschungsgeschichtlichen Abriß geht es thematisch um *griechische* Hapaxlegomena.

[17] Vgl. dagegen J.A.L. LEE, A Lexical Study of the Septuagint Version of the Pentateuch (SCS 14), Chico (California) 1983, sowie T. NÄGELI, Der Wortschatz des Apostels Paulus. Beitrag zur sprachgeschichtlichen Erforschung des Neuen Testaments, Göttingen 1905. In beiden Untersuchungen wurde die Kategorie der Hapaxlegomena explizit nicht thematisiert.

[18] Neuere Lexika zur Septuaginta (z.B. REHKOPF, Septuaginta-Vokabular oder LUST-EYNIKEL-HAUSPIE, Greek-English Lexicon) weisen zu jedem Eintrag wortstatistische Daten auf. Darüber hinaus werden in beiden Wörterbüchern Lemmata, die nur in der LXX (absolute Hapaxlegomena) oder erstmalig in der LXX belegt sind, mit * gekennzeichnet. In der LXX singuläre Begriffe (^{LXX}Hplg) sind allerdings nicht eigens kenntlich gemacht.

[19] So bereits G. BERTRAM, Der Sprachschatz der Septuaginta und der des hebräischen Alten Testaments, in: ZAW 57 (1939) 85-101, hier 85:
"Die Erforschung der griechischen Bibel des ATs stößt immer wieder auf Schwierigkeiten des Verständnisses der einzelnen Wörter. Nicht nur daß die Septuaginta und die anderen Übersetzungen eine verhältnismäßig hohe Zahl von nur einmal oder ganz selten bezeugten und daher schwer deutbaren Vokabeln enthält, auch der sonst geläufige Sprachschatz hat einen eigentümlichen Charakter angenommen..."

lichen Bedeutung nachgegangen.[20] Während nämlich eine Reihe von Exegeten (z.B. D. GEORGI[21]) unter Umgehung des *terminus technicus* Hapaxlegomenon[22] bzw. Septuaginta-Hapaxlegomenon sich lediglich mit dem stereotypen Hinweis zur Beleglage begnügt: "nur hier in der LXX" oder "nur hier im Griechischen", zieht beispielsweise H.J. KLAUCK[23] zur Beurteilung der Wortwahl des vierten Makkabäerbuchs eben diese statistische Kategorie heran:

"4 Makk ist in einem guten bis vorzüglichen Griechisch abgefaßt. Der Autor bemüht sich um eine gewählte Sprache. Er bietet eine Reihe von Hapaxlegomena *totius graecitatis* und von Neubildungen, die sich teils seiner Vorliebe für Komposita mit ein, zwei und selbst drei Präpositionen verdanken."

Ebenso verwertet auch P. DESELAERS die Kategorie der LXX-Hapaxlegomena (hier im Buch Tobit) als *ein* Indiz für seine Hypothese der Entstehung der Tobit-Grunderzählung in Ägypten und argumentiert:

"Ein erstaunliches Phänomen ist die verhältnismäßig hohe Zahl von Hapaxlegomena und seltenen Vokabeln in der Tobit-Grunderzählung. Das ist zunächst ein Hinweis auf die genaue und gebildete Kenntnis der griechischen Sprache des Verfassers bzw. Übersetzers. [...] Das aber könnte bedeuten, daß die Ursprache der Grundschicht des Tobitbuches griechisch gewesen ist."[24]

---

[20] T. MURAOKA verfolgt in seinem Aufsatz den umgekehrten Weg: Hebrew Hapax Legomena and Greek Lexicography, in: C. Cox (*ed.*), VII. Congress of the International Organization for Septuagint and Cognate Studies (SCS 31), Atlanta (Georgia) 1991, 205-276.

[21] Weisheit Salomos (JSHRZ III/4), Gütersloh 1980, z.B. 445f.450f.456-458. Dagegen behilft sich E. GÄRTNER, Komposition und Wortwahl des Buches der Weisheit, 102-231, zur literarkritischen Bewertung von Weish einer breit ausgefächerten Differenzierung des Wortschatzes nach textkorpus- bzw. autorbezogenen Gesichtspunkten (LXX, Apokryphen, hexaplarische Zeugen, NT, Profangräzität).

[22] In der wissenschaftlichen Literatur wird im allgemeinen Hapaxlegomenon dem synonymen *hapax eiremenon* (ἅπαξ εἰρημένον) vorgezogen.

[23] 4. Makkabäerbuch (JSHRZ III/6), Gütersloh 1989, 665. Vgl. ferner U. BREITENSTEIN, Beobachtungen zu Sprache, Stil und Gedankengut des Vierten Makkabäerbuchs, Basel-Stuttgart ²1978, besonders 13-29, hier 29:
"Mehr als ein Viertel des von Ps-Ios verwendeten Vokabulars fehlt sonst in der LXX, über ein Fünftel sowohl im griechischen AT wie auch in der urchristlichen Literatur. Zur Beurteilung der Wortwahl des jüdischen Redners ist dieser nicht-biblische Wortschatz bestimmt der wichtigere Teil."

[24] Das Buch Tobit. Studien zu seiner Entstehung, Komposition und Theologie (OBO 43), Freiburg (Ch) - Göttingen 1982, 333f.

Hinsichtlich der hohen Zahl von in der Septuaginta singulären und seltenen Begriffen im griechischen Sirach, der sich aufgrund seines Überset-
zungscharakters elementar von 4 Makk unterscheidet, schließt F.V. REI-
TERER auf einen "- zumindest in Relation zur LXX des protokanonischen
Alten Testamentes - gewählten, um nicht zu sagen ausgefallenen, Wortschatz"[25]. Dieses Urteil freilich basiert lediglich auf Beobachtungen quantitativer Wortstatistik. Diese gängige, insbesondere für literar-, gattungs-
oder redaktionskritische Argumentationen hinzugezogene Verfahrensweise
hat allerdings in jüngster Zeit von einzelnen Exegeten vom methodischen
Standpunkt aus Widerspruch erfahren.[26]

J. ZIEGLER[27] hingegen führt die Kategorie der Sir-Hapaxlegomena als
ein Indiz für die Eruierung von Abhängigkeitsverhältnissen (hier GrI gegenüber der übrigen LXX) an, ohne allerdings näher auf die Problematik
dieser Größe bezüglich ihrer Aussagekraft einzugehen:

"Jedoch ist Sirach nicht sklavisch von der LXX abhängig; dies zeigen
seine zahlreichen Hapaxlegomena, viele abweichende Wiedergaben
und Lieblingswörter."

Hinsichtlich der definitorischen Problematik und des methodisch-argu-
mentativen Zugriffs hat jedoch bislang in der modernen atl. (und ntl.)
Exegese[28] keine differenzierende Auseinandersetzung mit der Kategorie
»Hapaxlegomenon« stattgefunden, obgleich die Wortstatistik ein beliebtes,
aber auch problematisches Instrument der Bibelauslegung ist. Nur ansatzweise wurden allgemeine Grundregeln artikuliert, wie z.B. die von A.G.

---

[25] »Urtext« 247.
[26] Vgl. z.B. S. DECK, Wortstatistik - ein immer beliebter werdendes exegetisches
      Handwerkszeug auf dem (mathematischen) Prüfstand, in: BN 60 (1991) 7-12.
[27] Wortschatz 282; s. ferner auch 286.
[28] Zur modernen Diskussion des Terminus' Hapaxlegomenon unter bibelhebräischem
      Aspekt s. H.R. (Chaim) COHEN, Biblical Hapax Legomena in the Light of Akkadian
      and Ugaritic (SBL 37), Missoula (Montana) 1978, besonders 1-18. Ferner F.E.
      GREENSPAHN, Hapax Legomena in Biblical Hebrew. A Study of the Phenomenon
      and Its Treatment since Antiquity with Special Reference to Verbal Forms, Ann Ar-
      bor (Michigan) 1977. Ferner vgl. KEDAR, Biblische Semantik 98-105. In der bibel-
      hebräischen Philologie gab es bereits bei den Masoreten entsprechende Begriffe. Der
      am häufigsten in der *Masora parva* benutzte Terminus dafür ist das aramäische Wort
      לית oder ליתא ("*gibt es nicht mehr*") in Gestalt der Abkürzung ל' (bzw. ל֗). Er
      diente zur Kennzeichnung singulärer Begriffe und Formbildungen syntaktischer oder
      morphologischer Art und hatte als Hauptzweck, die schwierige Lesart vor sekundä-
      rer Korrektur oder unbeabsichtigten Schreibfehlern zu bewahren.

DEISSMANN richtig erkannte Feststellung, die erneut von BERTRAM[29] rezipiert wurde:

"Es ist selbstverständlich, daß uns der unübersehbare Wortschatz der Weltsprache, die sich aus allen dem Griechischen unterworfenen Ländern bereichert hatte, nicht völlig bekannt sein kann. [...] Ebenso natürlich ist es, daß viele Wörter in sämtlichen auf uns gekommenen Texten nur selten, oft nur ein einziges Mal konstatiert werden können. Daß diese alle von den betreffenden Verfassern im Augenblick neu gebildet worden seien, wird kein verständiger Mensch glauben: es sind ἅπαξ εὑρημένα, nicht ἅπαξ εἰρημένα."[30]

Welche theologische Sprengkraft gerade die Mißachtung dieses (selbstverständlichen) methodischen Grundsatzes in sich birgt, legten vornehmlich lexikographisch orientierte Exegeten wie H. CREMER[31] oder W. GRIMM[32] an den Tag. Besonders CREMER klassifizierte Hapaxlegomena (der bis dahin bekannten Gräzität) als "biblische bzw. neutestamentliche" Begriffe, die der sprachbildenden Kraft des Urchristentums zu verdanken seien (sog. Neologismen). Auch GRIMM vermerkte bei nur im biblischen Textkorpus vorkommenden Begriffen stereotyp "*vox mere biblica*", "*vox solum biblica*" oder "*vox profanis ignota*", als wollte er damit zum Ausdruck bringen, daß es wenigstens in lexikalischer Hinsicht ein von der gewöhnlichen κοινή abgehobenes "Bibelgriechisch" gäbe.[33] Erst die zuhauf ans Tageslicht tretenden unliterarischen Papyri entlarvten diese vermeintlichen Neuschöpfungen 'auf unbarmherzige Weise'.[34] Vorschub dazu leistete sicherlich auch ein mangelndes methodisches Bewußtsein hinsichtlich der Eigenart und Aussagekraft von Hapaxlegomena.

---

[29] Sprachschatz der Septuaginta 86.
[30] A. DEISSMANN, Art. Hellenistisches Griechisch, in: RE VII (1899) 627-639, hier 636. So auch E. SCHWYZER, Griechische Grammatik. Auf der Grundlage von Karl Brugmanns griechischer Grammatik (HAW II 1/1), München 1939, 36:
"So ist z.B. bei den sog. ἅπαξ λεγόμενα (oder εἰρημένα) zwischen wirklichen (besonders Augenblicksbildungen der Dichter) und scheinbaren (aus sachlichen Gründen nur einmal vorkommenden Wörtern) zu unterscheiden."
[31] Biblisch-theologisches Wörterbuch der Neutestamentlichen Gräcität, Gotha ⁸1895.
[32] Lexicon Graeco-Latinum in Libros Novi Testamenti, Lipsiae ³1888 und ⁴1903.
[33] Vgl. hierzu die von DEISSMANN (Art. Hellenistisches Griechisch 636) vorgebrachte scharfe Kritik.
[34] So z.B. durch die Sprachstudien von A. DEISSMANN (Bibelstudien, Neue Bibelstudien).

In der ntl. Exegese, die schon immer ein ausgeprägtes Interesse an wortstatistischen[35] Daten zeigte, ist ebenso die Verwendung des Begriffs »Hapaxlegomenon« (bezogen auf das Textkorpus des NT allein) nicht unbekannt. Besonderes Gewicht bekam der Terminus in der Frage der Authentizität der Pastoralbriefe.[36] Von zweifelhaftem Wert sind solche wortstatistischen Analysen von Hapaxlegomena insofern, als keine semantisch-sachliche als auch stilistisch-dialektale Sondierung des Wortmaterials vorgenommen wurde. Erst in jüngster Zeit erfuhr eine ausschließlich quantitativ ausgerichtete Lexem- und Stilstatistik, die "als methodisches Prinzip in der ntl Exegese noch gegenwärtig nahezu unangefochten Geltung"[37] zu besitzen scheint, scharfe Ablehnung hinsichtlich der Erhebung von Vorzugswörtern und -wortverbindungen für redaktions- und traditionskritische Beweisgänge.[38] Daß in diese Kritik auch die Kategorie der Hapaxlegomena einbezogen werden muß, ergibt sich von ihrer wortstatistischen Ausrichtung her.

Umso mehr überrascht es, daß auch auf diesem Feld in der wissenschaftlichen Literatur lediglich Ansätze definitorischer, noch weniger aber methodischer Reflexion greifbar sind.[39] So ist in P.-G. MÜLLERS *Lexi-*

---

[35]   Viele ntl. Exegeten greifen auf den verschiedensten Gebieten immer wieder auf mehr oder weniger ausgefaltete (wort)statistische Analysen zurück: J.C. HAWKINS, Horae Synopticae, Oxford 1899/²1909. E. PERCY, Die Probleme der Kolosser- und Epheserbriefe, Lund 1946. W. MICHAELIS, Pastoralbriefe und Wortstatistik, in: ZNW 28 (1929) 69-76. E. RUCKSTUHL, Die literarische Einheit des Johannesevangeliums (SF NS 3), Freiburg (CH) 1951. R. MORGENTHALER, Statistik des neutestamentlichen Wortschatzes, Zürich-Frankfurt a.M. 1958 (²1973), die umfassendste wortstatistische Monographie des NT-Vokabulars, deren arithmetische Daten in der modernen ntl. Lexikographie und Wortforschung allenthalben herangezogen werden. Vgl. z.B. die Angaben zur Belegzahl in: H. BALZ - G. SCHNEIDER (*Hg.*), Exegetisches Wörterbuch zum Neuen Testament I-III, Stuttgart u.a. ²1992; im Gegensatz dazu verzichtet BAW ganz auf wortstatistische Daten und benennt stattdessen wichtige biblische und außerbiblische Belegstellen.

[36]   Vgl. P.N. HARRISON, The Problem of the Pastoral Epistles, Oxford 1921, besonders 20f.68f.79.

[37]   T. KAUT, Befreier und befreites Volk. Traditions- und redaktionskritische Untersuchung zu Magnifikat und Benediktus im Kontext der vorlukanischen Kindheitsgeschichte (BBB 77), Frankfurt a.M. 1990, 15.

[38]   Vgl. T. KAUT, Befreier und befreites Volk 15-31.

[39]   MORGENTHALER, Statistik 25-29, greift in seiner Besprechung der Häufigkeitstabelle (S. 165-169) die Thematik der Hapaxlegomena, die er als Begriffe voraussetzt, die innerhalb des NT nur ein einziges Mal belegt sind, auf. Grundsätzliche definitorische oder methodologische Reflexionen zu diesem Terminus unterbleiben jedoch. Stattdessen werden entsprechend dem wortstatistischen Befund konkrete kombinatorische Schlußfolgerungen gezogen.

kon exegetischer Fachbegriffe unter dem Eintrag "Hapaxlegomenon" folgende kurzgefaßte und daher mißverständliche Definition wiedergegeben:

"Ein Wort, das nur einmal im Text der Bibel vorkommt. Mangels Vergleichsmöglichkeiten ist oft der genaue Inhalt und Sinn solcher einmaligen Begriffe schwer zu ermitteln..."[40]

Die Unexaktheit dieser Definition besteht darin, daß grundlegend nicht differenziert wird zwischen dem Textkorpus des Alten und dem des Neuen Testaments, wie es z.b. MORGENTHALER[41] ohne nähere Erläuterungen vorsieht. Ferner fehlt der wichtige Hinweis der Relativität dieser biblischen d.h. LXX- bzw. NT-Hapaxlegomena gegenüber dem außer*biblischen* Sprachschatz. Im Blick auf die NT-Hapaxlegomena, die P.-G. MÜLLER im Anschluß an seine Definition exemplarisch aufgreift, ist es eben nicht die Regel, daß "mangels Vergleichsmöglichkeiten ... oft [sekundäre Hervorhebung] der genaue Inhalt und Sinn solcher einmaligen Begriffe schwer zu ermitteln" sind. Denn - um alphabetisch zu beginnen - ἀβαρής (2 Kor 11, 9), ἀγγέλλειν (Joh 20,18), ἄγνωστος (Apg 17,23) oder αἴτιος (Hebr 5,9) sind zwar (NT-)Hapaxlegomena, aber wahrlich nicht schwer zu ermitteln de Begriffe.[42] Obgleich der wortstatistisch auffällige Befund von ἀγγέλλειν beispielsweise *prima vista* überrascht, leuchtet dennoch ein, daß diese Kategorie für pauschale Schlußfolgerungen nicht geeignet ist. Vielmehr müssen weitere methodisch reflektierte Schritte der Analyse (z.B. WB, WF, WFd, Gesamtgräzität) unternommen werden; erst dann sind fundiertere, für sprachliche und exegetische Fragestellungen relevante Detailergebnisse zu erwarten.

In den einschlägigen Handwörterbüchern[43] der Klassischen Philologie und der Linguistik ist der Begriff Hapaxlegomenon selten lemmatisch er-

---

[40] P.-G. MÜLLER, Lexikon exegetischer Fachbegriffe (Biblische Basisbücher 1), Stuttgart 1985, 130. Vgl. auch H. BUSSMANN, Lexikon der Sprachwissenschaft, Stuttgart ²1990, 302: "Nur an einer Stelle belegter sprachlicher Ausdruck, dessen Bedeutung infolgedessen oft schwer bestimmbar ist."

[41] Statistik 25.28.

[42] Bezüglich der interessanten und für die Problematik des in der Exegese verwendeten Terminus' Hapaxlegomenon sicherlich aufschlußreichen Fragestellung, wieviele von den 1954 NT-Hapaxlegomena (abzüglich der 570 Eigennamen) wirklich absolute Hapaxlegomena der überlieferten Gesamtgräzität sind, schweigt MORGENTHALERS Statistik.

[43] Vgl. z.B. *Pauly's Realenzyklopädie*, *Lexikon der Antiken Welt* oder rhetorisch-linguistische Handbücher wie G. UEDING (Hg.), Historisches Wörterbuch der Rhetorik I-III, Darmstadt 1992-96, C. HEUPEL, Taschenwörterbuch der Linguistik, München 1973, H. LAUSBERG, Handbuch der literarischen Rhetorik, München

faßt und zufriedenstellend behandelt. In MAROUZEAU'S *Lexique de la terminologie linguistique*, eines von den wenigen terminologischen Wörterbüchern[44], die Hapaxlegomenon bestimmen, liegt folgende für wissenschaftliche Zwecke völlig unzureichende Definition vor:

"Hapax. Adverbe grec. (= une seule fois) employé comme substantif, par abréviation de la forme compléte 'hapax legomenon' (= dit une seule fois), pour désigner un mot, une forme, un emploi dont on me peut relever qu' un exemple."[45]

Vor allem in der (antiken und) modernen Homerphilologie spielt die Problematik der Hapaxlegomena eine herausragende Rolle, wie aus den verschiedenen Abhandlungen in diesem Bereich zu ersehen ist.[46] Daneben sind als Untersuchungsfeld auch klassische Autoren wie die Tragikertrias[47] Aischylus, Euripides, Sophokles, bei denen die Frage der Neologis-

---

1960, T. LEWANDOWSKI, Linguistisches Wörterbuch (UTB 200-201-300), Heidelberg 1979/80, W. ULRICH, Wörterbuch. Linguistische Grundbegriffe, Kiel ³1981, w. WELTE, moderne linguistik. terminologie/bibliographie (Hueber Hochschulreihe 17,1 -2), München 1974.

[44] Vgl. ferner H. STAMMERJOHANN (*Hg.*), Handbuch der Linguistik. Allgemeine und angewandte Sprachwissenschaft, München 1975; dem Begriff Hapaxlegomenon wird nur eine Zeile zugestanden, in der der Begriff lediglich übersetzt wird. Daß darüber hinaus weiterführende Literaturverweise fehlen, ist nicht verwunderlich.

[45] Paris 1933, 36. E. SCHWYZER, Grammatik I, 26, urteilt über MAROUZEAU, Lexique: "knappe, dogmatische Definitionen ohne Literaturnachweis und Geschichte der Termini".

[46] J. FRIEDLÄNDER, Ueber die kritische benutzung der homerischen ἅπαξ εἰρημένα, in: Ph. 6 (1851) 228-253. F. MARTINAZZOLI, Hapax Legomenon I, Roma 1953; *ders.*, Hapax Legomenon II. Il Lexicon Homericum di Apollonio Sofista, Bari 1957. M.D. PETRUŠEVSKI, Quelques mots sur les ἅπαξ λεγόμενα Homériques, in: ZAnt. 17 (1967) 105-108. M.M. KUMPF, The Homeric Hapax Legomena and Their Literary Use by Later Authors. Especially Euripides and Apollonius Rhodius, Ohio 1974 (Diss. masch.); *ders.*, Four Indices of the Homeric Hapax Legomena, Hildesheim u.a. 1984. M. POPE, A Nonce Word in the Iliad, in: CQ 35 (1985) 1-8. N.J. RICHARDSON, The Individuality of Homers's Language, in: J. BREMER - I. DE JONG - J. KALFF (*ed.*), Homer. Beyond Oral Poetry, Amsterdam 1987, 165-184. P. KYRIAKOU, Homeric Hapax Legomena.

[47] F.R. EARP, The Style of Aeschylos, Cambridge 1948. W. BREITENBACH, Untersuchungen zur Sprache der euripideischen Lyrik, Stuttgart 1934. A. JURIS, De Sophoclis vocibus singularibus, Halle 1876. D. NUCHELMANS, Die Nomina des sophokleischen Wortschatzes. Vorarbeiten zu einer sprachwissenschaftlichen und stilistischen Analyse, Utrecht 1949.

men besonderer Aufmerksamkeit bedarf, Platon[48] oder der Epiker Apollonius Rhodius[49] herangezogen worden.

Den vereinzelten monographischen Arbeiten zufolge hat der Begriff Hapaxlegomenon keine feste terminologische Verwendung. So bestimmt P. KYRIAKOU[50] in Anschluß an M.M. KUMPF Hapaxlegomenon "as a word in lexicographical sense that occurs only once in Homer" mit der Bemerkung: "to me the definition is a matter of convenience rather than adherence to theoretical principles". Dagegen geht FRIEDLÄNDER im Blick auf Homer bei Hapaxlegomenon faktisch über die lexikographische und explizit über die singuläre Definition (einziger Beleg) hinaus:

"ἅπαξ εἰρημένα nenne ich auch wörter die sich mehr als einmal finden, wenn ihr mehrmaliger gebrauch auf nahe beisammenstehende stellen mindestens auf ein und denselben gesang beschränkt ist ..."[51]

Im allgemeinen läßt sich jedoch als *usus communis* feststellen, daß der Begriff vornehmlich *autorbezogen* verwendet wird. Dabei scheint es individuell dem Forscher überlassen zu sein, die Gesamtgräzität mit in die weiteren Untersuchungen einzubeziehen oder (und) unabhängig davon sozusagen *synchron* (aus dem Autor selbst) die Analysen und die kombinatorische Auswertung der statistischen Daten je nach den anvisierten (lexikalisch, semantisch, grammatikalisch, stilistisch) Gesichtspunkten vorzunehmen.

In methodischer Hinsicht hat FRIEDLÄNDER[52] die in der Homerfrage immer wieder durch argumentative Indienstnahme von Hapaxlegomena gestützten Bedenken gegenüber der Echtheit von einzelnen Gesängen oder Textpartien aus Odyssee-Ilias überzeugend widerlegt, indem er die bis dahin gängige quantitativ-statistische Vorgehensweise[53] durch inhaltlich-stilistische Überprüfung relativierte.

---

[48]   A. FOSSUM, Hapax Legomena in Plato, in: AJP 52 (1931) 205-231.
[49]   M. FANTUZZI, Ricerche su Apollonio Rodio, Roma 1988, besonders 7-46.
[50]   Homeric Hapax Legomena 1.
[51]   FRIEDLÄNDER, Ueber die kritische benutzung 228.
[52]   Ueber die kritische benutzung.
[53]   FRIEDLÄNDER, Ueber die kritische benutzung 234:
       "Den beweis für die spätere entstehung einer stelle *blos durch die zahl* ihrer ἅπ. εἰρ. zu führen ist also überhaupt nicht zulässig ... Im allgemeinen sind nun zu solchen kritischen zwecken *nicht* anwendbar alle einmal vorkommenden composita und derivata, deren stammwörter häufig sind und alle einmal vorkommenden simplicia, deren composita oder derivata häufig sind ..."

Resümee:

Diesem kurzen forschungsgeschichtlichen Abriß sind drei grundsätzliche Fakten zu entnehmen:

1. Der Terminus Hapaxlegomenon (bzw. die dazu kongruenten Umschreibungen) wird immer wieder für ganz verschieden geartete Fragestellungen herangezogen. Vor allem im exegetischen Bereich wird dieser Begriff *textkorpusbezogen*[54], aber auch *autorbezogen* eingesetzt.

2. Weiterhin bleibt festzuhalten, daß dieser Begriff definitorisch sehr unterschiedlich gehandhabt wird, meist entsprechend der bereits unter einem gewissen Vorverständnis stehenden Zielsetzung der Untersuchung.

3. Eine eingehende Reflexion hinsichtlich der Definition und des methodischen Zugriffs[55] dieser wortstatistischen Kategorie wird in der Sekundärliteratur weder ausdrücklich rezipiert noch eigenständig eingebracht. Vielfach begnügt man sich in definitorischer Sicht mit dem sich aus der Übersetzung des griechischen Begriffs ergebenden Verständnis. Nur vereinzelt wurde hinsichtlich quantitativer Wortstatistik, der auch die Hapaxlegomena zuzurechnen sind, berechtigte Kritik artikuliert, die sich freilich in der exegetischen Argumentation der Zukunft erst noch behaupten muß.

3. Möglichkeiten der Differenzierung

Daß »*Hapaxlegomenon*« auf unterschiedlichste Weise definiert werden kann, sollen die nun folgenden Ausführungen zeigen. Es geht in diesem Abschnitt primär darum, die theoretischen Möglichkeiten der Differenzierung zu sammeln und systematisch zusammenzustellen ohne *a priori* eine Wertung vorzunehmen. Erst in einem weiteren Schritt wird dann hinsichtlich der für diese Studie maßgeblichen Definition von [LXX]Hplg darauf zurückgegriffen werden.

---

[54] Unter diesem Begriff ist zu verstehen, daß als für die Erhebung von Hplg konstitutiver Textpool ein kanonisch festgelegtes Textkorpus ohne nähere kritische Ausgrenzung hinsichtlich inhaltlicher, gattungskritischer oder stilistischer (etc.) Gesichtspunkte herangezogen wird.

[55] In dem Sinne, welche Schlußfolgerungen unter welchen analytischen Bedingungen gezogen werden können und welche eben **nicht**. Statistische Einzelergebnisse, v.a. wenn sie sehr undiffenrenziert zustande gekommen sind, lassen nicht selten gegenteilige Schlüsse zu.

3.1 Bestimmung des Textpools

Der erste Schritt einer Definition von Hapaxlegomenon ist der der Festsetzung des Textpools, aus dem die Singularitäten erhoben werden sollen. Hierbei lassen sich folgende *allgemeine* Untergliederungen vornehmen, deren erste vier Gruppen in der bisherigen Forschung besonders bevorzugt wurden:

1. Singulärbelege in Anbetracht der überlieferten **Gesamtgräzität**[56]
2. Singulärbelege bei einem bestimmten **Autor**
   (mit bzw. ohne Berücksichtigung der Gesamtgräzität)
3. Singulärbelege innerhalb eines bestimmten **Werkes**
   (mit bzw. ohne Berücksichtigung der Gesamtgräzität)
4. Singulärbelege innerhalb eines bestimmten **Textkorpus'**
   (mit bzw. ohne Berücksichtigung der Gesamtgräzität):
   a) gattungsspezifisch (z.B. Epos)
   b) fachspezifisch (z.B. Philosophie, Medizin, Religion, Astronomie)
   c) kanonspezifisch (Rhetoren, LXX, NT)
5. Epochenspezifische Singulärbelege:
   a) in vorklassischer Zeit nur 1mal (sonst anderweitig) belegt
   b) in klassisch-attizistischer Zeit nur 1mal (sonst anderweitig) belegt
   c) in der Koine nur 1mal (sonst anderweitig) belegt
6. Regionalspezifische Singulärbelege:
   a) innergriechisch: Dorisch, ionisch, äolisch, attisch etc.
   b) kleinasiatischer Bereich
   c) palästinischer Bereich
   d) ägyptischer Bereich

---

[56] Hierbei ist besonders zu beachten, ob offensichtliche Zitate oder lexikalische Erklärungsversuche eines von dem Ausgangsautor abhängigen Überlieferers (z.B. Scholien, antike Lexikographen (Apollonius Sophistes, Hesych, Suidas) oder byzantinische Autoren) miteinbezogen (d.h. mitgezählt) werden sollen. Damit ergibt sich eine weitere Klassifizierung: antike oder/und byzantinische oder/und neugriechische Gesamtgräzität. Gerade das Neugriechische weist durchaus interessante Querverbindungen zur antiken-spätantiken Koine auf. Bez. des engen lexikalischen Zusammenhangs von κοινή und Neugriechisch vgl. A. THUMB, Griechische Sprache im Zeitalter des Hellenismus. Beiträge zur Geschichte und Beurteilung der KOINH, Strassburg 1901, 212f. Ferner K. DIETERICH, Untersuchungen zur Geschichte der griechischen Sprache von der hellenistischen Zeit bis zum 10. Jh. n. Chr., Leipzig 1898.

3.2 Differenzierung nach Wortbestandteilen

Sinnvollerweise ist ferner zu definieren, ob zwischen der Singularität des Wortstamms (bzw. der Wortbestandteile) oder des Ableitungs- bzw. Kompositumtyps unterschieden werden soll. Handelt es sich also z.B. bei ὀλιγοποιεῖν oder προσταράσσειν um Hapaxlegomena, obgleich der Wortstamm ποιεῖν (ebenso ὀλίγος) bzw. ταράσσειν (ebenso πρός) in dem jeweiligen Textpool bezeugt ist? Dies gilt umgekehrt auch für Simplicia, zu denen Komposita belegt sind (z.B. ἀσθμαίνειν - ἐπασθμαίνειν). Je nach Fragestellung und Zielsetzung der konkreten Untersuchung wird man sich für eine erweiterte oder verengte Definition entscheiden.

3.3 Auswahl weiterer Determinanten

Aus der antiken Homerphilologie wissen wir, daß Singularitäten nach ganz unterschiedlichen Aspekten erfaßt wurden: z.b. metrische, grammatikalische[57], semantische[58], syntagmatische[59], orthographische und phonetische[60] Unregelmäßigkeiten. Je nach Blickrichtung wird man auch hier

---

[57] Z.B. hinsichtlich Syntax und Formbildung (bzgl. Konjugation und Flexion). Auf dem Feld der Übersetzungstechnik der LXX sind hierzu v.a. von der finnischen Schule (SOISALON-SOININEN) signifikante Ergebnisse vorgelegt worden.

[58] Singuläre Sonderbedeutungen wie sie insbesondere z.B. in Übersetzungen (LXX) zu finden sind. Vgl. hierzu auch E. TOV, Greek Words and Hebrew Meanings, in: T. MURAOKA (ed.), Melbourne Symposium on Septuagint Lexicography (SCS 28), Atlanta (Georgia) 1987, 83-125. TOV greift hierbei den Ansatz von D. HILL, Greek Words and Hebrew Meanings. Studies in the Semantics of Soteriological Terms (SNTS.MS 5), Cambridge 1967, auf.

[59] Zu dieser Gruppe von Hapaxlegomena kann eine Vielzahl von möglichen Aspekten genannt werden, z.B:
1. (ungewöhnliche) Präpositionalausdrücke: Vgl. z.B. die grammatikalische Eigenart Aquilas, die hebräische Präposition אֵת mit σύν + Akkusativ wiederzugeben, was nach griechischer Kasuslehre nicht möglich ist. S. dazu auch J. ZIEGLER, Die Wiedergabe der nota accusativi 'aet- mit σύν, in: ZAW 100 (1988) 222-233. K. HYVÄRINEN, Die Übersetzung von Aquila, Uppsala 1977, 26-29.
2. (ungewöhnliche) Wortverbindungen a) Genitivverbindungen b) phraseologische Eigentümlichkeiten (Verb - Objekt) c) adjektivische Verbindungen (Adjektiv - Substantiv) d) asyndetisch gesetzte Nomina (vgl. z.B. in Gr 23,16f ἄνθρωπος πόρνος; 41,20 γυνὴ ἑταῖρα).

[60] Vgl. die ᴸˣˣHplgˢⁱʳ: ἀφελπίζειν (ἀπελπίζειν); ἔφισος (ἔπισος); ὑγεία (ὑγίεια). Hierzu könnte ferner zählen, wie konsequent der Hiat vermieden wurde. In der Gr-Überlieferung ist unter diesem Aspekt ein äußerst uneinheitlicher Befund festzustellen. Vgl. z.B. folgende Nomina, bei denen die vorgeschaltete Präposition als elidiert bzw. nicht elidiert überliefert ist: vor ἁμαρτία: ἀντί (3,14), ἀπό (8,5; 21,2; 23,10; 26,29), ἐπί (26,28) gegenüber ἐφ' (3,27; 4,26; 5,5); vor ἄνθρωπος: ἀπό (9,13;

bestimmte Aspekte gezielt auswählen bzw. unberücksichtigt lassen können.

3.4 Selektion der Wortarten

Bei kritischer Betrachtung der Verwendung des Begriffs Hapaxlegomenon in der wissenschaftlichen Literatur sind von den acht in der Sprachwissenschaft geläufigen Wortarten[61], deren Einteilung letztlich schon auf den antiken Grammatiker Dionysius Thrax (2./1. Jh. v. Chr.) zurückgeht, durchwegs folgende berücksichtigt: Substantive[62], Verba[63], Adjektive, Adverbien. Bisweilen wurden aber auch Adverbien bzw. Verbaladjektive den entsprechenden Adjektiven[64] bzw. Verben zugeordnet. Im Einzelfall wurden auch Personennamen miteinbezogen. Darüber hinaus können auch Interjektionen, Partikeln, Komparativ bzw. Superlativ sowie Zahlwörter (Kardinal- und Ordinalzahlen) separat berücksichtigt werden. Ferner ist zu fragen, ob auch Pronomina, Präpositionen als eigenständige Wortarten einbezogen werden sollten.

Resümee:
Aus dieser breiten Palette von Möglichkeiten, »Hapaxlegomenon« zu definieren, wird offensichtlich, wie sehr die Definition von der konkreten Fragestellung der Untersuchung abhängt. Dieses definitorische Vorverständnis ist allerdings ambivalent zu bewerten:
   Zum einen positiv insofern, als das aussagekräftig bzw. relevant erscheinende Wortmaterial bereits vorgefiltert und somit einer überschaubareren, gezielten Analyse unterzogen werden kann.
   Zum anderen aber negativ insofern, als *a priori* und d.h. zu einem gewissen Grade **voreingenommen** eine einseitige Bewertung der einzelnen Hplg aus dem Gesamtbestand erfolgt.

40,8), μετά (1,15; 8,1-3) gegenüber ἐπ' (28,4); vor ἔθνος: ἀπό (10,8; 28,14), ἐπί (33[36],2) gegenüber ἐπ' (46,6); vor ἐλάττωσις: ἀπό (20,3) gegenüber ἐπ' (22,3); vor ἔνδεια: ἀπό (20,21) gegenüber δι' (26,28); vor ὕδωρ: ἀπό (40,16) gegenüber ἐφ' (43,20); vor υἱός: ἐπί (40,1) gegenüber ἐφ' (3,2; 46,12).

[61] Diese sind: Substantiv, Verb, Adjektiv, Artikel, Pronomen, Präposition, Adverb, Konjunktion.

[62] Darunter sind eventuell auch *nonpersonelle* Eigennamen wie z.B. Rose (τὸ ῥόδον), Elefant (ὁ ἐλέφας) zu zählen.

[63] Ein besonderes Augenmerk verdienen z.B. substantivierte Partizipien oder (Verbal)Adjektive z.B. ἀναγινώσκων, φιλομαθῶν, φιλομαθής.

[64] Beispielsweise ἀκαίρως zu ἄκαιρος, ἔκπρακτος zu ἐκπράσσειν.

4. Zur Definition von »Septuaginta-Hapaxlegomenon«

Aufgrund des zu verhandelnden Gegenstands wird nun der vielfach unspezifisch gebrauchte Begriff »**Septuaginta**-Hapaxlegomenon« nach den
Gegebenheiten und Erfordernissen, die aus der historischen (v.a. kanon-
geschichtlichen), sprachlichen (qua Übersetzung) und textgeschichtlichen
Eigenart der Septuaginta (insbesondere der Sirachübersetzung) erwachsen,
definiert. Wegen der diffizilen und weitreichenden Problematik, die v.a.
in Begriff und Wesen »**der**« Septuaginta begründet liegt, kann hier nur
punktuell zu für die Begriffsdefinition wichtig erscheinenden Gesichtspunkten Stellung bezogen werden.

4.1 »Septuaginta« als Schriftensammlung

Die Bezeichnung Septuaginta (lat. siebzig) leitet sich vom pseudepigraphen Aristeasbrief[65] ab, in dem von 72 (!) Übersetzern des Pentateuchs
die Rede ist. Wie es von den 72 Übersetzern[66] zu den *Siebzig*[67] als stehende Formel für das griechische AT insgesamt kommen konnte, kann vielleicht durch Gründe sprachlicher Pragmatik erklärt werden: Griechisch
heißt 72 ἑβδομήκοντα δύο (zwei Wörter), 70 kurz und bündig ἑβδομήκοντα.[68] Zudem gilt gerade 70 als *heilige* Zahl.

Als Etikett wurde Septuaginta (ἑβδομήκοντα) nach M. HENGEL[69] "historisch nachweisbar - erstmals von einem christlichen Autor auf eine ursprünglich jüdische Sammlung von Schriften aufgeklebt, deren Umfang
freilich noch nicht eindeutig feststand." Justin (2. Jh. n. Chr.) wendet den

---

[65] Die Edition liegt vor in: A. PELLETIER, Lettre d'Aristée à Philocrate (SC 89), Paris
1962.

[66] Im Aristeasbrief (§ 50 unter Nennung aller 72 Namen) ist explizit von 72, nicht jedoch von 70 Übersetzern die Rede.

[67] Vgl. dazu auch die Erklärung von R. HANHART, D. Septuaginta, in: *Ders.* - W.H.
SCHMIDT - W. THIEL, Grundkurs Theologie 1. Altes Testament (UB 421), Stuttgart
1989, 176-196, hier 178:
  "... die Reduktion auf die heilige Zahl 70 dürfte als sekundäre Verbindung
  der Tradition von der Offenbarung des Gesetzes an Mose und die 70 Ältesten [Ex 24] mit der Tradition von seiner Übersetzung zu erklären sein."

[68] Vgl. hierzu auch Lk 10,1a: Μετὰ δὲ ταῦτα ἀνέδειξεν ὁ κύριος ἑτέρους ἑβδομήκοντα [δύο] und Lk 10,17a: Ὑπέστρεψαν δὲ οἱ ἑβδομήκοντα [δύο] μετὰ χαρᾶς.

[69] Die Septuaginta als "christliche Schriftensammlung", ihre Vorgeschichte und das
Problem ihres Kanons, in: *Ders.* - A.M. SCHWEMER, Die Septuaginta zwischen Judentum und Christentum (WUNT 72), Tübingen 1994, 182-284, hier 187.

griechischen Begriff οἱ ἑβδομήκοντα[70] (von den 70, nach dem Aristeas-brief 72 Übersetzern des Pentateuchs) nicht weniger als 8mal[71] zur Um-schreibung des über die fünf Bücher Moses hinausgehenden griechischen Alten Testaments an. Welche Bücher er genau darunter zählt und welche er nicht dazu rechnet, schreibt er explizit nicht.

Josephus Flavius redet auffälligerweise in Ant. XII 56 von 72 Übersetzern (6×12), unmittelbar darauf aber (Ant. XII 57) von den "Siebzig", was A. PELLETIER[72] als eventuellen Hinweis auf eine bereits zur Zeit Josephus' existente Formel für das griechische AT deutet.

Der Enkel von Jesus Sirach benennt in seinem Prolog die ihm bereits vorliegenden griechischen Übersetzungen zum AT ὁ νόμος καὶ αἱ προφητεῖαι καὶ τὰ λοιπὰ τῶν βιβλίων (Prol. 24f.), während er vom he-bräischen Original (AT) ὁ νόμος καὶ οἱ προφῆται καὶ τὰ ἄλλα τὰ κατ᾽ αὐτοὺς ἠκολουθηκότα (Prol. 1) spricht. Man kann also davon ausgehen, daß zur Zeit der Sirachübersetzung bereits der größte Teil des hebräischen AT dem Enkel in griechischer Sprache vorlag. Der Enkel kennt jedoch "noch nicht" ἑβδομήκοντα als Terminus für die griechische AT-Über-setzung.

Von daher ergibt sich als Schlußfolgerung, daß die Bezeichnung Sep-tuaginta (οἱ ἑβδομήκοντα) nicht von den Übersetzern selbst herrührt, son-dern vielmehr *sekundäres Etikett für ein mehr oder minder eng eingrenz-tes Textkorpus* ist, obgleich die Existenz dieses Begriffs doch früher ange-setzt werden muß, als es historisch nachweisbar ist. Nicht zuletzt bleibt bemerkenswert, daß für die griechische AT-Fassung die (72/70) *Überset-zer* als Nomenklatur stehen.

In *handschriftlicher* Sicht überliefern die drei großen Unzialcodices des 4. und 5. Jh.s (Alexandrinus, Vaticanus und Sinaiticus) Textkorpora unterschiedlichen Umfangs, so daß man nicht einmal zu dieser Zeit trotz

---

[70] Im N.T. begegnet trotz oftmaliger inhaltlicher Bezugnahme dieser Begriff als Um-schreibung für das griechische AT nicht; vielmehr werden als Bezeichnung des he-bräischen/griechischen AT andere Wendungen wie z.B. ἡ γραφή (Lk 4,21; Joh 2,22; Röm 4,3; Tim 5,18; Jak 2,23), αἱ γραφαί (Mt 22,29; 26,54; Mk 14,49; Lk 24,32.45; Joh 5,39; 1 Kor 15,3; 2 Petr 3,16), ὁ νόμος ἢ (καὶ) οἱ προφῆται καὶ ψαλμοί (Mt 5,17; Lk 24,44), ὁ νόμος bzw. ὁ νόμος Μοϋσέως (Lk 2, 22) etc. her-angezogen.

[71] Dialog mit Tryphon 71,1; 86,5^bis; 120,4; 124,3; 131,7; 137,3^bis.

[72] Flavius Josèphe adapteur de la lettre d'Aristée (EeC XLV), Paris 1962, 125-127.199.

der vorausgehenden Synode von Karthago (397) von einem streng begrenzten, feststehenden Schriftenkanon sprechen kann.

Über den Umfang der hebräischen Bibel hinaus enthalten alle drei Textzeugen die griechischen Erweiterungen gegenüber 𝔐 in Daniel, Ester und dem Psalter sowie als eigenständige Schriften Tobit, Judit, Weisheit, Jesus Sirach, Baruch, Brief des Jeremia, Susanna, Bel und der Drache.

Im Vaticanus fehlen die vier Makkabäerbücher, von denen der Sinaiticus nur 1 Makk und 4 Makk überliefert. Ferner fehlen im Sinaiticus - allerdings durch Lücken bedingt und daher letztlich ohne Aussagekraft - 1 Esra, Baruch und der Brief des Jeremia.

Gegenüber diesen beiden Codices des 4. Jh.s weist der ca. ein Jahrhundert jüngere Alexandrinus den umfangreichsten Bestand atl. Schriften in griechischer Sprache auf (zusätzlich zum allen drei gemeinsamen Schriftbestand): 1 Esra, 1-4 Makk, Oden, Psalmen Salomos.[73] Letztere sind insofern problematisch, als sie zwar im Inhaltsverzeichnis von *cod.* A genannt werden, aber erst nach den Büchern des AT und NT gewissermaßen als Anhang erscheinen, woraus M. HENGEL schließt:

> "Die Psalmen Salomos gehörten - das zeigt ihre Anordnung - gerade nicht zum Corpus anerkannter heiliger Schriften, wobei man von einem »Kanon« im strengen Sinne noch gar nicht sprechen darf. Sie sind eine Schrift am äußersten Rand der LXX, die imgrunde selbst nicht mehr zu dieser gehört."[74]

In *kanondogmatischer* Hinsicht umfaßt Septuaginta je nach Konfession verschiedene Textkorpora. Nach katholischem Kanonverständnis gelten über den Bestand des masoretisch überlieferten AT hinaus die Zusätze zu gewissen Büchern (Ester, Daniel; Bel et Draco; Susanna) als auch ganze Bücher wie Tobit, Judit, 1-2 Makkabäer, Weisheit, Jesus Sirach und Baruch (mit dem Brief des Jeremia) zu den (deutero)kanonischen Schriften, die in der reformierten Kirche seit Karlstadt[75] und Luther aufgrund des fehlenden Kriteriums hebräisch/aramäischer Originalität unter der Nomenklatur 'Apokryphen' zusammengefaßt werden.[76] In der griechisch-ortho-

---

[73] Dieses Textkorpus wurde Grundlage der 1935 von RAHLFS edierten Stuttgarter Septuaginta, auf die auch die Editionen des Göttinger Septuaginta Unternehmens fußen.

[74] HENGEL, Septuaginta als "christliche" Schriftensammlung 219.

[75] De canonicis scripturis, 1520.

[76] In der protestantischen Exegese erfreuen sich gerade in jüngster Zeit die deuterokanonischen AT-Bücher immer größerer Beliebtheit.

doxen Kirche lehnte man sich unter Ausschluß von 4 Makk dem alexandrinischen »Kanon« an.

Als *Zwischenergebnis* kann festgehalten werden, daß es in handschriftlicher und kanondogmatischer Hinsicht *keine* einheitliche, gemeinsame Abgrenzung des Textkorpus' gibt, auf die wir für die Definition von ^{LXX}Hplg (hier ^{LXX}Hplg^{Sir}) zurückgreifen könnten. Darüber hinaus muß terminologisch unterschieden werden zwischen Septuaginta als der *alten griechischen Übersetzung* ("Ur-LXX", Old Greek [=OG]) und Septuaginta als Sammelbezeichnung für die griechischen AT-Bücher in ihrer vorliegenden Form. Denn in den uns überlieferten LXX-Schriften sind auch (lediglich) Rezensionen bzw. Revisionen der "Ur-Übersetzungen" zu finden (so z.B. Textteile von Sam-Kön; ferner Koh, dessen Diktion der von Aquila nahe steht).

4.2 »Septuaginta« als Textkorpus von ^{LXX}Hplg

Das griechische Alte Testament gilt in der Exegese, wie das masoretische AT und das NT, als *sprachliches Korpus*, auf dessen explizite Rechtfertigung man zu verzichten können glaubt, da es sich hierbei um endgültig abgeschlossene Textsammlungen handle, deren autoritativer Charakter sich von ihrer Kanonizität bzw. handschriftlichen Überlieferung her ergibt. Nicht selten wird aber insbesondere bei lexem- und stilstatistischen Untersuchungen in meist diachronen Disziplinen[77] zuwenig berücksichtigt, daß die in 𝔐 vorliegenden Dokumente über einen Zeitraum von etwa 1000 Jahren[78], die LXX über einen Zeitraum von nicht weniger als 300 Jahren entstanden sind. Ferner haben z.B. Literarkritik und Redaktionskritik für 𝔐 nachgewiesen, daß unter Umständen in ein und demselben Vers ältestes und jüngstes Traditionsgut vorhanden sein kann. Übersetzungstechnische Analysen namhafter Exegeten haben wahrscheinlich zu machen versucht, daß einzelne LXX-Schriften nicht auf einen einzigen, sondern auf mehrere Übersetzer zurückgehen sollen.[79] Nicht wenige Schrif-

---

[77] Zur Kritik der Lexem- und Stilstatistik in der atl. Exegese vgl. HARDMEIER, Jesajaforschung; DECK, Wortstatistik, in der ntl. Exegese vgl. KAUT, Befreier und befreites Volk 15-31.

[78] Das Deboralied (Ri 5) dürfte aus der Zeit der Landnahme (ca. 1100 v. Chr.) stammen, während die Abfassung des Danielbuchs dem 2. Jh. v. Chr. zuzurechnen ist.

[79] Nach H.St.J. THACKERAY (The Septuagint and Jewish Worship, London 1920) sowie J. HERRMANN - F. BAUMGÄRTEL (Beiträge zur Entstehungsgeschichte der LXX,

ten der *alten* Septuaginta wurden im Laufe ihrer Überlieferung von bekannten, aber auch unbekannten Tradenten (z.B. Theodotion, Origenes, Lukian, Hesych) revidiert bzw. rezensiert oder gar neuübersetzt (z.B. Aquila, Symmachus), so daß sie uns nun (wenigstens partiell) in der sekundären Fassung vorliegen. In 𝔐 und LXX liegen ferner Bücher vor, die unterschiedlichen Gattungen und Entstehungsorten zugewiesen werden müssen oder tiefgreifende Unterschiede im Sprachniveau erkennen lassen. Der gravierendste Faktor der Indifferenz in LXX (qua Textkorpus) ist jedoch die Tatsache, daß nach dem alexandrischen Schriftenkanon sowohl Übersetzungsliteratur (Septuaginta im engeren Sinne) als auch Texte eingeschlossen sind, deren Übersetzungscharakter nicht eindeutig ist (z.B. Jdt) bzw. die primär in griechischer Sprache abgefaßt wurden (z.B. Weish).

All diese hier selektiv vorgestellten Kriterien relativieren den homogenen Charakter, der von einem Textkorpus insbesondere dann vorausgesetzt wird, wenn unter dem Aspekt des wortstatistischen Vergleichs verschiedene Texte gegenübergestellt und beurteilt werden sollen, die zudem untereinander bezüglich Inhalt und Umfang mitunter stark differieren. Demgegenüber zeigen diese Textkorpora (𝔐 und LXX) neben ihren heterogenen Sprachelementen offensichtlich auch gemeinsame linguistische und stilistische Charakteristika, die die Erhebung eines sprachlichen Korpus wenigstens zu einem gewissen Grad rechtfertigen: In 𝔐 ist eine weitgehend *genormte* **Sprach- und Denkstruktur** (v.a. in Wortschatz und Syntax) vorzufinden. Ähnliches gilt auch für die Septuaginta-Schriften, die in ihren Übersetzungen bisweilen gegen die hebräische Vorlage "eingebürgerte" Übersetzungsmuster (*Standard-Äquivalenzen*) verwenden und ausnahmslos in hellenistischer κοινή abgefaßt sind.[80] In methodologischer Hinsicht muß daraus der Schluß gezogen werden, daß bei der Analyse von [LXX]Hplg auch und gerade Sprachmaterial, das über dieses Textkorpus hinausgeht (Profangräzität), nicht nur supplementär, sondern grundsätzlich berücksichtigt werden muß.

Aufgrund der unter 4.1 erörterten Schwierigkeit hinsichtlich einer *argumentativen* Umfangsbegrenzung des griechischen Alten Testaments qua Textkorpus wird um der definitorischen Klarheit willen Septuaginta als

---

Berlin u.a. 1923) wurden Jes, Jer, das Dodekapropheton von zwei, Ez von drei Übersetzern ins Griechische übertragen.

[80] Vgl. hierzu insbesondere die Wortschatzuntersuchung zu Sir von J. ZIEGLER (Zum Wortschatz).

Determinante von ^{LXX}Hplg nach folgenden Gesichtspunkten *konstativ* festgelegt:

a. LXX erstreckt sich dem Umfang nach auf die Bücher, die im Inhaltsverzeichnis von cod. A enthalten sind, allerdings unter Ausklammerung der Psalmen Salomos.[81] Dazu gehören die Übersetzungen der protokanonischen hebräischen Bibel, ferner die über 𝔐 hinausgehenden griechischen Zusätze (v.a. zu Est, Ps, Dan), schließlich die nicht in 𝔐 überlieferten Schriften bzw. Erzählungen: 1 Esra, Tob, Jdt, 1-4 Makk, Weish, Sir, Bar, EpJer, Susanna (in EÜ Dan 13), Bel et Draco (in EÜ Dan 14).

b. Als Textbasis zu der unter a. eingegrenzten Schriftensammlung dienen die bisher erschienenen Editionen des Göttinger Septuaginta-Unternehmens. Nur wo diese nicht verfügbar sind, wird auf den Rahlfs'schen Text zurückgegriffen. Der Vorzug dieser Ausgaben gegenüber anderen LXX-Editionen (z.B. die von H.B. SWETE) liegt darin, daß der Text auf der Grundlage der mit Akribie durchgeführten Neukollationierungen des Göttinger Septuaginta-Unternehmens gestaltet ist und zudem nicht unkritisch unter der Autorität *eines einzigen*, wenn auch oftmals sehr zuverlässigen Textzeugen[82] steht. Der kombinierte Gebrauch von Göttinger und Rahlfs-Septuaginta bereitet freilich für die lückenlose Erfassung von ^{LXX}Hplg aufgrund der je eigenen Textgestaltung Probleme. Ein wertvolles Hilfsmittel ist neuerdings das von J. LUST u.a. herausgegebene Septuagintalexikon, das den Rahlfs'schen Text zugrundelegt und darüber hinaus zu jedem Eintrag wortstatistische Daten zur Beleglage in LXX bereithält.

c. In den Ausgaben mit Asterisk (✳) und Metobelus (✓) versehene Verse (vgl. Ijob) werden bei der Erhebung von ^{LXX}Hplg nicht berücksichtigt, da ihre Herkunft nicht immer zweifelsfrei bestimmt werden kann; meist gehören sie Theodotion an.[83] Die zu gewissen LXX-Büchern (Jos, Ri, Tob, Dan) überlieferten Textformen werden definitorisch nicht separat erfaßt, sondern dem entsprechenden LXX-Buch zugeordnet. In besonderer

---

[81] Zu den Gründen der Ausgrenzung der Psalmen Salomos s. S. 82.

[82] So z.B. die nur auf cod. B basierende Edition von H.B. SWETE, The Old Testament in Greek. According to the Septuagint I-III, 1901-1907. Vgl. hierzu die Kritik von P. KATZ, Besprechung der Septuaginta-Ausgabe von Rahlfs 265:
   "Swete ... stellt, mehr noch als Brooke-McLean mit den größeren Irrtumsmöglichkeiten ihres umfassenderen Planes, das bisher geltende Ideal, den diplomatisch getreuen Abdruck der Haupttextzeugen unter tunlichster Ausschaltung jeglicher Editoren»subjektivität«, in hoher Vollkommenheit dar, bis ins sprachlich Unmögliche hinein.

[83] Vgl. hierzu J. ZIEGLER, Iob (Septuaginta XI/4), Göttingen 1982, 133-151.

Weise gilt dies für Sir. GrI und GrII werden zwar differenziert, aber letztlich nur einem LXX-Buch zugeordnet.

4.3 »Hapaxlegomenon« als Determinante von ^{LXX}Hplg

Der zu Beginn dieses Kapitels dargelegte vielfach unspezifische Gebrauch des Begriffs Hapaxlegomenon in der Exegese erfordert hinsichtlich der hier anvisierten Kategorie ^{LXX}Hplg ebenso eine definitorische Klärung[84]:

a. Entscheidend für die Erhebung eines ^{LXX}Hplg ist nicht die Einmaligkeit eines Wortes innerhalb der Septuaginta (einziger Beleg), sondern ausschließlich die Zugehörigkeit zu *einem* LXX-Buch. Von daher kann ein ^{LXX}Hplg durchaus öfter (in einer Schrift) vorkommen. Bei dieser Definition liegt somit das Interesse gegenüber einem ^{LXX}Hplg zum einen in ihm *selbst*[85], zum anderen soll diese *Kategorie* aber auch der literarischen, übersetzungstechnischen oder hermeneutischen Einordnung eines Übersetzers bzw. Autors gegenüber der restlichen LXX dienen. ^{LXX}Hplg ist somit eine Größe, die den *textkorpusbezogenen* (LXX) Aspekt mit dem *autorbezogenen* (Einzeltext bzw. Übersetzer/Autor) kombiniert.

b. Aus dieser Begriffsbestimmung ergibt sich die Schwierigkeit, bestimmten LXX-Büchern bestimmte Übersetzer bzw. Autoren zuzuordnen. Es ist allgemein bekannt, daß das griechische Alte Testament erst nach etwa 300 Jahren zum Abschluß kam und von vielen Übersetzern/Autoren stammt. Mit Ausnahme von Est (Epilog)[86], 2 Makk (Proömion und Epilog)[87] und Sir (Prolog)[88] finden sich sonst zu keinem Werk authentische Angaben vom bzw. zum Übersetzer/Autor. Unweigerlich stellt sich in methodischer Hinsicht die Frage: *Kann für ein LXX-Buch ein Übersetzer angenommen werden, oder sind für eine Schrift mehrere Übersetzer bzw. für mehrere Schriften ein Übersetzer zu postulieren?* Diese schwierige Frage ist nach der Quellenlage und dem derzeitigen Forschungsstand nicht

---

[84] Auch diese Definitionskriterien sind nicht argumentativ zwingend, sondern schlichtweg *konstativ* erarbeitet.

[85] Der semantische Aspekt eines **einzelnen** ^{LXX}Hplg spielt insofern eine bedeutsame Rolle, als dadurch die Aussageabsicht (Nuancierung gegenüber synonymen Begriffen) und somit letztlich die Wortwahl sowie Präferenz bestimmter Wortbildungstypen erkennbar werden, die wiederum Rückschlüsse auf den Übersetzer/Autor ermöglichen sollen.

[86] Vgl. Einleitung S. 22 Anm. 77.

[87] Vgl. Einleitung S. 22.

[88] Vgl. Einleitung S. 21-30.

immer eindeutig zu beantworten und kann daher umfassend erst nach einer Vielzahl weiterer Detailbeobachtungen geklärt werden; deshalb wird aufgrund der induktiven Vorgehensweise bei der Analyse der ^{LXX}Hplg^{Sir} zunächst *behelfsmäßig* unterstellt, daß jede einzelne LXX-Schrift auf einen Übersetzer/Autor zurückgeht. Erst *a posteriori* wird sich zeigen, inwiefern diese Einteilung sich mit dem lexikalischen und übersetzungstechnischen Befund deckt.

    c. Wie bereits bei R. SMEND, J. ZIEGLER und F.V. REITERER wird auch in dieser Studie ^{LXX}Hplg nach dem *lexikographischen*[89] Eintrag (Wortarten) erfaßt, wobei *nicht* singuläre Wortelemente, sondern die singuläre Wortart konstitutiv ist. Grundsätzlich werden separat berücksichtigt: Substantive (mit Ausnahme von Personen- und Ortsnamen), Verben, Adjektive und Adverbien. Von daher erfolgt z.B. bei εὐκαίρως keine Subsumierung unter das Adjektiv εὔκαιρος, da ja bei dieser Kategorie der literarische und übersetzungstechnische Gesichtspunkt hinsichtlich Wortwahl und Präferenz bestimmter Wortbildungstypen im Vordergrund steht. Nicht erfaßt wurden Eigennamen, Partikel, Interjektionen, Komparativ, Superlativ, Verbaladjektive auf - τέον[90].

Resümee:
Die hier vorgelegte definitorischen Kriteriologie hinsichtlich der Bestimmung von ^{LXX}Hplg erweist sich bereits auf den ersten Blick als künstlich d.h. im gewissen Sinne als pragmatisch[91]. Dies liegt jedoch in der Natur der Kategorie »Septuaginta-Hapaxlegomenon«, die ihrerseits ebenfalls ein künstliches Konstrukt wortstatistischer Betrachtungsweise ist. Inwieweit diese sekundäre Kategorie einen exegetisch-hermeneutischen Beitrag zur sprachlich-literarischen Erforschung des hellenistischen (Diaspora)Judentums zu leisten in der Lage ist, haben die hier vorzulegenden Analysen sowie die davon abgeleiteten Ergebnisse zu dokumentieren.

---

[89] Grammatische und semantische Hapaxlegomena sind somit ausgegrenzt.
[90] Verbaladjektive auf - τος sind unter der Gruppe der Adjektive erfaßt.
[91] S. hierzu auch das unter pragmatischem Aspekt stehende definitorische Statement von KYRIAKOU, Homeric Hapax Legomena 1:
    "I should add from the very beginning that to me the definition [*von Hapax Legomenon*] was a matter of convenience rather than adherence to theoretical principles: the decision on only one kind of singularities does not carry any prescriptive force and should be considered solely as **my way of cutting a Gordian knot** [*sekundäre Hervorhebung*]."

2. Kapitel

Der Bestand der »Septuaginta-Hapaxlegomena« im Buch Jesus Sirach

1. Bereits bestehende Bestandserfassungen

1.1 R. SMENDS Grundlegung

Bei der aus textkritischen Überlegungen motivierten Aufstellung seines griechisch-syrisch-hebräischen Sirachindexes fiel R. SMEND, dem *"geistigen Vater des Göttinger Septuaginta-Unternehmens"*[1], die hohe Anzahl von Hapaxlegomena auf, die er in seinem Index auf der Grundlage der Konkordanz von HATCH-REDPATH[2], welche alle Lesarten und Varianten von A B S und R (= Sixtina) einbezieht[3], mit dem Siglum § kennzeichnete.[4]

Als Textgrundlage diente R. SMEND die Septuaginta-Ausgabe von SWETE[5], die zu B verläßlich alle Varianten von A C S anführt. Als Textkritiker im strengen Sinn[6] berücksichtigte R. SMEND jedoch nur die Lesarten, die "als möglich in Betracht kommen"[7], worüber er in seinem Kommentar z. St. argumentativ Rechenschaft ablegt.

---

[1] So A. RAHLFS' Widmung posthum an R. SMEND († 1913) in seinem *Verzeichnis der griechischen Handschriften des Alten Testaments* (MSU 2), Berlin 1914.

[2] E. HATCH - H.A. REDPATH, A Concordance to the Septuagint and Other Greek Versions of the Old Testament I-II, Graz 1954 [ND Oxford 1897-1906].

[3] Aber auch nur diese; wichtige Minuskeln und Druckausgaben wie z.B. cod. 253, 248 (= Compl.), 744 (= Ald.), 768 (= Wechel) wurden nicht einbezogen.

[4] Auch schon FRITZSCHE wies in seinem Kommentar sporadisch auf den wortstatistischen Tatbestand von Hapaxlegomena bzw. ^{LXX}Hplg hin.

[5] Das generelle und einseitige Festhalten SWETE'S an cod. B evozierte jedoch manch sekundäre Lesart, die gerade eine *textkritische* Edition eliminieren sollte, während die plausibel ursprünglichere Lesart als Variante im Apparat zu lesen ist. Man kann also zu Recht bei der SWETE-Septuaginta nicht von einer textkritischen Ausgabe im strengen Sinn (gestalteter Text), sondern allenfalls von einer »Handschriftedition mit Kollation weiterer Textzeugen« sprechen.

[6] Bekanntlich erschöpft sich die *editio* eines antiken Textes nicht in der *recensio*, sondern schließt die *emendatio* mit ein. Zur textkritischen Aufgabe und Methode s. P. MAAS, Textkritik, Leipzig ²1950, und M.L. WEST, Textual Criticism and Editorial Technique (Teubner Studienbücher), Stuttgart 1973.

[7] SMEND, Index VI.

Lapidar und ohne weiterführende Erläuterungen merkt er wortstatistisch zur Übersetzungsweise des Enkels an:

"Er [der Enkel] gebraucht mehr als 200 griechische Wörter, die in der Septuaginta und den Apokryphen des A.T. nicht vorkommen."[8]

Zur Frage jedoch, wie diese zunächst nur statistisch (quantitativ) auffällige Besonderheit sirazidischer Wortwahl literatur- und sprachwissenschaftlich zu bewerten ist, welche Schlüsse daraus für die Übersetzungsmethode des Enkels als eines *Vertreters frühjüdischer Theologie*, aber auch hinsichtlich seines Adressatenkreises gezogen werden können, äußerten sich nach R. SMEND auch die meisten Kommentatoren nicht.

1.2 J. ZIEGLERS Weiterentwicklung

Im Rahmen einer vornehmlich statistisch orientierten Wortschatzuntersuchung zum griechischen Sirach analysierte J. ZIEGLER[9] das sirazidische Sondervokabular. Trotz der zahlreichen lexikalischen Anlehnungen von Gr an bestimmte Septuaginta-Schriften unterstrich J. ZIEGLER aufgrund des hohen Bestands von (Septuaginta)-Hapaxlegomena als *ein* Indiz die übersetzungstechnische und damit auch implizit die exegetische Selbständigkeit und Unabhängigkeit von den dem Enkel vorliegenden griechischen Übersetzungen des Alten Testaments.

In seinem 14seitigen Artikel fügte J. ZIEGLER zu SMENDS Hapaxlegomena-Bestand noch weitere Begriffe[10] hinzu, die SMEND übersehen bzw. zum Teil aufgrund irreführender Angaben der HATCH-REDPATH-Konkordanz nicht beachtet hatte: ἀνομβρεῖν, ἀνυπονόητος, διακριβάζεσθαι, ἐλλιπής, ἐμπολιορκεῖν, ἔμφοβος, ἐνθουσιάζειν, ἔπος, ἐρώτημα, μῦθος, περιεργάζεσθαι, στερέωσις, φαντασιοκοπεῖν.

1.3 F.V. REITERERS Aktualisierung

In seiner Sprachstudie zu Sir 44,16-45,26 hat F.V. REITERER[11] erstmals den von SMEND initiierten und von J. ZIEGLER erweiterten Hapax-

---

8   SMEND, Weisheit LXIV. SMENDS interessante Beobachtung basiert lediglich auf quantitativer Wortstatistik; weder Umfang, Inhalt, Gattung noch das übersetzungstechnische Kolorit der einzelnen Schriften wurden in die Überlegungen miteinbezogen.
9   Zum Wortschatz 274-287.
10 Zum Wortschatz 283.
11 »Urtext« 243f.

legomena-Bestand nach der inzwischen erschienenen Göttinger Sirachausgabe von J. ZIEGLER (1965) aktualisiert und in einer Fußnote übersichtlich zusammengestellt. Dadurch war es nun möglich, die mehr als 200,
bisher verstreut in SMENDS Index stehenden Vokabeln bequem zu über-
schauen und gezielt nach konkreten Gesichtspunkten (z.B. bzgl. Wortfeld,
Wortbildungstyp) vorzusondieren. Die Masse der ^{LXX}Hplg und ihrer Belegstellen brachte es freilich mit sich, daß REITERER nicht durchgängig
alle neuen ZIEGLER-Lesarten aufgenommen hat, andererseits aber auch
manche bereits von R. SMEND erfaßten Hapaxlegomena unberücksichtigt
ließ.

2. Zur Problematik einer zweiten Übersetzung (GrII)

In der Diskussion um die sirazidischen Septuaginta-Hapaxlegomena
bisher völlig unbeachtet geblieben ist das Textmaterial von GrII.[12] Daß
diese "grösseren und kleineren Zusätze" gegenüber der »Erstübersetzung«
des Enkels (GrI), die am reinsten in den Unzialen B S A C repräsentiert
wird (sixtinische Textform), "wenigstens in ihrer grossen Mehrzahl der
zweiten griechischen Übersetzung angehören, und damit auf einem jüngeren und vielfach erweiterten hebräischen Text beruhen", hat R. SMEND[13]
wahrscheinlich gemacht. Deshalb soll in der Bestandsneufassung erstmals
auch GrII einbezogen werden, um so eine vergleichende Analyse von GrI
und GrII im Bereich der ^{LXX}Hplg zu ermöglichen.

3. Aktualisierte Bestandserhebung

Da weder R. SMEND noch J. ZIEGLER noch F.V. REITERER sich monographisch mit den sirazidischen Septuaginta-Hapaxlegomena befaßten,
unterblieb eine umfassende und kritische Auseinandersetzung hinsichtlich
der Definition und des methodischen Zugriffs dieser Kategorie. Auf der
Basis der von REITERER erarbeiteten »Hapaxlegomena-Liste«[14] soll nun
unter Zugrundelegung der in Kap. I dargelegten Kriterien eine aktualisierte Bestandserhebung durchgeführt und bei Abweichung gegenüber SMEND,
ZIEGLER und/oder REITERER diskutiert werden. Damit eingeschlossen ist
eine textkritische Durchsicht der Varianten, die aufgrund wichtiger Text-

---

[12] Bedauerlicherweise ist der Lexembestand von GrII weder in HRC noch in SMENDS
Index noch in LEH verzeichnet.
[13] Weisheit CXIV.
[14] S. REITERER, »Urtext« 243-244.

zeugen (v.a. La, Syr) oder plausibler Konjekturversuche ein spezielles Augenmerk verdienen. Um den Rahmen dieser Studie nicht zu sprengen, mußte allerdings die textkritische Diskussion auf signifikante Fälle beschränkt werden. Da desöfteren eine evidente textkritische Entscheidung nicht möglich ist, werden aus pragmatischen Gründen umstrittene Lesarten (ᴸˣˣHplg) in die Untersuchung miteinbezogen.

ἀκαίρως 35(32),4(6)
Wird hier als selbständiges ᴸˣˣHplg behandelt; daher keine Subsumierung unter das Adjektiv ἄκαιρος, wie dies SMEND und REITERER[15] vornehmen.

ἀμνημονεῖν 37,6
REITERER folgt SMENDS Indexeintrag ἀμνημονεύειν (= Sᶜᵃ, der μνημονεύσης [= S* 248] korrigiert). Alle anderen Textzeugen überliefern einvernehmlich das Verb ἀμνημονεῖν. Fr., Sw., Ra., Zi. zu Recht: ἀμνημονήσης, das bisher unberücksichtigt blieb.

ἀμνησία 11,25
Wird von SMEND und REITERER nicht als ᴸˣˣHplg verifiziert, da in Weish 14,26; 19,4 nach B S* ἀμνησία (= Sw.) belegt ist, wo Fr., Ra. und Zi. mit allen übrigen Textzeugen ἀμνηστία lesen. ἀμνηστία als Variante zu ἀμνησία findet sich in der Sirachüberlieferung nur in sonst nicht weiter bekannten Textzeugen (307 613ᶜ 672 694 GregNaz. GregNyss.), während Dam. (μη αμνημονησης) und La (ne immemor sis) möglicherweise auf GrII fußen.

ἀνάδειξις 43,6
Bisher nicht berücksichtigt.

ἀνεγείρειν 49,13
Bisher nicht berücksichtigt.

ἀνομβρεῖν 18,29
La (intellexerunt) geht gegen Gr mit Syr ܥܠܬ (sie kennen) zusammen. Dennoch muß ἀνομβρεῖν als authentisch (GrI) betrachtet werden, da das wortstatistisch relativ selten bezeugte Verb (s. **Wortst.**) noch zwei weitere Male von Gr gebraucht wird. Zudem ist das ebenfalls äußerst selten nachzuweisende ἐξομβρεῖν, das bei Gr mit ἀνομβρεῖν in semantischer und stilistischer Hinsicht in enger Verbindung steht, noch zweimal von Gr verwendet. Möglicherweise gehen also La und Syr auf GrII (γινώσκειν ?)

---

[15] Bei dem ᴸˣˣHplg εὐκαίρως allerdings differenziert REITERER sehr wohl zwischen dem noch in Ps und 2-3 Makk belegten Adjektiv und dem singulären Adverb.

zurück, deren hebräische Vorlage statt יבעו (*sie lassen hervorströmen*)
die sekundäre Lesart (Verschreibung?) ידעו (*sie kennen*) aufwies.[16]

ἀποδοχεῖον 1,17; 39,17; 50,3
Es fehlen bei REITERER die Belege 39,17 ἀποδοχεῖα ὑδάτων und 50,3
ἀποδοχεῖον ὑδάτων.

ἀφελπίζειν 22,21; 27,21
So in 22,21 nach B-S L⁻²⁴⁸ 336 578 706 Mal. und in 27,21 nach B* A C
307 336 339 548, während an beiden Stellen *rel. codd.* ἀπελπίζειν überliefern. Aufgrund der Zuordnung zu ἀπελπίζειν bisher nicht berücksichtigt.[17]

βαφή 34(21),26
Bei SMEND und REITERER ein ᴸˣˣHplg, da Sw. Ri 5,30A βαθή liest, während Ra. Ri βαφή favorisiert. βαφή wird daher in die Analyse nicht einbezogen.

διαμαχίζεσθαι 51,19
Bisher nicht berücksichtigt. Fr. mit L'-157'' 155 249-754 443 613 795:
διαμεμάχηται. Sw., Ra. und Zi. mit den Unzialen und den meisten Minuskeln διαμεμάχισται.

διεστραμμένως 4,17
Wird hier als selbständiges ᴸˣˣHplg behandelt; SMEND subsumiert διεστραμμένως als Adverb eines Perfektpartizips unter διαστρέφειν; REI-
TERER folgt SMEND. LEH sieht für dieses Adverb einen eigenen Lemmaeintrag vor.

δισσῶς 23,11
Weder von SMEND noch von REITERER infolge der Subsumierung des
Adverbs unter δισσός berücksichtigt. Bei LEH separates Lemma.

Ἑβραϊστί Prol. 23
Bisher nicht berücksichtigt.

ἔκκλητον 42,11
Eine Reihe von zuverlässigen Textzeugen überliefert das kontextlich sym-
pathischere ἔγκλητον (L⁻²⁴⁸-315' a-613 336 547 578 631' La), das
ZIEGLER[18] für ursprünglich hält, aber nicht GrI, sondern GrII zuweist.

---

[16] Arabˢⁱⁿ bestätigt mit واكثروا (*und sie vermehrten*) wohl eher die GrI-Lesart.
[17] In HRC und LEH liegt kein separater Lemmaeintrag ἀφελπίζειν vor.
[18] Sapientia 96f.

Gestützt wird die durch die Unzialen bezeugte Lesart ἔκκλητον letztlich[19]
durch H^M, das oftmals gegen die Kairoer Texte als Vorlage von GrI[20] in
Betracht kommt: קהלת.

ἐκθαυμάζειν 27,23; 43,18
Bisher nicht berücksichtigt, da Sw. mit A S^c in 4 Makk 17,17 das Kompositum ἐξεθαύμασαν liest; Fr. und Ra. jedoch bevorzugen in 4 Makk
das *verbum simplex* ἐθαύμασαν (= S*). In Sir 27,23 ist durch L und in
43,18 durch 336* die Variante θαυμάζειν bezeugt.

ἐκπέτεσθαι 43,14
Bisher nicht berücksichtigt, da Sw. in Hos 11,11 mit B*^vid gegen AQ^mg
(Ra. ἐκστήσονται) und in Klgl 4,19 mit B gegen AQ* ἐξήφθησαν (=
Ra.) das nämliche Verbum liest. Auch in Klgl 4,19 ist die von der Ho-
seastelle her bekannte, durch 253 155 358 534 672 755 bezeugte Variante
εξεστησαν vertreten.

ἐλλιπής 14,10
Bei SMEND kein ^LXXHplg, da es nochmals in PsSal 4,17 belegt ist. Von
ZIEGLER als ^LXXHplg nachgetragen und von REITERER übernommen. Textkritisch muß angemerkt werden, daß für ἐλλιπής völlig anderslautend in
La *in tristitia* steht. Danach könnte ἐλλιπής in ελλυπος[21] (*trauernd*)
durch Hör- bzw. Sehfehler verschrieben worden sein, das La ihrer übersetzungstechnischen Manier entsprechend mit einem Präpositionalausdruck wiedergibt. Vgl. ferner: ἀβοηθησία (51,10) *sine adiutorio*; ἀδοξία
(3,11) *sine honore*; ἔμφοβος (19,24) *in timore*; ἐννόμως (Prol. 36) *secundum legem*.

ἐνάριθμιος 38,29
REITERER liest mit den zuverlässigen cod. 253[22] 744[23] ἐνάριθμος, während SMEND und Zi. ἐνάριθμιος (= Fr., Sw., Ra.) den Vorzug geben.

ἐμπολιορκεῖν 50,4
ZIEGLER'S Nachtrag, den REITERER übernimmt, wofür aber die Göttinger
Sirachedition ἐν πολιορκήσει ansetzt. Daher kein ^LXXHplg.

---

[19] In H^B ist das hebräische Äquivalent nur unzureichend entzifferbar; BEN-ḤAYYIM:
קה[ל]ת. BEENTJES noch vorsichtiger: ק[..]ת. Es ist mir in Anbetracht des Faksimi-
lebilds unerfindlich, wie VATTIONI (= LÉVI) zur H^B-Lesart קללת (SAUER, Sirach
610: *Fluch*) kommt.

[20] S. dazu die Kollationstabelle von Gr(La), Syr, H^M, H^Bmarg, H^B auf S. 58-64.

[21] Zu diesem seltenen Wort vgl. Plu. *Quaest. conv. 621a5.*

[22] Mit Syh Hauptzeuge der hexaplarischen Rezension.

[23] Mit 68-768 Tochterhandschrift von cod. B.

ἐμφραγμός 27,14
Bisher nicht berücksichtigt.

ἐνθουσιάζειν 34(31),7
So mit S* l' 157 *a b c* 315' 358 543 Sa. Aeth. (= Ra., Zi.) gegen A B S^c
La (*sacrificare*) ἐνθυσιάζειν (= Fr. und Sw.). Die durch H^B überlieferte
hebräische Lesart אויל läßt sich nämlich plausibler als Vorlage für ἐνθουσιάζων (*der Verzückte, Närrische*) erklären. Somit erweist sich die
Variante in La als Folgefehler ihrer fehlerhaften griechischen Vorlage, die
sich dadurch auszeichnet, daß das Omikron in ἐνθουσιάζειν schlichtweg
verloren ging.

ἐντρεχής 34(31),22(27)
La *velox* (*schnell*) hat möglicherweise in ihrer Vorlage ταχύς gelesen,
falls es sich hier nicht um eine geringfügige sachliche Abänderung (von
geschickt nach *schnell*) durch den lateinischen Übersetzer handelt.

ἐξομβρεῖν 1,19
In La entspricht der Verbform ἐξώμβρησεν *conpartietur (er wird vertei-
len)*, das schwerlich als Übersetzung von ἐξομβρεῖν erklärt werden kann.
SMEND[24] rekonstruiert als Vorlage von La "(= ἐξεμέρισε ?)"; möglich
wäre auch noch διεμέρισε bzw. συνεμερίσατο. Da aber GrI noch in
10,13 ἐξομβρεῖν und in 18,29; 39,6; 50,27 aus der gleichen Wortfamilie
das ^LXXHplg ἀνομβρεῖν gebraucht, geht La möglicherweise erneut auf
GrII zurück, zumal La in 10,13 als Äquivalent von ἐξομβρήσει wiederum
unangemessen *adimplebitur* (προσ- ανα- πιμπλάναι ?) bietet. Demnach
wurde das in GrI verwendete, ansonsten in der Gräzität sehr schwach belegte Verb (s. **Wortst.**) in GrII durch zwei verschiedene Neuübersetzun-
gen abgelöst.

ἐπανακαλεῖσθαι 48,20
Mit S* und 253 ἐπανεκαλέσαντο gegen *rel. codd.* ἐπεκαλέσαντο (=
Sw., Ra., Zi.). An dieser Stelle wurde sekundär der ungewöhnlichere
Ausdruck durch den geläufigen Terminus ἐπικαλεῖσθαι ersetzt, der in
der LXX 188mal belegt ist und vornehmlich Gott (κύριον, θεόν, ὄνομα
κυρίου) zum Objekt hat, wie auch an der Sirachstelle (τὸν κύριον τὸν
ἐλεήμονα). In den 188 Fällen, wo in der LXX ἐπικαλεῖσθαι überliefert
ist, kann bei keinem Textzeugen eine Variante in der Gestalt des Verbums
ἐπανακαλεῖσθαι festgestellt werden. Darüber hinaus gibt zu bedenken,
daß die Überlieferung der 188 ἐπικαλεῖσθαι insgesamt gesehen sehr va-

---

[24] Weisheit 13.

riantenarm ist. Hinsichtlich des in Gr öfter individuell geprägten Wortbildungstyps ἐπι- mit adverbialem Nebensinn (*zurück, erneut*) vgl. ferner: ἐπανήκειν (27,9), ἐπάνοδος (17,24; 22,21; 38,21), ἐπερωτᾶν (35[32],7), ἐπεγείρεσθαι (46,1), ἐπισυνάγειν (16,10), ἐπιπροστιθέναι (Prol. 14).

ἐπιπροστιθέναι Prol. 14
Gegen S Syh (ετι προσθησουσιν) mit rel.⁻³³⁶ (= Fr., Sw., Ra., Zi.). Bisher nicht berücksichtigt, da mit Sw. Tob 5,16 nach S ἐπιπροσθήσω (nach B ἔτι προσθήσω) bezeugt ist. Han. liest für G^I und G^{II} jeweils ἔτι προσθήσω. Hinsichtlich des Wortbildungstyps ἐπι- s.o.

ἔπισος bzw. ἔφισος 9,10; 34(31),27
REITERER verzeichnet als ^{LXX}Hplg die v.a. von B gestützte, phonetische Variante ἔφισος (= Fr., Sw., Ra., Zi.). Der magere, wortstatistische Befund läßt vermuten, daß ἔπισος (Plb) gegenüber ἔφισος (Sor, ScholAr, ScholHes) älter zu sein scheint. Insbesondere kommt der Polybiosbeleg (2. Jh. v. Chr.) der in A a-534 b 155' 157' 315 443 768 785 Mal. Anton. p.852 (= 9,10) bzw. in A 248 b 315 358 534' 547 755 Mal. (= 34[31],27) überlieferten Lesart der Abfassungszeit von GrI durch den Enkel entgegen. Da aber ἔφισος eine auffallende phonetische Parallele (π- φ) zum ^{LXX}Hplg^{Sir} ἀφελπίζειν herstellt, soll an der traditionellen Lesart ἔφισος festgehalten werden.

ἐπιτίμιον 9,5
Bisher nicht berücksichtigt, da in 2 Makk 6,13 nach B *et alii* ebenfalls ἐπιτίμιον (= Fr., Sw.) belegt ist. Ra. setzte mit A allerdings ἐπίτιμος in den Text, während Han. wieder die von B bezeugte Lesart vorzog. In Gr begegnen beide Adjektive ἐπίτιμος (8,5 nach B* S* A V; v.l. ἐπιτίμιος) als auch ἐπιτίμιος. Ein textkritisch evidente Entscheidung gegen oder für die Authentizität des einen oder anderen Wortes ist unter den z.Z zur Verfügung stehenden Daten kaum möglich. Umso mehr erscheint die Aufnahme dieses Lexems in den Bestand der ^{LXX}Hplg aus pragmatischen Gründen vorteilhaft. Davon unabhängig *übersetzt* La ἐν ἐπιτιμίοις mit *in decore*, von dem aus man als Vorlage ἐν εὐκοσμίᾳ bzw. εὐκοσμίαις erschließen könnte. Jedenfalls muß auch hier entweder mit einer GrII-Variante oder mit einem Überlieferungsfehler in der La- Vorlage gerechnet werden.

ἐπιχορηγεῖν 25,22
Bisher nicht berücksichtigt, da in 2 Makk 4,9 nach S συγχωρεῖν (= Fr.), nach A V ἐπιχορηγεῖν (= Sw.) und nach 44 74 243 Cop. Ald. ἐπι-

χωρεῖν²⁵ (= Ra.) bezeugt ist. Han. übernimmt die Lesart ἐπιχορηγηθῇ. Auch hier bedarf eine sichere textkritische Entscheidung weiterer Untersuchungen und Daten. Deshalb wird dieser Begriff aus pragmatischen Gesichtspunkten in die Analyse der ᴸˣˣHplgˢⁱʳ einbezogen.

εὐδία 3,15
Bei SMEND als ᴸˣˣHplg erfaßt, bei REITERER nicht aufgelistet.

εὐδοκιμεῖν 39,34; 40,25; 41,16
Nach ZIEGLER²⁶ ein ᴸˣˣHplg, das allerdings in Gen 43,23 (= Sw., Ra., We.) nochmals belegt ist; daher weder von SMEND noch von REITERER als ᴸˣˣHplg ausgewiesen.

εὐσταθμος 26,18
La stabilis geht bereits auf die jüngere Lesart (GrII) εὐσταθής (= Sw.) zurück, die durch B 248-705 46 Arm(II) 545 et alii bezeugt ist.

ἱλαροῦν bzw. ἱλαρύνειν 36,27(24a)
Zi. liest bei 36,27(24a) ἱλαρύνειν (= Fr., Sw., Ra.). REITERER listet das an dieser Stelle von keinem Textzeugen überlieferte Verbum ἱλαροῦν 36,27 (24a) auf.

ἰοῦσθαι 29,10
La scheint mit ihrer Lesart abscondas wohl eher auf eine jüngere Tradition (GrII?) zurückzugehen, da auch 248 70 (κατάκρυβε αὐτό) sowie Syr ܘܐܣܬܪܗ (du sollst ihn legen) mit μὴ ἰωθήτω nicht vereinbar ist. La übersetzt in 12,10 ἰοῦται korrekt mit eruginat.

μεγαλοποιεῖν 50,22
Von SMEND berücksichtigt, da Sw. mit B 253 315 (= Fr.) gegen rel. codd. μεγαλοποιεῖν liest. Ra. (τὸν μεγάλα ποιοῦντα πάντῃ) und im Anschluß an ihn Zi. (τῷ μεγαλοποιοῦντι πάντῃ) bevorzugen gegen cod. B und 253 (neben Syh Hauptzeuge für O) die Junktur μεγάλα ποιεῖν (= La magna fecit);²⁷ deshalb von REITERER nicht als ᴸˣˣHplg aufgeführt. Da aber zu dem textkritisch umstrittenen Hapaxlegomenon totius graecitatis μεγαλοποιεῖν in 48,2 der ebenfalls in der Gesamtgräzität singuläre, textkritisch gesicherte Kompositionstyp ὀλιγοποιεῖν (mit Elija als Subjekt) bezeugt ist, verdient μεγαλοποιεῖν übersetzungstechnisch näher untersucht zu werden.

---

²⁵ Vgl. auch in Sir ἐπιχωρεῖν als Variante von ἐπιχορηγεῖν nach 46.
²⁶ Wortschatz 286.
²⁷ Hinsichtlich des Kompositionstyps - ποιεῖν vgl. κακοποιεῖν (19,28) gegenüber κακὰ ποιεῖν (7,1; 34(31),10] und πονηρὰ ποιεῖν (27,27).

μεῖγμα 38,8
REITERER verzeichnet die durch alle Hss. gesicherte Lesart μίγμα (= Fr.,
Sw.). Mit Ra. und Zi. ist allerdings die phonentische Konjektur μεῖγμα
als ᴸˣˣHplg erfaßt.

μεταβολία 37,11
Bisher nicht berücksichtigt. SMEND und REITERER folgen S V 637 μεταβολή. Zi. liest mit B 964 μεταβολία (= Fr., Sw., Ra.).

μηνιᾶν 28,7
Bisher nicht berücksichtigt, da Fr., Sw., Ra. mit allen Textzeugen
μηνίσῃς (= attische Formbildung) bevorzugen. Zi. übernimmt gegen die
gesamte Sirachtradition die Konjektur von KATZ[28] μηνιάσῃς (= hellenistische Form). In 10,6 übersetzt La μηνιάσῃς mit *memineris*, wonach als
Vorlage des Lateiners μνησθῇς zu rekonstruieren wäre, das freilich schon
aus kontextlichen Gründen keinen Anspruch auf Authentizität erheben
kann. Vielmehr ist die in La ersichtliche Variante wiederum ein Beleg
mehr für die schlechte Gr-Vorlage, die für die ursprüngliche Lesarten
meist vom Schriftbild her ähnliche Vokabeln hat.

μήπως 28,26
Bisher nicht berücksichtigt.

μυριοπλασίως 23,19
Bisher als ᴸˣˣHplg nicht berücksichtigt aufgrund der Subsumierung unter
das noch in Ps vorkommende Adjektiv. LEH ordnet μυριοπλασίως als
separates Lemma ein.

ὀνίνασθαι 30,2
Von SMEND[29] und REITERER als ᴸˣˣHplg eingeordnet. Das Verbum be-
gegnet aber noch in Tob 3,8 als Gᴵ-Lesart nach B* (non 122) A 392 Sy Sa
Aeth.(vid) Arm(vid) (= Sw., Ra. und Han.).[30]

παρέλκειν 29,5
Bei REITERER sind die Belege 4,1 und 29,5 nicht erfaßt.

περιεργία 41,22
Mit Zi. ist gegen REITERER (nach O-Sᶜ περιεργασία) περιεργία (=Fr.;
Sw.: περιεργεία) zu lesen.

---

[28] Besprechung 284.
[29] Weisheit 264: " Ὀνίνασθαι in der Bibel nur noch Philem. 20, und zwar in derselben
      Bedeutung wie hier."
[30] Zum Variantenpaar ὠνομάσθης - ὠνάσθης vgl. HANHART, Text und Textgeschichte
      des Buches Tobit 77.

περιψύχειν 30,7

Nicht so sehr bedingt durch *scriptio continua* (περιψυχωνυιον) als vielmehr aufgrund einer durch einen Hörfehler (υἱῶν statt υἱόν) evozierten
Korruptele in der La-Vorlage übersetzt La den sinnstörenden Präpositionalausdruck *pro animabus filiorum*. Die Authentizität liegt zweifellos bei
o.g. Verb.

πολιορκεῖν 50,4

Ist gegen REITERER zu streichen; bei SMEND ist stattdessen ἐμπολιορκεῖν
im Index verzeichnet. Sw. mit B: ἐνπολιορκήσαι (Bᵇ A ἐμπολιορκήσαι
= Fr.). Zi. übernimmt zu Recht den sicher ursprünglichen Präpositionalausdruck, der erstmals von Ra. mit O *l*-157" *b* 547 679 Sa vom Apparat
in den Text gestellt wurde: ἐν πολιορκήσει. Der Überlieferungsprozeß
läßt sich somit folgendermaßen rekonstruieren: Ursprüngliches ἐν πολιορκήσει wurde eventuell bedingt durch *scriptio continua* verschrieben zu
dem kontextlich nicht störenden Kompositum ἐνπολιορκήσαι (= Bᵇ A),
das wiederum phonetisch/orthographisch zu ἐμπολιορκήσαι korrigiert
wurde.

πόρνος 23,16

In La findet sich als lateinisches Äquivalent *nequa*, von dem aus mit guten Gründen πονηρός erschlossen werden kann; ferner las La im gleichen
Halbvers statt ἐν σώματι σαρκός σου zweifelsohne in ihrer Vorlage ἐν
στόματι σαρκός σου (= *in ore carnis suae*). Offensichtlich handelt es
sich in beiden Fällen um durch Hör-, Seh- bzw. Schreibfehler hervorgerufene Korruptelen[31] in der griechischen La-Vorlage. Denn im unmittelbar
darauffolgenden Vers übersetzt La πόρνος vollkommen korrekt mit *forni-
carius*.

ποσαχῶς 10,31ᵇⁱˢ

Bisher nicht berücksichtigt.

προσανοικοδομεῖν 3,14

Das Triplaverb verdient gegenüber der scharfsinnigen Konjektur von KIL-
PATRICK (πατρὸς ἀνοικοδομεῖν) den Vorzug. S. dazu auch die textkritische Besprechung auf S. 35f.

---

[31] Das möglicherweise in der La-Vorlage stehende Adjektiv πονηρός könnte allerdings
auch als eine grammatikalische Glättung des asyndetischen Nominalgefüges ἄνθρωπος πόρνος angesehen werden.

πτέρνος bzw. πτέρνον 26,18

Gegen Ra. στέρνοις (= Konjektur SMENDS) liest Zi. mit S* 358 545 613 La (*super plantas*) ^{LXX}Hplg πτέρνοις.[32] Diese Lesart ist aber aus textkritischen als auch wortstatistischen Gründen nicht unproblematisch. Denn πτέρνοις ist eine durch Homoioteleuton (von εὐστάθμοις her) bedingte Verschreibung von ursprünglich πτέρναις. Hinzu kommt der freilich relativ zu bewertende Tatbestand[33], daß πτέρνος bzw. πτέρνον in der Gesamtgräzität sonst kein weiteres Mal nachgewiesen werden kann, während das stammgleiche Femininum πτέρνη im TLG # D mehr als 600mal bezeugt ist.[34] Zudem ist eine Bedeutungsverschiebung von πτέρνη und πτέρνος bzw. πτέρνον kontextlich nicht ausweisbar.

ῥῦσις 51,9

La zeigt in diesem Fall mangelhafte Übersetzungskompetenz, indem sie ῥύσεως (von ῥῦσις *Rettung*) sinnstörend mit *defluenti* (von ῥύσις das *Fließen*) wiedergibt. Selbst eine hier verdorbene Vorlage kann wohl in diesem Fall La nicht entschuldigen.

σκανδαλίζεσθαι 9,5

Bisher nicht berücksichtigt aufgrund der Belege in PsSal (12,1.3.4; 16,7) sowie Dan o' 11,41, den Ra. sub ※ stellt und damit als sekundären hexaplarischen Zusatz identifiziert.

στερέωσις 28,10

Von SMEND nicht berücksichtigt aufgrund Ijob 37,18; wurde von ZIEGLER[35] als ^{LXX}Hplg nachgetragen. Bei Ra. und Zi. ist στερέωσις sub ※ als sekundärer Zusatz ausgewiesen.

σκύβαλον 27,4

Nach SMEND[36] ist mit dem in La bezeugten Gräzismus *aporia* keine Variante ἀπορία herzustellen. Vielmehr handelt es sich hier um eine "falsch erklärende" Uminterpretation von seiten des lateinischen Übersetzers. Freilich bleibt nach wie vor zu bedenken, daß La in den nicht gerade we-

---

[32]   26,18 καὶ πόδες ὡραῖοι ἐπὶ πτέρνοις *(Fr.:* πτέρναις. *Sw., Ra., Ka. p.278:* στέρνοις) εὐστάθμοις

[33]   Die schwierigere Lesart (hier Hplg der Gesamtgräzität) als authentisch zu erweisen, ist ferner insofern problematisch, als die griechische Sirachüberlieferung nachweislich äußerst unzuverlässig ist.

[34]   Bei einem Simplex ist dieser wortstatistische Befund sicher anders zu bewerten als bei einem Kompositum, das *individuell* gebildet worden sein kann.

[35]   Wortschatz 283.

[36]   Weisheit 243.

nigen Fällen, in denen er Gräzismen in den Dienst nimmt, stets von der Vorlage abhängt.

σκώπτειν 10,10
La *gravat medicum* geht mit 248-130 157' 547 548 679 768 795 (κόπτει) und steht somit GrII nahe, wenn man nicht κόπτει für ursprünglich (GrI) halten[37], und das von der Hauptmasse der Textzeugen mehr oder minder gut[38] bezeugte σκώπτει als Überlieferungsfehler betrachten möchte.

στέγειν 8,17
Durch einen Hör- bzw. Sehfehler bedingt stand in der La-Vorlage statt korrekt στέξαι das lautlich und graphisch ähnliche στέρξαι, das La treu mit *diligere* übersetzt. Somit läßt sich aus dieser lexikalischen Abweichung von seiten La keine echte Variante erheben, zumal La in 27,17 (auch hier geht es um das Verraten von Geheimnissen) den Imperativ στέρξον zutreffend mit *dilige* wiedergibt.

συγκύφειν 19,27
Bei dieser schwierigen Lesart ist zunächst festzuhalten, daß es sich vom Kontext her in 19,27a darum handeln muß, daß "der Hinterlistige sich blind und taub stellt"[39]. Zur Rekonstruierung der authentischen Lesart ist ferner das dazugehörige Akkusativobjekt πρόσωπον[40] zu berücksichtigen. Vom Variantenmaterial her stehen folgende Lesungsmöglichkeiten zur Verfügung: συνκυφων[41] nach (= Sw. Zi.), συνκρυφων nach B* Sᶜ (= Ra.), συγκυπτων nach L'⁻²⁴⁸ 311 542 613 755.

Auch hier soll die *lectio difficilior* (συνκυφων) aus pragmatischen Gründen als ᴸˣˣHplg erfaßt und unter übersetzungstechnischem und wortstatistischem Aspekt analysiert werden. Die Lesart συγκυπτων scheint aufgrund ihrer Textzeugen (Lukianrezension) sowie La *inclinat* bereits auf eine zweite Hand zurückzugehen.

συγχρονίζειν Prol. 28
Die durch die wichtigen Textzeugen A und 253 überlieferte Variante συγχρονησας könnte unter Umständen stilistische oder aber dialektale

---

[37] Vgl. die von dieser Lesart aus abhängigen Traditionsfehler: κωπτει 404; κοψει 311; εκκοπτει *b*.
[38] Vgl.: σκοπτει C 637-743 307 543 706 744; σκοπει *l*⁻¹³⁰ 46 578 534(-πη) -613 694 728(-πη) 755 Sa Ps Ath. IV 380; σκωπει 339.
[39] So SMEND, Weisheit 179.
[40] Nach *l a*-534 542 547ᶜ 755 προσωπω (Dativobjekt).
[41] Für die textkritische Auswertung nicht unerheblich ist die orthographische Abweichung ν statt γ; vgl. auch συγκρυφων. Noch bedeutender ist der assonantische Aspekt: συν̲κ̲ύ̲φ̲ω̲ν̲ - ἐθελοκ̲ω̲φ̲ῶ̲ν̲.

Korrektur gegenüber dem nämlichen Kompositum auf -ίζειν sein. Vgl. ferner διαμαχίζεσθαι mit der Variante διαμάχεσθαι (51,19); ἐνδελεχίζειν mit der A-Variante ἐνδελεχεῖν (41,6).

ὑπόλημψις 3,24
REITERER bevorzugt mit A die phonetisch-orthographische Variante ὑπόληψίς (= Fr.). Zi. dagegen: ὑπόλημψις (= Sw., Ra.).

φωτεινός 17,31; 23,19
Zwar bei SMEND ᴸˣˣHplg, jedoch bei REITERER nicht aufgelistet.

ψίθυρος 28,13
Bei REITERER ist der zweite Beleg (28,13), den SMEND an anderer Stelle (s.v. δίγλωσσος) verzeichnet, nicht berücksichtigt.

Resümee:
Abschließend kann hinsichtlich der aktualisierten Bestandserhebung festgestellt werden, daß folgende Begriffe in der bisherigen Diskussion über die ᴸˣˣHplgˢⁱʳ z.T. aus textkritischen oder definitorischen Gründen, z.T. aber auch aus Versehen nicht berücksichtigt wurden:
ἀμνημονεῖν, ἀμνησία, ἀνάδειξις, ἀνεγείρειν, ἀφελπίζειν, διαμαχίζεσθαι, διεστραμμένως, δισσῶς, Ἑβραϊστί, ἐκθαυμάζειν, ἐκπέτεσθαι, ἐμφραγμός, ἐπανακαλεῖσθαι, ἐπιπροστιθέναι, ἐπιτίμιον, ἐπιχωρηγεῖν, μεταβολία, μήπως, μυριοπλασίως, περιεργία, ποσαχῶς, σκανδαλίζεσθαι.
Folgende Begriffe, die bisher als ᴸˣˣHplg erfaßt waren, wurden aufgrund textkritischer oder definitorischer Argumente ausgeklammert:
ἀμνημονεύειν, βαφή, ἐμπολιορκεῖν, εὐδοκιμεῖν, μεταβολή, ὀνινᾶσθαι, πολιορκεῖν.
Der auf der Grundlage REITERERS ᴸˣˣHplg-Liste aktualisierte Bestand von insgesamt 273 ᴸˣˣHplgˢⁱʳ ist in Kap. III alphabetisch in drei Gruppen (Prol., GrI und GrII) aufgelistet.[42]

---

[42] SMEND, Weisheit LXIV, spricht von mehr als 200 ᴸˣˣHplgˢⁱʳ (GrI); REITERER, »Urtext« 243, zählt nach seinem aktualisierten Bestand 228 (GrI ausschließlich).

3. Kapitel

Septuagintaspezifische Untersuchungen zu Wortwahl und Wortbildung

Unabhängig von der definitorischen Problematik, wie sie in Kap. I skizziert wurde, steht das »Septuaginta-Hapaxlegomenon« fraglos in einer wechselseitigen Beziehung zwischen dem Wortschatz des einzelnen Übersetzers bzw. Autors und dem der Septuaginta. Ein erster Ansatzpunkt zur Bewertung der sirazidischen [LXX]Hplg liegt somit zunächst und vorrangig im *septuagintaspezifischen* Aspekt, der seinerseits den Blick auch auf die hebräische Vorlage (Textzeugen) erfordert. Vorweg aber ist insbesondere der Frage nach dem lexikalisch-übersetzungstechnischen Verhältnis des übersetzenden Enkels zur Septuaginta nachzugehen - zumal dieser Gesichtspunkt in der Exegese kontrovers diskutiert wird.

1. Zur Frage der Abhängigkeit von GrI gegenüber LXX

Sirachs offensichtlicher Eigenständigkeit[1] in Wortwahl und Übersetzungsweise entgegengesetzt steht jene *bewußte* lexikalische[2], terminologische[3] und übersetzungstechnische Orientierung an Septuagintalesarten -

---

[1] Vgl. ZIEGLER, Wortschatz 282f (betont aber vor allem dessen Abhängigkeit s.u.); REITERER, »Urtext« 247f; v.a. WRIGHT, der allerdings auf ZIEGLERS Aufsatz nicht eingegangen ist, hat sich hierzu detailliert und in methodischer Sicht kritisch auseinandergesetzt (Difference 119-230); sein Ergebnis lautet (S. 229):
"... it seems unlikely that the grandson depended heavily on the OG for his translations [...] In fact, the conclusion, reached by Reiterer, that the grandson did not depend very much on the OG Pentateuch for the beginning of the Praise of the Ancestors section (44.16-45.26), seems more than supported here regarding his possible dependence on the Law and Prophets for the entire translation."

[2] Unter »lexikalisch« werden ausschließlich Vokabeln ohne erkennbare theologische, septuagintaspezifische Sonderbedeutung gegenüber dem profangriechischen Gebrauch subsumiert.

[3] Im Gegensatz zum Begriff »lexikalisch« sind unter der Nomenklatur »terminologisch« **Syntagmata** erfaßt, die *überindividuell* geprägt zu sein scheinen; nur bei Vorliegen eines offensichtlich technischen Ausdrucks werden einzelne Vokabeln auch als »terminologisch« bezeichnet, wie z.B. ἐκδιδόναι ("publizieren") oder συγγράφειν ("einen Vertrag abfassen").

bisweilen gegen den Wortlaut der hebräischen Vorlage[4]. Gerade dieser literarische Wesenszug des Übersetzers verdient zur Einordnung der sirazidischen Septuaginta-Hapaxlegomena und der - wie sich in Kap. V noch zeigen wird - aufschlußreichen Querbeziehungen zu den deuterokanonischen Schriften (v.a. Weish, 1-4 Makk) besondere Aufmerksamkeit.

1.1 GrI und der griechische Pentateuch

In seinem Sirach-Kommentar folgert R. SMEND aus den Formulierungen im Prolog des Enkels, wonach auch seine eigene Übersetzung unvollkommen (Prol. 19) und im Blick auf das hebräische Original nicht von gleicher Aussagekraft (Prol. 21) sei, ebenso wie die der Thora, der Prophetenbücher und der übrigen Schriften (Prol. 23-26), sprachliche Versiertheit im Umgang mit dem hebräischen[5] und griechischen Alten Testament:

---

[4] Vgl. SMEND, Weisheit LXIII sowie weiterführend ZIEGLER, Wortschatz 274-282. Als signifikantes Einzelbeispiel wird unter vielen anderen 36,29(26) βοηθὸν κατ' αὐτόν = Gen 2,18 (LXX) genannt, das übersetzungstechnisch nicht mit H[B] 36,24(29) עזר ומבצר, H[Bmarg] H[D] עיר מבצר (vgl. Jer 1,18 πόλις ὀχυρά) sowie H[C] [.]נ[.] עיר מבצר vereinbar ist. Dagegen vermuten in ihren Kommentaren (z.St.) LÉVI, l'Ecclésiastique, und RYSSEL, Sirach, daß bereits in der hebräischen Vorlage von GrI ein direktes Zitat von Gen 2,18 nach 𝔐 gestanden habe, während ZIEGLER, Wortschatz 279, die überlieferte Lesart von H[B] für authentisch (d.h. als Gr-Vorlage) hält. S. hierzu aber auch den differenzierten Erklärungsversuch bei WRIGHT, Difference 163-165.
Ein weiterer Beleg scheint in 49,7 vorzuliegen, wo der Enkel seine "Vorlage" (H[B]) והוא מרחם נוצר נביא nicht wörtlich, sondern nach ZIEGLER, Wortschatz 279, in Anlehnung an Jer 1,5 (ἐκ μήτρας ἡγίακά σε, προφήτην ... 𝔐 מרחם הקדשתיך נביא /) mit ἐν μήτρα ἡγιάσθη προφήτης übersetzt habe. S. hierzu wiederum die relativierende Argumentation bei WRIGHT, Difference 204f.

[5] Trotz der Tatsache, daß bereits weit in vorchristlicher Zeit, mithin zur Zeit der Übersetzung des Enkels, mit einem sehr nahe an den Wortlaut von 𝔐 liegenden hebräischen Alten Testament zu rechnen ist - dies zeigen viele linguistische Untersuchungen, in denen der masoretische Text mit der Lesart der ältesten Qumranfragmente (z.B. Jes, Dan), die bis ins 3./2. Jh. v. Chr. datiert werden können, verglichen wurde -, muß aber auch die Möglichkeit lexikalischer Differenz bei der Eruierung der "Vorlage" berücksichtigt werden.
Neuerdings hat A. SCHMITT in seiner Analyse der Danielfragmente vom Toten Meer gerade beim ältesten Textzeugen (4QDan[c]: Ende des 2. Jh.s v. Chr.) eine im Vergleich zu den jüngeren Textzeugen (z.B. 1QDan[a.b]: 1. Jh. n. Chr.) auffällige Häufung von lexikalischen Varianten gegenüber 𝔐 festgestellt, wonach er für möglich hält, "daß sich darin ein Vorgang von größerer Disparität bei älteren Handschriften hin zu stärkerer Vereinheitlichung bei jüngeren Handschriften jeweils in Relation zu M abzeichnet." (Die Danieltexte aus Qumran und der masoretische Text (M), in: H.M. NIEMANN u.a. (Hg.), Nachdenken über Israel, Bibel und Theologie (FS K.-D.

"Ohne Zweifel war er imstande, die im Ganzen sehr sorgfältig gear-
beitete LXX zum Pentateuch und zu den historischen Büchern mit
dem hebräischen Text zu vergleichen; **öfter hat sie ihm als Wörterbuch gedient.**[1]) [*sekundäre Hervorhebung*] Wahrscheinlich hat er
in Aegypten selbst den Pentateuch nach der LXX gelehrt."[6]

In der dazugehörigen Anmerkung [[1]] führt R. SMEND *einige* Stellen auf,
an denen sich sirazidische Formulierungen augenfällig mit dem Wortlaut
aus dem Pentateuch bzw. den Prophetenbüchern (𝔐 und LXX) decken,
woraus er eine Vertrautheit[7] des Übersetzers mit der »alten« LXX konstatiert. Zur Charakterisierung derartiger Abhängigkeiten von seiten GrI gegenüber LXX soll eine Auswahl[8] der von SMEND ins Auge gefaßten Belege vorgestellt und auf ihre Stichhaltigkeit nochmals überprüft werden:

a) "20,29 stimmt δῶρα ἀποτυφλοῖ ὀφθαλμοὺς σοφῶν wörtlich mit
LXX Dt 16,19."

Da H nicht zur Verfügung steht, kann nicht geklärt werden, inwieweit bereits im hebräischen Sirach ein direktes Dtn-Zitat (𝔐: השחד יעור
עיני חכמים) vorlag. La und Syr scheinen wenigstens partiell eigene
Wege zu gehen.[9] Übersetzungstechnisch betrachtet muß diese Parallele
nicht durch Abhängigkeit des Enkels erklärt werden. Denn: שחד wird in
der LXX 15mal (nach HRC) mit dem Plural δῶρα wiedergegeben.[10] Die
Parallele des Verbs ἀποτυφλοῦν ist textkritisch umstritten. Während an
der Dtn-Stelle Sw. mit B ἀποτυφλοῖ liest, folgen Ra. und Wev. der A-
Lesart ἐκτυφλοῖ. Zudem ist die Wortverbindung ἐκτυφλοῦν ὀφθαλμούς

SCHUNCK - BEATAJ 37), Frankfurt a.M. 1994, 279-297, hier: 290). Vgl auch *ders.*,
Die griechischen Danieltexte (»θ'« und o') und das Theodotionproblem, in: BZ 36
(1992), 1-29, hier 3f Anm. 9.

[6] SMEND, Weisheit LXIII.

[7] SMEND, Weisheit LXIII Anm. 1:
"Vertraut ist er namentlich mit dem griechischen Pentateuch... Er kennt aber auch
die LXX zu den Propheten."

[8] Detailliert auseinandergesetzt hat sich mit dieser Frage WRIGHT, Difference 143-
196, mit dem Resümee (S. 195):
"All the general statistics and examples given above lead to the general conclusion
that the grandson was not overly dependent on the OG Pentateuch."

[9] La: *xenia et dona excaecant oculos iudicum.* Syr: ܡܘܗܒܐ ܘܩܘܪܒܢܐ ܡܚܒܒܝܢ
ܠܥܝܢܐ (*Opfergabe und Geschenk beschämen die Augen*).

[10] 1 Sam 8,3; 1 Kön 15,19; 2 Kön 16,8; 2 Chr 19,7; Ps 14(15),5; 25(26),10; Spr 6,35;
17,23; 21,14; Mi 3,11; Jes 1,23; 5,23; 33,15; 45,13; Ez 22,12.

in der LXX durchaus geläufig[11]. Ferner ist die Wiedergabe der Junktur עיני חכמים ebenso plausibel durch je eigenständiges Übersetzen zu erklären.

b) 24,23 νόμον, ὃν ἐνετείλατο ἡμῖν Μωυσῆς κληρονομίαν συναγωγαῖς Ιακωβ parallel zu Dtn 33,4

Auch in Sir 24,23 steht kein hebräischer Textzeuge zur Verfügung. Der Text in Dtn 33,4 lautet: תורה צוה־לנו משה מורשה קהלת יעקב, das LXX im o.g. Wortlaut wiedergibt. Die Annahme, daß hier der Enkel (GrI) in seiner Übersetzung dieser Textstelle direkte Abhängigkeit zu LXX Dtn 33,4 zeige, muß aus folgenden Überlegungen relativiert werden: Die Wiedergaben von תורה mit νόμος, von צוה mit ἐντέλλειν, von מורשה mit κληρονομία und von קהלה mit συναγωγή sind geläufige Standardäquivalente in der LXX. Auch der beiden gemeinsame, signifikante Plural συναγωγαῖς für das im Singular stehende *nomen regens* קהלת ist nicht zwingend durch Abhängigkeit zu erklären, da GrI bekanntlich vielfach den Numerus seiner Vorlage abändert. Allein aufgrund dieser übersetzungstechnischen Gemeinsamkeiten ein LXX-Zitat von GrI aus Dtn (LXX) postulieren zu wollen, bleibt nach dem vorliegenden Überlieferungsbefund übersetzungstechnisch fragwürdig.

c) "Merkwürdig ist 44,16 חנוך התהלך עם ייי ונלקח nach LXX Gen 5,22.24 übersetzt Ἐνὼχ εὐηρέστησε κυρίῳ καὶ μετετέθη."

Die Textpassagen im Vergleich:
Sir 44,16: Ενωχ εὐηρέστησε κυρίῳ καὶ μετετέθη
H[B]: חנוך [נמ]{צא תמים[12] והתהלך{ עם ייי וני]לקח
Gen 5,22: εὐηρέστησεν δὲ Ἐνὼχ τῷ θεῷ κτλ
א ויתהלך חנוך את־האלהים
24: καὶ εὐηρέστησεν Ἐνὼχ τῷ θεῷ· καὶ οὐχ ηὑρίσκετο,
    διότι μετέθηκεν αὐτὸν ὁ θεός
א ויתהלך חנוך את־האלהים ואיננו כי־לקח אתו אלהים

---

[11] Vgl. Ex 23,8; 2 Kön 25,7; Tob 2,10; Sach 11,17; Jes 56,10; Jer 52,11.
[12] נמצא תמים gilt allgemein als aus Sir 44,17 eingedrungen (vgl. z.B. SMEND, Weisheit z.St.), wahrscheinlich bedingt durch *aberratio oculi*. Auffällig bleibt jedoch, daß durch die copulative Verbindung der beiden Verben mit ו eine syntaktische Härte vermieden wurde.

Die Kollation der einzelnen Lesarten ergibt streng genommen nur eine Differenz: GrI übersetzt את־האלהים (שׁוּ = H^B) mit κυρίῳ (248 κυριω θεω) statt mit τῷ θεῷ (L^{-248} La *deo*), das im Hebräerbrief (Hebr 11,5) bei der Zitation von Gen 5,22.24 beibehalten wird. Als letztlich ausschlaggebend für eine direkte Abhängigkeit wird meist die Wiedergabe von לקח mit μετατιθέναι angesehen[13], denn in 49,14 verwendet GrI **im gleichen Kontext** als Äquivalent von לקח nicht das nämliche Kompositum, sondern das in LXX geläufigere ἀναλαμβάνειν. Dieser synonyme Wechsel im Vokabular ist andererseits aber, wie in diesem Kapitel noch an vielen anderen Fallbeispielen gezeigt werden kann, für GrI charakteristisch; als »*Anti-Aquila*« ist GrI aufgrund ihres Strebens nach *variatio* meist bemüht, die Vorlage selbst bei gleichem Kontext nicht konstant wiederzugeben, sondern im Ausdruck zu variieren oder gar über den in LXX gebräuchlichen Übersetzungsmustern hinaus "*neue*" Synonyma "*einzuführen*".[14]

　　d) "Die Ingredienzen des heiligen Salböls und des heiligen Räucherpulvers werden 24,15 nach LXX Ex 30,23f.34 benannt."

Die Textpassagen im Vergleich:
Gr 24,15 (H nicht überliefert):
ὡς κ<u>ιννάμωμον</u> καὶ <u>ἀσπάλαθος</u> ἀρωμάτων
καὶ ὡς <u>σμύρνα</u> <u>ἐκλεκτὴ</u> διέδωκα εὐωδίαν,
ὡς <u>χαλβάνη</u> καὶ <u>ὄνυξ</u> καὶ <u>στακτὴ</u>
καὶ ὡς <u>λιβάνου</u> ἀτμὶς ἐν σκηνῇ.

Ex 30,23: ... τὸ ἄνθος <u>σμύρνης</u> <u>ἐκλεκτῆς</u> (מר דרור) πεντακοσίους σίκλους καὶ <u>κινναμώμου</u> (קנמון־בשם) εὐώδους ...
34 ... λαβὲ σεαυτῷ ἡδύσματα, <u>στακτήν</u> (נטף), <u>ὄνυχα</u> (שחלת), <u>χαλβάνην</u> (חלבנה) ἡδυσμοῦ καὶ <u>λίβανον</u> (לבנה) διαφανῆ ...

Eine übersetzungstechnische Analyse[15] dieser Begriffe zeigt, daß *nicht in allen Fällen* eine nur für Ex (LXX) und GrI exklusive Querverbindung

---

[13]　Vgl. z.B. REITERER, »Urtext« 248; WRIGHT, Difference 155f.

[14]　Diesen Wechsel in der Wiedergabe (לקח durch μετατιθέναι und ἀναλαμβάνειν) als Ausgangspunkt dafür zu sehen, daß "die Übersetzung des Enkels nachträglich an manchen Stellen mit der LXX übereingestimmt wurde" und gerade hier "ein Ansatz für die Unterscheidung zwischen GrI und GrII" (REITERER, »Urtext« 248f) gegeben sei, ist somit nicht zwingend. Als Indiz für REITERERS These sind vielmehr die in L und La überlieferten Varianten zu κυρίῳ zu sehen.

[15]　κιννάμωμον (*Zimt*): Ex 30,23 (קנמון), Spr 7,17 (קנמון), Hld 4,14 (קנמון), Jer 6,20 (קנה הטוב), θ' Jer 6,20; in profangriechischer Literatur sehr breit belegt.

hergestellt werden kann, die allerdings für die sichere Annahme einer direkten Abhängigkeit erforderlich ist. Zur Problematik literarischer Abhängigkeit von GrI gegenüber Ex äußerte sich bereits H. STADELMANN[16] negativ, wenn gleich nicht streng argumentativ.

1.2 GrI und die Weisheitsliteratur

In seiner Wortschatzuntersuchung zum griechischen Sirach bemerkte J. ZIEGLER[17] ein ausgeprägtes Sondervokabular[18], das neben GrI nur noch in *ein*, *zwei* oder *drei* Büchern der Septuaginta des alexandrinischen Kanons belegt ist. Aus diesen ausschließlich lexikalischen Parallelen[19] zwischen GrI und verschiedenen Büchern der LXX glaubte der Würzburger Textkritiker ohne Berücksichtigung der konkreten hebräischen Vorlage, wie dies SMEND vorgenommen hat, als auch ohne den Wortbestand der Gesamtgräzität einzubeziehen, aufgrund seiner arithmetisch erstellten Wortstatistik[20] schlußfolgern zu können, daß der Übersetzer sich im Vokabular

---

σμύρνα (*Myrrhe*): Ex 30,23 (מר), Ps 44(45),8 (מר), Hld 3,6; 4,6.14; 5,1.5.13 (מר); in profangriechischer Literatur breit belegt.

χαλβάνη (*Galbanum, ein harziger Saft*): Ex 30,34 (A χαβρανην חלבנה), Sir 24,15 (A χαρβάνη), α' Ez 27,18 (חלבון); in der Profangräzität sehr breit belegt.

ὄνυξ (*Kralle, Klaue, Fingernagel*): Ex 30,34 (שחלת), Lev 11,7 (שסע), Dtn 14,8 (-), Ijob 28,16 (שהם), Ez 17,3.7 (†), Dan θ' 4,30; 7,19 (טפר), Dan o' 4,31; 7,19 (טפר), 4 Makk; Profangriechisch gut belegt.

στακτή (*Öl*): Gen 37,25; 43,11 (לט), Ex 30,34 (נטף), 1Kön 10,25: 2Chr 9,24 (†), Ps 44(45),8 (אהלות), Hld 1,13 (מר), Jes 39,2 (-), Ez 27,16 (נפך), σ' Ez 27,19 (קדה). Profangriechisch gut belegt.

λίβανον (*Weihrauch*): geht ausschließlich auf לבנה zurück: Ex 30,34, Lev 2,1f.4. 15f; 5,11[bis]; 6,15(8); 24,7, Num 5,15, Neh 13,5.9, Hld 3,6; 4,6.11, Jes 43,23; 60,6; 66,3, Jer 6,20; 17,26; 48(41),5, Bar 1,10, 3 Makk 5,10, α' Hld 4,6, σ' Jer 41(48),5. Profangriechisch gut belegt.

[16] Ben Sira als Schriftgelehrter 54. Vgl. hierzu auch die Ausführungen auf S. 50 Anm. 212.

[17] Zum Wortschatz des griechischen Sirach.

[18] Neben GrI nur noch in einem Buch belegt (= Dislg): 148 Vokabeln. Neben GrI nur noch in zwei Büchern belegt (= Trislg): 133 Vokabeln. Neben GrI nur noch in drei Büchern belegt: 111 Vokabeln.

[19] Methodologisch grundsätzlich fragwürdig ist ZIEGLERS Prämisse, daß in der LXX seltene Wörter Aufschluß über Abhängigkeitsverhältnisse innerhalb des griechischen Alten Testaments geben können: "Eine Fülle von Vokabeln kann genannt werden, die der griechische Sirach aus der Septuaginta übernommen hat. Besonders kennzeichnend sind solche Wörter, die verhältnismäßig selten in der LXX vorkommen, die der Übersetzer des Sirach übernimmt." (ZIEGLER, Wortschatz, 274).

[20] ZIEGLER, Wortschatz, 279: "Pent 95, II Macc 75, Prov 70, Sap 52, Ps 50, IV Macc 48, III Macc 46, Job 35, Jes 34, Jer 30". Problematisch ist allerdings ZIEGLERS

an die ihm geläufige Septuaginta anlehnt, und zwar nicht nur an die griechische Übersetzung zum Pentateuch und den historischen Büchern, wie
dies schon SMEND festgestellt hatte, sondern auch an die Weisheitsliteratur und die griechischen Prophetenbücher:

> "Es ist somit deutlich zu ersehen, daß hauptsächlich der Pentateuch
> dem griechischen Sirach als »Wörterbuch« diente; aber auch die
> Libri Sapientiales waren dem Übersetzer bekannt und die Prophe-
> ten-LXX lag ihm ebenfalls vor."[21]

Die in gleicher Weise wortstatistisch auffällige Häufigkeit (insgesamt 169
Vokabeln!) von lexikalischen Parallelen zu den Makkabäerbüchern (2-4
Makk) erklärt er seltsamerweise:

> "Die Verwandtschaft des Wortschatzes mit dem von II-IV Macc
> läßt sich aus der zeitlichen und örtlichen Nähe erklären: Alexandri-
> en, 1. Hälfte des 2. Jh. v. Chr."[22]

Selbst wenn ZIEGLERS Datierung der Makkabäerbücher[23] zutreffend sein
sollte, so hätte nach methodischen Gesichtspunkten auch für die *Libri Sapientiales* diese Möglichkeit eines gemeinsamen zeitlich und örtlich be-
dingten Vokabulars[24] in Erwägung gezogen werden müssen, da auch diese
Bücher (Spr, Ijob, Ps) etwa in dieser Zeit (2. Jh. v. Chr) übersetzt wur-

---

Einteilung der LXX-Bücher; während er nämlich bei der Analyse (S. 274-279) 1-4
Kön, 1-2 Chr, 1-2 Esra und 1-4 Makk insgesamt als je ein Buch rechnet, faßt er in
seiner wortatistischen Auswertung (S. 279) die fünf Bücher des Pentateuchs als eine
Einheit auf, während die Makkabäerbücher, die vorher kollektiv berechnet wurden,
nun in der Tabelle als 2 Makk, 3 Makk und 4 Makk erscheinen. Dadurch werden die
wortstatistischen Ergebnisse zugunsten des Pentateuchs (Gen, Ex, Lev, Num, Dtn),
der Prophetenbücher (Jes, Jer, Ez), und der Weisheitsliteratur verzerrt.

[21] ZIEGLER, Wortschatz 279.
[22] ZIEGLER, Wortschatz 279.
[23] ROST (Einleitung 79.82) datiert 3 Makk in das letzte Drittel des 1. Jh. v. Chr., 4
Makk in die erste Hälfte des 1. Jh.s n.Chr; KLAUCK (4. Makkabäerbuch 669) nimmt
als Zeitpunkt der Abfassung von 4 Makk das Ende des 1. Jh.s v.Chr. an; BREITEN-
STEIN (Beobachtungen 179) datiert 4 Makk aufgrund seiner vornehmlich statistisch
orientierten Wortschatzuntersuchungen (S. 13-29) im Anschluß an A. DUPONT-SOM-
MER (Le Quatrième Livre des Macabées. Introduction, traduction et notes [BEHE.H
274], Paris 1939) sogar erst zu Beginn des 2. Jh.s n. Chr.
[24] Aus philologischer Perspektive ist eine strenge zeitliche und erst recht örtliche Fest-
legung insbesondere des »überbordenden« hellenistischen Wortschatzes, der allerdings nur spärlich überliefert ist, auf einen Zeitraum von ca. 50 Jahre (1. Hälfte des
2. Jh.s v. Chr.) kaum praktikabel.

den.[25] Indes selbst hinsichtlich der Vokabelparallelen zum Pentateuch, der ca. 150 Jahre früher (evtl. 281 v. Chr.[26]) ins Griechische übersetzt wurde und damit in seinem Wortschatz zeitlich wie örtlich annähernd fixierbar ist, kann nicht zwingend infolge lexikalischer Kongruenz eine Abhängig-keit von seiten GrI hergestellt werden, solange nicht durch übersetzungs-technische Wortanalyse septuagintaspezifisch als auch innerhalb der über-lieferten Gesamtgräzität eine Begriffsübernahme - ergänzt durch stichhal-tige Argumente ihrer Motivation - wahrscheinlich[27] gemacht werden kann.[28]

Resümee:

Eine stichprobenartige Überprüfung der von SMEND angeführten Beleg-stellen hat ergeben, daß den lexikalischen und terminologischen Anleh-nungen an Septuagintalesarten (Pentateuch) von seiten des Übersetzers be-reits z.T. im hebräischen Sirach 𝔐-nahe oder -identische Begriffe bzw. Junkturen vorlagen. Von daher muß der nämliche Wortlaut in den grie-chischen Übersetzungen (Gen, Ex - Gr) nicht unbedingt auffallen, zumal wenn es sich bei den in Frage kommenden Begriffen nicht selten um in der LXX geläufige Standardwiedergaben handelt. Eine direkte Abhängig-keit von der dem Enkel bereits vorliegenden LXX (hier Pentateuch) ist somit nicht zuletzt aus übersetzungstechnischen Gesichtspunkten gegen-über SMENDS Standpunkt zurückhaltender anzunehmen. Die von ZIEGLER vorgelegte These, wonach GrI lexikalisch auch von den Libri Sapientiales abhängt, überzeugt aus methodischer Sicht nicht.

---

[25] Eine zeitliche Datierung dieser Septuagintaschriften (Spr, Ijob, Ps) von seiten ZIEGLERS wurde hier nicht vorgenommen.

[26] Vgl. N. COLLINS, 281 BCE: The Year of the Translation of the Pentateuch into Greek under Ptolemy II, in: G. BROOKE - B. LINDARS (ed.), Septuagint, Scrolls and Cognate Writings. Papers Presented to the International Symposium on the Septua-gint and Its Relation to the Dead Sea Scrolls and Other Writings (SCSS 33), Atlanta 1992, 403-503.

[27] Es muß allerdings angemerkt werden, daß eine positive Beweisführung grundsätzlich aufgrund der Differenz zwischen belegter Literatur und des tatsächlich vorhandenen Sprachschatzes einer Epoche - gerade die hellenistische Literatur des 3. und 2. Jh.s v. Chr. ist sehr schwach überliefert und erlaubt daher beispielsweise nur sehr einge-schränkt sprachliche Schlußfolgerungen zum Wortschatz - äußerst problematisch ist.

[28] Eine derartige differenzierte Wortanalyse liegt bei ZIEGLER nicht vor.

2. *Vorgehensweise und Zweck der Untersuchungen*

Bisher wurden die sirazidischen ᴸˣˣHplg in ihrer Gesamtheit nur unter quantitativ-statistischem Aspekt betrachtet; übersetzungstechnische, inhaltliche, semantische, stilistische Analysen beschränkten sich lediglich auf einzelne Vokabeln. Zur *qualitativen* Bewertung der sirazidischen ᴸˣˣHplg werden daher folgende Arbeitsschritte vorgenommen:

2.1 Lexikographische Erschließung der Bedeutung

Unter Zuhilfenahme einschlägiger Lexika, Kommentare und Übersetzungen wird die konkrete Bedeutung des ᴸˣˣHplg kontextlich erschlossen.[29] Im Anmerkungsapparat werden sodann (in einer beschränkten Auswahl) verschiedene, mitunter stark differierende oder gar gegensätzliche Übersetzungsvorschläge dokumentiert, um so die Bandbreite der auf den Bedeutungen und Nuancen basierenden Interpretationsmöglichkeiten aufzuzeigen. Um zu veranschaulichen, wie sehr die Sirach-Exegese noch einer kritisch reflektierten Methodologie hinsichtlich ihres Textzugriffs bedarf, werden desöfteren die für Sirachübersetzungen charakteristischen Mischlesarten, welche nach textkritischem und hermeneutischem "Gutdünken" des jeweiligen Kommentators oder Übersetzers aus H, Syr, Gr und La *individuell* gestaltet sind, gegenübergestellt. Nicht selten ist dabei ein so eklatanter Gegensatz festzustellen, daß man sich fragen mag, inwieweit hier einer subjektiven Textherstellung Tür und Tor geöffnet sind. In nicht wenigen Fällen ist andererseits auch eine Tendenz von lexikographischer bzw. literarischer "Kongruenz" zu beobachten, die für die semantische Erschließung insbesondere schwieriger Vokabeln nicht maßgeblich sein muß.

2.2 Synopse der vier Haupttraditionen

Die Textgeschichte des Sirachbuches ist so verwickelt und kompliziert, daß der **griechische** Mikrokontext (beschränkt auf den Stichos, in dem der Begriff vorkommt) allein zur Bewertung der Wortwahl nicht aus-

---

[29] Es geht hier primär um die referentielle (d.h. im Kontext realisierte) Bedeutung, die allerdings aufgrund des für Poesie charakteristischen Interpretationsspielraums nicht ganz der hermeneutischen *Subjektivität* entzogen ist. Zum Begriff "referentielle Bedeutung" vgl. g. BLANKE, einführung in die semantische analyse (hueber hochschulreihe 15), München 1973, 30-34.

reicht.[30] Daher wird La als wichtigste Tochterübersetzung, deren Wert nicht hoch genug eingeschätzt werden kann, nicht nur zur textkritischen Absicherung, sondern auch hinsichtlich ihrer Wiedergabe aufgeführt.[31] Häufig verhelfen die lateinischen Versionen zu einer (besseren) Einsicht in die Bedeutung v. a. singulärer Begriffe (Hplg der Gesamtgräzität). Zur Bestimmung des vorlagebedingten Anteils an der Wortwahl sind darüber hinaus der hebräische und syrische Stichos (falls überliefert) hinzugesetzt, so daß alle vier Haupttraditionen synoptisch verglichen und textkritisch bzw. übersetzungstechnisch beurteilt werden können.

2.3 Septuagintaspezifische Beleglage

In einem weiteren Arbeitsschritt wird zu den einzelnen [LXX]Hplg jeweils der septuagintaspezifische[32] Befund hinsichtlich der Wortfamilie (WF), des Wortfelds (WFd) und gegebenenfalls des Wortbildungstyps (WB) erfaßt, um so im sprachlich-semantischen Bereich eine Standortbestimmung der [LXX]Hplg (im einzelnen wie auch insgesamt) durchführen zu können. Verlief die Recherche von WF, WFd und WB negativ, so wurden auch in LXX nicht belegte, signifikante Begriffe berücksichtigt - kenntlich durch {}. Hinsichtlich des Aufweises der Wortfamilie und des Wortfeldes der einzelnen [LXX]Hplg muß bisweilen aufgrund des breiten lexikalischen Spektrums eine Auswahl getroffen werden, die v. a. in semantischer und lexikalischer (u. a. auf die Wortart bezogen[33]) Hinsicht dem Ausgangswort am nächsten kommt sowie zur Beurteilung der Wortwahl einen Beitrag zu leisten vermag. Die Belegangabe erfolgt der Übersichtlichkeit wegen nur nach Büchern; die konkrete Stelle ist bei Bedarf leicht über HRC zu ermitteln. Folgende Abkürzungen und Siglen werden verwendet:

WF	Wortfamilie (selektiv)
WFd	Wortfeld (selektiv)
WB	Wortbildungstyp (auffällig)

---

[30] Gerade der syntagmatisch-kontextliche Befund gibt erst sicheren Aufschluß über Bedeutung eines Begriffs und damit über die Frage nach der Motivation der konkreten Wortwahl.

[31] Zur textkritischen Bedeutung und Problematik von La für Gr s. S. 43-45.

[32] Die hexaplarischen Zeugen sind nur dann aufgeführt, wenn sie als einzige ein Lemma überliefern.

[33] Dieses Kriterium wird aber nicht ausschließlich herangezogen, da beispielsweise viele Nomina durch Adjektive und umgekehrt viele Adjektive durch Nomina ersetzt werden können. Das gleiche gilt auch für Verba, Partizipien und Adverbien.

*	in Sir belegt
#	in mehr als fünf LXX-Schriften belegt
Ø	Kompositumstyp nicht belegt
{}	nicht in LXX belegter Begriff (selektiv)

2.3.1 Zur Wortfamilie (WF)

Unter dem Begriff *Wortfamilie* werden Wörter erfaßt, die "allesamt mittels morphologischer Prinzipien aus einem Grundelement herleitbar sind"[34]. Dabei werden ausgehend vom konkreten Fall vornehmlich die Belege berücksichtigt, die zur **engeren** Wortfamilie gehören (z.B. bei κατανόησις primär Wortarten des gleichen Bildungstyps wie κατανοεῖν, κατανόητος, κατανοητικός κατανοητέον und nur sekundär (**erweiterte** Wortfamilie) νοεῖν, ὑπονοεῖν, μετανοεῖν κτλ). Falls das [LXX]Hplg[Sir] nicht in einer anderen Wortart des gleichen Bildungstyps überliefert ist, weist das Siglum Ø auf den negativen Befund hin. Daran schließt sich eine Überprüfung der engeren Wortfamilie **innerhalb der Gesamtgräzität** an, deren Ergebnis in geschweifte Klammern {} erscheint. Ist wiederum hier kein Resultat (Ø) zu verzeichnen, erfolgt eine Auflistung der erweiterten Wortfamilie.

Durch die septuagintaspezifische Erfassung der Wortfamilie der einzelnen [LXX]Hplg stehen analytische Daten beispielsweise zu folgenden Fragestellungen zur Verfügung:

*1. Inwieweit lassen sich **überhaupt** Begriffe aus derselben Wortfamilie innerhalb des Septuagintatextkorpus nachweisen und auf welche hebräischen Äquivalente gehen diese zurück?*

Kann z.B. außersirazidisch kein WF-Lemma festgestellt werden, obgleich WFd viele ähnliche Begriffe aufweist, wird man nachprüfen müssen, inwieweit hier der profangriechische Sprachgebrauch (Konnotation, Terminologie, Sprachniveau) Einfluß auf die Wortwahl ausgeübt haben kann. Andererseits ist bei ausgeprägter WF in vielen LXX-Büchern und in großer Belegzahl (keine Tendenz erkennbar) der Spur nachzugehen, ob sich in diesem Fall septuagintaspezifische (biblische) Terminologie etc. ursächlich ausgewirkt hat, zumal wenn der in **Wortst.** analysierte autor- und zeitspezifische Befund der Gesamtgräzität diese Annahme stützt.

---

[34] P.R. LUTZEIER, Lexikologie. Ein Arbeitsbuch, Tübingen 1995, 99.

2. Sind aufgrund der Beleglage der Wortfamilie in Gr und in den verschiedenen LXX-Büchern oder Buchgruppen (z.B. 1-4 Makk, Weisheitsbücher, Pentateuch) Tendenzen erkennbar?

3. Weisen derartige Tendenzen auf literarische Abhängigkeit hin oder sind sie beispielsweise durch stilistische, inhaltliche, terminologische, weltanschauliche, übersetzungstechnische (etc.) Gemeinsamkeiten (also literarisch unabhängig) bedingt?

2.3.2 Zum Wortfeld (WFd)

Die Wortfeldtheorie ist gerade in den letzten drei Dezennien vornehmlich auf dem Gebiet der Neuphilologie (z.B. Germanistik, Anglistik, Romanistik) weiter intensiviert und präzisiert worden.[35] In definitorischer Hinsicht umfaßt Wortfeld eine Gruppe von Begriffen, die unter einem gemeinsamen Aspekt vertikale und horizontale Sinnrelationen, die nicht nur in den Bereich der Synonymie, sondern auch in den der Opposition[36] und der formalen und inhaltlichen Entsprechung gehören, aufweisen. Dementsprechend wird - allerdings unter Ausschluß der Wortfamilie, die ja eigens untersucht wird - in diesem Arbeitsschritt Wortfeld als eine Menge von Begriffen verstanden, die zum betreffenden [LXX]Hplg[Sir] in potentiell **wortsemantischer** Hinsicht in mehr oder weniger enger Beziehung steht.[37]

Entscheidend für die praktische Arbeit mit diesem Begriff ist die Erkenntnis, daß Wortfeld analog zur Wortfamilie, dem Wortbildungsfeld

---

[35] Vgl. R. HOBERG, Die Lehre vom sprachlichen Feld. Ein Beitrag zu ihrer Geschichte, Methodik und Anwendung, Düsseldorf 1970. H. GECKELER, Strukturelle Semantik und Wortfeldtheorie, München 1971. L. SCHMIDT (Hg.), Wortfeldforschung (WdF 250), Darmstadt 1973. H. BERGENHOLTZ, Zur Wortfeldterminologie, in: Muttersprache 85 (1975) 278-285. P.R. LUTZEIER, Wort und Feld. Wortsemantische Fragestellungen mit besonderer Berücksichtigung des Wortfeldbegriffs, Tübingen 1981; ders., Lexikologie. Eine differenzierte Darstellung und Bewertung verschiedener Forschungsrichtungen auf diesem Gebiet ist allerdings hier nicht möglich.

[36] Zur Bedeutung der Antonymie vgl. ferner auch BARR, Bibelexegese 221: "Ein wesentlicher Teil der Lexikographie besteht in der Beobachtung von Gegensätzen zwischen Wörtern, der Bestimmung der Punkte, an denen sie in Opposition zueinander stehen."

[37] Daher bedarf bei weiterführenden Untersuchungen das WFd-Material (v.a. hinsichtlich polysemer Wörter) einer **kontextsemantischen** Überprüfung, die allerdings aufgrund der lexikographischen Defizite in der Septuagintaforschung sich sehr aufwendig und mühsam gestaltet. So findet sich beispielsweise in WFd zum [LXX]Hplg δάνος (*Kredit*) der wortsemantisch nahestehende Terminus πίστις, der jedoch in der LXX nicht in dieser speziellen Bedeutung vorkommt (vgl. LEH).

und anderen Wortschatzgruppierungen (z.B. Phonemfeld, syntagmatisches Feld, Bedeutungsfeld, Assoziationsfeld, onomasiologische Klasse) zwischen dem Einzelwort (hier ᴸˣˣHplgˢⁱʳ) und dem unüberschaubaren Gesamtwortschatz als "lebendige sprachliche Wirklichkeit"[38] steht und somit eine natürliche Strukturierung des Wortschatzes einer Sprache ermöglicht. Daher muß die in der Wortfeldforschung grundlegende Einsicht bedacht werden, daß sich sprachliches Denken über das Medium der Artikulation *bewußt/unbewußt* in sprachlichen Feldern (also in Gruppierungen zwischen Einzelwort und Gesamtwortschatz) vollzieht. Insofern liegt der Zweck der Aufstellung des Wortfeldes zu jedem ᴸˣˣHplg darin, insbesondere in Verbindung mit WF Schlußfolgerungen derart zu ermöglichen, ob ein bestimmtes ᴸˣˣHplg aufgrund semantisch-inhaltlicher Gesichtspunkte in der LXX singulär ist. Existiert jedoch ein auffällig breites Spektrum von ähnlichen Begriffen innerhalb WFd, ist der Frage nachzugehen, ob der von Gr gewählte Begriff durch übersetzungstechnische (d.h. hermeneutisch-exegetische) oder sprachlich-stilistische Gründe zu erklären ist. Da zu manchen ᴸˣˣHplg kein hebräisches Äquivalent zur Verfügung steht, besteht hinsichtlich der Erschließung der hebräischen Vorlage und damit letztlich des "Urtextes" die Möglichkeit, über die durch WFd zugänglichen hebräischen Lesarten dem "ursprünglichen" Wortlaut (= Vorlage) näher zu kommen.

2.3.3 Zum Wortbildungstyp (WB)

In der Gräzistik ist die Wortbildung unter sprachlich-stilistischen Gesichtspunkten trotz des für das Griechische so charakteristischen Kompositionseifers zurückhaltend monographisch behandelt worden.[39] Ebenso haben septuagintaspezifische Untersuchungen zur Wortbildung insbesondere unter übersetzungstechnischem Aspekt, dem Umfang und der Zahl der Publikationen[40] nach zu schließen, bisher wenig Interesse gefunden. Einen aufschlußreichen und wegweisenden Beitrag zu dieser Thematik hat

---

[38] Vgl. J. TRIER, Der deutsche Wortschatz im Sinnbezirk des Verstandes. Die Geschichte eines sprachlichen Feldes I, Heidelberg 1973 (1931).

[39] Nach wie vor grundlegend: A. DEBRUNNER, Griechische Wortbildungslehre (Indogermanische Bibliothek 8), Heidelberg 1917. G. MEYER, Die stilistische Verwendung der Nominalkomposition im Griechischen. Ein Beitrag zur Geschichte der ΔΙΠΛΑ ΟΝΟΜΑΤΑ (Ph.S 16/3), Leipzig 1923.

[40] Wertvoll, aber - soweit ich sehe - wenig rezipiert ist X. JACQUES' *List of Septuagint Words Sharing Common Elements*.

freilich E. Tov mit seinem Aufsatz *Compound Words in the LXX Representing Two or More Hebrew Words* geleistet.[41] In unserer Studie wird mit den wenigen zur Verfügung stehenden Hilfsmitteln[42] versucht, in LXX auffällige Wortbildungstypen möglichst vollständig zu erfassen. Auch bei dieser Analyse stellt sich die Frage nach der Erhebung buchspezifischer Tendenzen. Da viele Wortbildungstypen der hebräischen Grammatik und Stilistik völlig fremd sind, kann hier v.a. die übersetzungstechnische und sprachlich-stilistische "Eigenart" des Übersetzers unter Zuhilfenahme von WFd wahrgenommen werden. Zudem sind vielfach Wortbildungstypen aus semantisch-inhaltlicher Sicht zu einem *gewissen* Grad unabhängig, da meist *"derselbe"* Sachverhalt in Anlehnung an hebräische Syntax durch Umschreibungen ersetzt werden kann. Drei Beispiele mit Beteiligung von [LXX]Hplg mögen dies verdeutlichen:

1. Alternativen zu Begriffen mit Präverb α-*privativum*
ἀδοξία (3,11) durch αἰσχύνη, ὄνειδος, ὀνειδισμός
ἀναίδεια (25,22) durch ἰταμότης, θράσος, τόλμα
ἀμνημονεῖν (37,6) durch ἐπιλανθάνεσθαι, οὐ μιμνήσκειν

2. Alternativen zu Begriffen mit Suffix - ωδης
λιθώδης [35(32),20 (25)] durch λίθος (Genitiv), λίθινος, πέτρινος
πυρώδης (43,4) durch πῦρ (Genitiv), πύρινος, φλόγινος
ἀμμώδης (25,20) durch ἄμμος (Genitiv), ψαμμωτός, ψαμμίτης, - ινος

3. Alternativen zu Begriffen mit Präverb εὐ-
εὔμορφος (9,8) durch καλός, κομψός, ἐπίχαρις
εὐκοσμία [35(32),2(3)] durch κάλλος, κόσμος, καλλονή
εὔρωστος (30,15) durch ῥωμαλέος, ὑγιής, καρτερός, ἰσχυρός, δεινός, δύνατος, ἐρρωμένος, σφοδρός κτλ.

---

[41] Publiziert in: Bib. 58 (1977) 189-212.
[42] Bei der Ermittlung von Wortbildungstypen, aber auch von Wortfamilien haben sich vor allem Mousaios 1.0c in Verbindung mit dem TLG # D sowie BibleWorks 3.2 als äußerst hilfreich erwiesen. Denn mit Hilfe dieser elektronischen Datenbanken ist es möglich, z.B. septuagintaspezifisch Wortstamm-, Präfix- und Suffix-recherchen durchzuführen, die mit herkömmlichen Mitteln (Konkordanzen, Lexika, Indizes z.B. C. BUCK - W. PETERSON, A Reverse Index of Greek Nouns and Adjectives, Hildesheim - New York 1970 [ND Chicago 1945] oder P. KRETSCHMER - E. LOCKER, Rückläufiges Wörterbuch der griechischen Sprache, Göttingen ²1963) nicht so zuverlässig (und zügig) vorgenommen werden können.

2.3.4 Kurzkommentar zur Bewertung der Wortwahl

In Anschluß an die Wiedergabe des analytischen Materials zu WF, WFd und WB werden bei *signifikanten* [LXX]Hplg die textkritischen, stilistischen, übersetzungstechnischen oder wortstatistischen Einzelbeobachtungen in Form eines Kurzkommentars (je nach Befundlage in unterschiedlicher Ausführlichkeit) zusammengefaßt und hinsichtlich des Parameters *Wortwahl* auszuwerten versucht. Ein besonderer Schwerpunkt liegt hierbei auf [LXX]Hplg, zu denen ein hebräisches Äquivalent überliefert ist, bzw. die unabhänig von ihrer konkreten Vorlage aufschlußreich erscheinen. Aufgrund der Masse von sirazidischen [LXX]Hplg mußte hier eine arbeitspragmatische Eingrenzung vorgenommen werden.

3. Die Septuaginta-Hapaxlegomena im Prolog

ἀδυναμεῖν[43]   versagen, unfähig sein in (τινι)[44]

Prol. 20 ... ἐφ' οἷς ἂν δοκῶμεν τῶν κατὰ τὴν ἑρμηνείαν πεφιλοπονημένων τισὶν τῶν λέξεων ἀδυναμεῖν

La: ... *in quibus videmur sequentes imaginem sapientiae et deficere in verborum conpositione*

WF: ἀδυναμία (Am, 3 Makk), {ἀδύναμος}, ἀδυνατεῖν (#), ἀδύνατος (#), δύναμις* (#), δυναμοῦν (Ps, Koh, Dan θ'), ἰσοδυναμεῖν*, ἰσοδύναμος (4 Makk), ὑπερδυναμοῦν (Spr) **WFd:** ἁμαρτάνειν* (#), ἀμελεῖν (2 Makk, Jer, Weish), ἄνισχυς (Jes), ἀπορεῖν* (#), ἀπορία* (#), ἀσθενεῖν* (#), ἀσθένεια (Ijob, Ps, Koh, Jer, 2 Makk), ἀσθενής (#), πλανᾶσθαι* (#), πλημμελεῖν* (#) **WB:** Zur buchspezifischen Verwendung von Begriffen mit *α-privativum* in LXX s. S. 375f.383.

Von seinem Wortbildungstyp her (α-*privativum*) bedeutet ἀδυναμεῖν bzw. ἀδυναμία als absolute Negierung von δύναμις (*phys., polit., milit. Stärke*)[45] unspezifisch *Ohnmacht, Unfähigkeit* (vgl. Am 2,2; 3 Makk 2,13). Die wortsyntaktische Verbindung mit λέξεις schränkt allerdings ἀδυναμεῖν auf übersetzungstechnisches und rhetorisches[46] Unvermögen ein.

---

[43] Obgleich W. GRUNDMANN in seinem Beitrag δύναμαι κτλ. (ThWNT II 286-318) das Nomen δύναμις ausführlichst behandelt, bleibt dennoch das dazugehörige Antonym ἀδυναμία (bzw. ἀδυναμεῖν) völlig außer Betracht.

[44] LEH: *to be incapable* (= LSJ). WAHL: *non possum, impar sum τινι für.* SCHLEUSNER I 51: *i.q. ἀδυνατεῖν, non possum, impotens sum.* Aufgrund der persönlichen Konstruktion (δοκῶμεν ... ἀδυναμεῖν) ist eine Wiedergabe mit dem subjektiv gefärbten *versagen* durchaus naheliegend. Dessen ungeachtet wird dieser Begriff in nicht wenigen Bibelübersetzungen abmildernd, frei, paraphrasierend oder interpretierend übersetzt: EÜ: *unbefriedigend wiedergeben.* FRITZSCHE, Weisheit 4: *den Sinn nicht gehörig treffen.* HAMP, Sirach 573: *unzulänglich wiedergeben.* LB: *(wo wir etwa einige Worte) nicht recht getroffen haben.* PETERS, Ecclesiasticus 1 (=ZB): *es fehlen lassen* (vgl. La). SAUER, Sirach 505: *nicht ganz den rechten Sinn treffen.* ZENNER, Prolog 573: *hinter dem Ziele zurückbleiben.*

[45] Nicht selten bezeichnet δύναμις speziell das literarisch-rhetorische Können; so z.B. in der Wendung δύναμις τοῦ λέγειν (*Beredsamkeit*) bzw. δύναμις τῶν λόγων (*Redegewalt*) - häufig belegt bei attischen und attizistischen Rednern (z.B. Antiphon, Aeschin, Isokrates, Lukian); vgl. hierzu auch Arist. Rh. 1362b22.

[46] Zur Wendung ἡ τοῦ λέγειν ἀδυναμία vgl. Antiphon, De caede Herodis 2 (*ed.* L. *Gernet*). Bei Euripides (Nova fragmenta Euripidea in papyris reperta *ed.* C. *Austin*, Berlin 1968, 87 [156,3]) steht dem ἀδυναμεῖν ἐν τῶι λέγειν antithetisch die εὐγλωσσία (*Redefluß, Schlagfertigkeit*) gegenüber. Da ἀδυναμεῖν bereits bei Euri-

Alexandrinische Lexikographen und Grammatiker verstanden nämlich unter λέξεις alte, seltenere oder einem Autor eigentümliche Ausdrücke bzw. Redewendungen, die der Erklärung bedurften. Übertragen auf die Situation des Übersetzers zielt dieser Begriff somit auf die Schwierigkeit der hermeneutischen Umsetzung hebräischer Ausdrücke in griechisch-hellenistischen Kontext. Andererseits bezeichnet λέξεις unter stilistischem Aspekt die konkreten Formulierungen und Ausdrucksweisen. Von daher glaubt La mit ihrer Wiedergabe *deficere in verborum conpositione*[47] den literaturtheoretischen Terminus der λέξις (lat. *elocutio*) herauslesen zu können, der die Arbeitsschritte des Auswählens (ὀνομάτων ἐκλογή) und Zusammenfügens (ὀνομάτων σύνθεσις) passender Worte beinhaltet.[48] *Auswahl* meint das Verfahren, aus der Fülle des in Frage kommenden Wortmaterials nur den Begriff zu verwenden, der den jeweils gemeinten Sachverhalt (τὸ πρᾶγμα) am treffendsten wiedergibt. Ziel dieses Vorgehens ist sprachliche und inhaltliche Eindeutigkeit[49] des Ausdrucks (t.t. σαφήνεια bzw. τὸ σαφές). Hinsichtlich der ὀνομάτων σύνθεσις (lat. *verborum compositio*) geht es nicht nur um phraseologische, sondern auch grammatikalische Korrektheit.[50] Kontextlich wird man also τισίν τῶν λέξεων ἀδυναμεῖν als selbstkritische Reflexion nicht nur des *übersetzungstechnischen* (sachgerechte Wiedergabe), sondern auch des *stilistisch-literarischen* (Wortwahl) Aspekts[51] deuten müssen. Beide Elemente, inhaltliche (Übersetzungstechnik) und sprachliche (Wortwahl, Syntax) Umsetzung eines Textes in eine andere Sprache, bilden eine untrennbare Einheit, der sich auch unserer Übersetzer stellen muß. Ferner ist nicht zu verkennen, daß ἀδυναμεῖν durch das sich unmittelbar anschließende (οὐ) ἰσοδυναμεῖν erneut wortspielerisch aufgenommen wird. Dadurch entsteht eine stilistisch-semantisch geschickte Verzahnung der *captatio benevolen-*

---

pides nachgewiesen werden kann (bisher noch nicht in LSJ bzw. dem Supplementband registriert), ist die in LEH vermerkte Klassifizierung *neol.* hinfällig.

[47] Der lateinische Übersetzer weicht in diesem Fall sicher bewußt von seinem griechischen Text τισὶν τῶν λέξεων (wörtlich: *quibusdam verbis/dictionibus*) ab.

[48] Vgl. hierzu LAUSBERG, Handbuch der literarischen Rhetorik I, 248f.

[49] Vgl. Platon, Phdr 236a; Aristoteles, Poet. 1404b4; 1407a19; 1414a24.

[50] Dies mag insbesondere für die ungriechische Verwendung der Präposition ἐν gelten; s. dazu auch SMEND, Weisheit LXIV: "Dabei verfällt er auf geschraubte Konstruktionen, die z.T. schwerlich griechisch sind... Sonderbar ist auch sein Gebrauch der Präposition ἐν."

[51] Vgl. hierzu auch SMEND, Weisheit 1: "Er ist sich bewusst, dass seine Uebersetzung trotz allem von ihm aufgebotenen Fleiss **in manchem Ausdruck** [sekundäre Hervorhebung] unvollkommen ist."

tiae (beginnend mit παρακέκλησθε) mit der pragmatisch orientierten *satisfactio* (beginnend mit οὐ γὰρ ἰσοδυναμεῖ).[52]

ἀφόμοιον[53] (παιδείας) Entsprechung, Pendant

Prol. 29 ... εὑρὼν οὐ μικρᾶς παιδείας ἀφόμοιον

La: ... *inveni libros relictos non parvae neque contemnendae doctrinae*[54]

WF: ἀφομοιοῦν (EpJer), {ἀφομοίωμα, ἀφομοίωσις, ἀφομοιάζειν}, ὁμοιότης (Gen, Weish, 4 Makk), ὅμοιος* (#), ὁμοιοῦν* (#), ὁμοίωμα*[55] (#), ὁμοίως* (#), ὁμοίωσις (Gen, Ps, Dan o'θ'), ἀνόμοιος (Weish) {ἀνομοιότης, ἀνομοιοῦν, ἀνομοίωσις} WFd: ἀπαύγασμα (Weish), ἀπεικάζειν (Weish), ἀπείκασμα (Weish), μιμεῖσθαι (4 Makk, Weish), μίμημα (Weish), ζήλωσις (Num, Weish)

Nicht zuletzt aufgrund des wortstatistisch mageren Befunds (s. **Wortst.**) gibt ἀφόμοιον hinsichtlich des semantischen Gehalts bis heute Rätsel auf. Da der Wortbildungstyp (ἀπο-) vom lokalen Aspekt abgesehen insbesondere verstärkenden, relativierenden oder verneinenden Nebensinn[56] beim Kompositum hervorrufen kann, schwanken die Übersetzungsvorschläge zwischen »Ebenbürtigkeit«, »Ähnlichkeit« und »Unähnlichkeit«.[57] Während das selten belegte Adjektiv ἀφόμοιος mit *unähnlich* wiedergegeben wird, weisen die von ἀφόμοιος abgeleiteten Verben und Nomina auf die Grundbedeutung *ähnlich machen* bzw. *Ähnlichkeit* hin.[58] Gegen eine Übersetzung mit »Unähnlichkeit« sprechen schon genuin textpragmatische Gründe, da wir wohl kaum annehmen dürfen, daß der Enkel im Prolog

---

[52] Von daher benutzt wohl La zur Übersetzung von ἀδυναμεῖν und dem negierten ἰσοδυναμεῖν dasselbe Äquivalent (*deficere*).

[53] Detailliert besprochen ist ἀφόμοιον auch bei AUVRAY, Prologue 281-287 und BÖHMISCH, Textformen 103-105.

[54] La setzt wohl ἀφοιμώματα (*Abschriften*) voraus.

[55] 31(34),3b: ὁμοίωμα προσώπου (H⁰ Syr ܩܐܪܐ ܕܐܦ̈ܘܗܝ); 38,28f: ὁμοίωμα σκεύους (H⁰ Syr ܡܝܠܘܬ ܕܐܢܐ).

[56] Verstärkend z.B. ἀποπειρᾶσθαι, ἀπορνίζεσθαι, ἀποκαθαρίζειν, relativierend z.B. ἀπεικάζειν, ἀπείκασμα, ἀπαύγασμα, negierend z.B. ἀπαρέσκειν, ἀπελπίζειν, ἀπηνής, ἀπονοεῖν, ἀποπαρθενοῦν, ἀποστέργειν.

[57] LEH: *copy* (= LSJ). SCHLEUSNER I 422: *exemplum, simile exemplar*. WAHL: *dissimilitudo, discrepantia* (= RYSSEL). BÖHMISCH, Textformen 103-105: *Vergleichbares, Ebenbürtiges*. EÜ: *ähnlich hohe (Bildung)*. FRITZSCHE, Weisheit 5: *Unähnlichkeit*. HAMP, Sirach 573: *Ableger*. LB: *Beispiel (hoher Bildung)*. PETERS, Ecclesiasticus 1: *Nachbildung* (vgl. La). SAUER, Sirach 506: *Bemühen*. SKEHAN - DI LELLA, Wisdom 129: *reproduction*. ZB: *(nicht wenig) Gelegenheit (zur Belehrung)*.

[58] LSJ s.v. ἀφόμοιος *unlike*; hingegen LSJ s.v. ἀφομοιοῦν *make like*, ἀφομοίωμα *resemblance, copy*, ἀφομοίωσις *making like comparison*.

seinen kritischen Lesern, die er zuvor um Wohlwollen und Nachsicht für etwaige Übersetzungsfehler bzw. sprachliche Unebenheiten bittet, nun ein nicht geringes Bildungsdefizit (οὐ μικρᾶς παιδείας ἀφόμοιον) vorhielte. Vielmehr hebt der aus der jüdischen Heimat (möglicherweise aus Jerusalem, dem Zentrum jüdischer Gelehrsamkeit) stammende Enkel auf die auch in Ägypten vorhandene *nicht geringe Bildung*[59] ab, die gegenüber der im Mutterland durchaus vergleichbar ist. Von daher bezeichnet das substantivierte Adjektiv ἀφόμοιον in positiver Konnotation eine relativierende Ähnlichkeit (nicht jedoch Gleichheit bzw. -rangigkeit!) gegenüber einem Original, wie es innerhalb desselben Wortfelds und derselben Wortbildungsstruktur auch bei ἀπεικάζειν, ἀπείκασμα, ἀπεικονίζειν, ἀπαύγασμα nachgewiesen werden kann. Gestützt wird diese Übersetzungsweise durch die Verwendung von ἀφόμοιος in der Henochapokalypse[60]. In Henoch 106,10, wo die äußere Gestalt des Sohnes Lamechs beschrieben wird, heißt es, daß seine Augen (τὰ ὄμματα αὐτοῦ) den Sonnenstrahlen (ταῖς τοῦ ἡλίου ἀκτῖσιν) ähnlich (ἀφόμοια) waren.[61] Für die Ausdrucksweise einer dezidierten Unähnlichkeit stehen im Griechischen die mit α-*privativum* gebildeten Komposita ἀνόμοιος, ἀνομοιοῦν, ἀνομοίωσις, ἀνομοιότης zur Verfügung.

βιοτεύειν einer best. Lebensweise nachgehen

Prol. 36 ... προκατασκευαζομένους τὰ ἤθη ἐννόμως βιοτεύειν
La: ...*quemadmodum oporteat instituere qui secundum legem Domini proposuerunt vitam agere*

WF: ἀναβίωσις (2 Makk), βίος* (#), βιότευσις (α'), {βιοτεία, βιότευμα, βιοτή, βιοτήσιος, βιότιον, βίοτος}, βιότης (Spr), βιοῦν* (Ijob, Spr, 4 Makk), βίωσις*, διαβιοῦν (Ex), ἐμβίωσις* (3 Makk), ἐπιβιοῦν (4 Makk), καταβιοῦν (Am), περιβιοῦν (Ex, 3 Makk), συμβιοῦν* WFd: αἰών* (#), δίαιτα (Ri, Ijob), διαιτᾶν (1 Esra, Ijob, 4 Makk), ἐπιζῆν (Gen, 4 Makk), ζῆν* (#), ζωή* (#)

Der Wortstamm βιοτ- ist in der griechischen Bibel wie auch insgesamt in der Gräzität gegenüber der weitgehend bedeutungsgleichen Wurzel βιο-

---

[59] Die Litotes zeugt sicherlich vom Respekt des Enkels gegenüber diesem Bildungseifer, läßt andererseits aber aus sprachpsychologischer Sicht auch vermuten, daß der Übersetzer davon positiv überrascht war.
[60] M. BLACK, Apocalypsis Henochi Graece (PVTG 3), Leiden 1970, hier 44.
[61] Leider wurde dieser wichtige Beleg bei LSJ s.v. ἀφόμοιος nicht berücksichtigt.

auffallend selten vertreten[62], obgleich βιοτ- schon sehr früh (wenigstens seit Homer, Pindar) nachgewiesen werden kann.[63] Der scheinbare βιό-τευσις-Beleg bei α' (Jes 29,1) muß zugunsten παρέμβλησις = שׁתּ חנה aufgegeben werden.[64] In Spr entspricht die Größe der Torheit (רב אולתו) unerklärlich der Länge des Lebens (πλῆθος τῆς ἑαυτοῦ βιότη-τος). Gegenüber βιοῦν und ζῆν trägt βιοτεύειν aufgrund seines Ablei-tungssuffixes - εύειν[65] den Nebensinn einer in irgendeiner Weise geregel-ten Form von »leben«. Stilistisch betrachtet nimmt der Enkel mit (ἐννό-μως) βιοτεύειν das zuvor gebrauchte Verbalabstraktum (ἔννομος) βίωσις *innerhalb der Wortfamilie variierend* (βιοτεύειν - βιοῦν) wieder auf - ein auch in Gr auffälliges stilistisches Charakteristikum (s. S. 360f).

βίωσις Lebensweise

Prol. 14 ... ὅπως ... πολλῷ μᾶλλον ἐπιπροσθῶσιν διὰ τῆς ἐννόμου βιώσεως
La: .. ut .. *magis magisque adtendant animo et confirmentur ad legitimam vitam*

WF: ἀναβίωσις (2 Makk), βίος* (#), βιοτεύειν*, βιότευσις (α'), βιότης (Spr), βιοῦν* (Ijob, Spr, 4 Makk), διαβιοῦν (Ex), ἐμβίωσις*[66] (3 Makk), ἐπιβιοῦν (4 Makk), καταβιοῦν (Am), περιβιοῦν (Ex, 3 Makk), συμβιοῦν* **WFd:** αἰών* (#), ἐπιζῆν (Gen, 4 Makk), δίαιτα (Ri, Ijob), διαιτᾶν (1 Esra, Ijob, 4 Makk), ζῆν* (#), ζωή* (#)

---

[62] Umso mehr verwundert es, daß Wörter mit Stamm βιοτ- in den Beiträgen von G.v. RAD, G. BERTRAM und R. BULTMANN (ThWNT II) zum theologisch bedeutungsvol-len Begriff des Lebens (ζάω κτλ.), in denen auch βιόω und βίος einbezogen wurden, nicht berücksichtigt sind. Insbesondere im Teil C "ζωή und βίος in der Septuaginta" (von G. BERTRAM) sind die wichtigen Belege des *toragemäßen Lebens* (ἐννόμως βιοτεύειν bzw. ἔννομος βίωσις) de facto ignoriert worden, so daß G. BERTRAM zu schlußfolgern glaubt (S. 853f.): "Auch im hellenistischen Teil des AT (Sap, 2,3 Makk) ist βίος meistens *Lebenslänge.* Nur 4 Makk kommt in dem ὀρθός oder νόμιμος βίος die ethische Prägung des Wortes zum Ausdruck."

[63] Diese wortstatistische Eigentümlichkeit läßt sich auch im Wortschatz der Papyri be-obachten. Trotz zahlreicher Belege von βιοῦν und ζῆν begegnet βιοτεύειν nur ein einziges Mal (Masp 89 III,18 aus dem 6. Jh. n. Chr.).

[64] Vgl. J. ZIEGLER, Textkritische Notizen zu den jüngeren Übersetzungen des Buches Isaias, in: *Ders., Sylloge* (MSU 10), Göttingen 1971, 43-70, hier: 45.

[65] S. hierzu BLASS-DEBRUNNER-REHKOPF, Grammatik 86f. (§ 108), ferner BORNE-MANN-RISCH, Grammatik 314 (§ 303).

[66] Vgl. 31(34),26 ὁ ἀφαιρούμενος ἐμβίωσιν (*der [ihm] den Lebensunterhalt nimmt*) H⁰ Syr ‏ܡܩ̈ܐ ܕܠ‎; 38,14 χάριν ἐμβιώσεως (*um des Lebenserhalts willen*) H^B למען מחיה. Dagegen wird in 3 Makk 3,23 ἐμβίωσις (wortsyntaktisch gekoppelt mit dem Superlativ von δυσκλεής) in der Bedeutung (*äußerst unrühmliche*) *Lebensweise* ver-wendet (vgl. LEH).

Variierend gegenüber den in LXX vielfach benutzten Begriffen βίος (in Gr 4mal [LXX 69mal]; βιοῦν 1mal [LXX 7mal]) und ζωή (in Gr mehr als 40mal [LXX 289mal], ζῆν 14mal [554mal]) mit anscheinend[67] nur geringfügiger semantischer Differenzierung.[68] Bei βίωσις handelt es sich um ein Verbalabstraktum auf -σις, das daher infolge des Verbalaspekts auf ein aktiv-dynamisches Geschehen abhebt. Dieser Nebensinn wird auch durch den einzigen NT-Beleg (Apg 26,4) bestätigt. Bei σ' dient βίωσις in Ps 38(39),6 (o' ὑπόστασις, α' κατάδυσις) als Übersetzung von חלד (*Lebensdauer*). In wortstatistischer Hinsicht (s. **Wortst.**) ist βίωσις auffallend schwach bezeugt, wobei der Enkel der früheste Zeuge für diese Wortform ist. Offenbar ist βίωσις eines von den zahllosen hellenistischen Neubildungen, die in der Folgezeit nicht prägend wurden und aus dem Wortschatz wieder verschwanden.

Ἑβραϊστί auf Hebräisch, in hebräischer Sprache

Prol. 22 οὐ γὰρ ἰσοδυναμεῖ αὐτὰ ἐν ἑαυτοῖς Ἑβραϊστὶ λεγόμενα ...
La: *nam deficiunt verba hebraica ...*

WF: Ἑβραΐς (4 Makk), Ἑβραῖος (#) **WFd:** Ἰουδαϊστί (2 Kön, 2 Chr, 2 Esra, Jes) **WB:** Adjektiv auf -ιστί Ἀζωνιστί (2 Esra), Ιουδαϊστί (2 Kön, 2 Chr, 2 Esra, Jes), Συριστί (2 Kön, 2 Chr, 2 Esra, Dan o' θ'), Χαλδαϊστί (Dan o')

Die wortstatistische Verteilung der Belege von Ἑβραϊστί mit Schwerpunkt in der Patrologia Graeca (s. **Wortst.**) ist aus inhaltlicher Sicht nicht verwunderlich. Kontextlich kann aus Ἑβραϊστί erschlossen werden, daß wie der *Tenak* mit den bekannten Ausnahmen auch die Weisheitsschrift Ben Siras hebräisch (nicht aramäisch) abgefaßt ist, wobei terminologisch dennoch unklar bleibt, nach welchen Kriterien der Enkel konkret Hebräisch von Aramäisch unterscheidet. In diesem Zusammenhang sei darauf verwiesen, daß die Frage nach der Priorität (d.h. Authentizität) der Aramaismen in den überlieferten Sirachtexten noch konträr diskutiert wird.[69]

---

[67] Trotz einer gewissen Synonymie von βίος und ζωή bestehen jedoch zwischen beiden Vokabeln grundsätzliche Unterschiede; s. hierzu G. BERTRAM - R. BULTMANN - G.v. RAD, ζάω κτλ., in: ThWNT II 833-877.

[68] Ein Blick in die Konkordanzen von Septuaginta und NT zeigt sehr deutlich, daß ζωή gegenüber βίος grundsätzlich bevorzugt wurde. In den Papyri allerdings ist ein umgekehrtes Zahlenverhältnis hinsichtlich der Verwendung von βίος und ζωή festzustellen.

[69] Vgl. RÜGER, Text und Textform, sowie SCHRADER, Leiden und Gerechtigkeit (v.a. 18-57); ferner BÖHMISCH, Textformen 161-163.

ἔννομος am Pentateuch (νόμος) orientiert

Prol. 13f. ὅπως οἱ φιλομαθεῖς καὶ τούτων ἔνοχοι γενόμενοι πολλῷ μᾶλλον
ἐπιπροσθῶσιν διὰ τῆς ἐννόμου βιώσεως
La: *ut desiderantes discere et illorum periti facti magis magisque adtendant
animo et confirmentur ad legitimam vitam*

WF: ἐννόμως* (Spr), νόμος* (#), νομίμως (4 Makk), νομικός (4 Makk),
νόμιμος (#), εὐνομία (4 Makk), ἄνομος* (#), ἀνομία* (#), ἀνομεῖν (#),
παράνομος (#), παρανομία (Ps, Spr, 2-4 Makk), παρανομεῖν (4 Makk, Ijob,
Ps), παρανόμως (Ijob, Spr) WFd: θεσμός (Spr, Weish, 3-4 Makk), δίκαιος*
(#)

In Lexika und Übersetzungen meist unspezifisch und allgemein erklärt
bzw. übersetzt.[70] Die Argumentationsweise des Enkels hinsichtlich des
νόμος (Prol. 1.8.24.36), das wohl speziell den Pentateuch anvisiert, legt
aber nach BÖHMISCH[71] eine Bedeutungsverengung von ἔννομος im Sinne
toragemäß d.h. *gemäß den Vorschriften des Pentateuchs* nahe. Allerdings
bestätigt das in Spr 31,25 belegte Adverb ἐννόμως, das durch 𝔐 nicht
gedeckt wird, diese Nuancierung nicht, da es zusammen mit προσεχόντως
(*aufmerksam*) als Charakterisierung der tüchtigen Frau, wenn sie den Mund
aufmacht (στόμα αὐτῆς διήνοιξεν), verwendet wird. Aufgrund der kontextlichen Einbettung von ἔννομος bzw. ἐννόμως, die mit den [LXX]Hplg
φιλομαθής (Prol. 13) und φιλομαθεῖν (Prol. 34) gekoppelt sind, könnte
hinter dem Adjektiv abgesehen vom ethisch-sittlichen Aspekt auch die
Bedeutung *am Pentateuch (νόμος) orientiert* d.h. *in einer schriftgelehrt-
intellektuellen Auseinandersetzung mit dem Pentateuch* angenommen werden. Zu dem Verb φιλομαθεῖν (= *als φιλομαθόν tätig sein*) s.u.
In 1 Kor 9,21 stehen sich in einem Wortspiel ἄνομος (θεοῦ) und ἔννομος
(Χριστοῦ) kontrastiv gegenüber; vgl. ebenso Apg 19,39 ἔννομος ἐκκλησία (gesetzlich vorgesehene d.h. offizielle Volksversammlung).

---

[70] LEH: *ordained by law, lawful, legal* (=LSJ), WAHL: *legitimus, legi consentaneus.*
     BAW: s.v. ἔννομος *gesetzmäßig, gesetzlich, ordnungsgemäß*, s.v. ἐννόμως *unter
     dem Gesetz.*
[71] BÖHMISCH, Textformen 102. Vgl. hierzu v.a. auch ORLINSKY, Prologue 483-490.
     Hinsichtlich des Bezugs von ἔννομος zum atl. νόμος-Begriff (תורה) vgl. H. KLEIN-
     KNECHT - W. GUTBROD, νόμος κτλ., in: ThWNT IV, 1016-1084, hier 1080.

ἐπιπροστιθέναι darüber hinaus hinzufügen[72]

Prol. 13f. ... ὅπως οἱ φιλομαθεῖς καὶ τούτων ἔνοχοι γενόμενοι πολλῷ μᾶλλον ἐπιπροσθῶσιν διὰ τῆς ἐννόμου βιώσεως
La: *ut desiderantes discere et illorum periti facti magis magisque adtendant animo et confirmentur ad legitimam vitam*

WF: Ø {Ø}, προστιθέναι* (#) WFd: προκοπή* (2 Makk) {προκόπτειν}

Mit πολλῷ μᾶλλον sind als Objekt zu ἐπιπροστιθέναι implizit nach N. PETERS[73] "neue Weisheitsregeln, die sie aus der Praxis in Verbindung mit dem Studium der h. Bücher gewinnen" gemeint; diese im Selbststudium erarbeiteten neuen Schriftkenntnisse geben dann die φιλομαθοῦντες bzw. die φιλομαθεῖς mündlich oder schriftlich (vgl. Prol. 6 λέγοντας καὶ γράφοντας) an ihre Zielgruppe (οἱ ἐκτός) weiter. Zur Wortbildung ist anzumerken, daß der Enkel öfter in der Übersetzung das Präverb ἐπι- (*noch dazu, wiederum*) zur Formulierung eines adverbialen Nebenaspekts verwendet, obgleich dieser, soweit am überlieferten hebräischen Text erkennbar, nicht immer zwingend erforderlich gewesen wäre.[74] Weitere von Gr auffällig verwendete Wortbildungstypen mit adverbialen Nebensinn sind v.a. Verba mit Präverb προσ- (*zusätzlich, darüber hinaus*) und συν- (*gemeinsam, zugleich*). Der wortstatistisch magere Befund (s. **Wortst.**) bestätigt, daß es sich hierbei jeweils um individuell verwendete bzw. gebildete Vokabeln handelt. Zu ἐπιπροστιθέναι unter textkritischem Aspekt s. die Ausführungen auf S. 95.

---

[72] LEH: *add besides* (=LSJ). PAPE: *noch dazu hinsetzen, zusetzen.* Dagegen FRITZSCHE, Weisheit 3: *(intransitiv) Fortschritte machen* (= ZB), bemerkt jedoch einschränkend: "aber nicht zu übersehen ist, dass dieser Gebrauch ohne Beispiel und durchaus solök [Solözismus: grober Verstoß gegen die Sprachregeln] ist, der sich nur durch die Analogie von ἐπιδιδόναι einigermassen entschuldigt." HAMP, Sirach 573: *noch (viel mehr) hinzufügen* (= PETERS, Ecclesiasticus 1). SAUER, Sirach 505: *einen Fortschritt machen* (= SKEHAN - DI LELLA, Wisdom 131). LB: *(noch mehr in dieser Art) schreiben.*

[73] Ecclesiasticus 3.

[74] Vgl. ἐπ- ανάγειν (17,26; 26,28), ἐπ- ανακαλεῖσθαι (48,20 nach S*), ἐπ- ανήκειν (27,9), ἐπ- άνοδος (17,24; 22,21; 38,21), ἐπ- αποστέλλειν (28,23), ἐπ- εγείρεσθαι (46,1), ἐπ- ερωτᾶν (35[32],7), ἐπ- ερώτημα (36[33],3 nach S 46 336 339), ἐπιποθεῖν (25,21), ἐπι- συνάγειν (16,10).

ἰσοδυναμεῖν identische Wirkkraft haben[75]

Prol. 21f. ... ἀδυναμεῖν. οὐ γὰρ ἰσοδυναμεῖ αὐτὰ ἐν ἑαυτοῖς Ἑβραϊστὶ λεγόμενα καὶ ὅταν μεταχθῇ εἰς ἑτέραν γλῶσσαν
La: *nam deficiunt verba hebraica quando translata fuerint ad alteram linguam*

WF: ἰσοδύναμος (4 Makk), {ἰσοδυναμία}, ἀδυναμία (Am, 3 Makk), δύνα-μις* (#), δυναμοῦν (Ps, Koh, Dan θ'), ὑπερδυναμοῦν (Spr) WFd: Ø   WB: ἰσο- v.s. ἰσηγορεῖσθαι

Analog zum unmittelbar vorher stehenden [LXX]Hplg ἀ-δυναμεῖν (s.o.) geht es auch bei dem wortspielerisch wieder aufgenommenen ἰσο-δυναμεῖν um die einem Text bzw. Textkorpus innewohnende δύναμις τῶν λόγων sowohl bezüglich des hebräischen Urtexts als auch dessen griechischer Umsetzung. δύναμις fokussiert daher nicht nur (wenn gleich vorrangig) die inhaltliche (semantische), sondern auch die sprachlich-literarische Dimension an. Aufgrund der *unvermeidlich* großen Differenz (οὐ μικρὰ διαφορά Prol. 26) zwischen hebräischem Original und griechi-schem Abbild kann es daher auch keine adäquate Ebenbürtigkeit und Gleichrangigkeit (ἀφόμοιον s.o.) betreffs Bildung (παιδεία) in der Dia-spora geben. Der Hauptakzent der Aussage liegt bei ἰσοδυναμεῖν zwei-felsohne auf der δύναμις d.h. der (inhaltlichen und ästhetischen) *Wirkkraft* eines Textes auf den Leser. KLAUCK, 4. Makabäerbuch 702.712, über-setzt ἰσοδύναμος mit "gleichwertig" (4 Makk 3,15 bzgl. der 'Gleichwer-tigkeit' des unter Lebensgefahr besorgten Trinkwassers mit Blut; 5,20 vom Verstoßen kleiner und großer Gesetze).

---

[75] LEH: *have equal power, to have the same force* (=LSJ). WAHL: *pari sum potestate, aeque valeo.* ZENNER, Prolog 573, nach La: *die Kraft verlieren.* PETERS, Ecclesia-sticus 1: *die gleiche Kraft haben.* BÖHMISCH, Textformen 102: *das gleiche bedeuten.* HAMP, Sirach 573: *die gleiche Bedeutung haben.* EÜ: *es ist ja nicht gleich.* LB: ... *verliert viel.* ZB: *nicht mehr genau* [??] *den gleichen Sinn haben.*

μεθερμηνεύειν in e. andere Sprache umsetzen[76]

Prol. 30 ἀναγκαιότατον ἐθέμην καὶ αὐτὸς τινα προσενέγκασθαι σπουδὴν
καὶ φιλοπονίαν τοῦ μεθερμηνεῦσαι τήνδε τὴν βίβλον
La: *itaque bonum et necessarium putavi et ipse aliquam addere diligentiam et
laborem interpretandi istum librum*
WF: Ø {μεθερμηνευτής}, ἑρμηνεύειν (2 Esra, Est, Ijob), ἑρμηνεία*[77] (Dan
o'), ἑρμηνευτής (Gen), διερμηνεύειν (2 Makk) WFd: μετάφρασις (2 Makk),
ἐξηγεῖσθαι (#), ἐξήγησις* (Ri), ἐξηγητής (Gen, Spr), μετάγειν* (1 Kön, 2
Chr, 1 Esra, Est, 2 Makk), {μεταγράφειν}

Mit μεθερμηνεύειν werden die bereits vorher im Prolog erwähnten Über-
setzungsbegriffe ἑρμηνεία (Prol. 20) sowie die in Prol. 22 metaphorisch
gebrauchte Wendung μετάγειν εἰς ἑτέραν γλῶσσαν (*in eine andere
Sprache übertragen*) wieder aufgenommen. Eine (erhebliche) semantische
Differenzierung bzw. Nuancierung dieser drei Vokabeln läßt sich textlin-
guistisch nicht leicht konstatieren.[78] Dennoch muß zur Kenntnis genommen werden, daß der Enkel mit dem Verb μεθερμηνεύειν sein »herme-
neutisches« Verfahren *explizit*[79] qualifiziert; da aber vom Wortgebrauch
von μεθερμηνεύειν in der Gräzität kein spezifisches Übersetzungspro-
gramm abgeleitet werden kann, bleibt auch das Übersetzungsverständnis
des Enkels im Verborgenen, zumal sich auch der Enkel selbst nicht detailliert zu seinem Vorgehen äußert; es wird lediglich pauschal auf die
Unmöglichkeit einer *Isodynamie* (Prol. 21 οὐ γὰρ ἰσοδυναμεῖ) und den

---

[76] LEH: *to translate* (= LSJ), *to interpret*. WAHL: *ex aliena lingua in meam transfero*
    (=PAPE). SCHLEUSNER II 425: *interpretor*. PETERS, Ecclesiasticus: *übersetzen* (=
    EÜ, BAW, ZB). SKEHAN - DI LELLA, Wisdom 131: *translation*. SAUER, Sirach 506:
    verdolmetschen (BUSSMANN, Sprachwissenschaft 195.812f, jedoch charakterisiert
    'Dolmetschen' als **mündliches** Übersetzen). Bei der deutschen Wiedergabe von μεθ-
    ερμηνεύειν mit *übersetzen* etc. ist allerdings das unspezifisch und individuell gefärb-
    te Übersetzungsverständnis der Antike zu berücksichtigen. S. hierzu die detaillierte
    und aufschlußreiche Arbeit zum Verfahren des literarischen Übersetzens in der grie-
    chisch-römischen Antike von A. SEELE (Römische Übersetzer).
[77] Vgl. Prol. 20; H[B] 47,17 מליצה (*rätselhafter Ausspruch*); s. ferner Spr 1,6 מליצה
    α' θ' ἑρμηνεία, dagegen o' σκοτεινὸς λόγος σ' πρόβλημα. In 2 Makk 1,36 wird
    das persische Wort Naft in *volksetymologischer* Weise als Reinigung '*gedeutet, er-
    klärt, übersetzt*': νεφθαρ, ὃ διερμηνεύεται καθαρισμός.
[78] Sonderbarerweise ist μεθερμηνεύειν in dem Beitrag ἑρμηνεύειν κτλ. von J. BEHM
    (ThWNT II, 659-662) völlig außer acht geblieben.
[79] Ebenso heißt es im Brief des Königs Ptolemaios an den Hohenpriester Eleazar (Aris.
    38), daß "euer Gesetz aus dem bei euch gebräuchlichen Hebräisch ins Griechische
    übertragen" (μεθερμηνεύεσθαι) werden soll.

gravierenden *Unterschied* (Prol. 26 οὐ μικρὰ διαφορά) zwischen Original und Übersetzung abgehoben, denen auch er selbst wenigstens an einigen Stellen (Prol. 20 τισὶν τῶν λέξεων) zu unterliegen (ἀδυναμεῖν) eingesteht.[80] Es handelt sich somit um eine griechische »**Um**-setzung[81]« eines hebräischen Textes unter dem prinzipiellen Vorbehalt einer unüberbrückbaren Kluft beider Sprachen.[82] Die Verwendung des Präverbs μετα- bei μεθερμηνεύειν kommt einerseits wohl dem beim Enkel öfter zu beobachtenden Bedürfnis entgegen, neben Simplexbegriffen (hier ἑρμηνεία, ἑρμηνεύειν) auch entsprechende semantisch nur geringfügig abweichende Komposita aus der gleichen Wortfamilie in den Dienst zu nehmen. Andererseits könnte das Präverb μετα- (*hinüber*)[83] darauf hindeuten, daß das ἑρμηνεύειν des Enkels auf die Zielsprache orientiert ist.

πάππος Großvater[84]

Prol. 7 ὁ πάππος μου Ἰησοῦς ἐπὶ πλεῖον ἑαυτὸν δοὺς εἴς τε τὴν τοῦ νόμου ... ἀνάγνωσιν

La: *avus meus Hiesus postquam amplius dedit ad diligentiam lectionis legis ...*

WF: Ø {Ø}, πρόπαππος (Ex) **WFd:** προπάτωρ (3 Makk), {μητροπάτωρ, πατροπάτωρ}

---

[80] Daraus kann beim Übersetzer *implizit* der Primat des hebräischen Originals abgeleitet werden.

[81] Im Deutschen gibt es für den Vorgang des Umsetzens eines Textes in eine andere Sprache verschiedene Ausdrücke mit unterschiedlichem Nebensinn: Übersetzung, Übertragung, Verdeutschung, Verdolmetschung.

[82] Dieser prinzipielle Vorbehalt gegenüber einer absoluten Äquivalenz zweier Sprachen scheint offensichtlich mit (μεθ)ερμηνεύειν in Verbindung zu stehen. Denn auch in den unliterarischen Papyri wird die Bezeichnung μεθερμηνεύειν verwendet, nicht selten mit dem Zusatz κατὰ τὸ δυνατόν (*soweit dies möglich ist*); vgl. ferner Polybios III, 22 ... ἃς [τὰς συνθήκας] καθ' ὅσον ἦν δυνατὸν ἀκριβέστατα διερμηνεύσαντες; s. auch Hebr 7,2 (ἡρμήνευσεν ...) ὡς ἦν δυνατὸς ἕκαστος.

[83] BORNEMANN-RISCH, Grammatik 203 (§197), geben bei Komposita mit Präverb μετα- neben "*teil* (Gemeinschaft)" auch den Nebensinn "*um*- (Veränderung)" an.

[84] PAPE: *der Großvater, vorzugsweise mütterlicherseits*. Zur Problematik, ob unter πάππος auch unspezifisch nur *Vorfahre, Ahn* gemeint sein könnte, vgl. Pl. *Theaet. 174c*; Arist. *Pol. III 2,1*; DH *IV 47* sowie Jos. *Ant. 8,155*. Vgl. ferner RYSSEL, Sirach 237, der argumentiert, daß πάππος im allgemeineren Sinne den 'Vorfahren' bezeichnen kann. Hinzuzufügen bleibt, daß jedenfalls πατήρ sowohl wörtlich (leiblicher Vater) als auch im übertragenen Sinne (Vorfahre, Stammvater vgl. z.B. Tob 1,4f) in LXX belegt ist.

προκατασκευάζεσθαι sich vorbereiten (lassen)[85]

Prol. 35 προκατασκευαζομένους τὰ ἤθη ἐννόμως βιοτεύειν
La: *quemadmodum oporteat instituere mores, qui secundum legem Domini proposuerunt vitam agere*

WF: Ø {προκατασκευή}, κατασκευάζειν (#), κατασκεύασμα*[86] (Jdt), κατασκευή (#) WFd: προετοιμάζειν (Weish, Jes)

προκατασκευάζεσθαι ist am besten verständlich, wenn man es auf die ἱκανὴ ἕξις (Prol. 11), die einer intensiven Vorbereitung (ἐπὶ πλεῖον ἑαυτὸν δούς) bedarf, bezieht.[87] Als hinter προκατασκευάζεσθαι stehendes Subjekt sind Personen auszumachen, welche als Multiplikatoren fungieren wollen (Prol. 34 βουλομένοις φιλομαθεῖν); zu dem [LXX]Hplg φιλομαθεῖν in der Bedeutung *als φιλομαθόν tätig sein* s.u. Von daher hat auch die syntaktisch mit προκατασκευάζεσθαι gekoppelte Infinitivkonstruktion ἐννόμως βιοτεύειν den Sinn *am Pentateuch orientiert leben* d.h. in "*schriftgelehrter*" Auseinandersetzung mit dem Pentateuch; näheres zum [LXX]Hplg ἔννομος s.o.

πρόλογος Prolog[88]

Tit. Prol. *(prologus)*

WF: προλέγειν (Jes) WFd: προοίμιον (Ijob), προαγορεύειν (2 Makk), προερεῖν (1 Esra, 2-3 Makk)[89] {προλαλιά, προλαλεῖν, προοιμιάζειν}

Gegenüber πρόλογος, das die meisten Hs. bestätigen, überliefern 637, 443[S], 493 sowie Syh (ܩܕܡܐܡܪܐ) προοίμιον. Hinsichtlich der Authentizi-

---

[85] ZENNER, Prolog 573: *sich vorbereiten lassen*. HAMP, Sirach 573: *(ihr sittliches Verhalten auf ein Leben nach dem Gesetz) einstellen* (vgl. La!). LEH: *to prepare in advance*. PETERS, Ecclesiasticus 1: *(den Wandel) einrichtend (zum Leben nach dem Gesetz)*. SKEHAN - DI LELLA, Wisdom: *... and are disposed to ...* Dagegen ungenau bzw. interpretierend EÜ sowie SAUER, Sirach 506: *sich vornehmen*. S. ferner ZB (ebenso sehr frei): *und ihre Lebensführung nach dem Gesetze gestalten.*

[86] H[B] 35(32),6 מלואות (H[Bmarg] מלא).

[87] Ebenso ist das in Prol. 5 stehende δύνασθαι (gemeint ist damit die fachliche Kompetenz der φιλομαθοῦντες) mit der ἱκανὴ ἕξις des Großvaters (Prol. 6) in Verbindung zu bringen.

[88] LEH: *prologue, introduction*. PAPE: *Vorrede, Vorwort*. Vgl. dagegen FRITZSCHE, Weisheit 1, SMEND, Weisheit 1, sowie HAMP, Sirach 573 (= EÜ): *Vorwort*. SAUER, Sirach 505: *Vorrede* (= LB).

[89] Vgl. insbesondere 2 Makk 2,32 τὰ προειρημένα als Bezeichnung einer "*Vorrede*".

tät der Gattungstitulatur πρόλογος sowie der gattungskritischen Einordnung des »Vorspanns« zur Übersetzung s. S. 21-30.

συγγράφειν verfassen

Prol. 12 ... προήχθη καὶ αὐτὸς συγγράψαι τι τῶν εἰς παιδείαν καὶ σοφίαν ἀνηκόντων

La: ... volui [!] et ipse scribere aliquid horum, quae ad doctrinam et sapientiam pertinent

WF: συγγραφή (Tob, Ijob, Jes, 1 Makk), συγγραφεύς (2 Makk), γράφειν* (#), ὑπογράφειν (1 Esra, Est, 1-2-3 Makk), ἀναγράφειν (1 Esra, 1-2-4 Makk), ἀναγραφή (2 Makk), γραφή* (#), διαγράφειν (Jos, Est, Hld, Ez, 2 Makk), διαγραφή (Ez), καταγράφειν*[90] (#) WFd: συντιθέναι (#), συντάσσειν (#), ἀφιέναι*[91] (#)

Es ist erstaunlich, daß das an sich unscheinbare Verb συγγράφειν (*aufschreiben, niederschreiben*) in der Übersetzungs-Septuaginta, aber auch in der originalsprachlichen LXX nicht verwendet wird, obgleich das hebräische Äquivalent כתב hundertfach als Verb in 𝔐 belegt ist. Man wird den wortstatistisch singulären Befund innerhalb der Septuaginta möglicherweise daher erklären können, daß συγγράφειν im engeren Sinn die Tätigkeit des individuellen Abfassens eines literarischen Werks bezeichnet und insofern als Äquivalent von כתב nicht geeignet erschien. La allerdings verzichtet auf eine adäquate Wiedergabe von συγγράφειν (statt *conscribere* lediglich *scribere*); vgl. z.B. ferner Prol. 33: statt *edere* für den Publikationsterminus ἐκδιδόναι steht unpassend das Simplex *dare*.

Trotz 190 Belegen von γράφειν im NT ist das Kompositum συγγράφειν nicht bezeugt. Im "*Proömium*" (Lk 1,1-4), das gattungskritisch durchaus mit dem Prolog des Enkels in Zusammenhang gesehen werden kann, verwendet der Evangelist für sein *literarisches* Vorhaben das Simplex γράφειν (Lk 1,3). Dennoch wäre es aufschlußreich gewesen, wenn G. SCHRENK[92] in seinem Beitrag γράφειν κτλ. insbesondere unter A.5 (*Abfassung einer Schrift oder Einschreiben in eine Buchrolle oder ein Buch*) den wichtigen Sirachbeleg συγγράφειν einbezogen hätte. So führt G. SCHRENK (S. 745) aus: "Wohl besteht das Bewußtsein, daß das Schreiben

---

[90] H^B 48,10 הכתוב נכון לעת.
[91] Vgl. H^B 39,32 (והתבוננתי) ובכתב הנחתי: (καὶ διενοήθην) καὶ ἐν γραφῇ ἀφῆκα (*ich habe schriftlich niedergelegt*). Auch hier wäre die Verwendung von συγγράφειν durchaus möglich gewesen.
[92] γράφειν κτλ., in: ThWNT I 742-773.

im Dienste des Evangeliums zu höchstem Zweck, vor Gott geübt wird (Gl 1,20; R15,15). Doch begegnet weder bei den Synopt noch bei Paulus jemals der betonte Anspruch, dadurch heilige *Literatur* zu schaffen."

συγχρονίζειν sich zur gleichen Zeit aufhalten[93]

Prol. 28 ... παραγενηθεὶς εἰς Αἴγυπτον καὶ συγχρονίσας ...

La: ... *postquam perveni in Aegyptum et cum multum temporis ibi fecissem* ...

WF: Ø {συγχρονεῖν, σύγχρονος}, ἐγχρονίζειν (Spr), χρονίζειν*[94] (#), μακροχρονίζειν (Dtn), μακροχρόνιος (Dtn) WFd: διάγειν* (#), ἀποδημεῖν (Ez), ἐπιμένειν (Ex), παραμένειν (Gen, Ri, Spr, Dan θ') WB: συν- (*gemeinsam, zur gleichen Zeit*) s.v. συγγελᾶν

συγχρονίζειν steht kontextlich in enger Beziehung zu ἐπὶ τοῦ Εὐεργέτου βασιλέως. Dadurch gewinnt das Verb für die Datierung des Aufenthalts des Enkels in Ägypten besondere Bedeutung.[95] Der Wortwahl von συγχρονίζειν ist ferner vom Zusammenhang her zu entnehmen, daß der Enkel sich nur *vorübergehend* (132- 117 v. Chr) in Ägypten aufhielt, mithin doch geraume Zeit. Man kann also annehmen, daß er danach Ägypten wieder verlassen habe. Der Wortbildungstyp συν- mit adverbialem Nebensinn (*zugleich, zusammen mit*) ist wiederum für den Enkel charakteristisch.

φιλομαθεῖν als '*φιλομαθόν*' tätig sein[96]

Prol. 5 ἀλλὰ καὶ τοῖς ἐκτὸς δύνασθαι τοὺς φιλομαθοῦντας χρησίμους εἶναι
La: *sed etiam extraneos posse [et dicentes et scribentes] doctissimos fieri*
Prol. 34 καὶ τοῖς ἐν τῇ παροικίᾳ βουλομένοις φιλομαθεῖν
La: *et illis qui volunt animum intendere et discere*

---

[93] Dagegen LSJ: *spend some time in a place* (vgl. La). LEH: *to spend time; to continue.* BÖHMISCH, Textformen 102: *mitleben.* PETERS, Ecclesiasticus: ... *und zu seiner Zeit [des Königs] verweilte.* SAUER, Sirach 506, unpräzise: *indem ich dort lebte.* SKEHAN - DI LELLA, Wisdom 131: *during my stay.* ZENNER, Prolog 573: *bei meinem längeren Aufenthalt daselbst.*

[94] Hᴬ 6,21 ולא יאחר להשליכה; Hᴬ 7,16 לא יתעבר ולא; זכור עכרון לא; Hᴬ 14,12 ולא מות יתמהמה.

[95] S. SMEND, Weisheit 3f.

[96] LEH: *to love learning, fond of learning, eager for knockledge.* PAPE: *wißbegierig sein, das Lernen lieben.* SCHLEUSNER III 388: *cupio discere, discendi desiderio teneor.* WAHL: *discendi cupidus sum.* SAUER, Sirach 505: *diese Lernfreudigen* (Prol. 5) und *lernen* (Prol. 34). ZENNER, Prolog 572: *die der Lehre Beflissenen* (Prol. 5) und *sich für die Lehre interessieren* (Prol. 34). ZB: *Gelehrte* (Prol. 5) sowie *lernbegierig sein* (Prol. 34).

WF: φιλομαθής*, {φιλομαθία}, εὐμαθῶς (Weish), ἀμαθής (σ'), ἀμαθία (σ'), μανθάνειν* (#) WFd: Ø WB: φιλο- φιλάγαθος (Weish), φιλαδελφία (4 Makk), φιλάδελφος (2-4 Makk), φιλαμαρτήμων (Spr), φιλανθρωπεῖν (2 Makk), φιλανθρωπία (Est, 2-3 Makk), φιλάνθρωπος (1 Esra, Weish, 2-4 Makk), φιλανθρώπως (2-3 Makk), φιλαργυρεῖν (2 Makk), φιλαργυρία (4 Makk), φιλάργυρος (4 Makk), φιλαρχία (4 Makk), φιλελεήμων (Tob), φιλεχθρεῖν (Spr), φιληκοΐα (4 Makk), φιλιππεῖον (θ'), φιλογέωργος (2 Chr), φιλογύναιος (1 Kön), φιλοδοξία (Est, 4 Makk), φιλοκερδεῖν (σ'), φιλόκοσμος (EpJer), φιλομαθής*, φιλομήτωρ (4 Makk), φιλονεικεῖν (Spr), φιλονεικία (2-4 Makk), φιλοπολίτης (2 Makk), φιλοπονεῖν*, φιλοπονία*, φιλοσοφεῖν (4 Makk), φιλοσοφία (4 Makk), φιλόσοφος (Dan o', 4 Makk), φιλοστοργία (2-4 Makk), φιλόστοργος (4 Makk), φιλοστόργως (2 Makk), φιλοτεκνία (4 Makk), φιλότεκνος (4 Makk), φιλοτιμία (Weish), φιλότιμος (Weish, 3 Makk), φιλοτίμως (Sus θ', 2 Makk), φιλοτροφεῖν (σ'), φιλοφρονεῖν (2 Makk), φιλοφρόνως (2-4 Makk), φιλόψυχος (Weish)

Da in Prol. 5 die φιλομαθοῦντες, die den (οἱ!) ἀναγινώσκοντες (*Lesekundige*) kategorial gegenübergestellt werden, explizit als Multiplikatoren ausgewiesen sind, wird man der gesamten Wortfamilie (Prol. 34 φιλομαθεῖν, Prol. 13 φιλομαθής) eine Tätigkeit bzw. Eigenschaft zusprechen müssen, die eine Vermittlung und Verbreitung von Inhalten und Botschaften ob nun mündlich (Predigt, Katechese, Lehrvortrag etc.) oder schriftlich (Prol. 6 καὶ λέγοντας καὶ γράφοντας) intendiert.[97] Auch der Großvater, der sich nach intensiver Auseinandersetzung mit den Inhalten der Tora (ἐπὶ πλεῖον ἑαυτὸν δοὺς εἰς ... ἀνάγνωσιν) eine ἱκανὴ ἕξις (*hinlängliche Lehrbefähigung*) erworben hat, ist in die Reihe der φιλομαθοῦντες einzuordnen ist. Insofern hat das in Prol. 34 stehende φιλομαθεῖν nicht primär die in Lexika und Übersetzungen angeführte unspezifische Bedeutung *wißbegierig, lerneifrig sein*, sondern vielmehr *als φιλομαθόν* [= *Multiplikator*] *tätig sein*. Sicher nicht zufällig ist an zwei Stellen (Prol. 13.36) die Wortfamilie (φιλομαθής, φιλομαθεῖν) mit ἔννομος βίωσις bzw. ἐννόμως βιοτεύειν inhaltlich gekoppelt, so daß ein enger Konnex zwischen der multiplikatorischen Tätigkeit der '*philomatuntes*' bzw. der '*philomatheis*' und ihrer Lebensweise hergestellt werden kann. Zum [LXX]Hplg ἔννομος in der Bedeutung *an der Hl. Schrift orientiert* s.o. Da nun aus dem Munde des Enkels (Prol. 34) davon die Rede

---

[97] Kennzeichnend ist hierbei besonders die durch den Artikel hervorgerufene Determination: τοὺς φιλομαθοῦντας (gegenüber τοὺς ἀναγινώσκοντας) sowie οἱ φιλομαθεῖς.

ist, daß die Übersetzung *auch/insbesondere* für diejenigen (καὶ τοῖς) gedacht ist, die in der Diaspora (παροικία)[98] als *»philomathon« tätig sein* (φιλομαθεῖν) wollen, indem sie sich bezüglich ihrer Sinnesart (τὰ ἤθη) vorbereiten lassen (προκατασκευαζομένους[99]), *an der Tora orientiert* (ἐννόμως) zu leben, können als die vornehmliche Zielgruppe der sirazidischen Übersetzung die (οἱ!) φιλομαθοῦντες identifiziert werden, die aufgrund ihrer in Prol. 6 beschriebenen Tätigkeit (λέγοντες καὶ γράφοντες) als fachkundige "Exegeten" anzusprechen sind.[100] Die Weisheitsschrift des *Multiplikators* Ben Sira richtet sich somit primär an angehende Multiplikatoren sowohl im Stammland als auch in der Diaspora (Ägypten).

Innerhalb des überschaubaren Vorspanns zur Übersetzung auffällig ist wiederum die variierende Verwendung von stammgleichen Begriffen: φιλομαθεῖν, φιλομαθών und φιλομαθής.[101] Bereits im Prolog kristallisiert sich eine stilistische Eigenart des Enkels heraus, die sich auch in der Übersetzung (Gr) niederschlägt: *variatio*. Es ist allerdings Vorsicht geboten, das Abwechseln im Vokabular ohne semantische und übersetzungstechnische Überprüfung von Gr und deren Vorlage ausschließlich auf Gr zurückzuführen, da die hebräische Wortwahl nicht unerheblichen Einfluß auf die Wortwahl der griechischen Version ausgeübt haben wird.

φιλομαθής als *'philomates'* bzw. *'philomathon' Tätiger"*[102]

Prol. 13 ὅπως οἱ φιλομαθεῖς καὶ τούτων ἔνοχοι γενόμενοι πολλῷ μᾶλλον ἐπιπροσθῶσιν διὰ τῆς ἐννόμου βιώσεως

---

[98] Aufgrund der lokalen Näherbestimmung der *philomatountes* (ἐν τῇ παροικίᾳ) wird erneut auf die Zielgruppe der in Prol. 5 angesprochenen οἱ ἐκτός rekurriert.

[99] προκατασκευάζεσθαι ist am besten verständlich, wenn man es auf die ἱκανὴ ἕξις, die einer intensiven Vorbereitung (ἐπὶ πλεῖον ἑαυτὸν δούς) bedarf, bezieht.

[100] Nur wenn man fachkundige und kritische Leser voraussetzt, wird man sich auch erklären können, warum der Enkel gerade diese um Nachsicht (συγγνώμη) für etwaige Übersetzungsfehler bittet. Unbedarfte Leser, die nicht des Hebräischen mächtig gewesen wären, hätten wohl nicht dieses Appells bedurft.

[101] Vgl. hierzu auch ἔννομος βίωσις und ἐννόμως βιοτεύειν, οἱ προφῆται und αἱ προφητεῖαι, ἑρμηνεία und μεθερμηνεύειν, φιλοπονεῖν und φιλοπονία; ferner variierend durch stammfremde Synonyma: μετάγειν - μεθερμηνεύειν; τὰ ἄλλα τὰ κατ᾽ αὐτοὺς ἠκολουθηκότα - τὰ ἄλλα πάτρια βιβλία - τὰ λοιπὰ τῶν βιβλίων.

[102] ZENNER, Prolog 572: *die der Lehre Beflissenen.* SAUER, Sirach 505: *die, die nach Bildung streben.* PETERS, Ecclesiasticus 1: *die Lernbegierigen* (= BÖHMISCH, Textformen 102). SKEHAN - DI LELLA, Wisdom 131: *those, who love wisdom.* EÜ modifiziert in unzulässiger Weise den Finalsatz in Prol. 13f in Form einer Paraphrase: *Wer es sich mit Liebe aneignet, wird es in einem gesetzestreuen Leben noch vermehren.*

La: *ut desiderantes discere et illorum periti facti magis magisque adtendant animo et confirmentur ad legitimam vitam*

WF: φιλομαθεῖν*, {πολυμαθία, πολυμαθεῖν, φιλομαθία}, εὐμαθῶς (Weish), ἀμαθής (σ'), ἀμαθία (σ'), WFd: σπουδαῖος (Ez), σπουδή* (#), {φιλεργία} WB: φιλο- s.v. φιλομαθεῖν

S. hierzu die detaillierten Ausführungen zum [LXX]Hplg φιλομαθεῖν.

φιλοπονεῖν mit Hingabe etwas (τι) erarbeiten[103]

Prol. 20 ἐφ' οἷς ἂν δοκῶμεν τῶν κατὰ τὴν ἑρμηνείαν πεφιλοπονημένων τισὶν τῶν λέξεων ἀδυναμεῖν

La: ... *in quibus videmur sequentes imaginem sapientiae et deficere in verborum conpositione*

WF: φιλοπονία* {φιλόπονος}, ἄπονος (4 Makk), πόνος* (#), πονεῖν* (#), καταπονεῖν (2-3 Makk), κατάπονος (3 Makk), ἐπίπονος* (3 Makk) WFd: ἀσχολία* (3 Makk), ἀσχολεῖν*, ἐπιμέλεια (#), μόχθος (#), μοχθηρός*, σπουδάζειν (#), σπουδή* (#), {φιλεργεῖν, φιλεργία, φιλεργός} WB: φιλο- s.v. φιλομαθεῖν

An beiden Stellen, bei denen der Enkel von seiner eigenen Übersetzungs-arbeit spricht (Prol. 20.30), dient der Kompositumsstamm φιλοπον- (in Prol. 30f. in Verbindung mit σπουδή, πολλὴ ἀγρυπνία und ἐπιστήμη) als Charakterisierung seines persönlichen Arbeitseinsatzes, der ihm wohl aufgrund der Bedeutung des Gegenstands[104] sowie der Schwierigkeit sei-

---

[103] LEH: *to be lovingly worked through.* PAPE: *die Arbeit lieben, fleißig arbeiten.* SCHLEUSNER III 389: *laborum amans sum.* BÖHMISCH, Textformen 102: *viel Fleiß aufwenden.* SAUER, Sirach 505: *fleißiges Bemühen.* In einem Papyrus ist ein Skla-venmädchen Subjekt des Verbums φιλοπονεῖν (Ox 1069,23 2. Jh. n. Chr.).

[104] In den Proömien bedeutender Historiker begegnet immer wieder der Topos der Grö-ße und Schwierigkeit des eigenen Unternehmens; vgl. Polybios, Historiae I,1: *Denn das Außerordentliche der Ereignisse* [τὸ παράδοξον τῶν πράξεων], *über die wir zu schreiben beabsichtigen, dürfte allein schon für jeden, ob jung oder alt, ein hinrei-chend starker Anreiz sein, sich dem Studium unseres Werkes zu widmen... Daß aber in der Tat das historische Geschehen, das wir uns zum Thema gewählt haben, groß und außerordentlich* [παράδοξον καὶ μέγα] *ist, wird wohl dann am deutlichsten, wenn ...* (Übersetzung nach H. DREXLER, Polybios Geschichte I, Zürich 1961, 1f.). Flavius Josephus, De bello Iudaico I,1: *Der Krieg der Juden gegen die Römer er-weist sich als der größte im Vergleich nicht nur mit den Kriegen unserer Zeit, son-dern auch mit all denen, von denen wir Kunde überkommen haben* [πόλεμον συστάντα μέγιστον οὐ μόνον τῶν καθ' ἡμᾶς, σχεδὸν δὲ καὶ ὧν ἀκοῇ παρ-ειλήφαμεν]. (Übersetzung nach O. MICHEL - O. BAUERNFEIND, Flavius Josephus. De bello Iudaico. Der jüdische Krieg I, Darmstadt 1959, 3); ferner Flavius Jose-

nes Übersetzungsunternehmens erforderlich schien. Der Enkel greift dabei
auf einen Begriff zurück, dessen Wortbildungstyp (φιλο-) eine in LXX
auffällige buchspezifische Streunung aufweist. S. hierzu den o.g. Befund
und deren wortstatistische Auswertung in Kap. V. Mit Hilfe seiner Kompositumselemente wird bei φιλοπονεῖν bzw. φιλοπονία ein nach griechisch-hellenistischer Auffassung eher negativer Sachverhalt (πόνος *müh-
selige Arbeit, aufreibende Plackerei*)[105] durch das vorgeschaltete WB-
Element φιλο- (Liebe zu etwas) meliorativ.

φιλοπονία   Arbeitseifer[106]

Prol. 30 ἀναγκαιότατον ἐθέμην καὶ αὐτὸς τινα προσενέγκασθαι σπουδὴν
καὶ φιλοπονίαν τοῦ μεθερμηνεῦσαι τήνδε τὴν βίβλον ...

La: *itaque bonum et necessarium putavi et ipse aliquam addere diligentiam et
laborem interpretandi istum librum*

WF: φιλοπονεῖν*, {φιλόπονος}, ἄπονος (4 Makk), πόνος* (#), καταπονεῖν
(2-3 Makk), κατάπονος (3 Makk) **WFd:** ἀσχολία* (3 Makk), ἀσχολεῖν*, ἐπιμέλεια (#), μόχθος (#), μοχθηρός*, σπουδάζειν (#), σπουδή* (#), {φιλεργεῖν,
φιλεργία, φιλεργός} **WB:** φιλο- s.v. φιλομαθεῖν

Während σπουδή positiv von der *Begeisterung* spricht, scheint das damit
kopulativ verbundene Lexem φιλοπονία mehr auf den Aspekt der Mühe
und der Strapaze, die freilich bereitwillig (vgl. WB φιλο-) auf sich genommen wurde, anzuspielen; beide Vokabeln untermalen somit den persönlichen Einsatz, das Engagement des Enkels, beim Übersetzen (τοῦ
μεθερμηνεύειν), was geradezu topisch für Proömien antiker Literatur-
werke ist. Fortgeführt werden σπουδή und φιλοπονία durch πολλὴ
ἀγρυπνία[107] (*oftmalige Schlaflosigkeit*) und ἐπιστήμη (*Sachverstand*), die
nötig waren, das Weisheitsbuch seines Großvaters abzuschließen und in
griechischer Sprache zu publizieren.

---

phus, Antiquitates Iudaicae I,2: *Das vorliegende Werk dagegen nahm ich in Angriff,
weil ich allen Griechen damit etwas Bedeutendes* [ἀξία σπουδῆς] *bieten zu können
glaubte.* (Übersetzung nach H. CLEMENTZ, Des Flavius Josephus Jüdische Altertümer I, Köln 1899, 14).

[105] In Gr dient πόνος bzw. πονεῖν in 3,27; 13,5; 34(31), 20; 38,7 als Wiedergabe der
Wurzel כאב (*Schmerz*).

[106] LEH: *love of labour, industry.* SCHLEUSNER III 389: *studium laborandi.* WAHL: *as-
siduitas.* PAPE: *Liebe, Lust zur Arbeit, Arbeitsamkeit.* ZENNER, Prolog 573: *Mühe-
waltung.* SAUER, Sirach: *Fleiß* (= ZB, BÖHMISCH, Textformen 103). SKEHAN - DI
LELLA, Wisdom 131: *industry.* PETERS, Ecclesiasticus 1: *Mühe.*

[107] Vgl. hierzu v.a. Call. Epigr. 29,4, wo vom ἀρήτου σύμβολον ἀγρυπνίης die Rede
ist.

4. Die Septuaginta-Hapaxlegomena in GrI

ἀβοηθησία Hilflosigkeit, Wehrlosigkeit[108]

51,10 ἐν καιρῷ ὑπερηφανιῶν ἀβοηθησίας
La: et in tempore superborum sine adiutorio
H^B: ביום שואה ומשואה   Syr: ܚܝܠܐ ܕܓܢܐܒܐ ܕܓܚܟܬܐ

WF: ἀβοήθητος (Ps, 2 Makk, Weish)[109]   WFd: ἀπορία* (#), ἀμήχανος (2 Makk), ἐρημία (Weish, Jes, Bar, Ez), ἀδυναμία (Am, 3 Makk), ἔκλυσις (Est, Jes, Jer, Ez), θλῖψις* (#), θλιμμός (Ex, Dtn) WB: Hinsichtlich der septuagintaspezifischen Beleglage von mit ἀ-privativum gebildeten Komposita s. Diagramm und Auswertung in Kap. V.

Das Wortpaar שואה ומשואה (Sturz und Einsturz[110]), für dessen etymologische Zuordnung den Übersetzern verschiedene Stämme (שוא, שאה, נשא) zur Verfügung standen[111], begegnet innerhalb 𝔐 nur noch in Ijob 30,3 (* συνοχὴ καὶ ταλαιπωρία ∕), 38,27 (* ἄβατον καὶ ἀοίκητον ∕) und mit ähnlich eschatologischem Kontext in Zef 1,15 (ἀωρία [v.l. ταλαιπωρία] καὶ ἀφανισμός; α' συμφορὰ καὶ ἄτη)[112]. Während משואה sonst nicht weiter belegt ist, deutet LXX שואה weitgehend uneinheitlich aus: ἀπώλεια (Jes 47,11), παγίς (Ps 34(35),8), ὀδύναι (Ijob 30,14), θόρυβος (Spr 1,27), ὑετός (Ez 38,9), θλῖψις (Jes 10,3), κακ-

---

108 LSJ: helplessness (=LEH; allerdings nicht mit neol. klassifiziert); LSJ (Supplement 1996) korrigierend: state of being without help.

109 In Ps 87(88),5b steht ἀβοήθητος frei für אין־איל (vgl. σ' ܐܝܟ ܓܒܪ ܕܠܐ [Syh] = οὐκ ἰσχύων), das in 5a mit יורדי בור (die ins Grab hinabsteigen) korrespondiert.

110 So SMEND, Weisheit (Hebräisch und Deutsch) 92. SKEHAN - DI LELLA, Wisdom 561: ruin and desolation. EÜ: Vernichtung und Verwüstung (=HAMP, Sirach 713). SAUER, Sirach 635: Verderben und Entsetzen. PETERS, Ecclesiasticus 438: Verwüstung und Wüstenei. ZB: Oede und Verödung.

111 Die fehlende Formaläquivalenz in Gr hinsichtlich der etymologischen Wortkombination שואה ומשואה muß weder textkritisch noch übersetzungstechnisch zu denken geben, da Gr nach Maßgabe der hebräischen Textzeugen auch anderweitig etymologische Figuren nicht entsprechend umzusetzen scheint (vgl. z.B. H^A 3,17; 14,19; H^B 38,8). In 3,17 zeigt sich allerdings, wie trügerisch auf nur eine einzige hebräische Hs. fußende Schlußfolgerungen sein können; während nämlich nach H^A die fig. etym. מנותן מתנות überliefert ist, steht in H^C, der Gr offensichtlich folgt, lediglich מתן (=δότην).

112 Syr: ܐܘܡܐ †ܕܚܪܒܢܐ† ܘܝܘܡܐ (der Tag † des ... † und des Verderbens). TgJon: יום רגוש ואתרגושא (der Tag des Lärms und des Getöses)

ουργία (Ps 34(35),17). Zur übersetzungstechnischen Beurteilung von Gr ist v. a. der nur in Ps 74(73),3; 73(72),18 vorkommende Plural מַשֻּׁאוֹת (*Trümmer*; abgeleitet von נשׁא) aufschlußreich, der in LXX mit ὑπερηφανίαι (σ' τὸ ἀφανίζεσθαι) und τὸ ἐπαρθῆναι (σ' ἀφανισμοί) wiedergegeben wird. Insofern wäre die Übersetzung von מַשּׁוּאָה (möglicherweise »las« Gr den Plural) mit ὑπερηφανιῶν in Gr aus LXX Ps 73,3 erklärbar; danach würde שׁוּאָה mit ἀβοηθησία korrespondieren.[113] Aufschlußreich für die übersetzungstechnische Klassifizierung von ἀβοηθησία ist insbesondere auch Am 2,2, wo das mit שׁוּאָה etymologisch verwandte (?) שָׁאוֹן (*das Krachen*) ähnlich wie bei Gr mit ἀδυναμία (*Unvermögen, Hilflosigkeit*) übersetzt wird. Von daher ließe sich ἀβοηθησία in das nuancenreiche Übersetzungsspektrum von שׁוּאָה einordnen. Allerdings überrascht bei ἀβοηθησία der wortstatistische Befund, da es nur noch bei dem alexandrinischen Diakon und Exegeten Olympiodor (6. Jh.) überliefert wird (s. **Wortst.**); vom inhaltlichen Aspekt her würde man eine derart seltene Verwendung nicht erwarten. ἀβοηθησία scheint daher eine typisch hellenistische Nominalbildung zu sein, die in der Folgezeit nicht prägend wurde und wieder aus dem Sprachschatz verschwand. Inwiefern in diesem Fall der Übersetzer selbst sprachschöpferisch gewirkt hat (*Übersetzungsneologismus*), ist nicht zweifelsfrei zu entscheiden, wenngleich o. g. Indizien darauf hinweisen. Der von SMEND als »*geschraubt*« charakterisierte Gr-Stichos 51,10c ist aufgrund der unterschiedlichen Übersetzungsmöglichkeiten schwer zu interpretieren:

a) in der Zeit der Hilflosigkeit vor frevlerischen Übergriffen (*genitivus objectivus*)

b) in der Zeit der Freveleien, der Hilflosigkeit (*asyndetisch*)

c) in der Zeit, die für Hochmütige (v.l. ὑπερηφάνων) günstig ist wegen der Hilflosigkeit[114]

---

[113] Syr bietet, 51,10bc (ביום שׁואה ומשׁואה / ביום צרה ...) verkürzend, ein mit ד konstruiertes Nominalgefüge (ܚܘܡܣܐ ܕܐܘܠܨܢܐ ܘܕܚܒܫܐ *am Tag der Qual der Quälerei*). Daß die doppelte Genitivverbindung (ὑπερηφανιῶν ἀβοηθησίας) aufgrund einer entsprechenden Konstruktusform in H (wie sie auch in Syr mittels ד ersichtlich ist) hervorgerufen wurde, ist eher unwahrscheinlich. Erklärbar wäre sie nur, wenn man annähme, daß das finale ה von שׁואה und das ו des darauffolgenden ומשׁואה als ת gelesen worden wäre. Indes scheint Syr einen Kompromiß zwischen Gr (doppelter Genitiv) und H^B (etymologisches Wortpaar) zuschließen.

[114] So WAHL, s.v. ἀβοηθησία: *tempore hominibus superbis opportuno ... propter auxilii defectum.* FRITZSCHE, Weisheit 413: *In der Zeit der Uebermütigen, wo keine Hülfe war.*

ἀγαθοποιός Gutes bewirkend[115]

42,14 κρείσσων πονηρία[116] ἀνδρὸς ἢ ἀγαθοποιὸς γυνή
La: *melior est iniquitas viri quam benefaciens mulier*
H[B]: אשה מטיב איש רוע מטוב H[BmargM]: אשה מטוב איש רע טוב רע איש מטוב Syr *om.*

WF: ἀγαθοποιεῖν (#), ἀγαθός* (#), ἀγαθότης* (Weish), ἀγαθοῦν* (1 Sam, Jer), ἀγαθωσύνη (Ri, 2 Chr, Neh, Ps, Koh), ἀγαθύνειν (#) WFd: σπουδαῖος (Ez), ἐπιμελῶς (#), ἐπιμελεῖσθαι* (Gen, 1 Esra, Spr, 1 Makk), ἐπιμέλεια (#), πρόθυμος (#), προθύμως (2 Chr, Tob, 2-4 Makk), ἐργάτις (Spr), φιλοπονεῖν*, ἄκακος (Ijob, Ps, Spr, Weish, Jer), εὐμενής (2 Makk) WB: ἀγαθο- : ἀγαθο-ποεῖν (#); - ποιός: ἀρχισιτοποιός (Gen), κακοποιός (Spr), ἐλεημοποιός (Tob), τερατοποιός (2-3 Makk)

Zu diesem [LXX]Hplg existiert in LXX noch das Verb ἀγαθοποιεῖν, das (abgesehen von 1 Makk 11,33[A] und Tob 12,13 G[I] [mit Tobit als Subjekt]) in Num 10,32, Ri 17,13[A] (*cod.* B ἀγαθύνειν), 2 Makk 1,2, Zef 1,12 sowie Ps 125(124),4 [nach Al.; *cod.* AB ἀγαθύνειν] mit Gott als Subjekt konstruiert ist und konsequent auf hi. יטב (Ges[17]: *gut, sittlich handeln, durch Wohltaten glücklich, fröhlich machen*) zurückgeht. Ebenso wird das dazu weitgehend synonyme ἀγαθύνειν in den meisten Fällen für q., hi. יטב verwendet. Wenn auch als Vorlage zu ἀγαθοποιός das durch H[B] überlieferte Hifil-Partizip (vom Verb טוב) מטיב übersetzungstechnisch plausibel erscheint[117], so hat dennoch das Nomen טוב, welches parallel zu רע steht, aufgrund der Textzeugen H[BmargM] als ursprünglicher zu gelten. Gr übersetzt jedoch offensichtlich mit ἀγαθοποιός nicht טוב (*Schönheit, Güte*), sondern das Adjektiv טוב, das in LXX und Gr meist farblos mit ἀγαθός, καλός etc. wiedergegeben wird. Der Wortfolge von H verhaftet, stellt Gr sonderbar ἀγαθοποιός vor das Nomen γυνή. Kritisch bleibt anzumerken, daß die am hebräischen Text orientierte Einheitsübersetzung an so einer heiklen Stelle nicht **wortgetreu** übersetzt: *Besser ein unfreundlicher Mann als eine freundliche Frau.* Enger am Text und daher treffender übersetzt SAUER, Sirach 610: *Besser ist die Schlechtigkeit eines Mannes*

---

[115] LEH: *beneficent* (= PAPE, WAHL). WBA: *gut handelnd, rechtschaffen* (als *Wort d. späteren Gräzität* deklariert). Zur antithetischen Gegenüberstellung von ἀγαθοποιός und κακοποιός vgl. 1 Petr 2,14.

[116] Zur Wiedergabe von πονηρία durch *iniquitas* vgl. 42,13; 35,3; vorwiegend übersetzt aber La πονηρία mit *nequitia* (12,10; 19,22; 25,13.17; 29,7; 34(31),24; 47,25). 3,28 (*peccatum*); 25,13; 46,7 (*malitia*).

[117] Allerdings ergäben sich daraus schwerwiegende syntaktische Schwierigkeiten in H[B] bezüglich der fehlenden Komparativpartikel 'מ.

als die Freundlichkeit [ZB: *Tugend*; GN: *Güte*] *einer Frau.* In diesem Komparativsatz werden nämlich vordergründig רע (*Hinterhältigkeit* vgl. 6,1) und טוב (die *verführerische Schönheit* vgl. V.12a κάλλος - תאר) verglichen. Bemerkenswert ist die **tendenziöse** Übersetzung des delikaten Komparativs in JB: *weniger schlimm.* Häufiger warnt Sir seine Leser vor der verderblichen Schönheit der Frau: 9,8ac: העלים עין מאשת חן (ἀπόστρεψον ὀφθαλμὸν ἀπὸ γυναικὸς εὐμόρφου); שחתו רבים [.]בעד אשה (ἐν κάλλει γυναικὸς πολλοὶ ἐπλανήθησαν); 25,21: אל תפול אל יופי אשה (μὴ προσπέσῃς ἐπὶ κάλλος γυναικός). In 25,18 (vgl. ferner auch V.13b.17a) urteilt Sir über die Bosheit der *bösen* Frau: מעט רעה כרעת אשה (μικρὰ πᾶσα κακία πρὸς κακίαν γυναικός).

ἀδιάτρεπτος eigensinnig, ungehorsam[118]

26,10 ἐπὶ θυγατρὶ ἀδιατρέπτῳ[119] στερέωσον φυλακήν
La: *in filia non avertente se firma custodiam*
H⁰ Syr: [120] ܪܝܐܠܝ ܪܩܘܪ ܪܕܗܣܝ ܝܠ
GrII 26,25 γυνὴ ἀδιάτρεπτος ὡς κύων λογισθήσεται
H⁰ La *om.* Syr: [121] ܣܟܘܐܐ ܪܚܠܗ ܥܝܪ ܪܐܘܣܐ ܪܠܗ ܙ ܝ ܪܐܘܝܪ
42,11 ἐπὶ θυγατρὶ ἀδιατρέπτῳ στερέωσον φυλακήν
La: *super filiam luxuriosam confirma custodiam*
Hᴮ: מ̲ש̲מ̲ר̲ ... [122].ל[...]ל[....] Hᴹ: מ̲ש̲מ̲ר̲ [חז]ק על בת [...]
Syr: [123] ܪܕܬܠܚܪ ܙܥܘܪ ܩܕܬ ܚܕ ,ܬܐ

WF: Ø {Ø}, διατρέπειν (Jdt, Est, Ijob, Dan o'), διατετραμμένος (Dan o')
WFd: σκληροτράχηλος* (Ex, Dtn, Spr, Bar), ἀσέλγεια (Weish, 3 Makk), δύσκολος (Jer), ἀναιδής* (#), ἀπαναισχυντεῖν (Jer), ἀναίδεια*, ἀναιδῶς (Spr), αἰσχυντηρός*

Dem mit α-*privativum* verneinten Verbaladjektiv, das in der Gräzität äußerst schwach und spät überliefert ist und nur von Euseb v. Caesarea

---

[118] LEH: *headstrong* neol. WAHL: *schaamlos* (!). FRITZSCHE, Weisheit 395: *hartnäckig.* SAUER, Sirach 569: *leichtlebig* (zu 26,10), *lüstern* (zu 26,25). EÜ: *schamlos* (zu 26,10), *unverschämt* (zu 26,25). ZB: *zügellos, leichtfertig.* Nach RYSSEL, Sirach 364, besagt ἀδιάτρεπτος, "daß sie [die Tochter] immer darauf aus ist, geschlechtlichen Umgang zu pflegen."
[119] *cod.* B überliefert das Adverb αδιατρεπτως (*unablässig*), das ebenso in 42,11 *codd.* 68-744 542 = *Ald.* bezeugen.
[120] *Bei einer Frechen laß viele Wächter sein!*
[121] *Eine Frau, die sich nicht schämt, wird wie ein Hund erachtet.*
[122] Lesart nach SMEND, Weisheit (Hebräisch - Deutsch) 44: [עו]ר[לה].
[123] *Mein Sohn, stelle bei deiner Tochter eine Wache auf!*

häufiger verwendet wird, liegt das Kompositum διατρέπεσθαι (LEH: *to be overawed by*) zugrunde, das in der LXX für זעף (*zürnen*; Dan o' 1,10), חפה (*verhüllen*; Est 7,8) und ערץ (*sich fürchten*; Ijob 31,34) steht. In Gr wird mit ἀδιάτρεπτος an den drei Belegstellen eine weibliche Person charakterisiert, die sich nicht einschüchtern läßt bzw. nicht eingeschüchtert werden kann. Syr 26,10 spricht lediglich von der *Frechen* (ܣܚܝܦܐ), eine Vokabel, die sie in 19,3 als Äquivalent für עזה (Gr τολμηρός) und in 40,30 für עוז נפש (Gr ἀναιδής) benutzt. In 26,25 übersetzt Syr, möglicherweise von GrII abhängig, mit ܕܠܐ ܒܗܬܐ (*ohne Scham*), während sie hingegen in 42,11 offensichtlich gegen Gr ἀδιάτρεπτος (Syr *om.*) den schwer entzifferbaren Konsonantenbestand in H^M bestätigt. Aufgrund des wortstatistischen Befund von ἀδιάτρεπτος sowie der Bezeugung in GrI und GrII ist mit RYSSEL zu überlegen, ob das Verbaladjektiv nicht primär aus GrII stammt und lediglich glossierend in 26,10 und 42,11 eingetragen wurde.

ἀδιεξέταστος unerklärbar, undurchschaubar[124]

21,18 καὶ γνῶσις ἀσυνέτου ἀδιεξέταστοι λόγοι
La: *sic fatuo sapientia et scientia insensati inenarrabilia verba*
H⁰ Syr: ܡܠܐ ܕܠܐ ܡܬܦܫܩܢ ܠܣܟܠܐ ܘܝܕܥܬܐ

WF: Ø {διεξετάζειν, διεξέτασις}, ἐξετάζειν* (#), ἐξέτασις (Weish, 3 Makk), ἐξετασμός (Ri, Spr, Weish), ἐξεταστέον (2 Makk), ἐξεταστής (Al.), ἀνετάζειν (Ri, Est, Sus θ'), ἀνεξέταστος (α'), ἐτάζειν (#), ἔτασις (Ijob)
WFd: ἄδηλος (Ps, 2-3 Makk), ἀνεξιχνίαστος (Ijob), ἀνεξερεύνητος (σ'), ἀνεξέλεγκτος (Spr)

Das *Hplg totius graecitatis*, dessen Authentizität trotz der Varianten ανεξεταστοι (795) und αδιεξοδευτοι (Anast.^te) nicht in Abrede gestellt werden kann, leitet sich vom ebenfalls äußerst schwach überlieferten Triplaverb διεξετάζειν[125] (mit Präverb δι- verstärktes ἐξετάζειν) ab, das jedoch ebenfalls nicht in LXX belegt ist; lediglich das Kompositum ἐξετάζειν und dessen Simplex kommen häufiger in LXX vor. Nicht vereinbar mit Gr ist die Lesart nach Syr, wonach für den Dummen (ܠܣܟܠܐ

---

[124] FRITZSCHE, Weisheit 352: *unverständlich*. LEH: *that will not stand up to examination, unconsidered* (=LSJ). WAHL: *impervestigabilis, e. qui enarrari et intelligi nequit*. ZB: *dunkel*. LB: *leer*.

[125] Neben Jamblich, Philoponus und Georgius Monachus gebraucht v.a. Gregor von Nyssa häufiger dieses Verb (*Antirrheticus adversus Apollinarium* III,1 199.207; *Contra Eunomium* II,1 618; *In canticum canticorum* VI 362 etc.).

vgl. La *fatuo*) Einsicht *wie glühende Kohlen* (ܪ‍ܬܘܪ‍ܐ ܟ‍ܬܢܬ‍ܐ ܘ‍ܝ‍ܪ‍ܐ) ist.
La geht offensichtlich gegen Gr partiell mit Syr.

ἀδοξία[126] Mißachtung, Unehre

3,11 καὶ ὄνειδος τέκνοις μήτηρ ἐν ἀδοξίᾳ
La: *et dedecus filiis pater* [!] *sine honore*
H^A: ומרבה חטא מקלל אמו   Syr: [127] ܣ‍ܓܝ‍ܐܐ ܕ‍ܚ‍ܛܗ‍ܐ ܡ‍ܢ ܕ‍ܡ‍ܨ‍ܚ‍ܐ ܠ‍ܐ‍ܡ‍ܗ

WF: ἀδοξεῖν (Jes), ἄδοξος* (1 Makk), ἐπίδοξος* (Spr, Dan o'), ἐπιδοξότης
(α'), ἐπιδόξως (1 Esra), εὐδόκιμος (3 Makk), εὐδοξία (σ') WFd: ἄσημος,
ἀτιμία* (#), ἄτιμος* (#), αἰσχρός (Gen, Jdt, Est, 3-4 Makk), ἄκοσμος (Spr),
ἀκόσμως (2 Makk), ἀκλεής (3 Makk), ἀκλεῶς (3 Makk), δυσκλεής (3
Makk), ὄνειδος* (#), ὀνειδισμός* (#), ταπείνωσις* (#), ταπεινότης*

Während das Piel-Partizip מקלל nach Maßgabe von H^A mit dem Präpositionalausdruck ἐν ἀδοξίᾳ korrespondiert[128], steht dafür in 3,16
(jedoch nach H^C יסחוב) παροργίζων (Syr wie in 3,10 ܚ‍ܒ‍ܬ) und in 4,5
(H^A) καταρᾶσθαι.[129] Dem Nomen קללה (H^A 3,9; H^BBmargM 41,9) steht in
Gr κατάρα (ܠ‍ܘ‍ܛ‍ܐ) gegenüber. Das etymologisch nahe mit der Wurzel
קלל verwandte קלה (ni.) wird in Gr mit verschiedenen Synonymen für
»Unehre« wiedergegeben: ἀτιμάζεσθαι (H^AB 10,29; Syr ܠ‍ܚ ܕ‍ܗ‍ܠ; H^A
11,6; Syr ܪ‍ܫ‍ܝ‍ܠ‍ܬ‍ܗ), ἄτιμος (H^AB 10,19; Syr ܠ‍ܠ‍ܠ), ἀνάξιος (H^C 25,8;
Syr ܕ‍ܬ‍ܐ‍ܘ‍ܬ), ἄδοξος (H^AB 10,31; Syr ܘ‍ܠ‍ܬ‍ܐ).[130] Syr bestätigt mit ihrem
Pael-Partizip ܡ‍ܨ‍ܚ (*ein verachtender*) die Lesart in H^A.[131] Die Wortwahl
von ἀδοξία als mögliche Wiedergabe von מקלל ist vermutlich als Anti-
these gegenüber δόξα (H^A כבוד) des vorausgehenden Stichos beabsichtigt; vgl. hierzu auch die gegen H^AB laufende antithetische Gegenüberstellung von δεδοξασμένος (נכבד) und ἄδοξος (נקלה) in 10,31ab.

---

[126] FRITZSCHE, Weisheit 318, scheint nach seiner Übersetzung *eine Mutter mit schlechtem Rufe* den Kontext von 3,11 falsch erfaßt zu haben: Es geht nicht um eine Mutter
mit schlechtem Ruf, sondern um eine, die von ihren Kindern *Mißachtung* erfährt.

[127] *Viele Sünden (kommen) von einem, der seine Mutter verachtet.*

[128] Der Präpositionalausdruck ist übersetzungstechnisch nachvollziehbar, wenn Gr
מקלל in בקללה verlesen hat. Wie bereits SMEND, Weisheit LXVII, und SEGAL,
Evolution of the Hebrew Text 91-104, erkannt haben, war die Gr-Vorlage vielfach
von durch Lese- bzw. Hörfehler bedingte Korruptelen durchsetzt.

[129] Allerdings ist für die Rekonstruierung der Vorlage von Gr die Handschrift A ein un-
verläßlicher Zeuge, wie die parallelen Lesarten in H^C zeigen.

[130] Für das Derivat קלון steht in 5,13 H^AC ἀτιμία und in H^A 6,1 αἰσχύνη.

[131] Syr verwendet aber ܚ‍ܒ abgesehen von 3,16 (סחב bzw. קלל) uneinheitlich als
Wiedergabe für בוז (8,4), בזה (10,23), חלל (47,20), טרד (35,9), נבל (9,7) und
קלה (11,6).

αἱμάσσειν blutig schlagen, verwunden, züchtigen[132]

42,5 καὶ οἰκέτῃ πονηρῷ πλευρὰν αἱμάξαι La: *servo pessimo latus sanguinare*
H[B] om. H[M]: ועבד רע וצלע מהלכֿבֿ/מת Syr om.

WF: Ø {αἱματίζειν, αἱματοῦν}, αἷμα* (#), αἱμοβόρος (4 Makk), αἱμορρεῖν
(Lev) WFd: παίειν (#), τύπτειν (#), πλήσσειν (#), ῥαβδίζειν (Jdt, Rut), ῥα-
πίζειν (Jdt, 1 Esra, Hos), μαστιγοῦν* (#), καταξαίνειν (Ri)

Das hebräische Pendant zu αἱμάσσειν, das gegenüber den unter WFd genannten Begriffen in drastischerer Weise von körperlicher Züchtigung
spricht, ist in H[M] nach YADIN und BEENTJES zweifelsfrei als מהלכת zu
identifizieren, während die Ausgabe von BEN-ḤAYYIM die Lesung zwischen מ und כ offen läßt (מהלכֿבֿ/מת). Das auf die Wurzel הלם[133] zu-
rückzuführende Nomen מהלמת (*Schläge*), das noch in Spr 18,6 (θάνατος) und 19,29 (τιμωρίαι) belegt ist, käme in semantischer Hinsicht
αἱμάσσειν sehr nahe, bereitet aber syntaktische Probleme. YADIN[134]
übersetzt den Stichos auf der Grundlage von מהלכת: *and a bad servant
who feigns limping*. Gr hat offensichtlich statt des Partizips וצלע (*und
der hinkt*) das in ihrer Vorlage korrumpierte בצלע bzw. לצלע (*auf die
Rippe; πλευράν*) gelesen und scheint (!)מהלמת, das mit dem Nomen in
42,6b H[M] מפתח (H[B] תפתח) = κλεῖσον parallel läuft, gegen den in
42,2-8b vorherrschenden Nominalstil durch den Infinitiv αἱμάξαι umgesetzt zu haben.

αἰσχυντηρός anständig, rücksichtsvoll[135]

26,15 χάρις ἐπὶ χάριτι γυνὴ αἰσχυντηρά
La: *gratia super gratiam mulier sancta et pudorata*[136]
Syr: [137] ܪܚܡܐ ܥܠ ܪܚܡܐ ܐܢܬܬܐ ܒܗܝܬܬܐ

---

[132] FRITZSCHE, Weisheit 394: *stark züchtigen*. LEH: *to make bloody, to make to bleed*.
WAHL: *einem die Seite blutig schlagen*. SMEND, Weisheit (Hebräisch und Deutsch)
74: *wund schlagen*. ZB: *blutig schlagen*. LB: *kräftig züchtigen*. EÜ: *und der Schläge
(für einen schlechten und trägen Sklaven)*.
[133] Als Wiedergabe von הלם (*schlagen*) dienen in LXX: ἀποκόπτειν, ἀποτέμνειν,
ἐλαύνειν, ἐμπαίζειν, ἐμποδίζειν, καταπατεῖν, καταράσσειν, μεθύειν, παιδεύειν
(als erzieherische Maßregel in Ps 140[141],7), σφῦρα.
[134] Ben Sira Scroll 43.
[135] Auf die sonst übliche Wiedergabe mit dem obsoleten *schamhaft* wird bewußt verzichtet. Dagegen übersetzen EÜ, ZB und SAUER, Sirach 569.608, in 26,15; 42,1
mit *schamhaft* und in 35(32),10 mit *bescheiden*. LEH: *modest, shamefaced*. LSJ s.v.
αἰσχυντηλός: *bashful, modest*. FRITZSCHE, Weisheit 362.373. 394: *verschämt*. PAPE
s.v. αἰσχυντηλός: *verschämt, bescheiden*.
[136] Vgl. den Zusatz nach 248: και πιστη (=GrII)

35(32),10 καὶ πρὸ αἰσχυντηροῦ προελεύσεται χάρις

La: *et pro reverentia accedet tibi bona gratia* H^B: ‏ולפני בושי חן‎ Syr *om.*

42,1 (41,27) καὶ ἔσῃ αἰσχυντηρὸς ἀληθινῶς La: *et eris vere sine confusione*
H^B: ‏והיית בוש בעמת‎ H^M: ‏בעמת‎ ‏וה..ית בי/ויש‎ Syr *om.*

WF: αἰσχύνη* (#), αἰσχύνειν* (#), ἀπαναισχυντεῖν (Jer), ἐπαναισχυντεῖν (Jes, Ps, Ijob), καταισχύνειν* (#) WFd: αἰδήμων (2-4 Makk), κόσμιος (Koh), εὐλαβής (Lev, Mich), εὐλαβῶς (2 Makk), αἰδώς (3 Makk), αἰδεῖσθαι (Jdt, Spr, 1-2-4 Makk), εὐχάριστος (Spr), εὔχαρις (Weish), εὐχαριστεῖν (Jdt, 2-3 Makk), εὐχαριστία* (Est, 2 Makk, Weish), τολμηρός*

Als Antonym zu den ^LXXHplg ἀδιάτρεπτος (26,10) und ἀναίδεια (25,22) wird αἰσχυντηρός, das im Vergleich zu αἰσχυντηλός (ρ- λ- Wechsel) äußerst selten gebraucht wird, als Moralklassifikation sowohl für die Frau als auch für den Mann gebraucht. In 26,15 ist das ^LXXHplg mit πεπαιδευμένος im vorausgehenden und mit ἐγκρατής im nachfolgenden Stichos gekoppelt. Mit Syr ܒܗܬ ist wohl in 26,15 ‏בוש‎ anzunehmen, da auch in 35(32),10 und 42,1 als 'Vorlage' diese in 𝔐 und Sir häufig belegte Wurzel überliefert ist, die in LXX und Gr[138] meist mit αἰσχύνειν (ἐπ-, κατ-) wiedergegeben wird. An den drei Stellen ist αἰσχυντηρός kontextlich zum Thema *Schweigen, Zurückhaltung im Reden*[139] eingebunden und steht zudem in enger Verbindung mit χάρις (H^B ‏חן‎, Syr ܛܝܒܘܬܐ). Wie öfter bei La zu beobachten (s. z.B. 3,11; 51,10), ist in 42,1 das Wort αἰσχυντηρός durch ein Präpositionalgefüge (hier: *sine confusione* = ohne Schande) inhaltlich korrekt umschrieben; vgl. hingegen PETERS, Ecclesiasticus 352: "*Sine confusione* Lat ist falsche Erklärung..."

ἄκαιρος - ἀκαίρως zur falschen Zeit

20,19 ἄνθρωπος ἄχαρις, μῦθος ἄκαιρος
La: *homo acharis quasi fabula vana*
H^0 Syr: ܐܝܟ ܕܠܐ ܚܫܚܐ ܐܢܬܬܐ ܕܠܐ ܐܬܕܟܪܬ ܕܠܐ ܒܙܒܢܗ
ܘܗܟܢܐ ܠܐ ܟܫܪܐ ܐܝܟ ܠܗ ܚܟܝܡܬܐ

---

[137] *Gnade über Gnade eine schamhafte Frau.*
[138] Andererseits übersetzt Gr ‏בוש‎ q. auch abweichend von der üblichen Wiedergabe, wenngleich z.T im Synonymfeld verbleibend: H^AC 4,22 (ἐντρέπεσθαι), H^A 8,6 (ἀτιμάζειν), H^BE 35(32),24 (ἐλαττοῦσθαι), H^BM 41,16 (διαφυλάσσειν).
[139] Vgl. 26,14a: σιγηρός; 35(32),8a: κεφαλαίωσον λόγον, ἐν ὀλίγοις πολλά; 8b: σιωπᾶν; 42,1ab δευτέρωσις λόγου ἀκοῆς; ἀποκάλυψις λόγων ἀποκρύφων.

22,6 μουσικὰ ἐν πένθει ἄκαιρος διήγησις
La: *musica in luctu inportuna narratio*
H⁰ Syr: ܐܝܟ ܘܚܙܘܐ ܚܣܐ ܕܚܣ ܩܬܐ ܕܐܢܬ ܘܙܐܝ ܐܝܟ

35(32),4(6) καὶ ἀκαίρως μὴ σοφίζου
La: *et inportune noli extolli in sapientia tua* H[B]: וכל עת מה תתחכם Syr *om.*

WF: ἀκαίρως*, Ø {ἀκαιρία, ἀκαιρεῖν, ἀκαίριμος, ἀκαιρεύεσθαι}, εὐκαίρως*, εὔκαιρος (Ps, 2 Makk), εὐκαιρία* (Ps, 1 Makk), καίριος (Spr)[140], πρόσκαιρος (4 Makk), καιρός* (#) WFd: ἄωρος*[GrII] (Ijob, Spr, Weish, Jes)[141], ἀωρία (1 Esra, Ps, Zef, Jes)[142], ἄτοπος (Ijob, Spr, 2 Makk)

Bei ἄκαιρος handelt es sich um einen rhetorischer Terminus zur Bezeichnung des falschen Zeitpunkts einer Rede, Aussage oder Handlung im Gegensatz zu WF εὐκαιρία[143]. Vgl. hierzu v.a. die in der Profangräzität belegten Wortbildungen: ἀκαιρόγελως, ἀκαιρολογεῖν, ἀκαιρολογία, ἀκαιρολόγος, ἀκαιροπαρρησία, ἀκαιροπαρρησιαστής. In allen drei Fällen, in denen ἄκαιρος bzw. ἀκαίρως (s.u.) verwendet ist, geht es kontextlich um Äußerungen (μῦθος, διήγησις, σοφίζεσθαι) im **falschen** Moment. Syr 20,19 bietet sonderbar: *Wie ein Ochsenschwanz (?) nicht ohne Salz gegessen werden kann, so ist ein Wort, das nicht gesprochen wird zu seiner Zeit.* In 20,19 setzen La *quasi* (Gr *om.*) und Syr (ܐܝܟܢܐ ... ܐܝܟܢܐ) gemeinsam gegen Gr - wie sooft - einen Vergleich voraus (s. hierzu auch S. 233); in 22,6 überliefert einzig Syr gegen Gr und La die vom Sinn her gebotene Vergleichspartikel (ܐܝܟ). Als Vorlage von Gr könnte über Syr 22,6 (ܐܝܟ ܘܚܙܘܐ) und H[B] 35(32),4 (בל עת ἀκαίρως) בל עת rekonstruiert werden, eine Wortverbindung, die in 𝔐 nicht belegt ist, da das vornehmlich in poetischen Texten vorkommende בל in der Regel mit einem Verb steht. In LXX wird die Negation בל in den allermeisten Fällen mit μή bzw. οὐ wiedergegeben.

---

[140] Spr 15,23: οὐδὲ μὴ εἴπῃ καίριον τι ודבר בעתו מה־טוב.
[141] Ijob 22,16: לא־עת; Spr (-); Jes: עול ימים.
[142] Ps 118(119),147: נשף (?); Zef 1,15: שואה; Jes 59,9: אפלה.
[143] Im Psalter geht εὐκαιρ- durchgängig auf עת zurück. S. hierzu auch die Ausführungen zum [LXX]Hplg εὐκαίρως.

ἀκριβάζεσθαι etwas genau nehmen[144]

46,15 ἐν πίστει αὐτοῦ ἠκριβάσθη προφήτης

La: *et in fide sua probatus est*[145] *propheta*   H[B]: חזה שׁרוד[ר]] ... ...כ   Syr *om.*

WF: ἀκρίβασμα (α' θ' Al. Quint.), ἀκριβασμός (Ri, 1-2 Kön, Spr), ἀκριβαστής (α' θ'), ἀκρίβεια* (Weish, Dan o'), ἀκριβής* (Est, Dan o'), ἀκριβοῦν
(α' Al.), ἀκριβῶς (Dtn, Weish, Ez, Dan θ'), διακριβάζεσθαι*, ἐξακριβάζεσθαι
(Num, Ijob, Dan o') WFd: πιστός* (#), ἀσφαλής (Tob, Spr, Weish), βέβαιος
(Est, 3-4 Makk, Weish), ἀψευδής (Weish), ἐπιμελῶς (#), ἐπιμελεῖσθαι* (Gen,
1 Esra, 1 Makk, Spr)

Das in der Gräzität schwach überlieferte ἀκριβάζεσθαι (von Pollux *5,152*
zensiert) ist in enger Beziehung zum [LXX]Hplg διακριβάζεσθαι (51,19) zu
sehen, für das allerdings weder H noch Syr zur Verfügung stehen. Nimmt
man als Vorlage zu ἠκριβάσθη das nicht sicher überlieferte Partizip Passiv דרושׁ an, so läßt sich folgender übersetzungstechnischer Befund in
LXX und Gr aufzeigen: Für das häufig in 𝔐 belegte Verb דרשׁ (q., pi.)
sind in LXX neben einem breiten Spektrum von meist nur 1-2mal verwendeten Äquivalenten[146] v.a. vier Vokabeln gebräuchlich: ἐκζητεῖν, ἐπιζητεῖν, ἐρωτᾶν und ζητεῖν. Obgleich sich Gr (nach Maßgabe der Überlieferung) weitgehend der in LXX vorkommenden Übersetzungsmuster
bedient[147], weicht dennoch die Wiedergabe von דרשׁ in 46,15.20 mit ἀκριβάζειν und προφητεύειν[148] stark von ihrer 'Vorlage' ab. In den jüngeren
'Übersetzungen' erfreuten sich ἀκριβάζειν und deren Derivate (ἀκρίβασμα, ἀκριβασμός[149], ἀκριβαστής, ἀκρίβεια, ἀκριβής, ἀκριβοῦν) be-

---

[144] PAPE: = ἀκριβοῦν (*genau kennen, vollkommen machen*). WAHL: *erkannt werden,
sich bewähren.* LEH: *to be proved accurate, reliable* (als Neologismus klassifiziert).
LSJ: *Pass., to be proud* [Druckfehler für *proved*]. LB: ... *erwies sich als treu und
gewissenhaft.* FRITZSCHE, Weisheit 404: ...*ward er bewährt als Prophet.* SMEND,
Weisheit 445: *er wurde auf genaue Probe gestellt.*

[145] La setzt mit *probatus est* wohl ἐδοκιμάσθη voraus, da La δοκιμάζειν (2,5; 27,5;
34(31),10.26; 42,8) konsequent mit *probare* bzw. *probabilis* wiedergibt. In 51,19
deutet La διηκριβασάμην als *confirmatus sum.*

[146] ἀναζητεῖν, ἀνετάζειν, ἀντέχειν, ἀποκρίνειν, δεῖσθαι, ἐκδικεῖν, ἐλπίζειν, ἐμφα-
νὴς γίνεσθαι, ἐξετάζειν, ἐξιχνιάζειν, ἐπισκέπτειν, ἐπισκοπεῖν, ἐτάζειν, ζήτημα
τιθέναι, κρίνειν, μηρύεσθαι, προσαγορεύειν, πυνθάνεσθαι.

[147] In 35(32),14f H[B] φοβεῖσθαι (κύριον אל) und ζητεῖν, in 3,21a H[A] ζητεῖν (H[C] חקר)
und 3,21b H[C] ἐξετάζειν (H[A] חקר !), in 51,14 H[Q] ἐκζητεῖν.

[148] In 47,1 deutet Gr offensichtlich H[B] התיצב (*er trat [vor ihm als Prophet] hin*) durch
προφητεύειν aus, während sie in 48,13 statt H[B] נברא wohl richtig נבא las.

[149] In Ri 5,15, 1 Kön 11,34, 2 Kön 17,15 und Spr 8,29 übersetzt LXX jeweils חקר.
Ebenso gehen auch die Aquila-Belege konsequent auf חקר zurück: Gen 47,22; Ex

sonderer Beliebtheit. Bei Aquila dient ἀκριβάζειν bzw. ἀκριβάζεσθαι mit Ausnahme von 2 Sam 1,19 (הצבי ישראל ἀκρίβασαι Ἰσραήλ ο' στήλωσον)[150] als Wiedergabe von חקק (*festsetzen, anordnen*) oder חקה (*Gesetz*); ferner halten sich auch Symmachus, Theodotion und Al., wenn sie ἀκριβάζειν verwenden, an diese Vorgabe.[151] Aufgrund der engen Verzahnung mit חקק bzw. חק läßt sich für ἀκριβάζειν die Konnotation *exakter Gesetzesobservanz*[152] eruieren. Ob diese allerdings auch für Gr angenommen werden kann, ist nicht sicher. In 42,4 übersetzt Gr nämlich nach H^M שחקי (H^B שחק) mit ἀκρίβεια (*Genauigkeit beim Wägen;* La *aequalitas*), dem in 16,25 sonderbarerweise nach H^A צנע (*demütig wandeln*) gegenübersteht. 4mal verwendet Gr das Adjektiv ἀκριβής in unterschiedlichen Kontexten.[153]

ἀκρόαμα (musikalischer) Vortrag, Rezitation[154]

35(32),4 ὅπου ἀκρόαμα, μὴ ἐκχέῃς λαλιάν

La: *ubi auditus est non effundas sermonem*

H^B: במקום היין אל תשפך שיח ובלא מזמר מה תשפך שיח

Syr: [155] ܐܬܪܐ ܕܪܚܡܬܐ ܗܘ ܫܬܝܐ ܠܐ ܬܐܟܠ ܗܘ ܣܥܘܬܐ

13,10 (ο' νόμος σ' πρόσταγμα); 1 Kön 11,34; Ps 2,7 (ο' θ' πρόσταγμα); Ps 93(94), 20 (ο' σ' πρόσταγμα); Ps 118(119),23 (ο' δικαίωμα, σ' πρόσταγμα ε' ἀκρίβασμα); Ps 118(119),118 (ο' δικαίωμα, σ' πρόσταγμα, θ' ε' ἀκρίβασμα), Ps 147,8 (ο' δικαίωμα, σ' πρόσταγμα); Spr 30,8 (ο' τὰ δέοντα καὶ τὰ αὐτάρκη σ' ἱκανός).

[150] Möglicherweise ließ sich hier α' vom aramäischen יצב *die Wahrheit erkennen* leiten, wie aus Dan 7,19 ο' ליצבה ἐξακριβώσασθαι und Dan 7,16 ο' θ' ἀκρίβεια (= יציבא) geschlossen werden kann. Vgl. hierzu FIELD, Hexapla I, 548 Anm. 19.

[151] Gen 49,10 (מחקק α' ἀκριβαζόμενος ο' θ' ἡγούμενος), Dtn 28,15 (חקת ✳ α' ἠκριβασμένα ✓); Ri 5,9 (חוקקי α' θ' ἀκριβαζόμενα ο' διατεταγμένα σ' προστάγματα), Spr 8,15 (יחוקקו α' σ' θ' ἀκριβάσονται ο' γράφουσιν), Spr 8,27 (בחקו α' ἐν τῷ ἀκριβάζειν ο' ὅτε ἀφώριζε), Jes 30,8 (חקה α' ✳ ἀκρίβωσον θ' ✳ διάγραψον), Ps 59(60),9 (מחקק α' ἀκριβαστής σ' προτάσσων! θ' ἀκριβαζόμενος), Lev 10,11 (חקים Al. ἠκριβασμένα ο' νόμιμα), Lev 18,3 (חקת Al. ἠκριβασμένα ο' νόμιμα), Lev 18,26 (חקות Al. ἠκριβασμένα ο' νόμιμα), Lev 18,30 (חקות Al. ἠκριβασμένα ο' νόμιμα), Lev 19,19 (חקת Al. ἠκριβασμένα ο' νόμος).

[152] Vgl. hierzu auch Apg 22,3: πεπαιδευμένος κατὰ ἀκρίβειαν τοῦ πατρῴου νόμου (*genau nach dem väterlichen Gesetz erzogen*).

[153] 18,29 παροιμίαι ἀκριβεῖς (*treffende Gleichnisse*); 19,25 πανουργία ἀκριβής (*gründliche Gescheitheit*); 34(31),24 μαρτυρία ... ἀκριβής (*das Zeugnis ... stimmt genau;* H^B נאמנה ... דעת); 35(32),3 ἐπιστήμη ἀκριβής (*gründliche Kenntnis;* H^B הצנע).

[154] LEH: *a piece recited or sung.* PAPE: *das Gehörte, bes. das, was man gerne hört (Ohrenschmaus).* FRITZSCHE, Weisheit 373: *[wo man] zuhört.* LB: *wenn man lauscht.*

[155] An dem Ort, wo man Wein trinkt, dort sollst du kein Geschwätz von dir geben.

WF: ἀκροᾶσθαι* (Weish, Jes), ἀκρόασις* (1-2 Kön, Jes), ἀκροατής* (Jes), {ἀκροαματικός} **WFd:** μελῳδία, ψαλμός (#), ᾠδή* (#)

Die übersetzungstechnisch plausible Zuordnung von ἀκρόαμα zu מזמר, ist insofern problematisch, als in H^B offensichtlich eine Dublette vorliegt, die nicht durch Gr bestätigt wird. Da aber in Gr מזמר, das in אם nur in den Psalmüberschriften (LXX ψαλμός, ᾠδή) belegt ist, mit μουσικά (H^B 35 (32),5) und μέλη (H^{BM} 44,5; H^{BBmarg} 47,9) korrespondiert, könnte ὅπου ἀκρόαμα eher auf במקום היין zurückgehen, das Syr als Ort versteht, *wo Wein getrunken wird*, wo man also zusammensitzt und einander zuhört.

ἀμμώδης sandreich, sandig[156]

25,20 ἀνάβασις ἀμμώδης ἐν ποσὶν πρεσβυτέρου
La: *ascensus harenosus in pedibus veterani*
H^0 Syr: [157] ܪܟܝܣܐ ܪܬܠܐܝ ,ܗܠܝܟܗ ܪܠܘܢ ܪܐܗܡܝ ܥܝܢܪ

WF: ἄμμος (#)[158], ψάμμος (Weish) **WFd:** λίθος* (#), λιθώδης*, λίθινος (#), πέτρα* (#), πέτρινος (Jos) **WB:** -ώδης λιθώδης*, πυρώδης*, γλωσσώδης* (Ps, Spr), θυμώδης* (Spr, Jer), φονώδης (4 Makk), γνοφώδης (Ex, Spr), ὑπνώδης (Spr), ὑλώδης (Ijob), αὐχμώδης (1 Sam, Mich), χορτώδης (2 Makk), ῥακώδης (Spr), ληρώδης (2 Makk), φρικώδης (Hos), μανιώδης (3 Makk), στραγγαλώδης (Spr), γεώδης (Weish), ταραχώδης (Ps, Weish), ἀλσώδης (2 Kön, Jer, Ez), ἀντρώδης (2 Makk), κτηνώδης (Ps), θηρώδης (2-4 Makk), θορυβώδης (σ'), δαιμονιώδης (σ'), λιμώδης (σ') **WB:** - ειδής κρυσταλλοειδής (Weish), πριστηροειδής (Jes), σποδοειδής (Gen), φοβεροειδής (3 Makk), χρυσοειδής (Esra) s. auch S. 376f.

ἀμμώδης korrespondiert paronomastisch als auch vom Wortbildungstyp (- ώδης) her mit γλωσσώδης in 25,20b, was als *bewußte* Wortwahl aufgefaßt werden kann. Zu beachten ist hierbei ferner die nicht zufällige Allite-

---

[156] Das Suffix - ώδης (abgeleitet von εἶδος) bezeichnet nicht nur das Aussehen, sondern oftmals auch die Fülle. Vgl. hierzu v.a. P. DROSTE, De adiectivorum in -ειδής et in - ώδης desinentium apud Platonem usu, Marburg 1886 sowie N. BLÖSSNER, Dialogform und Argument. Studien zu Platons 'Politeia' (AAWLM.G 1997-1), Stuttgart 1997, 236-240.

[157] *Wie ein steiler Sandweg für die Füße eines alten Mannes.* Wie sooft überliefert Syr einen mit ܥܝܢܪ eingeleiteten Vergleich, der in Gr und in diesem Fall auch in La keine Entsprechung hat. Syh: ܪܐܗܡܝ ܪܠܝܣ ܪܗܠܝܟܗ ܪܟܝܣܐܪ.

[158] Mit Ausnahme von Gen 13,16^{bis} (עפר) geht ἄμμος durchgängig auf חול zurück.

ration ἀνάβασις ἀμμώδης ... ποσὶν πρεσβυτέρου sowie im darauffolgenden Stichos γυνὴ γλωσσώδης. Nach dem septuagintaspezifischen Befund scheint offensichtlich der Wortbildungstyp mit Suffix - ώδης bzw. - ειδής zur Übersetzung hebräischer Vokabeln nicht besonders geeignet gewesen zu sein. Die meisten der unter WB aufgeführten Vokabeln sind nur in einem oder zwei Büchern mit oftmals nur einem einzigen Beleg verwendet.

ἀμνημονεῖν nicht mehr daran denken, vergessen

37,6 καὶ μὴ ἀμνημονήσῃς αὐτοῦ ἐν χρήμασίν σου

La: *et non inmemor sis illius in operibus tuis*

H^B: ואל תעזבהו בשללך   Syr: ܘܠܐ ܬܫܠܛܝܘܗܝ ܒܒܝܬܟ

WF: Ø {ἀμνημοσύνη, ἀμνήμων}, ἀμνησία*, ἀμνηστία (Weish), ἀμνησικακία (3 Makk) ὑπομιμνήσκειν (1 Kön, Weish, 4 Makk), ὑπόμνημα (2 Sam), ὑπόμνησις (Ps, Weish, 2 Makk) WFd: ἐπιλανθάνεσθαι* (#), λήθη* (Lev, Num, Dtn, Ijob, 3-4 Makk), ἀμελεῖν (Weish, Jer, 2 Makk), ἐπιλησμονή*

Dem in den Handschriften belegten Verb עזב q. steht in Gr meist καταλείπειν (H^A 11,19; 14,15; H^B 47,23; 49,4) bzw. ἐγκαταλείπειν (H^AC 3,16; H^A 7,30; H^M 41,8) gegenüber. Wo allerdings עזב mit אב verbunden ist, weicht Gr nach Maßgabe der Hs. von seiner gängigen Wiedergabe ab und deutet das Verb *individuell* aus: H^A 3,12 ואל תעזבהו καὶ μὴ λυπήσῃς αὐτόν; H^A 3,13 עזוב לו συγγνώμην ἔχε.[159] Durch die interpretierende Wiedergabe des *nicht-negierten* תעזבהו mit *negiertem* μὴ ἀμνημονήσῃς (Objekt ist wiederum eine vertraute Person [חביר]) stellt Gr in 37,6 den synonymen Parallelismus zum vorausgehenden Vers (μὴ ἐπιλάθῃ [תשכח] φίλου ἐν τῇ ψυχῇ σου) wieder (?) bzw. sekundär in der Übersetzung her, der nach H^BBmargD nicht vorlag. Von daher variierend im Ausdruck gegenüber ἐπιλανθάνεσθαι (3,14; 7,27; 13,10; 23,14; 29,15; 32(35),9; 37,6; 38,21; 44,10), ohne daß kontextlich eine erhebliche semantische Differenzierung erkennbar wäre. Syr hat an dieser Stelle: *Und nicht sollst du ihn herrschen lassen in deinem Haus.* Syh (nicht völlig deckungsgleich mit Gr): ܐܘ ܪܠܐ ܬܗܠܟܘܝܗܝ ܗܟܘܬ܂ ܒܒܝܬܟ (*und ebenso sollst du ja nicht seiner uneingedenk sein im Wohlstand*).

---

[159] Auch in 11,23 deutet Gr יעזב ... מה לי (*was wird für mich übrig bleiben*) kontextlich mit τίνα ... ἔσται μου τὰ ἀγαθά (*was wird mein Glück sein*) um.

ἀμνησία Amnestie, Vergessen[160]

11,25a ἐν ἡμέρᾳ ἀγαθῶν ἀμνησία κακῶν[161]   Syr *om.*

La: *in die bonorum ne inmemor sis malorum*   H^A: רֹעָה תְּשַׁכַּח יוֹם [וּטוֹבַ]ת

WF: ἀμνημονεῖν*, ἀμνηστία (Weish), ἀμνησικακία (3 Makk)   WFd: λήθη* (Lev, Num, Dtn, Ijob, 3-4 Makk), ἐπιλησμονή*

H^A und Gr entsprechen sich in formaler Hinsicht nicht exakt, so daß H^A als Vorlage von Gr nur durch Annahme einer syntaktischen Umformung von seiten des Übersetzers bestimmt werden kann. Darüber hinaus setzt La in V. 25ab durch das zweimalige *ne inmemor sis* (Gr 25b: οὐ μνησθήσεται H^A תשכב) eine Verbalkonstruktion, wie sie durch H^A (V.25a תְּשַׁכַּח) bestätigt wird, voraus. Mit Hilfe von ἀμνησία wechselt der Übersetzer im Ausdruck gegenüber dem in V.27a gebrauchten ^LXXHplg ἐπιλησμονή (שכב pi.) sowie dem 11mal in LXX bezeugten λήθη (14,7 H *om.* Syr ܠܐ ܢܠ) - möglicherweise aufgrund terminologischer Gesichtspunkte, da ἀμνησία [v.l. ἀμνηστία] als allerdings äußerst selten (s. **Wortst.**) belegter Terminus[162] *Strafaussetzung* (LSJ *decree of amnesty*) bedeutet. Übersetzungstechnisch gesehen ist die verbale Ausdrucksweise nach H^A bei Gr in eine nominale transferiert, was häufiger in Gr zu beobachten ist. שכב wird in LXX neben ἀνελεήμων, καταλείπειν (ἐγ-), neg. μιμνήσκειν in den meisten Fällen mit ἐπιλανθάνεσθαι (ἀπο-) wiedergegeben. In Gr korrespondieren zu שכב für Qal ἐπιλανθάνεσθαι, für Nifal ἀφανίζεσθαι, ἐπιλανθάνεσθαι, συντελεῖσθαι, für Piel die ^LXXHplg ἐπιλησμονὴν (ποιεῖν) und ἀμνησία.

ἀνάδειξις Bekanntgabe, Festsetzung[163]

43,6 ἀνάδειξιν χρόνων καὶ σημεῖον αἰῶνος
La: *ostensio temporis et signum aevi* Syr: [164] ܘܐܬܐ ܕܙܒܢܐ ܘܐܬܐ ܗܝ ܕܥܠܡ

---

[160] LSJ: = λήθη *forgetfulness* 2. *decree of amnesty.* LEH: *forgetting, forgetfulness.* WAHL: *oblivio.* PAPE: Ø. RYSSEL, Sirach 294, verbalisierend: *gedenkt man nicht [mehr].* EÜ ebenfalls verbalisierend: *läßt vergessen.*

[161] Deutlich erkennbar die rhythmische Diktion verbunden mit Alliteration und Homoioteleuton: ἀγαθῶν ἀμνησία κακῶν. Vgl. auch s.v. ἀμμώδης, ἀπαρέσκειν.

[162] S. hierzu den einzigen Beleg in den unliterarischen Papyri (Ox 1668,18; 3. Jh.): ὁ ἡγεμὼν ἀμνησίαν ἔπεμψεν ἐνθάδε, καὶ οὐκέτι φόβος οὐδὲ εἰς ἔνει.

[163] LEH: *declaration* [= LSJ]. REHKOPF, Septuaginta-Vokabular 18: *Einsetzung* (= BAW). FRITZSCHE, Weisheit 396: *(er dient zur) Anzeige (der Zeiten)* [= WAHL]. LB: *(Der Mond ... muß die Zeiten) anzeigen.*

H^B: ^{165} ממשלת קץ ואות עולם   H^M: ......מן]

WF: ἀναδεικνύναι (1 Esra, Hab, Dan ο', 2-3 Makk), ἐπίδειξις (4 Makk), ἀπόδειξις (3-4 Makk), ἀποδεικνύναι (#), ἐνδεικνύναι (#) **WFd:** Ø

ממשלה (*Herrschaft*) wird in LXX relativ wörtlich durch ἀρχή, βασιλεία, δεσποτία, δυναστία, ἐξουσία, κατάρχειν, οἰκονομία, στρατιά wiedergegeben. Bei der Übersetzung von ממשלה bzw. ממשלת verfährt Gr, dem Befund nach zu schließen, relativ uneinheitlich und variierend: ἡγεμονία (7,4 H^{AC}; 10,1 H^A Syr ܪܝܫܢܘܬ), ἐξουσία (10,4 H^A Syr ܫܘܠܛܢܐ), εὐοδία (10,5 H^A Syr ܫܘܠܛܢܐ), κληρονομία (41,6 H^{BM} Syr ܫܘܠܛܢܐ). Anscheinend versteht Gr ממשלת קץ (dahinter steht als Subjekt der Mond) nicht im Sinne von Gen 1,16, wo das zweimal vorkommende Nomen nach ο' mit ἀρχαί, nach α' θ' mit ἐξουσία und nach σ' mit τὸ ἡγεῖσθαι bzw. ἡγεμονία relativ nahe an der Grundbedeutung übertragen wird, sondern vielmehr nach 𝔐 Ps 89,38^{166} und 104,19^{167}. Syr ܬܚܘܝܬܐ ist offensichtlich von Gr ἀνάδειξις abhängig; vgl. Syh: ܠܕܠܕܡ̇ ܐܝܟ̇ ܘܬܘܒ ܕܚܘܝܬܐ (vgl. ferner Lk 1,80 ἀνάδειξις; Syr ܬܚܘܝܬܐ).

ἀναίδεια Unverschämtheit^{168}

25,22 ὀργὴ καὶ ἀναίδεια καὶ αἰσχύνη μεγάλη
La: *mulieris ira et inreverentia et confusio^{169} magna*
H^0 Syr: ܟܠ ܕܗܒܢ̇ ܪܒ̣ܬܐ ܡܣ̇ܟܢܘܬܐ ܘܕܚܠܬܐ ܪܒܬܐ

WF: ἀναιδεύεσθαι (θ') ἀναιδής* (#), ἀναιδῶς (Spr), αἰδεῖσθαι (Jdt, Spr, 1-2-4 Makk), αἰδήμων (2-4 Makk), αἰδοῖος (Ez), αἰδώς (3 Makk) **WFd:** ἀσχημοσύνη* (#), τολμηρός*, ἰταμία (Jer), θράσος (#), τόλμα (Jdt, Ijob, 2-3 Makk)

---

^{164} *(Als) Hinweis auf die Zeiten und (als) Zeichen der Ewigkeit.*
^{165} SMEND, Weisheit (hebräisch - Deutsch) 76: *in immerwährender Herrschaft und als ewiges Zeichen.* SAUER, Sirach 612: *zu endloser Herrschaft und als ewiges Zeichen.* EÜ: *er herrscht bis ans Ende und dient als ewiges Zeichen.*
^{166} EÜ: *er [David] soll ewig bestehen wie der Mond, der verläßliche Zeuge über den Wolken* (כירח יכון עולם ועד בשחק נאמן).
^{167} EÜ: *Du hast den Mond gemacht als Maß für die Zeiten* (עשה ירח למועדים).
^{168} SAUER, Sirach 568: *Schmach.* FRITZSCHE, Weisheit 361: *Aerger.* WAHL: *Veranlassung zur Unverschämtheit od. Frechheit.* LEH: *shamelessness, impudence.* EÜ und ZB übersetzen den Stichos nach Syr: *Denn harte Knechtschaft und Schande ist es.*
^{169} Zu dieser Wiedergabe vgl. auch 42,1 αἰσχυντηρός La *sine confusione* (= *ohne Schande*); 42,14 καταισχύνειν La *confundere.*

ἀναίδεια steht in engem Zusammenhang mit dem ᴸˣˣHplg ἀδιάτρεπτος (26,10 von der eigensinnigen Tochter) sowie mit dem Antonym (und ᴸˣˣHplg) αἰσχυντηρός. Syr (*denn harte Knechtschaft und eine böse Schande ist es*) überliefert zu ἀναίδεια kein Äquivalent (Syh: ܪܝܫܐ ܐܝܬ ܘܐܝܬ ܘܒܗܬܬܐ), so daß zu fragen bleibt, ob das Wort Zutat des Übersetzers oder der Überlieferung ist.

ἀνεγείρειν wieder aufrichten, aufhelfen (*metaph.*)[170]

49,13 καὶ ἀνεγείραντος τὰ οἰκόπεδα ἡμῶν La: *qui erexit domos nostras*
Hᴮ: וירפא את הריסתינו Syr *om.*

WF: Ø {ἀνέγερσις}, ἐγείρειν* (#), ἔγερσις (Ri, 1 Esra, Ps), διεγείρειν (Est, Jdt, 2-3 Makk) WFd: οἰκοδομεῖν* (#), ἀνοικοδομεῖν (#), ἱστάναι* (#), ἀνιστάναι* (#), ἐπανορθοῦν (2 Makk), ἐπανόρθωσις (1 Esra, 1 Makk), ἀνορθοῦν* (#)

Gr übersetzt das Verb רפא q. in 38,9 mit ἰᾶσθαι, das Partizip Qal in 10,10; 38,1-3.7.12.15 mit ἰατρός bzw. θεραπεύειν und in 43,22 das Partizip Hifil mit ἴασις. Lediglich hier gibt Gr רפא pi. mit ἀνεγείρειν, das variierend zum vorausgehenden ἐγείρειν[171] steht, wieder. Offensichtlich vorlagebedingt (heilen = **wieder in den alten Zustand versetzen**) wählt Gr das Kompositum vom Wortbildungstyp ἀν- (adverbialer Nebensinn hier: *wiederum, erneut*). Von daher verdient das ebenfalls im Piel belegte רפא in 1 Kön 18,30, wo Elija den zerstörten Altars JHWHs **wiederaufbaut**, zur Beurteilung der Übersetzungstechnik von Gr besondere Bedeutung. LXX (1 Kön 18,32) orientiert sich jedoch trotz der metaphorischen Verwendung von רפא (vgl. arab. رفأ)[172] an der Grundbedeutung *heilen*: καὶ ἰάσατο τὸ θυσιαστήριον τὸ κατεσκαμμένον.

---

[170] LSJ: III. of buildings, *raise*. In dieser Verwendung ist ἀνεγείρειν schwach belegt (vgl. OGI*422* [Judäa]!). LEH: *to raise up again* [= Wᴀʜʟ: *denuo exstruo*]
[171] V.13b: τοῦ ἐγείραντος ἡμῶν τείχη πεπτωκότα Hᴮ המקים את חרבתינו.
[172] A. Wᴀʜʀᴍᴜɴᴅ, Handwörterbuch der arabischen Sprache I, Graz 1970, 776: *Zerrissenes flicken, Freundschaft herstellen, Frieden stiften*.

ἀνομβρεῖν hervorsprudeln lassen[173]

18,29 καὶ ἀνώμβρησαν παροιμίας ἀκριβεῖς
La: *et intellexerunt veritatem et iustitiam et inploraverunt proverbia et iudicia*
H⁰ Syr: [174] ܪܠܕ݅ܗ݅ܪ ܪ݅ܠ݅ܟ ܪܐ݅ ܬܘܪܠ ܬ݅ܬܢ݅ ܚ݅ܪ݅ܝ݅ܪܝ݅ܐ

39,6 αὐτὸς ἀνομβρήσει ῥήματα σοφίας αὐτοῦ
La: *et ipse tamquam imbres mittet eloquia sapientiae suae*
H⁰ Syr: [175] ܚ݅ܬܐ ܚ݅ܘ ܪܠܕ݅ܗ݅ *ܢܚ݅ܡ* *ܐܩ* *cod. Ambr ܐܡܚ* * Syr^WP: ܚܚܡ

50,27 ὃς ἀνώμβρησεν σοφίαν ἀπὸ καρδίας αὐτοῦ
La: *qui renovavit sapientiam de corde suo*
Hᴮ: לבו בפתור ניבע אשר   Syr om.

WF: Ø {ἀνομβρήσεις}, ὄμβρος* (#), ὄμβρημα (Ps) **WFd:** ἐκρεῖν (Dtn, Jes, 1
Makk), ἀναβράσσειν (Weish, Nah, Ez), ἐκβλύζειν (Spr), ἀφιέναι* (#)

ἀνομβρεῖν ist in enger Beziehung zum ᴸˣˣHplg ἐξομβρεῖν (1,19; 10,13)
zu sehen, da beide Komposita weitgehend bedeutungsgleich verwendet
sind. Beide Begriffe, die äußerst selten in der Gräzität vorkommen (s.
Wortst.), werden mit abstrakten Objekten (παροιμία, ῥήματα, σοφία)[176]
verbunden, was auf ihren metaphorisch-poetischen Charakter hinweist.
Das nach Hᴮ mit ἀνομβρεῖν korrespondierende Verb [177] נבע pi./hi.
(50,27) wird in Hᴬ 10,13 mit ἐξομβρεῖν (Syr ܚܚܚ݅ܢ La *adimpleri*), in
Hᴬ 16,25 mit ἐκφαίνειν (Syr ܬܐܪ La *edicere*), in H^BBmargM 43,2 mit
διαγγέλλειν (Syr ܐܚܚܚ݅ܠܐ ܪܐܚ݅ܠ La *adnuntiare*) und in H^BBmarg 42,14
mit καταισχύνειν (La *confundere*) umgesetzt. In LXX entspricht נבע im
Qal ἀναπηδύειν und im Hifil ἀναγγέλλειν, ἀποκρίνεσθαι, (ἀπο)φθέγ-
γεσθαι, (ἐξ)ερεύγεσθαι, προϊέναι. In Spr 18,4 übersetzen θ' und ε' נחל
נבע mit ἀνομβρῶν πηγή, während in ο' ποταμὸς δὲ ἀναπηδύει und bei
α' σ' ἀναβλύζων steht. Da La in den Stichen mit ἀν- und ἐξομβρεῖν
stark von Gr abweicht, fußt hier die lateinische Tradition auf einer revi-

---

[173] LEH: *to gush out, to pour forth.* WAHL: *stark regnen lassen, trop. emitto, eloquor.*
PAPE: *stark beregnen.*
[174] *Und sie werden die Worte der Sinnsprüche bis zum Ende verstehen.*
[175] *Er ließ/läßt Sprüche zweifach heraus.*
[176] Insbesondere Philo benutzt noch häufiger das sonst seltene Wort sowohl in intransi-
tiver als auch metaphorischer Weise (*All, Decal, Det, Fug, Her, Plant, Quaest in
Gen, VitMos*); meist steht es im Kontext von ὕδωρ und πηγή.
[177] נבע' *ausgießen;* vgl. Spr 1,23bc (EÜ): *Dann will ich auf euch meinen Geist ausgießen lassen* (רוחי לכם אביעה הנה) / *und meine Worte euch kundtun* (אודיעה
אתכם דברי); LXX (23b): ἰδοὺ προήσομαι ὑμῖν ἐμῆς πνοῆς ῥῆσιν; α' θ' ἀνα-
βλύσω ὑμῖν πνεῦμά μου.

dierten Gr-Textform (GrII?), die die wortstatistisch auffälligen Verben durch gängigere *sinnabweichend* ersetzt hat.

ἀντιπαραβάλλειν gegenüberstellen, vergleichen[178]

23,12 ἔστιν λέξις ἀντιπαραβεβλημένη θανάτῳ
La: *est et alia loquella contraria morti*
H⁰ Syr: [179] ܡܝܠ ܪܚܡܘܗܝ ܪܚܕܘܪ ܐܝܟ *ܓܝܪ   *Syr^WP ܪܟ ܓܪܩ

WF: Ø {ἀντιπαραβολή}, παραβάλλειν (#), παραβολή* (#) WFd: συγκρίνειν (#), εἰκάζειν (Weish, Jer)

In 22,1f wird statt der möglichen Verwendung von ἀντιπαραβάλλεσθαι das Kompositum συμβάλλεσθαι (La sonderbar *lapidatus*) herangezogen. Das gegenüber παραβάλλειν (Gr Ø) in der Gräzität zurückhaltend verwendete ἀντιπαραβάλλειν weist aufgrund des Präverbs ἀντι- erneut die bei Gr öfter zu beobachtende Variation mit Hilfe von Präverbien auf, die gegenüber dem Simplex (Kompositum) nur eine geringe semantische Differenzierung aufweisen. Aufgrund dieses sprachlichen Charakteristikums erscheint SMENDS Konjekturversuch, mit Syr (ܪܚܕܘܪ) vor ἀντιπαραβεβλημένη das Adjektiv "ἄλλη, das vor oder **für** [sekundäre Hervorhebung!] αντι ausfiel," nicht recht plausibel.

ἀντίπτωμα das Dagegenfallen, Stolpern, der Sturz[180]

34(31),29 ... οἶνος πινόμενος πολύς / ἐν ἐρεθισμῷ καὶ ἀντιπτώματι
La: *vinum multum potatum inritationem et iram et ruinas multas facit*
H^B: יין נשתה בתחרה וכעס   Syr: [181] ܪܚܘܬ ܒܣܐ ܪܚܕܕܚܪܝ ܪܚܒܫܐ

35(32),20 ἐν ὁδῷ ἀντιπτώματος μὴ πορεύου La: *in via ruinae non eas*
H^B: בדרך מוקשת אל תלך   Syr: [182] ܠܝܟܐ ܪܠ ܪܚܕܬܘܚܪܝ ܪܘܬܐܪܒ

---

[178] LSJ: *place side by side so as to compare or contrast*. LEH: *to compare with*. SAUER, Sirach 562: *vergleichen*. HAMP, Sirach 630: *vergleichbar*. WAHL: *dagegen halten, comparatione instituta aequiparo alicui aliquid*. FRITZSCHE, Weisheit 356: *(Es giebt eine Rede die durch den Tod) gesühnt wird* (hinsichtlich der Argumente für diese Übersetzung s. bei FRITZSCHE S. 119). ZB: *Es gibt ein Reden, auf dem der Tod steht.* JB frei: *Es gibt ein Reden, das den Tod verdient.*

[179] *Auch wenn es etwas anderes gibt, das ihm ähnlich ist.*

[180] LSJ: *stumble against*. FRITZSCHE, Weisheit 372 bzw. 374: *sich dagegen wehren, bzw. (auf einem) verfallenen (Wege)*. LEH: *accident, conflict, occasion or means for stumbling and falling (Sir 31,29); a way full of obstacles (Sir 32,20)* neol.

[181] *Wein, der getrunken wird im Zorn.*

WF: Ø {ἀντιπίπτειν}, πτῶμα (#), πτῶσις (#), ἀπόπτωμα (Ri), περίπτωμα (Rut, 2 Sam), παράπτωμα (#), πρόπτωσις (2 Makk) WFd: καταπίπτειν (#), πταῖσμα (1 Sam), ὄλισθος (σ'), ὀλίσθημα* (Ps, Jer, Dan θ')

ἀντίπτωμα, das wir sonst nur noch im 2. Jh. n.Chr. bei Vettius Valens und Ptolemaios sowie im 4. Jh. bei Paulus Alexandrinus wiederfinden, korrespondiert offensichtlich mit כעס (Ärger, Zorn) und מוקש (Stellholz). Gr übersetzt das Verb כעס in H^{AC} 3,16 mit καταρᾶσθαι und מוקש in H^{BBmarg} 34,30 mit πρόσκομμα (Hindernis, Ärgernis) und in H^B 51,3 mit βρόχος (Schlinge). LXX verwendet als Äquivalente für das Nomen כעס ἀθυμία, γλωσσώδης, θυμός, ὀργή, ὀργίλος, παρόργισμα und für das Verb θυμός, θυμοῦν, μεριμνᾶν, ὀργίζειν (im Qal), θυμοῦν, παροξύνειν, ἀθυμεῖν, πικραίνειν (ἐκ-, παρα-) (im Piel, Hifil). Die Wiedergabe von מוקש in LXX ist relativ uneinheitlich und vielfältig: βρόχος, δυσκολία, ✳ θ' ἐνκολιευόμενος ╱ (𝔐 במוקש σ' ἐν περόνῃ), ἰξευτής, κοίλασμα, παγίς, πρόσκομμα, σκάνδαλον, σκληρότης, σκῶλον, σφάλμα, ὑποσκελίζειν (𝔐 'מ נתן).

ἀνυπονόητος unerwartet, unvermutet

11,5 ὁ δὲ ἀνυπονόητος ἐφόρεσεν διάδημα
La:*et insuspicabilis portavit diadema*   H^{AB}: ובל על לב עטו צניף
Syr: [183] ܘܗܢܘܢ ܡܠܦ̈ܐ ܕܠܐ ܓܠܐ ܠܗܘܢ ܠܒܫ̈ܐ ܕܝܩܪܐ

WF: Ø {Ø}, ὑπονόημα*, ὑπονοεῖν* (Tob, Jdt, Dan θ'), ὑπόνοια* (Dan ο') WFd: ἀδόκητος (Weish), ἀπροσδόκητος (Weish, 3 Makk), ἀπροσδοκήτως (2 Makk), παράδοξος* (Ri, Weish, 2-3-4 Makk), παραδόξως (4 Makk), ἀνέλπιστος (Jes), ἀνελπίστως (Weish)

Die verkürzte Ausdrucksweise בל על לב (an die man nicht gedacht hatte[184]) begegnet sonst nicht in 𝔐; von daher ist eine septuagintaspezifische Betrachtung der Übersetzungstechnik nicht möglich. Eine ähnliche Formulierung findet sich aber noch in Sir 35(32),11 H^B עלה על לבך (was dir in den Sinn kommt), was Gr mit τὰ ἐνθυμήματά σου (Syr ܡܐ ܕܐܬܐ ܥܠ ܪܥܝܢܟ) wiedergibt. Aufgrund dessen konjiziert SMEND mit

---

[182] Auf einem Weg in schwierigem Gelände (SyrL ܐܘܪܚܐ: locus asper et difficilis) gehe nicht.

[183] Und diejenigen, die (einem) nicht in den Sinn kommen, ziehen würdevolle Kleider (= Amtstracht) an.

[184] So SMEND, Weisheit (Hebräisch - Deutsch) 18 [= SAUER, Sirach 532].

Syr האם ܐܠܡܝ ܗܠܐ (*die nicht aufsteigen*) in 11,5b בל עלים על לב.
Jedenfalls übersetzt Gr diese drei(vier?)gliedrige Wortverbindung nicht
der hebräischen Vorgabe entsprechend, sondern vielmehr sinngemäß aufgrund der Möglichkeiten griechischer Wortbildungslehre durch ein mit α-
privativum versehenes Verbaladjektiv. Hier manifestiert sich erneut die
Orientierung des Übersetzers an seine Zielsprache und den durch sie anvisierten Adressaten.[185] Weitere Beispiele dafür s. auch s.v. ὑπονόημα.

ἀξία Gebühr, Würde, Verdienst

10,28 καὶ δὸς αὐτῇ τιμὴν κατὰ τὴν ἀξίαν αὐτῆς
La: *et da illi honorem secundum meritum*
H^A: כיוצא בהם .. ויתן לך ט | H^B: ... [כיוצ[א] ותן לה טעם כיוצ[א]
Syr: [186] ܗܡܘ ܠܗ ܚܟܡܬܐ ܐܝܟ ܕܝܗܒܬ ܠܗ

38,17 καὶ ποίησον τὸ πένθος κατὰ τὴν ἀξίαν αὐτοῦ
La: ... *fer luctum illius [...] / uno die*
H^B ושית אבלו כיוצא בו   Syr: [187] ܚܘܕܦܗܘ ܐܒܠܐ ܚܙܩܬܗ

WF: ἄξιος* (#), ἀξιοῦν* (#), ἀξίωμα (Ex, Ps, Est, 1 Esra, 2 Makk), ἀξίως*
(Weish), κατάξιος (Est), καταξιοῦν (2-3-4 Makk), προσαξιοῦν (3 Makk)
WFd: τιμή* (#), τιμᾶν* (#), τίμημα (Lev), προσηκόντως (4 Makk), προσήκειν
(1 Esra, Jes, 1-2-4 Makk), καθήκειν* (#)

Der Präpositionalausdruck κατὰ τὴν ἀξίαν korrespondiert an beiden
Stellen mit כיוצא (*wie sichs gebührt*[188]), das - soweit ich sehe - nicht in
𝔐 vorkommt. Während Syr in 10,28 weitgehend mit H^B gegen Gr geht
(vgl. טעם und ܚܟܡܬܐ gegenüber τιμή), stimmt Syr in 38,17 mehr mit
Gr als mit H^B überein: ܚܘܕ = ποίησον (H^B *setze*), ܐܒܠܐ = τὸ πένθος
(H^B *Trauer um ihn*). Syh 38,17 zum Vergleich: ܐܝܟ ܕܝܐܐ ܠܗ ܚܘܕܦܗܘ.

---

[185] Vgl. hierzu E. Tov, Compound Words in the LXX Representing Two or More
Hebrew Words, in: Bib. 58 (1977) 189-214, hier 189.
[186] *Und gib ihr Geschmack, wie es für sie erforderlich ist.*
[187] *Mach Trauer aufgrund seiner Gerechtigkeit.*
[188] So Smend, Weisheit (Hebräisch - Deutsch) 17.67 (zu 38,17: *wie es seiner würdig
ist*). Sauer, Sirach 531.597: *(und gib dir das Ansehen), in dem du auftrittst* (zu
38,17: *entsprechend [der Bedeutung] seines Heimgangs*). Skehan - Di Lella, Wisdom 227.439: *(prize yourself) as you deserve* (zu 38,17: *as he deserves*).

ἀπαρέσκειν mißfallen, mit etw. unzufrieden sein

21,15 ἤκουσεν ὁ σπαταλῶν, καὶ ἀπήρεσεν αὐτῷ[189]
La: *audivit luxuriosus et displicebit illi* H⁰ Syr ܘܠܐ ܫܡܥ ܣܟܠܐ ܘܠܐ ܪܥܐ ܠܗ

WF: Ø {Ø}, δυσαρεστεῖσθαι (α' σ' θ'), (οὐ) ἀρέσκειν (#), ἀρεστός* (#)
WFd: ἀποδοκιμάζειν* (#), μέμφεσθαι* (#), δύσκολος (Jer), ἐπιτιμᾶν* (#)

Gegenüber Gr *mißfallen* hat Syr wohl aufgrund 27,13b[190] das ursprünglichere ܓܚܟ (*lachen*) bewahrt. Unter dieser Voraussetzung hätte Gr ihre zu postulierende Vorlage שׂחק, die sie sonst mit προσγελᾶν (13,6.11) und παίζειν (47,3) wiedergibt, uminterpretiert. LXX-Wiedergaben für שׂחק sind neben den gängigen Äquivalenten γελᾶν (ἐγ-, ἐκ-, ἐμ-, ἐπι-, κατα-) und παίζειν (mit Komposita) v.a. εὐφραίνεσθαι (ἐν-), ὀρχεῖσθαι, παιγνία. Syr liest: ... *der Tor aber hört es* [sc. *das Wort* ܡܠܬܐ] *und lacht darüber.* ἀπαρέσκειν steht dem bei οι γ' belegten δυσ-αρεστεῖσθαι (רום קוץ *Ekel empfinden*) semantisch sehr nahe.

ἀπληστεύεσθαι unersättlich sein (bei Tisch)[191]

34(31),17 καὶ μὴ ἀπληστεύου, μήποτε προσκόψῃς
La: *et noli nimius esse ne forte offendas*
Hᴮ: וְאַל תַּלְעַ פֶּן תִּמָּאֵס   Syr om.

37,29 μὴ ἀπληστεύου ἐν πάσῃ τρυφῇ La: *noli avidius esse in omni epulatione*
Hᴮ: אַל תזרע לכל תענוג [192]   Hᴮᵐᵃʳᵍᴵ: תזר אל
Hᴮᵐᵃʳᵍᴵᴵ: אל תזרו אל תענוג   Hᴰ: אל תזד אל תענוג אל
Syr: [193] ܟܠ ܒܥܢܐ ܠܐ ܬܪܓ ܢܦܫܟ *ܒܣܝܒܥܐ   * cod. Ambr. ܒܣܝܒܥܐ

WF: ἀπληστία*, ἄπληστος* (Ps, Spr), πλησμονή* (#) WFd: λάβρος (Ijob, Spr, 4 Makk), πλεονεξία (#), πλεονεκτεῖν (Ri, Hab, Ez), πλεονέκτης* WB: ἀπληστ- {ἀπληστεί, ἀπλήστοινος, ἀπληστόκορος}

---

[189] Dieser Vers wie auch 21,16ab weisen daktylischen Rhythmus auf. S. hierzu ferner s.v. ἀμνησία (S. 148 Anm. 161).
[190] Gr: καὶ ὁ γέλως αὐτῶν ἐν σπατάλῃ ἁμαρτίας; Syr: ܣܡ ܟܕܚܘܬ ܓܘܚܟܗܘܢ (*und ihr Gelächter ist eine Frechheit*).
[191] LEH: *to be insatiable.* Pᴀᴘᴇ: *unersättlich, heißhungrig sein.*
[192] Sᴍᴇɴᴅ, Weisheit (Hebräisch - Deutsch) 64: *und sei nicht unmäßig.* Sᴀᴜᴇʀ, Sirach 596: *und nicht sollst du dich stürzen.* Sᴋᴇʜᴀɴ - Dɪ Lᴇʟʟᴀ, Wisdom 434: *neither become a glutton for choice foods.* Pᴇᴛᴇʀs, Ecclesiasticus 307: *damit du [bei keinen Leckereien] zu Falle kommst.* ZB nach Gr: *unersättlich.*
[193] Gib ihr [sc. der eigenen Seele ܢܦܫ] nicht [zu] viele leckere Speisen.

Die hinter ἀπληστεύεσθαι stehende Vorlage mit Hilfe der Kairoer Textzeugen zu rekonstruieren, erweist sich in diesem Fall als äußerst diffizil. Fest steht, daß ἀπληστεύεσθαι (wie auch das Nomen ἀπληστία) in den Kontext der *weisen* Selbstbeherrschung (hier beim Essen) eingebunden ist. Dementsprechend steht auch das Adjektiv ἄπληστος in 34(31),20 charakterisierend für כסיל.[194] Das in 34(31),17 möglicherweise zugrundeliegende Verb ᵞᵞᵞ לעע bzw. לוע (*schlürfen?*)[195] ist nur noch in Obd 16 ושתו ולעו (*und sie trinken und schlürfen* [EÜ anders: *taumeln*]) belegt, wo LXX mit πίονται καὶ καταβήσονται (*sie trinken und steigen hinab*) übersetzt.[196] In 37,29 korrespondiert das in der Gräzität relativ schwach und erst spät belegte ἀπληστεύεσθαι wohl eher mit H^D זרד hi. (*das Maß verlieren*) als mit H^{Bmargl II} זרה (*sich auf etwas stürzen*).[197] In Jer 28(51), 34 übersetzt Aquila אכלני auffallend frei mit ἠπληστεύσατό μοι (ο' κατέφαγέ με).

ἀπληστία Unersättlichkeit (bei Tisch), Freßgier[198]

37,30 καὶ ἡ ἀπληστία ἐγγιεῖ ἕως χολέρας
La: *et aplestia adpropinquabit usque ad cholera*
H^B: [199] והמזיע יגיע אל זרא   H^{Bmarg}: והמרבה
H^D: Syr: [200] ܩܘ ܟܟ̈ܐ ܠܝ̈ܒܠ ܐܫ̈ܚܒ ... והמזיע יגוע על זרא

37,31 δι' ἀπληστίαν πολλοὶ ἐτελεύτησαν La: *propter aplestiam multi obierunt*
H^B: [201] בלא מוסר רבים גועו   H^D: בלא מוסר רבים יגועו ועועו

---

[194] Vgl. ferner Ps 100(101),5 ἄπληστος καρδία (רחב לבב); Spr 23,2 ἀπληστότερος (נפש בעל); 27,20 (οἱ ὀφθαλμοὶ τῶν ἀνθρώπων) ἄπληστοι (לא תשבענה); 28,25 ἄπληστος ἀνήρ (רחב נפש).

[195] SMEND, Weisheit (Hebräisch - Deutsch) 53: *und sei kein Fresser.* SAUER, Sirach 581: *und nicht sollst du schlürfen* [=HAMP, Sirach 653, EÜ]. PETERS, Ecclesiasticus 254: *und sei nicht gierig.* SKEHAN - DI LELLA, Wisdom 384: *gorge not yourself.* ZB nach Gr: *sei kein Nimmersatt.*

[196] Vgl. aber auch Ijob 39,30: ואפרחו יעלעו־דם (*und seine Jungen schlürfen Blut*) νεοσσοὶ δὲ αὐτοῦ φύρονται ἐν αἵματι.

[197] Offensichtlich ist ursprünglicheres תזר על כל נach תזרע לכל falsch abgetrennt worden; s. hierzu PETERS, Ecclesiasticus 309.

[198] LEH: *insatiate desire, greediness* (=LSJ). PAPE: *Unersättlichkeit.*

[199] SMEND, Weisheit (Hebräisch - Deutsch) 64: *und der Ausgelassene ist der Brechruhr nahe.* SAUER, Sirach 596: *und Völlerei führt zur Übelkeit.* SKEHAN- DI LELLA, Wisdom 434: *and gluttony drives the system to revolt.* EÜ: *der Unmäßige verfällt heftigem Erbrechen.* ZB: *und der Masslose bringt es bis zur Brechruhr.*

[200] *Und wer viel ißt, wird krank.*

[201] SMEND, Weisheit (Hebräisch - Deutsch) 65: *An Unmässigkeit sind viele gestorben.* SAUER, Sirach 596: *ohne Zucht sterben viele.* EÜ nach Gr: *Schon viele sind durch Unmäßigkeit gestorben.* ZB ebenfalls nach Gr (*Unmässigkeit*).

Syr: [202] ܩܝܢ̈ܐ ܟܠ ܕܒܡܐܕܝܢ̈ ܒܓ̈ܝܐܐ ܠܗܘܢ ܣܓܝܐܝܢ

WF: ἀπληστεύεσθαι*, ἄπληστος* (Ps, Spr), πλησμονή* (#)   WFd: λάβρος (Ijob, Spr, 4 Makk), πλεονεξία (#), πλεονεκτεῖν (Ri, Hab, Ez), πλεονέκτης* WB: ἀπληστ- {ἀπληστεί, ἀπλήστοινος, ἀπληστόκορος}

רבה hi. korrespondiert unauffällig in Gr mit πληθύνειν (6,5; 11,10.32; 34,30; 47,18), πολύς (13,11; 35,8; 42,5; 51,16) und μέγας (5,15); sonderbar steht allerdings in 3,11 für Hᴬ מרבה חטא (wer große Sünde begeht) ὄνειδος τέκνοις[203]; in 32(35),17 entspricht Hᴮ תרבה שיח (Hᴮᵐᵃʳᵍ תחבט) frei ἐκχέῃ λαλιάν. Ebenso frei steht in 38,24a σοφία γραμματέως ἐν εὐκαιρίᾳ σχολῆς für חכמת סופר תרבה חכמה. In LXX wird רבה hi. neben ἀνορθοῦν, βιοῦν, καυχᾶσθαι, προστιθέναι, ὑψοῦν (vereinzelt!) v.a. mit πληθύνειν, πλεονάζειν, πλῆθος, πλεῖστος übersetzt. Das in 𝔐 nur noch 3mal bezeugte und z.T. textkritisch umstrittene Nomen מרבה (Menge) wird in Ez 23,32 mit τὸ πλεονάζον, in Jes 9,6 (!למרבה) mit μέγας sowie in 33,23 mit πολύς übersetzt. Das in 37,31 ἀπληστία entsprechende Äquivalent בלא מוסר (ohne Zucht d.h. ohne Verstand) deutet Gr konkret als Maßlosigkeit aus, die die Folge mangelnder מוסר ist. Gr gibt מוסר mit Ausnahme von Hᴮ 35(32),2 εὐκοσμία (ein ᴸˣˣHplg) sonst mit den geläufigen Begriffen παιδεία, σύνεσις, σοφία wieder. La bietet für das ᴸˣˣHplg den in der Latinität nicht geläufigen Gräzismus aplestia, während das Verb durch den Komparativ avidius esse und nimius esse wiedergegeben wird.

ἀποδοχεῖον Vorratskammer, (Wasser)Speicher[204]

1,17 καὶ τὰ ἀποδοχεῖα ἀπὸ τῶν γενημάτων αὐτῆς
La: et receptacula a thesauris illius
H⁰ Syr: [205] ܒܢ ܬܝܫ̈ܘܬܗ [sc. 17a ܦܐܪ̈ܐ] ܐܘܨܪ̈ܘܗܝ

39,17 καὶ ἐν ῥήματι στόματος αὐτοῦ ἀποδοχεῖα ὑδάτων
La: et in sermone oris eius sicut exceptoria aquarum

---

202 Viele gibt es nämlich, die wegen üppiger Speise gestorben sind.
203 Gr las möglicherweise statt מרבה das graphisch ähnliche חרפה, das sonst in Gr durchgängig (mit Ausnahme des ᴸˣˣHplgˢⁱʳ κατάγνωσις) mittels ὄνειδος bzw. ὀνειδισμός wiedergegeben wird.
204 WAHL: von La abhängig: receptaculum. LSJ: storehouse, cistern [= LEH].
205 Und die *Schatzkammern (sc. füllt sie) mit ihren ⁺Erträgen. * SyrL: opes (depositae) mit Verweis auf Gen 43,23 (ממטמון) und Mt 6,19 (θησαυρός). ⁺ ܬܝܫ̈ܘܬܗ steht bereits am Ende von 16b (καρποί).

H^B: ^{206} ‏וּמוֹצָא פִיו אוֹצְרו‎ Syr: ^{207} [sc. 17a ‏ܐܪܒܐ‎] ‏ܠܒ ܚܬܚ ܩܡ ܩܢܬܐܚܒܒܚ‎

50,3 ἐν ἡμέραις αὐτοῦ ἐλατομήθη ἀποδοχεῖον ὑδάτων
La: *in diebus ipsius remanaverunt putei aquarum*
H^B: ‏אשר בדורו נכרה מקוה‎   Syr: ^{208} ‏ܩܒܥܐ ܚܒܒܚ ܥܒܩ‎

WF: ἀποδέχεσθαι (Tob, 2 Makk) WFd: ταμιεῖον #, θησαυρός #, ἀποθήκη #

In 1,17 korrespondiert τὰ ἀποδοχεῖα mit dem vorausgehenden πάντα τὸν οἶκον, während in Syr ‏ܩܢܬܢ‎ synonym auf ‏ܐܪܕܝܡ‎ (*ihre Schatzkammern*) folgt. Da Syr eine signifikante Parallele zu Syh (‏ܐܪܕܝܕܐ ܪ.ܠܩܐ‎ ‏ܐܠܠܐ: ܪܝ, ܪܠܡܐ‎) zeigt, ist eine Abhängigkeit von welcher Seite auch immer anzunehmen. La hat offensichtlich 17a ἐπιθυμημάτων (frei: *thesauris*^{209}) und 17b γενημάτων (schlecht: *generationibus*) umgestellt bzw. ist Zeuge einer Umstellung. La faßt ἀποδοχεῖον korrekt als Vorratskammer (*receptaculum*) auf. In 39,17 stehen sich ἀποδοχεῖα ὑδάτων (*Wasserspeicher*), das ὕδωρ, welches wie ein Damm zum Stehen kommt (ἔστη ὡς θημωνιά La *stetit aqua sicut congeries* H^B [...] ‏יעריך‎ [...]), wiederaufnimmt, und ‏אוֹצְרו‎, das hier lokal zu verstehen ist, gegenüber. Nach SMEND (Weisheit 359) deutete Gr das Suffix ‏ו‎ "grammatisch falsch" auf das Wasser (=ὑδάτων). In LXX wird ‏אוֹצָר‎ mit dem zum ^{LXX}Hplg semantisch nahestehenden ἀποθήκη (1 Chr 28,12^{bis}; 29,8) übersetzt; in den meisten Fällen steht dafür aber θησαυρός (67mal), je 1mal noch εἰδωλεῖον, θησαύρισμα, παράθεσις und πλοῦτος. In Gr sind als Äquivalente für ‏אוֹצָר‎ θησαυρός (4mal) sowie merkwürdig νῆσος (43,23 H^{Bmarg}, H^{BM} ‏איים‎) und möglicherweise bedingt durch Metathese (‏ארץ‎)^{210} γῆ (39,30 H^{BBmarg}) bezeugt. Von septuagintaspezifischer Bedeutung hinsichtlich ἀποδοχεῖα ὑδάτων für ‏אוֹצְרו‎, das möglicherweise als ‏אוֹצְרות‎ gelesen wurde, ist ferner Ps 33,7, wo davon die Rede ist, daß JHWH das Wasser des Meeres wie in einen Schlauch einschließt (‏כנס כנד מי הים‎) und die Urfluten in seine *Waffen*kammern stellt (‏נתן באצרות תהומות‎ τιθεὶς ἐν θησαυροὶς ἀβύσσους). Das in 50,3 überlieferte ^{II}‏מקוה‎ (*Wasseransammlung*), das Syr ‏ܚܒܒܚ‎, wie schon SMEND feststellte^{211}, als ‏מקור‎ (*Quel-*

---

^{206} So BEN-HAYYIM und BEENTJES; hingegen VATTIONI (=LÉVI): ‏ובמוצא פיו אוצרות‎.
^{207} *Durch sein Wort läßt er die Sonne untergehen.*
^{208} *Und er grub eine Quelle.*
^{209} Vgl. 45,12d ἐπιθυμήματα ὀφθαλμῶν La *desideria oculorum.*
^{210} Bei Annahme einer Metathese müßte von einer Defektivschreibung (‏אצר‎) ausgegangen werden, wie sie v.a. beim Masadafragment häufiger zu beobachten ist.
^{211} Da ‏מקוה‎ und ‏מקור‎ bedeutungsmäßig nahe beieinander liegen (vgl. H^{Bmarg} 43,20b ‏מקוה‎ gegenüber H^{BM} ‏מקור‎), ist SMENDS vorsichtig ("*vielleicht*") formulierte Schlußfolgerung nicht zwingend.

le) gelesen haben könnte, wird in LXX v.a. mit ὕδωρ übersetzt, abgesehen von den je nur 1mal bezeugten Äquivalenten συνάγειν, συναγωγή, συνιστάναι und σύστεμα. In Gr ist als Wiedergabe dafür mit Ausnahme von ἀρχή (10,13 Hᴬ) sonst - wie in LXX üblich - bloßes ὕδωρ überliefert. La *puteus* "deutet" ἀποδοχεῖον als *künstlichen Brunnen, Quelle*, was Syr schon sehr nahe kommt.

ἀποθησαυρίζειν (intrans.) Schätze auf die Seite legen[212]

3,4 καὶ ὡς ὁ ἀποθησαυρίζων ὁ δοξάζων μητέρα αὐτοῦ
La: *et sicut qui thesaurizat ita et qui honorificat matrem suam*
H⁰ Syr: [213] ܩܪܐܘܐ ܪܟܐܘ̈ ܗ̇ ܝܕ ܚܒ̈ܪܬ̈ܐ ܪܟܐܘܐ
Syh: ܘܐܟ̈ܐ ܪܟܐܘܐ ܚܒ̈ܪܬ̈ܐ ܪܗܝ̈ ܪܟܐܘܐ ܚܒ̈ܪܬ̈ܐ ܪܟܐܘܐ ܗܘ ܐܟ̈ܪܐ

WF: Ø {ἀποθησαυρισμός}, θησαυρίζειν (2 Kön, Am, Mich, Sach, Ps), θησαύρισμα (Spr), θησαυρός* (#) WFd: ἀποτιθέναι (#), κατατιθέναι (#), ταμιεύεσθαι (Spr, 4 Makk)

Das dem ᴸˣˣHplg zugrundeliegende Simplex θησαυρίζειν (meist transitiv verwendet) dient in 2 Kön 20,17; Am 3,10 zur Wiedergabe von אָצַר; in Ps 38(39),6 und Sach 9,3 geht es auf צָבַר und in Spr 1,18; 2,7; 13,22 auf צָפַן zurück. In Übereinstimmung mit dem Gräzismus in La *thesaurizat* überliefert als einzige griechische Hs. *cod.* 155 das in LXX geläufigere θησαυρίζειν; das Fehlen des entbehrlichen[214] Präverbs ἀπο- in 155 La ist möglicherweise septuagintaspezifisch zu erklären; Gr hat wohl aufgrund des intransitiven Gebrauchs das Kompositum bevorzugt, das freilich auch transitiv fungieren kann, wie 1 Tim 6,19 zeigt. Andererseits besteht zwischen Kompositum und Simplex kein so gravierender Unterschied in Bedeutung und Verwendungsweise, daß beide Vokabeln als weitgehend austauschbar anzusehen sind. In wortstatistischer Hinsicht ist festzustellen, daß das Simplex weit häufiger gebraucht wird als das Kompositum; daraus ist ferner zu schließen, daß ἀποθησαυρίζειν der ungewöhnlichere Ausdruck ist. Wie öfter in Gr zu beobachten, wählt der

---

[212] LEH: *to store, hoard up.* WAHL: *thesauros colligo* (= FRITZSCHE, Weisheit 318). PAPE: *aufbewahren, aufspeichern.* BAW: *speichern übertr. ἀ. θεμέλιον καλόν einen guten Grundstock sammeln 1 Ti 6,19* [Syr ܢܣܒ plus ܚܝ̈ܐ, ܚܒ̈ܪܬ̈ܐ].

[213] *Und Schätze legt derjenige an, der seine Mutter ehrt.*

[214] Es ist allerdings nicht völlig auszuschließen, daß Gr mit dem Wortbildungstyp ἀπο- auf eine (*'gekünstelte'*) Verstärkung des Ausdrucks bedacht war. Jedenfalls ist ἀπο-θησαυρίζειν in 1 Tim 6,19 (im Gegensatz zu Gr) ebenso transitiv gebraucht wie das Simplex in Mt 6,20 (θησαυρίζετε ... θησαυρούς).

Übersetzer gerne Komposita, deren Präverb ἀπο- abundant erscheint, und die wortstatistisch (hier in LXX) seltener belegt sind: vgl. z.B. ἀποκρύπτειν (18mal; davon 2mal in Gr; κρύπτειν 152 Belege; 13mal in Gr), ἀποφεύγειν ([LXX]Hplg; φεύγειν 250 Belege; davon 1mal in Gr), ἀποκωλύειν (11mal; davon 1mal in Gr - κωλύειν 33mal; davon 6mal in Gr).[215]

ἀποπαρθενοῦν deflorieren[216]

20,4 ἐπιθυμία εὐνούχου ἀποπαρθενῶσαι νεάνιδα
La: *concupiscientia spadonis devirginavit iuvenem*
(30,20) H[B]: כן נאמן לן עם בתולה
Syr: [217] ܗܟܢܐ ܠܓܒܪܐ ܡܗܝܡܢܐ ܕܓܒܪ ܥܡ ܒܬܘܠܬܐ
(30,20) Syr: [218] ܐܝܟ ܗܢܐ ܓܒܪܐ ܕܕܡܟ ܠܘܬ ܒܬܘܠܬܐ

WF: Ø {ἀποπαρθενεύειν}, διαπαρθενεύειν (Ez), παρθενία* (Jer, 4 Makk), παρθενικός (Est, Joël), παρθένια, τά* (#) WFd: διαφθείρειν* (#), διαφθορά (#), καταισχύνειν* (#), βιάζεσθαι* (#), ἐκβιάζεσθαι (Ri, Ps, Spr, Weish, Sus)

Gr, die nicht selten zu einem drastischeren und verschärfenden Ausdruck gegenüber der Wortwahl der hebräischen Vorlage neigt, spitzt auch in diesem Fall die euphemistische Ausdrucksweise לון עם בתולה (*bei einer Jungfrau die Nacht zubringen*) durch ἀποπαρθενοῦν νεάνιδα (*ein junges Mädchen entjungfern*) zu. לון übersetzt Gr in 14,26 (H[A]); 51,23 (H[B]) mit αὐλίζεσθαι[219], das auch in LXX meistens herangezogen wird.[220] Im Gegensatz zu Gr gibt Syr jedenfalls לון ohne kontextliche Ausdeutung durch ܕܡܟ (*liegen, schlafen*) wieder, wobei allerdings Syr 20,4 gegenüber Syr 30,20 eine nicht zu übersehende partielle Nähe zu Gr (vgl. ܪܓܬܐ - ἐπιθυμία) aufweist. In textkritischer Hinsicht bleibt freilich

---

[215] In LXX ist allerdings auch ein umgekehrtes wortstatistisches Verhältnis nachzuweisen: z.B. ἀποδιδράσκειν (37mal; διδράσκειν Ø), ἀπολείπειν (28mal; λείπειν 7 Belege), ἀπαγγέλλειν (254mal; ἀγγέλλειν Ø). Es wäre durchaus aufschlußreich, durch weitere Recherchen nachzuprüfen, inwieweit unter diesem Aspekt buchspezifische Tendenzen (z.B. Makk-Spr-Sir) festzustellen sind.

[216] FRITZSCHE, Weisheit 349, moralisierend: *eine Jungfrau zu schänden* [= LB; WAHL: *devirgino, vitio virginem*]. JB zurückhaltend: *entehren*. ZB korrekt nach H[B]: *nächtigen*. SAUER, Sirach 554, beschwichtigend: *verführen* [= GN]. EÜ nach Syr: *liegen*.

[217] *Der Eunuch begehrt mit einer Jungfrau zu schlafen.*

[218] *Wie der Eunuch, der schläft bei einer Jungfrau.*

[219] Das in 34(31),20 (H[B]) überlieferte ילין ist nicht Vorlage von Gr ἀνέστη, sondern von Syr ܢܬܬܥܝܪ.

[220] Als weitere Äquivalente sind zu nennen: καταλύειν, κοιμᾶσθαι (ἐπι-), γογγύζειν (δια-), καταπαύειν, κοιτάζεσθαι, μένειν.

zu bezweifeln, ob das hinter La *devirginavit* stehende *ἀπεπαρθένωσεν tatsächlich authentisch ist. Als WF-Variante zu ἀποπαρθενοῦν gebraucht Ez in 23,3.8 διαπαρθενεύειν (LSJ: *deflower*) für עשה pi. plus בתולים דדי. In Ez 16,8 steht nach Hebr für דדים das nämliche Verbum (דדים עת καιρὸς τοῦ διαπαρθενευθῆναί σε).[221]

ἀπόρρητον was sich nicht zu sagen geziemt, Abscheuliches[222]

13,22 ἐλάλησεν ἀπόρρητα, καὶ ἐδικαίωσαν αὐτόν
La: *locutus est superba et iustificaverunt illum*
H[B]: [223] מ[ה]ופין מכוערין ודבריו   Syr: [224] ܩܕ݁ܫ݁ܝ̈ܗ̣ ، ܣܢ݁ܐ ܚܒ݁ܦܘ̈ܐ

WF: ἀπαγορεύειν (4 Makk), {ἀπόρρησις}, ῥῆμα* (#), ῥῆσις (2 Esra, Spr), ῥητός (Ex) WFd: αἰσχρός (Gen, Ri, Est, 3-4 Makk), αἰσχρῶς (Spr, 2 Makk), βδελυκτός (Spr, 2 Makk), βδελυρός* , βδελυγμα* (#), ὀνειδισμός* (#), ὄνειδος* (#)

Das Partizip Pual מכוער (*häßlich*[225]), das (wie auch die Basis כער) in 𝔐 nicht belegt ist, wird in Gr 11,2 (H[A]; H[B] משבר H[Bmarg]מכועע) scheinbar *nicht* übersetzt.[226] Syr, die im Gegensatz zu Gr die Lesart in H[B] bestätigt, gebraucht in beiden Fällen das Adjektiv ܣܢܐ. La übersetzt mit *superba* relativ frei; näher an ἀπόρρητα wäre sicherlich z.B. *nefanda*

---

[221] ο' καιρὸς καταλυόντων α' (καιρὸς) μαστῶν bzw. συναλλαγῆς σ' (καιρὸς) ἀγάπης.

[222] So mit LSJ: II 3. *unfit to be spoken, abominable.* LEH: *not to be spoken, forbidden.* FRITZSCHE, Weisheit 338: *Thörichtes* [vgl. JB: *Torheiten*]. RYSSEL, Sirach 300: *Sinnloses* und erklärt (Anm. *n*): "an sich einfach: 'was keinen Sinn hat'; nach dem Zusammenhang aber liegt zugleich dies darin, daß das, was er sagt, ihn rechtfertigen, bezw. entschuldigen soll (vgl. V. 22ᵈ), daß es dies aber nicht bewirkt, ja ihn vielleicht sogar noch mehr graviert." GN: *Unsinn.*

[223] SAUER, Sirach 539: *Seine Worte, die zu verabscheuen sind, erklären sie für schön.*

[224] *Und seine häßlichen Reden halten sie für schön.* SMEND, Weisheit (Hebräisch - Deutsch) 23: *Redet er Häßliches, so nennen sie es schön.*

[225] Vgl. dagegen J. ZIEGLER, Zwei Beiträge zu Sirach, in: *Ders.*, Sylloge (MSU 10), Göttingen 666f: "ἀπόρρητος zeigt uns, wie der Übersetzer *mkwᶜr* verstanden hat: dunkel, verborgen, unklar, undeutlich; in Bezug auf das Reden: unverständlich, dumm, töricht, albern. [...] Die Bedeutung »häßlich«, die im außerbiblischen Hebräisch überwiegt und von den Übersetzern gewöhnlich genommen wird, steht am Ende der Begriffsentwicklung, liegt aber Sir 13,22 noch nicht vor."

[226] ZIEGLER, Zwei Beiträge 666, hingegen schlußfolgert aufgrund Syh ܕܠܒ ܘ ܐܚܘܗ: "Jedenfalls kann man zuversichtlich sagen, daß Syh in ihrer griech. Vorlage gelesen hat ἐν τῇ ἀοράσει αὐτοῦ = in invisibilitate eius, *in seiner Unansehnlichkeit,* und dies ist die einzig richtige Wiedergabe." Demnach hätte also der Übersetzer durchaus מכוער übersetzt.

bzw. *nefaria*. Für Aquila sind als Vorlage von ἀπόρρητος in der Bedeutung *geheim* die Äquivalente תעלמה (Ijob 11,6) und סוד (Ps 24(25),14; 54 (55),15; 63(64),3; 88(89),8; Spr 11,13; Am 3,7; Jer 23,22; Ez 13,9; Ijob 15,8) bezeugt. Bei Symmachus entspricht ἀπόρρητος in Ijob 11,6 תעלמה (*Geheimnis*) und sonderbar סלון (*Dorn*) in Ez 2,6.

ἀποφεύγειν sich davon machen, fliehen

22,22 ἐν τούτοις ἀποφεύξεται πᾶς φίλος   La: *in his omnibus effugiet amicus*
H⁰ Syr: [227] ܪܚܡܐ ܟܠܗ ܢܥܪܘܩ ܒܗܠܝܢ

WF: Ø {ἀποφυγή}, φεύγειν* (#), διαφεύγειν (#) WFd: οἴχεσθαι (#), ἀποίχεσθαι (Gen, Jdt, Hos), τρέπεσθαι* (#), ἀποδιδράσκειν* (#), διαδιδράσκειν* (2 Makk), ἀποτρέχειν* (#), δραπετής (2 Makk)

Variierend im Ausdruck gegenüber φεύγειν (21,2 H⁰ Syr ܥܪܩ), διαδιδράσκειν (11,10 H^AB רוץ Syr ܩܡܘܬ), ἀποδιδράσκειν (30[33],40 H⁰ Syr ܐܒܕ) und ἀποτρέχειν (35[32],11 פטר Syr ܦܪܩ); eine semantische Nuancierung bzw. *vorlagebedingte* Vokabulardifferenzierung ist nicht ersichtlich; es wäre allenfalls eine verdeutlichende und verstärkende Wirkung des Präverbs denkbar: *sich auf und davon machen*. Bezüglich abundantem ἀπο- vgl. die Ausführungen zu ἀποθησαυρίζειν (s.o.). Das weder durch Gr noch durch Syr, die sich insgesamt weit von Gr entfernt, bestätigte *omnibus* in La scheint vom nominativen πᾶς (La *om.*) abzuhängen.

ἀρδαλοῦν beflecken, mit Kot verschmutzen[228]

22,1 λίθῳ ἠρδαλωμένῳ συνεβλήθη ὀκνηρός
La: *in lapide luteo lapidatus est piger*
H⁰ Syr: [229] ܐܝܟ ܐܒܢܐ ܛܡܐ ܕܒܫܘܩܐ ܪܡܐ

WF: Ø {ἀρδαλίς, ἄρδαλος, ἀρδαλία} WFd: ἀλισγεῖν* (Dan o' θ', Mal), κηλιδοῦσθαι (Jer, Dan o'), μιαίνειν (#), συμμιαίνειν (Bar), σπιλοῦν (Weish), βεβηλοῦν* (#), μολύνειν* (#), ἀναγνεία (2 Makk), μίανσις (Lev), μιασμός (Weish, 1 Makk)

Der Faule wird mit einem verunreinigten Latrinenstein verglichen, den man im Orient dazu benutzte, um sich damit zu reinigen. Das in Syr be-

---

[227] *Ein Schlag im Verborgenen läßt Freundschaft vorübergehen.*
[228] LEH: *to smear.* FRITZSCHE, Weisheit 353: *(einem) kothigen (Steine).* PAPE: *beflekken, vermischen, trübe machen.* SAUER, Sirach 558: *(m. e.) beschmutzten (Stein).*
[229] *Wie ein stinkender Stein, der auf die Straße [bzw. Marktplatz] geworfen wurde.*

zeugte Äquivalent zum PPP ἠρδαλωμένος (ܪܘܝ stinkend, schmutzig) begegnet noch in 11,12 Hᴬ עפר צחנה (modriger Dreck), wovon Gott den Schwachen und Kranken losschüttelt (ינעריהו); nach Gr hingegen richtet Gott ihn ἐκ ταπεινώσεως αὐτοῦ (aus seiner Niedrigkeit) auf (ἀνώρθωσεν). Syr spricht davon, daß Gott ihn aus Staub und Asche (ܚܒܐ ܡܢ ܡܥܦܪܐ) befreit (ܢܦܩܗ). La lapidatus entspricht Sᶜελιθοβοληθη (er wurde mit einem Stein beworfen). Innerhalb von 𝔐 ist צחנה nur in Joël 2,20 belegt: ועלה באשו ותעל צחנתו כי הגדיל לעשות (EÜ: Dann erhebt sich ein Gestank, Verwesung steigt von ihm auf, denn er hat sich gebrüstet). LXX: καὶ ἀναβήσεται ἡ σαπρία αὐτοῦ, καὶ ἀναβήσεται ὁ βρόμος αὐτοῦ, ὅτι ἐμεγάλυνεν τὰ ἔργα αὐτοῦ.

ἀρεταλογία Lobpreis der göttlichen Tugenden[230]

36,19(16) πλῆσον Σιων ἀρεταλογίας σου
La: reple Sion inenarrabilibus verbis[231] tuis
Hᴮ: מלא ציון את הודך   Hᴮᵐᵃʳᵍ: מהדריך
Syr: [232] ܟܠܗ ... ܗܕܪܟ ܘܕܒܝܬ ... ܗܘ ... ܨܗܝܘܢ
WF: Ø {ἀρεταλόγος}   WFd: Ø

Das wortstatistisch äußerst seltene (s. Wortst.) Kompositum ἀρεταλογία ist noch von Symmachus für רנה (Ps 29[30],6 ο' ἀγαλλίασις), wofür σ' sonst εὐφημία gebraucht, bezeugt. הוד wird in LXX neben ἁγιωσύνη (Ps 144[145],5), ἀρετή (Hab 3,3; Sach 6,13) und ἕξις (Dan θ' 10,8 nach cod. A) v.a. durch δόξα und ἐξομολόγησις wiedergegeben. Als Äquivalente dafür sind abgesehen von der textkritisch unsicheren Lesart in 43,12 (Hᴹ חוג) in Gr bezeugt: ἅγιος, δόξα, ἱερατεία, κάλλος, καύχημα.[233] Siehe hierzu auch die Ausführungen auf S. 371.

ἀρρώστημα eine (konkrete) Erkrankung

10,10 μακρὸν ἀρρώστημα σκώπτει ἰατρός
La: brevem languorem praecidit medicus La: languor proxilior gravat medicum
Hᴬ: שמץ מחלה יצהיב רופא   Syr: [234] ܐܝܟ, ܐܣܝܐ, ܡܬܚܫܒ

---

[230] LEH: celebration of divine ἀρεταί neol. (=LSJ). Pᴀᴘᴇ: Possenreißerei (= Rᴇʜ-ᴋᴏᴘꜰ, LXX-Vokabular 41).
[231] Vgl. hierzu O 545ᶜ: αρρητα λογια. LEH: celebration of divine ἀρεταί (= LSJ).
[232] Erfülle Zion mit deiner Größe und mit deiner Herrlichkeit deinen Tempel.
[233] Für הוד steht in Gr ἐξομολόγησις.
[234] Syrᵂᴾ: Cuius intestina secturus est (ܐܝܟ) medicus; vgl. SyrL s.v. ܪܢܐ: murmuravit.

30,17 καὶ ἀνάπαυσις αἰῶνος ἢ ἀρρώστημα ἔμμονον

La: *et requies aeterna quam languor perseverans*

1. H^B: מחיים רעים H^Bmarg ונוחת עולם מכאב נאמן

2. H^B: ולוד שא' H^Bmarg: ולירד שאול מכאב עומד

Syr: ²³⁵ ܪܦܬ ܟܐܒܐ ܚܝ ܠܥܡܠ ܠܚܫܐ ܡܠܚܫܐ

34(31),2 καὶ ἀρρώστημα βαρὺ ἐκνήψει ὕπνον

La: *et infirmitas gravis sobriam facit animam*

H^B: ומחלה חז' תפריג H^Bmarg: ומחלי חזק תפריע נומה

Syr: ²³⁶ ܡܪܬܐ ܘܡܩܦܐ ܢܗܕܬ ܙܐܕ ܢܐܠܐ

34(31),22 καὶ πᾶν ἀρρώστημα οὐ μή σοι ἀπαντήσῃ

La: *et omnis infirmitas non occurret tibi*

H^B: וכל אסון לא יגע בך Syr: ²³⁷ ܠܘ ܠܐ ܬܬܩܦܟ ܒܝܫܐ ܘܟܠ ܡܚܠ

38,9 τέκνον, ἐν ἀρρωστήματί σου μὴ παράβλεπε

La: *fili, in tua infirmitate non despicias*

H^B: בני בחולי אל תתעבר H^Bmarg: במחלה Syr: ²³⁸ ܟܕܬܢܒܐ ܐܦ, ܒܪܝ

WF: ἀρρωστία* (1-2 Kön, Ps, Koh, 1 Makk), ἄρρωστος* (1 Kön, Mal), ἀρρωστεῖν* (2 Sam, 1-2 Kön, 2 Chr) **WFd:** νόσος* (#), ἀσθένεια (Ijob, Ps, Koh, Jer, 2 Makk), νοσεῖν (Weish)

Variierend im Ausdruck gegenüber dem aufgrund des Kontexts anscheinend identischen ἀρρωστία (18,19 H⁰ Syr ܟܐܒ etp. La *languor*). Das 5mal in Gr belegte ἀρρώστημα, das La unter Umgehung des naheliegenden *aegritudo* mit *languor* und *infirmitas* übersetzt, ist jeweils mit einem Attribut (μακρόν, ἔμμονον, βαρύ, πᾶν, σου) versehen und bezeichnet so eine **konkrete** Erkrankung/Krankheit, während das wortstatistisch (bezogen auf die Gesamtgräzität) häufigere ἀρρωστία in 18,19²³⁹ als Verbalabstraktum auf -ία mehr die Grundbefindlichkeit des **Krankseins** (vgl. 18,21a πρὶν ἀρρωστῆσαι) im allgemeinen in den Blick nimmt. In der Gräzität werden jedoch nicht selten ἀρρώστημα und ἀρρωστία als austauschbare Äquivalente gebraucht, so daß auch ἀρρωστία als konkrete Erkrankung aufgefaßt werden kann. ἀρρωστία geht in LXX auf חלה, חלה, רעה und חלי, ἀρρωστεῖν 1mal auf אנש ni., sonst hauptsächlich auf

---

²³⁵ *Und in die Scheol hinabzusteigen ist besser als beständiger Schmerz.* Syr bestätigt eindeutig die 2. Lesart in H^B.

²³⁶ *Eine ernste Erkrankung läßt den Schlaf fliehen.*

²³⁷ *Und alles Böse soll sich dir nicht nähern.*

²³⁸ *Auch in deiner Krankheit (*ܡܪܝܐ ܡܪܝܐ ܡܠܐ *bete zu Gott = 9b).*

²³⁹ 18,19ab Πρὶν ἢ λαλῆσαι μάνθανε / καὶ πρὸ ἀρρωστίας θεραπεύου.

חלה und ἄρρωστος auf חלה zurück. In Gr 18,21 steht für das Verb kein hebräisches Äquivalent zur Verfügung (Syr ܠܘܐ La *languor*), das Adjektiv ist in 7,35a aufgrund des textkritischen Befunds in H^A (SMEND: "völlig verderbt") übersetzungstechnisch schwer einzuordnen. Aquila übersetzt חלי in Jes 1,5 mit ἀρρώστημα (ο' πόνος σ' νόσος) und in Jer 10,19 (wie Symmachus) mit ἀρρώστημα (ο' τραῦμα). Siehe hierzu auch die Ausführungen zu ἀρρώστημα auf S. 350f.

ἀσθμαίνειν röcheln, schnarchen, keuchen[240]

34(31),19 καὶ ἐπὶ τῆς κοίτης αὐτοῦ οὐκ ἀσθμαίνει
La: *et in dormiendo non laborabis ab illo et non senties dolorem*
H^B: ועל יצועיו לא ישיק   H^Bmarg יצוריו   Syr: [241] ܡܗܠ ܚܣܒܪܗ ܠܐ ܢܘܪܗܐ

WF: ἄσθμα (Weish), ἐπασθμαίνειν (4 Makk)   WFd: ῥέγχειν (Jon), χάσκειν (1 Esra)

Die in H^B überlieferte Verbalform ישיק ist nicht leicht zu bestimmen und führte daher in den Übersetzungen zu differierenden Wiedergaben: *übel werden* (EÜ), *überströmen* (SAUER, Sirach 581), *in Hitze geraten* (PETERS, Ecclesiasticus 254); nach Gr: *keuchen* (RYSSEL, Sirach 388), *wheezing* (SKEHAN - DI LELLA, Wisdom 384), *ächzen* (ZB), *Atembeklemmungen* (GN). Die Konkordanz von BARTHÉLEMY und RICKENBACHER ordnet die Form der Wurzel נשק zu. Ob hinter ישיק das in 𝔐 nur noch in Jes 44,15 (καίειν) und Ez 39,9 (καίειν) im Hifil und in Ps 78,21 (ἀνάπτειν) im Nifal bezeugte נשק (*anzünden* bzw. *sich entzünden*) als Vorlage von ἀσθμαίνειν angenommen werden darf, ist wenigstens unter lexikographischem und übersetzungstechnischem Aspekt fraglich. Gegenüber (H^B) 34(31),19 übersetzt Gr נשק hi. in 43,21 (H^B) ähnlich wie LXX mit ἐκκαίειν. SMEND (Weisheit 280) jedoch vermutet eine Form von נשק, "das targumisch im Pael Jemanden ersticken bedeutet. Das Kal und Afel sind nicht belegt, könnten aber = ἀσθμαίνει sein."

---

[240] FRITZSCHE, Weisheit 372: *(keinen) schweren Athem haben.* LEH: *to breathe hard, to gasp for breath.*
[241] *Und in seinem Bett schüttelt er sich nicht.*

ἀσπάλαθος Aspalath (dorniger Strauch)[242]

24,15 ὡς κιννάμωμον καὶ ἀσπάλαθος ἀρωμάτων
La: *sicut cinnamomum et aspaltum aromatizans*
H⁰   Syr: [243] ܪ̈ܝܚܐ܂ ܐܣܦܠܬܐ ܐܟܙܢܐ ܐܝܟ
WF: Ø   WFd: Ø

ἀστοχεῖν untreu werden, von etw. abrücken (metaph.)[244]

7,19 μὴ ἀστόχει γυναικὸς σοφῆς καὶ ἀγαθῆς
La: *noli discedere a muliere sensata et bona*
Hᴬ: אל תמאס אשה משכלת
Syr: [245] ܐܠ ܬܫܒܘܩ ܐܢܬܬܐ ܛܒܬܐ ܘܚܟܝܡܬܐ ܒܚܠܦ ܗܪ̈ܢܝܐ

8,9 μὴ ἀστόχει διηγήματος γερόντων
La: *ne despicias[246] narrationem presbyterorum*
Hᴬ: אל תמאס בשמיעת שבים   Syr: [247] ܘܠܐ ܬܬܟܬܫ ܒܣܘܥܪ̈ܢܐ ܕܩܫ̈ܝܫܐ

WF: Ø {ἄστοχος, ἀστοχία, ἀστόχημα}, εὔστοχος (Weish), εὐστόχως (1 Kön,
2 Chr)[248]   WFd: προδιδόναι (2 Kön, Jes, Ez, 2-4 Makk), ἀποστρέφεσθαι* (#),
ἀποτρέπειν* (3-4 Makk), ἐγκαταλείπειν* (#), φεύγειν* (#)

Für das 76mal in 𝔐 bezeugte Verb מאס ist in LXX eine breite Palette
von Äquivalenten bezeugt, von denen am häufigsten ἀπωθεῖν, ἐξουδενεῖν, ἀποδοκιμάζειν herangezogen werden. Auch Gr übersetzt מאס sehr
unterschiedlich: ἀπαναίνεσθαι, βδελυρός (ᴸˣˣHplg), μισεῖν bzw. μισητός, παρακμάζειν (ᴸˣˣHplg), προσκόπτειν, προσοχθίζειν. Abgesehen
von ἀπαναίνεσθαι (Ijob 5,17) und μισεῖν (Spr 16,3; Jes 33,15; 54,6)
sind diese Vokabeln für מאס von den LXX-Übersetzern nicht herangezo-

---

[242] LEH: *aspalathus, camel thorn.* SMEND, Weisheit (Hebräisch - Deutsch) 41: *wohlrie-*
chender [Kalmus und Kassia]. EÜ: *duftendes Gewürzrohr.* RYSSEL, Sirach 354:
aromatischer Salbenstrauch. Zum Aspalath vgl. auch die Angaben bei Plinius d. Ä.,
Historia naturalis XII 24.

[243] *Wie Zimt und Räucherwerk von Wohlgerüchen.*

[244] LEH: *to miss (8,9); to ignore (7,19) neol?.* PAPE: *das Ziel verfehlen, nicht treffen,*
περί τινος sich in seinem Urtheile über etwas irren, übh. nicht Rücksicht nehmen
auf etwas. EWNT: *abirren, sich lossagen, auf Abwege kommen.*

[245] *Nicht tausche eine gute und schön anzusehende Frau gegen Perlen ein* (=17ab).

[246] Im Gegensatz zu 7,19(21) μὴ ἀστόχει *noli discedere* (Hᴬ תמאס) gibt La an dieser
Stelle mit *ne despicias* nicht GrI μὴ ἀστόχει, sondern Hᴬ תמאס wieder.

[247] *Ärgere dich nicht über die Reden (Schwätzereien) der Alten.*

[248] In 1 Kön 22,34 und 2 Chr 18,23 geht εὐστόχως auf לתמו zurück.

gen worden. Anscheinend faßte Gr das 'aktive und handfeste' *Verstoßen* (=בְדָא) metaphorisch im Bild des *vom Ziel Abweichens* (d.h. *von jmdn bzw. etw. abrücken)* ein. Die doppelte Negation (μή plus α-privativum) unterstützt zudem den einschärfenden Unterton des Prohibitivs.

ἀσυρής schäbig, verdorben, ordinär[249]

23,13 ἀπαιδευσίαν ἀσυρῆ μὴ συνεθίσῃς τὸ στόμα σου
La: *indisciplinose non adsuescat os tuum*
H⁰ Syr: [250] ܐ‍ܟܘ ܠܬܘܐܠܐ ܐܠ‍ܐ ܣܘ‍ܐܠ‍ܐ

WF: Ø {ἀσύριος} WFd: λεπρός (Lev, Num, 2 Sam, 2 Kön, 2 Chr), κακός* (#), αἰσχρός (#), ἀπρεπής (4 Makk)

Das wortstatistisch auffällig selten bezeugte (vgl. **Wortst.**) und etymologisch schwierige ἀσυρής, das weder durch La noch durch Syr bestätigt wird, ist nach SMEND[251] "wohl Zutat des Uebersetzers oder Glosse". Zudem fehlt in 336 547ᶜ 672 755 ἀσυρῆ. An der Authentizität (GrI) dieser schwierigen Lesart ist aber gerade aufgrund des textkritischen und wortstatistischen Befunds festzuhalten.

ἀσχολεῖσθαι mit etw. beschäftigt sein, durch etw. aufgehalten werden[252]

39,1 καὶ ἐν προφητείαις ἀσχοληθήσεται La: *et in prophetiis vacabit*
H⁰ Syr: [253] ܐ‍ܠܕ ܢ‍ܒ‍ܝ‍ܐ ܩ‍ܕ‍ܡ‍ܝ‍ܐ ܐ‍ܬ‍ܦ‍ܢ‍ܝ

WF: ἀσχολία* (3 Makk), σχολάζειν (Ex, Ps)[254], σχολαστής (Ex), σχολή* (Gen, Spr) WFd: πονεῖν* (#), ἐπιμελεῖσθαι* (Gen, 1 Makk, 1 Esra, Spr), σπουδάζειν (#)

In 40,1 ist ἀσχολία als Wiedergabe für das aramäische (nicht in 𝔐 bezeugte) עֲסָק (*Arbeit, Mühsal, Beschäftigung*) überliefert (Syr ܥ‍ܢ‍ܝ‍ܐ),

---

[249] FRITZSCHE, Weisheit 356: *schmutzig*. WAHL: *non purgatus, impurus*. LEH: *lewd neol?*. LSJ (Supplement 1996) *lewd, filthy* korrigierend: *dirty, filthy, morally debased, foul*. SAUER, Sirach 562: *unsauber*. PAPE: *unrein, häßlich*. SKEHAN - DI LELLA, Wisdom 319: *coarse (talk)*. ZB: *unflätige (Zuchtlosigkeit)*. EÜ läßt ἀσυρῆ unberücksichtigt. GN: *gemeine, schmutzige (Redeweise)*.
[250] *Und auch an Dummheit gewöhne deinen Mund nicht!*
[251] Weisheit 209. KATZ übernimmt in seiner Besprechung der Rahlfs-LXX (Sp. 278) SMENDS Vorschlag, möchte allerdings anstelle des Akkusativs den Dativ lesen.
[252] LEH s.v. ἀσχολέομαι (pass.): *to be occupied in*. FRITZSCHE, Weisheit 387: *sich beschäftigen*. SAUER, Sirach 599: *bemüht sein*. PAPE: *pass. beschäftigt sein*.
[253] *Und den 'früheren Propheten' wandte er sich zu.*
[254] Das Verb steht in Ex 5,8.17 für רָפָה ni. und in Ps 45(46),10 für רָפָה hi.

das sonst in Gr noch mit χρεία (3,22 H^AC), ἔργον μέγα (7,25 H^AC) und πρᾶξις (38,24 H^B) korrespondiert. Auf den ersten Blick nicht sicher zu entscheiden ist, ob La *vacabit* tatsächlich auf den in Gr belegten Privativbegriff ἀσχολεῖσθαι oder aber auf das Simplex σχολάζειν (*freie Zeit für etwas haben*) basiert. Beide Begriffe bedeuten grundsätzlich denselben Sachverhalt (*beschäftigt sein*), wobei allerdings ἀσχολεῖσθαι einen etwas pejorativen Kontext (*mit einer "unangenehmen" Tätigkeit befaßt sein*) voraussetzt. Da aber La in 40,1 ἀσχολία mit dem eher negativen Ausdruck *occupatio*, hingegen σχολή in 38,24 mit *vacuitas* wiedergibt, wird man hinter La *vacabit* das durch keine griechische Handschrift gestützte Verb σχολάζειν (GrII?) als Vorlage vermuten dürfen, was möglicherweise Korrektur des abwertenden ἀσχολεῖσθαι (GrI) ist.

ἀφ- ελπίζειν verzweifeln

22,21 μὴ ἀφελπίσῃς, ἔστιν γὰρ ἐπάνοδος
La: *non desperes est enim regressus*
H⁰ Syr: [255] ܪܠ ܐܘܩܠ ܐܪܟ ܕܠ ܐܠ ܡܠ ܐܢ ܬܠ ܪܠ

27,21 ὁ δὲ ἀποκαλύψας μυστήρια ἀφήλπισεν
La: *denudare autem amici mysteria desperatio est*
H⁰ Syr: [256] ܗܣܘ ܐܡܠܬܟ ܐܣܡܕ ܬܟܪܐ ܪ. ܠܕܟܠܠ

WF: ἀπελπίζειν (Ri, Est, Jes, 2 Makk), ἐπελπίζειν (2 Kön, Ps), ἐλπίζειν* (#), ἐλπίς (#) WFd: ἀπονοεῖσθαι (1 Esra, 2 Makk), ἀπόνοια* (2-4 Makk), ἀπογινώσκειν (Dtn, Jdt, 2 Makk), ἐξαπορεῖσθαι (Ps)

Als phonetische Variante zu ἀπ- ελπίζειν, das in Jes 29,9 auf אביון (oἱ ἀπηλπισμένοι τῶν ἀνθρώπων אביוני אדם) und α' Jer 18,12 auf יאש ni. (*verzweifeln*) zurückgeht, korrespondiert ἀφ- ελπίζειν in Syr mit ܐܘܐܠ (*verzweifeln*) sowie mit der (umschreibenden) Konstruktusverbindung ܣܡܐ ܐܡܠܬܪ (*Beseitigung der Hoffnung*). Im letzteren Fall bezeugt La mit dem Nomen *desperatio* erneut gegen Gr eine Parallele zu Syr (vgl. auch ܠܕܟܠܠ *denudare* gegen Gr ἀποκαλύψας). Vgl. ferner die in Gr zu beobachtende phonetische Variante ἔφ- ισος und ἔπ- ισος (^LXXHplg) in 9,10 und 34(31), 27(32).

---

[255] *Nicht sollst du verzweifeln, es gibt nämlich einen Ausweg.*
[256] *Ein Geheimnis aber offenzulegen ist die Beseitigung der Hoffnung.*

ἄχαρις undankbar, uncharmant, unwillkommen[257]

20,19 ἄνθρωπος ἄχαρις, μῦθος ἄκαιρος La: *homo acharis quasi fabula vana*
H⁰ Syr al.: ܪܘܠܝ ܪܠܢ ܠܐܪܕܕܢ ܪܕܘܠܝ ܪܘܝܝܢ ܪܠܢ ܪܝܝܪ
    [258] ܘܝܬܝܢ ܘܝ ܬܝܪ ܪܠܢ ܪܕܠܝ ܪܝܝܡ

WF: ἀχάριστος* (Weish, 4 Makk), ἀχαρίστως*, εὐχαριστία* (Est, Weish, 2 Makk), εὐχάριστος (Spr), εὔχαρις[259] (Weish) **WFd:** χαλεπός* (Weish, Jes, 2-4 Makk), αὐστηρός (2 Makk), αὐστηρία (2 Makk), σκυθρωπός* (Gen, Dan θ'), σκυθρωπῶς (3 Makk), σκυθρωπάζειν (Ps, Spr, Jer), σκληρός* (#), ἀπηνής (Weish), δύσκολος (Jer), στυγνός (Weish, Jes, Dan o')

Möglicherweise variierend im Ausdruck gegenüber dem in ἀχαρίστως (^LXXHplg s.u.) zugrundeliegenden Adjektiv ἀχάριστος (29,17.25). Auch hier läßt sich die Wortwahl von ἄχαρις u.a. als stilistisch beabsichtigt erklären: Alliteration (ἄνθρωπος ἄχαρις), Assonanz (Wortspiel) ἄχαρις - ἄκαιρος. Da ἄχαρις im nachfolgenden Stichos durch ἀπαίδευτος fortgeführt wird, erweist sich der *taktlose/uncharmante* Mensch gerade durch seine Unkenntnis des rechten Zeitpunkts als *ungebildet*.

ἀχαρίστως in undankbarer Weise[260]

18,18 μωρὸς ἀχαρίστως ὀνειδιεῖ La: *stultus achariter inproperabit*
H⁰ Syr: [261] ܪܕܢܩܠܝ ܬܝܢ ܪܠ ܬܝ ܬܘܘܝ ܬܝܠ ܪܠܝܡ

WF: ἀχάριστος* (Weish, 4 Makk), ἄχαρις*, εὐχαριστία* (Est, Weish, 2 Makk), εὐχάριστος (Spr), εὔχαρις (Weish) **WFd:** χαλεπός* (Weish, Jes, 2-4 Makk), αὐστηρός (2 Makk), αὐστηρία (2 Makk), σκυθρωπός* (Gen, Dan θ'), σκυθρωπῶς (3 Makk), σκυθρωπάζειν (Ps, Spr, Jer), σκληρός* (#), ἀπηνής (Weish), δύσκολος (Jer), στυγνός (Weish, Jes, Dan o')

Mit ἀχαρίστως wird *antithetisch* das unmittelbar vorausgehende ^LXXHplg κεχαριτωμένος (*gütig, wohltätig*) wiederaufgenommen. Während χάρις meist im Zusammenhang mit dem (gesetzes)treuen und weisen Menschen

---

[257] LEH: *unpleasant, disagreeable*. FRITZSCHE, Weisheit 350: *widerwärtig*. HAMP, Sirach 622: *unangenehm*.

[258] *Wie ein Ochsenschwanz (EÜ: Braten; ZB: Fettschwanz [vom Schaf]) nicht ohne Salz gegessen werden kann, so ist ein Wort, das nicht gesprochen wird zu seiner Zeit.*

[259] Vgl. den Gräzismus *eucharis* in La 6,5: lingua eucharis in bono homine abundabit.

[260] LEH: *with bad grace, with an ill will; neol?*. EÜ: *in liebloser Weise*. SAUER, Sirach 550: *ohne Liebe*. FRITZSCHE, Weisheit 346: *auf unangenehme Weise*. JB paraphrasierend: (*der Tor*) *gibt nichts (und beleidigt*).

[261] *Der Tor nämlich schmäht, solange er nicht Gutes tut.*

(Frau und Mann) steht (vgl. 7,19b; 21,16; 24,16f.; 26,13.15; 37,21; 42,1; 44,23), nimmt ἀχαρίστως bzw. ἀχάριστος²⁶² (29,17.25) sowie ἄχαρις²⁶³ bezug auf den Tor (=Sünder). Das in ἀχαρίστως und ἄχαρις zugrundeliegende χάρις ist demnach ein Zentralbegriff in der Weisheitslehre des griechischen Sirachbuches, der je nach seiner kontextlichen Einbindung - ähnlich wie חסד - unterschiedlichste Interpretationsmöglichkeiten offenläßt. Da in 18,15-18 vom rechten Geben die Rede ist, kann ἀχαρίστως wohl als *undankbar* verstanden werden. Nicht nur *was* der Tor tut, sondern auch *wie* er es tut, unterscheidet ihn vom Weisen. In 4 Makk 9,10 reagiert der Tyrann nach der Schmährede der Brüder (9,1-9) nicht nur verärgert, sondern ist sogar erbost über ihr *undankbares²⁶⁴* Benehmen (κατὰ ἀχαρίστων ὠργίσθη). Ebenso ist in Weish 16,29 mit ἀχάριστος eindeutig (vgl. in 16,28 das Antonym εὐχαριστία) der *Undankbare* gemeint; vgl. hierzu auch die Gr-Belege in 29,17.25, wo ebenfalls von der *Undankbarkeit* gesprochen wird.

βδελυρός abscheulich, ekelhaft²⁶⁵

41,5 τέκνα βδελυρὰ γίνεται τέκνα ἁμαρτωλῶν
La: *filii abominationum fiunt filii peccatorum*
Hᴮ: כי כן נמאס דבת דבר רעים   Hᴮᵐᵃʳᵍ: נין נמאס דבר רעים
Hᴹ: נין נמאס תׁולדׁות רעים   Syr: ܪ̈ܚܡܐ ܘܐܬ̈ܠܘܬܐ ܪ̈ܚܡܐ ܘܐܬܐ

WF: βδελυγμός (1 Sam, Nah)²⁶⁶, βδέλυγμα* (#)²⁶⁷, βδελυκτός (Spr, 2 Makk), βδελυρία (σ'), βδελύσσειν* (#) WFd: ἀηδία (Spr), δυσχερής (2 Makk), δύσχρηστος (Weish), ἄγριος (#), αἰσχρός (#), αἰσχρῶς (Spr)

מאס q. (*verachten*) korrespondiert in Gr mit ἀπαινεῖν, ἀστοχεῖν, προσοχθίζειν; das Nifal-Partizip wird abgesehen von βδελυρός zweimal mit

---

²⁶² In 29,17 korrespondiert ἀχάριστος (ἐν διανοίᾳ) parallel zu dem vorausgehenden ἁμαρτωλός; antithetisch steht es zu χάριτες ἐγγύου (15a *die Gefälligkeiten des Bürgen*).
²⁶³ ἄνθρωπος ἄχαρις wird in nachfolgenden Stichos durch ἀπαίδευτος fortgeführt.
²⁶⁴ In 4 Makk 8,5f bietet der Tyrann sein Wohlwollen an, das die Brüder jedoch **undankbar** von sich weisen.
²⁶⁵ LSJ s.v. βδελυρεύομαι: *to behave in a beastly manner*. βδελυρός (v.l. βδελυκτός B Anton. p.1045.1081) ist gegenüber dem in 2 Makk 2,14; Spr 17,15; Tit 1,16 belegten βδελυκτός, das an diesen Stellen immer Personen charakterisiert, weitgehend synonym verwendet. Von daher könnte auch die Variante erklärt werden.
²⁶⁶ In 1 Sam 25,31 liegt פוקה vor, in Nah 3,6 שקוץ.
²⁶⁷ In Gr liegt von den 9 Belegen nur 2mal תועבה und 1mal זמה vor; LXX übersetzt mit βδέλυγμα abgesehen von אליל, אליל, גלולים, חמן, מזמה, שקץ, תעב hi. in den meisten Fällen תועבה und שקוץ.

μισητός (20,5 H^C; 37,20 H^B) übersetzt; den finiten Nifalformen entsprechen in Gr παρακμάζειν (42,9 H^M; H^B גור), μισεῖν (34,16 H^B) und
προσκόπτειν (34,17 H^B). Das mit dem ^{LXX}Hplg nahe verwandte βδελυκτός (verbunden mit ἀκάθαρτος) steht in Spr 17,15 für תועבה (*Greuel,
Abscheu*). מאס wird in LXX in den meisten Fällen mit ἀπωθεῖν wiedergegeben, ferner mit ἐξουδενεῖν bzw. ἐξουθενεῖν und ἀποδοκιμάζειν.
Syr und Syh haben für נמאס bzw. βδελυρός beide ܡܣܠܝܐ (*verachtet*).
Sonderbar hat La den Genitiv *abominationum* (Greuel), so daß als Vorlage βδελυγμῶν vorauszusetzen wäre.

βλάστημα Sproß, junger Trieb

50,12 ὡς βλάστημα κέδρων ἐν τῷ Λιβάνῳ   Syr: *om.*
La: *quasi plantatio cedri in monte Libano*   H^B: כשתילי ארזים בלבנון

WF: βλαστάνειν* (#), βλαστός* (#), ἀναβλαστάνειν (Ijob), ἐκβλαστάνειν
(Num, Ijob, Jes) WFd: ἄνθος* (#), ἄνθινος (Ex), ἀνθέμιον (Koh), ἀνθεῖν*
(#), ἐξανθεῖν* (#), κλάδος* (#), ὄζος (Weish), κλῆμα (#), μόσχος (#), μόσ-
χευμα (Weish), θάλλειν* (Gen, Ijob, Spr), ἀναθάλλειν* (Ps, Weish, Hos, Ez)

Im Ausdruck gegenüber dem gleichbedeutenden βλαστός (50,8 H^B פרח)
bedingt-variierend, da zwei verschiedene Basen in der Vorlage belegt
sind, die Gr allerdings auch mit ein und demselben Begriff wiedergeben
hätte können, dies aber wohl aufgrund der lexikalischen Differenzierung
in H unterlassen hat. Das in 𝔐 nur noch in Ps 128,3 belegte שתיל (*Setz-
ling*) wird in LXX mit νεόφυτον (*Neupflanzung*) übersetzt; für das Verb
שתל (*pflanzen*) stehen in LXX folgende Verben: εὐθηνεῖν, καταφυτεύειν, πιαίνειν, φυτεύειν. Bei Aquila geht βλάστημα auf דשה (Gen 1,11)
und נוף (Ps 47(48),3) zurück, bei Symmachus auf צמה (Ps 64(65),11;
Jer 23,5; Sach 6,12) und ציץ (Jer 48(31),9).

βοοζύγιον Kuhjoch[268]

26,7 βοοζύγιον σαλευόμενον γυνὴ πονηρά
La: *sicut bovum iugum quod movetur ita et mulier nequa*
H^0 Syr: [269] ܐܢܬܬܐ ܒܝܫܐ ܐܝܟ ܢܝܪܐ ܕܬܘܪܐ

WF: ζυγόν/ζυγός* (#), ζυγοῦν (1 Sam, Ez), ζεῦγος (#), ὑποζύγιον (#)

---

[268] FRITZSCHE, Weisheit 362: *Ochsengespann.* LEH: *ox-yoke neol.* WAHL: *iugum boum.*
    PAPE: = βουζύγιον. βουζύγιον ist jedoch auch äußerst selten (Aristoteles, Philo,
    Plutarch, ClemAlex, Euseb) belegt.
[269] *Ein hartes Joch (ist) eine böse Frau.*

WFd: Ø WB: βοο- βούκεντρον (Koh), βουκόλιον (#)

Wortwahl erklärbar als Variation im Ausdruck gegenüber dem sonst üblichen ζυγός (21,25; 28,19f.25; 30,35; 40,1; 42,4; 51,26); das erstaunlicherweise als *Hapaxlegomenon totius graecitatis* (s. **Wortst.**) zu klassifi-
zierende βοοζύγιον ist möglicherweise in der Diktion schärfer, insofern
als mit dem Präverb βοο- ("Kuh") auf die üble Frau angespielt wird.
Vgl. Am 4,1 הבשן פרות; Hos 4,16 סררה פרה. Syr hat für βοοζύγιον σαλευόμενον ܪܟܟ ܡܟ ܟܬܘ (*ein hartes Joch*). Der Wortbildungstyp
βοο- bzw. βου- ist in der Gräzität breit bezeugt (s. LSJ), allerdings sind
die einzelnen Komposita meist nur ganz schwach belegt, so daß nicht selten die Annahme eines Neologismus (Spontanbildung) als Erklärung des
wortstatistischen Befunds plausibel erscheint.

$$\delta\alpha\nu\epsilon\iota\sigma\mu\acute{o}\varsigma \text{ Geldausleihen}^{270}$$

18,33 μὴ γίνου πτωχὸς συμβολοκοπῶν ἐκ δανεισμοῦ[271]
La: *ne fueris mediocris in contentione ex foenore*
H[C]: [272] אל תהי זולל וסובא   Syr: [273] ܟܣܡܐ ܪ܏ܟܡܚ ܟܬ ܘ܏ܘ, ܘ܏ܐ, ܘ܏ܘܠ ܘ܏ܡܚܦ ܟܐ ܟܐ

WF: δάνος*, δάνειον (Dtn, 4 Makk), δαν(ε)ίζειν* (#), δαν(ε)ιστής* (2 Kön,
Ps, Spr), ἐκδανείζειν (Ex, Lev) **WFd:** πίστις* (#), πιστεύειν* (#), κιχράναι
(1 Sam, Ps, Spr)

Ein Verbalabstraktum auf - μος, dessen zugrundeliegendes Verb sowohl in
Gr (8,12[bis] לוה hi. [*leihen*] Syr ܟ܏ܐܪ; 20,15 H[0] Syr ܐ܏ܘܪ; 29,1f -) als
auch in der LXX häufig (לוה q. hi.; עבט q. hi.; שאל) belegt ist.
δανεισμός ist *potentiell* bedeutungsgleich mit dem ebenfalls nur in Gr bezeugten (τὸ) δάνος ([LXX]Hplg) und δάνειον (Dtn 15,5 עבט; 24,11 נשה).
Nach Maßgabe der Überlieferung in H[C] und Syr ist der Präpositionalausdruck ἐκ δανεισμοῦ als Zusatz des Übersetzers zu werten, wenn man
nicht annehmen will, daß Gr das Syntagma וסובא זולל individuell als
ein erst durch fremdes Geld ermöglichtes Feiern interpretiert. Vgl. hierzu
auch Spr 23,21a יורש וזולל כי־סבא πᾶς γὰρ μέθυσος καὶ πορνοκόπος (α' σ' θ' συμβολοκόπος) πτωχεύσει; bezüglich וסובא זולל s.
ferner auch Dtn 21,20 (συμβολοκοπῶν οἰνοφλυγεῖ α' [συμβολοκοπεῖ καὶ]
συμποσιάζει).

---

[270] LSJ: *money-lending*. LEH: *borrowing-money*.
[271] FRITZSCHE, Weisheit 347: *Werde nicht arm, indem du Schmause mit Geborgtem
giebst.* JB: *Mach dich nicht arm durch Gelage mit geliehenem Geld.*
[272] SAUER, Sirach 551: *Nicht sollst du Fresser oder Säufer sein.*
[273] *Nicht sollst du sein arm und betrunken und schamlos und geschwätzig.*

(τὸ) δάνος Darlehen (fremdes Geld)²⁷⁴

29,4 πολλοὶ ὡς εὕρεμα ἐνόμισαν δάνος
La: *multi quasi inventionem aestimaverunt foenus*
Hᵒ Syr: ²⁷⁵ ܩܡܝܕܝܘܢܠ ܐܬܘܪܐ ܟܐܒܠ ܐܢ̈ܫܐ ܟܐܘܠ ܐܢ̈ܫ ܐܪ̈ܟ̈ܝܘ

WF: δανεισμός*, δάνειον (Dtn, 4 Makk), δαν(ε)ίζειν* (#), δαν(ε)ιστής* (2 Kön, Ps, Spr), ἐκδανείζειν (Ex, Lev) WFd: πίστις* (#), πιστεύειν* (#), κιχράναι (1 Sam, Ps, Spr)

δέσις das Einfassen

45,11 ἐν δέσει χρυσίου, ἔργῳ λιθουργοῦ
La: *in ligatura auri et opere lapidarii sculptilis*
Hᴮ: [במל]וֹאים   פתוחי חותם   Syr: *om.*

WF: δεῖν* (#), δεσμεύειν (#), δεσμός* (#), ἐνδεῖν* (Ex, 1 Sam, 2 Chr, Ez) WFd: ταινία (Ez), πλέκειν (Ex, Jes), συμπλεκτός (Ex)

Die Bedeutung von δέσις in diesem Kontext ist schwierig, vielleicht auch textkritisch (ειδεσι S* 542; εν δεησει 603) bedingt. Zur textkritischen Problematik dieses Stichos vgl. s.v. λιθουργός. WAHL: zur Junktur ἐν δέσει χρυσίου: *am goldenen Bande*. LEH dagegen: *setting (of precious stones)*. METZGER, Apocrypha 188: *in a setting of gold, the work of a jeweler*. FRITZSCHE, Weisheit 401: *in Gold gefasst, einer Arbeit des Steinschneiders*.

διακριβάζεσθαι (im eigenen Interesse) es *über*genau nehmen²⁷⁶

51,19 καὶ ἐν ποιήσει νόμου διηκριβασάμην
La: *et in faciendo eam confirmatus sum* Hᵒ Syr *om.*

---

²⁷⁴ LEH: *loan.* PAPE: *die Gabe, gew. ausgeliehenes Geld.*
²⁷⁵ *Viele Darlehensempfänger (Entleiher) nämlich, die etwas zu leihen bitten, haben ihren Darlehensgebern Schwierigkeiten bereitet.*
²⁷⁶ Das Wort ist weder bei LSJ noch LSJ (Supplement 1996) lemmatisch erfaßt. FRITZSCHE, Weisheit 414: *forschen.* LEH: *to examine with precision; to be exact* (als Neologismus *neol.* klassifiziert). WAHL s.v. διακριβοῦν: med. *me ipsum accurate perscrutor.* Demgegenüber faßt La διηκριβασάμην passivisch auf, wenn man die überlieferte Verbform als Vorlage annimmt. Das Simplex ἠκριβάσθη korrespondiert in 46,15 sonderbar mit La *probatus est*, so daß sich eher ἐδοκιμάσθη (vgl. 34(31),10 La *probatus est*) als Vorlage annehmen läßt. Möglicherweise ist auch hier La Zeuge dafür, daß ein wortstatistisch äußerst selten bezeugtes und schwieriges Wort (u.U. ein Neologismus des Übersetzers GrI: hier διακριβάζεσθαι bzw. ἀκριβάζειν) von einer zweiten Hand (GrII ?) rezensiert wurde. Vgl. hierzu ferner S. 167f. (s.v. ἀσχολεῖσθαι).

WF: διακριβοῦν (2 Makk), διακρίβεια (α'), ἀκρίβασμα (α' θ' Al. Quint.), ἀκριβασμός (Ri, 1-2 Kön, Spr), ἀκριβαστής (α' θ'), ἀκρίβεια* (Weish, Dan o'), ἀκριβής* (Est, Dan o'), ἀκριβοῦν (α' Al.), ἀκριβῶς (Dtn, Weish, Ez, Dan θ'), ἐξακριβάζεσθαι (Num, Ijob, Dan o') WFd: πιστός* (#), ἀσφαλής (Tob, Spr, Weish), βέβαιος (Est, 3-4 Makk, Weish), ἀψευδής (Weish), ἐπιμελῶς (#), ἐπιμελεῖσθαι* (Gen, 1 Esra, 1 Makk, Spr)

Das *Hapaxlegomenon totius graecitatis* διακριβάζεσθαι (v.l. A διακρι-βεῖν) ist weitgehend bedeutungsgleich mit διακριβοῦν, das nur in 2 Makk 2,28 (Vorwort) in der Bedeutung *genau untersuchen* steht. Gegenüber dem ᴸˣˣHplgˢⁱʳ ἀκριβάζεσθαι (46,15 mit Samuel als Subjekt) verstärkt das mit Präverb δια-[277] gebildete Kompositum διακριβάζεσθαι (hier: *lyrisches Ich* als Subjekt) den ohnehin schon im Simplex grundgelegten Bedeutungsgehalt der *Genauigkeit*. Diese meist durch die Vorlage nicht gedeckte, stilistisch-semantische Nuancierung durch Nebenaspekte evozierende Präverbien (hier δια-; in Gr ferner auch ἐκ-, προσ-, συν-) kann bei Gr desöfteren beobachtet werden.[278] In 1 Kön 11,33 dient nach hexaplarischer Überlieferung (O⁻²⁴⁷)[279] διακριβείαι (pl.) in der Bedeutung *minuziöser Gesetzesobservanz* als Wiedergabe von חָקּתַי.

διαλλαγή Versöhnung, Aussöhnung

22,22 μὴ εὐλαβηθῇς, ἔστιν γὰρ διαλλαγή La: *non timeas est enim concordatio*
H⁰ Syr: [280] ܟ̈ܐܬܐ ܢܚ ܡܠ ܐܝܪ̈ܬ ܠܓܗ ܠܘܬܐ ܠܐ

27,21 καὶ λοιδορίας ἔστιν διαλλαγή La: *et maledicti est concordatio*
H⁰ Syr: [281] ܟ̈ܐܬܐ ܐܝܪ̈ ܟܚܐܚܠܐ

WF: διαλλάσσειν (Ri, 1 Sam, Ijob), καταλλαγή (Jes, 2 Makk), καταλλάσ-σειν (Jer, 2 Makk) WFd: ἐξίλασις (Num, Od), ἐξιλασμός* (#), ἱλασμός (#), ἱλάσκεσθαι (#), ἱλαστήριος (4 Makk), συλλύειν (1-2 Makk)

---

[277] Zum Nebenaspekt des Präverbs δια- (*bis zum Ende, ganz und gar*) s. BORNEMANN, E. - RISCH, E., Griechische Grammatik, Frankfurt a.M. ²1978, 200 [§ 197].

[278] Hinsichtlich der Verwendung des Präverbs δια- vgl. ferner das gegenüber μάχεσθαι *stärkere* δια-μαχίζεσθαι, das ebenfalls im akrostichischen Gedicht (51,19a an exponierter Stelle) steht, sowie δια-μάχεσθαι (8,1.3; 38,28). Zu λοιδορία (22,24; 27,21; 29,9) findet sich in 27,15 das ᴸˣˣHplgˢⁱʳ δια-λοιδόρησις. Vgl. ferner z.B. μασᾶσθαι (Gr Ø) und das ᴸˣˣHplgˢⁱʳ δια-μασᾶσθαι (34(31),16).

[279] Syh: ※ ܠܪ ܟ̈ܐܕܠܕܝܐ ܪܐ ※

[280] *Fürchte dich nicht, denn es gibt nämlich (!) für ihn eine Wiederversöhnung* (zu ܟ̈ܐܬܐ vgl. 2 Kor 5,19 καταλλαγή).

[281] *Und für Streit gibt es Wiederversöhnung* (ܟ̈ܐܬܐ).

An beiden Stellen ist διαλλαγή als *Versöhnung unter Freunden* zu verstehen. In 22,22 steht διαλλαγή parallel zu dem ᴸˣˣHplg ἐπάνοδος (V.21b La *regressus ad amicum*)[282] ; in 27,21 ist διαλλαγή als *Versöhnung nach einem Streit* (unter Freunden) im Kontext »Freundschaft« eingebettet. Bei Symmachus korrespondiert διαλλαγή durchgängig mit רצון (Ps 29,6 o' θέλημα α' εὐδοκία; Ps 68,14 o' εὐδοκία; Jes 60,10 o' ἔλεος α' θ' εὐδοκία). Für das dem ᴸˣˣHplg *potentiell* semantisch nahestehende καταλλαγή (PAPE: *Aussöhnung, Versöhnung*) ist in Jes 9,5(4) kein plausibles Äquivalent zu bestimmen. Hinsichtlich der bedeutungsgleichen Verwendung der Wortstämme καταλλαγ- und διαλλαγ- s. H. MERKEL, καταλλάσσειν κτλ., in: EWNT II 644-650, hier 645.

διαλοιδόρησις heftiges Streiten[283]

27,15 καὶ ἡ διαλοιδόρησις αὐτῶν ἀκοὴ μοχθηρά Hᵒ Syr: *om.*
La: *et maledictio illorum auditus gravis*

WF: Ø {διαλοιδορεῖσθαι}, λοιδορεῖν (#), λοιδορία* (Ex, Num, Spr), λοίδορος* (Spr), λοιδόρησις (Ex), συλλοιδορεῖν (Jer) **WFd:** ἔρις* (Ps), φιλονεικία (2-4 Makk), φιλόνεικος (Ez), διαφορά* (1 Esra, 1 Makk), διχοστασία (1 Makk), μάχη* (#)

Variierend im Ausdruck gegenüber dem weitgehend gleichbedeutenden λοιδορία (22,24 Hᵒ Syr ܪܬܠܓ; 27,21 Hᵒ Syr ܪܚܐܢ; 29,9 Hᵒ *om.*). Der Unterton in διαλοιδόρησις ist freilich aufgrund des Präverbs διαschärfer. In wortstatistischer Hinsicht auffällig ist διαλοιδόρησις insofern, als es als *Hapaxlegomenon totius graecitatis* klassifiziert werden muß (s. **Wortst.**). Es ist daher nicht völlig auszuschließen, daß der Übersetzer dieses Verbalabstraktum individuell gebildet hat; möglicherweise war ihm das Simplex λοιδορία für den Sachverhalt in 27,15 zu schwach. λοιδορία wird in LXX für רבה (Spr 10,18), ריב (Ex 17,7; Spr 20,3) sowie für מריבה (Num 20,24), das in Ex 17,7 mit Λοιδόρησις korrespondiert, benutzt. Zum Wortbildungstyp δια-, den Gr häufiger zur Steigerung des Ausdrucks verwendet, s. S. 173f. (s.v. διακριβάζεσθαι).

---

[282] V.21b: μὴ ἀφελπίσῃς, ἔστιν γὰρ ἐπάνοδος.

[283] LEH: *railing, abuse neol.* [= LSJ]. PAPE: *das Schmähen.* FRITZSCHE, Weisheit 362: *Gezänk.* LB: *Streit.* ZB: *Fluchen.* GN: *Schimpfreden.* EÜ übersetzt den Stichos unvollständig: *Ihr Schimpfen ist unerträglich.* JB exakter: *und ihr Gezänke anzuhören ist gräßlich.*

διαμασᾶσθαι (laut) kauen, schmatzen (*pejorativ*)[284]

34(31),16 καὶ μὴ διαμασῶ, μὴ μισηθῇς
La: *et non cum manducas multum odiohabearis*
H^Bmarg. [285] גרגרן תהיה ולא   Syr: ܪܠܐ ܟܘܦܐ ܘܠܐ ܟܟܐ ܟܣܘܦܐ ܘܠܐ

WF: Ø {διαμάσημα, διαμάσησις, διαμασητός}, μασᾶσθαι (Ijob) WFd:
δάκνειν* (#), ἐσθίειν* (#), σιτεῖσθαι (2 Makk), δειπνεῖν (Tob, Spr, Dan o'),
κάπτειν (Dan o')

Da das mit διαμασᾶσθαι korrespondierende גרגרן (*gierig, Schlemmer,
Schlürfer*) in 𝔐 fehlt, ist ein septuagintaspezifischer Vergleich hinsichtlich der Übersetzungsweise nicht möglich. Syr, גרגרן bestätigend, hat:
und nicht sollst du gefräßig[286] *sein und du wirst nicht gehaßt*. In Ijob
30,4d steht das Simplex μασᾶσθαι pejorativ für לחם: οἳ καὶ ῥίζας ξύ-
λων ἐμασῶντο ὑπὸ λιμοῦ μεγάλου [287] ושרש רתמים לחמם.

διαμαχίζεσθαι sich durchkämpfen, sich sehr anstrengen[288]

51,19 διαμεμάχισται ἡ ψυχή μου ἐν αὐτῇ
La: *conlucata est anima mea in illa*
H^B: נפשי בה חשקה   H^Q: בה נפשי חריתי   Syr: ܐܟܬܪܬ ܢܦܫܝ ܒܗ

WF: διαμάχεσθαι* (Dan o'), μάχεσθαι[289] (#), μάχη* (#), μαχητής (#) WFd:
πονεῖν* (#), πόνος* (#), σπουδάζειν (#), σπουδή* (#), προθυμεῖσθαι (1-2
Chr, 1-3 Makk), προθυμία*, ἀγωνίζεσθαι* (Dan θ', 1-2-4 Makk)

---

[284] WAHL: *manduco ad finem usque i. e. donec adest, quod manducetur= beim Essen
aushalten bis auf den letzten Mann.* LEH: *to devour.* LSJ: *chew up.* FRITZSCHE,
Weisheit 371: *schmatzend kauen.* SMEND, Weisheit 279: "Das Verbum bedeutet
sonst kauen, er gebraucht es wohl im Sinne von schmatzen." Zur stilistischen Eigenart des Übersetzers hinsichtlich der Verwendung des Wortbildungstyps (Präverbs)
δια- (*durch-, bis zum Ende*) s. S. 173f (s.v. διακριβάζεσθαι).

[285] Bei diesem Stichos handelt es sich nach dem Foto um einen **interlinearen** Zusatz,
nicht um H^B, wie die Editionen von BEN ḤAYYIM und VATTIONI (=LÉVI) glauben
machen. Vgl. BEENTJES, The Book of Ben Sira 56. SAUER, Sirach 581, übersetzt:
und nicht sollst du schlürfen... ZB: *und fahre nicht gierig zu* ... EÜ: *und sei nicht
gierig.* JB: *und schlürfe nicht.*

[286] SyrL s.v. ܟܟܐ: *gulosus*; syr. ܟܟܐ bedeutet *Gurgel, Kehle, Schlund.*

[287] BHS: frt = לְחֻמָּם inf qal a חמם cf Jes 47,14.

[288] In LSJ nicht erfaßt; LSJ (Supplement 1996): *strive earnestly.* LEH: *to strive for [ἐν
τινι]* neol.

[289] In GrI ist lediglich die nominale Umschreibung μάχην ποιεῖν (8,16 H^A עזז hi. plus
מצח *die Stirn bieten*) statt μάχεσθαι bezeugt.

διαμαχίζεσθαι, das sich lediglich durch ihr Ableitungssuffix (-ίζειν) von διαμάχεσθαι (8,1 H^A ריב; 8,3 H^A נצה; 38,28 H^0 Syr ﺣﻢ) unterscheidet, korrespondiert nach H^B mit חשק (*an etwas aus Liebe hängen*), nach H^Q jedoch mit חרה (*entbrennen*). Als Gr-Vorlage wird man daher eher H^Q annehmen dürfen, zumal חרה ni. in der Bedeutung *streiten, zanken, kämpfen*[290] (vgl. Ges[17]) gebräuchlich ist. Syr geht eindeutig mit H^B, indem sie gegenüber der nicht im Syrischen vorhandenen Basis חשק das synonyme ﺣﺐ (hebr. דבק) wählt. Unter wortbildungstypischem (δια-) Gesichtspunkt steht διαμεμάχισται chiastisch zum unmittelbar nachfolgenden διηκριβασάμην.

διαψιθυρίζειν einander (πρὸς ἀλλήλους) zuflüstern, tuscheln[291]

12,18 καὶ πολλὰ διαψιθυρίσει καὶ ἀλλοιώσει τὸ πρόσωπον αὐτοῦ
La: *et multa susurrans conmutabit vultum suum*
H^A: ולרוב הלחש ישנא פנים   Syr: ﺣﻠﺴﺐ ﻭﻣﺤﺒﺎ ﻭﺍﺳﻜﺎﺕ,

WF: Ø {Ø}, ψιθυρίζειν* (2 Sam, Ps), ψιθυρισμός (Koh), ψίθυρος* WFd: Ø

לחש (pi. *beschwören*, hitp. *unter sich zischeln, flüstern*) begegnet innerhalb 𝔐 im Piel nur noch in Ps 58,6 (ἐπάδειν σ' ψιθυρίζειν) und im Hitpael in 2 Sam 12,19 (ψιθυρίζειν) sowie in Ps 41,8 (ψιθυρίζειν σ' ψιθυρίζειν). Das davon abgeleitete Nomen לחש (*Beschwörung, Zauber, pl. Amulette*) wird in LXX mit ἀκροατής (α' ψιθυρισμός σ' ὁμιλία μυστική), ἐνώτιον (Jes 3,3.20), ἐπάδειν l.v. ἐπιλαλεῖν (Jer 8,17) sowie mit ψιθυρισμός (Koh 10,11 σ' ἐπῳδή θ' ἐπαοιδός) übersetzt. Aus den septuagintaspezifischen Daten ist zu ersehen, daß der Stamm ψιθυρ- zur Wiedergabe von לחש durchaus gebräuchlich war. Syr, die Wortwahl in H^A bestätigend, überliefert: *und viel flüsternd und sein Gesicht verunstaltend*. Daß Gr in 21,28 (H^0 Syr ﺣﺪﻡ) das Simplex ψιθυρίζειν verwendet, in 12,18 jedoch das wortstatistisch auffällige (s. **Wortst.**) Kompositum διαψιθυρίζειν mit verstärkendem Präverb δια- favorisiert, wird man von der stilistischen Manier des Übersetzers her erklären können; offensichtlich 'variiert' Gr in diesem Fall erneut mit Hilfe des Präverbs δια-; vgl. die wortstatistisch auffälligen ^{LXX}Hplg διακριβάζεσθαι (51,19) gegenüber

---

[290] Vgl. Jes 41,11 (πάντες οἱ ἀντικείμενοί σοι כל הנחרים בך); 45,24 (πάντες οἱ ἀφορίζοντες ἑαυτούς כל הנחרים בו); vor allem aber Hld 1,6 (υἱοὶ μητρός μου ἐμαχέσαντο ἐν ἐμοί בני אמי נחרו־בי).

[291] FRITZSCHE, Weisheit 362: *munkeln*. LSJ: *whisper among themselves;* korrigiert durch LSJ (Supplement 1996): *spread gossip by whispering*.

ἀκριβάζειν (46,15), διαλοιδόρησις (27,15) gegenüber λοιδορία (22,24; 27,21; 29,9), διαμασᾶσθαι (34[31],16) gegenüber μασᾶσθαι (lediglich in Ijob 30,4), διαμαχίζεσθαι (51,19) gegenüber διαμάχεσθαι (8,1.3; 38,28) und μάχεσθαι (LXX, in Gr 8,16 lediglich μάχην ποεῖν).

διεστραμμένως mit verdrehtem (Blick)[292]

4,17 ὅτι διεστραμμένως πορεύσεται μετ' αὐτοῦ ἐν πρώτοις
La: quoniam in temptatione ambulat cum eo et in primis eligit eum
H^A: [293] כי בהתנכר אלך עמו ולפנים / יבחרנו בנסיונות:
Syr: [294] ܗܠܠ ܪ.ܡܒܝܐ ܐܟܘܠ ܐ ܡܟܕܐ ܡܡܕ ܡܡ ܐܟܝܪܟ،ܡܟܡܡܪܟܡ.

WF: διεστραμμένος, α, ον (#), διαστρέφειν* (#), διαστροφή (Spr) WFd: στρεβλός* (2 Sam, Ps), στραγγαλώδης (Spr), σκολιότης (Ez), σκολιός (#), σκολιάζειν (Spr)

Für das in 𝔐 selten vertretene ᴵ נכר Hitp. (sich verstellen, sich nicht zu erkennen geben) steht in LXX ἀλλοτριοῦν (Gen 42,7 α' Al. ἀποξενοῦν) sowie ἀποξενοῦν (1 Kön 14,5f α' ἀποξενοῦν). Ansonsten wird נכר (Nomen und Verb) v.a. mit Hilfe des Wortbildungstyps ἀλλο- (ἀλλότριος, ἀλλοτριοῦν, ἀπαλλοτριοῦν, ἀλλοτρίωσις, ἀπαλλοτρίωσις) übersetzt. Unter den vielen LXX-Belegen von διαστρέφειν, das in 𝔐 zu 14 verschiedenen Basen[295] führt, ist v.a. Ri 5,6^A (ἐπορεύθησαν ὁδοὺς διεστραμμένας עקלקלות ארחות ילכו) aufschlußreich.[296] Syr übersetzt in Gestalt eines Adverbs auf verkehrte/verdrehte Weise und bestätigt gegen Gr πορεύσεται [sc. σοφία] die 1. Person Singular in H^A אלך (= ܐܠܘܠ). La bezeugt mit ihrer Wiedergabe nicht das ^LXXHplg, sondern vielmehr die in Syh (ܚܣܡܘܝܢ) und 253 überlieferte Variante εν πειρασμω (vgl. H^A בנסיונות ... Syr ܗ܊ܒܣܝ، ܚܣܡܡܟܐ, ܡܡܡܒܪܟܐ), welche GrII zuzusprechen ist.

---

[292] So mit LSJ: mostly Pass., to be distorted or twisted, of the eyes, limbs. διαστρέφειν wird allerdings in der Literatur vielfach auch zur Bezeichnung des Einschlagens eines verkehrten Wegs verwendet. LEH: perversely (= LSJ). WAHL: perverse. WBA: 1.b verkehrt im sittl. Sinn, verdorben. FRITZSCHE, Weisheit 321: (Denn anfänglich geht sie) krumme Pfade (mit ihm). RYSSEL, Sirach 271: (Denn) nicht auf den geraden Wegen (geht sie zuerst mit ihm).

[293] SAUER, Sirach 515: Denn indem ich mich fremd stelle, wandle ich mit ihm; anfangs prüfe ich ihn mit Versuchungen. EÜ: Denn unerkannt gehe ich mit ihm und prüfe ihn durch Versuchungen. JB nach Gr: Denn zuerst führt sie ihn auf gewundenem Pfad.

[294] Denn auf verkehrte Weise gehe ich mit ihm und erprobe ihn zunächst.

[295] הפך hitp., תהפוכה, כאב hi., כאה hi., נוא q., hi., נטה hi., עות pi., pu., hitp., עכר, עכל pu., עקש pi., פרע hi., פתל hitp., צוד pil., תור, תפש.

[296] Das PPP διεστραμμένος dient auffällig oft als Attribut zu ὁδός bzw. τρίβος.

διπλάσιος doppelt, zweifach

12,5 διπλάσια γὰρ κακὰ εὑρήσεις   La: *nam duplicia mala invenies*

H^B: פי שנים רעה תשיג בעת צורך

Syr: ²⁹⁷ ܘܐܦ ܒܝܫܬܐ ܥܠ ܐܦܝ ܚܕܕܐ ܬܕܪܟ ܠܟ ܒܙܒܢܐ

26,1 καὶ ἀριθμὸς τῶν ἡμερῶν αὐτοῦ διπλάσιος

La: *numerus enim annorum illorum duplex*   H^C: ומספר ימיו כפלים

Syr: ²⁹⁸ ܡܛܠ ܕܡܢܝܢܐ *ܕܝܘܡܬܗ܂ ܢܣܓܘܢ ܥܠ ܚܕ ܐܪܒܥ   (*om. Syr^{WP} Ambr.)

WF: διπλασιασμός (Ijob), διπλασιάζειν (Ez), διπλασίασμα (Al.) **WFd**: δι-πλοῦς* (#), δισσός* (Gen, Spr, Jer), δίς* (#) **WB**: -πλάσιος (-*fach*) s.v. μυ-ριοπλασίως; δι-(*zwei*) δίγλωσσος* (Spr), διγομία (Ri), δίδραχμον (#), διετη-ρίς (2 Sam), διετής (2 Makk), δίθυμος (Spr), διμερής (Dan ο'), δίπηχυς (Num), διπλασιάζειν (Ez), διπλασιασμός (Ijob), διπλοΐς (1 Sam, Ijob, Ps, Bar), διπλοῦς* (#), δισμύριοι (2 Makk), δίστομος* (Ri, Ps, Spr), δισχίλιοι (#), διτάλαντον (2 Kön), δίφορος (Dtn), διώροφος (Gen)

Das in 𝔐 nur 3mal bezeugte פי שנים (*zweifach, doppelt*) übersetzt LXX in Dtn 21,17 mit διπλοῦς, in 2 Kön 2,9 mit διπλοῦς (v.l. δισσῶς) und in Sach 13,8 mit τὰ δύο μέρη. Für o.g. Nominalgefüge hat Gr in 18,32 son-derbar μὴ προσδεηθῇς συμβολῇ αὐτῆς (H^C ²⁹⁹ אשר פי שנים רישר); La (*ad duas est enim commissio illorum*) setzt offensichtlich nicht Gr, son-dern vielmehr eine (griechische) Vorlage (GrII?) voraus, die stark von H^C beeinflußt ist. Die in 𝔐 nur 5mal bezeugte Basis כפל (Verbum + No-men) entsprechen in LXX ἐπιδιπλοῦν (Ex 26,9) und διπλασιάζειν (Ez 21,19) sowie πτύξις ? (Ijob 41,5) und διπλοῦς (Jer 16,18; Ijob 11,6). δι-πλασιασμός (Ijob 42,10) korrespondiert in 𝔐 mit משנה (*Verdopplung, das Doppelte*). Da Gr sowohl das singuläre διπλάσιος, das auch in GrII belegt ist, als auch das dazu synonyme und in LXX vielfach bezeugte δι-πλοῦς in den Dienst nimmt, wird man auch hier wiederum die stilistische Manier der *variatio* beim Übersetzer vermuten dürfen. Ob La *annorum* vorlagebedingt auf korruptes (?) ἐτῶν oder nur freie Übertragung von ἡμερῶν ist, kann nicht zweifelsfrei entschieden werden. Jedenfalls ist das darauffolgende αὐτοῦ bei La im Plural *illorum* (= αὐτῶν > ετων ?) be-zeugt. EÜ *Jahre* folgt nicht H^C, Syr, Gr, sondern vielmehr La.

---

²⁹⁷ *Doppelt Böse wirst du für dich finden zur Zeit deiner Armut.*
²⁹⁸ *Denn die [Zahl der] Tage seines Lebens werden verdoppelt.*
²⁹⁹ SMEND, Weisheit (Hebräisch - Deutsch) 31: *die doppelt schnell zur Armut führt* [=ZB]. EÜ: ... *doppelt so schwer wird dann die Arbeit sein.* SAUER, Sirach 551: *denn doppelt vergilt dir die Armut.*

δισσῶς zweifach, auf doppelte Weise

23,11 κἂν ὑπερίδῃ, ἥμαρτεν δισσῶς   H⁰ Syr al.: ³⁰⁰ ܟܐܢ ܟܠ ܟܬܝܒ ܟܐ
La: *et si dissimulaverit delinquet dupliciter*

WF: δισσός* (Gen, Spr, Jer), δίς* (#) WFd: διπλάσιος*, διπλασιασμός
(Ijob), διπλασιάζειν (Ez), διπλασίασμα (Al.), διπλοῦς* (#); vgl. ferner: τρίς*
(#), τρισσῶς (1 Sam, 1 Kön, Spr, Ez), τρισσός (1 Kön, 2 Kön, Ez), τριπλασίως* , τρισσοῦν (1 Kön) {τριπλάσιος}

Für das Wortfeld *doppelt* sind in Gr neben den beiden ᴸˣˣHplg διπλάσιος
und δισσῶς darüber hinaus διπλοῦς (20,10 H⁰ Syr *om.*; 50,2 v.l. Hᴮ ?
Syr ܬܠܝܬ), δίς (7,8 Hᴬ שנה; 13,7 Hᴬ, 35(32),7 und 45,14 Hᴮ פעמים)
und δισσός (1,28 H⁰ Syr ܬܪܝ; 42,24 שנים) bezeugt. In 23,11 wäre die
Indienstnahme von δίς oder διπλασίως etc. möglich gewesen, ohne daß
dabei der Kontext grundlegend verändert worden wäre.

δίχα zweigeteilt, gespalten

47,21 γενέσθαι δίχα τυραννίδα   Hᴮ: לשני שבטים ...
La: *ut faceres imperium bipertitum*   Syr: ³⁰¹ ܠܬܪܝܢ ܫܠܝܛ̈ܐ ܠܡܦܠܓܘ

WF: διχάζειν (α'), διχασμός (α') WFd: σχίζεσθαι (#), διασχίζεσθαι (Ps,
Weish), διχοτομεῖσθαι (Ex)

In der LXX wird der in 𝔐 207mal bezeugte st. constr. שני immerhin in
137 Fällen mit δεύτερος sowie mit δύο übersetzt. שנים (240mal in 𝔐)
korrespondiert in LXX am meisten mit δύο gefolgt von ἀμφότερος
(76mal) und δεύτερος (17mal). Anstelle des ᴸˣˣHplg δίχα (γενέσθαι) für
לשני wäre übersetzungstechnisch auch möglich gewesen: εἰς δύο τυραν-
νίδας bzw. εἰς δισσὴν [bzw. διπλασίαν, διπλῆν] τυραννίδα. Offensichtlich lag jedoch beim Übersetzer der Akzent auf der *Spaltung* der Herrschaft. Gegenüber Gr γενέσθαι [להיות ?] überliefert Syr ܠܡܦܠܓܘ (*um
geteilt zu werden*); ܦܠܓ steht in Syr für נאוה (10,18), חלק (16,16;
44,2.23; 45,22) und פוג (30,23).

διχομηνία Vollmond³⁰²

39,12 καὶ ὡς διχομηνία ἐπληρώθην   La: *furore enim repletus sum*
H⁰ Syr: ܐܝܟ ܣܗܪܐ ܕܡܫ̈ܠܡ ܒܝܪܚܐ

---

³⁰⁰ *Und falls wirklich, so soll er nicht schwören.*
³⁰¹ *... um geteilt zu werden in zwei Reiche.*
³⁰² LEH: *full moon* [= LSJ]. Fʀɪᴛᴢsᴄʜᴇ, Weisheit 388: *Vollmond.*

WF: προνουμηνία (Jdt 8,6) {διχόμην, διχομηνιαία, διχομηνιάς, διχόμηνις, διχόμηνος} **WFd:** πανσέληνος (α'), σελήνη πλήρης*, συντέλεια* (#) **WB:** διχο- διχοστασία (1 Makk), διχοτομεῖν (Ex), διχοτόμημα (Gen, Ex, Lev, Ez)

διχομηνία (Syh ܪܬܐܡܣ ܐܢܠܐܠ) ist ein aus dem griechischen Kalender stammender *terminus technicus* zur Bezeichnung der Monatsmitte, welcher denselben in je 14 Tage teilt. Gr bewegt sich somit, was Terminologie und Wortbildungstyp betrifft, im zielsprachlichen Feld. Syr hingegen, von Gr unabhängig, hat w*ie der Mond nach zwölf Tagen* und deckt damit ἐπληρώθην nicht ab. Sonderbar, aber nicht unbedingt fehlerhaft ist die lateinische Überlieferung, die mit μανίας [bzw. μανίᾳ] γὰρ [bzw. ὅτι (L) μ.] ἐπληρώθην (*ich war erfüllt von Begeisterung*) rückübersetzt und möglicherweise GrII zugewiesen werden könnte. In 50,6 übersetzt Gr ירד מלא (H^B Syr ܪܬܐܡܣ) in wörtlicher Entsprechung mit σελήνη πλήρης. S. hierzu auch Spr 7,20b ליום הכסא (*am Tag des Vollmondes*) ο' δι' ἡμερῶν πολλῶν α' εἰς ἡμέραν πανσελήνου Al. ἐν ἡμέρᾳ εὐσήμου; Ps 81 (80),4b בכסה ο' ἐν εὐσήμῳ α' σ' ἐν πανσελήνῳ [Syh ܪܬܐܡܣ ܐܢܠܚܕ].

δοκιμασία Prüfung, Test, Bewährungsprobe

6,21 ὡς λίθος δοκιμασίας ἰσχυρὸς ἔσται ἐπ' αὐτῷ[303]
La: *quasi lapidis virtus probatio erit in illis*
H^A: כאבן משא תהיה עליו Syr: ܐܠܝ ܪܟܐܦܣ ܣ, ܪܐܬܝܡܐ ,ܣ ܠܐܡܣ,

WF: δοκιμάζειν* (#), δοκιμαστής (σ'), δοκιμαστός (Jer), δοκίμιον (Ps, Spr, Sach), δόκιμος (Gen, 1 Sam, 1-2 Chr), ἀποδοκιμάζειν* (Jer) **WFd:** ἀκρίβασμα (α' θ' Al. Quint.), ἀκριβασμός (Ri, 1-2 Kön, Spr), ἀκριβαστής (α' θ'), ἀκρίβεια* (Weish, Dan ο'), ἀκριβής* (Est, Dan ο'), ἀκριβοῦν (α' Al.), ἀκριβῶς (Dtn, Weish, Ez, Dan θ'), διακριβάζεσθαι*, ἐξακριβάζεσθαι (Num, Ijob, Dan ο'), ἀνετάζειν (Ri, Est, Sus θ'), ἐξετάζειν* (#), βασανίζειν* (#), ἐλέγχειν* (#), πειράζεσθαι* (#), πειρασμός* (#)

δοκιμασία scheint wahrscheinlich nicht auf das überlieferte Nomen mit *tertiae aleph* (*Last, Schwere*), sondern auf מסה (*Versuchung*) zurückzugehen, das auch σ' in Dtn 33,8 mit demselben Begriff wiedergibt. Andererseits ist משא wohl durch ἰσχυρός übersetzt. Es liegt auf der Hand, daß an dieser Stelle zwei Lesarten (GrI und GrII) vorhanden sind. Syr hat *wie ein schwerer Stein liegt sie* [sc. Weisheit] *auf ihm* und bestätigt damit das in H^A überlieferte משא. Syh: ܐܠܝ ܪܟܐܦܣ* ܠܝܕܚܐܕ ܪܬܐ܁ܢܐܣܕ ܪܐܦܣ ܐ܁ܡܐ܁ܬ

---

[303] FRITZSCHE, Weisheit 324: *Wie ein gewaltiger Uebungsstein lastet sie auf ihn.*

ܡܠܟ (wie ein mächtiger Stein der Erprobung liegt sie auf ihm) * am Rand: ܟܐܦܐ ܚܣܝܢܐ ܕܗܘܬ܂ ܗܘ ܕܝܢ ܡܫܪܝܬܐ ܘܟܐܦܐ (ein Stein der Erprobung; er ist aber ein harter übergroßer Stein); zu ܒܚܪܬ vgl. SyrL (720b): lapis pergrandis.

δώρημα (Opfer)Gabe, Geschenk

31(34),22 καὶ οὐκ εἰς εὐδοκίαν δωρήματα ἀνόμων La: *dona iniquorum* [...?] H⁰ Syr: ³⁰⁴ ܘܠܐ ܡܬܩܒܠܝܢ ܡܘܗܒܬܗܘܢ

WF: δῶρον* (#), δωρεά (Dan o' θ'), δωρεάν* (#)³⁰⁵, δωρεῖσθαι* (#) **WFd:** δόσις* (#), δόμα* (#)

Variierend im Ausdruck gegenüber dem synonymen, in Gr (7,9 H⁰ Syr ܡܘܗܒܬܐ; 20,29 H⁰ Syr ܐܓܪܐ; 40,12 H^M וחד]משׁ) und LXX vielfach verwendeten δῶρον. Die Präferenz dieses ᴸˣˣHplg gegenüber δῶρον durch den Übersetzer wird man zudem nicht als *vorlagebedingt* einstufen können; ob rhythmische Gründe hierbei möglicherweise eine Rolle gespielt haben, ist nicht ganz auszuschließen. Auffällig bleibt jedoch, daß δώρημα um ein Vielfaches seltener verwendet wird als das bedeutungsgleiche δῶρον. In LXX z.B. ist δῶρον 175mal belegt, im NT 19mal, δώρημα hingegen im NT nur 2mal (Röm 5,16; Jak 1,17).

ἔγκυος schwanger

42,10 καὶ ἐν τοῖς πατρικοῖς αὐτῆς ἔγκυος γένηται
La: *et in paternis suis gravida inveniatur*
H^B: ... בבית אביה פן   בבית אביה פחזה H^Bmargl: פ' א' פחזה H^BmargII: בבית אביה פ'
H^M: בית אביה פן תזריע   Syr: *om.*

WF: ἐγκύμων (σ'), κύειν (Jes), κύησις (Rut), κυοφορεῖν (Koh), κυοφορία (4 Makk), ἐγκισσᾶν (Gen) **WFd:** ἐν γαστρὶ λαμβάνειν/ἔχειν (#), κυοφορεῖν (Koh), λοχεύεσθαι (Gen, Ps, Weish)

Zur übersetzungstechnischen Beurteilung des in H^M überlieferten ³⁰⁶זרע hi. (Ges¹⁷: *den Samen austragen*) aufschlußreich ist v.a. Lev 12,2: γυνὴ

---

³⁰⁴ *Und nicht werden ihre Gaben angenommen.*
³⁰⁵ Kritisch muß angemerkt werden, daß der adverbiell gebrauchte Akkusativ δωρεάν (*umsonst*) nicht separat in HRC oder LEH (vgl. dagegen WBA s.v. δωρεάν) aufgeführt ist. Gerade für übersetzungstechnische Analysen sind solche lemmatischen Differenzierungen (wie z.B. separate Lemmatisierung von Adverbia) nützlich.
³⁰⁶ In Unkenntnis von H^M vermutete SMEND (Weisheit 392) hinter ἔγκυος: "Es stand gewiss da: תהרה".

ἥτις ἐὰν σπερματισθῇ ... *אשה כי תזריע* כי (* vgl. BHS: ‏ܚܘG תזרע). Gr zeigt in diesem Fall wiederum keine lexikalische Parallele zu LXX-Lev. Bei Symmachus (Ps 77(78),71) steht das mit ἔγκυος verwandte ἐγκύμων für עולה (*säugendes Muttertier*): מאחר עולות הביאו ἀκολουθοῦντα ἐγκύμοσιν ἤγαγεν αὐτόν (ο' ἐξόπισθεν τῶν λοχευομένων ἔλαβεν αὐτόν α' ἀπὸ ὄπισθεν τῶν ἐν γαστρὶ ἐχόντων ἔλαβεν αὐτόν).

ἐθελοκωφεῖν[307] sich *willkürlich* taub stellen

19,27 συγκύφων πρόσωπον καὶ ἐθελοκωφῶν
La: *qui inclinat faciem et fingit non videre*
H⁰ Syr: [308] ܪܕܠܚ ܠܩܬ܂ ,ܣܩܕܪ *ܪ.ܬܝܐ ܕܠܟ * Syr^WP ܪ.ܬܝܢ

WF: Ø {ἐθελοκωφία, ἐθελόκωφος[309]}, κωφός (#), κωφεύειν (Ri, 2 Sam, 2 Kön, Ijob), κωφοῦν (Ps), ἀποκωφοῦν (Mich, Ez), δύσκωφος (Ex) WFd: ἀνήκοος (Num, Ijob, Spr, Jer), οὐκ ἀκούειν* (#), ἐνεός (Spr, Jes, EpJer), εὐήκοος (Spr, EpJer) WB: ἐθελο- Ø

Der in der Profangräzität durchaus geläufige, aber meist schwach belegte Wortbildungstyp ἐθελο- ist in LXX und den jüngeren Übersetzern überhaupt nicht mehr bezeugt; im NT ist lediglich ἐθελοθρησκία (Kol 2,23) zu finden; nach EWNT s.v. ἐθελοθρησκία (Sp. 923) "können Zusammensetzungen mit ἐθελο- eine Absicht in positiver oder kritischer Weise zum Ausdruck bringen." Der in LXX häufig verwendete Stamm κωφ- geht auf חרש (für ἀποκωφοῦν, κωφεύειν, κωφός) und אלם (für ἀποκωφοῦν, κωφός, δύσκωφος) zurück.

εἴδησις Kenntnis, Wissen

42,18 ἔγνω γὰρ ὁ ὕψιστος πᾶσαν εἴδησιν   H^M:]עליון[ע]‏(ל) כל[310] כי ידע
La: *cognovit enim Dominus omnem scientiam*
Syr: [311] ܗܬܢ ܪܐܠܡܐ* ܬܢܦܡ ܢܝ ܗܡܐ ܢܠܕ ܠܠܓܗܢ * Syr^WP om.

WF: εἰδέναι* (#), συνείδησις (Koh, Weish), συνειδέναι (Lev, Ijob, 1-2 Makk)

---

[307] LEH: *to affect deafness, to pretend not to hear* (= LSJ). FRITZSCHE, Weisheit 348, das durch die Unzialen überlieferte ἑτεροκωφῶν übersetzend: *auf einer Seite taub sein.*

[308] *Es gibt einen, der sein Gesicht abwendet und an Böses denkt.*

[309] Nur zwei Belege: ScholAr *equites*; Suid. s.v. ἐθελοκώφων.

[310] Nach dem Foto erscheint mir die von BEN ḤAYYIM edierte Lesart כל (= πᾶσαν) gegenüber YADINS Lesung דעַ] (= VATTIONI) wahrscheinlicher. Vgl. jedoch BEENTJES (118): [...]ד.

[311] *Denn nichts bleibt vor Gott verborgen.*

WFd: ἐπιστήμη* (#), γνῶσις* (#), γνώμη* (#), σύνεσις* (#)

Bei εἴδησις (v.l. S συνείδησις[312]) handelt es sich um ein Verbalabstraktum, dessen zugrundeliegendes Verb εἰδέναι sowohl in Gr als auch in LXX sehr häufig (mehr als 280mal) verwendet wird. In den meisten Fällen korrespondiert das Verb mit ידע q. In wortstatistischer Hinsicht gibt zu denken, daß die Synonyme ἐπιστήμη, γνῶσις, γνώμη, σύνεσις gerne und oft im griechischen AT herangezogen werden, εἴδησις jedoch nur ein einziges Mal gebraucht wird; semantische Gründe wird man für diesen Befund nicht anführen können. Eine ähnliche wortstatistische Konstellation ist auch im NT zu beobachten, wobei εἴδησις überhaupt nicht belegt ist.

ἐκθαμβεῖν zum Staunen bringen, erschrecken (*trans.*)

30,9 τιθήνησον τέκνον καὶ ἐκθαμβήσει σε
La: *lacta filium et paventem te faciet*
H⁰ Syr: [313] ܐܒܕܠ ܪܠܐ ܘܝܒ *ܐܬܪ * Syr^{WP} ܕܬ

WF: ἔκθαμβος (Dtn), θαμβεῖν (#), θαμβεύειν (α'), θαμβευτής (α'), θάμβησις (α'), θάμβος (1 Sam, Koh, Hld, Weish, Ez) WFd: ἐκπλήσσειν (Koh, Weish, 2-4 Makk), καταπλήσσειν (Jos, Ijob, 2-3-4 Makk), καταπληγμός*, φοβεῖν* (#), ἐκφοβεῖν (#)

Ein Verbalkompositum, das aufgrund des Präverbs ἐξ- (*völlig*)[314] eine lediglich verstärkende Bedeutung gegenüber dem Simplex (θαμβεῖν), das in der LXX häufig belegt ist, aufweist. Als hebräische Äquivalente für θαμβεῖν sind zu nennen: בעת ni., pi., חפז q., ni., פחד, רגז sowie רדם.[315] ἔκθαμβος steht in Dan θ' 7,7 für אימתני. Aquila, der (wortstatistisch gesehen) eine "Vorliebe" für den Stamm θαμβ- zeigt, verwendete ἐκθαμβεῖν zur Wiedergabe von בעת (Ijob 3,5; 15,24; 33,7); mit dem Verbalabstraktum ἐκθάμβησις übersetzte er חפזון (Jes 52,12), wofür Symmachus ἐκθαμβεῖν favorisiert.

---

[312] Das Kompositum (Nomen und Verb) bedeutet nicht so sehr *Gewissen, Bewußtsein*, als vielmehr *Mitwissen, genaues, umfassendes Wissen* (vgl. z.B. Lev 5,1 καὶ οὗτος μάρτυς ἢ ἑόρακεν ἢ σύνοιδεν זה (ידע); von daher ist S nicht von vornherein sekundär, zumal ja Gr eine Vorliebe für den Wortbildungstyp συν- zeigt. Vgl. ferner Koh 10,20 גם במדעך* מלך אל-תקלל (BHS: prp במצעך) ἐν συνειδήσει σου βασιλέα μὴ καταράσῃ.

[313] *Züchtige deinen Sohn, damit du nicht verspottet wirst.*

[314] Vgl. BORNEMANN-RISCH, Grammatik 201 [§197].

[315] θάμβος korrespondiert mit אים, חתחת, פחד, פלצות, תרדמה.

ἐκθαυμάζειν sehr bewundern, bestaunen

27,23 καὶ ἐπὶ τῶν λόγων σου ἐκθαυμάσει
La: *et super sermones tuos admirabitur* H⁰ Syr om.

43,18 κάλλος λευκότητος αὐτῆς ἐκθαυμάσει ὀφθαλμός
La: *pulchritudinem caloris eius admirabitur*
Hᴮ: תואר לבנה יגהה עינים   Hᴮᵐᵃʳᵍ: יהגה
Hᴹ: ³¹⁶ לבנו יהג עינים (!)תור   Syr: *om.*

WF: Ø {Ø}, θαυμάζειν* (#), θαυμάσιος* (#), θαυμασμός (2-4 Makk), θαυμαστός* (#), θαυμαστοῦν (2 Sam, 2 Chr, Ps), θαυμαστῶς* (Ps, Dan o') WFd:
ἐκθαμβεῖν*, ἔκθαμβος (Dtn), θαμβεῖν (#), θαμβεύειν (α'), θαμβευτής (α'),
θάμβησις (α'), θάμβος (1 Sam, Koh, Hld, Weish, Ez), φοβερίζειν (2 Esra,
Neh, Dan θ'), ἐξιστάναι* (#)

Das Präverb ἐκ- hat hier (wie auch bei ἐκθαυμάζειν s.o.) verstärkenden
Nebensinn (**sehr** erstaunt sein) gegenüber dem sehr häufig in Gr und
LXX belegten Simplex (θαυμάζειν); La jedoch setzt das Kompositum in
beiden Fällen nicht entsprechend adverbiell um.³¹⁷ Unter stilistischem
Aspekt bzgl. dieses Wortbildungstyps (ἐκ-) fällt erneut die variierende
Manier des Übersetzers bei Verba auf; denn vielfach kann der Wechsel
des meist häufiger verwendeten Simplex gegenüber dem seltener belegten
Kompositum nicht durch den in H ("Vorlage") ersichtlichen Kontext begründet werden, so daß diese Form der Wortwahl nicht *vorlagebedingt* zu
sein scheint, sondern genuin auf den Übersetzer selbst zurückführt; vgl.
beispielsweise ἐκ-ζητεῖν gegenüber ζητεῖν; ἐκπορεύεσθαι gegenüber
πορεύεσθαι; ἐκδιώκειν gegenüber διώκειν, ἐκδιηγεῖσθαι gegenüber δι-
ηγεῖσθαι, ἐκφεύγειν gegenüber ἀποφεύγειν und φεύγειν; s. ferner auch
ἐκθαμβεῖν - θαμβεῖν (nur in LXX), ἐκπορνεύειν - πορνεύειν (nur in
LXX). In 43,18 korrespondiert ἐκ-θαυμάσει darüber hinaus mit dem in b
parallel gesetzten ἐκ-στήσεται, obgleich das durch Hᴮᴹ überlieferte
יהמה in 51,21 (Hᴮ יהמו) durch ἐταράχθη wiedergegeben ist. YADIN³¹⁸
denkt daher an einen Wechsel beider Verben in der griechischen Übersetzung; demnach wäre für ἐκθαυμάζειν als Vorlage das Verb המה (*auf-*
geregt sein) und für ἐκιστάναι ᴵᴵהגה (*entfernen, wegschaffen*) zu konsta-

---

³¹⁶ YADIN, Ben Sira Scroll 47: *The beauty of its whiteness dazzleth the eyes* (vgl. auch
   S. 32).
³¹⁷ Hinsichtlich adverbiell gebrauchter Präverbien in Gr, die in La nicht bzw. nicht
   konsequent wiedergegeben werden, vgl. s.v. προσ- ταράσσειν, συγ- γελᾶν.
³¹⁸ Ben Sira Scroll 32: "The verbs were exchanged in the Greek".

tieren. Das jedoch in H^{BmargM} 43,18 mit ἐκθαυμάζειν korrespondierende ^{II}הגה wird in LXX v.a. mit τύπτειν (Spr 25,4 σ' καθαίρειν), κτείνειν (Spr 25,5 α' θ' ἀπελᾶν) und μελετᾶν (Jes 27,8 θ' μελετᾶν)[319] übersetzt.

(ὁ) ἔκκλητος (zur Rechenschaftsablage) vorgeladen[320]

42,11c λαλιὰν ἐν πόλει καὶ ἔκκλητον λαοῦ
La: *a detractatione in civitate et abiectione plebis*
H^B: דבת עיר וק[ה]לת עם   H^M: דבת עיר וקהלת עם   H^B: עם
Syr: [321] ܪ... ... ...

WF: ἐκκαλεῖν* (Gen, Dtn), ἐκκλησία* (#), ἐκκλησιάζειν (Lev, Num, Dtn)
WFd: ἐπιτιμᾶν* (#), μέμφεσθαι* (2 Makk), αἰτιᾶσθαι* (Spr, 4 Makk)

Der Vater, so Sirachs weiser Ratschlag, solle bei seiner Tochter, die in Gr mit dem Zusatz (H^{BM} Syr *om.*) ἀδιάτρεπτος (*eigensinnig*) charakterisiert ist, eine Wache aufstellen (V.11a), damit diese ihn nicht zum Gespött (ἐπίχαρμα H^B שם סרה H^{Bmarg} סרח) gegenüber seinen Feinden mache (V.11b). In V.11c wird sodann die syntaktische Konstruktion des doppelten Akkusativs von V.11b (σε ἐπίχαρμα) durch die Objekte λαλιά (H^{BM} דבה) und ἔκκλητον, das hier masc. sein dürfte, fortgeführt und erweitert. Das von ἐκκαλεῖν abgeleitete Verbaladjektiv ist jedoch hinsichtlich seiner kontextlichen Bedeutung nicht eindeutig zu bestimmen. ἔκκλητος λαοῦ wird man möglicherweise in dem Sinne zu verstehen haben, daß der Vater vor die Volksversammlung zur Rechenschaftsablage bzgl. seiner Tochter *gerufen* bzw. *vorgeladen* wird. Die durch H^B und H^M bestätigte Konstruktusform [322] קהלת (= *Wortführer in der Volksversammlung?*) stützt das semantisch schwierige Adjektiv ἔκκλητος gegenüber der von L⁻²⁴⁸ La überlieferten *lectio facilior* ἔγκλητον. Daß aber auch ἔγκλητον mit קהלה (nicht nur mit קללת) in Einklang zu bringen ist, darauf könnte

---

[319] Die Übersetzer dachten hier wohl an הגה^I (*ersinnen, nachdenken*); denn μελετᾶν ist mit Abstand der am häufigsten in LXX verwendete Begriff für הגה^I.

[320] LSJ: *selected to judge* or *arbitrate on a point*. 2. οἱ ἔκκλητοι *a committee of citizens chosen to report on certain questions*. LEH: *by-word*. WAHL: *evocatus*. PAPE: *herausgerufen, ausgewählt; so hießen besonders die Schiedsrichter, oder die Stadt, an deren Entscheidung appellirt* [!] *wird, auch die Stadt, welche von zwei andern im Streite begriffenen zur Schiedrichterinn gewählt wurde.* JB: *Gerede (beim Volk).* FRITZSCHE, Weisheit 395, ἔγκλητον übersetzend: *Vorwurf.*

[321] ... *und [dich zum] Gerede und Gemurre im Volk [mache].* Vgl. auch V.11d: *und sie dich in der Versammlung deiner Stadt beschämt durch das Gemurre des Volkes* (ܪ... ... ...).

[322] Vgl. VATTIONI (=LÉVI): וקללת עם.

die arab. Wurzel قَهَل (*rügen*) hinweisen. Vgl. hierzu P. DE LAGARDE'S[323] Theorie, wonach קהל als *Rechtsversammlung* das Rügengericht bezeichnet. Das dem [LXX]Hplg zugrundeliegende Verb ἐκκαλεῖν steht in LXX für קרא אל (Gen 19,5; Dtn 20,10). Vgl. ferner 26,5 ἐκκλησία ὄχλου, das parallel mit διαβολὴ πόλεως und καταψευσμός verbunden ist.

ἐκπέτεσθαι herausfliegen

43,14 καὶ ἐξέπτησαν νεφέλαι ὡς πετεινά La: *et evolaverunt nebulae sicut aves* H[B]: ... ויעף   H[M]: ויעף עבים כעַיִט   Syr: *om.*

WF: Ø {ἐκπετήσιμος}, πέτεσθαι (#), καθίπτασθαι* WFd: ἐκφέρειν (#), ἐφιστάναι* (#)

Das in H[B] und H[M] eindeutig bezeugte ויעף ist wohl als hi. *er* [sc. Gott] *läßt fliegen* zu übersetzen. Obwohl Gr in V. 13ab.15a im Aktiv [mit Gott als Subjekt] verbleibt (freilich gekoppelt mit προστάγματι αὐτοῦ und ἐν μεγαλείῳ αὐτοῦ), könnte der Wechsel der Aktionsart (vom Hifil zum Qal = ויעפו) in Gr möglicherweise als Vermeidung eines Anthropomorphismus (vgl. ferner in V.14a das passive ἠνεῴχθησαν) erklärt werden. Der in 𝔐 einzige Hifilbeleg von עוף wird in Spr 23,5 (bildlich vom Reichtum) mit ἐφιστάναι wiedergegeben; עוף q. korrespondiert in LXX mit ἀποστέλλειν, ἐκλύειν, ἐκπετάζειν, ἐκψύχειν, ἐφιστάναι, κοπιᾶν, πεταννύναι, πετάζειν, πέτασθαι, πέτεσθαι.

ἐκσυρίζειν jmdn auspfeifen[324]

22,1 καὶ πᾶς ἐκσυριεῖ ἐπὶ τῇ ἀτιμίᾳ αὐτοῦ
La: *et omnes loquentur super aspernationem illius*
H[0] Syr: [325] ܘܟܠܢܫ ܥܪܩ ܡܢ ܣܪܝܘܬܗ

WF: διασυρίζειν (Dan o' θ'), συρίζειν (#), σύριγξ (Dan θ'), σύριγμα (Jer), συρισμός (Ri, 2 Chr, Mich) WFd: Ø {πέρδεσθαι, ἀποπέρδεσθαι}

ἐκσυρίζειν [bzw. att. ἐκσυρίττειν] ist Terminus der Mißfallensbekundung bei öffentlichen Auftritten (Theaterstücke, Reden) durch das Publikum; vgl. z.B. Lukian, *Nigr* 9. La entfernt sich durch das blaße *loqui* weit von ἐκσυρίζειν, ebenso ist auch Syr ܡܢ ܣܪܝܘܬܗ (*jedermann flieht*) weit von Gr entfernt.

---

[323] Übersicht über die im Aramäischen übliche Bildung der Nomina, 1899, 51.
[324] LEH: *to hiss out or off.* LSJ: *hiss of the stage. 2. hiss loudly.* EÜ, JB: *pfui rufen* (= HAMP, Sirach 626). SAUER, Sirach 558: *zischen* (= FRITZSCHE, Weisheit 353). GN nicht nachvollziehbar: *Wer ihn sieht, schüttelt sich vor Ekel.*
[325] *Und jedermann flieht vor seinem Gestank.*

(τὸ) ἐλλεῖπον das Mangelhafte, der Mangel[326]

42,24 καὶ οὐκ ἐποίησεν οὐδὲν ἐλλεῖπον La: *et non fecit quicquam deesse*
H^B: [327] ...שי׳   H^M: ... מַהֶם   ולֹא עשה מהם שי
Syr: [328] ܕܠܐ ܥܒܕ ܡܕܡ ܣܪܝܩܐ

WF: ἐλλιπής*, ἐκλείπειν* (#), ἔκλειψις (#) WFd: ἀτέλεστος (Weish), ἀτέ-
λεια (1 Makk), ἀτελής (Weish, 3 Makk), πλημμέλεια* (#), πλημμελεῖν* (#)

ἐλλιπής Mangel leidend[329]

14,10 καὶ ἐλλιπὴς ἐπὶ τῆς τραπέζης αὐτοῦ H^A: ומהומה על שלחנו
La: *et in tristitia erit super mensam suam*   Syr: ܘܡܝܒܫܐ ܪܡܐ ܥܠ ܦܬܘܪܗ

WF: ἐλλείπειν*, ἐκλείπειν* (#), ἔκλειψις (#) WFd: ἀτέλεστος (Weish), ἀτέ-
λεια (1 Makk), ἀτελής (Weish, 3 Makk), πλημμέλεια* (#), πλημμελεῖν* (#)

מהומה (Ges[17]: *Gefühl der Unsicherheit und des Unbehagens*), das nur
1mal in Sir bezeugt ist[330], wird in LXX mit ἀφοβία (Spr 15,16 im Sinne
von *Gottlosigkeit*), ἀπώλεια, ἐκλιμία, ἔκστασις, θαυμαστός, θόρυβος
(?), σύγχυσις, ταραχή und τάραχος wiedergegeben. Die in Gr bezeugte
Übersetzung ist somit septuagintaspezifisch weder von WF noch von WFd
her zu erklären. Aber auch in semantischer Hinsicht bereitet die Korre-
spondenz von ἐλλιπής und מהומה Schwierigkeiten, während hingegen
die von La (*in tristitia*) her rekonstruierbare Lesart ελλυπος (*traurig*), die
von keiner griechischen Hs. gedeckt ist, mit מהומה leichter in Einklang
zu bringen ist. Syr hilft nicht viel weiter: *und Trockenes ist geworfen auf
den Tisch*. Zu dem in Gr bezeugten ^{LXX}Hplg ἐλλείπειν (καὶ οὐκ ἐποίησεν οὐδὲν ἐλλεῖπον *cod*. B εκλειπον) ist in H^B nur fragmentarisch überliefert: ...[שי׳ ולֹא עשה מהם und daher für übersetzungstechnische Fragen wenig hilfreich.

---

[326] So mit PAPE s.v. ἐλλείπειν 2; LEH: *to fall short, to fail*. FRITZSCHE, Weisheit 396:
  (nichts) das zu Grunde ginge. JB: *(nichts) was versagt*.
[327] SMEND, Weisheit (Hebräisch - Deutsch) 42, rekonstruiert: שי[ש]אִיר: (*überflüssiges*). ZB: *zwecklos*. EÜ: *vergeblich*.
[328] *Und nicht hat er etwas darunter vergeblich erschaffen.*
[329] LEH: *defective, wanting*. WAHL: *er bleibt im Reste mit d. Brode auf seinem Tische
  i.e. er lässt es am Brode fehlen*. FRITZSCHE, Weisheit 339: *und hat Mangel an seinem Tisch*. RYSSEL, Sirach 302: *es fehlen lassen;* in einer Anmerkung führt RYSSEL
  aus: "Wörtlich: und ist entbehrend (wohl = חסר)". EÜ nach H^C: *Unruhe*. GN wohl
  von Gr aus interpretierend: *hungrig sitzen*.
[330] SMEND (Weisheit 133) konjiziert aufgrund H^C 18,33 (אין [.]מאומה Gr οὐδέν ἐστιν
  Syr ܠܝܬ ... מדֹם) מאומה אין (*es gibt nichts*); diese Konjektur legt ZB zugrunde.

ἔμφοβος ehrfürchtig, gottesfürchtig[331]

19,24 κρείσσων ἡττώμενος ἐν συνέσει ἔμφοβος

La: *melior est homo qui deficit sapientia et deficiens sensu in timore*

H⁰ Syr: [332] ܪܚܡ̇ܠܘ ܓܝܪ ܟܕܐܝܬܘܗܝ ܟܐܒܐ ܚܢܢܐ ܠܡܘ ܐܝܟ

WF: Ø {ἐμφοβεῖν}, ἔκφοβος (Dtn, 1 Makk), ἐκφοβεῖν (#), φοβερός* (#), φοβερῶς (Ps, 3 Makk), φοβερίζειν (2 Esra, Dan o'), φοβερισμός (Ps), φοβεροειδής (3 Makk), φόβημα (α') WFd: εὐσεβεῖν (4 Makk, Sus o'), εὐσέβεια* (#) εὐσεβής* (#), εὐσεβῶς (4 Makk), αἰδώς (3 Makk), αἰδεῖσθαι (Jdt, Spr, 1-2-4 Makk)

ἔμφοβος (eigtl. *furchtsam, ängstlich*) hat hier aufgrund des Kontexts (vgl. 19,20a πᾶσα σοφία **φόβος** κυρίου) die Bedeutung *ehrfürchtig, gottesfürchtig* und steht als Gegenbegriff zum unmittelbar vorausgehenden ἄφρων, der Mangel an Weisheit zeigt (ἐλαττούμενος σοφίᾳ), und zum nachfolgenden παραβαίνων νόμον (*der das Gesetz [sc. Gottes] übertritt*). Als Antonym zu ἔμφοβος begegnet in Spr 15,16b ἀφοβία (מהומה‎), das in V.16a antithetisch mit φόβος κυρίου korrespondiert.[333]

ἐμφραγμός das Verstopfen[334]

27,14 καὶ ἡ μάχη αὐτῶν ἐμφραγμὸς ὠτίων

La: *et inreverentia ipsius obturatio aurium*

H⁰ Syr: [335] *ܘܐܝܟܐ ܕܣܬܝܡܢ ܐܕ̈ܢܐ ܕܠܐ ܢܫܡ̈ܥܢ * Syrᵂᴾ ܘܐܢܫܐ

WF: ἐμφράσσειν (#), φραγμός* (#), φράσσειν (#), περιφράσσειν* (1 Kön, Ijob, EpJer, 2 Makk), περιφρακτής (α'), περίφραγμα (α' σ' θ' Al.) WFd: βύειν (Ps), κωφός (#), κωφεύειν (Ri, 2 Sam, 2 Kön, Ijob), κωφοῦν (Ps), ἀποκωφοῦν (Mich, Ez), δύσκωφος (Ex)

Ein Verbalabstraktum, dessen zugrundeliegendes Verb (ἐμφράσσειν) häufiger (23mal) in der LXX belegt ist.[336] Auffällig wiederum die nominale

---

[331] So mit HAMP, Sirach 620, und EÜ: *gottesfürchtig* (= FRITZSCHE, Weisheit 348). Dagegen LEH: *terrified, frightened* (= LSJ).
[332] *Es gibt einen, der Mangel hat an Einsicht, der sich (aber) von Sünden fernhält.*
[333] κρείσσων μικρὰ μερὶς μετὰ φόβου κυρίου / ἢ θησαυροὶ μεγάλοι μετὰ ἀφοβίας.
[334] So mit LEH: *stoppage, barrier* (= LSJ). EÜ paraphrasierend: *... hält man sich die Ohren zu.* HAMP, Sirach 642: *... muß man sich die Ohren verstopfen* [ähnlich JB].
[335] *Und wer Blut vergießt, hört Worte des Verbrechens.*
[336] ἐμφράσσειν korrespondiert mit גדד hitpo. (Ges¹⁷: *sich als Zeichen der Trauer Einschnitte machen?*), נום (*fliehen, davoneilen*), סגר (*verschließen*), סכר ni. (*ver-*

Ausdrucksweise, die ebenso verbal formuliert hätte werden können: *und ihr Streiten läßt die Ohren verschließen* (ἐμφράσσει ὠτία). In Mich 5,1 steht νῦν ἐμφραχθήσεται θυγάτηρ Εφραιμ ἐν φραγμῷ (*cod.* B εμφραγμω) für עתה תתגדדי [337] בת־גדוד.

ἐναρίθμιος vollzählig[338] (*ein Kontingent erfüllend*)

38,29 καὶ ἐναρίθμιος πᾶσα ἡ ἐργασία αὐτοῦ
La: *et innumera est omnis operatio eius*
H⁰ Syr: [339] ܡܚܒܠܐ, ܡܛܟܣ ܠܗ ܚܙܬܗ

WF: Ø {ἐναριθμεῖν, ἐναριθμητικός}, ἀριθμός* (#), ἀριθμεῖν (#), ἀριθμητός (Ijob) WFd: παντελής (3 Makk), παντελῶς (2 Makk)

Nach Syr ܥܝܢܘܗܝ (*seine Augen*) könnte man hinter ἐναρίθμιος wohl auch ἐν ὀφθαλμοῖς vermuten, was sich jedoch weder durch eine griechische Hs. noch durch La bestätigen läßt. Bemerkenswert freilich bleibt die in *a*-534-613ᶜ 307 339 443 768 bezeugte Variante εν αριθμοις, die unserer Konjektur graphisch schon sehr nahekommt.

ἐνδελεχίζειν andauern, verharren

9,4 μετὰ ψαλλούσης μὴ ἐνδελέχιζε　Hᴬ:　עם מנגינת אל תדמוך
La: *cum psaltrice ne adsiduus sis*　Syr: [340] ܚܒܪ ܘܐܚܬܐ ܠܐ ܬܣܘܬܐ.

12,3 οὐκ ἔστιν ἀγαθὰ τῷ ἐνδελεχίζοντι εἰς κακά
La: *non est ei bene qui adsiduus est malis*
Hᴬ: [341] אין טובה למנוח רשע　Syr: [342] ܠܝܬ ܛܒܬܐ ܠܡܢ ܕܡܢܝܚ ܠܚܒܪܗ.

20,19 ἐν στόματι ἀπαιδεύτων ἐνδελεχισθήσεται　H⁰ Syr om.
La: *in ore indisciplinatorum adsidua erit*

---

stopft werden), סתם q. pi. (*verstopfen*), קפץ (*verschließen*) und שית (*setzen, stellen*).

337 (BHS: frt l התגודד); EÜ: *Jetzt ritze dich wund, Tochter der Trauer.*

338 LSJ: *in the number, making up the number.* SAUER, Sirach 598: *wohlgezählt.* FRITZSCHE, Weisheit 386: *nach der Zahl (arbeiten).* EÜ: *und dessen ganzer Eifer der großen Anzahl gilt* (ähnlich HAMP, Sirach 673). JB frei: *und alle seine Bewegungen sind abgemessen.* ZB: *und all sein Tun ist wohlabgemessen.*

339 *Seine Augen (sind) auf die Gegenstände seiner gesamten Arbeit (gerichtet).*

340 *Mit einer Sängerin sollst du nicht [heimlich] sprechen.*

341 EÜ: *Ohne Dank bleibt, wer einen Frevler* **beschenkt** [?]. HAMP, Sirach 601, übersetzt mit *zufriedenstellen* נוח hi.

342 *Es gibt kein Glück für den, der den Bösen ehrt.*

20,24 ἐν στόματι ἀπαιδεύτων ἐνδελεχισθήσεται
La: *in ore indisciplinatorum adsidue erit*
H⁰ Syr: [343] *ܘܒܦܘܡܗ ܕܣܟܠܐ ܗ̇ܝ ܣܓܝܐܐ *SyrWP: ܗܘ ܣܓܝܐܐ

20,25 αἱρετὸν κλέπτης ἢ ὁ ἐνδελεχίζων ψεύδει
La: *potius furem quam adsiduitas viri mendacis*
H⁰ Syr: [344] ܕܪ̈ܓܪܓ ܠܡܓܢܒ ܐܦ ܠܡܕܓܠܘ

27,12 εἰς μέσον δὲ διανοουμένων ἐνδελέχιζε
La: *in medio autem cogitantium adsiduus esto*
H⁰ Syr: [345] ܘܒܝܬ ܚ̈ܟܝܡܐ ܠܡܡܠܠܘ ܐܡܝܢܐܝܬ

30,1 ὁ ἀγαπῶν τὸν υἱὸν αὐτοῦ ἐνδελεχίσει μάστιγας αὐτῷ[346]
La: *qui diligit filium suum adsiduat illi flagella*
H⁰ Syr: [347] ܕܪ̈ܚܡ ܒܪܗ ܢܚܕܬ ܫܒ̈ܛܘܗܝ

37,12 ἀλλ' ἢ μετὰ ἀνδρὸς εὐσεβοῦς ἐνδελέχιζε
La: *cum viro sancto adsiduus esto* Syr: [348] ܥܡ ܐܢܫܐ ܙܕܝ̈ܩܐ ܗܘܝܬ ܥܡܝܪ
HB: [349] אך אם יש (HBmarg איש) מפחד תמיד

41,6 καὶ μετὰ τοῦ σπέρματος αὐτῶν ἐνδελεχιεῖ ὄνειδος
La: *et cum semine illorum adsiduitas opprobrii*
HM: תמי[ד] חרפה: ... HB: [...]זר [...] Syr: [350] ܘܥܡ ܙܪܥܗ ܢܥܡܪ ܣܘܢܩܢܐ

WF: ἐνδελεχεῖν*, ἐνδελεχής* (1 Esra), ἐνδελεχισμός* (#), ἐνδελεχῶς* (Ex, Lev, Num, 1 Esra, Dan θ'), ἐνδελεχιστός (Dan θ') **WFd:** διαμένειν* (#), ἐπιμένειν (Ex), κατέχειν* (#)

An den 8 Belegstellen mit ἐνδελεχίζειν weichen die hebräisch-syrisch-griechischen Textzeugen meist stark voneinander ab, so daß eine übersetzungstechnische Einordnung von Gr aufgrund offener textkritischer Fragen nur ansatzweise vorgenommen werden kann; vgl. v.a. דמך (*schlafen*) - ܡܠܠ (*sprechen*) in 9,4; נוח hi. (*Ruhe verschaffen*) - ܝܩܪ (*ehren*) in 12,3; H⁰ Syr ܚܕܬ (*erneuern*) in 30,1; H⁰ Syr ܥܡܪ (*wohnen*) in 37,12. Es

---

343 *Und im Munde des Dummen ist sie* [sc. ܕܚܛܗܬܐ *Sünde*] *häufig.*
344 *Der zu stehlen und zu lügen begehrt.*
345 *Und unter Weisen immer zu sprechen.*
346 EÜ: ... *hält den Stock für ihn bereit* [ähnlich JB]. FRITZSCHE, Weisheit 368: ... *gibt ihm viele Schläge.* ZB: ... *spart an ihm die Rute nicht.*
347 *Wer seinen Sohn liebt, erneuert seine Ruten.*
348 *Mit gerechten Menschen wohne zusammen.*
349 SAUER, Sirach 594: *Anders, wenn es einen gibt, der beständig (Gott) fürchtet.* EÜ: *Doch berate dich mit einem stets Besonnenen.* ZB: *Vielmehr [verkehre] mit einem allzeit gottesfürchtigen Manne.*
350 *Und mit seinem Samen wohnt Not zusammen.*

ist nicht zwingend, aber auch durchaus nicht auszuschließen, daß der Übersetzer in seinem hebräischen Manuskript statt תדמוך (9,4) fehlerhaft תמיד und in 12,3 statt [351] למנוח fehlerhaft לתמיד vorfand und daher so übersetzt hat. Geht man aber in 9,4 von der Authentizität der H^A-Lesart aus, so hätte der Enkel (wie auch Syr) die Warnung seines Großvaters noch verschärft in dem Sinne, daß man mit einer Sängerin nicht nur nicht *schlafen[352]*, sondern auch nicht (länger bzw. andauernd) *beisammen sein* soll. Lediglich in 37,12 und möglicherweise in 41,6 ist תמיד als Vorlage von ἐνδελεχίζειν am ehesten plausibel. Gr übersetzt תמיד sonst noch mit dem Präpositionalausdruck διὰ παντός (H^A 6,37) sowie adverbial mit ἐνδελεχῶς (H^B 45,14; 51,11). In LXX korrespondiert das 103mal in 𝔐 belegte תמיד meist mit πᾶς, ὅλος, aber auch mit ἐνδελεχισμός (Ex 29,38.42; Num 28,6.23; Esra 3,5; Neh 10,34; Dan 12,11), ἐνδελεχιστός (Dan θ' 11,31) und ἐνδελεχῶς (Ex 29,38[7]; Lev 24,3; Num 28,3).

ἐνεξουσιάζειν Macht ausüben (*pejorativ*)[353]

20,8 καὶ ὁ ἐνεξουσιαζόμενος μισηθήσεται
La: *et qui potestatem sibi adsumit iniuste odietur*
H^0 Syr: [354] ܪܗܘ̇ܠܐ ܕܡܫܬܥܠܐ ܒܗ ܣܢܐ

47,19 καὶ ἐνεξουσιάσθης ἐν τῷ σώματί σου   H^B: ותמשילם בגויתך
La: *potestatem habuisti in tuo corpore*   Syr: [355] ܘܐܫܠܛܬ ܐܢܘܢ ܥܠ ܓܘܫܡܟ

WF: Ø {Ø}, ἐξουσίαν ἔχειν* (#), ἐξουσιάζειν (#), ἐξουσιαστής (σ'), ἐξουσιαστικός (σ'), αὐτεξούσιος (σ') WFd: δύναμις* (#), δύναμιν ἔχειν (3 Makk), δυναστεύειν* (#), κράτος* (#), κρατεῖν* (#)

Dieses Triplakompositum (mit den Präverbien ἐν und ἐξ) scheint gegenüber dem "gewöhnlichen" Kompositum (ἐξουσιάζειν), das in der LXX

---

[351] Nicht wenige Textkritiker und Übersetzer konjizieren den Hifil-Infinitiv למניח vgl. z.B. SMEND, Weisheit 115, SAUER, Sirach 535.

[352] SAUER, Sirach 527, übersetzt דמך frei mit *sich die Zeit vertreiben*. Besser EÜ: *verkehren*. דמך ist wohl eindeutig im sexuellen Sinne zu verstehen. ZB abschwächend: *vertraulich werden*.

[353] LSJ: *usurp authority*. Dagegen LSJ (Supplement 1996) *usurp authority* korrigierend: *stand on one's rights*. Zu 20,8: LEH: [med.] *to stand on one's rights*. WAHL: *potentiam mihi sumo vel arrogo* (20,7), *ich gestatte, dass sich Jem. etwas herausnimmt* ἐν τῷ σώματί μου i.e. *in usu corporis mei* (47,19). HAMP, Sirach 621: *der Anmaßende* (= EÜ). SAUER, Sirach 554: *der sich selbst ein Recht anmaßt*. FRITZSCHE, Weisheit 349: *der sich herausnimmt viel zu reden*. Zu 47,19: FRITZSCHE, Weisheit 406: *du gabst Gewalt über deinen Leib*. LEH: [pass.] *to be brought into subjection*.

[354] *Und wer sich rühmt, dessen Leben wird gehaßt.*

[355] *Und du hast sie herrschen lassen über deinen Leib.*

häufiger (23mal)[356] verwendet wird, keine erhebliche semantische Differenz aufzuweisen. Das "zusätzliche" Präverb ἐν- dient wohl, falls es nicht schon verblaßt ist, zur Verdeutlichung eines adverbialen Nebenaspekts, nämlich des Bereichs, worin man sich Macht anmaßt: *irgendwo, wo auch immer, irgendwie* (vgl. insbesondere 20,8). Von derartigen Wortbildungstypen lassen sich in Gr noch ausmachen: z.B. ἐν- αποθνήσκειν (19,10) gegenüber ἀποθνήσκειν (8mal), ἐν- δοξάζεσθαι (38,6) gegenüber δοξάζειν (32mal), ἐν- τρυφᾶν (14,4) gegenüber τρυφᾶν (LXX), ἐν- οἰκίζειν (11,34) gegenüber οἰκίζειν (10,3; 38,32). Übersetzungstechnisch gesehen steht in Gr für משל hi. konsequent ἐξουσίαν διδόναι (H[B] 30,11; H[E] 30,28; H[B] 45,17). Von daher ist in 47,19 ἐνεξουσιάσθης wohl nur passivisch (vgl. hingegen La: *potestatem habuisti*) zu verstehen: *du wirst von deinem eigenen Körper beherrscht*[357] gegenüber H[B] (= Syr): *du läßt sie [die Frauen] herrschen über deinen Leib*.

ἐνθουσιάζων der mit etw. begeistert ist *(pejorativ)*[358]

34(31),7 ξύλον προσκόμματός ἐστιν τοῖς ἐνθουσιάζουσιν[359] αὐτῷ
La: *lignum offensionis est aurum sacrificantium*
H[B]: כי תקלה הוא לאויל   Syr: [360] ܐܪܠܒܐܕܬ ܐܡ ܡܚܒܬܐ ܐܢܝܐܢ ܐܬ݂ܩ݂ܠ݂ܬ݂ܐ

WF: Ø {ἐνθουσία, ἐνθουσιασμός, ἐνθουσίασις, ἐνθουσιαστής, ἐνθουσιαστικός, ἐνθουσιᾶν, ἐνθουσιώδης} WFd: μωρός* (#), ἔκστασις (#), ἐξιστάναι* (#), μαίνεσθαι (2-4 Makk, Weish, Jer), μανιώδης (3 Makk), μανία (4 Makk, Ps, Weish, Hos)

Als Äquivalente für אויל (*Tor, Gottloser*) finden sich in Gr noch ἀπαίδευτος (H[A] 6,20; 8,4) und συναναστρεφόμενος (H[B] 41,5), für אולת (*Torheit, Gottlosigkeit*) ἀφροσύνη (H[A] 8,15; H[B] 47,23), ἄφρων (H[C] 20,22), ἀσχημοσύνη (H[B] 30,13) sowie das [LXX]Hplg μωρία (H[BM] 41,15). LXX-Wiedergaben für אויל: ἄφρων (11mal), ἀνόητος, ἀπαίδευτος, ἀσεβής, ἄστεγος, μωρός, προπετής, φαῦλος (je nur 1mal). Sowohl Gr als LXX scheinen offensichtlich bei אויל bzw. אוילות in WFd verbleibend variiert zu haben, wobei sich zwangsläufig Verschiebungen in der Nuan-

---

[356] Korrespondiert mit משל und שלט q. hi. sowie שליט und שלטון.
[357] Vgl. jedoch WAHL s.v. ἐνεξουσιάζειν: *passus es, ut abuterentur corpore tuo*.
[358] LEH: *to be inspired or possessed by a god* (= LSJ). Vorzuziehen wäre allerdings der noch in LSJ zu findende Übersetzungsvorschlag: *to be in ecstasy*.
[359] Mit Ra. und Zi. ἐνθουσιάζουσιν (= S*) gegen Sw., Fr. ἐνθουσιάζουσιν (= rel. La). JB freilich übersetzt nach La (*opfern*), während GN wohl der S*-Lesart folgt (*verfallen sein*). EÜ und ZB legen "selbstverständlich" H[B] zugrunde.
[360] Denn ein Hindernis [Stolperstein] ist Reichtum für die Toren.

cierung ergaben. In diesem Fall wählt Gr ein Partizip, um das hinter הוא stehende Subjekt זהב (χρυσίον; V.6a), welches Syr ܟܠܐܗܒ gegen H^B und Gr explizit anführt, syntaktisch als Dativobjekt (αὐτῷ) einbringen zu können. Demgegenüber konkretisiert La wie Syr das als Subjekt fungierende Personalpronomen הוא (aurum - ܟܠܐܗܒ). Zur textkritischen Diskussion (ἐνθουσιάζειν - ἐνθυσιάζειν) s. S. 94.

ἐνίοτε manchmal

37,14 ψυχὴ γὰρ ἀνδρὸς ἀπαγγέλλειν ἐνίοτε εἴωθεν

La: anima viri sancti enuntiat aliquando vera

H^B : לב אנוש מגיד שעיותיו H^Bmarg.: לב אנוש יגיד שעיותיו H^D : מגיד : לב אנוש מגיד שעיותיו

Syr: ³⁶¹ ܠܒܗ ܕܒܪ ܐܢܫܐ ܡܫܬܥܐ ܐܘܪܚܬܗ

WF: ἔνιοι (3 Makk) WFd: Ø {ἔσθ᾽ ὅτε, ἄλλοτε καὶ ἄλλοτε, ἐνιαχοῦ}

Vgl. hierzu die übersetzungstechnischen Ausführungen auf S. 14f. In wortstatistischer Hinsicht bemerkenswert ist, daß ansonsten in der Gräzität sehr oft gebrauchte Adverbien (wie z.B. hier ἐνίοτε) in LXX auffällig selten (mit buchspezifischer Tendenz!) bezeugt sind: ἀρτίως (2 Sam), αὐτίκα (4 Makk), αἰφνίδιος (Weish), αἰφνιδίως (2-3 Makk), καίτοι (4 Makk), μά (4 Makk), μέντοι (Spr), μέντοιγε (Ps), μηδαμόθεν (Weish), μηδέποτε* (3 Makk), μήπως (Gr), οὗπερ (2 Makk), πεζῇ (2 Sam), σχεδόν (2-3 Makk), τοι (4 Makk), τοιγαροῦν* (Ijob, Spr, Jes, 2-4 Makk), τοίνυν (Chr, Ijob, Weish, Jes, Jer, 2-4 Makk).

ἐννόημα (Hinter)gedanke³⁶²

21,11 ὁ φυλάσσων νόμον κατακρατεῖ τοῦ ἐννοήματος αὐτοῦ

La: qui custodit iustitiam continebit sensum eius

H⁰ Syr: ³⁶³ ܕܢܛܪ ܢܡܘܣܐ ܐܚܝܕ ܗܘ ܪܥܝܢܗ

WF: ἔννοια (Spr, Weish, Sus θ'), ἐννοεῖν* (#), νοεῖν* (#), νοήμων* (Spr, Dan θ'), νόημα (Bar, 3 Makk), νόησις (θ'), νοητῶς (Spr), ἐπίνοια* (Weish, Jer, 2-4 Makk), ἐπινοεῖν* (Ijob, Weish, 4 Makk), διανοεῖσθαι* (#), διανόημα* (#), διάνοια* (#) WFd: γνώμη* (#), λογισμός* (#), ἐνθύμημα* (#), ἐνθυμεῖσθαι* (#)

---

³⁶¹ Das Herz des Menschen freut sich über seinen Weg. Syr setzt wohl statt יגיד (H^B) die Verbform יגיל voraus.

³⁶² LEH: notion, concept (= LSJ). FRITZSCHE, Weisheit 351: Sinn. ZB: Gedanken [=GN]. JB: Regungen. EÜ wohl nach Syr: Trieb (= HAMP, Sirach 624).

³⁶³ Wer das Gesetz hält, bezwingt seinen Trieb. Syh: ܐܝܢܐ ܕܢܛܪ ܢܡܘܣܐ ܐܚܝܕ ܗܘ ܠܪܥܝܢܐ ܕܝܠܗ.

Wiederum ein Verbalabstraktum, dessen zugrundeliegendes Verb ἐννοεῖν sowohl in Gr (Hᴬ 14,21 בין hitp.) als auch in LXX (Ijob 1,5 חטא וברך κακὰ ἐννοεῖν; Jes 41,20 שים; Dan o' 11,33 שכל hi.; Dan θ' בין q.) häufig zu finden ist. ἐννόημα ist semantisch potentiell bedeutungsgleich mit dem nicht in Gr belegten ἔννοια, das mit 14 Belegen in der LXX (allein 12 Belege in Spr: בינה; תבונה; דעת; דרך; מזמה; שכל) gut bezeugt ist. Bezüglich Syr ܠܒܘ vgl. Gen 6,5 כל־יצר מחשבת לבו πᾶς τις διανοεῖται ἐν τῇ καρδίᾳ αὐτοῦ; Gen 8,21 כי יצר לב האדם רע מנעריו ὅτι ἔγκειται ἡ διάνοια τοῦ ἀνθρώπου ἐπιμελῶς ἐπὶ τὰ πονηρὰ ἐκ νεότητος. Gr und Gen (LXX) lokalisieren also das *Triebhafte* im Menschen (יצר) in seinem Denken (Verstand), das Gr abweichend von der Wortwahl in Gen (διάνοια, διανοεῖσθαι) mit dem stammgleichen und weitgehend bedeutungsgleichen Kompositum ἐννόημα wiedergibt. Hinsichtlich der wortstatistisch signifikanten Verteilungsrate von Verbalabstrakta auf -μα und -ία (-εια) s. 163-165 sowie v.a. 182.

ἐνοικίζειν wohnen lassen, ins Haus aufnehmen

11,34 ἐνοίκισον ἀλλότριον, καὶ διαστρέψει σε ἐν ταραχαῖς
La: *admitte ad te alienigenam et subvertet te in turbore*
Hᴬ: ³⁶⁴ משוכן זריו זהיר דרכיך
Syr: ܘܢܝܬܐܪ ܠܡܠܡ *ܪܠܐ.ܬ ܟܢܚܘܠܐ ܠܬ܀܀ܐܘ ܠܐ *Syrᵂᴾܪܠܚܬ.

WF: ἐνοικεῖν* (#), οἰκίζεσθαι* (Ijob), ἔνοικος (Ri, Jer), συνοικίζειν* (Dtn, 1 Esra, Jes), συνοικεῖν* (#), συνοίκησις (Tob), κατοικίζειν (#), κατοικεῖν* (#)
WFd: δέχεσθαι* (#), ἀναδέχεσθαι (2 Makk), ὑποδέχεσθαι (Tob, Jdt, 1-4 Makk), ὁμιλεῖν* (Ri, Spr, Dan o' θ'), κατασκηνοῦν* (#)

Für שכן q. (*wohnen*) bedient sich Gr sonst durchgängig³⁶⁵ des auch in LXX dafür verwendeten Kompositums καταλύειν (hier: *Halt machen, rasten, einkehren*): 14,25.27 (Hᴬ), 43,17 (Hᴮᴹ), 47,12 (Hᴮ). In LXX ist für שכן q. pi. hi. ein breit angelegtes Wortfeld festzustellen: Für das Qal sind v.a. ἀναπαύειν, γείτων, κατασκηνοῦν, κατοικεῖν, καταλύειν, ἡσυχάζειν üblich, fürs Piel v.a. ἐπικαλεῖν, κατασκηνοῦν, κατοικίζειν, und fürs Hifil v.a. κατασκηνοῦν, κατοικίζειν, αὐλίζειν, ἐπικαθίζειν, πηγ-

---

³⁶⁴ SMEND, Weisheit (Hebräisch - Deutsch) 14, konjiziert השכן זר ויזיר דרכיך und übersetzt: *Lass den Fremden bei dir wohnen, so wird er dich deiner Lebensart entfremden* (S. 20) [so auch EÜ; EÜ und GN lassen aber V. 34ab unübersetzt]. ZB hingegen übersetzt V. 34ab, übergeht jedoch V. 34cd.
³⁶⁵ Das in Hᴮ 43,19 bezeugte Verb שכן kann mit Hᴮᵐᵃʳᵍᴹ שפך nicht als Vorlage für Gr χέω herangezogen werden.

νύναι. Aus semantischer Sicht ist somit keine tiefgreifende Differenz zwischen dem ᴸˣˣHplg ἐνοικίζειν und den von den LXX-Übersetzern benutzten Äquivalenten festzustellen. Syr folgt dem unmittelbar vorausgehendem Stichos (Hᴮ לא תדבק לרשע ויסלף דרכך): *Pflege keine [enge] Gemeinschaft mit einem Verbrecher, damit er dich nicht von deinem Weg abbringt.* Zu דבק (*jmdm anhängen, mit jmdm auf Dauer zusammen sein*) vgl. Gen 2,24 𝕸 TgOnk S).

ἐντιναγμός das Anstürmen, Losstürzen[366]

22,13 καὶ οὐ μὴ μολυνθῇς ἐν τῷ ἐντιναγμῷ αὐτοῦ
La: *et non coinquinaberis in inpactu illius*
H⁰ Syr: [367] ܘܠܐ ܬܬܛܢܦ ܟܕ ܗܘ ܡܬܢܦܨ

WF: ἐντινάσσειν (1-2 Makk), ἐντίναγμα (α' σ' θ' Al.), ἐκτιναγμός (Nah), ἐκτινάσσειν* (#), ἀνατιναγμός (Nah), διατινάσσειν (α', Hebr.), τίναγμα (Ijob), ἀποτινάσσειν (Ri, 1 Sam, Klgl), ἀποτίναγμα (Ri) **WFd:** ὁρμᾶσθαι (#), ἐπέρχεσθαι* (#), ἐπιφέρεσθαι (#)

Das Verbalabstraktum ἐντιναγμός, dessen Grundwort (ἐντινάσσειν) immerhin in den Makkabäerbüchern 3mal[368] vorkommt, ist ein *Hapaxlegomenon totius graecitatis.* Von daher ist nicht auszuschließen, daß es sich bei diesem Kompositum um einen »Übersetzungsneologismus« handelt. Die nominale Ausdrucksweise hätte aber auch *verbal* durch Hypotaxe wiedergegeben werden können. Mit ἐντίναγμα, das *cod. A* und 542 an unserer Stelle für ἐντιναγμός überliefern, übersetzen οι γ' Al. in Jes 28,2 זרם (*starker Regen*), das in Jes 32,2 Aquila nochmals so wiedergibt. Das durch O L⁻²⁴⁸-315'-743-545-705 155 613 744' 795 gestützte ᴸˣˣHplg ἐκτιναγμός korrespondiert in Nah 2,10(11) mit dem 𝕸ᵃHplg בוקה (*Leere*).

ἐντρεχής geschickt, versiert[369]

34(31),22 ἐν πᾶσι τοῖς ἔργοις σου γίνου ἐντρεχής
La: *in omnibus operibus tuis esto velox*

---

[366] LEH: *shaking* (=LSJ). Pᴀᴘᴇ: *das Daraufstoßen.* Hᴀᴍᴘ, Sirach 627 (= EÜ) interpretiert ἐντιναγμός mit "wenn es [das Schwein] *sich schüttelt*" unter Bezugnahme auf 22,13b, wo er Syr ܚܙܝܪܐ (*Schwein*) dem in Gr variantenlosen ἀσύνετον (entspricht synonym dem unmittelbar vorausgehenden μετὰ ἄφρωνος) befremdlicherweise den Vorzug gibt.
[367] ... *und er dich nicht besudelt, wenn es* [sc. das Schwein] *sich schüttelt.*
[368] 1 Makk 2,36; 2 Makk 4,41 mit Objekt λίθον; vgl. vor allem 2 Makk 11,11 ἐντινάξαντες εἰς τοὺς πολεμίους (*sich losstürzend auf die Feinde*).
[369] LEH: *skilful, ready.* Pᴀᴘᴇ: *bewandert, geübt, verschlagen.* Wᴀʜʟ: *alacris, diligens.*

H^B: צנוע היה מעשיך בכל   Syr: ^370 ܥܡܟ ܗܘܝ ܡܟܝܟܐ ܒܟܠ ܥܒܕܟ

WF: Ø {ἐντρέχεια, ἐντρέχειν} WFd: ἔμπειρος (Tob), ἐπιστήμων* (Dtn, 1 Esra, Jes), ἱκανός* (#)

Das Partizip Passiv Qal צנוע (*klug^371*) dient noch in H^BM 42,8 als Vorlage^372 für δεδοκιμασμένος (*erprobt, bewährt*). In 𝔐 ist lediglich ein einziger Beleg von צנוע zu finden: Spr 11,2 ואת־צנועים חכמה o' στόμα δὲ ταπεινῶν μελετᾷ σοφίαν σ' παρὰ δὲ τοῖς ἐπιμελέσι σοφία θ' καὶ μετὰ ἐπιεικῶν σοφία. Die Wortwahl von ἐντρεχής im vorliegenden Kontext ist möglicherweise beeinflußt von Platons *Respublica* VII 537a: ἐν τοῖς πόνοις καὶ μαθήμασι καὶ φόβοις ἐντρεχέστατος.

ἐξιχνεύειν aufspüren, nachforschen

6,27 ἐξίχνευσον καὶ ζήτησον καὶ γνωσθήσεταί σοι
La: *investiga illam et manifestabitur tibi*
H^A: דרש וחקר בקש ומצא   Syr: ^373 ܒܥܝܗ ܘܚܙܪ ܘܚܦܝ; ܡܢ܂ ܟܝ܂

42,18 ἄβυσσον καὶ καρδίαν ἐξίχνευσεν   H^BM: תהום ולב חקר
La: *abyssum et cor hominum investigavit*   Syr: ^374 ܘܬܗܘܡܐ ܘܠܒܐ ܗܘ ܒܚܢ

WF: ἐξιχνιάζειν* (Ri, Ijob, Ps, Koh, Weish), ἐξιχνιασμός (Ri), ἰχνεύειν* (Spr), ἰχνευτής*, ἴχνος* (#) WFd: ἐρευνᾶν (#), ἐξερευνᾶν (#), διερευνᾶν (Weish), ἀνερευνᾶσθαι (4 Makk), ἐπιζητεῖν* (#), κατασκοπεῖν (2 Sam, 1 Chr, Ez, 1 Makk), κατασκοπεύειν (Gen, Ex, Dtn, Jos, 1 Makk)

Vom semantischen Standpunkt aus sind die hier weitgehend bedeutungsgleich verwendeten Verba חקר und דרש durch ἐξιχνεύειν korrekt umgesetzt. In Gr korrespondiert das in 𝔐 27mal bezeugte Verbum חקר noch mit den hierzu weitgehend synonymen ἐξετάζειν (H^A 3,21 [H^C דרש]; H^A 11,7; H^A 13,11), ἐκζητεῖν (H^BM 44,5) und ζητεῖν (H^C 3,21 [דרש]).^375 Sonderbar steht allerdings für חקר in 11,18 (H^A) τελευτή, in 43,30

---

370 *Bei all deinen Arbeiten sei demütig.*
371 So mit RYSSEL (Sirach 440) von syr. ܚܟܝܡܐ (*schlau*) her argumentierend. SAUER, Sirach 582: *demütig*. SMEND, Weisheit (Hebräisch - Deutsch) 54: *mässig*. EÜ: *bescheiden*. SKEHAN - DI LELLA, Wisdom 385: *moderate*. LB: *eifrig*. ZB: *sich beherrschen*. JB: *beherrscht*. GN: *vernünftig*.
372 איש צנוע: SMEND, Weisheit (Hebräisch -Deutsch) 74: *gesittet*. SAUER, Sirach: *demütig*. EÜ: *behutsam*. RYSSEL (Sirach 440): *klug*. ZB: *beliebt*. JB: *geehrt*.
373 *Erforsche und decke auf und suche und du wirst (sie sc. Weisheit) finden.*
374 *Die Urflut und das Herz untersucht er.*
375 ἐξετάζειν und ἐκζητεῖν sind auch in LXX als Äquivalente zu חקר bezeugt; darüber hinaus sind in LXX v.a. die Verba ἐξιχνιάζειν, δοκιμάζειν, ἐτάζειν und (ἐξ)ερευνᾶν zu nennen.

(H^{Bmarg}) ἀφικνεῖσθαι und in 43,28 (H^{B}) ἰσχύειν. דרש übersetzt Gr ebenfalls korrekt, aber inkonsequent durch entsprechende Synonyma (ζητεῖν, ἐξετάζειν, ἐκζητεῖν). Übersetzungstechnisch ist daher das ^{LXX}Hplg ἐξιχνεύειν unauffällig, bei Betrachtung des von Gr in Dienst genommenen Wortfelds sowie der Wortfamilie[376] (unabhängig von der Vorlage) kann freilich eine breite synonyme Streuung festgestellt werden, die wohl von der im Ausdruck *variierenden* Manier des Übersetzers herrühren dürfte.

ἐξομβρεῖν hinausregnen lassen[377]

1,19 ἐπιστήμην καὶ γνῶσιν συνέσεως ἐξώμβρησεν
La: *scientiam et intellectum prudentiae sapientia conpartietur*
H^{0} Syr: [378] ܫܒܛܐ ܗܝ ܕܬܘܩܦܐ ܘܒܝܬ ܣܡܟܢ ܕܬܫܒܘܚܬܐ

10,13 καὶ ὁ κρατῶν αὐτῆς ἐξομβρήσει βδέλυγμα
La: *qui tenuerit illam adimplebitur male dictis et subvertet eos in finem*
H^{A}: ומקורה יביע זמה Syr: [379] ܘܙܢܝܘܬܐ ܡܒܘܥܐ ܕܬܪ̈ܝܗܘܢ

WF: Ø {Ø}, ἀνομβρεῖν*, ὄμβρος* (#), ὄμβρημα (Ps) **WFd:** ἐκρεῖν (Dtn, Jes, 1 Makk), ἀναβράσσειν (Weish, Nah, Ez), ἐκβλύζειν (Spr), ἀφιέναι* (#)

Vgl. hierzu die wortstatistischen und übersetzungstechnischen Ausführungen zum ^{LXX}Hplg ἀνομβρεῖν auf S. 151f.

ἐπαίτησις Bettelei, Betteln

40,28 τέκνον, ζωὴν ἐπαιτήσεως μὴ βιώσῃς
La: *fili, in tempore tuae vitae ne indigeas*
H^{B}: מני (H^{Bmarg} בני) חיי מתן אל תחי Syr: ܒܪܝ، ܚܝ̈ ܕܫܐܠܐ ܠܝ ܠܐ ܬܚܠܡܝܗ̇

40,30 ἐν στόματι ἀναιδοῦς γλυκανθήσεται ἐπαίτησις
La: *in ore inprudentis condulcabitur inopia*
H^{B}: לאיש עוז נפש תמתיק שאלה H^{Bmarg} : עז נפשות ממתיק
Syr: [380] ܒܦܘܡܗ ܕܚܨܝܦܐ ܬܒܣܡ* ܫܐܠܬܗ * *Syr*^{WP}: ܬܬܒܣܡ

WF: ἐπαιτεῖν* (Ps), προσαιτεῖν (Ijob), αἴτησις (Ri^{A}, 1 Kön, Jona) αἴτημα (#)

---

[376] Alternativ zu ἐξιχνεύειν gebraucht Gr das weitgehend gleichbedeutende ἐξιχνιάζειν (1,3; 18,6; 24,28); daher auch die in 253 307 Anast. p.676 überlieferte Variante (zu 6,27) ἐξιχνιάζειν, die möglicherweise sprachlich-stilistischer Natur ist.

[377] LEH: *to pour out like rain neol.*(=LSJ). PAPE: *wie Regen ausgießen*. FRITZSCHE, Weisheit 331 (10,13): ... *verübt (Gräuel) in Menge*.

[378] *Sie* [sc. ܕܚܠܬܗ ܕܐܠܗܐ Gottesfurcht vgl. V.18] *ist der Stab der Stärke* [= starker Stab] *und ein Stützhaus der Herrlichkeit* [herrlicher Stützbau].

[379] *Und Unzucht ist die Quelle von ihnen beiden.*

[380] *Im Mund des Frechen ist dessen Bitte angenehm.*

WFd: πτωχεύειν (Ri, Tob, Ps, Spr), πτωχεία* (#), πτωχός* (#)

Wiederum ein Verbalabstraktum, dessen zugrundeliegendes Verb ἐπαιτεῖν sowohl in Gr (40,28 H^B סלל hitp.) als auch in LXX (vgl. Ps
108(109),10 שאל pi.) belegt ist. חיי מתן (*Bettlerleben*[381]) ist in 𝔐 nicht
bezeugt, lediglich איש מתן (*ein freigebiger* ! *Mensch*) in Spr 19,6 (ὄνειδος ἀνδρί σ' ἀνὴρ δομάτων). Gr übersetzt מתן sonst mit δότη (3,17
H^{AC}), δόσις (4,3; 11,17 H^A), δόμα (7,33 H^A), ἀποδιδόναι (4,31 H^A) und
ἄρτοι (10,27 H^A).[382] In LXX steht für מתן, מתנה bzw. aram. מתנא
v.a. δόμα und δόσις. Anders als Gr und H^B hat Syr in 40,28: *Mein Sohn,
wer dich bittet, den weise nicht zurück.* Versteht also Syr, die wie La eine
andere Vorlage hatte wie Gr, חיי מתן im Sinne von *wohltätiges Leben*?
Das in 40,30 bezeugte Äquivalent שאלה (*Bitte, Betteln*) übersetzt Gr
noch in H^{BmargM} 41,19 mit λῆμψις. In LXX sind für שאלה v.a. αἴτησις
und αἴτημα verwendet. Syr (ܕܣܝ ܕܚܒܐ) stimmt weitgehend mit Gr
gegen H^B überein. Schon SMEND wies darauf hin, daß לאיש (anstelle
von בפי = Gr; Syr) fehlerhaft von V.29d her entstanden ist.

ἐπανακαλεῖσθαι erneut anrufen[383]

48,20 καὶ ἐπανεκαλέσαντο [Zi. ἐπεκαλέσαντο] τὸν κύριον τὸν ἐλεήμονα
La: *et invocaverunt Dominum misericordem*
H^B: ויקר]או אל עליון Syr: *om.*

WF: Ø {ἐπανάκλησις}, ἀνακαλεῖν (Ex, Lev, Num, Jos, 4 Makk), ἐπικαλεῖσθαι* (#), προσκαλεῖν* (#), παρακαλεῖν* (#) **WFd:** ἐπιβοᾶν (4 Makk,
Weish), δεῖσθαι* (#)

Gegenüber dem gewöhnlichen und gängigen ἐπεκαλέσαντο (= Ra., Zi.)
überliefern zwei wichtige Textzeugen (S* 253) die Triplaverbform ἐπανεκαλέσαντο, das unter wortbildungstypischen und wortstatistischen Gesichtspunkten Gr nicht von vornherein abgesprochen werden kann.[384] Gr
variiert häufiger durch adverbialen Nebensinn evozierende Präverbien, die
sich nicht durch H decken lassen. Für קרא q.ni. mit Objekt 'Gott' bzw.
τὸ ὄνομα κυρίου gebraucht Gr vor allem ἐπικαλεῖσθαι und καλεῖν, deren sich auch die LXX-Übersetzer hierfür bedienen. Sonderbar steht je-

---

[381] So SMEND, Weisheit (Hebräisch - Deutsch) 71; SAUER, Sirach 605.
[382] Anhand des synonymen Wortwechsels innerhalb WF (hier: δότη, δόσις, δόμα; vgl.
ferner δῶρον und das ^{LXX}Hplg δώρημα) ist erneut die *variierende* Manier des Übersetzers erkennbar.
[383] PAPE s.v. ἀνακαλεῖν: u.a. *die Götter anrufen (Soph O.C. 1378; Trach 906).*
[384] S. hierzu die textkritische Besprechung auf S. 94f.

doch in 4,10c für H[A] ואל יקראך בן καὶ ἔσῃ ὡς υἱὸς ὑψίστου. ἀνακαλεῖν entsprechen in 𝔐 v.a. קרא und je nur 1mal מקרא sowie נקב ni. (*mi*).

ἐπ- άνοδος[385] Rückkehr, Rückweg, Ausweg

17,24 πλὴν μετανοοῦσιν ἔδωκεν ἐπάνοδον
La: *paenitentibus autem dedit viam iustitiae*
H[0] Syr: [386] ܒܪܡ ܠܬܝ̈ܒܐ ܝܗܒ ܬܝܒܘܬܐ

22,21 μὴ ἀφελπίσῃς, ἔστιν γὰρ ἐπάνοδος
La: *non desperes est enim regressus ad amicum*
H[0] Syr: [387] ܠܐ ܬܕܚܠ ܐܝܬ ܠܗ ܓܝܪ ܡܦܩܢܐ

38,21 μὴ ἐπιλάθῃ, οὐ γάρ ἐστιν ἐπάνοδος
La: *noli oblivisci neque enim est conversio*
H[B]: אל תזכרהו כי אין לו תקוה
Syr: [388] ܘܠܐ ܬܬܬܟܠ ܥܠ ܥܘܬܪܐ ܡܛܠ ܕܠܝܬ ܠܗ ܣܒܪܐ

WF: Ø {Ø}, κάθοδος (1 Kön, 1 Esra, Koh) **WFd:** ἐπανέρχεσθαι (#), ἐπαναβαίνειν (σ')

Das einzig in H[B] 38,21 überlieferte Äquivalent תקוה (*Hoffnung*), das Syr ܣܒܪܐ bestätigt, wird in Gr sonst sehr uneinheitlich und bisweilen im scharfen Gegensatz zur ursprünglichen Aussageabsicht wiedergegeben: H[A] 7,13 (ἐνδελεχισμός), H[AC] 7,17 (ἐκδίκησις), H[A] 11,22 (εὐοδία), H[A] 12,1 (χάρις), H[A] 16,22 (ὑπομένειν), H[BM] 41,2 (ὑπομονή), H[BM] 44,10 (δικαιοσύνη). Als Standardäquivalent für תקוה ist in LXX ἐλπίς bezeugt, das in Gr nach H[A] 14,2 תוחלת gegenübersteht. Syr hat - wie La auch - an den drei ἐπάνοδος-Stellen drei unterschiedliche Wiedergaben. Handelt es sich bei ἐπάνοδος etwa um einen für Gr signifikanten Begriff?

ἐπιδεής bedürftig, arm

4,1 καὶ μὴ παρελκύσῃς ὀφθαλμοὺς ἐπιδεεῖς[389]
La: *et oculos tuos ne transvertas a paupere*
H[A]: [390] ואל תדאיב נפש עני ומר נפש Syr:[391] ܘܠܐ ܬܗܦܟ ܠܡܣܟܢܐ ܥܝ̈ܢܐ

[385] Hinsichtlich der Verwendungsweise des Präverbs ἐπι- bei Gr s. S. 124 Anm. 74. LSJ: *return (to one's country)*. PAPE: *Rückkehr, Rückweg*.
[386] *Aber Reumütigen schenkte er Reue.*
[387] *Fürchte dich nicht, es gibt nämlich für ihn einen Ausweg* (Syh ܦܢܝܐ). Zu ܡܦܩܢܐ vgl. Mt 22,9 διέξοδος.
[388] *Und vertraue nicht auf Reichtum, denn es gibt bei ihm keine Hoffnung.*
[389] FRITZSCHE, Weisheit 320: *und bedürftige Augen halte nicht hin.* SMEND, Weisheit 4, möchte mit 253 106 ὀφθαλμὸν ἐπιδεοῦς konjizieren.

34(31),4 καὶ ἐν τῇ ἀναπαύσει ἐπιδεὴς γίνεται   La: *et in fine inops fit*

H^B: צריך יהיה ינוח ואם   Syr: [392] ܘܡܐ ܢܬܬܢܝܚ ܬܗܘܐ ܡܣܟܢ

WF: ἐπιδεῖν* (Dtn, Ijob), ἔνδεια* (#), ἐνδεῖσθαι (Dtn, Spr), ἐνδεής (#) WFd: πτωχός* (#), πενής* (#), χρεία* (#), προσδεῖσθαι* (Spr)

Hinsichtlich des Syntagmas מר נפש (*betrübt, verbittert*) vgl. 1 Sam 1,10 (מרת נפש κατώδυνος ψυχῆς), 22,2 (κατώδυνος ψυχῇ), Ez 27,31 (πικρασμὸς ψυχῆς), Ijob 3,20 (αἱ ἐν ὀδύναις ψυχαί), 7,11 und 10,1 (πικρία ψυχῆς), 21,25 (נפש מרה πικρία ψυχῆς), Spr 31,6 (οἱ ἐν ὀδύναις). מר ist in Gr sonst mit den auch in LXX geläufigen Vokabeln πικρός bzw. πικρία wiedergegeben. Das in 34(31),4 überlieferte Äquivalent צריך (*Mangel leidend*), das durch Syr ܡܣܟܢ geschützt ist, korrespondiert in H^B 35(32),7 und H^{BBmarg} 42,21 mit den auch in LXX bezeugten Wiedergaben χρεία und προσδεῖσθαι; die ursprüngliche Aussageabsicht bleibt in Gr bewahrt. Variierend zum Adjektiv ἐπιδεής gebraucht Gr in 41,2 das Partizip (ἄνθρωπος) ἐπιδεόμενος für אונים (איש). Gr bewegt sich offenkundig zum einen innerhalb der LXX-Übersetzungsmuster, zum anderen führt sie mit ἐπιδεής eine 'neue' Vokabel aus einem Wortfeld ein, das in Gr breit angelegt und oft gebraucht ist: Das weitgehend synonyme πτωχός ist z.B. mehr als 20mal in Gr verwendet, πενής immerhin 4mal.

ἐπιλησμονή das Vergessen[393]

11,27 κάκωσις ὥρας ἐπιλησμονὴν ποιεῖ τρυφῆς
La: *malitia horae oblivionem facit luxuriae magnae*
H^B: עת רעה תשכח תענוג
Syr: [394] ܒܝܫܬܗ ܕܝܘܡܐ ܡܫܟܚܐ *ܛܒܬܐ   * Syr^{WP}: ܛܒܬܐ

WF: ἐπιλανθάνεσθαι* (#), λήθη* (#) WFd: ἄγνοια* (#), ἀμνημονεῖν*, ἀμνησία*, ἀμνηστία (Weish), (οὐ) μιμνήσκεσθαι* (#)

ἐπιλησμονή ist zusammen mit dem ^{LXX}Hplg ἀμνησία (s. S. 148) in wortstatistischer Hinsicht gegenüber dem sonst in der Literatur geläufigen Syn-

---

[390] SMEND, Weisheit (Hebräisch - Deutsch) 2, konjiziert ואל תדאיב עיני מר רוח und argumentiert in seinem Kommentar (S. 35): "Weil הדאיב öfter mit נפש (vgl. aber עיני דאבה Ps. 88,10) verbunden wird, setzte man נפש neben עיני, das in עני verdarb und dann ein ו nach sich zog."

[391] *Und nicht sollst du einen blinden* (eigtl. finsteren = traurigen?) *Armen erschüttern.*

[392] *und wenn du zur Ruhe kommst, wirst du arm sein.*

[393] WBA: *Vergeßlichkeit.* LEH: *forgetfulness* (=LSJ). PAPE: *Vergessenheit* = ἐπιλησμη = ἐπιλησμοσύνη = ἐπιλησμονεία.

[394] *Das Unglück des Tages läßt Glück finden.*

onym λήθη, das sowohl in Gr (14,7 H *om.* Syr ܪܚܠܐ ܪܚܠܐܝܬ) als auch in LXX (מעל vgl. Lev 5,15; Num 5,27; Dtn 8,19) häufiger Verwendung findet, beachtenswert. Bzgl. des in H^B 3mal bezeugten תשכה (V.23.25ab) wechselt Gr 3mal den Ausdruck (ἀμνησία, οὐ μιμνῄσκειν, ἐπιλησμονὴν ποιεῖν), was erneut die variierende Manier des Übersetzers vor Augen hält. Zur Konstruktion ἐπιλησμονὴν ποεῖν vgl. insbesondere Ijob 7,21: καὶ διὰ τὶ οὐκ ἐποιήσω τῆς ἀνομίας μοῦ λήθην ומה לֹא־תשׂא פשׁעי. Unter stilistischem Aspekt fällt ferner auf, daß der Übersetzer sowohl in seinem Prolog als auch in der Übersetzung selbst öfters Nominalumschreibungen (Nomen plus ἔχειν oder ποιεῖν) statt eines einfachen Verbalausdrucks gebraucht; vgl. z.B. ἀνάγνωσιν ποιεῖσθαι (Prol. 17) statt ἀναγινώσκειν, συγγνώμην ἔχειν (Prol. 18) statt συγγινώσκειν, διαφορὰν ἔχειν (Prol. 26) statt διαφέρειν. In Gr vgl. ferner ἔλεος ἔχειν (28,4), ἐξουσίαν ἔχειν (9,13), εὐδοκίαν ἔχειν (29,23), κόπον ἔχειν (22,13), φρόνησιν ἔχειν (29,28), χρείαν ἔχειν (13,6), ἔλεος ποιεῖν (29,1; 46,7), ἐπίχαρμα ποιεῖν (6,4; 18,31; 42,11), μάχην ποιεῖν (8,16), τόπον ποιεῖν (16,14). Diesen Nominalstil klassifiziert M. LAND-FESTER[395] nicht nur als archaisch, sondern auch als Hinweis einer gewählten Ausdrucksweise.

ἐπιμονή das Verharren (bei etwas)[396]

38,27 καὶ ἡ ἐπιμονὴ αὐτοῦ ἀλλοιῶσαι ποικιλίαν

La: *et adsiduitas eius variat picturam*

H^B : אַף עֹשֶׂה חַ[רשׁ חו[שׁב

Syr: [397] ܘܐܟ܊ ܘܣܘܟܬܗܘܢ ܠܡܚܠܦ ܐܝܟ ܐܝܟܗܘܢ ܐܝܟ ܐܟܕܒܚ

Syr^{WP}: ܘܐܟ; ܐܝܟܗܘܢ; *om.* ܐܝܟ

WF: ἐπιμένειν (Ex), ὑπομονή* (#), ὑπομένειν* (#) WFd: διατρίβειν (Lev, Tob, Jdt, 2 Makk, Jer), διατριβή (Lev, Jer, Spr), διαμένειν* (#)

In Ex 12,39 steht das dem ^{LXX}Hplg zugrundeliegende Verb für מהה (*zögern, zaudern*), das in Gr mit βραδύνειν (H^B 32,22), χρονίζειν (H^A

---

[395] Einführung in die Stilistik der griechischen und lateinischen Literatursprachen, Darmstadt 1997, 97: "Die Erklärung der Nominalisierung als eines archaischen Erbes der Chorlyrik ist nicht ausreichend; der Nominalstil ist als Ausdruck höherer Künstlichkeit zu werten, da er als Abweichung von der Standardsprache empfunden wurde. Daß die Nominalisierung nicht ein Element des Archaischen, sondern des Außergewöhnlichen ist, zeigt vor allem der Stil des Thukydides."

[396] LEH: *steadfastness.* FRITZSCHE, Weisheit 386: *Ausdauer* [= ZB]. EÜ: *(dessen) Aufgabe (es ist)...* JB: *Geduld.*

[397] *Und ebenso sind ihre Überlegungen für die Arbeit ihres Kunsthandwerks erforderlich.*

14,12) und sonderbar γλυκαίνειν (H^A 12,16) korrespondiert. σ' übersetzt mit ἐπιμένειν נגר (Klgl 3,49). Textkritisch gesehen braucht man hinter *variat* in La keine entsprechende Gr-Vorlage vermuten, da z.B. auch in 20,4 ἀποπαρθενῶσαι ebenso finit mit *devirginavit* wiedergegeben wurde.

(τὸ) ἐπιτίμιον hier: Geldbetrag[398]

9,5 μήποτε σκανδαλισθῇς ἐν τοῖς ἐπιτιμίοις αὐτῆς

La: *ne forte scandalizeris in decore illius*

H^A: פן תוקש בעונשיה   Syr: [399] ܪܠܐ ܕܠܐ ܬܬܩܠ ܒܚܛܗܝܗ

WF: ἐπιτιμᾶν* (#), ἐπιτίμησις* (2 Sam, Ijob, Ps, Koh, Weish), ἐπιτιμία (Weish), ἐπίτιμος* (2 Makk) WFd: ζημία (2 Kön, 1-2 Esra, Spr, 2 Makk), ζημιοῦν (Ex, Dtn, 1 Esra, Spr), ἐπιζήμιον (Ex), τιμωρία (#), τιμωρεῖν (#), κόλασις (Weish, Jer, Ez, 2-3-4 Makk), κολάζειν (#)

Das in 𝔐 nur zweimal belegte Nomen עֹנֶשׁ (*Geldstrafe*) wird in LXX mit ζημία (2 Kön 23,33) und ζημιοῦν (Spr 19,19: נֶעֱנָשׁ) wiedergegeben.[400] Für das Verb ענשׁ q. ni. (9 Belege in 𝔐) sind in LXX folgende Vokabeln bezeugt: ἐπιβάλλειν, ἐπιζήμιον, ζημία, ζημιοῦν, συκοφαντία, τίειν, φόρος. Die Präferenz von ἐπιτίμιον gegenüber ἐπιτιμία, das ebenfalls innerhalb LXX einzig in Weish 3,10 (ἔχειν ἐπιτιμίαν *Strafe erhalten*) vorkommt, könnte in dem durch die Vorlage geforderten Plural liegen. La *in decore* las möglicherweise fehlerhaftes (εν ταις) ευκοσμιαις, das als ^{LXX}Hplg in 35(32),2 mit *ornamentum* und in 45,7 mit *gloria* korrespondiert.

ἐπιχείρημα Kunstgriff, Nachstellung (pejorativ)[401]

9,4 μήποτε ἁλῷς ἐν τοῖς ἐπιχειρήμασιν αὐτῆς

La: *ne forte pereas in efficacia illius*

H^A: בפיפיתם   Syr: [402] ܪܠܐ ܕܠܐ ܬܬܚܒܠ ܒܣܟܠܘܬܗ

WF: ἐπιχειρεῖν (#), ἐγχείρημα (Jer) WFd: ἐπιβουλή (1 Esra, Est, 2-3-4 Makk), πειρασμός* (#)

---

[398] LEH: *punishment, penalty*. LSJ: *mostly in pl. value, prize* or *estimate of a thing*. PAPE: *Strafe, Vergeltung, Lohn; bes. im att. Recht, die von den Richtern festgesetzte Strafe, meist in Geld.*

[399] ... *damit du nicht zu ihrer doppelten Mitgift verurteilt wirst.*

[400] Vgl. 2 Kön 23,33 (*im Sinne einer Pflichtabgabe*); Spr 19,19 (*rechtliche Strafe*).

[401] LEH: *undertaking, attempt* (=LSJ). PAPE: *u.a. kriegerische Unternehmung, das Betreiben e. Sache.*

[402] ... *damit sie dich nicht zugrunde richte durch ihre Schwätzereien.*

In 𝔐 begegnet das mit ἐπιχειρήματα (248 70 ἐπιτηδεύματα GrII?) korrespondierende פיפיות, das semantisch Schwierigkeiten bereitet, nur noch in Jes 41,15[403] und Ps 149,6[404]. Syr deutet das seltene פיפיות als *Schwätzereien* (ܪ̈ܡܙܐ) und zeigt zudem mit ܘܐܢܡܒܐ eine Parallele mit La *pereas,* das nicht durch ἀλῶς gedeckt ist. Darüber hinaus scheint das singularische *efficacia* (Einwirken) in La nicht direkt auf ἐπιχειρήματα zurückzuführen. Das dem [LXX]Hplg zugrundeliegende Verb ἐπιχειρεῖν (*einen Versuch gegen jdm unternehmen*) gebraucht LXX als Äquivalent von גמל (2 Chr 20,11: *Böses antun*) und חשב (pejorativ in Est 9,25: *gegen jmdn etwas aushecken*). Die lexikographische Unsicherheit von פיפיות, die manche Exegeten zu textkritischen Operationen[405] veranlaßt, führt daher in den modernen Sir-Übersetzungen zu unterschiedlichen Wiedergaben: SAUER[406]: *damit sie dich nicht entflammen durch ihre Künste (oder Küsse).* SMEND[407]: *damit du nicht in ihren Schlingen gefangen wirst.* EÜ: *damit du nicht durch ihre Töne gefangen wirst.* SKEHAN - DI LELLA[408]: *lest you be captivated by her charms.*

ἐπιχορηγεῖν   (mit Lebensmitteln) versorgen, unterhalten[409]

25,22 γυνὴ ἐὰν ἐπιχορηγῇ τῷ ἀνδρὶ αὐτῆς

La: *mulier si primatum habeat contraria est viro suo*

H[c]: בעלה ... אשה מכלכלת   Syr: ܐܢܬܬܐ ܕܡܦܪܢܣܐ ܠܒ ܠܒܥܠܗ

WF: Ø {ἐπιχορηγία, ἐπιχορήγημα, ἐπιχορηγητέον}, χορηγεῖν* (#), χορηγία (1-2 Esra, 2-3 Makk), χορηγός (2 Makk) WFd: τρέφειν* (#), τροφεύειν (Ex, Bar), τροφή (#), διατρέφειν (#), ἐκτρέφειν (#), οἰκονομεῖν (Ps, 2-3 Makk), σιτομετρεῖν (Gen)

---

[403] חריץ חדש בעל פיפיות (EÜ: *neuer Schlitten mit vielen Schneiden*) - ἀλοῶντας καινοὺς πριστηροειδεῖς α' ἔχοντα στόμα στομάτων σ' ἐστομωμένον θ' ἀμφήκη.

[404] חרב פיפיות (*zweischneidiges Schwert*) - ῥομφαῖαι δίστομοι α' μάχαιρα στομάτων).

[405] Geht man allerdings bei פיפיות als Vorlage von Gr aus, so kann in diesem Fall keine übersetzungstechnische Parallele zwischen Gr und Symmachus (Jes 41,15) hergestellt werden. Als signifikantes Indiz für eine Gr und σ' gemeinsame Übersetzerschule hatte ZIEGLER (Wortschatz 284f) nämlich in 𝔐 selten vorkommende und zudem schwierige Wörter herangezogen, bei denen beide auffallend kongruent gegen alle anderen Zeugen übersetzt haben.

[406] Sirach 527.

[407] Weisheit (Hebräisch - Deutsch) 15.

[408] Wisdom 215.

[409] LEH: *to provide for* (τινι), PAPE: *noch außerdem Kosten auf Etwas verwenden, od. auf seine Kosten noch dazu Etwas veranstalten,* FRITZSCHE, Weisheit 361: *unterhalten.*

כול pilp. (*mit Lebensmitteln versorgen*) wird in H^B 45,24 mit προστα-τεῖν (*leiten, vorstehen*) und in H^A 6,20 mit ἐμμένειν ἔν τινι (*bei etwas verharren*) übersetzt, im hitp. in H^A 12,15 mit καρτερεῖν (*ausharren, standhalten*) und in H^BM 43,3 mit ὑφιστάναι (*standhalten, bestehen*). In LXX sind für כול pilp. abgesehen vom am häufigsten gebrauchten δια-τρέφειν u. a. folgende Äquivalente auszumachen: ἐκτρέφειν, οἰκονομεῖν, σιτομετρεῖν, τρέφειν, χορηγεῖν. Gr gebraucht ἐπιχορηγεῖν offensichtlich bedeutungsgleich mit dem Simplex χορηγεῖν (1,10.26; 18,31; 39,33; 44,6 jeweils im Sinne von *gewähren, ausstatten mit*); die im Vokabular variierende Manier des Übersetzers tritt somit erneut zu Tage. Syr hat: *eine Frau, die ihren Herren* (Syr^WP: *ihrem Mann*) *schadet*. La (*primatum habere*) scheint ἐπιχορηγεῖν in der ursprünglichen Bedeutung (*Chor)-führer sein, (den Chor) anführen* verstanden zu haben.

ἔπος Spruch[410]

44,5 καὶ διηγούμενοι ἔπη ἐν γραφῇ   H^B: נושאי משל בכתב
La: *et narrantes carmina in scriptura*   Syr: [411] ܘܐܡܪ̈ܝ, ܡܬ̈ܠܐ ܒܟܬܒܐ

WF: εἰπεῖν* (#) **WFd:** παροίμιον* (#), λόγος* (#), ῥῆμα* (#), λέξις* (Est, Ijob, 2 Makk), μῦθος*, παραβολή* (#)

Variierend, aber dennoch im Wortfeld verbleibend übersetzt Gr משל (*Sprichwort*) in H^AC 6,35; H^B 47,17 mit παροιμία und in H^A 3,29 mit πα-ραβολή. Beide Begriffe (v. a. παραβολή) dienen auch in LXX zur Wieder-gabe von משל. Auch hier zeigt sich wiederum, daß Gr über die in LXX gebräuchlichen Übersetzungsmuster hinaus ein 'neues' Äquivalent zur Be-reicherung ihres Vokabulars einführt. Interessanterweise ist der Begriff ἔπος in der hier verwendeten Bedeutung nicht im NT (lediglich Hebr 7,9 ὡς ἔπος εἰπεῖν) belegt, obgleich die Häufigkeit von ähnlichen Begriffen (παροιμία, παραβολή bzw. λόγος, λόγιον, ῥῆσις, ῥῆμα) im NT hoch ist. Da ἔπος bei Homer sehr häufig, das später bevorzugte λόγος sehr selten bezeugt ist, wird man die Wortwahl in Gr als archaisch bezeichnen kön-nen. Vgl. hierzu PAPE s. v. ἔπος: *1) ... bes. häufig bei Hom., der das später übliche λόγος nur zweimal gebraucht.*

---

[410] FRITZSCHE, Weisheit 398: *Dichtungen.* WAHL: nach La: *carmen* (= Lied, Gedicht). LSJ: *song or lay accompanied by music.* LEH den Kontext nicht treffend: *word.* Pa-pe: *3. τὰ ἔπη das in Hexametern abgefaßte Heldengedicht, episches Gedicht.*

[411] *Die Sinnsprüche nach schriftlicher (Überlieferung) aufsagen.* ܘܐܡܪ̈ܝ (Syh jedoch: ܘܫ̈ܥܝ [ܒܟܬ̈ܒܐ]) geht wohl eher mit Gr (καὶ διηγούμενοι) als mit H^B (נושאי).

ἐργολαβία lukrativer Arbeitsauftrag (*pejorativ*)[412]

29,19 καὶ διώκων ἐργολαβίας ἐμπεσεῖται εἰς κρίσεις
La: *et qui conatur multa agere incidet in iudicium*
H⁰ Syr: [413] *ܚܕ܏ܢܝ ܢܦܠ ܒܩܐܠ ܚܠܒܠ ܠܚܦܒܠ ܕܬܘܕ ... * Syr^{WP}: ܚܕ̇ܝܢ

WF: Ø {ἐργολάβεια, ἐργολαβεῖν, ἐργολάβος} WFd: πλεονεξία (#), πλεονέκτης*, πλεονέκτημα (α'), φιλαργυρεῖν (2 Makk), φιλαργυρία (4 Makk),
φιλάργυρος (4 Makk)

ἐρώτημα Befragung, Anfrage

36(33),3 καὶ ὁ νόμος αὐτῷ πιστὸς ⁴ ὡς ἐρώτημα δήλων
La: *et lex illi fidelis / qui interrogationem manifestat*
H^B: ׃ ... ...ק [טטו]פת ותורתו Syr: *om.*

WF: ἐρωτᾶν (#), ἐπερωτᾶν* (#), ἐπερώτημα (Dan θ'), ἐπερώτησις (Gen)
WFd: ἀνάκρισις (3 Makk), ἀνακρίνειν (1 Sam, Dan ο' θ'), μαντεύεσθαι (#),
πυνθάνεσθαι (#)

S 46 336 339 überliefern das auch in Dan θ' 4,14 belegte Kompositum
επερωτημα (שאלה); diese Variante begegnet immer wieder in antiken
griechischen Texten vgl. hierzu auch Plu. *Aristides* 11. Aufgrund des in
Gr öfter zu beobachtenden Wortbildungstyps ἐπι- mit adverbialem Nebensinn (vgl. s.v. ἐπιπροστιθέναι auf S. 124) ist diese Lesart nicht von
vornherein wegen ihrer Textzeugen abzulehnen. Gr gebraucht ἐπ- ερωτᾶν
in 35(32),7 für שאל; in LXX steht das 75mal belegte Kompositum für
בקש, דרש, ענה, שאל, קרה ni., während das fast ebenso häufig (70)
verwendete Simplex mit אמר, חקר und שאל korrespondiert.

ἐσχατόγηρως uralter Greis[414]

41,2 ἐσχατογήρῳ καὶ περισπωμένῳ περὶ πάντων
La: *defecto aetate et cui de omnibus cura est*
H^B: בכל׃ (H^{BmargI} (ונוקש ינקש איש כושל ונוקש בכל H^{BmargII}: איש כושל ונוקש בכל
H^{BmargIII}: איש נוקש ומושל בכל   H^M: ...]בן איש כשל ונוקש
Syr: [415] ܩܐܠܐ ܒܚܠ ܒܚܠ ܕܬܚܐܐ̈ ܩܒܐ ܐܚܠ

---

[412] HAMP, Sirach 648: *trübe Geschäfte* (= EÜ). LEH: *profitmaking* (= LSJ). PAPE: =
     ἐργολάβεια *Übernahme einer Arbeit für einen gewissen Lohn; bes. Unternehmung
     aus Gewinnsucht.* ZB: *schnöder Gewinn.*
[413] *Und wer darauf aus ist, Sünden auf sich zu laden, wird der Gerichte verfallen.*
[414] FRITZSCHE, Weisheit 392: *der Hochbejahrte.* LEH: *in extreme old age* (=LSJ).
     REHKOPF, Septuaginta-Vokabular: *im äußersten Greisenalter sein* (=PAPE).

42,8 καὶ ἐσχατογήρως κρινομένου περὶ πορνείας

La: *de senioribus qui iudicantur ab adulescentibus*

H[B]: עצה בזנות (H[BmargI] ושב וישיש ונוטל (וישאל

H[BmargII] [ש]ב כושל ענה בזנות ושב כושל ועונה בזנ[ות H[M]: Syr: *om.*

WF: Ø {ἐσχατογέρων}, γῆρας*[416] (#), γέρων* (#), γηράσκειν* (#) WFd: πο-λιά* (#), πολυετής (Weish), πρεσβύτερος (#), πρεσβύτης (#), προβεβηκώς (Gen, Jos, 1 Kön, 2 Makk, Ijob) WB: ἐσχατο- Ø {sonst nur noch ἐσχατο-κόλλιον}

Als Gr-Vorlage ist in 41,2 das durch die Marginalkorrekturen sowie H[M] gestützte איש כושל (*ein stolpender Mensch*) gegenüber H[BmargIII] איש נוקש anzunehmen und in 42,8 שב כושל (*ein ergrauter, stolpernder Mensch*) gegenüber שב וישיש (*ein ergrauter und uralter Mensch*). In Gr korrespondiert das kontextlich schwer verständliche כושל (H[A] 14,9)[417] noch mit dem [LXX]Hplg πλεονέκτης, im Nifal mit πταίειν, ἐντρέπεσθαι und θλίβειν σεαυτόν, im Hifil mit ἀπολλύναι und θλίβειν σεαυτόν. In LXX dienen ἀναλίσκειν, κοπιᾶν, παραλύειν, πίπτειν und συντρίβειν als Wiedergaben.

ἑταιρίζεσθαι sich mit jdm anfreunden[418]

9,3 μὴ ὑπάντα γυναικὶ ἑταιριζομένῃ H[A]: אל תקרב אל אשה זרה

La: *ne respicias mulierem multivolam* Syr: [419] ܠܐ ܬܬܚܒܪ ܥܡ ܐܢܬܬܐ ܙܢܝܬܐ

WF: ἑταίρα* (Ri, Spr, 2 Makk), ἑταιρεία (σ'), ἑταιρεῖσθαι (α'), ἑταιρία (σ'), ἑταιρικός (σ'), ἑταιρίς (σ'), ἕταιρος* (#), συνεταιρίς (Ri) WFd: πορνεία* (#), πορνεύειν (#), ἐκπορνεύειν* (#), πόρνη* (#), πορνικός (Spr, Ez), πόρνος*

Gegenüber dem semantisch nahestehenden πορνεύειν ist ἑταιρίζεσθαι si-cherlich der unverfänglichere und feinere Ausdruck. זר (*fremd*) übersetzt Gr abgesehen von ξένος (H[AB] 10,22) und ἕτερος (H[A] 14,4) gewöhnlich mit dem Stamm ἀλλο-: ἀλλότριος (H[A] 8,18; H[B] 45,18), ἀπαλλοτριοῦν

---

415 *Ein alter Mann, der zu jeder Zeit stolpert.*

416 Vgl. auch γῆρας ἄγειν (30,24b זקן hif.).

417 S. SMEND, Weisheit 132. Mit Syr (ܡܚܠ) könnte כושל in כסיל konjiziert werden, das Gr in individueller Interpretation umgesetzt hätte. SMEND setzt בוצע voraus, G. KUHN [ZAW 47 (1929) 295] מושל.

418 LEH: *to be a courtesan* (= LSJ). FRITZSCHE, Weisheit 329: *buhlerisch* [= ZB; eben-so RYSSEL, Sirach 285, der noch anmerkt: *die sich Freunde verschafft*]. PAPE: *med. sich Einen zum Gefährten wählen, ihm sich zugesellen* 2) *eine Buhlerin sein, das Gewerbe der* ἑταίρα *treiben.*

419 *Nicht sollst du Umgang haben mit einer Dirne.*

(H^A 11,34), ἀλλοτρία (H^B 40,29), ἀλλογενής (H^B 45,13). Bemerkenswert sind darüber hinaus die Äquivalente in H^BmargD 37,5 (γαστήρ), in H^BM 41,19 (κλοπή), in H^M 41,21b ([γυνὴ] ὕπανδρος)[420] und in H^B 39,24 (ἄνομος).[421] Frei übersetzt La das ^LXXHplg mit *multivola* (viel begehrend, lüstern). Die griechischen Entsprechungen für זר sind in LXX: ἕτερος, ἐχθρός, λαός, πέλας; von besonderer übersetzungstechnischer Relevanz zur Bewertung des ^LXXHplg ἑταιρίζεσθαι ist jedoch das in Spr 5,3 auffällig asyndetisch gesetzte Nominalgefüge γυνὴ πόρνη (α' σ' θ' γυνὴ ἀλλοτρία) für זרה [שפתי] ([*die Lippen*] *der fremden* [*Frau*]). Syr bestätigt mit ܚܒܪ ܢܫܝܐ (*mit einer Hure*) Gr (Syh *ܐܝܕܐ ܕܐܬܬܐ ܕܙܢܝܘܬܐ Rd * ܕܐܬܬܐ ܕܙܢܝܘܬܐ ܐܪ ܕܟ ܘܠܒ ܡܢܗ), sodaß זרה, falls Syr nicht von Gr abhängt, als זנה (*hurend*) zu konjizieren wäre; dagegen spricht freilich Spr 5,3. Eine weitere Parallele hinsichtlich der *fremden Frau* liegt in Spr 2,16 vor; EÜ: *Sie* [*die Weisheit*] *bewahrt dich vor der Frau des andern* (מאשה זרה ἀπὸ ὁδοῦ εὐθείας σ' γυναικὸς ἀλλοτρίας), / *vor der Fremden* (מנכריה καὶ ἀλλότριον σ' ἀπὸ ξένης), *die verführerisch redet*. Für das Verb זנה steht in LXX πορνεύειν, noch häufiger aber das Kompositum ἐκπορνεύειν. Zu ἐκπορνεύειν in Gr vgl. H^B 46,11 נשא in der Bedeutung *übermütig werden* (La *corruptum* Syr ܪܒ).

εὐδία schönes (mildes) Wetter

3,15 ὡς εὐδία ἐπὶ παγετῷ, οὕτως ἀναλυθήσονταί σου αἱ ἁμαρτίαι
La: *sicut in sereno glacies solventur tua peccata*
H^A: כחם על כפור להשבית עוניך
H^C: וכחורב על קרח נמס חטאתיך
Syr: [422] ܐܝܟ ܚܘܡܐ ܠܒܠ ܓܠܝܕܐ ܗܟܢܐ ܢܫܬܪܘܢ ܚܛܗܝܟ

WF: Ø {εὐδιάζεσθαι} WFd: αἴθριος (Ijob, 1 Esra), εὐημερία (2-3 Makk), ὥρα* (#)

---

[420] Im unmittelbar vorausgehenden Stichos ist leider nur H^BM ... מהביט (+ H^Bmarg אשה) überliefert, so daß eine mögliche Gr-Vorlage für [ἀπὸ ὁράσεως γυναικὸς] ἑταίρας (*Hure*; nach *cod*. A S ἑτέρας) nicht zu bestimmen ist. In Spr 19,13 korrespondiert ἑταίρα mit אשה, in Ri 11,2^B mit אחרת (*cod*. A ἑτέρας).

[421] Das in H^M 39,27b überlieferte זרה (H^Bmarg רעה = Gr κακά) geht sicher nicht, wie die Konkordanz von BARTHÉLEMY-RICKENBACHER (S. 110) suggeriert, auf זר (*fremd*) zurück, da das finale ה von זרה als orthographische Variante zu זרא (*Erbrechen*) aufzufassen ist. Zur textkritischen Diskussion dieser Stelle s. auch SCHRADER, Leiden und Gerechtigkeit 18f.

[422] *Wie Hitze gegenüber Eis, um auszulöschen deine Sünden.*

WB: εὐ- εὐαγγελία (2 Sam, 2 Kön), εὐαγγελίζειν (#), εὐαγγέλιον (2 Sam), εὐάλωτος (Spr), εὐανδρία (2 Makk), εὐαπάντητος (2 Makk), εὐαρεστεῖν* (Gen, Ex, Ri, Ps), εὐαρέστησις (α' σ' θ'), εὐάρεστος (Weish), εὐαρμοστός (Ez, 4 Makk), εὐγένεια (Koh, Weish, 2-4 Makk), εὐγενής (Ijob, 2-4 Makk), εὐγενῶς (2-4 Makk), εὔγεως*, εὐγνωμοσύνη (Est), εὔγνωστος (Spr, Weish), εὐδιανόητος (σ'), εὐδοκεῖν* (#), εὐδόκητος (σ'), εὐδοκία* (1 Chr, Ps, Hld), εὐδοκιμεῖν* (Gen), εὐδόκιμος (3 Makk), εὐδοξία (σ'), εὐδράνεια (Weish), εὐειδής (Dan ο'), εὐεκτεῖν (Spr), εὔελπις (Spr, Weish, 3 Makk), εὐεξία*, εὐεργεσία (Ps, Weish, 2-4 Makk), εὐεργετεῖν (Est, Ps, Weish, 2-4 Makk), εὐεργέτημα (2 Makk), εὐεργέτης (Est, Weish, 2-3 Makk), εὐεργετικός (Weish), εὐζωνία (α'), εὐζωνίζειν (α'), εὐήθης (2 Makk), εὐήκοος (Spr, EpJer), εὐημερεῖν (2 Makk), εὐημερία (2-3 Makk), εὔηχος (Ijob, Ps), εὐθαλεῖν (Dan θ'), εὐθαρσεῖν (σ'), εὐθαρσέως (2 Makk), εὐθαρσής (1 Esra, 2-3 Makk), εὐθαρσῶς (2 Makk), εὐθετεῖν (α'), εὔθετος (Ps, Dan θ' Sus), εὐθηνεῖν (#), εὐθηνία (Gen, Ps, Ez, Dan θ'), εὐθίκτως (2 Makk), εὔθραυστος (Weish), εὐθυμεῖν (σ'), εὐθυμία (σ'), εὔθυμος (σ'), εὐιλατεύειν (Dtn, Jdt, Ps), εὐίλατος (1 Esra, Ps), εὐκαιρία* (Ps, 2 Makk), εὔκαιρος (Ps, 2-3 Makk), εὐκαίρως*, εὔκαρπος (α'), εὐκατάλλακτος (3 Makk), εὐκαταφρόνητος (Jer, Dan ο'), εὐκίνητος (Weish), εὔκλαδος (Quint.), εὐκλεής (Weish, Jer), εὔκλεια (Weish, 2-3 Makk), εὐκληματεῖν (Hos), εὔκληρος (Dtn), εὔκολος (2 Sam), εὐκοπία (2 Makk), εὔκοπος* (1 Makk), εὐκοσμεῖν (1 Makk), εὐκοσμία*, εὔκυκλος (Weish), εὐλάβεια (Jos, Spr, Weish), εὐλαβεῖσθαι* (#), εὐλαβής (Lev, Mich), εὐλαβῶς (2 Makk), εὔλαλος* (Ijob), εὐλογεῖν* (#), εὐλογητός* (#), εὐλογία* (#), εὐλογίζειν (Tob), εὐλογιστία (4 Makk), εὐλόγως (1 Makk), εὐμαθῶς (Weish), εὐμεγέθης (1 Sam, Bar), εὐμελής (Weish), εὐμελῶς (4 Makk), εὐμένεια (2 Makk), εὐμενής (Dtn), εὐμενῶς (Weish), εὐμετάβολος (Spr), εὐμήκης (Dtn), εὐμορφία (Weish, 4 Makk), εὔμορφος*, εὐνοεῖν (Est, Dan ο', 3 Makk), εὔνοια* (Est, 1-2-3-4 Makk), εὐνομία (4 Makk), εὔνους (4 Makk), εὐοδία* (1 Esra, Tob, Spr), εὔοδος (Num, 1 Esra, Spr), εὐοδοῦν* (#), εὐόδως (Spr), εὔοπτος (EpJer), εὐπάθεια (Al.), εὐπαθεῖν (Ijob, Ps), εὐπάρυφος (Ez), εὐπείθεια (4 Makk), εὐπειθεῖν (4 Makk), εὐπορεῖν (Lev, Weish), εὐπορία (2 Kön), εὔπορος (α'), εὐπόρφυρος (Ez), εὐπραγεῖν (σ'), εὐπραξία (3 Makk), εὐπρέπεια* (#), εὐπρεπεῖν (α'), εὐπρεπής* (#), εὐπρεπίζειν (α'), εὐπρεποῦν (α'), εὐπρεπῶς (1 Esra, Weish), εὐπροσήγορος*, εὐπροσωπίζεσθαι (Al.), εὐπρόσωπος (Gen), εὔριζος (θ'), εὔρυθμος (Est), εὔρωστος*, εὐρώστως (Weish, 2 Makk), εὐσέβεια* (#), εὐσεβεῖν (4 Makk, Dan ο' Sus), εὐσεβής* (#), εὐσεβῶς (4 Makk), εὔσημος (Ps), εὐσήμως (Dan ο'), εὐσθενής (Hebr.), εὔσκιος (Jer), εὐστάθεια (Est, Weish, 2-3 Makk), εὐσταθής (Est, 2 Makk), εὔσταθμος*, εὔστοχος (Weish), εὐστόχως (1 Kön, 2 Chr), εὐστροφία (Spr), εὐσυναλλάκτως (Spr), εὐσχημοσύνη (4 Makk), εὐσχήμων (Spr), εὐσχολία (α'), εὐτακτεῖν (2 Makk), εὐτάκτως (Spr, 3 Makk), εὐταξία (2-3 Makk), εὐτελής (Weish), εὐτελῶς (2 Makk), εὔτηκτος (Weish), εὐτολμία (2 Makk), εὐτονία (Koh), εὔτονος (2-4 Makk), εὐτόνως (Jos), εὐτρεπίζειν (4 Makk), εὐτροφία (σ'), εὐφημεῖν (1 Makk), εὐφημία (σ'), εὔφημος (σ'), εὔφθαρτος (Weish), εὔφορος (σ'), εὐφραίνειν* (#), εὐφροσύνη* (#), εὐφρόσυνος (Jdt, Est, 3 Makk), εὐφυής (1 Esra, Weish, 2 Makk), εὔχαρις (Weish), εὐχαριστεῖν (Jdt, Weish, 2-3 Makk), εὐχαριστία* (Est, Weish, 2 Makk), εὐχάριστος (Spr), εὐχέρεια (σ'), εὐχερής (Jdt, Spr, 2 Makk), εὐχερῶς (Jdt, Spr, Weish, 3 Makk), εὐχρηστεῖν (σ'), εὐχρηστία (3 Makk), εὔχρηστος (Spr, Weish), εὐψυχία (2-4 Makk), εὔψυχος (Spr, 1 Makk), εὐψύχως (2-3 Makk), εὐώδης (Ex, 3 Makk), εὐωδία* (#), εὐωδιάζειν* (Sach), εὐωνίζειν (α'), εὐώνυμος (#), εὐωχεῖν (Jdt, 3 Makk), εὐωχία (1 Esra, Est, 3 Makk).

Zur Rekonstruktion der Gr-Vorlage ist der Textzeuge H^C grundsätzlich H^A vorzuziehen. חורב (*Dürre, Hitze*), das anscheinend durch das Synonymon חם (*Wärme*)[423] sekundär ersetzt wurde, begegnet in Sir noch in H^A 14,27; H^BM 43,3 (καῦμα *(Sommer)Hitze*) und in H^BM 43,21 (ἔρημος *Wüste*). In LXX wird חורב durch διψῆν (Jes 25,4f), ἔρημος (Jes 61,4), καῦμα (Gen 31,40^R; Ijob 30,30; Jes 4,6; Jer 43(36),30), καύσων (Gen 31,40^A), ξηρασία (Ri 4,37.39f) wiedergegeben. Daraus läßt sich erneut zeigen, daß Gr die in LXX üblichen Übersetzungsmuster (καῦμα; ἔρημος) benutzt, darüber hinaus aber auch ein *'neues'* Äquivalent einführt, das dem einschlägigen Wortfeld zuzuordnen ist. Syr (ܚܘܡܐ) setzt wohl schon die sekundäre Lesart von H^A חם voraus. Zu Syh ܚܘܡܐ vgl. Syr Mt 16,2 (εὐδία). Zum WB-Typ εὐ- s. S. 374f.382.

εὐεξία gute (körperliche, psychische) Verfassung, Wohlbefinden[424]

30,15 ὑγίεια καὶ εὐεξία βελτίων παντὸς χρυσίου
La: *salus animae in sanctitate iustitiae et melior omni auro et argento*
H^B: מפז אויתי שר חיי   H^BmargI: בשר   H^BmargII: שאר
Syr: [425] ܣܝܡܐ ܕܗܒܐ ܣܓܝܐܐ ܡܢ ܛܒ

---

[423] Vgl. Gen 8,22 (καῦμα); 1 Sam 21,7 (θερμός); 2 Sam 4,5 (καῦμα); Jes 18,4 (καῦμα); Jer 17,8 (καῦμα); Ijob 24,19 (ξηρός).

[424] LEH: *good habit of body, good health* (= LSJ). PAPE: ... *Kraft und Gewandtheit bedeutet es bei Pol. 157, 1.60,10*. REHKOPF, Septuaginta-Vokabular: *Wohlbefinden*. Vgl. besonders Pl. *Res publica 444e*: Ἀρετὴ μὲν ἄρα, ὡς ἔοικεν, ὑγίειά τέ τις ἂν εἴη καὶ κάλλος καὶ εὐεξία ψυχῆς, κακία δὲ νόσος τε καὶ αἶσχος καὶ ἀσθένεια. Ferner 559a: Ἆρ' οὖν οὐχ ἡ τοῦ φαγεῖν μέχρι ὑγιείας τε καὶ εὐεξίας καὶ αὐτοῦ σίτου τε καὶ ὄψου ἀναγκαῖος ἂν εἴη;

WF: εὐεκτεῖν (Spr), ἕξις* (#) WFd: αἴθριος (Ijob, 1 Esra), εὐημερία (2-3 Makk), ὥρα* (#) WB: εὐ- s.v. εὐδία

Die Konstruktusverbindung חיי שׂר (ein Leben in Gesundheit[426]) stellt den antiken wie modernen Übersetzer vor Probleme, denn er kann beide Elemente, die für sich allein relativ leicht umzusetzen wären, hier nicht durch eine Genitivkonstruktion ("das Leben des Fleisches") bzw. Nomen-Adjektiv-Verbindung ("das körperliche Leben") wiedergeben, ohne nicht zugleich unverständlich zu werden. Dem in der Handschrift B bezeugten Nominalgefüge ist in 𝔐 lediglich Spr 14,30 an die Seite zu stellen: חיי בשׂרים לב מרפא (EÜ: ein gelassenes Herz bedeutet Leben für den Leib) - πραΰθυμος ἀνὴρ καρδίας ἰατρός. Gr deutet חיי שׂר (חיי בשׂר bzw. חיי שׂאר) sachlich korrekt in Form eines Hendiadyoins als Gesundheit (ὑγίεια) und gute körperliche Verfassung (εὐεξία). Syr hat: ein Leben der Stärke [Wahrheit] (ܚܝܐ܆ ܟܢܐ); Syh: Gesundheit und Unversehrtheit (ܟܘܠܡܢܐ ܘܚܘܠܡܢܐ). Das dem [LXX]Hplg zugrundeliegende Verb εὐεκτεῖν findet sich innerhalb LXX nur in Spr 17,22: *לב שׂמח ייטב גהה (* BHS möchte mit S [ܓܘܫܡܐ] T [גושמא] גויה lesen) - καρδία εὐφραινομένη εὐεκτεῖν ποιεῖ (EÜ: ein fröhliches Herz tut dem Leib wohl; ZB hingegen: ein fröhliches Herz ist die beste Arznei).

εὐκαίρως zur rechten Zeit[427]

18,22 μὴ ἐμποδισθῇς τοῦ ἀποδοῦναι εὐχὴν εὐκαίρως
H⁰ Syr: al. La: non inpediaris operari semper

WF: εὔκαιρος (Ps, 2-3 Makk), εὐκαιρία* (Ps, 1 Makk), {εὐκαίρημα, εὐκαιρότης, εὐκαιρεῖν}, καίριος (Spr), καιρίως (α')[428], καιρός* (#), πρόσκαιρος (4 Makk) WFd: Ø WB: εὐ- s.v. εὐδία

Der Stamm εὐκαιρ- als philosophisch-rhetorischer Begriff des richtigen Zeitpunkts einer Äußerung, Rede ist stilistisch in engem Zusammenhang mit dem Antonym ἀκαιρ-, das auch Gr (s. die [LXX]Hplg ἄκαιρος und ἀκαίρως auf S. 142f) verwendet, zu sehen. Das 12mal in 𝔐 vorkom-

---

[425] Ein Leben der Stärke (Wahrheit) habe ich geliebt mehr als Gold. Vgl. hierzu aber das in Arab[WP] durch ܘ verbundene Syntagma Leben und Gesundheit.

[426] SMEND, Weisheit (Hebräisch - Deutsch) 52 [=EÜ, ZB, JB]; SAUER, Sirach 578: Gesundheit des Körpers. RYSSEL, Sirach 382, übersetzt nach Gr (Gesundheit und Wohlbefinden), SKEHAN - DI LELLA, Wisdom 378, nach Syr (I had rather sturdy health than gold). GN: gesunder Körper.

[427] LEH: seasonably, opportunely (=LSJ). PAPE: zur rechten Zeit, passend, geeignet.

[428] Dtn 32,35 𝔐 עתדת (was bevorsteht) ο' ἕτοιμα.

mende בעתו (*zu seiner Zeit, zur rechten Zeit*) wird im griechischen AT entweder ebenso durch einen Präpositionalausdruck mit καιρός (ἐπὶ καιροῦ, κατὰ καιρόν, ἐν τῷ καιρῷ)[429] oder mit Hilfe des Adjektivs καίριος (Spr 15,23) umgesetzt. Einzig im Psalter wird für בעתו der vom Wortbildungstyp εὐ- her genuin griechische Wortstamm εὐκαιρ- (Ps 103(104), 27 εὔκαιρος)[430] sowie (Ps 144(145),15 εὐκαιρία) gegenüber dem sonst üblichen Simplex καιρός etc. favorisiert. Hinsichtlich der Authentizität von εὐκαίρως mutmaßt SMEND (Weisheit 168), ohne hierfür Indizien anzuführen: "wohl nicht = בעתו, sondern Zutat des Übersetzers".

εὐκοσμία gutes Bewirten, Schmuck[431]

35(32),2(3) καὶ εὐκοσμίας χάριν λάβῃς στέφανον
La: *et ornamentum gratiae accipias coronam*
H^B: ועל מוסר תשא שכל   Syr: [432] ܚܠܗ ܕܦܕܐ ܕܨܕܠ ܐ̈ܚܘܗ

45,7 ἐμακάρισεν αὐτὸν ἐν εὐκοσμίᾳ   La: *et beatificavit illum in gloria*
H^B: וישרתהו בכבודו   H^Bmarg בברכה
Syr: [433] ܘܡܒܕ ܠܚܠ ܟ̈ܐܗ, ܗܟ ܐ̈ܟܦܘ ܐܚܟܡܘܗ

WF: εὐκοσμεῖν (1 Makk), περικοσμεῖν (Ps), ἀποκοσμεῖν (2 Makk) WFd: κόσμος* (#), κάλλος* (#), καλλονή* (Ps, Weish, 1 Makk), εὐμορφία (4 Makk, Weish), εὔμορφος*, εὐπρέπεια* (#), ὡραιότης (Ps, Jes, Ez), ὡραϊσμός (Jer) WB: εὐ- s.v. εὐδία

Die Wiedergabe von מוסר und כבוד durch εὐκοσμία erweckt bereits auf den ersten Blick Aufmerksamkeit. מוסר (12mal in Sir, 50mal in 𝔐) wird nämlich sowohl in LXX als auch in Gr (abgesehen von ^LXXHplg ἀπληστία H^B 37,31 בלא מוסר) regelmäßig mit παιδεία (6mal in Gr, 37mal in LXX) übersetzt; als Äquivalente zu כבוד (34mal in Sir; 199 in 𝔐) dienen hauptsächlich δόξα (23mal in Gr; 177 in LXX) und τιμή (3mal in Gr; 7mal in LXX). Da in 35(32),2abc und 45,7bcd zwischen H^B und Gr nicht geringe Differenzen[434] festzustellen sind, ist nicht zweifels-

---

[429] Einzig in Dtn 11,14 steht καθ' ὥραν.
[430] 𝔐 לתת אכלם בעתו δοῦναι τὴν τροφὴν αὐτοῖς εὔκαιρον (A εις καιρον).
[431] LEH: *orderly behaviour, good conduct, decency;* vgl. ferner LEH s.v. εὐκοσμεῖν: *to behave in a orderly fashion neol.* PAPE: *anständiges Betragen, Sittsamkeit, Bescheidenheit.* SKEHAN - DI LELLA, Wisdom 385: *hospitality (32,2).* FRITZSCHE, Weisheit 373: *schöne Anordnung; Schmuck.*
[432] *Und des Tisches wegen wirst du Ehre empfangen.*
[433] *Und er gab ihm von seiner Ehre und Herrlichkeit.*
[434] 35(32),2a הכין ערכם πᾶσαν τὴν χρείαν σου ποιήσας La *omni cura tua explicita* (bzw. *curam illorum habe*); ואחר תרביץ ἀνάπεσε La *recumbe* (bzw. *sic conside*);

frei zu klären, ob hier Gr einen anderen Text als H[B] voraussetzt, oder ob diese Textabweichungen übersetzungstechnisch bzw. z.T. textkritisch bedingt sind. Gr versteht jedenfalls im ersten Fall unter εὐκοσμία, das als 'echtes' Verbalabstraktum aufzufassen ist, *das gute Verwalten, Bewirten (= guter Umgang mit den Gästen)[435]*, aufgrund dessen er den Ehrenkranz erhält, während in H[B] vom "*Anstand*" (so SMEND; EÜ: *gutes Benehmen*) bzw. von "*Erziehung*" (so SAUER) die Rede ist.[436] In 45,7 deutet Gr die כבוד Aarons nach Ex 28,2[437] mit Hilfe von εὐκοσμία als *prunkvollen Bekleidungsschmuck*. Da aber GrI nicht selten gegen H[B] mit H[Bmarg] geht (vgl. Einleitung S. 58-64), könnte εὐκοσμία fehlerhaft aus ursprünglich εὐλογία (= H[Bmarg] ברכה)[438] entstanden sein, wenn man nicht εὐκοσμία als GrII-Lesart (= H[B]) auffaßt, die εὐλογία (= GrI) verdrängt hat. Resümierend läßt sich also festhalten, daß Gr über den in LXX üblichen Übersetzungsmustern hinaus in individueller Interpretation "neue" Äquivalente (hier z.B. bei מוסר die [LXX]Hplg ἀπληστία und εὐκοσμία) einführt, die dem Wortfeld der sonst gebrauchten Standardbegriffe (hier z. B. παιδεία) nur indirekt zuzuordnen sind.

εὔμορφος von schöner (Leibes)Gestalt[439]

9,8 ἀπόστρεψον ὀφθαλμὸν ἀπὸ γυναικὸς εὐμόρφου

La: *averte faciem tuam a muliere compta*

H[A]: העלים עין מאשת חן   Syr: [440] ܐܟܦ ܟܐܘܪ̈ܟ ܬܐܪ̈ܟ ܠܐ ܟ ܣܘܐ̣

WF: εὐμορφία (4 Makk, Weish) WFd: εὐσχήμων (Spr), εὐσχημοσύνη (4 Makk), εὐφυής (1 Esra, Weish, 2 Makk), εὐειδής (Dan ο'), καλός* (#), ὡραϊσμός (Jer), ὡραῖος* (#) WB: εὐ- s.v. εὐδία

2b בכבודם [SMEND coni. בעבורם] δι᾽ αὐτούς La *propter illos*; 2c תשא שכל λάβῃς στέφανον La *accipias coronam* (bzw. *dignationem consequaris conrogationis*). 45,7b הוד (H[Bmarg] הורו) ἱερατείαν λαοῦ [αὐτοῦ?]; 7c וישרתהו ἐμακάρισεν αὐτόν; 7d בתועפותראם περιστολὴν δόξης.

[435] Vgl. 2a *Sorg erst für sie, dann setz dich selbst* (EÜ).

[436] Man könnte allerdings εὐκοσμία auch mit Syr ܣܘܐ̣ܟ (*Tisch, Speise*) und La *ornamentum* als »ästhetisch gestaltetes Tafel-Arrangement« auffassen.

[437] *Laß für deinen Bruder Aaron heilige Gewänder* (בגדי־קדש στολὴν ἁγίαν) *anfertigen, die ihm zur Ehre und zum Schmuck gereichen* (לכבוד ולתפארת εἰς τιμὴν καὶ δόξαν).

[438] ברכה (εὐλογία) paßt kontextlich besser zu ἐμακάρισεν (H[B] וישרתהו *und er diente ihm*) als כבודו, dessen Possessivsuffix nicht durch Gr bestätigt wird. Offensichtlich las Syr H[B] und H[Bmarg] כבוד ׄוברכה !) zusammen (ܟ ܣܘ ܐ̣ܘ ܟ ܣܬ ܘ̣ ܟ ܣ).

[439] LEH: *shapely, fair of form, comely* [=LSJ]. PAPE: *schöngestaltet, in Prosa erst sp., dah. es die Atticisten für hellenist. erklären*.

[440] *Dein Angesicht blicke nicht auf eine Frau, die schön ist.*

Gr faßt קח (*Vornehmheit, Anmut*) kontextlich bedingt (ἀπόστρεψον ὀφθαλμόν) als körperliche Schönheit[441] auf und übersetzt mit einem von den Attizisten mit dem Vermerk *hellenistisch* (ἑλληνιστί) abqualifizierten Kompositum.[442] La *compta* deutet jedoch εὔμορφος vom äußeren Erscheinungsbild (Kleidung, Haartracht etc.) her als *geschmückt, herausgeputzt*. Die nur noch in Spr 11,16 belegte Konstruktusverbindung קח אשת wird unter Berücksichtigung der Standardäquivalenz (קח - χάρις) mit γυνὴ εὐχάριστος (*ein dankbare/wohltätige Frau*) wiedergegeben (α' σ' θ' hebraisierend γυνὴ χάριτος). Da Syr ܐܬܢܝܚ (gegen H[A]) möglicherweise von Gr (Syh ܐܬܘܚܕ ܐܬܣܚ ܐܬܪܒ) beeinflußt ist, könnte La *faciem tuam* (= Syr ܪܝܦܐ *dein Angesicht* gegen Gr ὀφθαλμόν) auf einer GrII-Textform basieren.

(τὰ) εὐπροσήγορα freundliche Grüße, höfliches Anreden[443]

6,5b καὶ γλῶσσα εὔλαλος πληθυνεῖ εὐπροσήγορα[444]
La: *et lingua eucharis in bono homine abundabit*
H[A]: [445]שלום שואלו חן ושפתי   Syr:[446] ܐܣܐܟܣܘܐ ܗܬܒܣ ܐܪܝܐܕ ܐܬܘܦܣܕ

WF: Ø {εὐπροσηγορία[447]}, προσαγορεύειν (Dtn, 2 Esra, Weish, 1-2 Makk)
WFd: εὐμένεια (2 Makk), εὔνοια* (#), εὐγνωμοσύνη (Est), φιλάνθρωπος (1 Esra, Weish, 2-4 Makk), πραΰς* (#) WB: εὐ- s.v. εὐδία

Nach Maßgabe von H[A] korrespondiert das substantivisch gebrauchte εὐπροσήγορα mit שלום (237 Belege in 𝔐), das in LXX abgesehen von εἰρήνη (178mal), εἰρηνικός (12mal) und εἰρηνεύειν (2mal) auch mit

---

[441] Auch Weish 7,10 bringt εὐμορφία mit *körperlichem* Wohlbefinden in Zusammenhang: ὑπὲρ ὑγίειαν καὶ εὐμορφίαν ἠγάπησα αὐτήν [sc. σοφία]. In 4 Makk 8,10 findet sich das synonyme Wortpaar ἡλικία καὶ εὐμορφία, wobei ἡλικία wie in Sir 26,17 die *Statur des Körpers*, nicht aber *das jugendliche Alter*, wie KLAUCK, 4 Makkabäer 723, übersetzt, bedeutet.

[442] Zur wortbildungsmäßigen Umsetzung des *nomen rectums* קח durch εὐ- vgl. auch γλῶσσα εὐ- λαλος H[A] 6,5 חן ושפתי.

[443] WAHL: *specimina comitatis*. PAPE: *gut, leicht anzureden, umgänglich, freundlich*. LSJ: *easy to address i.e. affable courteous* (=LEH). Vgl. hierzu auch Euripides, Hippolyt 95: ἐν εὐπροσηγόρευσίν ἐστί τις χάρις.

[444] FRITZSCHE, Weisheit 323: *... erfährt viel Freundliches*. RYSSEL, Sirach 275: *... hat viele Liebenswürdigkeiten im Gefolge*. LB: *... verbreitet Güte um sich*.

[445] SMEND, Weisheit (Hebräisch - Deutsch) 9: *und anmutige Lippen bekommen viele Grüße*. SAUER, Sirach 518: *und anmutige Lippen entbieten freundlichen Gruß*. EÜ: *freundliche Lippen sind willkommen*. ZB: *und gütige Worte finden frohen Gruß*.

[446] *Die Lippen der Gerechten - das Entbieten des Grußes*.

[447] Vgl. dazu die in O-V 493-694 C 307 336 404 befindliche Variante εὐπροσηγορία.

ἀσπάζεσθαι (Ex 18,7; Ri^A 18,15 für שָׁאַל לְשָׁלוֹם[448]) übersetzt wird.[449]
In Gr sind als Äquivalente zu שָׁלוֹם neben den Standardäquivalenten
εἰρήνη (13,18^bis H^A; 44,14 H^BM; 45,24 H^B; 50,23 H^B), εἰρηνικά (4,8 H^A),
εἰρηνεύειν (6,6 H^A אַנְשֵׁי שְׁלוֹמֶךָ οἱ εἰρηνεύοντές σοι) auch die durch
LXX gedeckten Verba τελεῖσθαι (34,10 H^B) und ἀσπάζεσθαι (41,20
H^BM) gebraucht. Der Zusammenhang legt V.5b (wenn auch durch καί eingeleitet) als Begründung der Aussage in V.5a nahe.

εὔρωστος gesund, körperlich bei Kräften sein

30,15 καὶ πνεῦμα (Ra. σῶμα) εὔρωστον ἢ ὄλβος ἀμέτρητος
La: et corpus validum quam census inmensus
H^B: ורוח טובה מפנינים   Syr: [450] ܀ܪ݁ܘܼܚܐ ܛܒ݂ܐ ܡ݁ܢ ܟܺܐܦ݂ܐ ܛܒ݂ܬ݁ܐ

WF: εὐρώστως (Weish, 2 Makk), ἀρρώστημα*, ἀρρωστία* (1-2 Kön, Ps, Koh,
1 Makk), ἄρρωστος* (1 Kön, Mal), ἀρρωστεῖν* (2 Sam, 1-2 Kön, 2 Chr)
WFd: ῥωμαλέος (2 Makk), ὑγιής* (Lev, Jos, Tob, Jes), ὑγιῶς* (Spr), εὐεκτεῖν (Spr), ὑγιαίνειν (#), εὔτονος (2-4 Makk), εὐτόνως (Jos), εὐεξία* WB:
εὐ- s.v. εὐδία

Das Motiv der Verwendung dieses Kompositums liegt wohl in der sprach-
lich-ästhetischen und terminologischen Verschönerung des farblosen Adjektivs טוֹב, denn Gr gibt desöfteren unspezifisch gebrauchte Worte variierend und verschönernd mit kontextlich mehr oder weniger passenden
Äquivalenten wieder. S. hierzu v.a. auch die Ausführungen z.B. zu ἀγαθοποιός, ἀμνησία, ἐπιλησμονή, (τὰ) εὐπροσήγορα, λυσιτελής.

εὔσταθμος wohl proportioniert, wohl gewichtig[451]

26,18 καὶ πόδες ὡραῖοι ἐπὶ πτέρνοις εὐστάθμοις [Ra. στέρνοις εὐσταθοῦς]
La: et pedes firmi super plantas stabilis mulieris
H^0 Syr: [452] ܐܪ̈ܝ ܦܩܚܬ̣ܐ ܒܣܗܪ̈ܐ ܒܣܐܬ̣ܐ

---

[448] Für diese Konstruktion steht ἐρωτᾶν plus Πῶς ἔχετε in Gen 43,27, in 1 Sam 10,4;
30,21; 2 Sam 8,10; 1 Chr 18,10 ἐρωτᾶν plus τὰ εἰς εἰρήνην, 1 Sam 17,22; 25,5
ἐρωτᾶν plus εἰς εἰρήνην und in 2 Sam 11,7 ἐπερωτᾶν plus εἰς εἰρήνην).

[449] Weitere Äquivalente sind: εὐθηνεῖν, ἔχειν, ἵλεως, ὅσιος, σωτηρία, σωτήριον,
τέλειος, ὑγιαίνειν (10mal!), ὑγιής, φίλος, χαίρειν.

[450] Ein guter Geist ist mehr (wert) als Perlen.

[451] LSJ: accurately measured; of full weight (νομίσματα). PAPE s.v. εὐσταθμῶς: nach
der σταθμή wohl abgemessen.

[452] ... sind schön ihre Fersen am Ort (Fundament) ihres Hauses. [Arab^WP verkürzend:
das ist die Schönheit einer rechtschaffenen Frau, die bei sich zuhause sitzt.]. Vgl.
hierzu SyrL ܐܬ݂ܪܐ locus, pes, basis, fundamentum.

WF: Ø {εὐσταθμία}, σταθμός* (#), στάθμιον* (#), σταθμίζειν (α' σ' Al.),
σταθμᾶσθαι (α'), κοιλόσταθμος (Hag) WFd: Ø WB: εὐ- s.v. εὐδία

Gr und die griechische Vorlage von La sind sicher nicht identisch (vgl.
ὡραῖοι *firmi* gegenüber 15,9; 25,4f.; 32,26; 43,11 *speciosus;* 20,1 *bonum*; 25,1 *probatus*; 45,12 *pulcher*) gewesen, so daß man erneut hinter
La eine GrII(?)-Textfassung vermuten könnte, wobei das in der Gräzität
äußerst seltene (s. **Wortst.**) εὔσταθμος (GrI) durch ein geläufigeres Äquivalent (εὐσταθής *aufrecht v. d. Körperhaltung*), das zudem bedeutungsmäßig der in Syr bezeugten Basis ܩܕ nahesteht, ersetzt bzw. neu übersetzt wurde. Vgl. ferner auch die textkritischen Anmerkungen auf S. 96.

ἔφισος gleich⁴⁵³

9,10 ὁ γὰρ πρόσφατος οὐκ ἔστιν ἔφισος αὐτῷ
La: *novus enim non erit similis illi*
Hᴬ: ⁴⁵⁴ [ܕ](ܡ)[ܥܪ]ܝ[ܘ]ܪ[ܕ]ܝ לא ש[ר]ח[כי   Syr: ⁴⁵⁵ ...

34(31),27(32) ἔφισον ζωῆς οἶνος ἀνθρώποις
La: *aequavit in vita vinum hominibus*
Hᴮ: לאנוש חיים היין למי   Syr: ⁴⁵⁶ ...

WF: Ø {ἐπισοῦν}, ἴσος (#), ἰσότης (Ijob, Sach), ἰσοῦν (Ijob, Ps), ἐξισοῦν
(Ex)⁴⁵⁷ WFd: absolut bzw. attributiv gesetztes αὐτός* (#)⁴⁵⁸, ὅμοιος* (#)

Gegenüber dem weitgehend bedeutungsgleichen Simplex ἴσος, das zwar
nicht in GrI (vgl. jedoch GrII 26,22), aber in LXX (40 Belege) vorkommt, ist das Kompositum unter wortstatistischem Aspekt (bezogen auf
die Gesamtgräzität) der ungewöhnlichere, weil seltenere Begriff. Vgl.
hierzu auch die textkritischen Bemerkungen auf S. 97f.

ἔχις Natter, Otter⁴⁵⁹

39,30 θηρίων ὀδόντες καὶ σκορπίοι καὶ ἔχεις
La: *bestiarum dentes et scorpii et serpentes*

---

⁴⁵³ LEH: *equal.* Pᴀᴘᴇ s.v. ἐπίσος: = *simpl.* LSJ s.v. ἴσος: *later* ἴσος.
⁴⁵⁴ Vᴀᴛᴛɪᴏɴɪ: **:** ·ܩ·· יד·. Bᴇᴇɴᴛᴊᴇs: [.]ܦ[..] לא יד[.]ܫ[.]ܚܳ כי.
⁴⁵⁵ ...*denn ein neuer* [*sc.* ܚܒܪܐ *Freund*] *kommt ihm nicht gleich.* Zu ܡܚܒ vgl. Gen
47,9 (השיג).
⁴⁵⁶ *Wie frisches Wasser ist Wein für den Menschen.*
⁴⁵⁷ Vgl. ἐξισάζειν in Sir 35(32),9(13) nach *codd. rel.* sowie Dam., Anton., Max.
⁴⁵⁸ In HRC und LEH nicht unterschieden vom Demonstrativpronomen in den obliquen
Kasus.
⁴⁵⁹ LEH: *viper* (= LSJ), Fʀɪᴛᴢsᴄʜᴇ, Weisheit 389: *Natter.*

H[B]: עקרב ופתן חית שן Syr: [460] ܣܘܿܐܐ ܕܩܪܒܐ ܕܚܘ̈ܬܐ ܕܣܢܐ

WF: Ø {ἐχίδιον} WFd: ὄφις* (#)[461], δράκων* (#), ἀσπίς (Dtn, Ijob, Ps, Jes), βασιλίσκος (Jes, Ps)

Das nur 6mal in 𝔐 gebrauchte פתן (*Otter, giftige Schlangenart*) wird in LXX mit ἀσπίς (Dtn 32,33; Ijob 20,14; Ps 57,4; Jes 8,11), βασιλίσκος (Ps 90,13) und δράκων (Ijob 20,16) übersetzt; diese drei Begriffe dienen jedoch nicht ausschließlich der Wiedergabe von פתן; so können bei ἀσπίς als hebräische Äquivalente noch אפעה (*Otter*), עכשוב (*Natter?*), צפעוני - צפע (*eine besonders giftige Schlangenart*) und שרף (*Schlange*), bei βασιλίσκος אפעה und bei δράκων כפיר (*junger Löwe, der schon auf Raub ausgeht*), לויתן (*Schlange*), נחש (*Schlange*), עתוד (*Bock*) und תנים - תנין - תן (*großer Seefisch, Schlange, Drache*) genannt werden. Gr übersetzt פתן mit ἔχεις abgesehen vom bewußt gesetzten Plural (vgl. ferner עקרב - σκορπίοι)[462] sachgerecht, ohne jedoch die in LXX bezeugten Übersetzungsmuster (v.a. ἀσπίς) heranzuziehen.

ζωγραφία Abbildung, Nachbildung[463]

38,27 καρδίαν αὐτοῦ δώσει εἰς ὁμοιῶσαι ζωγραφίαν[464]
La: *cor suum dabit in similitudinem picturae* H⁰ Syr om.

WF: ζωγραφεῖν (Jes, Ez, 2-4 Makk)[465] WFd: εἰκών* (#), εἴδωλον* (#), ἄγαλμα (Jes, Bar, 2 Makk), τύπος (Es, Am, 3-4 Makk), μίμημα (Weish)

Das dem [LXX]Hplg zugrundeliegende Verb korrespondiert in Jes 49,16 mit חקק und in Ez 23,14 mit חקה und חקק. Für Theodotion ist in Spr 7,16 ζωγραφία (ο' ἀμφίταπος) als Wiedergabe von חטבות אטון (*"buntgestreifte Leinendecken"* ?) aus textkritischen Gründen (s. BHS) nicht einwandfrei zu verifizieren. Die nominale Ausdrucksweise in La wird man aufgrund 20,4 (ἀποπαρθενῶσαι - *devirginavit*; s. S. 160) und 38,27 (ἀλλοιῶσαι - *variat*) übersetzungstechnisch, nicht jedoch vorlagebedingt (εις ομοιωσιν ζωγραφιας) erklären können.

---

[460] *Tiere des Zahnes (= Raubtiere) und Skorpione und Schlangen.*
[461] Für das 31mal in 𝔐 bezeugte נחש (unspezifisch: *Schlange*) ist in LXX regelmäßig mit ὄφις wiedergegeben. Für ὄφις in Gr (21,2 Syr ?; 25,15 Syr ܚܘܝܐ) steht kein hebräischer Textzeuge zur Verfügung.
[462] Die Plurale ܣܘܿܐܐ ܕܩܪܒܐ sind wohl unter dem Einfluß von Gr zu erklären.
[463] PAPE: *Malerei, Malerkunst, Gemälde.* WAHL: *delineatio, pictura.* HAMP, Sirach 673: *Muster* (= EÜ). FRITZSCHE, Weisheit 387: *Gebilde.*
[464] EÜ sehr frei (vgl. La!): *der seinen Sinn auf die Wiedergabe des Musters richtet.* ZB: *sein Sinn geht darauf aus, das Modell treffend nachzubilden.*
[465] PAPE: *(nach dem Leben od. lebende Wesen) malen.*

ἱλαροῦν (πρόσωπον) fröhlich dreinschauen, erfrischen[466]

7,24 καὶ μὴ ἱλαρώσῃς πρὸς αὐτὰς τὸ πρόσωπόν σου
La: *et non ostendas hilarem faciem tuam ad illas*
H^A: ואל תאיר אלהם פנים   Syr: [467] ܐܠܐ ܐ ܬܘܒܐ ܠܗܝܢ ܐܦܝܟ

32(35),11 ἐν πάσῃ δόσει ἱλάρωσον τὸ πρόσωπόν σου
La: *in omni dato hilarem fac vultum tuum*
H^B: בכל מ[ע]שיך הא[י]ר פנים
Syr: [468] ܒܟܠ ܩܘܪܒܢ ܐܢܗܪ ܐܦܝܟ

43,22 δρόσος ἀπαντῶσα ἀπὸ καύσωνος ἱλαρώσει
La: *ros obvians ab ardore humilem efficiet eum*
H^B: פורע לדשן שרב   H^Bmarg טל פורע   H^Bmarg רטב   Syr: om.

WF: ἱλαρύνειν* (Ps), ἱλαρός* (Est, Ijob, Spr, 3 Makk), ἱλαρότης (Spr),
ἱλαρῶς (Ijob) **WFd:** φαιδρύνειν (α'), εὐφραίνειν* (#), εὐφροσύνη* (#),
εὐφρόσυνος (Jdt, Es, 3 Makk)

Variierend im Ausdruck gegenüber dem stammgleichen ἱλαρύνειν, das in
36,27 (H^Bmarg יהלל פנים) ebenso mit dem Objekt πρόσωπον konstruiert
ist. Das theologisch bedeutsame Syntagma אור hi. plus פנים (*fröhlich,
gnädig blicken bzw. anblicken; von Gott*) ist in LXX (Ps 30(31),17;
66(67),2; 79(80),4.8.20; 118(119),135; Dan 9,17 θ') konsequent mit ἐπι-
φαίνεσθαι τὸ πρόσωπον wiedergegeben, so daß hierbei von einer (möglicherweise liturgisch vorgegebenen) Standardäquivalenz ausgegangen werden kann. Gr folgt offensichtlich dieser in LXX geprägten Wendung
nicht. Für דשן pi. (*fettig machen, salben*) steht in Gr sonst εὐφραίνειν
(H^C 26,2 mit ἀνήρ als Objekt), πιαίνειν (H^C 26,13 von den ὀστᾶ des
Mannes) und λιπαίνειν (H^B 38,11 mit προσφορά als Objekt). In textkritischer Hinsicht ist wohl davon auszugehen, daß die Gemeinsamkeiten von
Syr mit Gr gegen H (τὸ πρόσωπόν σου und ܐܦܝܟ gegenüber פנים;
δόσις und ܩܘܪܒܢ (pl.!) gegenüber מעשיך) als *vorlagebedingt* zu erklären sind; eine Abhängigkeit von Syr gegenüber Gr ist weniger wahrscheinlich. ἱλαρός steht in Gr für אור q. (H^A 13,26 פנים אורים πρόσωπον i.), in LXX ist als einziges Äquivalent רצון (Spr 19,12), das wiederum in Spr 18,22 mit dem Nomen (ἱλαρότης) übersetzt wird.

---

[466] LEH: *to refresh (43,22), to gladden, to brighten the countenance (7,24) neol?* PAPE:
erheitern, erfreuen.
[467] *Und nicht sollst du ihnen gegenüber dein Angesicht leuchten lassen.*
[468] *Bei all deinen Gaben sei dein Angesicht strahlend.*

ἱμάντωσις mit Lederriemen befestigte Balkenkonstruktion[469]

22,16 ἱμάντωσις ξυλίνη ἐνδεδεμένη εἰς οἰκοδομήν
La: *loramentum ligneum conligatum fundamento aedificii non dissolvetur*
H⁰ Syr: [470] ܪܳܐ‍ܒ‍ܐ ܪܳܐ‍ܝ‍ܐ ܪܟܘܪܟ ܪܠ‍ܘܪܟ‍ ܪܐܡܐ ܪܐܐܠ‍ ܥܪܟ

WF: Ø {ἱμαντοῦν, ἱμαντώδης, ἱμάντωμα}, ἱμάς* (Ijob, Jes, 4 Makk)[471] WFd:
δόκωσις (Koh), μέλαθρον (1 Kön), μελαθροῦσθαι (1 Kön)

ἰοῦσθαι rosten, rostig werden[472]

12,10 ὡς γὰρ ὁ χαλκὸς ἰοῦται, οὕτως ἡ πονηρία αὐτοῦ
La: *sicut enim eramentum eruginat nequitia illius*
Hᴬ: כי כנחשת רועו יחליא Syr:[473] ܡܗܒ ܣܗܕ ܠܝܒ‍ܠ‍ܗܒ‍ ܗܡ ܪܣܝܣ‍ ܥܪܐܝ‍ ܕܪܗ‍ܠ‍ܠ

29,10 καὶ μὴ ἰωθήτω ὑπὸ τὸν λίθον εἰς ἀπώλειαν
La: *et non abscondas illam sub lapide in perditionem*
H⁰ Syr: [474] ܪܐܡܪܟܐ ܪܐܪܟ‍ ܐܝܘܚ‍ ‍,ܡܐܙܝܡܦܐ‍ ܪܠ‍ܐ

WF: ἰός (Ps, Spr, Klgl, EpJer, Ez), κατιοῦν* WFd: μαραίνειν (Ijob, Weish),
διαφθείρειν* (#)

ἰοῦσθαι (mit χαλκός als Subjekt) korrespondiert nach Maßgabe von Hᴬ
in 12,10 mit dem von ᴵחלאה (Rost bzw. Grünspan) abgeleiteten Verb
חלא hif. (rosten), das sonst nur noch an der textkritisch umstrittenen
Stelle Jes 53,10 (LXX †) belegt ist. Das nur noch in Ez 24,6.11f. zu findende Nomen wird in LXX konsequent mit ἰός (Rost, Grünspan) übersetzt. Insofern ist unserer ᴸˣˣHplg septuagintaspezifisch unauffällig. In

---

[469] LEH: *piece of timber used instead of a bond-stone* (= LSJ). PAPE: *eigentl. das Bin-
den mit Riemen, Riemenzeug, übh. das Verbinden; auch eine Mauer.* HAMP, Sirach
627: *Gebälk.* SAUER, Sirach 559: *Gerüst.* FRITZSCHE, Weisheit 354: *Pallisaden.* ZB:
Holzgebälk. RYSSEL, Sirach 343, Anm. d: "ἱμάντωσις = כפיס Hab. 2,11 ist speziell das Quergebälk, das durch seine Zusammenfügung das Haus zusammenhält;
ἐνδεδεμένη εἰς οἰκοδομήν bedeutet sonach nicht: 'dem Haus angebunden, angefügt'
(Fritzsche), sondern: *das zusammengefügt ist, um den Hausbau auszuführen.*"
[470] *Wie Verstrebung(en) aus Holz, die verbunden sind mit Hauswänden und -nischen (?).*
[471] Sir 30(33),35 H⁰ Syr *om.* Jes 5,27 שרוך (Sandalriemen); Jes 5,18; Ijob 39,10 עבת
(Strick, Seil).
[472] LEH: *to become or be rusty.* PAPE: *mit Rost überziehen; rostig werden.* WAHL: *ich
verroste.*
[473] *Denn wie Kupfer ist der, der seinen Gefährten entweiht.*
[474] *Und nicht sollst du es [sc. ܢܗܒܚ dein Geld] hinter einen Stein oder eine Wand legen.*

29,10 geht La (*du sollst ihn nicht verbergen*) gegen Gr (ἰοῦσθαι mit ἀργύριον gekoppelt) partiell mit Syr (*du sollst ihn nicht legen*), so daß man als sekundäre Vorlage etwa ιστασο annehmen könnte.

ἰσηγορεῖσθαι gleichberechtigt reden[475]

13,11 μὴ ἔπεχε ἰσηγορεῖσθαι μετ' αὐτοῦ   H^A: [476] אל תבטח לחפש עמו

La: *ne retineas ex aequo loqui cum illo*   Syr: [477] ܠܐ ܬܬܟܠ ܠܡܡܠܠܘ ܥܡܗ

WF: Ø {ἰσηγορία, ἰσήγορος}, ἀγορεύειν (Ijob, Spr, Hos), προσαγορεύειν (Dtn, 2 Esra, Weish, 1-2 Makk), ἀναγορεύειν (Est), ἀπαγορεύειν (1 Sam, Sach, Ijob, 4 Makk), διαγορεύειν (1 Esra, Dan o' Sus), ἐξαγορεύειν (Lev, Num, 1 Sam), ὑπαγορεύειν (1 Esra) WFd: παρρησιάζεσθαι* (Ijob, Ps, Spr, Hld), παρρησία WB: ἰσο- ἰσοδυναμεῖν*, ἰσοδύναμος (4 Makk), ἰσάστηρος (4 Makk), ἰσόθεος (2 Makk), ἰσόμοιρος (2 Makk), ἰσονομεῖν (4 Makk), ἰσόπεδος (2-3 Makk), ἰσοπολίτης (3 Makk), ἰσοπολῖτις (4 Makk), ἰσόψυχος (Ps)

Die Basis חפש (*frei, freimütig sein*)[478] wird in Gr noch mit ἐλευθερία (H^AC 7,21 von der Freislassung des Sklaven) und mit ὑποσχάζειν (H^A 12,17 gekoppelt mit עקב) übersetzt. In Lev 19,20 ist das Nomen חפשה mit ἐλευθερία (von der Freilassung einer Sklavin) und das Pual mit ἀπελευθεροῦν wiedergegeben. Dem häufiger in 𝔐 vorkommenden Adjektiv חפשי (*frei; frei von Abgaben*) entspricht in LXX v.a. ἐλεύθερος. Der in der Literatur oftmals und breit gestreute Wortbildungstyp ἰσο- ist septuagintaspezifisch betrachtet auffallend stark in den hellenistisch geprägten Makkabäerbüchern vertreten, während er in der 'Übersetzungs-LXX' nur ein einziges Mal in Ps 54(55),14 (ἰσόψυχος כערכי) steht.

---

[475] LEH: *speak as an equal* (= LSJ). PAPE: *gleich einem andern reden, gleiches Recht u. gleiche Freiheit zu reden haben;* s.v. ἰσηγορία: *gleiche Freiheit, gleiche Berechtigung zu reden, bes. in Staats-und Gerichtssachen zu sprechen u. mitzustimmen.* FRITZSCHE, Weisheit 337: *mit seines Gleichen sprechen.* LB: *wie mit seinesgleichen reden.*

[476] SMEND, Weisheit (Hebräisch - Deutsch) 22: *Bilde dir nicht ein bei ihm sicher zu sein.* SAUER, Sirach 538: *Nicht sollst du dir erlauben, freimütig mit ihm zu verkehren.* EÜ: *Sei nicht zu sicher im freien Umgang mit ihm.* Bei חפש schwingt sicherlich die Konnotation der Sklavenfreilassung mit, so daß man V.13 paraphrasierend wiedergeben könnte: *Hab nicht das Selbstbewußtsein eines Freigelassenen im Umgang mit ihm.*

[477] *Nicht sollst vertrauensvoll mit ihm reden* (eigtl. *nicht sollst du darin Vertrauen haben, mit ihm zu reden*).

[478] In der Sirach-Konkordanz von BARTHÉLEMY - RICKENBACHER sind die חפש-Belege der Wurzel חפש (*erforschen, untersuchen*) zugeordnet.

Diesen wortstatistischen Befund wird man wohl sicher nicht als zufällig abtun können, vielmehr scheint der WB-typ ἰσο- für eine 'adäquate' Übersetzung hebräisch-aramäischer Texte nicht als geeignet erachtet worden zu sein. Syr hat - wohl von Gr (Syh ܡܢ ܐܬܕܠܚ ܬܐܬ ܐܠ) her beeinflußt - gegenüber ἰσ-ηγορεῖσθαι vereinfachend ܠܠܢ (reden; vgl. auch La [ex aequo] loqui), bestätigt jedoch gegen Gr (ἔπεχε) mit ܐܬܐ die in H^A bezeugte Verbform תבטה.

ἰχνευτής Aufspürer, Jäger[479]

14,22 ἔξελθε ὀπίσω αὐτῆς ὡς ἰχνευτής   H^A: לצאת אחריה בחקר
La: vadens post illam quasi vestigator   Syr: [480] ܪܚܡܬܕܟ ܐܪ̈ܝܟ ܦ̇ܬܕܟ ܚܠܟܦܡ

WF: ἰχνεύειν* (Spr), ἐξιχνεύειν*, ἐξιχνιάζειν* (Ri, Ijob, Ps, Koh, Weish), ἐξιχνιασμός (Ri) WFd: κατάσκοπος* (Gen, 1-2 Sam, 2 Makk), σκοπεύειν (#), σκοπευτής (α'), σκοπός* (#), σκοπεῖν (Est, 2 Makk), κατάσκοπος* (Gen, 1-2 Sam, 1 Makk), κατασκοπεῖν (2 Sam, 1 Chr, 1 Makk), κατασκοπεύειν (Gen, Ex, Dtn, Jos, 1 Makk)

Das in 𝔐 27mal bezeugte Verbum חקר, das in 14,22 nur inhaltlich durch Syr ܪܚܡܬ (Neugieriger) bestätigt ist, korrespondiert in Gr noch mit den hierzu weitgehend synonymen ἐξετάζειν (H^A 3,21 [H^C דרש]; H^A 11,7; H^A 13,11), ἐκζητεῖν (H^BM 44,5), ζητεῖν (H^C 3,21 [דרש]) sowie mit dem ^LXXHplg ἐξιχνεύειν (H^A 6,27; H^BM 42,18).[481] Sonderbar steht allerdings für חקר in 11,18 (H^A) τελευτή, in 43,30 (H^Bmarg) ἀφικνεῖσθαι und in 43,28 (H^B) ἰσχύειν. Da Syr ܘܐ als auch La quasi die Vergleichspartikel ὡς stützen wird man das dem Partizip חקר vorgeschaltete Bet als ב lesen müssen.[482]

---

[479] LEH: tracer. PAPE: Spürer. ἰχνευτής ist u.a. auch die Bezeichnung eines sonst ἰχνεύμων genannten Tieres aus Ägypten (eine Wieselart), das den Eiern der Krokodile nachspürt. ἰχνευτής heißt in der Literatur häufig (mit oder ohne dem Zusatz κύων) Spürhund. Möglicherweise ist hier das Bild des nachspürenden Jagdhunds gewählt, mit dem der Weisheitssuchende verglichen werden soll. Zu V.22b (καὶ ἐν ταῖς εἰσόδοις αὐτῆς ἐνέδρευε) vgl. auch 27,10a λέων θήραν ἐνεδρεύει.

[480] ...und um hinauszugehen hinter ihr her wie ein Aufmerksamer. Zu ܪܚܡܬܕܟ vgl. SyrL (542): diligens mit Verweis auf περίεργος (GalZDMG 39 263₁₂). ܚܡܬ heißt im Pael an sich verfolgen, nach etw. fragen; nach SyrL (s.v. ܡܬ Pa.) korrespondiert das Verb mit ἐξιχνιάζειν (Weish 6,24) und ἐξετάζειν (Mt 2,8). Syr besitzt demnach bzgl. ܪܚܡܬܕܟ eine signifikante Parallele zu ἰχνευτής.

[481] ἐξετάζειν und ἐκζητεῖν sind auch in LXX als Äquivalente zu חקר bezeugt; darüber hinaus sind in LXX v.a. die Verba ἐξιχνιάζειν, δοκιμάζειν, ἐτάζειν und (ἐξ)ερευνᾶν zu nennen.

[482] So schon SMEND, Weisheit 138.

καθίπτασθαι sich im Flug herabstürzen

43,17b ὡς πετεινὰ καθιπτάμενα πάσσει χιόνα
La: *sicut avis deponens ad sedendum aspargit nivem*
H^B: רשף יניף שלגו .. H^Bmarg: כר' H^M: [483] כרשף יפרח שלגו Syr: *om.*

WF: ἵπτασθαι (α' σ'), ἐφίπτασθαι (EpJer), διίπτασθαι (Weish) WFd: ἀποπε-
τάζειν (α'), ἐκπέτεσθαι*, πέτεσθαι (#), καταπέτεσθαι (Spr, α' Ez 17,23)

ἵπτασθαι ist eine von Lukian (aus Samosata) und Phrynichos kritisierte
sekundäre Bildung eines neuen Präsensstammes zum Paradigma πέτεσθαι.
Während Gr in 43,14 ἐκ- πέτεσθαι (H^B עוף) verwendet, steht in einem
vergleichbaren Kontext bei 43,17b καθ- ἵπτασθαι; in Spr 27,8 und α' Ez
17,23 finden wir allerdings die geläufigere, von Moeris als hellenistisch
bezeichnete Form καταπέτεσθαι, das in 𝔐 auf נדד (*fliehen*)[484] bzw.
שכן (*wohnen*)[485] zurückgeht. Offensichtlich (jedenfalls nach Maßgabe
von H^B)[486] dient bei Gr das Partizip als erklärender Zusatz für רשף
(eigtl. *Flamme*), das ebenso die LXX-Übersetzer bisweilen als *Vögel* (vgl.
Dtn 32,24 ο' ὄρνεα α' πτηνός; Ijob 5,7 ο' γύψ σ' πετεινά) deuten. Die
singuläre Wortparallele πετεινά für רשף bei Gr (43,14.17) und Symmachus (Ijob 5,7) hält J. ZIEGLER[487] für *ein* signifikantes Indiz einer beiden
gemeinsamen Übersetzerschule. Hierzu muß allerdings eingeschränkt werden, daß in 43,14 nicht wie in 43,17 רשף überliefert ist, vielmehr in der
Edition von I. LÉVI (1898; Nachdruck bei VATTIONI) lediglich rekonstruiert wurde; das ZIEGLER zu diesem Zeitpunkt (1958) noch nicht bekannte
Masadafragment bestätigt LÉVIS Rückübersetzungsversuch nicht, sondern
bietet ein Synonym dazu: עיט (*Raubvogel*). Darüber hinaus versteht Gr

---

[483] YADIN, Ben Sira Scroll 47: *Like flocks of birds He letteth flow His snow.*
[484] כצפור נודדת מן־קנה כן־איש נודד ממקומו (*Wie ein Vogel aus seinem Nest
flüchtet, so ist ein Mensch, der aus seinem Ort flieht*) ὥσπερ ὅταν ὄρνεον καταπε-
τασθῇ ἐκ τῆς ἰδίας νοσσιᾶς, οὕτως ἄνθρωπος δουλοῦται, ὅταν ἀποξενωθῇ ἐκ
τῶν ἰδίων τόπων. [καταπετασθῇ wurde von HRC dem Verb καταπετάννυναι
(*darüber ausbreiten, bedecken*) zugeordnet.]
[485] ושכנו תחתיו כל צפור (*und alle Vögel wohnen darunter*) ο' καὶ ἀναπαύσεται
(α' καταπτήσεται) ὑποκάτω αὐτοῦ πᾶν θηρίον.
[486] Andererseits weist die ernstzunehmende Variante in H^M יפרח (v. ^IIפרח aram. *fliegen*) einen nicht zu übersehenden Bezug zu καθιπτάμενα auf, der zu textkritischen
Schlußfolgerungen herausfordert: Handelt es sich bei καθιπτάμενα und πάσσει um
eine Dublette (GrI und GrII?) von יפרח (*er fliegt*) bzw. יניף (*er schüttelt*), die im
Verlauf der Textüberlieferung zusammengeflossen sind?
[487] Wortschatz 284-286.

(anders als σ') das in 43,17 vorliegende רשף als *Vögel im Sturzflug* (d.h. Raubvögel).

καταβόησις das Aufschreien[488]

32(35),19 καὶ ἡ καταβόησις ἐπὶ τῷ καταγαγόντι αὐτά;
La: *et exclamatio a maxilla ascendit et Dominus exauditor delectans in illis*
H^B: ואנחה על מרודיה Syr: *om*.

WF: καταβοᾶν (Ex, Dtn, 2 Makk), βοή* (#), βοᾶν (#) WFd: οἰμωγή (2 Makk), κραυγή (#), θόρυβος (#), θορυβεῖν* (Ri, Weish, Nah, Dan o'), ἐγκαλεῖν* (Ex, Spr, Weish, Sach, 2 Makk), ἱκετεία* (2-3 Makk), δέησις* (#)

אנחה (*Seufzen, Stöhnen*) wird in LXX durchgängig mit στεναγμός (9mal) wiedergegeben. Dem Verb אנח (ni., hi.) stehen in LXX ebenso στένειν und στενάζειν bzw. davon gebildete Komposita (ἀνα-, κατα-) gegenüber, während das dem ^LXXHplg^Sir zugrundeliegende und im Pentateuch belegte Verb καταβοᾶν auf צעק (Ex 5,15; 22,23.27) und קרא (Dtn 15,9; 24,25) zurückgeht. In Gr korrespondiert אנחה noch mit κατάρα (H^BBmargM 41,9), κατανύσσεσθαι (H^B 47,20), ῥῆμα (H^A 12,12) und das Verb אנח mit den in LXX üblichen Äquivalenten στενάζειν (H^B 30,20) und ἀναστενάζειν (H^C 25,18) sowie mit κατανύσσεσθαι (H^A 12,12). Gegenüber στεναγμός ist καταβόησις sicherlich der drastischere Ausdruck (so bereits schon SMEND), während andererseits Gr in V.16 das schärfere צעקה mit δέησις eher abschwächt. Falls diese Übersetzungsweise nicht durch literarische *variatio* hervorgerufen wurde, hielt Gr die Wiedergabe von אנחה mit στεναγμός (beinahe unauffälliges *Seufzen*) entweder selbst für zu schwach, oder ihre lexikographische Quelle (auf die jeder Übersetzer zurückgreift) definierte אנחה bereits in dieser Weise. In wortstatistischer Hinsicht zeigt sich, daß das Verbalabstraktum im Gegensatz zum sehr häufig in vor- und nachchristlicher Gräzität belegten Verb sparsam und erst relativ spät (s. **Wortst.**) vorkommt, so daß wir hier (unabhängig von den wenigen anderen Belegen) durchaus von einer übersetzungsbedingten *Spontanbildung* durch den Übersetzer (möglicherweise bedingt durch das in VV. 16-21 breit angelegte Wortfeld *Klage*) ausgehen können.

---

[488] LEH: *outcry against neol.* PAPE: *das Schreien gegen Einen, Vorwurf, Anklage* [= καταβοή]. WBA s.v. καταβοάω: *schimpfen, Anklage erheben, sich beschweren (s. Apg 18,13 v.l. in juristischem Kontext)*.

κατάγνωσις Verachtung, Verurteilung[489]

5,14 καὶ κατάγνωσις πονηρὰ ἐπὶ διγλώσσου
La: *et denotatio pessima super bilinguem*
H[A]: [490] חרפה רעהו בעל שתים
Syr: [491] ܐܦܠܐ ܡܢ ܗܘ ܕܝ ܠܠ ܒܥ ܡܬܪܐܐ

WF: καταγινώσκειν* (Dtn, Spr) WFd: κατακρίνειν (#), καταδίκη (Weish),
καταφόνησις (2 Makk), καταφρονεῖν (#), ὀλιγωρεῖν (Spr)

Als Standardwiedergabe von חרפה (*Schande*) in LXX gelten ὀνειδισμός
(49mal) und ὄνειδος (25mal); lediglich in Ps 70(71),13 steht dafür αἰσχύνη und in Dan o' 12,2 zweifelhaft διασπορά (> Dan θ'). Auch Gr bedient sich bei חרפה sonst ausschließlich der Äquivalente ὀνειδισμός (H[B]
34(31),32; H[BM] 41,22 und 42,14) und ὄνειδος (H[A] 6,1.9; H[M] 41,6). Insofern ist κατάγνωσις übersetzungstechnisch auffällig und möglicherweise
kontextlich bedingt aufgrund des von ihr und Syr als Adjektiv bezeugten
רעה(ו). Das Verbalabstraktum ist freilich die schärfere Ausdrucksweise
gegenüber ὀνειδισμός, ὄνειδος, insbesondere aber gegenüber der unmittelbar vorausgehenden αἰσχύνη. Das dem [LXX]Hplg zugrundeliegende Verb
καταγινώσκειν ist in Dtn 25,1 in *juristischem* Kontext als Übersetzung
von רשע hi. (*für schuldig erklären*) verwendet, in Spr 28,11 allerdings
in der Bedeutung *durchschauen, erkennen* für חקר. In Gr 14,2 korrespondiert κατέγνω ἡ ψυχὴ αὐτοῦ (La anders *habuit animi sui tristitiam*)
sonderbar mit H[A] חסרתו נפשו (Syr ܒܚܣܬܡܐ ܐܬܚܣܪ geht mit Gr und setzt
wohl statt חסר die Basis חרף voraus) und in Gr 19,5 καταγνωσθήσεται
(La *denotabitur*) ebenfalls nicht vereinbar mit H[0] Syr ܢܐܒܕ ܒܩܘܡܗ (*er
wird sein eigener Untergang sein*).

καταδεσμεύειν aneinander knüpfen, verbinden[492]

7,8 μὴ καταδεσμεύσῃς δὶς ἁμαρτίαν[493] La: *neque alliges duplicia peccata*

---

[489] FRITZSCHE, Weisheit 323: *Verdammung.* LEH: *condemnation.* PAPE: *Verurtheilung,*
Mißbilligung, Geringschätzung.
[490] SAUER, Sirach: 519: *Schmach ist des Doppelzüngigen Übel.* EÜ: *schlimme Schmach*
für den Doppelzüngigen. SKEHAN - DI LELLA, Wisdom 180: *and harsh disgrace, for*
the two-faced.
[491] *Und böse Verachtung (kommt) über den, der mit zwei [Menschen] geht.* Zu ܡܗܠܟ
ܒܬܪܝܢ vgl. jedoch SMEND, Weisheit 52: "Obwohl dieser Ausdruck im Syrischen
nur hier belegt ist, wird man ihn deuten müssen: der auf zwei (Wegen) geht."
[492] LEH: *to bind up, to bandage* [für 30,7], *to repeat neol.* [für 7,8]. PAPE: = κατα-
δεσμέω *an-, festbinden.* FRITZSCHE, Weisheit 326 (vgl. auch 42) interpretierend:
sühnen. LSJ dagegen (ebenfalls interpretierend): *repeat.*

H^A: [494] !חטו לשנות תקשור אל   Syr: [495] ܠܐ ܬܗܦܘܟ ܠܡܚܛܐ ܬܪܬܝܢ ܙܒܢܝܢ

30,7 περιψύχων υἱὸν καταδεσμεύσει τραύματα αὐτοῦ

La: *pro animabus filiorum conligabit vulnera sua*

H⁰ Syr: ܘܠܒܫܘܗܝ ܒܚܘܒܐ *ܘܒ̣ܕ ܢܗܘ̇ܪܐ * *cod. Ambr.* ܠܒܫܘܗܝ

WF: κατάδεσμος (Jes), δεσμεύειν (#), ἐπιδεσμεύειν (θ'), ἐπιδεσμεῖν (σ'),
ἐπίδεσμος (α'), ἀποδεσμεύειν (Spr), ἀπόδεσμος (Hld) WFd: καταδεῖν*
(Num, 1 Kön, Jes, Ez), δέσις*, δεῖν* (#), συνδεῖν* (#), ἐπιδεῖν (Ri, Tob,
Jer), ἐπίδεσις (α')

Nach Maßgabe von H^A, die keine besonders zuverlässige Zeugin für GrI
ist, scheint Gr in 7,8 das Verb קשר[496] (*verknüpfen*), dessen kontextliche
Bedeutung hier unklar ist[497], in ihrer Grundbedeutung wiederzugeben, allerdings auf Kosten der Verständlichkeit. Gr meint wohl: *Du sollst nicht
zweimal [dieselbe (?)] Sünde begehen.* Textkritisch ist an dem schwierigen
καταδεσμεύειν nicht zu rütteln (καταδεσμευσεις C Anton.). In 30,7 bereitet καταδεσμεύειν in semantischer und wortsyntaktischer Hinsicht
(*Wunden verbinden*) keine Verständnisprobleme. In wortstatistischer Hinsicht bemerkenswert ist die äußerst spärliche und späte Belegung von
καταδεσμεύειν (s. **Wortst.**). Das zur engeren Wortfamilie gehörige κατάδεσμος steht in Jes 1,6 für חבש pu. (von den Wunden). Daß zu καταδεσμεύειν (von Wunden) auch καταδεῖν als Synonym verwendet werden kann, zeigt sich explizit in Gr 27,21 (ὅτι τραῦμα ἔστιν καταδῆσαι).
In LXX geht καταδεῖν auf חבש (Ez 34,4.16), חפש (Jes 46,1) sowie
zweifelhaft auf צמיד (Num 19,15) und עמם (1 Kön 21(20),38).

---

[493] FRITZSCHE, Weisheit 326: *Sühne nicht zweimal die Sünde*. RYSSEL, Sirach 279: *Meine nicht, zweimal [hintereinander] Sünde sühnen zu können*. METZGER, Apokry- pha 137: *Do not commit a sin twice*. LB: *Spiel nicht mit dem Gedanken, eine Sünde ein zweites Mal zu tun*.

[494] SMEND, Weisheit (Hebräisch - Deutsch) 11: *Begehe nicht frevelhaft ein zweites Mal eine Sünde*. SAUER, Sirach 522: *Nicht sollst du dich darauf versteifen, eine Sünde zu wiederholen*. SKEHAN - DI LELLA, Wisdom 197: *Do not plot to repeat a sin*. EÜ: *Sinne nicht darauf, die Sünde zu wiederholen* [= JB]. ZB (Gr und H^A vermischend): *verwickle dich nicht zweimal in eine Sünde*.

[495] *Nicht sollst du wiederholt [dieselben] Sünden begehen.*

[496] Die geläufigste Wiedergabe von קשר in LXX ist συστρέφειν (12 Belege); anson- sten: ἀφάπτειν, δεῖν, ἐκδεῖν, ἐκκρέμασθαι, ἐξάπτειν, ἐπιδεῖν, ἐπίσημος, ἐπιτι- θέναι, περικαθίζειν, περιτιθέναι, ποιεῖν, σύγκεισθαι, συνάγειν, συνάπτειν, συν- τιθέναι, συστροφή. In Gr 13,12 korrespondiert περὶ κακώσεως καὶ δεσμῶν (*Miß- handlung und Fesseln*) sonderbar mit Syr *om.* H^A קשר קושר (*er verschwört, ja verschwört sich*).

[497] Zu den verschiedenen Übersetzungsvorschlägen s. HALAT³ III 1076.

κατανόησις das zur Kenntnis Nehmen, das Beobachten[498]

41,21 καὶ ἀπὸ κατανοήσεως γυναικὸς ὑπάνδρου
La: *ne respicias mulierem alieni viri*
H^M: וֹמַהְתבוֹנן אל זרה Syr: *om.*

WF: κατανοεῖν* (#) WFd: σκοπεύειν (#), σκοπευτής (α'), σκοπός* (#), σκοπεῖν (Est, 2 Makk), κατάσκοπος* (Gen, 1-2 Sam, 1 Makk), κατασκοπεῖν (2 Sam, 1 Chr, 1 Makk), κατασκοπεύειν (Gen, Ex, Dtn, Jos, 1 Makk), ἐπισκέπτεσθαι* (#), ἐπισκοπή* (#)

Gr hält sich mit ihrer wörtlichen Wiedergabe an die Grundbedeutung ihrer in 𝔐 vielfach belegten Vorlage בין (hitp. *s. Aufmerksamkeit zuwenden*). Während für בין in LXX neben einer breiten Pallette von meist nur ein- oder zweimal verwendeten Begriffen am häufigsten συνιέναι, διανοεῖσθαι, und συνετίζειν verwendet sind, korrespondiert in Gr בין im hitp. (nach Maßgabe der Überlieferung) sonst mit Begriffen des Wortfelds *"Verstehen"*: διανοεῖσθαι (5mal), ἐνθυμεῖσθαι, ἐννοεῖν, ἐπινοεῖν, καταμανθάνειν und σοφίζειν.[499] Auch hier ist die *variierende* Manier des Übersetzers erneut offensichtlich. Da Gr in 41,18-42,1 stereotyp mit Präposition (ἀπό) plus Substantiv formuliert, ergab sich zwangsweise die Verwendung des Verbalabstraktums[500] κατανόησις, dessen zugrundeliegendes und in LXX häufiger belegtes Verb κατανοεῖν neben חזה, נבט, שכל hi. und שום על-לב, ראה, צפה, שמם hitpol. ebenso auch für בין hi. (Jes 57,1) und hitp. (1 Kön 3,21; Ijob 23,15; 30,20) verwendet wird. Da La das in 9,9 nochmals bezeugte ὕπανδρος ebenfalls mit dem Adjektiv *alienus* wiedergibt, braucht man in 41,21 keine exklusive Parallele zwischen H^B זרה und La *alieni* [*viri*] gegen Gr zu sehen.

κατάπαυμα (dauerhafte) Ruhe, Rast[501]

36,18 Ιερουσαλημ τόπον καταπαύματός σου[502]
La: *Hierusalem civitatis requiei tuae*

---

[498] LEH: *gazing*. PAPE: *Bemerken, Wahrnehmen*. FRITZSCHE, Weisheit 394: *betrachten*.
[499] In den anderen Stämmen sind als Äquivalente belegt: γνῶσις, ἐμβλέπειν, ἐμπιστεύειν, ἐνθυμεῖσθαι, ἐννοεῖν, εὑρίσκειν, ζητεῖν, πεπαιδευμένος, στηρίζειν, σύμβουλος, συνετός, φρόνιμος.
[500] Vgl. hierzu auch die Ausführungen zum ^{LXX}Hplg^{Sir} πῆξις (41,19).
[501] LEH: *rest*. PAPE: *Beendigung, Ruhe, Erholung*. WAHL: *locus quietis*.
[502] Vgl. Jes 66,1 מקום מנוחתי: τόπος τῆς καταπαύσεως (als Wohnort JHWHs); Apg rekurriert in 7,49 auf LXX. WBA s.v. κατάπαυσις: *der Ruheplatz, d.h. der Ort, wo man ausruht und wohnt.*

H^B: ^{503} ‏שבתיך מכון ירושלם‎   Syr: ^{504} ‏ܒ ܐܬܪܐ ܕܥܘܡܪܟ‎

WF: κατάπαυσις (#), καταπαύειν* (#), παῦσις (Jer), παῦλα (2 Makk), ἀνάπαυσις* (#)^{505}, ἀνάπαυμα (Ijob, Jes) WFd: ἀνάνευσις (Ps), ἡσυχία* (Ri, Jes), κατασκήνωσις (1 Chr, Tob, Weish, Ez, 2 Makk), κατασκηνοῦν* (#)

Gr legt offensichtlich bei ihrer Wiedergabe von ‏שבתיך‎ mit κατάπαυμα nicht die Wurzel ‏ישב‎ (wohnen) wie Syr (‏ܥܘܡܪ‎), sondern ‏שבת‎ (aufhören) zugrunde. Gr differenziert nämlich sehr genau in seiner Übersetzung zwischen ‏ישב‎ (ἀναπίπτειν, δικάζειν, δυναστής, καθίζειν [ἐγ-], κατοικεῖν, οἰκίζειν [συν-]) und ‏שבת‎ (ἀναλύειν, ἀνάπαυσις, ἀπολλύναι, ἀφαίρεσις, ἐξαίρειν, καθυστερεῖν, καταπαύειν, κοπάζειν, πίπτειν, συντελεῖν, συντρίβειν, οὐχ ὑπάρχειν). Unter den 15 unterschiedlichen Wurzeln, die durch das dem ^{LXX}Hplg^{Sir} zugrundeliegende und in LXX vielfach bezeugte Verb καταπαύειν übersetzt werden, findet sich auch ‏שבת‎ q. (Gen 2,2.3; 8,22; Neh 6,3; Klgl 5,14; Ez 30,13) und hif. (Ex 5,5; 34,21 (nach A R); Dtn 32,26; Neh 4,11(4); 2 Chr 16,5; Hos 1,4; Dan θ' 11,18). Abgesehen von 24,8.11 (H^0 Syr: ‏ܢܬܬܢܝܚ‎ bzw. ‏ܬܬܢܝܚ‎) steht in Gr καταπαύειν für ‏נוח‎ q./hif. (5,6 H^A; 44,23 H^B; 47,13 H^B) und ‏שבת‎ hif. (10,17 H^A; 38,23 H^B). Ebenso dient ein weiteres Verbalabstraktum, das mit dem durch B-S A geschützten κατάπαυμα (rel. καταπαυσις^{506}) weitgehend synonym ist, nämlich κατάπαυσις, in Ex 34,21^{bis} (nach cod. B) als Wiedergabe von ‏שבת‎ (neben ‏אחרזה‎, ‏נוח‎, ‏מנוחה‎). Hinsichtlich der Wendung ‏שבתך מכון‎ vgl. 1 Kön 8,39.43.49 (ἐξ ἑτοίμου κατοικητηρίου σου) bzw. ‏לשבתך מכון‎ vgl. Ex 15,17 (εἰς ἕτοιμον κατοικητήριόν σου). In wortstatistischer Hinsicht fällt auf, daß κατάπαυμα zwar schon in Homers Ilias belegt ist, aber sonst äußerst selten Verwendung fand (s. Wortst.).^{507} In textkritischer Hinsicht gilt zu be-

---

^{503} SMEND, Weisheit (Hebräisch -Deutsch) 62: *Jerusalem, die Stätte deiner Wohnung*. SAUER, Sirach: 592 (V.13): *über Jerusalem, den Ort deines Wohnens*. EÜ: *mit Jerusalem, dem Ort, wo du wohnst*.

^{504} *Wegen Jerusalem, den Ort deiner Wohnstätte.*

^{505} In Ex 16,23; Lev 25,8 für ‏שבת‎, in Jes 37,28 für ‏שבת‎, in Ex 31,15; 35,2; Lev 16,31(?); 23,3.24.39^{bis}; 25,4.5 für ‏שבתון‎, in Ex 23,12 für ‏שבת‎.

^{506} Diese Lesart ist Zeugin einer sekundären Angleichung an das LXX-Vokabular (vgl. insbesondere Jes 66,1), möglicherweise aber auch nur stilistische Korrektur eines ungewöhnlichen (archaischen) Wortes.

^{507} Hom. *Il. XVII 38:* ἦ κέ σφιν δειλοῖσι γόου κατάπαυμα γενοίμην; *Wahrlich, ich würde den Armen ein Ende des Jammers erwirken* (R. HAMPE). Ein weiterer Beleg von κατάπαυμα findet sich in einer Grabinschrift: [ΓΕΟΡΓΙΟΥ] μετὰ τελευτὴν καὶ τὴν ἐν τάφῳ θέσιν, μετὰ τὸ κατάπαυμα τῶν μακρῶν πόνων, κόνις ἀμυδρὰ τῶν ταπεινῶν ὀστέων ἄμικτος ἔστω (Anthologiae Graecae Appendix, Epigrammata sepulcralia 747,18 (ed. E. Cougny).

228   3. Kapitel

zweifeln, ob La *civitatis* tatsächlich auf τόπον zurückgeht, da τόπος sonst ausnahmslos mit dem zuerwartenden *locus* übersetzt wird (vgl. 12,12; 16,14; 41,19; 46,12; 49,10); übersetzungstechnisch wäre als La-Vorlage πολεως (Weish 9,8 πόλις κατασκηνώσεώς σου La *civitas habitationis tuae*) sehr wohl nachvollziehbar.

καταπληγμός das Niederschlagen, Gewalttätigkeit[508]

21,4 καταπληγμὸς καὶ ὕβρις ἐρημώσουσιν πλοῦτον
La: *cataplectatio et iniuriae adnullabunt substantiam*
H⁰ Syr *al.*: [509] ܟܠ ܐܬ ܒ ܒ ܟ ܒ ܐܬ ܟ ܐܬ

WF: κατάπληξις (2 Esra), καταπλήσσειν (Jos, Ijob, 2-3-4 Makk), καταπληκτικός (Sext.), παράπληκτος (Dtn), παραπληξία (Dtn), ἔκπληξις (α' σ'), ἐκπλήσσειν (Koh, Weish, 2-4 Makk) WFd: βία* (#), βιάζεσθαι* (#), βίαιος (#), {βιασμός, βιαιότης}

Nach der wortstatistischen Befundlage ist καταπληγμός als *Hapaxlegomenon totius graecitatis* zu klassifizieren (deswegen wohl auch der Graezismus in La). Von daher ist auch die sekundäre Marginalnote des *cod.* B κακων πληθος erklärbar. Das dazu weitgehend synonyme κατάπληξις fungiert sowohl in Ex 23,27 (α' σ'; ο' φόβος) als auch in 2 Esra 3,3 (ο' α' σ') als Äquivalent zu אימה (*Schrecken*). Mit dem Verb καταπλήσσειν werden in LXX בעת pi. *aufschrecken* (Ijob 7,14; 13,21) und טרד hif. *belästigen* (Ijob 37,11) übersetzt. Bei α' dient das PPP καταπεπληγμένος als Wiedergabe von גדרת *Hauteinschnitte* (Jer 48[31],37); in σ' Ijob 40,18(23) liegt חפז *(in Angst) forthasten* und in Ez 2,6 חתת ni. *(niedergeschlagen sein)* vor. In 21,3f wird unrechtes Handeln am Beispiel des zweischneidigen Schwertes (ῥομφαία δίστομος) veranschaulicht: Alle Ungerechtigkeit schlägt mit einem unheilbaren (=*tödlichen*) Hieb (πληγή) zurück. Mit καταπληγμός und ὕβρις werden zwei Aspekte von ἀνομία beschrieben, die einerseits den Reichtum [anderer], andererseits aber auch das eigene [des ὑπερήφανος (V.4b)] Haus zerstören. Von daher meint καταπληγμός gegenüber ὕβρις (*Überheblichkeit*) offensichtlich

---

[508] LSJ: *consternation*. LEH: *panic, terror neol.* PAPE: = *κατάπληξις das Niederschlagen, in Furcht, Staunen, Bewunderung Setzen, die Niedergeschlagenheit.* WAHL: *terror, perculsio*. FRITZSCHE, Weisheit 351: *Einschüchterung* (= RYSSEL, Sirach 335). Dagegen HAMP, Sirach 623: *Gewalttätigkeit*. EÜ: *Gewalttat* [= ZB]. LB: *Gewalt*. PETERS, Ecclesiasticus 170: *Tyrannei*. SKEHAN - DI LELLA, Wisdom 304: *panic*. METZGER, Apocrypha 154: *terror*. GN: *Frechheit*.

[509] *Vom Morgen bis zum Abend Häuser zerstörend.*

(unrechtmäßige) *Gewalttätigkeit* als menschliche Grundeinstellung. Zur Verwendungweise dieses wortstatistisch signifikanten Wortbildungstyps in Gr s. ferner unter καταψευσμός.

καταψευσμός Verlogenheit, das Verleumden[510]

26,5 καὶ καταψευσμόν, ὑπὲρ θάνατον πάντα μοχθηρά

La: *et calumniam mendacem super mortem omnia gravia*

H⁰ Syr: [511] ܪܬܘܒܪ ܦܘܠܣ ܪܝܟܠܐ ܪܐܘܚܣܐ

WF: καταψεύδεσθαι (Weish), ψεύδεσθαι* (#), ψεύσμα (α' σ' θ') **WFd**: δια-βολή* (Num, Spr, 2-3 Makk), διαβάλλειν (Dan, 2-4 Makk), κακολογεῖν (Ex, 1 Sam, Spr, Ez, 2 Makk), βασκανία (Weish, 4 Makk), συκοφαντία (Ps, Koh, Am), καταλαλία (Weish)

Wiederum ein *Hapaxlegomenon totius graecitatis* wie καταπληγμός (s. o.), weswegen La bei ihrer Wiedergabe mit *columnia* noch ein verdeutli-chendes Adjektiv (*mendax*) hinzusetzt; auch hier verstärkt das Präverb κατα- das dem ᴸˣˣHplg zugrundeliegende Simplex ψεύδεσθαι. Ebenso wie bei καταπληγμός dient auch hier das Verbalabstraktum vom Ablei-tungstyp - μός zur Bezeichnung einer (verwerflichen) menschlichen Grund-einstellung (*Verlogenheit, das Verleumden, Unterstellen*). Aufgrund der Genitivkonstruktion in Syr (*das Zuschlagen der Zunge*) könnte hinter dem Kompositum in H ein Nominalgefüge (*constr.*) gestanden haben, das Gr dann, unter dem Aspekt der Formaläquivalenz betrachtet, frei übertragen hätte. καταψεύδεσθαι, das schon in klassischer Zeit gut bezeugt ist, fin-det sich in der LXX nur noch in Weish 1,11 (στόμα δὲ καταψευδόμενον ἀναιρεῖ ψυχήν).

κατιοῦν verrosten, 'zusammenrosten'[512]

12,11 καὶ γνώσῃ ὅτι οὐκ εἰς τέλος κατίωσεν[513]

La *om.* Hᴬ: [514] קנאה אחרית ודע   Syr: [515] ܘܐܒܚܪܢ ܪܐܬܘ ܦܕܐܘ

---

[510] LEH: *slander, columny*. WAHL: *falsa accusatio*. FRITZSCHE, Weisheit 361: *Ver-leumdung* (= LB, EÜ). SMEND, Weisheit (Hebräisch - Deutsch) 44: *Beschuldigung*. RYSSEL, Sirach 363: *lügenhafte Klatscherei*. Dagegen HAMP, Sirach 639: *Lüge* (= SAUER, Sirach 569).

[511] *... und die Schlagfertigkeit der Zunge, all das auf einmal.*

[512] LEH: *to make rusty neol.* PAPE: *mit Rost überziehen.* WAHL: *aerugine obduco.*

[513] FRITZSCHE, Weisheit 336: *Und erkenne, daß er sich nicht bis zu Ende mit Rost über-zog.* RYSSEL, Sirach 297: *und wirst erkennen, daß er nicht für immer mit Rost über-zogen ist.* HAMP, Sirach 601: *und beachte den Rost, der noch rückständig blieb!*

WF: Ø {Ø}, ἰός (Ps, Spr, Klgl, EpJer, Ez), ἰοῦσθαι* WFd: διαφθείρειν* (#)

Gegenüber dem in 12,10 belegten ᴸˣˣHplgˢⁱʳ ἰοῦσθαι (Hᴬ כי כנחשת
יחליא רוֹעֵר), wo im Bild des Rostes χαλκός und πονηρία miteinander
verglichen werden, zielt Gr durch die Verwendung des mit Präverb κα-
τα- gebildeten Kompositums κατ- ιοῦν möglicherweise auf eine verstärk-
te Aussageweise (*ganz und gar rosten, verrosten;* schon angezeigt durch
εἰς τέλος)⁵¹⁶. Der wortstatistische Befund (s. **Wortst.**) läßt darüber hinaus auch bei diesem Kompositum auf eine *Spontanbildung* schließen, wobei die auch sonst in Gr zu beobachtende Tendenz literarischer *variatio*
(hier WF-intern) dazu beigetragen haben könnte. Das in Hᴮ 30,24 belegte
und in Gr mit ζῆλος korrespondierende קנאה (*Neid*) ist hier vermutlich
sekundäre Ausdeutung von ursprünglich *Rost*. In LXX wird קנאה sonst
v.a. mit ζῆλος bzw. ζήλωσις wiedergegeben.

κεφαλαιοῦν etw. auf den Punkt bringen, kurz fassen⁵¹⁷

35(32),8(12) κεφαλαίωσον λόγον, ἐν ὀλίγοις πολλά
La: *habeat caput responsum tuum* Hᴮ: ⁵¹⁸ כל לאמר ומעט הרבה Syr: *om.*

WF: κεφάλαιον (Lev, Num, Dan o')⁵¹⁹, κεφαλή* (#), κεφαλίς (#)   WFd:
συλλαμβάνειν (#), σύλλημψις (Ijob, Hos, Jer), {συναιρεῖν}

Gr las wohl כלל אמר במעט הרבה und übertrug das Syntagma כלל
(aram. *zusammenfassen, eine Regel aufstellen*) + אמר (*die Rede zusammenfassen*)⁵²⁰ in die passende griechische Terminologie. In Ez 27,3f.11
wird כלל mit περιτιθέναι und τελειοῦν wiedergegeben.

---

⁵¹⁴ SAUER, Sirach 536: *und wisse um das Ende des Neides.* SMEND, Weisheit (Hebräisch
 - Deutsch) 21: *So wirst du merken, wie man mit Rost fertig wird.*
⁵¹⁵ *Und du wirst das Ende seines Eifers* [bzw. *Hasses*] *erkennen.*
⁵¹⁶ Vgl. Jak 5,3a ὁ χρυσὸς ὑμῶν καὶ ὁ ἄργυρος κατίωται. Bemerkenswert ist hierbei,
 daß in Jak 5,3b der Rost (ὁ ἰός) personifiziert als Zeuge gegen die Reichen auftritt
 und sie auffrißt wie Feuer (καὶ ὁ ἰὸς αὐτῶν εἰς μαρτύριον ὑμῖν ἔσται καὶ φάγε-
 ται τὰς σάρκας ὑμῶν ὡς πῦρ).
⁵¹⁷ LEH: *to sum up.* PAPE: *die Hauptsache anführen, zusammenfassen.* WAHL: *in capita
 vel in summam redigo, paucis complector.* Seit Thukydides (9,91) bezeugt: πολλὰ
 παρεὶς τὰ μέγιστα κεφαλαιώσω.
⁵¹⁸ SAUER, Sirach 583: *Fasse zusammen in der Rede und mit wenigen Worten sage viel.*
⁵¹⁹ Vgl. Dan o' 7,1: τότε Δανιηλ τὸ ὅραμα, ὃ εἶδεν, ἔγραψεν εἰς κεφάλαια λόγων
 (כתב ראש מלין אמר ... ﬦ).
⁵²⁰ So mit SMEND, Weisheit (Hebräisch - Deutsch) 27 (55): כלל אמר ומעט הרבה
 (*Fasse dich kurz und sage mit wenigem viel*). Dagegen VATTIONI, BEN ḤAYYIM und
 BEENTJES: כל לאמר.

κοίμησις Schlaf (*euphemistisch für Tod*)[521]

46,19 καὶ πρὸ καιροῦ κοιμήσεως αἰῶνος   [ἐπεμαρτύρατο
La: *et ante tempus finis vitae suae et saeculi*   *testimonium praebuit*
H[B]: [522] ועת נוחו על משכבו   Syr: [523] ܘܗܘܐ ܕܡܟ ܠܗ ܠܥܠܡ ܘܗܒܝܢ

48,13 καὶ ἐν κοιμήσει ἐπροφήτευσεν τὸ σῶμα αὐτοῦ
La: *et mortuum prophetavit corpus eius*
H[B]: [524] ומתחתיו נברא בשרו   Syr: *om.*

GrII 18,9 ἀλόγιστος δὲ ἑκάστου πᾶσιν ἡ κοίμησις (H[0] La Syr *om.*)

WF: κοιμᾶσθαι* (#), ἀκοίμητος (Weish) WFd: θάνατος* (#), ὕπνος (#),
ἀποθνῄσκειν* (#)

Eines von den vielen in Gr verwendeten Verbalabstrakta auf - σις, dessen
Verb κοιμᾶσθαι sowohl in Gr (48,11 H[B] מות) als auch in LXX (vgl. Gen
47,30 שכב)[525] und häufig im NT in euphemistischer Verwendungsweise
(*ent-schlafen*) gebraucht ist. Als Euphemismus für Tod begegnet κοίμησις
insbesondere auf Grabinschriften. Aufgrund der Dublette von 46,19 in H[B]
40,5c (καὶ ἐν καιρῷ ἀναπαύσεως ἐπὶ κοίτης Syr ܘܗܘܐ ܕܡܟ ܠܗ
ܡܩܒܠ ܠܗ) ist zu ersehen, daß das in 46,19 zu erwartende ἐπὶ κοίτην
(= על משכבו) kontextlich bedingt vom Übersetzer bewußt vernachlässigt worden ist. Während nämlich in 40,5cd von der nächtlichen *Bett*ruhe
(*Nachtschlaf*) die Rede ist und Gr daher auch ἀνάπαυσις (gegenüber
κοίμησις in 46,19) verwendet, geht es in 46,19 offenkundig um den Todesschlaf, weshalb die Ortsangabe ἐπὶ κοίτην geradezu sinnstörend gewesen wäre. Andererseits ist nicht völlig von der Hand zu weisen, wenn
auch nicht zwingend, daß Gr in ihrer bekanntlich in schlechtem Zustand

---

[521] LEH: *sleep (of death)* [=LSJ]. PAPE: *Todesschlaf*. WAHL: *sopor aeternus duraturus
i.e. mors*. FRITZSCHE, Weisheit 404: *(ewiger) Schlaf*. Dagegen versteht Joh 11,13 ἡ
κοίμησις τοῦ ὕπνου als Gegensatz zu θάνατος.
[522] Zur Wendung שכב vgl. Jes 57,2 [a] יבוא שלום ינוחו על־משכבותם vgl. Jes 57,2
(BHS: *a-a* add; orig יבואו קים-), dem in LXX sonderbar ἔσται ἐν εἰρήνῃ ἡ ταφὴ
αὐτοῦ entspricht. α' ἐλθέτω ἐν εἰρήνῃ, ἀναπαυσάσθωσαν ἐπὶ κοιτῶν αὐτῶν σ' θ'
εἰσελθέτω εἰρήνη ἀναπαυσάσθωσαν ἐπὶ τὰς κοίτας αὐτῶν.
[523] *Und zur Zeit des Ausruhens auf seinem Lager.*
[524] SMEND, Weisheit (Hebräisch - Deutsch) 87: *Und von seinem Orte aus wirkte Pro-
phetenwunder sein Fleisch.* SAUER, Sirach 627: *und noch aus seinem Grabe heraus
wurde (Leben) erschaffen durch seinen Körper.*
[525] In den allermeisten Fällen ist שכב q. Vorlage von κοιμᾶσθαι; als weitere, selten
bezeugte Äquivalente sind zu nennen: נחת, ישן, ישב, יגע, הלך, היה ni., בות, בות,
סבך, רבץ, רדם ni.; lediglich לין veranlaßte die LXX-Übersetzer noch öfter zur
Wiedergabe mit κοιμᾶσθαι.

befindlichen Vorlage nach נוחו falsch abtrennend als *nomen rectum* עולם (möglicherweise hervorgerufen durch Metathese des Possessivsuffix ו und des anlautenden ע) gelesen und mit dem Standardäquivalent αἰών wiedergegeben hat, weswegen in Gr auch αὐτοῦ fehlt (vgl. allerdings 40,5c, wo ebenfalls αὐτοῦ nicht überliefert ist). Nicht überzeugend ist daher HARTS Konjekturversuch (s. ZIEGLER, Sapientia z.St.), hinter αἰῶνος ein Äquivalent zu משכב, nämlich κοιτωνος anzunehmen; eher würde sich, wenn man schon meint konjizieren zu sollen, wohl das graphisch ähnliche αυτου anbieten, wobei dann zu fragen wäre, ob sich αὐτοῦ auf das Possessivsuffix von נוחו oder משכבו zu beziehen wäre. Syr freilich überliefert im ersten Fall kein Possessivsuffix (ܚܢܝܚܐ), im zweiten Fall schon (ܬܫܘܝܬܗ). Jedenfalls steht fest, daß in 46,19 κοίμησις Übersetzung der Basis נוח (ob nun Verb oder Nomen) ist, das Gr wie in 40,5c (ועת נוחו על משכבו) καὶ ἐν καιρῷ ἀναπαύσεως ἐπὶ κοίτης) nominal[526] verstanden bzw. übersetzt hat. Sonst steht in Gr für נוח καταπαύειν (H^AC 5,6; H^B 44,23; 47,13), ἐπιδεὴς γίνεσθαι (H^B 34,4), ἀναπαύειν (H^B 34,21), παρακαλεῖν (H^BBmarg 32,21), ἀφιέναι (H^A 6,3; H^B 39,32), καταλείπειν (H^BM 44,8), ἐνδελεχίζειν (H^A 12,3), αἴρειν (H^B 38,7). Für die Nomina נוח, נוחה, מנוחה sind in LXX sonst ἀναπαύειν, ἀνάπαυμα, ἀνάπαυσις (11mal), κατάπαυσις (7mal) gebräuchlich. In 48,13 steht κοίμησις frei für den Präpositionalausdruck מתחתיו (*von seiner Stelle* [= *Grab*] *aus*).

κόσκινον Sieb

27,4 ἐν σείσματι κοσκίνου διαμένει κοπρία
La: *si in pertusura cibri remanebit stercus*
H^0 Syr: ܘܥܪ ܘܗܕܐ ܘܐܡ̇ܪܟܐ ܒܝ ܠܕܠ ܝܘܨ

WF: κοσκίνωμα (σ' θ'), {κοσκινεύειν, κοσκινευτήριον, κοσκινευτής κοσκινοποιός, κοσκινράφος} WFd: διηθεῖν (Ijob), κατασήθειν (Dan θ'), διυλίζειν (Am)

Mit α' und σ', die das nur in Am 9,9 belegte כברה (*Getreidesieb*) mit κόσκινον übersetzen (ο' λικμός [*Worfschaufel*]), könnte man als Gr-Vorlage das nämliche Wort bzw. מכבר (*Gitterwerk, Rost*)[527] vermuten.

---

[526] Ein ähnlicher Fall liegt in H^B 34(31),3b.4b vor, wo ינוח אם ebenfalls nominal durch den Präpositionalausdruck ἐν τῇ ἀναπαύσει wiedergegeben wird.

[527] Vgl. Ex 27,4 (ο' ἐσχάρα); 35,16 (ο' > σ' θ' κοσκίνωμα); 38,24 (ο' παράθεμα Al. κόσκινον - κοσκίνωμα [Syh ܚܫܠܬܐ]). 5 (παράθεμα). 30 (παράθεμα). 39,39 (παράθεμα).

Syr (= Arab[WP]) bietet einen völlig anderen Text, der mit Gr kaum etwas zu tun zu haben scheint: *Wie reichlich Rauch von Feuer ausgeht, (so gehen die Schwätzereien eines Menschen von seiner Überlegung aus)*. Möglicherweise steckt hinter La *si* die Vergleichspartikel *sicut*, das durch Syr ܐܝܟ bestätigt würde; in einigen Ausnahmefällen nämlich haben La und Syr gemeinsam gegen Gr *sicut* bzw. *quasi* und ܐܝܟ (vgl. 7,21a; 22,9ab; 30,18b; 36(33),6; 45,15d).

$$κύκλωσις \text{ das Kreisen}^{528}$$

43,12 ἐγύρωσεν οὐρανὸν ἐν κυκλώσει δόξης
La: *gyravit caelum in circuitu gloriae suae*
H[B] חוק הקיפה בכבודה   H[Bmarg] הוד הקיפה בכבודה
H[M] בכבודה .. חוג Syr: *om.*

WF: κύκλωμα (2 Chr, Ijob, Ps, Ez), κυκλοῦν* (#), κύκλος (Jer, Koh, 1 Esra, Weish), κύκλῳ* (#), περικυκλοῦν (#), περικύκλῳ (#) WFd: γῦρος* (Ijob, Jes), γυροῦν* (Ijob), στρογγύλωσις (1 Sam)

Der mit בכבודה korrespondierende Präpositionalausdruck in Gr ἐν κυκλώσει δόξης[529] ist nach Lage der Überlieferung übersetzungstechnisch schwer einzuordnen, da Gr sonst ב + כבוד mit ἐν + αὔγασμα (43,11), εὐκοσμία (45,7), δόξα (44,19; 50,13) bzw. mit bloßem Dativ σκεύεσιν (45,8) umsetzt. Textkritisch aufschlußreich hierzu ist, daß O-V statt ἐγύρωσεν als echte Variante εκυκλωσεν (GrII ?) überliefern. Es fragt sich also, ob ἐν κυκλώσει δόξης nicht aus εκυκλωσεν [εν δοξα] korrumpiert ist und infolgedessen ursprüngliches γῦρον οὐρανοῦ, das חוג im Sinne von חוג שמים (vgl. Ijob 22,14 ※ θ' γῦρος οὐρανοῦ σ' περιγραφή) erklären soll, in ἐγύρωσεν οὐρανόν "*korrigiert*" wurde. Gr gebraucht noch in 24,5 in ähnlichem Kontext κυκλοῦν (γῦρον οὐρανοῦ ἐκύκλωσα μόνη H⁰ Syr ܘܒܥܘܡܩܐ ܕܬܗܘܡܐ ܗܠܟܬ) sowie in 45,9 (H[B] ויקיפהו) und 50,12 (H[B] ויקיפוהו).[530] κύκλωμα führt in 𝔐 auf חיק (Ez 43,17),

---

[528] LEH: *circle*. WAHL: *Kreis*. FRITZSCHE, Weisheit 397: *... in glänzendem Kreise*. METZGER, Apokrypha 185: *... with its glorious arc*. LB: *... glänzender Bogen*. Unabhängig von den o.g. textkritischen Einwänden könnte die Präferenz des Verbalabstraktums κύκλωσις als *variierend* gegenüber dem "gewöhnlichen" κύκλος eingestuft werden.

[529] Das alte masc. Possessivsuffix ה (statt ו) in בכבודה wird überraschenderweise gegen Gr von La *suae* gestützt.

[530] Wenn in Gr sowohl γυροῦν als auch κυκλοῦν für נקף hi. in einem weitgehend ähnlichen Kontext bezeugt sind, wird man erneut von literarischer *variatio* ausgehen

סביב (2 Chr 4,2; Ez 48,35), מסב (Ijob 37,12; Ps 139(140),9), סבב (2 Chr 4,2), סד (Ijob 13,27; 33,11 nach *cod.* A) und קו (2 Chr 4,2) zurück.

κυνήγιον Jagdbeute, Wildbret

13,19 κυνήγια λεόντων ὄναγροι ἐν ἐρήμῳ La: *venatio leonis onager in heremo*
Hᴬ: מאכל ארי פראי מדבר

Syr: ⁵³¹ ܐܬܒܬܒܕܘܒ ܐܪܝܐ ܐܪܝܘ *ܒܒܘܠܬܐ * *cod. Ambr.* ܒܪܘܠܬܐ

WF: κυνηγός (Gen, 1 Chr), κυνηγεῖν (Gen) WFd: ἀγρεύειν (Ijob, Spr, Hos), θηρεύειν* (#), θήρα* (#), θηρᾶν (α' σ' θ'), θήρευμα (Lev, Koh, Jer), θηρευτής* (Ps, Jer), ἅρπαγμα* (#), μέρος* (#)

Entgegen den sonst in LXX üblichen Wiedergaben von מאכל (*meist als Nahrung der Menschen*) mit βρῶμα (13), βρόσιμος (1), βρῶσις (10), βρωτός (1), ἔσθειν/ἐσθίειν (1), καρπόβρωτος (1), κατάβρωμα (2), παράθεσις (1) übersetzt Gr מאכל aus kontextlichen Gründen mit κυνήγια, da es sich ja um *Tiernahrung* handelt. Das in Sir noch an 5 weiteren Stellen überlieferte מאכל (*jeweils im Sinne menschlicher Nahrung*) korrespondiert mit βρῶμα (Hᴮ 36,23a; Hᴮᵐᵃʳᵍ 36,23bᵇⁱˢ; Hᴮ 33,13) und τρυφή [v.l. τροφή] (Hᴮᴰ 37,20). Insofern erklärt sich die Wortwahl in diesem Fall als terminologische Präzisierung des unspezifischen מאכל. Syr stimmt sowohl mit Hᴬ ארי (= ܐܪܝܐ sg.! = La *leonis*) gegen Gr (λεόντων pl.) als auch gegen Hᴬ mit Gr ἐν ἐρήμῳ (= ܐܬܒܬܒܕܘܒ) überein. κυνηγός und κυνηγεῖν stehen in LXX für ציד.

---

können, obgleich aufgrund o.g. textkritischer Beobachtungen die Möglichkeit, daß hier zwei Übersetzer am Werk waren, nicht völlig auszuschließen ist.
⁵³¹ *Die Nahrung des Löwen (sind) Esel, die in der Wüste (sind).*

λαγόνες Eingeweide, Lenden⁵³²

47,19 παρανέκλινας τὰς λαγόνας σου γυναιξίν
La: *et reclinasti femora tua mulieribus*
Hᴮ: ותתן לנשים כסליך Syr: ⁵³³ ܘܝܗܒܬ ܚܝܠܟ ܠܢܫܐ

WF: Ø {Ø} WFd: ἔγκατα* (Gen, 1 Kön, Tob, Ijob, Ps), κενεών (2-4 Makk), σπλάγχνα* (Spr, Weish, Jer, Bar, 2-4 Makk), ἔντερον* (Gen, 2 Makk), ἐγκοίλια (Lev)

Das gewöhnlich nur im Plural gebrauchte λαγών korrespondiert nach Hᴮ mit כסל (*Lende; euph. Geschlechtsteil*), während Syr mit ܚܝܠܐ das Wort wohl im Blick auf Gen 49,3 (אוֹן Syr ܚܝܠܐ) als *Zeugungskraft* ausdeutet. La deutet λαγόνες als *Oberschenkel*. SMEND (Weisheit 455) hingegen hält die Syr-Lesart möglicherweise für eine Korrektur nach Spr 31,3: אל־תתן לנשים חילך LXX μὴ δῷς γυναιξὶ σὸν πλοῦτον (σ' ... τὴν ἰσχύν σου). Innersirazidisch sei auf Kapitel 9, näherin Hᴬ 9,2ab verwiesen, wo im Kontext des (geschlechtlichen) Verkehrs mit Frauen dem Weisen der Rat erteilt wird, der Frau nicht die eigene Seele (נפש - ψυχή La *potestas animae*) hinzugeben (⁵³⁴קנא - διδόναι - ܢܬܠ), damit sie nicht auf die eigene *Mannes*kraft⁷ (במה pl. - ἰσχύς - ܚܝܠܐ) trete (דרך hi. - ἐπιβαίνειν - ܪܟܒ); vgl. ferner GrII 26,19b. Die einzig in 248 stehende synonyme Variante zu unserem ᴸˣˣHplg (τα σπλαγχνα⁵³⁵) könnte trotz Fehlen weiterer Zeugen GrII zugesprochen werden oder aber nur stilistische Korrektur des in LXX singulären λαγόνες sein. Bei den jüngeren Übersetzern erscheint λαγόνες öfter als Äquivalent für כסל, חלצים, מתנים, חמש: vgl. α' Ps 37(38),7; σ' 2 Sam 3,27; Ijob 12,18; 40,11; Jes 11,5; Jer 30(37),6; θ' Ijob 40,11. In der LXX (Lev 3,4.10.15; 4,9; 7,4; Job 15,27) dient für כסל v.a. μηρία (*Oberschenkelknochen*); einzig in Ps 37(38),8 wird mit ψύα (*Beckenmuskeln*) übersetzt, wo hingegen bei α' λαγόνες überliefert wird.

---

⁵³² LEH: *loins*. LSJ: *the hollow on each side below the ripps, flank. 2. in later Greek womb*. PAPE: *der vertiefte, hohle Theil des Leibes zwischen Kreuz, Rippen u. Hüften, die Weichen, Dünnen*. Obgleich auf כסל (ist nicht gleich בשר oder נפש) offensichtlich ein spezieller (vgl. La, Syr) Akzent liegt, gibt EÜ unpräzise mit *sich* wieder. S. hingegen ZB, JB: *Lenden*.
⁵³³ *Und du gabst den Frauen deine (Mannes)kraft*.
⁵³⁴ תקנא ist allerdings durch *aberratio oculi* (vgl. V.1a) bedingt fehlerhaft; bereits SMEND hat den Fehler mit dem graphisch ähnlichen תתן emendiert.
⁵³⁵ Der in LXX häufiger vorkommende Ausdruck führt in 𝔐 auf בטן (Spr 26,22 v.l. κοιλια) und רחם (Spr 12,10) zurück.

λαπιστής der Leichtfertige, Angeber[536]

20,7 ὁ δὲ λαπιστὴς καὶ ἄφρων ὑπερβήσεται καιρόν

La: *lascivus autem et inprudens non servabunt tempus*

H^C: וכסיל לא ישמור עת :Syr: [537] ܐܬܠܐܘ ܐܬܘܟܪ ܐܝܣܟ ܠܐ ܘܝܟ ܐܙܪ

Syr^WP und *cod. Ambr.*: ܐܬܠܐܘ ܐܝܢܟ ܐܬܘܟܪ ܠܐ ܘܝܟ ܐܙܪ

WF: Ø {λαπίζειν, λαπικτής, λαπίσσειν, λαπίστρια} WFd: ἀλάζων (Ijob, Spr, Hab), ἀλαζονεία (Weish, 2-4 Makk), ἀλαζονεύεσθαι (Spr, Weish), ἀλαζοσύνη (α'), κόμπος (Est, 3 Makk), ὑπερήφανος* (#), μεγαλορρήμων (Ps, 3 Makk), μεγαλόφρων (Spr, 4 Makk), αὐθάδης (Gen, Spr), ὑβριστής* (Ijob, Spr, Jes, Jer), ὑψαυχενεῖν (4 Makk), μεγαλαυχεῖν* (Ps, Zef, Ez, 2 Makk), μεγαλαυχία (4 Makk), ἐπαίρεσθαι* (#), γαυρ(ι)οῦν (Num, Weish, 3 Makk), γαυριᾶν (Jdt, Ijob), καυχᾶσθαι* (#), κενοδοξία (Weish, 4 Makk), κενολογεῖν (Jes), προπετής* (Spr)

Das in 𝔐 (überwiegend in der Weisheitsliteratur) 70mal vorkommende כסיל wird auffälligerweise (s.o. das äußerst breit angelegte WFd) in Gr mit einem *Hapaxlegomenon totius graecitatis* übersetzt, das von Hesych mit φενακιστής (*Betrüger, Lügner*), ψεύστης, φλύαρος (*geschwätzig*), τρυφηλός (*wollüstig*), μὴ ἔχων φροντίδα, ἐγγὺς τοῦ προπετοῦς erklärt wird.[538] La *lascivus* folgt bzw. bestätigt letztgenannte Bedeutungsnuance, wobei zu beachten gilt, daß La *non servabunt* wohl eher mit לא ישמור (= ܠܐ ܘܝܟ) als mit Gr (ὑπερβήσεται) zu tun hat. Als die gebräuchlichste LXX-Wiedergabe für כסיל gilt ἄφρων (57mal) neben ἀσεβής, ἀφροσύνη, ἀπαίδευτος, ἀσύνετος, ἐνδεής, νήπιος, παράνομος. Gr übersetzt das Wort sonst mit ἄπληστος (H^B 34,20), ἄφρων (H^B 34,30) und μωρός (H^C 20,13). Es ist nicht ganz auszuschließen, daß καὶ ἄφρων als früh entstandene Glosse des schwierigen λαπιστής zu betrachten ist, wenn man nicht dahinter eine GrII-Variante vermuten möchte, deren Aufgabe es war, das in LXX und Profangräzität singuläre λαπιστής zu ersetzen. Syr, möglicherweise von Gr abhängig, liefert gegen H^C mit Gr zwei Adjektive zur Charakterisierung des כסיל, allerdings in unterschiedlich überlieferter Reihenfolge: Syr^L ܐܬܘܟܪ ܐܝܣܟ (*frech und verbrecherisch*)

---

[536] LEH: *swaggerer, arrogant person.* FRITZSCHE, Weisheit 349: *Großtuer.* RYSSEL, Sirach 330: *Aufschneider.* PAPE: *Prahler, Aufschneider* (s.v. λαπίζειν: *sich stolz und übermüthig betragen*). LB: *Prahler.*

[537] *Und ein dreister und verbrecherischer Mensch achtet nicht auf den Zeitpunkt.*

[538] Suidas: ψεύστης, προπετής. Λαπίστρια umschreibt Suid. mit μετεωριζομένη, ῥεμβομένη, θέλουσα εὐωχεῖσθαι.

bzw. nach Syr^WP und *cod. Ambr.*: ܚܠܡܐܬܐ* ܚܕܠ. Syh hat: ܪ *ܚܠܡܐܬܐ*
ܐܝܟ ܐܬܕ ܘܐܡܪܟܐ   * Rd. ܚܠܡܐܬܐ ܗܘ ܕܗܠܡܐ ܬܗܝ ܚܠܐ.

λευκότης "Weißheit" (*des Schnees*)

43,18 κάλλος λευκότητος αὐτῆς ἐκθαυμάσει ὀφθαλμός
La: *pulchritudinem caloris eius admirabitur oculus*
H^B: תואר לבנה יגהה עינים   H^Bmarg: יהגה
H^M: תור לבנו יהג עינים   Syr: *om.*

WF: λευκός (#), λεύκωμα (Tob), λευκα(ν)θίζειν (Lev, Hld), λευκαίνειν
(Lev, Ps, Joël, Jes), ἔκλευκος (Lev), ἐκλευκαίνεσθαι (Dan θ') WFd: φω-
τεινός*, φωτισμός (Ijob, Ps), λαμπρός* (Tob, Weish, EpJer), λαμπρότης (Ps,
Jes, Bar, Dan θ'), λάμψις (Bar)

Offensichtlich einer Vorlage folgend, wie sie durch den Masadatext[539]
überliefert wird, übersetzt Gr mit λευκότης das als Nomen aufgefaßte
לבן (aram. *Weiße*) korrekt d.h. wörtlich. Das in 𝔐 mehr als 25mal belegte und nur als Adjektiv gebrauchte לבן entspricht in LXX in den allermeisten Fällen λευκός (24). Sonderbar ist, daß La für λευκότης nicht
das zu erwartende *albitudo* verwendet, sondern das widersinnige *calor*
(Hitze, Wärme), das möglicherweise aus *color [eius]* verschrieben wurde.

λιθουργός Steinmetz[540]

45,11 ἐν δέσει χρυσίου, ἔργῳ λιθουργοῦ
La: *in ligatura auri et opere lapidarii sculptilis*
H^B *al.*:   ⁵⁴¹[ואים]במל   פתוחי חותם   Syr: *om.*

WF: λιθουργεῖν (Ex), λιθουργικός (Ex) WFd: λαξευτός (Dtn), λαξεύειν (#),
λαυξευτήριον (Ps), λατομεῖν (#), λατομητός (2 Kön), λατόμος (#), λιθολογία
(α')

---

[539] Bereits SMEND, Weisheit 407, erkannte die textkritische Schwäche der in H^B überlieferten Lesart לבנה: "müsste Weisse bedeuten, man hätte lieber ein entsprechendes
Nomen mit Suffix." Allerdings ist zu bedenken, daß auch H^B als לבן plus *vorexi-
lisches* masc. Suffix ה gelesen werden kann und somit die ungewöhnlichere *lectio*
ist. Zum Suffix ה für 3. sgl. masc. (vgl. Gen 9,21; 12,8; 13,3; 35,21; Num 13,3
etc.) s. GESENIUS, Hebräische Grammatik 266.
[540] So mit LSJ: *stone-mason*. FRITZSCHE, Weisheit 401, und WAHL: *Steinschneider*.
HAMP, Sirach 695 (= EÜ): *Steinschneider(arbeit)*.
[541] SAUER, Sirach 618: *kunstvolle Gravierungen in Fülle*.

SMEND[542] rechnet פתוחי חותם V.11b zu und rekonstruiert für V.11c:
במלואים] מעשה חרש אבן[: *in Goldfäden gefasst, das Werk des Steinschneiders* (80). In Anlehnung an SMEND ergänzen auch SKEHAN - DI LELLA (Wisdom 507) nach V.11b mit Gr: *in golden settings, the work of the jeweler*. SMENDS Rückübersetzungversuch von λιθουργός mit חרש אבן (*Steinritzer*) gründet auf Ex 28,11 מעשה חרש אבן פתוחי חתם (ἔργον λιθουργικῆς τέχνης, γλύμμα σφραγῖδος).

λιθώδης steinig, felsig

35(32),20 καὶ μὴ προσκόψῃς ἐν λιθώδεσιν La: *et non offendes in lapides*
H^B: [543] ואל תתקל בנגף פעמים
H^E: ואל תתקל בדרך פעמים
Syr: [544] ܗܠܘܬ. ܚܒܟܐܦܐ ܪܗܐܕܝܐ ܡܚ ܘܬܒ݂ܝ (= Syr^WP; *cod. Ambr.* ܕܝܐ݂ܝ)

WF: λίθος* (#), λίθινος (#) WFd: πέτρινος (Jos), τραχύς* (#) WB: s.v. ἀμμώδης

ἐν λιθώδεσιν entspricht in La korrekt *in lapides*. Mit Syr ܚܒܟܐܦܐ ܪܗܐܕܝܐ ܘܬܒ݂ܝ (*am Stein zweimal*) konjiziert J.H.A. HART[545] gegen die gesamte griechische Sirachtradition einschließlich La ἐν λίθῳ δίς, das in ἐν λιθώδεσιν visuell oder akustisch bedingt verschrieben sei. Doch Syr schließt m.E. in diesem Fall einen Kompromiß zwischen Gr und H; von Gr übernimmt sie das korrekte ἐν λιθώδεσι (= ܚܒܟܐܦܐ) und von H das in Gr fehlende פעמים, das als Dual *zweimal* (vgl. Gen 27,36 u.ö.) aufgefaßt wurde. Für die Authentizität des ^LXXHplg^Sir λιθώδης spricht ferner, daß Gr öfter in LXX singuläre Wörter des Wortbildungstyps -ώδης gebraucht (vgl. ἀμμώδης). λιθώδης wäre mit dem in H^B überlieferten נגף פעמים insofern in Verbindung zu bringen, falls man annimmt, daß Gr נגף (*Anstoß*) nach Jes 8,14 אבן נגף konkretisiert habe, wobei ihr die Wiedergabe des *nomen rectum* פעמים (*Füße*) kontextlich entbehrlich erschien. Wenn dem so sein sollte, dann hat Gr hier eigenmächtig interpretiert, nicht aber übersetzt.

---

[542] Weisheit (Hebräisch - Deutsch) 50.
[543] SAUER, Sirach 585: *und nicht sollst du straucheln durch ein Stolpern der Füße*.
[544] ... *damit du am (selben) Stein nicht zweimal stolperst*.
[545] Ecclesiasticus. The Greek Text of Codex 248, Cambridge 1909, z.St.

λυσιτελής einbringend, ertragreich[546]

28,21 καὶ λυσιτελὴς μᾶλλον ὁ ᾅδης αὐτῆς[547]
La: *et utilis potius inferus quam illa*
H⁰ Syr: [548] ܡܕܠܬ ܡ ܠܠ ܠܐܪܒ ܐܝܪ ܪܝܠܐ

WF: λυσιτέλεια (2 Makk), λυσιτελεῖν* (Tob) WFd: εὔχρηστος (Spr, Weish), χρηστός (#), χρήσιμος* (#), συμφερόντως (4 Makk), σύμφορος (2 Makk), καλός* (#), ὠφέλεια* (#), ὠφελεῖν* (#), ὠφέλημα (Jer) WB: -τελής δημοτελής (3 Makk), πολυτελής* (#), παντελής (3 Makk), παντελῶς (2 Makk), εὐτελής (Weish), εὐτελῶς (2 Makk), βραχυτελής (Weish)

Wenn man mit Syr (ܠܠ) als Vorlage טוב annimmt, so kann die Verwendung von λυσιτελής[549] durchaus als sprachliche "Verschönerung" des farblosen טוב bzw. als literarische *variatio* erklärt werden.[550] Gr *wählt* bei טוב neben den geläufigen Standardäquivalenten (ἀγαθός, καλός) öfter auch in LXX seltener oder gar nicht bezeugte Wiedergaben wie z.B. ἀρεστός, εὐλογία, εὐσεβής, εὐφροσύνη, καλλονή, κίνδυνος, λαμπρός, συμφέρειν, χαρά, χάρις, χρῆμα sowie v.a. die ᴸˣˣHplgˢⁱʳ ἀγαθοποιός, εὔρωστος, χρηστοήθεια. Bei kontextlicher Auswertung dieser Äquivalente ist leicht zu ersehen, daß Gr nicht nur *sprachlich* verschönert, sondern auch *inhaltlich* uminterpretiert. Nebenbei erwähnt sei, daß in der griechischen Literatur, aber auch in LXX beim wertenden Vergleich von 'Totsein' und 'noch am Leben sein' häufiger WF λυσιτελ- Verwendung findet; vgl. z.B. τεθνάναι λυσιτελεῖ ἢ ζῆν (Andocides; Isocrates; Xenophon), οὐκ ἐλυσιτέλει ζῆν (Platon), λυσιτελεῖ μοι ἀποθανεῖν ἢ ζῆν (Tob 3,6 Grᴵ).

---

546 PAPE: *eigtl. die aufgewandten Kosten bezahlend, ersetzend, dah. nützlich, vortheilhaft*. LEH: *useful, advantageous, good.*
547 EÜ: *besser als sie ist die Unterwelt.* LB: *doch immer noch besser, als mit ihr zu leben.* ZB: *und vorzuziehen ist ihr die Unterwelt.*
548 *Und Ruhe gibt es in der Unterwelt mehr als bei ihm* [*sc.* ܪܐܬ Tod].
549 Bemerkenswert ist ferner, daß das im vorausgehenden Stichos durch La belegte *nequissima* (*äußerst nutzlos;* Gr πονηρός) das nachfolgende λυσιτελής (*utilis*) vorbereitet. Vgl. La *mors illius mors nequissima* Gr θάνατος πονηρὸς ὁ θάνατος αὐτῆς Syr ܡܕܠܬ ܪܝܪܐ ܪܐܬ.
550 29,11b gebraucht Gr statt das Adjektiv das Verb: καὶ λυσιτελήσει σοι μᾶλλον ἢ τὸ χρυσίον H⁰ Syr ܠܐ ܐܝܪܬ ܪܒ ܠ ܡ ܠܐ ܪܠܐ ,ܡܐ.

μακροημέρευσις langes Leben, Langlebigkeit[551]

1,12 καὶ δώσει εὐφροσύνην καὶ χαρὰν καὶ μακροημέρευσιν
La: *dabit laetitiam et gaudium in longitudine dierum*
H⁰ Syr: [552] ܦܠܕܠܬ ܪܥܝܘܐ ܪܥܝܬܐ ܪܕܐܬܘ

1,20 καὶ οἱ κλάδοι αὐτῆς μακροημέρευσις [S* - ρευσουσιν 797 - ρευουσιν]
La: *rami enim illius longaevi* H⁰ Syr: [553] ܪܕܬܝܐܬ ܪܬܠܐܝ ܦܐܕܐܠܐ

30,22 καὶ ἀγαλλίαμα ἀνδρὸς μακροημέρευσις
La: *et exultatio viri est longevitas*
Hᴮ: וגיל אדם האריך אפו Syr: [554] ܚܐܐܣ ܪܠܐܦܐ ܡ ܪܝܠܕܗܬ ܦܐܠܬܠܐ

WF: μακροημερεύειν* (Dtn, Ri), μακροήμερος (Dtn), πολυημερεύειν (Dtn), πολυήμερος (Dtn, Dan oʹ) WFd: μακροβίωσις (Bar), μακρόβιος (Weish, Jes), μακροχρονεῖν (σʹ), μακροχρονίζειν (Dtn), μακροχρόνιος (Ex, Dtn), πολυετής (Weish), πολυχρονίζειν (Dtn) WB: μακρο- μακρόβιος (Weish, Jes), μακροβίωσις (Bar), μακροημερεύειν* (Dtn, Ri), μακροήμερος (Dtn), μακροθυμεῖν* (Ijob, Spr, Koh, Bar, 2 Makk), μακροθυμία* (Jes, Jer, Spr, 1 Makk), μακρόθυμος* (#), μακροτονεῖν (2 Makk), μακροχρονεῖν (σʹ), μακροχρονίζειν (Dtn), μακροχρόνιος (Ex, Dtn)

Das in der Gesamtgräzität äußerst selten (s. **Wortst.**) nachzuweisende Verbalabstraktum μακροημέρευσις, das Gr immerhin dreimal gebraucht, ist offensichtlich wie μακροήμερος und μακροημερεύειν[555] ein Übersetzungsneologismus, der versucht, den im Kontext des Tun-Ergehen-Zusammenhangs wichtigen Aspekt eines langen erfüllten Lebens (des Frommen) in Form eines Kompositums terminologisch zu prägen (s.o. auch WFd).[556] Die in der Handschrift B (30,22) überlieferte Wortverbin-

---

[551] LEH: *length of days neol.* (=LSJ). Bei Pape sind weder Verbalabstraktum noch Verb noch Adjektiv aufgenommen; lediglich μακροημερία: *die Zeit der langen Tage, wenn die Tage länger als die Nächte sind.*

[552] *Freude und Frohlocken und ewiges Leben* [Syh ܪܕܐܬܐ ܕܐܬܠܝ].

[553] *Und ihre Äste sind die Länge der (Lebens)tage* [Syh ܪܕܬܝܐܬ ܕܐܬܠܝ].

[554] *Und das Sinnen des Menschen ist es, das sein Leben lang währen läßt* [Syh ܕܐܬ ܬܪ ܪܕܬܝܐܬ].

[555] S. hierzu näheres bei J.W. Wevers, Notes on the Greek Text of Deuteronomy (SCS 39), Atlanta 1995, 111. Ferner C. Dogniez - M. Harl, La Bible d'Alexandrie V, Paris 1992, 64.142.152.

[556] Die Tatsache, daß die unter WF bzw. WFd notierten LXX-Begriffe für *langes Leben* (s.o.) im NT mit Ausnahme von Eph 6,3 (Zitat Ex 20,12) nicht mehr verwendet sind, obgleich oftmals thematisch vom *Leben* (βίος 9mal; ζωή 135mal) die Rede ist, wird man von seinem kerygmatischen Charakter herleiten können; die Aufgabe des

dung אָרַךְ hi. plus אַף (hier: *den Lebensatem verlängern*[557] *(?);* vgl.
Syr: ... *verlängert sein Leben*) als Vorlage von Gr anzunehmen, ist nicht
recht einleuchtend, da das in 𝔐 nur noch in Spr 19,11 und Jes 48,9 bezeugte Syntagma eindeutig in der Bedeutung *den Zorn hinauszögern* gebraucht ist.[558] Im Gegensatz dazu übersetzt LXX mit μακροημερεύειν
neben רבה + יומים (Dtn 11,21; nach *cod.* A jedoch πολυημερεύειν)
v.a. אָרַךְ hi. plus יומים (Dtn 5,33; 6,2; 11,9; 32,47; Ri 2,7); Gr verwendet das Verb in 3,6: ὁ δοξάζων πατέρα μακροημερεύσει (H⁰ Syr
ܬܢܝ.ܪ ܘܐܝܩܪ ܠܐܒܘܗܝ, ܪܐܒܘܗܝ). Sonst in 𝔐 zu findende Stellen mit אָרַךְ
+ יומים werden mit πολυχρονίζειν (Dtn 4,26), μακροήμερος γίνεσθαι
(Dtn 4,40), μακροχρονίζειν (Dtn 17,20; 32,27), πολυήμερος εἶναι (Dtn
22,7), μακρόβιος (Jes 53,10), μάκρον χρόνον ζῆν (Spr 28,16) und μα-
κρύνειν ἡμέρας (Koh 8,13) wiedergegeben.

μεγαλοποιεῖν[559] Großartiges vollbringen

50,22 τῷ μεγαλοποιοῦντι πάντῃ   La: *qui magna fecit in omni terra*
Hᴮ: המפלא לעשות בארץ   Syr: [560] ܕܥܒܕ ܬܕܡܪܬܐ ܒܐܪܥܐ

WF: Ø {Ø}, μεγαλύνειν* (#), μέγας* (#) WFd: Ø WB: μεγαλο- μεγαλαυχεῖν* (Ps, Zef, Ez, 2 Makk), μεγαλαύχημα (σ'), μεγαλαυχία (4 Makk), μεγαλόδοξος (3 Makk), μεγαλοδόξως (3 Makk), μεγαλόθυμος (θ'), μεγαλοκράτωρ (3 Makk), μεγαλομερής (3 Makk), μεγαλομερῶς (2-4 Makk), μεγαλοποιεῖν*, μεγαλοπρέπεια (Ps), μεγαλοπρεπής (Dtn, 2-3 Makk), μεγαλοπρεπῶς (2-4 Makk), μεγαλοπτέρυγος (Ez), μεγαλορρημοσύνη (1 Sam),
μεγαλορρήμων (Ps, 3 Makk), μεγαλόσαρκος (Ez), μεγαλοσθενής (3 Makk),
μεγαλοφρονεῖν (4 Makk), μεγαλόφρων (Spr, 4 Makk), μεγαλόφωνος*, μεγαλόψυχος (4 Makk), μεγαλοψύχως (3 Makk), μεγαλώνυμος (Jer)

Tun-Ergehen-Zusammenhangs zugunsten der χάρις sowie die Naherwartung verleg-
ten ein langes irdisches Leben (z.B. μακροημέρευσις) in die Endzeit (ζωὴ αἰώνιος).
Von daher scheint Syr 1,12 langes Leben, möglicherweise christlich beeinflußt, als
ewiges Leben (ܚܝܐ ܕܠܥܠܡ ܪ) zu deuten. Vgl. hierzu auch Syr 1,20a ܚܝܐ ܕܠܥܠܡ,
das mit ܪ ܚܝܐ ܀ܬ.ܚܘܒܐ in 20b korrespondiert, gegenüber Gr 1,20a (ῥίζα
σοφίας) φοβεῖσθαι τὸν κύριον (20b μακροημέρευσις).

[557] SAUER, Sirach 579, nicht überzeugend: " 'pw; hier zweifellos als Körperteil zu verstehen, durch den der Lebensatem geht." SMEND, Weisheit (Hebräisch - Deutsch)
24, konjiziert zurecht יומים.

[558] Spr 19,11: שכל אדם האריך אפו o' ἐλεήμων ἀνὴρ μακροθυμεῖ α' θ' φρόνησις
ἀνθρώπου μακροθυμία αὐτοῦ. Jes 48,9: למען שמי אאריך אפי ἕνεκεν τοῦ
ἐμοῦ ὀνόματος δείξω σοι τὸν θυμόν μου.

[559] Zur textkritischen Problematik vgl. die Ausführungen auf S. 96f.

[560] ... *der Wunder gewirkt hat auf der Erde.*

Die in H^B bezeugte Konstruktion (determiniertes Partizip Hifil von פלא mit 'ל plus *inf. constr.*) begegnet noch in H^B 34(31),9b כי הפליא לעשות (H^BBmarg) ἐποίησεν γὰρ θαυμάσια[561] (La *fecit enim mirabilia*; Syr^Ambr דבר הנבד ומר). Aus übersetzungstechnischer Sicht wird man daher als Äquivalent in 50,22 wohl eher μεγάλα ποιοῦντι als das einzig durch B und 253 überlieferte Kompositum μεγαλοποιεῖν annehmen. Gestützt wird diese Annahme durch die übersetzungstechnische Beobachtung, daß Gr bei der Basis פלא ohne objektiv erkennbare Veranlassung in Form synonymer Variation das Äquivalent wechselt (παράδοξος, χαλεπώτερος neben θαυμάσιος und θαυμαστός) und daher auch eine variierende Wiedergabe mit μεγάλα nachvollziehbar erscheint; andererseits ist die Verschreibung von ursprünglich μεγάλα ποιοῦντι in μεγαλοποιοῦντι schwerer nachzuvollziehen als umgekehrt, da μεγαλοποιεῖν in wortstatistischer Hinsicht äußerst selten gebraucht und abgesehen von Gr nur in der Bedeutung *vergrößern* vorkommt. Darüber hinaus sind innerhalb der breit gestreuten Lexemgruppe des Wortbildungstyps μεγαλο- (s. LSJ 1086-1088) sonderbar selten Verben zu finden. Es sei ferner auf das v.a. von Philo (*Abr 142; Conf 158; LegGai 213; VitMos I 66.94 II 253*) häufiger verwendete Synonym μεγαλουγρεῖν verwiesen. Die allenthalben in Gr zu beobachtende *"Eigenwilligkeit"* der Wortbildung erfordert Aufmerksamkeit bezüglich des Kompositums μεγαλοποιεῖν, das bei Gr in prosaischer "Abgehobenheit"[562] als partizipiales Gottesepitheton gebraucht sein könnte.

μεῖγμα Mischung, Rezeptur[563]

38,8 μυρεψὸς ἐν τούτοις ποιήσει μεῖγμα

La: *et unguentarius facit pigmentum suavitatis et unctiones conficiet suavitatis*

H^B: קרח מרקחת עושה רוקח וכן H^B: קרח

Syr: [564]*ܡܣܡܚܐ ܚܠܦ ܣܡܚܐ ܐܦ* * *cod. Ambr.* ܣܡܚܬܐ

WF: {μιγματοπώλης} μιγνύναι (#), συμμιγνύναι (Ex, Spr, Hos, Dan ο', 2 Makk), σύμμιξις (2 Kön, 2 Chr), συμμιγής (Dan ο' θ'), σύμμικτος (Jdt, Nah,

---

[561] In 48,16b wird H^B מעל הפליאו מהם וריש (*und es gab welche unter ihnen, die erstaunlich Übles taten*) allerdings mit ἐπλήθυναν ἁμαρτίας 'übersetzt'. Es fragt sich allerdings, ob Gr in ihrer Vorlage tatsächlich das überlieferte הפליאו oder vielmehr ein Qal oder Piel von מלא gelesen hat.

[562] Der hymnische Charakter von Sir 50,22f. ist unverkennbar.

[563] LEH: *mixture, compound neol.* PAPE s.v. μῖγμα: *bes. durch Mischung zubereitete Farben u. Heilmittel.* RYSSEL, Sirach 417, erklärt das Wort als "Mixtur, die der Arzt dann als Arznei verwendet". So schon LB: *Arznei.*

[564] *Und auch der Apotheker* (**SyrL**: myropola) *stellt Ingredienzen (?) her.*

Jer, Ez) **WFd:** κρᾶμα (Hld), συμμίσγειν (1-2 Makk), κέρασμα (Ps, Jes), κεραννύναι (#), σύγκρασις (Ez), συγχεῖν (#), φάρμακον* (#), μίσγειν (Hos, Jes), μύρον (#), χρῖσμα* (Ex, Dan o' θ')

Als Vorlage von μεῖγμα ist an dem in H^B bezeugten Singular מרקחת (*Salbengemisch;* EÜ, ZB: *Arznei*) trotz des Plurals in La (*unctiones*) und Syr (ܒܣܡܐ *Balsame*) nicht zu zweifeln. Das in 𝔐 nur dreimal belegte מרקחת wird in Ex 30,25 (רקח מעשה מרקחת רקח מעשה רקח) μύρον μυρεψι-κὸν τέχνῃ μυρεψοῦ) durch μυρεψικόν, in 1 Chr 9,30 (רקחי המרקחת μυρεψοὶ τοῦ μύρου) durch μύρον und in 2 Chr 16,14 (במרקחת מעשה מרקחים γένη μύρων μυρεψῶν) durch μυρεψός wiedergegeben. Das Verb רקח wird in LXX mit ἥδυσμα, μυρεψός und μύρον umschrieben. Ein übersetzungstechnische Abhängigkeit von Gr gegenüber LXX, wie sie vor allem im Bereich der Kultterminologie nicht selten in Kommentaren (vgl. z.B. SMEND, Weisheit LXIII) postuliert wird, ist somit in diesem Fall nicht auszumachen. In textkritischer Hinsicht erwähnenswert ist, daß die in H^Bmarg überlieferte und hier unverständliche Lesart קרח - wie häufiger bei H^Bmarg und auch H^M zu beobachten ist - als Zeugin einer Defek-tivschreibung (= רקח) zu beurteilen ist, welche im Laufe der Texttradi-tion durch Metathese korrumpiert ist.

μειδιᾶν schmunzeln, lächeln[565]

21,20 ἀνὴρ δὲ πανοῦργος μόλις ἡσυχῇ μειδιάσει
La: *vir autem sapiens vix tacite ridebit* H^0 Syr:[566] ܟܣܪܝܐ ܣܒܐ ܚܠܝܡܐ ܓܒܪܐ ܘܓܒܪ

WF: Ø {μειδίαμα, μειδιασμός, μειδιάμων, μειδίασις, μειδίασμα, μειδια-στικός, μείδημα}, προσμειδιᾶν (4 Makk) **WFd:** γελᾶν (#), ἐπιγελᾶν (Tob, Spr), προσγελᾶν* (1 Esra), ἐκγελᾶν (Neh, Ps, Weish)

Mit Syr (ܓܒܪ) ist als Gr-Vorlage שחק (*lachen*), das Gr in 13,6; 47,3 sonst variierend mit προσγελᾶν und παίζειν (שחק ל') wiedergibt, wohl plausibler zu rekonstruieren als בלג hi. (*heiter, fröhlich werden*), das α' (Am 5,9 o' διαίρειν) und σ' (Ps 39,14 o' ἀναψύχειν) mit dem nämlichen Verb übersetzen. Wenn dem so ist, so hätte Gr mit Feingespür für die Nuance des Distichons 20ab den treffenderen Ausdruck (gegenüber γε-λᾶν) gewählt: Der Tor *lacht* lauthals (20a μωρὸς ἐν γέλωτι ἀνυψοῖ φω-νὴν αὐτοῦ), der Weise *lächelt* insgeheim. Nimmt man bei dem ^LXXHplg

---

[565] LEH: *to smile.* PAPE s.v. μειδιάω: *grinsend, höhnisch lächeln... Von γελάω wird es so unterschieden, daß dieses das laute, schallende Lachen ist, μειδιάω das lautlose, sanfte Lächeln, weshalb man es auch von μὴ αὐδᾶν ableiten wollte.*

[566] *Und ein weiser Mann lacht in Ruhe.*

ἀπαρέσκειν (s. S. 155) in H⁰ 21,15 mit Syr (ﬗ.ﻠﻨﻟ) als Gr-Vorlage ebenfalls שחק an, so zeigt sich auch hier, daß Gr variierend und interpretierend das in 𝔐 geläufige Verb übersetzt. Andererseits korrespondiert Syr
bei dem in H 4mal überlieferten Verb שחק in keinem einzigen Fall mit
ﬗ.ﻠﻨﻟ , sondern geht vielmehr auf בזה (Hᴬ 7,11), בוש (Hᴬ 8,6), פאת
(11,4 Hᴮ; nach Hᴬ התל) zurück. Textkritisch bleibt anzumerken, daß
μόλις (La vix) hier wie auch in 21,20 (H⁰ Syr om.); 26,29 (ﻣﻌﻤﺴﻮ
ﻟﺪ*ﻣ mit großer Schwierigkeit); 29,6 (H⁰ Syr om.) und 35(32),7 (Hᴮ
בחזק Syr⁰) in Syr nicht bestätigt wird. Es ist also zu fragen, ob μόλις
unter Umständen Zutat des Übersetzers ist. Übersetzungstechnisch gesehen fällt jedenfalls μόλις (bzw. μόγις) aufgrund ihrer buchspezifischen
Beleglage (nur Weish, 3 Makk; in Spr 11,31 ohne hebr. Pendant) auf.

μειοῦσθαι *schwächer* werden, abnehmen[567]

43,7 φωστὴρ μειούμενος ἐπὶ συντελείας
La: *luminare quod minuitur in consummatione*
Hᴮ: [568] וחפץ עתה בתקופתו   Hᴮᵐᵃʳᵍ·: תע   Syr: [569] ﻛﻠﻤﺎ ﻛﻮﺗﺮﻟﺪ ﻟﺘﺎﻟﺪ؟ ﻛﻠﻮﻣ

WF: Ø {μείωσις, μείωμα, μειώτης, μειωτικός, μειωτός} WFd: ἐλαττοῦσθαι*
(#), ἐλάττων (#), ἐλάττωμα* (2 Makk), ἐλάττωσις* (Tob), ἐκλείπειν* (#),
φθίνειν (Ijob), (σ)μικρύνειν* (#), κατασμικρύνειν (2 Sam)

Mit dem vom Komparativ μείων abgeleiteten μειοῦσθαι ist hier das *Abnehmen* des Vollmondes (eigentl. das *Schwächerwerden* des Mondlichts)
bezeichnet, ein Verb, das ebenso auch bei Aristoteles *De mundo* 399ᵃ7
(σελήνη μειουμένη) gebraucht ist. Das in Ijob 31,26 (וירח יקר הלך
σελήνην δὲ φθίνουσαν) für denselben Sachverhalt herangezogene φθίνειν
scheint der gebräuchlichere Ausdruck (vgl. LSJ s.v. φθίω I.b) in der
Gräzität (nach Maßgabe der statistischen Häufigkeit) zu sein. Als Äquivalent zu μειούμενος könnte mit SMEND ein Partizip von ᴵᴵעוף (*dunkel
werden*) bzw. ᴵᴵעיף (*kraftlos werden*) gelesen werden. Bemerkenswert
bleibt darüber hinaus, daß in Gr das Wort nur ein einziges Mal vorkommt, das weitgehend synonyme ἐλαττοῦσθαι jedoch ist mehr als
15mal gebraucht.

---

[567] LEH: *to become smaller, to decrease*. PAPE: *häufiger im pass. weniger, auch gerin-
ger, schlechter werden, abnehmen.*
[568] SAUER, Sirach 612: *und er hat Gefallen [»zu seiner Zeit«] an seinem Wandel.*
SMEND, Weisheit (Hebräisch - Deutsch) 45 (76): נר חפץ עופה בתקופתו (*von
der lieblichen Leuchte, die zuletzt sich verfinstert*). SKEHAN - DI LELLA, Wisdom
485, nach Gr und Syr (Hᴮ "difficult to restore"): *a light, which wanes in its course.*
[569] *Ein Licht, das am Ende verlischt.*

μελανία Schwärze[570]

19,26 ἔστιν πονηρευόμενος [v.l. πορευόμενος] συγκεκυφὼς μελανίᾳ[571]
La: *et qui nequiter humiliat se*
H⁰ Syr *al.*: [572] ܐܝܬ ܕܡܬܚܙܐ ܐܝܟ ܡܟܝܟܐ ܘܐܝܟ ܬܒܝܪ ܢܦܫܐ

WF: μέλας (Lev, Spr, Hld, Sach), μελανοῦσθαι (Ijob, Hld, EpJer), μελαίνεσθαι (α' σ' θ'), {μελανίζειν, μελάνια (τά)} **WFd:** πέλειος (Spr), πελειοῦσθαι (Klgl), φαιός (Gen)

Gegen den von WAHL eingebrachten Übersetzungsvorschlag (*schwarz gekleidet*) wendet sich RYSSEL und erklärt συγκεκυφὼς μελανίᾳ mit Verweis auf Mal 3,14 וכי הלכנו קדרנית (διότι ἐπορεύθημεν ἱκέται): "der gebückt ist (d.i. niedergebeugt zu sein scheint) durch Trauer, von ihr ganz in Anspruch genommen, während er doch innerlich nur seinen Vorteil im Sinne hat..."[573] Eine Übersetzung des wortsyntaktisch mit συγκεκυφώς (*in gebückter Haltung;* La *humiliat;* Syr ܡܟܝܟܐ) gekoppelten μελανίᾳ[574] durch *Trauer* ist nach Maßgabe der überlieferten Gräzität als singulär (vgl. LSJ) einzustufen und möglicherweise nur als semantischer Übersetzungsneologismus[575] eines hebräischen Begriffs (קדר *in schmutzigen Kleidern einhergehen*, קדרות *Trauerschwärze*) erklärbar. Das durch Syr bezeugte ܬܒܝܪ ܢܦܫܐ (*niedergeschlagen*) scheint μελανία in der Bedeutung *Trauer* zu bestätigen.[576] Syh hat: ܐܝܬ ܕܡܗܠܟ ܟܕ ܟܦܝܦ *ܘܡܬܒܪܐ * Rd. ܘܡܬܒܪܐ ܗܘ ܕܝܢ ܠܓܘܢܗ (*es gibt jemanden, der einhergeht obgleich gekrümmt und* *[*nieder*]*geschlagen* * Rd. *und niedergeschlagen ist der aber* [*bzgl.*] *seiner Farbe*) .

---

[570] LEH: *grief, mourning (metaph.).* LSJ: *blackness* opp. λευκότης. WAHL: *in Schwarz = schwarz gekleidet.* PAPE: *die Schwärze, ein schwarzer Fleck, eine schwarze Wolke.*

[571] FRITZSCHE, Weisheit 348: *Es giebt Böse, die gebückt gehen in Trauer.* HAMP, Sirach 620: *Es gibt manchen, der von Trauer gebeugt einhergeht.* EÜ, ZB: *Mancher geht gebeugt und traurig einher.* LB: *Es kann einer sehr ernsthaft aussehen.* JB: *Es gibt manchen, der gebeugt* **wie** [sek. Hervorhebung] *in Trauer einhergeht.*

[572] *Es gibt einen, der sich zeigt wie ein demütiger und wie ein an der Seele zerbrochener.*

[573] RYSSEL, Sirach 328.

[574] Die in Syr bezeugte Zweigliedrigkeit (1. ܐܝܟ ܡܟܝܟܐ 2. ܘܐܝܟ ܬܒܝܪ ܢܦܫܐ) wird man ebenso als Gr- Vorlage trotz Gr (συγκεκυφὼς μελανίᾳ) vermuten dürfen.

[575] Zu dieser Problematik s. v.a. E. TOV, Greek Words and Hebrew Meanings, in: T. MURAOKA (*ed.*), Melbourne Symposium on Septuagint Lexicography, Atlanta 1990, 83-125.

[576] Vgl. Syr Lk 4,18 ܬܒܝܪ für συντετριμμένος τὴν καρδίαν; ferner zu ܬܒܝܪܘܬ ܠܒܐ s. Barhebräus car 72,10; ce II 669,9.

μεταβολία Tauschgeschäft (*kommerziell*)[577]

37,11 μετὰ ἐμπόρου περὶ μεταβολίας [v.l. μεταβολή]
La: *cum negotiatore de traiecticio*   Syr: [578] ܥܡ ܬܓܪܐ ܠܐ ܬܬܚܫܒ
H[B]: [579] עם סוחר אל תתגר   H[D]: עם סוחר אל מכך {תתגרו}

WF: μεταβολή (Est, Weish, 3 Makk), μεταβόλος (Jes), μεταβάλλειν* (#), {μεταβολεύς, μεταβολικός} WFd: μεταλλάσσειν (#)

Das in einen Präpositionalausdruck gefaßte *Hapaxlegomenon totius graecitatis* μεταβολία, das mit μεταβολή weitgehend bedeutungsgleich zu sein scheint (vgl. LSJ; PAPE), steht dem in H[B] überlieferten Vetitiv (?) [580] אל תתגר (*du sollst nicht Handel treiben*) gegenüber, was SMEND in ein - durch Gr und Syr bestätigtes - Präpositionalgefüge על מתגר (*wegen des Verkaufes*) konjiziert. Zu περὶ μεταβολίας bezeugt Syr ܥܠ ܬܓܪܘܬܗ (*wegen seines Handels*). Syh hat: ܡܛܠ ܣܘܥܪܢܐ ܕܬܐܓܘܪܬܐ (*wegen des Tauschens der Ware*).

μέτριος mittelmäßig[581]

34(31),20 ὕπνος ὑγιείας ἐπὶ ἐντέρῳ μετρίῳ
La: *somnus sanitatis in homine parco*   H[B]: [582] שנות חיים על קרב צולל
Syr: [583] ܫܢܬܐ ܗܢܝܐܬܐ ܒܓܘ ܟܪܣܐ ܡܪܘܝܬܐ ܗܘܝܐ

---

[577] LEH: *exchange, barter; neol.* LSJ: = μεταβολή *exchange, barter.* FRITZSCHE, Weisheit 382: *Umsatz.* RYSSEL, Sirach 414: *Verkauf.* WAHL: *mutatio, opp.* πράσις. PAPE s.v. μεταβάλλειν: *auch vom Warenumtausch;* s.v. μεταβολεύς: *Tauschhändler, Krämer, Kleinhändler.*

[578] *Und mit einem Verkäufer* (vgl. Gen 37,28 סחר) *bezüglich seines Handels* (vgl. 1 Kön 10,15 מסחר).

[579] SMEND, Weisheit (Hebräisch - Deutsch) 63: *mit dem Kaufmann wegen des Kaufes.* SAUER, Sirach 594: *mit einem Kaufmann bezüglich des Handels.* SKEHAN - DI LELLA, Wisdom 425: *with a merchant about business.*

[580] Während in 37,11a-j sowohl innerhalb derselben Handschrift als auch untereinander zwischen einem mit על eingeleiteten Präpositionsgefüge und einem Vetitiv (mit אל) gewechsel wird, bezeugt Gr konsequent das Schema μετὰ [= עם] ... περί [= על]; Syr dagegen verfährt inkonsequent (ܠ bzw. ܗܢ).

[581] LEH (s.v. ἔντερον) frei für ἐπὶ ἐντέρῳ μετρίῳ: *for moderation in eating.* WAHL: *modicus, mediocris* (s.v. ἔντερον: *intestinum mediocre ex metonym. totius pro parte: ventriculus temperans).* FRITZSCHE, Weisheit 372, für ἔντερον μέτριον: *mäßig angefülltes Gedärm.*

[582] SAUER, Sirach 581: *erquickender Schlaf liegt über einem unbeschwerten Magen.* SMEND, Weisheit (Hebräisch - Deutsch) 54: *Gesunden Schlaf hat ein gutverdauter Magen.* SKEHAN - DI LELLA, Wisdom 384: *moderate eating ensures sound slumber.* HAMP, Sirach 653: *Gesunder Schlaf begleitet eine gute Verdauung.* EÜ: *Gesunden Schlaf hat einer, der den Magen nicht überlädt.* ZB: *wer im Essen masshält, ...*

WF: μετρίως (2 Makk), μετριάζειν (2 Esra), μετρεῖν (#), μέτρησις (1 Kön), μετρητής (#), μέτρον* (#), {μετριότης, μετριοσύνη} WFd: ἐγκρατής (Tob, Weish, Sus θ', 2 Makk), ἐπιεικής (Est, Ps), σώφρων (4 Makk), σωφροσύνη (Est, Weish, 2-4 Makk), σωφρονίζειν (α')

Das mit μέτριος korrespondierende ᴵᴵצלל, welches innerhalb 𝔐 einzig in Ex 15,10[584] (jedoch ᴵצלל) vorkommt, bedeutet im Aramäischen und Syrischen (ᴵᴵܨܠ) *niedersinken, sich klären* (meist von Flüssigkeiten)[585]. Insofern ist die Junktur קרב צולל als »nüchterner« Magen bzw. »entleerter« (vgl. צליל *leer*) Verdauungsapparat (= gute Verdauung) aufzufassen. Gr versucht unter formalem Aspekt der "Vorlage" durch das ungewöhnliche Syntagma ἔντερον μέτριον (keine Abstrahierung bzw. Personifizierung wie La und Syr) gerecht zu werden; die im Griechischen sonst gebräuchlichen Begriffe für gute bzw. schlechte Verdauung (πέψις, διάπεψις, εὔπεψις, εὔπεπτος bzw. δύσπεψις, δύσπεπτος) werden daher nicht herangezogen. μέτριος, das wie lat. *mediocris* nicht so sehr deminutiv (hier: gering, nur mittelmäßig [gefüllt]) als vielmehr im Sinne von *maßvoll, beherrscht* zu verstehen ist, dient wohl als Antonym zu dem in V. 20d gewählten Adjektiv ἄπληστος (μετὰ ἀνδρὸς ἀπλήστου). Syr gebraucht für על קרב צולל aufgrund V. 20b (ܘ..ܒ..ܢ *er schläft*) die personalisierte Ausdrucksweise *bei einem Mann* (=La *in homine*), *der sichs wohl sein läßt* (La hingegen: *parco* zurückhaltend, enthaltsam). Ferner verweist ܣܘܠܒܢܘܬܐ eher auf ὑγίεια (vgl. 30,15 ὑγίεια καὶ εὐεξία Syh ܣܘܠܒܢܐ ܣܘܠܒܢܘܬܐܐ) als auf חיים, das Syr sonst regelmäßig mit ܚܝܐ wiedergibt. Da die Nähe von Syr zu Gr offensichtlich ist, bleibt zu fragen, ob gegenüber ἐντέρῳ als echte, aber durch keine griechische Handschrift überlieferte Variante ἀνθρώπῳ (= Syr; La), dem nach der Stichenreihenfolge in H μετὰ ἀνδρὸς ἀπλήστου parallel folgte, angenommen werden darf.

μηνίαμα Zorn, Groll (eigtl. Ursache bzw. Objekt des Zorns)[586]

40,5 καὶ φόβος θανάτου καὶ μηνίαμα καὶ ἔρις
La: *et timor mortis iracundia perseverans et contentio*
Hᴮ: ... (!)תהרה מות אימת   Hᴮᵐᵃʳᵍ: וריב' תח' מ
Syr: [587] ܟܠ܀ܬܐܐ ܘܚ..ܬܘܐ ܟܐܒܐܕ ܕܘ..ܬܐ ܟܐܘ..ܬܐ

---

[583] *Ein Schlaf der Gesundheit (ist) bei einem Mann, der sichs angenehm macht.*
[584] אדירים במים כעופרת צללו (*sie sanken wie Blei nieder im aufbrausenden Meer*) - ἔδυσαν ὡσεὶ μόλιβος ἐν ὕδατι σφοδρῷ.
[585] S. DALMAN, Aramäisch-Neuhebräisches Handwörterbuch 363 s.v. ᴵᴵצלל. SyrL: *expurgavit, abstulit*; s.v. ܨܠܠ: *purus*; s.v. ܨܠܠܐ: *purgatio; purgamentum*.
[586] LEH: *cause of anger or wrath* (hapax legomenon).

WF: μηνιᾶν*, μῆνις* (Gen, Num), μηνίειν (Lev, Ps, Jer), {μηνίζειν, μηνιθμός, μήνιμα, μηνιτής} **WFd:** ὀργή* (#), θυμός* (#), χολή (#), ἐγκότημα (Jes), ἐμβρίμημα (Klgl), παρόργισμα (1 Kön, 2 Chr), παροργισμός (1-2 Kön, Jes, Jer), μῖσος (#), ἀπέχθεια (3 Makk), δυσμένεια (2-3 Makk), ἐρεθισμός* (Dtn)

Gr wählt für *Zorn* v.a. die in LXX gängigen Begriffe ὀργή (305 LXX; 22mal in Gr) und θυμός (332 LXX; 17mal in Gr). Nur an dieser Stelle gebraucht der Übersetzer das wortstatistisch signifikante (weil äußerst seltene) μηνίαμα (s. **Wortst.**). Variiert hier der Übersetzer nur (wie so oft) oder sprechen semantische Gründe für den berechtigten Wechsel des Ausdrucks? Das in H^B überlieferte תהרה, das mit H^Bmarg in תחרה (vgl. 31(34),29 H^B בתחרה ἐν ἐρεθισμῷ) zu korrigieren ist, korrespondiert offensichtlich (wie auch in 31,29) mit Syr ܬܘ (Streit), da das darauf folgende synonyme ܬܘ (Streit) sowohl mit Gr (ἔρις) als auch mit H^Bmarg ריב übereinstimmt. Demzufolge hat Gr das in 𝔐 nicht vorkommende aram. תחרה (*Zank, Streit*) aufgrund des nachfolgenden ἔρις im Wortfeld verbleibend als *Zorn* (La *anhaltender Jähzorn*) aufgefaßt; ansonsten übersetzt Gr jedoch חרה (*zornig sein*) mit διαμαχίζεσθαι (51,19), ἐρίζειν (11,9) und ἐπισυνιστάναι (45,18). Das mit μηνίαμα verwandte μῆνις (Gen 49,7 עברה *Zorn*; Num 35,21 איבה *Feindseligkeit*) steht bei Gr in 27,30 (μῆνις καὶ ὀργή La *ira et furor* H^0 Syr ܪܘܓܙܐ ܘܚܡܬܐ) und in 28,5 (La *ira* H^0 Syr *al.*).

μηνιᾶν anhaltend zürnen, Vorwürfe machen[588]

10,6 ἐπὶ παντὶ ἀδικήματι μὴ μηνιάσῃς[589] τῷ πλησίον
La: *omnis iniuriae proximi ne memineris*
H^A: [ב]כל פשע אל תשלים רע לריע
Syr: [590] ܥܠ ܟܠ ܣܘܪܚܢܐ ܠܐ ܬܘܚܪ ܠܚܒܪܟ

28,7 μνήσθητι ἐντολῶν καὶ μὴ μηνιάσῃς τῷ πλησίον
La: *memorare timorem Dei et non irascaris proximo*
H^0 Syr: [591] ܐܬܕܟܪ ܦܘܩܕܢܐ ܘܠܐ ܬܘܚܪ ܠܚܒܪܟ ܐܡܬܝ ܕܡܬܪܥܝܢ

---

[587] *Und Furcht und Furcht vor dem Tod und Zank und Streit.*
[588] LEH: *see* μηνίω *to cherish wrath, to bear a grudge.* PAPE: *poet.* = μηνίω *fortdauernden Groll hegen.*
[589] Die Übersetzung von μηνιάσῃς (10,6) mit *memineris* (=μνήσθητι) scheint auf einer fehlerhaften Vorlage zu basieren, was *nicht selten* in La beobachtet werden kann. S. hierzu in der Einleitung S. 43-45.
[590] *Bei all den Vergehen dir gegenüber sollst du deinen Freund nicht verleumden.*
[591] *Erinnere dich an das Gebot und hasse nicht deinen Gefährten vor Gott.*

WF: μηνίαμα*, μηνίειν (Lev, Ps, Jer), μῆνις* (Gen, Num), {μηνίζειν, μηνι-θμός, μήνιμα, μηνιτής} WFd: ἐμβριμᾶσθαι (Dan ο'), ὀργίζεσθαι (#), παρ-οργίζεσθαι* (#), θυμοῦσθαι* (#), χαλεπαίνειν (4 Makk), μέμφεσθαι* (2 Makk), ὀνειδίζειν* (#)

Das mit μηνίειν bedeutungsgleiche μηνιᾶν steht nach H^A für das pejora-tive עַר שֵׁלֵם (Böses vergelten)[592], wobei Syr dazu rät den Freund nicht zu beleidigen, verleumden (ܢܐܠܓܕ ܠܐ). Gr schwächt offensichtlich den drastischen Begriff des tätlichen Vergeltens in bloßes Zürnen ab; der Adressat des Vetitivs soll also - bei welchem Vergehen auch immer (Syr deutlicher: bei all den Ungerechtigkeiten dir gegenüber) - seinem Näch-sten nicht einmal zürnen. Für שֵׁלֵם pi. im neutralen Sinn gebraucht Gr in H^Bmarg 32(35),13b (H^B שׁוּב hi.) ἀνταποδιδόναι (wiedererstatten).[593] Das in Lev 19,18, Jer 3,12 und Ps 102(103),9 bezeugte μηνίειν korrespon-diert in 𝔐 mit נָטַר (den Zorn in sich bewahren, grollen). In 28,7 for-muliert Syr gegenüber Gr (μηνιᾶν) das Verbot den Genossen zu hassen (ܠܐ ܣܢܐ), von dem aus man als Vorlage שָׂנָא vermuten könnte. Bei Annahme einer Gr-Vorlage שָׂנָא würde Gr auch in diesem Fall den schär-feren Ausdruck ([seinen Nächsten] hassen) in zürnen abmildert haben; das in Sir vielfach überlieferte שָׂנָא gibt Gr sonst relativ konstant mit ἐχθρός und μισεῖν (abgesehen von ἐπιλανθάνεσθαι, μωκός) wieder. Von den in LXX sonst gebräuchlichen Äquivalenten für zürnen (ὀργίζειν und παρορ-γίζειν mit insgesamt 140 Belegen) verwendet Gr nur παροργίζειν, in 3,16 wiederum abschwächend für H^A קָלַל pi. (verfluchen), in 4,2 für H^A חָמַר hi. (zum Rasen bringen).

μήπως daß nicht irgendwie[594]

28,26 πρόσεχε μήπως ὀλίσθῃς ἐν αὐτῇ
La: et adtende ne forte labaris in lingua   H^0 Syr: [595] ܐܪܝܬܗ ܪܒܠܐ ܕܦܘܠ

פֶּן gibt Gr neben bloßem μή meistens mit μήποτε und ἵνα μή wieder, während Syr dafür ܕܠܐ und seltener ܕܠܐܢ wählt. Ob nun in der Gr-Vorlage פֶּן, לְ' oder לְמַעַן stand, der Bestandteil -πως geht jedenfalls auf den Übersetzer selbst zurück, der die Warnung noch mit einem adverbiel-len Nebensinn (irgendwie, etwa, eventuell) bereichern will.

---

[592] SMEND, Weisheit (Hebräisch - Deutsch) 16 hingegen: vergewaltigen.
[593] In 35(32),11 übersetzt Gr רָצוֹן שֵׁלֵם (vergelte Wohlgefallen) sonderbar mit μὴ ῥαθύμει (sei nicht leichtsinnig).
[594] LEH: lest somehow, that not somehow. PAPE: daß nicht irgendwie. EÜ, ZB, JB be-rücksichtigen den Nebenaspekt nicht.
[595] Hüte dich davor, zu Fall zu kommen.

μικρολόγος knausrig, kleinlich (*pejorativ*)⁵⁹⁶

14,3 ἀνδρὶ μικρολόγῳ οὐ καλὸς ὁ πλοῦτος
La: *viro cupido et tenaci sine ratione est substantia*
Hᴮ: ‏ללב קטן לא נאוה עושר‎
Syr: ‏ܪ‎*ܪ‎ ‏ܪ‎ ‏ܪ‎ * cod. Ambr. ‏ܪ‎ܪ‎

WF: Ø {μικρολογεῖσθαι, μικρολογία}, μικρός* (#), μικρότης (1 Kön), μικρῶς (2 Makk) WFd: ἐπιθυμεῖν* (#), {μικροκάρδιος} φθονερός*, φιλάργυρος* (4 Makk), WB: μικρο- μικρόψυχος (Al.)

Obgleich Gr ‏לב‎ sonst fast ausnahmslos mit καρδία, ψυχή wiedergibt, personalisiert sie die in 𝔐 nicht belegte Junktur ‏לב קטן‎ (*Engherzig-keit*)⁵⁹⁷ als ἀνὴρ μικρολόγος (Syh ‏ܪ‎ ‏ܪ‎ ‏ܪ‎), das im Folge-stichos parallel mit ἄνθρωπος βάσκανος (La hingegen: *homo lividus*; Hᴬ ‏איש רע‎ = Syr ‏ܪ‎ ‏ܪ‎) fortgeführt wird. Möglicherweise erschie-nen Gr eine wörtliche Übertragung (καρδίᾳ μικρᾷ = Syr ‏ܪ‎ ‏ܪ‎) oder das gegenüber dem ᴸˣˣHplg weitgehend synonyme, aber in der Gräzität nur selten bezeugte μικροκάρδιος bzw. μικρόθυμος nicht pas-send. Unter wortbildungstypischem Aspekt ist μικρολόγος insofern beach-tenswert, als der in der Gräzität weitverzweigte WB-Typ μικρο- im LXX-Wortschatz sonst nicht mehr vertreten ist. Lediglich in Spr 14,29 wird μικρόψυχος dem hexaplarischen Anonymos (Al.) als Übersetzung von ‏קצר־רוח‎ (ο' ὀλιγόψυχος) zugeschrieben (in e. Scholie bei Nobilius).

μοχθηρός schmerzlich, plagevoll, unangenehm⁵⁹⁸

26,5 καὶ καταψευσμόν, ὑπὲρ θάνατον πάντα μοχθηρά
La: *et calumniam mendacem super mortem omnia gravia*
H⁰ Syr: ⁵⁹⁹ ‏ܪ‎ ‏ܪ‎ ‏ܪ‎ ‏ܪ‎

27,15 καὶ ἡ διαλοιδόρησις αὐτῶν ἀκοὴ μοχθηρά
La: *et maledictio illorum auditus gravis* H⁰ Syr: *om.*

---

⁵⁹⁶ LEH: *caring about petty trifles, attentive to trifles, small-minded*. PAPE: *Kleinigkei-ten sammelnd, der sich aus Kleinigkeiten Etwas macht, auf Kleinigkeiten achtet*. WAHL: *knausrig*.
⁵⁹⁷ HAMP, Sirach 605, dagegen wörtlich: *kleinliches Herz*. SAUER, Sirach 539: *kleines Herz*. Personalisierend hingegen SMEND, Weisheit (Hebräisch - Deutsch) 22: *Klein-herziger*; EÜ, ZB: *Engherziger*; SKEHAN - DI LELLA, Wisdom 257: *mean person*. LB: *kleinlicher Kerl*.
⁵⁹⁸ LEH: *causing hardships, distressing, grievous, evil*. FRITZSCHE, Weisheit 361: *wi-derwärtig*. SMEND, Weisheit (Hebräisch - Deutsch) 44: *furchtbar*. EÜ: *schlimm*.
⁵⁹⁹ *... und die Schlagfertigkeit der Zunge, all das auf einmal*.

WF: μοχθεῖν (1 Esra, Koh, Jes, Klgl), μοχθηροῦσθαι (α'), μόχθος (#), μοχθοῦν (α'), {μοχθηρία, μοχθίζειν} **WFd:** ἀηδής (σ'), δυσχερής (2 Makk), ἐπαχθής (σ'), βδέλυγμα* (#), βδελυκτός (Spr, 2 Makk), βδελυρός*, κακός* (#), φαῦλος* (3 Makk, Spr, Ijob)

Als Synonyma zu μοχθηρός verwendet Gr neben dem in Gr und LXX oftmals herangezogenen, unspezifischen Adjektiv κακός noch φαῦλος (*schlimm, übel*) sowie das ᴸˣˣHplg βδελυρός[600]. Sowohl μοχθηρός als auch βδελυρός sind hierbei - unabhängig von der tatsächlichen Vorlage - die Begriffe mit der schärferen Diktion (in 26,5 unverkennbar aufgrund des von Syr nicht geschützten ὑπὲρ θάνατον *mehr als der Tod*). Zu μοχθηρός korrespondiert in Syr 26,5 sonderbar das farblose ܐܟܚܕܐ (*zugleich*). An beiden Stellen ist die Verwendung von μοχθηρός gekoppelt an *verbale* Verfehlungen (26,5 διαβολή, ἐκκλησία ?, καταψευσμός; 27,15 διαλοιδόρησις).

μῦθος Gerede, Geschwätz (*pejorativ*)

20,19 ἄνθρωπος ἄχαρις, μῦθος ἄκαιρος   La: *homo acharis quasi fabula vana*
H⁰ Syr al.: ܐܢܫܐ ܕܠܐ ܛܥܡܐ ܕܡܠܬܗ ܚܣܝܪܐ ܕܠܐ ܒܥܕܢܗ
ܡܬܐܡܪܐ ܥܠ ܦܘܡܐ ܕܠܐ ܡܣܟܠܐ

WF: Ø {μυθεῖσθαι, μύθευμα, μυθιάζεσθαι, μυθητής}, μυθολόγος (Bar), παραμυθεῖσθαι (2 Makk) **WFd:** διήγησις* (Ri, Hab, 2 Makk), διήγημα* (Dtn, 2 Chr, Ez, 2 Makk), ἐξήγησις* (Ri), λόγος* (#), λέξις* (Est, Ijob, 2 Makk), λαλιά* (#), παραβολή* (#), πολυρρήμων (Ijob), ῥῆμα* (#), ῥῆσις (2 Esra, Spr), ἔπος*

Die gegensatzreiche Bedeutungsvielfalt von μῦθος[601] spiegelt sich auch bei der Übersetzung von Gr 20,19 wider. Gewöhnlich wird das ᴸˣˣHplg nach homerischer Verwendungsweise (Od. III 124; V 97; VII 157) neutral mit "*Rede*" ohne irgend einen pejorativen Nebensinn übersetzt.[602] Dafür zieht Gr sonst in LXX geläufige Begriffe (s.o. WFd) heran. Demnach läge der Schwerpunkt der in ein Wortspiel gefaßten Aussage von V. 19a auf der Parallelität von ἄχαρις und ἄκαιρος (*unangenehm ist ein Mensch,*

---

[600] Vgl. hierzu auch 27,30a Μῆνις καὶ ὀργή, καὶ ταῦτά ἐστιν βδελύγματα (Syr ܒܪܓܙܐ ܘܚܡܬܐ ܐܦ ܗܠܝܢ ܡܣܠܝܢ)
[601] Vgl. G. STÄHLIN, μῦθος, in: ThWNT IV (1942) 769-803, hier v.a. 772-777.
[602] Vgl. HAMP, Sirach 622, FRITZSCHE, Weisheit 350, SAUER, Sirach 555, EÜ: *Rede*. SKEHAN - DI LELLA, Wisdom 297f: *tale.* RYSSEL, Sirach 332, erklärt μῦθος ἄκαιρος: "das zur Unzeit gesprochene Wort, das nicht gerade an sich schon töricht oder boshaft zu sein braucht".

wenn er bei <u>*unpassender*</u> *Gelegenheit spricht*). Erst durch den falsch ge-wählten Zeitpunkt würde der μῦθος (der Nachdruck liegt hierbei auf dem Inhalt) zum *Gerede, Gewäsch* abqualifiziert, was jedoch ohnehin schon in μῦθος potentiell mitschwingt. Da Syr einen völlig anderen Text[603] bietet, stellt sich die übersetzungstechnische Frage, ob das nach griechischer Sti-listik gestaltete Wortspiel nicht zu einem *gewissen Teil* auf den Übersetzer selbst zurückgeht. Als Resümee läßt sich festhalten: Gebraucht Gr μῦθος als *media vox* (wertneutral), so zeigt sich darin - wie so oft - literarische *variatio*, indem sie über das einschlägige LXX-Vokabular hinaus mehr oder weniger bewußt ein synonymes "[LXX]Hplg" einführt. Versteht Gr je-doch μῦθος bereits pejorativ, so erklärt sich ihre Wortwahl von ἄχαρις <u>und</u> ἄκαιρος her: Ein unangenehmer und des richtigen Zeitpunkts un-kundiger Mensch (= Tor) kann, wenn er sich zu Wort meldet, prinzipiell nur *Geschwätz* von sich geben. La jedenfalls dokumentiert mit *fabula* of-fensichtlich ein pejoratives Verständnis von μῦθος, wobei sie sich für ἄκαιρος (vgl. hingegen 22,6 ἄκαιρος διήγησις *inportuna narratio* H⁰ Syr ܪܚܩ ܪܠ̇ܐ ܪ؛ܣܩ) sonderbarerweise des Adjektivs *vana* (gehaltlos, eitel) bedient.

μυριοπλασίως zehntausendfach, unendlich[604]

23,19 μυριοπλασίως ἡλίου φωτεινότεροι
La: *multo plus lucidiores super solem* H⁰ Syr: [605] ܪ؛ܣܪ ܩܣܝ؛ ܬܘ ܡܝ؛ܐ

WF: μυριοπλάσιος (Ps), μύριοι (#), μυριότης (Weish), μυριάς* (#) WFd: χιλιοπλασίως (Dtn), ἀμέτρως (σ'), ἀμέτρητος* (Jes, Bar, 3 Makk), ἀναρίθ-μητος* (#) WB: -*πλασίως* πενταπλασίως (Gen), χιλιοπλασίως (Dtn), ἑκατονταπλασίως (1 Chr), ἑπταπλασίως* (Ps, Dan o', Dan θ'), τριπλασίως*, δεκαπλασίως (Dan o') -*πλασιος* ἑπταπλάσιος* (Jes, Spr) [ἑπταπλασίων (2 Sam)], πολυπλάσιος (2 Makk), μυριοπλάσιος (Ps), διπλάσιος*

Da nicht zu klären ist, ob μύριοι (*zehntausend*) oder μυρίος (*zahllos, un-endlich viel*) als Vorderglied zu bestimmen ist, kann μυριοπλασίως nu-merisch (*zehntausendfach*) oder als Indefinitum (*unendlich viele Male*)

---

[603] *Wie man nämlich (Ochsen)schwanz nicht ohne Salz essen kann, so ist eine Rede, die nicht zu ihrer Zeit gesagt wird.* Mit Gr hat Syr inhaltlich gemeinsam: eine bei unpas-sender Gelegenheit (ܪܠܐ ܬܘܗ̇ܪ ܪܗܠ = ἄκαιρος) gemachte Äußerung ist ganz und gar ohne Genuß (ܪܠܒ ܪܠܐ = ἄχαρις).

[604] LEH: *ten thousand times neol.* LSJ: = μυριοπλασίων *ten thousand fold.* WAHL mit Verweis auf Xen. Oec. 8,22 (*infinito plus*): *decies millies.* PAPE: *zehntausendfältig, unzählig vielmals mehr.*

[605] [*sc.* die Augen Gottes], *die um vieles größer sind als die Sonne.*

übersetzt werden. La (*multo plus*) versteht μυριοπλασίως anscheinend indefinit, wenn man nicht annehmen will, daß La wie Syr (ܐܬܐ ܐ ܬܫ ܚܒ ܐܕܗ *um vieles größer*)[606] direkt von H abhängig ist bzw. auf eine nach H rezensierte Vorlage zurückgeht.[607] Gegenüber La und Syr ("*um vieles heller*") steigert Gr die Allmacht Gottes, indem er die Augen Gottes, denen nichts entgeht, *zehntausendfach* (so die meisten Übersetzungen und Kommentare)[608] heller deutet als das Licht der Sonne. Auch in Ps 67(68),18 dient μυριοπλάσιος, das mit אלפי רבתים *tausend mal tausend* (von der Anzahl der Streitwägen Gottes) korrespondiert, als numerisches Attribut der unvorstellbaren Machtfülle Gottes. Ebenso ist in Weish 12,22[609] davon die Rede, daß Gott die Feinde ἐν μυριότητι (d.h. *zehntausendfach*; La jedoch wiederum indefinit: *multipliciter*)[610] züchtigt. Obgleich das *Hapaxlegomenon totius graecitatis* μυριότης von allen Textzeugen bestätigt wird, hat man immer wieder versucht (v.a. KUHN und VANHOYE) ἐν μυριότητι in das leichtere ἐν μετριότητι zu konjizieren, was jedoch nicht zuletzt aufgrund der o.g. Argumente als nicht berechtigt erscheint.[611]

μωκός Spötter[612]

36(33),6 ἵππος εἰς ὀχείαν ὡς φίλος μωκός

La: *equus admissarius sicut amicus subsannator*   H[E]: אוהב שונא ...

Syr: [613] ܪܠܐܬ, ܡܩܬܘܬ *ܪܬܝܚܬ ܪܚܘܣܘ ܝܚܪ * *cod. Ambr.* ܪܬܚܘ

WF: μωκᾶσθαι (Jer), καταμωκᾶσθαι* (2 Chr, Jer) **WFd**: εἰρωνεία (2 Makk), ἐμπαίκτης (Jes), ἔμπαιγμα (Jes, Weish), ἐμπαιγμός (Ez, Ps, 2-3 Makk, Weish), ἐμπαίζειν (#), ἐκμυκτηρίζειν (1 Esra, Ps), ἐγκαταπαίζειν (Ijob), κολαβρίζειν (Ijob), ἐγγελᾶν (Ps, 4 Makk), καταγελᾶν* (#), χλευάζειν (Weish,

---

[606] Syh: ܚܒ ܐܕܬ ܬܚ ܐ ܪܬܐ ܪܚ ܐ ܬ, ܡܩܒ.

[607] Ein besonderes Augenmerk verdient in La ebenso die den *ablativus comparationis* ersetzende Präposition *super*, wofür man als Vorlage ὑπέρ plus Akk. erwarten könnte; vgl. z.B. 26,5 ὑπὲρ θάνατον *super mortem* im Sinne von *mehr/besser als der Tod* (s. ferner 40,15-26 ὑπὲρ ἀμφότερα).

[608] FRITZSCHE, Weisheit 356: *zehntausendmal* (= SMEND, Weisheit (Hebräisch - Deutsch) 40; PETERS, Ecclesiasticus 189; RYSSEL, Sirach 350; HAMP, Sirach 631; EÜ, ZB, JB, GN; SKEHAN - DI LELLA, Wisdom 320). LB hingegen: *vieltausendmal*.

[609] Ἡμᾶς οὖν παιδεύων τοὺς ἐχθροὺς ἡμῶν ἐν μυριότητι μαστίγοις.

[610] Vgl. WAHL: *in zehntausendfacher Weise*. LEH mit Verweis auf LARCHER: *number of ten thousand*.

[611] Zur textkritischen Argumentation s. A. SCHMITT, Das Buch der Weisheit. Ein Kommentar, Würzburg 1986, 104.

[612] WAHL: *irrisor*. LSJ: *mocker*. LEH: *mocking*. PAPE: *Spötter*. RYSSEL, Sirach 395 (Anm.): "»ein spöttischer Freund« (= μῶκος)".

[613] *Wie eine aufgerüstete [Syr*[Ambr.]* eigensinnige] Stute sind Freunde des Frevels.*

2-4 Makk), φαυλίστρια (Zef), φαυλίζειν (#), φαυλισμός (Hos, Jes), φαύλισμα (Zef), μωμᾶσθαι* (Spr, Weish), σκώπτειν*

Das wortstatistisch (s. **Wortst.**) seltene μωκός, das verständlicherweise im Laufe der Überlieferung kuriose Varianten nach sich zog (V L⁻²⁴⁸ μοιχος; b φιλομοιχος; Sᶜ 547 μωρος; 534 μωμος; Clem. ο φιληδονος και ο μοιχος), erklärt Hesych mit μωρός, χλευαστής und σκώπτης. Mit La (*subsannator⁶¹⁴*) ist μωκός wie das asyndetisch vorausgehende φίλος als Substantiv, nicht aber als Adjektiv (vgl. LSJ)⁶¹⁵ aufzufassen; denn Gr setzt z.B. auch in 23,16f (ἄνθρωπος πόρνος H⁰ Syr ܠܘܬ ܪܚܡܐ bzw. ܪܚܡܐ ܠܘܬ) und 41,20 (γυνὴ ἑταίρα H⁰ Syr⁰) zwei Nomina unverbunden nebeneinander. In Gegensatz zu 23,16f überliefert Syr allerdings hier eine Konstruktusform (ܪܚܡܐ ,ܪܫܝܥܐ Freunde des Frevelns). Als Pendant zu dem mehr als 150mal in 𝔐 bezeugten Verb שׂנא, deren geläufigste LXX-Wiedergabe neben ἐχθρός (15mal) v.a. μισεῖν (131mal) ist, fällt μωκός septuagintaspezifisch aus dem Rahmen.⁶¹⁶ Wiederum gebraucht Gr neben den übersetzungstechnisch unauffälligen Äquivalenten μισεῖν und ἐχθρός (meist für שׂורא) ein dazu sinnverwandtes ᴸˣˣHplg.

In Jer 28(51),18 bedient sich der Übersetzer des Verbs μωκᾶσθαι für מעשׂה תעתעים (ἔργα μεμωκημένα LEH: *works made in mockery, objects of scorn*). Auch Gr nimmt das Verb (v.l.) in 31(34),21a (προσφορὰ μεμωκημένη La *oblatio maculata*) und im folgenden Stichos (μωκήματα ἀσεβῶν La *subsannationes iniustorum*) das sonst in LXX nicht mehr belegte Verbalabstraktum μώκημα (v.l.) auf. Zu καταμωκᾶσθαι vgl. 2 Chr 30,10 לעג hi. (*spotten*), das Gr in 4,1 (Hᴬ) als ἀποστερεῖν und in 34(31),22 (Hᴮᴮᵐᵃʳᵍ) als ἐξουδενοῦν »deutet«, sowie Jer 45(38),19 עלל hitp. (*seinen Mutwillen treiben*).

---

⁶¹⁴ GEORGES II: *Aushöhner durch spöttische Gebärden*. Der Kompositionstyp subsann- (*subsannator; subsannatio; subsannare; subsannatorius*) ist in der Latinität äußerst selten bezeugt, vornehmlich in lateinischen Bibelübersetzungen (vgl. Ijob 34,7; Ps 34,16; 34,14).

⁶¹⁵ Vgl. hierzu auch die Übersetzungen: EÜ: *gehässiger (Freund)*. ZB: *spottlustiger (Kamerad)*. LB: *(ein Freund,) der Lust zum Spott hat*. PETERS, Ecclesiasticus 271: *ein spottender (Freund)*.

⁶¹⁶ SKEHAN - DI LELLA, Wisdom 396, hält jedoch die in Hᴱ überlieferte Lesart שׂורא für "surely secondary".

μωρία Dummheit

20,31 κρείσσων ἄνθρωπος ἀποκρύπτων τὴν μωρίαν αὐτοῦ
La: *melius in hominibus qui abscondent insipientiam suam*
H⁰ Syr: ⁶¹⁷ ܘܐܠܐܕ ܪܬ̈ܝ̣ ܟܬܝ̈ܚܠ ܘܡ ܠ̈ܝ

41,15 κρείσσων ἄνθρωπος ἀποκρύπτων τὴν μωρίαν αὐτοῦ
La: *melior est homo qui abscondit stultitiam suam*[618]
Hᴮ: טוב איש מצפין אולתו H^M: אולתו [מטמן] טוב איש מטמ[ן]   Syr: *om.*

WF: μωρός* (#), μωραίνειν* (2 Sam, Jes, Jer), μωρεύειν (Jes) WFd: ἀφροσύνη* (#), ἀσύνετος* (#), ἀνόητος* (Dtn, Ps, Spr, 4 Makk), ἀνοήτως (σ'), ἀνοητίζειν (α'), ἀνοησία (α' θ'), ἄνους (Hos, Ps, Spr, 2 Makk), προπετής* (Spr), ἄφρων* (#), ἀλόγιστος (3-4 Makk, Weish), ἀλογίστως (4 Makk), ἄλογος (Ex, Num, Ijob, 3-4 Makk, Weish), ἀλόγως (3 Makk), ἄνοια (#), ἀπρονοήτως (3 Makk), κακοφροσύνη (Spr), κακόφρων (Spr)

Das 25mal in 𝔐 vorkommende אולת wird in LXX neben ἀβουλία, ἀνόητος, ἄνοια, διατριβή v.a. durch ἀφροσύνη, ἄφρων und κακία, κακός übersetzt, während Gr neben dem ᴸˣˣHplg μωρία dafür in Hᴮ 30,13 ἀσχημοσύνη und in Hᴬ 8,15; Hᴮ 47,23 das sonst in LXX gebräuchliche ἀφροσύνη heranzieht; da es sich an allen vier Sir-Stellen um den gleichen Sachverhalt (nämlich *Mangel an Einsicht*) handelt, wird man den Wechsel der Äquivalente in Gr durch literarische *variatio* erklären können. Eine Differenzierung zwischen ἀφροσύνη ("episodisches Versagen") und μωρία ("habituell gewordene Degeneration"), wie sie W. CASPARI[619] aufzuweisen versuchte, ist kontextlich nicht überzeugend und wurde bereits von G. BERTRAM[620] widerlegt. Charakteristisch für die Wortwahl des Übersetzers ist, daß er über das auch von ihm benutzte LXX-Vokabular hinaus weitere Synonyme einführt und dadurch zu einer Bereicherung des Ausdrucks innerhalb seiner Übersetzung beiträgt. In ähnlicher Weise verfährt Gr bei ihrer Wiedergabe des Adjektivs אויל; in Hᴬ 6,20; 8,4 steht dafür das auch in LXX verwendete ἀπαίδευτος, in Hᴮ 34(31),7 jedoch das ᴸˣˣHplg ἐνθουσιάζων und in Hᴮ 41,5 (אויל נכד *törichte Nachkommenschaft*; [τέκνα] συναναστρεφόμενα) das nur noch in Gen 30,8 (פתל ni. *kämpfen*) belegte Triplaverb συναναστρέφεσθαι. Das

---

[617] *Besser ist der Mann, der seine Dummheit verbirgt ...*
[618] In La auffällig ist die uneinheitliche Übersetzung der vorliegenden Dublette; vgl. La 20,33b (*qui abscondent*) gegenüber 41,18b (*homo qui abscondit*).
[619] Über den biblischen Begriff der Torheit, in: NKZ 39 (1928) 668-695, hier 684.
[620] μωρός κτλ., in: ThWNT IV (1942) 837-852, hier 838.

μωρία zugrundeliegende und in LXX 37mal bezeugte Adjektiv μωρός wird in Gr immerhin 27mal zur Übersetzung verschiedener Basen (נבל, כסיל, פתה)[621] eingesetzt; nur in Jes 19,11 korrespondiert μωρός mit אויל. Während in LXX der terminologische Schwerpunkt bezüglich des Wortfelds Tor - Torheit bei ἄφρων liegt, wechselt er im NT zu μωρός.

ὄλβος Wohlstand, Reichtum, Glück[622]

30,15 καὶ πνεῦμα [Ra. σῶμα = Syh ܪܬ̈ܐ] εὔρωστον ἢ ὄλβος ἀμέτρητος
La: et corpus validum quam census inmensus
H[B]: ורוח טובה מפנינים   Syr:[623] ܪܘܚܐ ܛܒܬܐ ܡܢ ܟ̈ܐܦܐ ܛܒ̈ܬܐ

WF: Ø {ὀλβίζειν, ὀλβιστήρ, ὄλβιος κτλ.} WFd: εὐπορεῖν (Lev, Weish), εὐπορία (α' σ' Al. Sext.), εὐπαθεῖν (Ijob, Ps), εὐδράνεια (Weish), εὐψυχία (2-4 Makk), πλοῦτος* (#), εὐθηνία (#), περισσεία (#), κτῆμα* (#), ἐπιτυχία (Weish)

Wenn man mit H[B] als Gr-Vorlage das lexikographisch schwer zu bestimmende [624] פנינים annimmt, so können in übersetzungstechnischer Hinsicht ganz unterschiedliche Schlußfolgerungen gezogen werden: Zum einen könnte der Übersetzer durch seine poetische Wiedergabe (unermeßlicher Reichtum) auf eine sprachliche Verschönerung bedacht gewesen sein. Demgegenüber ist jedoch die Annahme nicht ganz von der Hand zu weisen, daß der Übersetzer die Bedeutung von פנינים lediglich aus dem Zusammenhang erschlossen hat und deshalb relativ »frei« verfahren ist. Da bereits im Stichos davor Gesundheit und Wohlergehen ([625] חיי שר ὑγίεια καὶ εὐεξία) für wertvoller als (alles!) Gold (אריתי מפז βελτίων παντὸς χρυσίου) deklariert sind, wollte sich der Übersetzer - so ein dritter Erklärungsversuch - begrifflich (zweimaliges χρυσίον) nicht wiederholen und hat daher - wie sooft - "synonym" variierend den Ausdruck gewechselt, wobei ἀμέτρητος sowie πᾶν im Stichos davor zusätzlich den

---

[621] BERTRAM, μωρός κτλ. 838, möchte das von Gr in Dienst genommene μωρός als "gelegentliches, zT schicksalhaft bedingtes Versagen" definieren.

[622] LEH: wordly happiness, wealth, prosperity. WAHL: opes, felicitas ex abundantia opum et divitiarum. PAPE: Glückseligkeit, Glück, Alles was zum vollen Lebensgenusse gehört, bes. Wohlstand, Vermögen. Zum Wortfeld "glücklich - erfolgreich" s. die Studie von C. de HEER, Μάκαρ- εὐδαίμων- ὄλβιος- εὐτυχής. A Study of the Semantic Field Denoting Happiness in Ancient Greek to the End of the 5th Century B.C., Amsterdam 1969.

[623] Ein guter Geist (ist besser) als Perlen.

[624] Ges[17]: gew.: Perlen, aber eher: Korallen. HALAT: Korallen(perlen).

[625] H[BmargI] בשר; H[BmargII] שאר.

Kontrast verstärken; in 7,19 steht nämlich in Gr für פנינים (H^A; Syr
ܟܐܦܝ̈ܢ) τὸ χρυσίον, während in 34(31),6 der nämliche Begriff (H^B Syr
ܒܚܨ̈ܗܘܢ) mit πρόσωπον αὐτῶν übersetzt ist, was eventuell als Wiedergabe einer fehlerhaften Vorlage (^626 פניהם) bzw. als Lesefehler von seiten
des Übersetzers gedeutet werden kann. Zur Übersetzung von פנינים in
LXX vgl. Klgl 4,7 λίθοι (σαπφείρου); in Spr wird פנינים mit λίθοι πο-
λυτελεῖς (3,15; 8,11; 31,10) und in 20,15a (יש זהב ורב־פנינים) und
Ijob 28,18 (ומשך חכמה מפנינים) nach θ' (LXX om.) mit τὰ ἐσώτατα
("das Allerheiligste")^627 übersetzt. ὄλβος ist sehr früh bezeugt und häufig
in Epik und Lyrik (s. **Wortst.**) verwendet. In der Gräzität sind Komposita
mit Wortbildungstyp ὀλβο- bzw. ὀλβιο- breit bezeugt, in frühjüdischer
und frühchristlicher Literatur jedoch ungewöhnlich zurückhaltend, ja selten in Dienst genommen. Innerhalb des Wortfelds "reich-glücklich-
erfolgreich" kommt in LXX z.B. 56mal πλούσιος und 73mal μακάριος
vor, kein einziges Mal jedoch das semantisch weitgehend kongruente
ὄλβιος. Syr hat für פנינים in 30,15 und in 7,19 ܟܐܦܝ̈ܢ, das SyrL
(402b) mit Verweis auf 1 Kön 12,11; 2 Chr 10,11 (עקרבים אℳ) als *fla-
gelli genus* (eine Rankenpflanze), mit Verweis auf Ephraem (1 471F) als
culei arena impleti et aculeis instructi (mit Sand gefüllte und Stacheln
versehene Schläuche ?) und mit 1 Chr 29,2 (אבני שיש אℳ) als *margarita*
definiert. Vermutlich ist ܟܐܦܝ̈ܢ ein Lehnwort aus dem Griechischen;
s. LSJ s.v. μαργαρίτης: *pearl* (im Supplementband mit dem Zusatz: *an
Egyptan plant*).

ὀλιγοποιεῖν vermindern, verringern^628

48,2 καὶ τῷ ζήλῳ αὐτοῦ ὠλιγοποίησεν αὐτούς
La: *et imitantes illum invidia sua pauci facti sunt*
H^B: ובקנאתו המעיטם   Syr: ^629 ܘܒܛܢܢܗ ܒܨܪ ܐܢܘܢ

---

^626 Die Authentizität von פנינים ist aufgrund der Parallelität mit זהב (χρυσίον) im
vorausgehenden Stichos naheliegend.

^627 Offenbar abgeleitet von פנימה (*hinein, drinnen, inwendig*) bzw. פנימי (*Inneres*).

^628 LEH mit vier Übersetzungsvorschlägen: *to diminish the number of, to make lesser or
fewer, to decimate, to reduce (by destruction)* neol. [S. 329 folgt in meinem Exemplar irrtümlicherweise auf S. 330!].

^629 *Und durch seinen Eifer zerriß er sie.* Schon SMEND, Weisheit 459, beurteilte die
Wiedergabe von מעט hi. durch ܒܨܪ als "sonderbar". Möglicherweise legte Syr
jedoch bei der Form המעיטם das in ℳ nur 3mal (1 Sam 14,32 ܠܚܡ; 15,19
ܐܦܪ; 25,14 ܘܣܗ) bezeugte Verb עיט (*sich auf etw. losstürzen*) zugrunde; zu
ܒܨܪ vgl. 19,10 (H^0 Gr ῥηγνύναι); zu עיט vgl. 34(31),16 διαμασᾶσθαι (Syr
ܠܥܛ *gierig sein*).

WF: Ø {Ø}, ὀλίγος* (#), ὀλίγως (α'), ὀλιγοῦν (#), ὀλιγότης (Ps) WFd:
μειοῦσθαι*, ἐλαττοῦσθαι* (#), ἐλάττων (#), ἐλάττωμα* (2 Makk), ἐλάττωσις* (Tob), ἐκλείπειν* (#), φθίνειν (Ijob), (σ)μικρύνειν* (#), κατασμικρύνειν (2 Sam) WB: ὀλιγο- ὀλιγόβιος (Ijob), ὀλιγοχρόνιος (Weish), ὀλι-
γοψυχεῖν* (#), ὀλιγοψυχία (Ex, Ps), ὀλιγόψυχος (Spr, Jes), ὀλιγωρεῖν (Spr)
- ποιεῖν ἀγαθοποιεῖν (Num, Ri, Sach), κακοποιεῖν* (#), μεγαλοποιεῖν*

Ähnlich wie das textkritisch umstrittene ᴸˣˣHplg μεγαλοποιεῖν (H^B 50,22
המפלא לעשות) ist auch ὀλιγοποιεῖν, wofür nur in V 795 das Verb
ὁδοποιεῖν bezeugt ist, ein *Hapaxlegomenon totius graecitatis*. Neben diesem Verb gebraucht Gr für *vermindern, verringern* v.a. die in LXX über
40mal bezeugten Verba ἐλαττονεῖν - ἐλαττονοῦν - ἐλαττοῦν (in Gr
17mal[630]) sowie das in LXX mit 12 Belegen gesicherte σμικρύνειν (in Gr
17,25 + πρόσκομμα; 32[35],10 + ἀπαρχή). Das ebenfalls zum WFd gehörige ᴸˣˣHplg μειοῦσθαι (LSJ: *lessen, diminish opp. αὔξω*) ist in 43,7
in der Bedeutung *schwächer werden, abnehmen* (v. Mondlicht) gebraucht.
Da offensichtlich die Semantik des Verbs nicht außergewöhnlich ist,
könnte der wortstatistisch singuläre Befund - obgleich in gewissem Maße
immer dem "Überlieferungszufall" unterworfen - dennoch mit der Annahme eines "Übersetzungsneologismus" erklärt werden; demnach hätte
der Übersetzer versucht, das in 𝔐 häufiger belegte מעט hi. (*klein, wenig
machen*) unter Umgehung einer *figura periphrastica*[631], wie sie in Lev
26,22; Jer 10,24 und Ez 29,15, wo von der Verringerung der Zahl eines
Volkes durch JHWH die Rede ist, vorliegt[632], in Form eines eigens dafür
gebildeten Begriffes wiederzugeben. Syr bezeugt gegenüber Gr, daß Elija
sie durch seinen Eifer (ܘܡܠܝܟ) *spaltete, zerriß* (ܒܕ).

ὁλοσφύρητος ganz und gar geschmiedet (*also nicht gegossen*)[633]

50,9 ὡς σκεῦος χρυσίου ὁλοσφύρητον   La: *quasi vas auri solidum*

---

[630] Meist in der Bedeutung *nachlassen* (syntaktisch gekoppelt mit *Verstand, Sündigen,
Kraft* etc.); in 30,24 (H^B) jedoch *verringern* (ἐλαττοῦσιν יקצרו) *Eifer und Zorn*
(ζῆλος καὶ θυμός קנאה ודין) die *Zahl der Lebenstage* (ἡμέρας יומים).
[631] Sonst bildet der Übersetzer vielfach periphrastische Umschreibungen mit ποιεῖν;
vgl. ἀκουστὸν ποιεῖν für שמע hi. (45,9; 50,16), μαχὴν ποιεῖν für עזז hi. (8,16),
προσφιλῆ ποιεῖν für אהב hi. (4,7). Zur Periphrase mit ἔχειν und ποιεῖν vgl. S.
202 (s.v. ἐπιλησμονή).
[632] ὀλιγοστοὺς bzw. ὀλίγους ποιεῖν; lediglich in Ps 106,39 übersetzt LXX mit einem
Wort (ὀλιγοῦσθαι).
[633] WAHL: *gediegen, massiv*. LSJ: *made of solid beaten metal* (= LEH). FRITZSCHE,
Weisheit 411: *massiv gearbeitet*. PAPE: *ganz mit dem Hammer getrieben, von massi-
ven Metallarbeiten, im Ggstz der hohlen, gegossenen*.

H^B: [634] כְּכְלִי זהב תבנית אֵטִיל   Syr: ܩܪܐܝܟ ܚܣܡ ܕܗܡܐܚ ܕܗܦܐܟܐ ܐܝܪ

WF: Ø {ὁλοσφυρήλατος, ὁλοσφύριον}, σφῦρα* (Ri, 1 Kön, Jes, Jer), σφυροκοπεῖν (Ri), σφυροκοπία (σ'), σφυρόκοπος (Gen) WFd: κροτεῖν (#), χαλ-
κεύειν (1 Sam), χαλκοπλάστης (Weish), χαλκεύς* (#), συγκροτεῖν (Num,
Dan θ'), ἐλατός (Num, 1 Kön, 2 Chr), {σιδηρεύειν} WB: ὁλο- ὁλοκαρποῦν*
(4 Makk), ὁλοκάρπωμα (Lev, Num, Weish), ὁλοκάρπωσις (Gen, Lev, 1 Sam,
Jes), ὁλόκαυτος (Lev), ὁλοκαύτωμα (#), ὁλοκαύτωσις (#), ὁλοκληρία (α'),
ὁλόκληρος (#), ὁλόξηρος (σ'), ὁλοπόρφυρος (Num), ὁλορριζεί (Est), ὁλόρριζοι
(Ijob, Spr), ὁλοσχερής (3 Makk), ὁλοσχερῶς (1 Esra, Ez), ὁλοτελῶς (α')

Obgleich einschlägige Belegstellen fehlen (s. **Wortst.**), scheint das vom
Lexikographen Phrynichos (vgl. LOBECK, Phrynichi eclogae 203) als
unattisch getadelte ὁλοσφύρητος ein technischer Ausdruck für die Verar-
beitungsart von Edelmetallen zu sein. Von daher ist der Erstbeleg bei Gr
(von LEH als *neol.* klassifiziert) nicht als Neologismus (eine individuell
vom Übersetzer vorgenommene Neuschöpfung) einzustufen, sondern
schon aufgrund des nicht alltäglichen Inhalts lediglich zufallsbedingt zu
erklären. Da das Äquivalent in H^B nicht sicher ermittelt werden kann[635],
kommt eine übersetzungstechnische Wertung von ὁλοσφύρητος über
Rückübersetzungsversuche nicht hinaus. Syr (*wie eine Kette[636] aus Gold,
die schön gefärbt ist*) übergeht anscheinend die nach Gr zu postulierende
Vorlage in H. σφῦρα steht in LXX für הלמות (Ri^B 5,26), מקבה (1 Kön
6,7; Jer 10,4), מקבת (Ri 4,21) und פטיש (Jes 41,7; Jer 27(50),23);
σφυροκοπεῖν korrespondiert mit הלם (Ri^B 5,26), σφυροκοπίαι mit
מהלמות (σ' Spr 19,29 θ' συγκλάσεις) und σφυρόκοπος mit לטש (Gen
4,22). Syh hat: ܐܝܪ ܐܝܟ ܕܗܡܐ ܚܣܡ ܠܐܝܠܐ (*wie ein stabiles* [vgl. La
solidum] *Gefäß aus Gold*).

---

[634] SMEND, Weisheit (Hebräisch - Deutsch) 90: *wie ein goldenes Kleinod, das (bunt)
ausgelegt* (liest: כְּכְלִי זהב תפילת אֵטִיל). RYSSEL, Sirach 469: *wie ein goldenes
Gefäß, ganz in getriebener Arbeit.* SAUER, Sirach 631: *wie ein goldenes Gefäß* [*im
Hause eines Vornehmen*]. HAMP, Sirach 709: *wie ein mit Gold überzogenes Gefäß
und ein Becher.* EÜ mit Gr: *wie ein vergoldetes Gefäß, mit dem Hammer getrieben.*
ZB: *wie ein gediegen goldenes Schmuckstück.* JB: *Wie ein mit Gold überzogenes
Gefäß.*

[635] Gegenüber BEN-HAYYIM (s.o.) lesen BENTJEES [.]יל[.]את [.]בנ[.] זהב ככלי und
VATTIONI (=I. LÉVI) יל : א :::: זהב ככלי zurückhaltender.

[636] ܐܝܪ, das in 32,6 nochmals belegt ist (κατασκεύασμα; H^B רביד *Halskette* vgl.
ferner Gen 41,42; Ez 16,11) ist hier bedeutungsmäßig nicht klar zu bestimmen (s.
SyrL 541a).

ὀνομασία das Aussprechen (des Gottesnamens)[637]

23,9 καὶ ὀνομασίᾳ τοῦ ἁγίου μὴ συνεθισθῇς
La: *nominatio vero Dei non sit adsidua in ore tuo*
H⁰ Syr: [638] ܥܠ ܪܝܫܟ ܕܐܝܢܐ ܕܚܒܪ

WF: ὄνομα* (#), ὀνομάζειν* (#), ὀνομαστός* (#), ἐπονομάζειν (#), προσο-
νομάζειν (2 Makk) WFd: ἐκφωνεῖν (Dan ο'), φθέγγεσθαι* (#), ἐκκαλεῖν
(Gen, Dtn)

In dem Distichon des Verses 9ab korrespondieren synonym ὀνομασία und
ὅρκῳ wie auch συνεθισθῇς und ἐθίσῃς. Demnach könnte das Verbalabstraktum[639] ὀνομασία als das Aussprechen des heiligen Gottesnamens
JHWH (τοῦ ἁγίου) **beim Schwören** gedeutet werden. Syr lokalisiert dieses Schwören im Gericht und hat daher anders als Gr *im Hause der* (bzw.
unter) Richter (ܒܒܝܬ ܕܝܢܐ). Die Nähe von ὀνομασία zum Schwören
(ὅρκος) wird ferner in 23,10c durch ὁ ὀμνύων καὶ ὀνομάζων (H⁰ Syr
ܕܡܟܕܒ ܘܝܡܐ *wer lügt und schwört*) angezeigt. Aufschlußreich ist darüber hinaus Symmachus, für den bei Ps 67(68),5 𝕸 שמו ביה[640] (ο'
κύριος ὄνομα αὐτῷ ε' ἐν τῷ ἸΑ` τὸ ὄνομα αὐτοῦ) διὰ τοῦ ἸΑ` ἡ ὀνομασία αὐτοῦ (*mit Jah wird er beim Namen gerufen*) überliefert ist. In
diesem Zusammenhang ist bei LXX theologisch bedeutsam, daß nach
LXX Lev 24,16 bereits das *Nennen* des Gottesnamen (ὀνομάζειν τὸ ὄνομα κυρίου) als ein todeswürdiges Verbrechen erachtet wird, während in
𝕸 lediglich davon die Rede ist, daß das *Schmähen* desselben (נקב שם
יהוה) bestraft werden muß. Es wird also an dieser Stelle dem Namen
Gottes eine höhere Bedeutung beigemessen als im hebräischen 'Original'.[641] Demnach könnte in Gr mit ὀνομασία auch das lästernde und fre-
velnde In-den Mund-Nehmen des Gottesnamens (unabhängig vom Schwören) gemeint sein. Vgl. hierzu Lev 24,16 𝕸 בנקבו־שם (*beim Verfluchen des Namens*) gegenüber ἐν τῷ ὀνομάσαι αὐτὸν τὸ ὄνομα κυρίου

---

[637] LEH: *act of naming*. HAMP, Sirach 629: ... *den Namen des Heiligen zu nennen* (=
SAUER, Sirach 561, EÜ, JB, LB). ZB: ... *den Namen des Höchsten [häufig] auszu-
sprechen*. GN: ... *den heiligen Namen Gottes zu nennen*.

[638] *Und inmitten von Richtern setze dich nicht.*

[639] Gr gebraucht häufiger Verbalabstrakta, deren zugrundeliegende Verben in LXX
durchaus geläufig sind. Möglicherweise ließen formale Erfordernisse (z.B. bedingt
durch Stichometrie) dem Übersetzer es als geboten erscheinen, solche Abstraktbil-
dungen umständlicheren Umschreibungen [wie z.B. mit Hilfe substantivierter Infinitive (finden sich freilich auch in Gr) oder Hypotaxe] vorzuziehen.

[640] BHS: l. frt יה כי (י) hpgr).

[641] Näheres dazu s. RÖSEL, Theo-logie der griechischen Bibel 57f.

(*wenn er den Namen Gottes nennt*), was stark verkürzt dem in Gr verwendeten ὀνομασία entsprechen könnte.

ὀφιόδηκτος von einer Schlange gebissen

12,13 τίς ἐλεήσει ἐπαοιδὸν ὀφιόδηκτον
La: *quis miserebitur incantatori a serpente percusso*
Hᴬ: מ(ה)(י]ר] יוחן חוכר נשוך
Syr: [642] ܚܒܗ ܠܟ ܐܢܬ ܠܗ ܕܢܟܗ ܐܦܥܪܐ ܕܠܗ ܐܘ ܗܘ

WF: Ø {Ø}, δάκνειν* (#) WFd: πλήσσειν (#), πατάσσειν* (#) WB: ὀφι-ὀφιομάχης (Lev) - δηκτος Ø {κυνόδηκτος, ἐχίδηκτος[643] , ἐχιόδηκτος}

Das in 𝔐 relativ häufig vorkommende נשך q., pi. (*beißen* mit der Schlange als Subjekt) wird in LXX abgesehen von Spr 23,32 (πλήσσειν) durch δάκνειν wiedergegeben.[644] Die Favorisierung des in der Gräzität erst sehr spät und schwach bezeugten Kompositums ὀφιόδηκτος, das vornehmlich in medizinischer Literatur zu lesen ist (s. **Wortst.**), gegenüber dem Simplex δηχθείς, liegt wohl darin begründet, daß das in LXX meist mit *Zauberer, Magier* zu übersetzende ἐπαοιδός in Sir 12,13 speziell als *Schlangenbeschwörer* aufgefaßt werden muß, was der Übersetzer beim Adressatenkreis möglicherweise nicht vorausgesetzten konnte, so daß er sich gehalten sah, die unspezifische Lesart שנוך (*gebissen*) der Eindeutigkeit wegen zu konkretisieren. Syr geht aufgrund ihrer Version ܕܢܟܗ ܠܗ ܐܦܥܪܐ (*den eine Schlange gebissen hat*) eindeutig mit Gr (Syh ܚܒܗ ܐܢܬ ܠܗ ܠܟ ܕܢܟܗ ܗܝ ܐܦܥܪܐ) gegen Hᴬ (bloßes נשוך); letztlich ist aber nicht sicher zu klären, ob Syr hier von Gr abhängt oder ob unabhängig von Gr in der Syr-Vorlage *Schlange* stand.

ὀχεία das Decken, Bespringen[645]

36(33),6 ἵππος εἰς ὀχείαν ὡς φίλος μωκός   Hᴱ: אוהב שונא ...
La: *equus admissarius sicut amicus subsannator*
Syr: [646] ܐܟ ܪܚܡܐ ܕ*ܪܟܒܬܐ ܣܘܣܝܐ ܐܝܟ * *cod. Ambr.* ܐܝܟ

---

[642] *Wer nämlich hat Mitleid mit einem 'Zauberer', den eine Schlange gebissen hat.*
[643] Dieses Lemma ist erst im Supplementband (1996) von LSJ erfaßt.
[644] Vgl. Gen 49,17; Num 21,6.8f.; Koh 10,8.11; Jer 8,17; Am 5,19; 9,3.
[645] LSJ: *a covering or impregnating* (of the male animal). LEH: *impregnating, covering* (of a male horse). WAHL: *coitus, congressus venereus*. HAMP, Sirach 657 (= EÜ): *ein geiles Roß*. SAUER, Sirach 586: *ein geiler Hengst*. FRITZSCHE, Weisheit 375: *ein geiler Beschäler*. RYSSEL, Sirach 395: *ein Hengst zum Beschälen*. SKEHAN - DI LELLA, Wisdom 394: *distracted stallion*. LB frei: *Wie ein Hengst, der unter jedem Reiter wiehert, (so ist ein Freund, der Lust zum Spott hat).*

WF: κατοχεύειν (Lev) {ὀχεῖον, ὀχεῖος} WFd: ἐπιβαίνειν* (#), συμμιγνύναι (Ex, Spr, Hos, Dan θ', 2 Makk), συνουσιασμός* (4 Makk) {ἐπιβατεύειν}

ὀχεία ist übersetzungstechnisch weder mit ܪܬܕܐ (aufgerüstet) noch mit dem durch cod. Ambr. bezeugten und vom Kontext her besser passenden ܪܬܕܘ (stolz, ungestüm, eigensinnig) vereinbar. Das Kompositum κατοχεύειν (LEH: to cross-breed with; neol.) steht in Lev 19,19 für רבע hi. (sich begattten lassen; v. Vieh).[647] Zu Syr ܪܬܕܘ ܪܚܡܣܡ vgl. auch 30,8 ἵππος ἀδάμαστος (H⁰ Syr ܪܠܝ ܪܚܡܣܡ), mit dem der υἱὸς ἀνειμένος verglichen wird.

παμβασιλεύς Allherrscher[648]

50,15 ὀσμὴν εὐωδίας ὑψίστῳ παμβασιλεῖ Syr: [649] ܪܚܝܢ ܪܚܝ ܬܠ
La: odorem divinum Excelso Principi H^B om. 50,15abcd

WF: Ø {παμβασιλεία, παμβασίλεια}, βασιλεύς* (#), βασιλεύειν* (#) WFd: μεγαλοκράτωρ (3 Makk), αὐτοκράτωρ (4 Makk), δυνάστης* (#), δεσπότης* (#), μόναρχος (3 Makk), τύραννος* (#), ἄρχων* (#), παντοκράτωρ* (#) WB: παν- (παντο-) παμβότανον (Ijob), παμμελής (3 Makk), παμμιαρός (4 Makk), παμμεγέθης (σ'), παμμιγής (2 Makk), παμμικτός (α'), παμπληθής (2 Makk), παμπληθύειν (α'), παμποίκιλος (4 Makk), παμπόλυς (σ'), παμπονηρός (2 Makk), πάμφυλος (2-4 Makk), πανάγιος (4 Makk), πάνδεινος (4 Makk), πανδημεί (Dtn), πανεθνεί (Weish), πανεπίσκοπος (Weish), πανέρημος (Hebr), πανηγυρίζειν (Jes), πανήγυρις (Hos, Am, Ez), πανηγυρισμός (Weish), πανόδυρτος (3 Makk), πανοικία (Gen, Ex, Ri, Est, 3 Makk), πανοπλία* (#), πανουργεῖν (Al.), πανούργευμα* (Jdt), πανουργεύειν (1 Sam), πανουργία* (Num, Jos, Spr), πανοῦργος* (Ijob, Spr), πανούργως (σ'), πανσέληνος (α'), πάνσοφος (4 Makk), πανσπερμία (σ'), παντελής (3 Makk), παντελῶς (2 Makk), παντεπόπτης (2 Makk), παντευχία (4 Makk), παντοδαπίον (α'), παντοδαπός (Ijob), παντοδύναμος (Weish), παντοκράτωρ* (#), παντοκρατορία*[650], παντοτρόφος (Weish), παντοφαγία (4 Makk), πανυπέρτατος (3 Makk)

---

[646] Wie eine aufgerüstete (Ambr. vollblütige [eigtl. stolze]) Stute sind Freunde des Frevels.

[647] Lev 19,19 שדך כלאים לא־תרביע בהמתך LXX τὰ κτήνη σου οὐ κατοχεύσεις (σ' ὑποβαλεῖς) ἑτεροζύγῳ (σ' ἀνομοιοφύλῳ).

[648] LEH: absolute monarch, universal king. LSJ: absolute monarch. PAPE: Allherrscher, König Aller, Oberkönig. SAUER, Sirach 632, HAMP, Sirach 709: König des Alls [= EÜ, JB]. FRITZSCHE, Weisheit 411: grosser König. LB: Allmächtiger. PETERS, Ecclesiasticus 425: Weltkönig.

[649] ... zum Duft der Ruhe.

[650] In GrII 19,20 (^LXXHplg) belegt.

Die Gottestitulatur ὕψιστος παμβασιλεύς ist weder durch H^B noch durch Syr bezeugt, so daß sich zwangsläufig die Frage nach der Authenizität von ὕψιστος παμβασιλεύς in der Vorlage von Gr stellt. παμβασιλεύς ist in vorchristlicher Zeit äußerst selten, wenn auch früh (Alkiphron, Stesichoros s. **Wortst.**) bezeugt, in nachchristlicher Zeit ist das Nomen ebenfalls zurückhaltend[651] verwendet, während in der Patrologia Graeca v.a. Euseb v. Caesarea und Didymus häufig davon Gebrauch machen. Auch in diesem Fall setzt La (*princeps*) das Vorderglied παμ- nicht entsprechend (z.B. mit Hilfe des Gen. *omnium*) um; vgl. ferner GrII 18,3c βασιλεὺς πάντων (La hingegen *rex in aeternum*). Vor allem in Gebetstexten findet sich die Anrede vom allmächtigen und alles beherrschenden Gott; vgl. 1 Chr 29,12: אַתָּה מוֹשֵׁל בַּכֹּל σὺ πάντων ἄρχεις, κύριε ὁ ἄρχων πάσης ἀρχῆς (Dankgebet Davids); 2 Chr 20,6 אַתָּה מוֹשֵׁל בְּכֹל מַמְלְכוֹת הַגּוֹיִם σὺ κυριεύεις πασῶν τῶν βασιλειῶν τῶν ἐθνῶν (Gebet Joschafats); Est 4,17^b (LXX) κύριε, κύριε βασιλεῦ πάντων κρατῶν (Gebet Mordechais).

παρακμάζειν verblühen (d.h. hier: die Unschuld verlieren)[652]

42,9 ἐν νεότητι αὐτῆς, μήποτε παρακμάσῃ
La: *ne forte in adulescentia sua adultera efficiatur*
H^B: ()בנעוריה פן [ת]גור   H^M: בנעוריה בַּן מאס   בנעוריה פֶּן תגור
Syr: [653] ܒܛܠܝܘܬܗ ܕܠܐ ܬܨܛܥܪ

WF: Ø {παρακμή, παρακμαστικός}, ἀκμάζειν (4 Makk), ἀκμή (Est, 2-4 Makk) WFd: ἐξανθεῖν (#), μαραίνειν (Ijob, Weish), {ἀπάνθησις, ἀπανθεῖν, ἀπομάρανσις, ἀπομαραίνεσθαι, παρανθεῖν}

Die gewöhnliche Bedeutung von παρακμάζειν ist *altern, verblühen* (die ἀκμή überschreiten). Da allerdings kontextlich von der Jugendzeit (ἐν νεότητι αὐτῆς) gesprochen wird, und in der Form des Jussivs die Weisung ergeht, sie solle μήποτε (*niemals, zu keinem Zeitpunkt*) παρακμάζειν, ist eine Übersetzung mit *altern, verblühen* (so FRITZSCHE, Weisheit 395; WAHL 381) schwer verständlich. Nur wenn man μήποτε in der Bedeutung *auf keinen Fall* (vgl. LSJ: *never, on no account*) auffaßt, ergibt

---

[651] U.a. auch öfter als *epitheton ornans* für Zeus (z.B. Orph. *H. 73.3*) und als "Ehrenbezeichnung" für Hadrian (Epigr. Gr. *990.3*) bezeugt.

[652] LEH: *to pass one's prime*. PAPE: *abnehmen, an Blüthe, verblühen, veralten*. SMEND, Weisheit 392: "daß sie nicht verblühe (und deshalb unverheiratet bleibe)". HAMP, Sirach 684, sowie ZB ziehen Gr (*verblühen*) den hebräischen Lesarten (H^B; H^M) vor. EÜ hat korrekt nach H^M *verschmähen*.

[653] *In ihrer Kindheit, daß sie nicht geschmäht werde*. In Unkenntnis der Masada-Lesart vermutet SMEND noch, daß Syr ܬܨܛܥܪ "wohl nur geraten" habe; tatsächlich geht freilich Syr mit H^M.

παρακμάζειν *verblühen* (d.h. *das gebärfähige Alter überschreiten*[654]) einen Sinn. Indes scheint Gr μήποτε lediglich als verstärktes μή (=פֶּן) ohne einen adverbialen Nebensinn zu gebrauchen. Aufgrund der vielen Parallelen von Gr mit H^M gegen H^B (s. S. 58-64) kommt תמאס als Gr-Vorlage für παρακμάσῃ am ehesten in Betracht, wenn man nicht das graphisch ähnliche und übersetzungstechnisch plausible *ἀποδοκιμασθῃ, das allerdings von keiner griechischen Hs. (vgl. jedoch Syr) gedeckt ist, annehmen möchte. Für das 76mal in 𝔐 bezeugte Verb מאס ist in LXX eine breite Palette von Äquivalenten bezeugt, von denen am häufigsten ἀπωθεῖν, ἐξουδενεῖν, ἀποδοκιμάζειν herangezogen werden. Auch Gr übersetzt מאס sehr unterschiedlich: ἀπαναίνεσθαι, ἀστοχεῖν (^LXXHplg), βδελυρός (^LXXHplg), μισεῖν bzw. μισητός, προσκόπτειν, προσοχθίζειν. Abgesehen von ἀπαναίνεσθαι (Ijob 5,17) und μισεῖν (Spr 16,3; Jes 33,15; 54,6) sind diese Vokabeln für מאס von den LXX-Übersetzern nicht herangezogen worden. Mit La *adultera efficiatur* könnte man hinter παρακμάζειν *verbühen* im Sinne von *die Unschuld verlieren* (durch vorehelichen Geschlechtsverkehr) vermuten. Zu der in H^B überlieferten Basis גור vgl. syr. ܓ (SyrL 110a: *moechatus est, adulteravit*).

παρανακλίνειν seitwärts zurücklegen, anlehnen[655]

47,19 παρανέκλινας τὰς λαγόνας σου γυναιξίν
La: *et reclinasti femora tua mulieribus*
H^B: ותתן לנשים כסליך   Syr: ^656ܘܗܝ̈ܒܬ ܠܢܫ̈ܐ ܚܝܠܟ

WF: Ø {Ø}, ἀνακλίνειν (3 Makk), ἀνάκλισις (Hld) WFd: τρέπειν* (#), στρέφειν* (#)

Für das unspezifische und blaße Allerweltswort נתן favorisiert an dieser Stelle Gr in gewählter Diktion das wortstatistisch auffällige Triplaverb παρανακλίνειν (s. **Wortst.**), wobei sich das Präverb παρα- wohl auf לִ' bezieht. Innersirazidisch ist diese Stelle auffällig, da Gr sonst das in H häufig vorkommende נתן in den meisten Fällen mit διδόναι (ebenso Syr mit ܝܗܒ bzw. ܢܬܠ) wiedergibt. Wie bei den Präverbia προσ- und συν-

---

[654] Vgl. hierzu auch die Kombination von ἀκμάζειν mit συνουσιασμός (*Geschlechtsverkehr*) in 4 Makk 2,3 (νέος γὰρ ὢν καὶ ἀκμάζων πρὸς συνουσιασμόν); s. ferner auch Gen 18,12, wo עדנה (*geburtsfähige Zeit ?;* Ges^17 hingegen: *Lustgefühl*) von Symmachus mit ἀκμή (α' τρυφερία) wiedergegeben wird.

[655] LEH: *to bend.* LSJ: *lay beside.* FRITZSCHE, Weisheit 406, παρεγκλινειν übersetzend: *herabneigen.* REHKOPF, Septuaginta-Vokabular 220, falsch: *zugrunde gehen.* PAPE: *daneben hinlehnen, hinlegen lassen.*

[656] *Und du gabst den Frauen deine (Mannes)kraft.*

setzt La auch hier den durch παρα- evozierten adverbialen Nebenaspekt (*seitlich, daneben*) nicht adäquat um, wobei La *et* mit H^B und Syr gegen Gr geht. Syr übersetzt נתן angemessen durch ܣܡ. Als Parallele zu 47,19 ist 9,2 heranzuziehen, wo im Kontext des Verkehrs mit Frauen die Warnung formuliert wird: אל תקנא לאשה נפשך, was Gr durch μὴ δῷς γυναικὶ τὴν ψυχήν σου (Syr ܠܐ ܬܬܠ ܠܐܢܬܬܐ ܢܦܫܟ) übersetzt; vgl. ferner GrII 26,19b. In textkritischer Hinsicht muß allerdings mit SMEND (Weisheit 82) das aus 9,1a falsch eingedrungene אל תקנא in אל תתן (=Syr) emendiert werden. Demnach hätte also Gr in einem ähnlichen Kontext und in einer ähnlichen Formulierung נתן angemessen durch διδόναι wiedergegeben. Vgl. auch Spr 31,3a (אל־תתן לנשים חילך μὴ δῷς γυναιξὶ σὸν πλοῦτον σ' ... ἰσχύν σου). S. hierzu auch die Ausführungen auf S. 235 (λαγόνες).

παρέλκειν abwenden, (ver)zögern, hinhalten[657]

4,1 καὶ μὴ παρελκύσῃς ὀφθαλμοὺς ἐπιδεεῖς
La: *et oculos tuos ne transvertas a paupere*
H^A: ואל תדאיב נפש עני ומר נפש   Syr: [658] ܘܠܐ ܬܘܒܕ ܠܢܚܫܐ ܕܥܢܝܐ ܐܦ ܫܘܪܐ

4,3 καὶ μὴ παρελκύσῃς δόσιν προσδεομένου
La: *et non protrahas datum angustianti*
H^A: אל תמנע מתן ממסכינך   Syr: [659] ܘܠܐ ܬܟܠܐ ܡܘܗܒܬܐ ܡܢ ܚܣܝܪܐ

29,5 καὶ ἐν καιρῷ ἀποδόσεως παρελκύσει χρόνον
La: *et in tempore redditionis postulabit tempus*
H^0 Syr: [660] ܘܒܙܒܢܐ ܕܦܘܪܥܢܐ ܢܦܫ ܙܒܢܐ ܘܢܦܣ

29,8 καὶ ἐπ᾿ ἐλεημοσύνῃ μὴ παρελκύσῃς αὐτόν   H^0 Syr: *om.*
La: *et pro elemosyna non trahas illum*

WF: παρέλκυσις (Ijob), ἑλκύειν (Ijob), ἕλκειν (#), ἐξέλκειν (Gen, Ri, Ijob, Spr, 3 Makk), ἐφέλκειν (Num, Jos, 4 Makk, Weish, EpJer), συνέλκειν (Ps)
WFd: ἀποστρέφειν* (#), ἀποτρέπειν* (3-4 Makk), βραδύνειν* (Gen, Dtn, Jes), ὀκνεῖν* (Num, Ri, Tob, Jdt, 4 Makk), ἀναβάλλειν* (#)

---

[657] LEH: zu 4,1 *to draw aside, to put off*; zu 29,8 *to keep waiting*; zu 29,5 *to prolong*. FRITZSCHE, Weisheit 320.367: *hinhalten* [4,1.3; 29,8]; *hinziehen* [29,5]. PAPE: *daneben o. auf die Seite ziehen, zögern (intrans.), in die Länge ziehen* (τὸν χρόνον)
[658] *Und quäle nicht einen blinden* [eigtl. *finsteren = traurigen?*] *Armen.*
[659] *Und verweigere eine Gabe nicht einem Bedürftigen.*
[660] *Und zur Zeit, da er die Schulden (zurück)bringt, bläst er sich auf.* SMEND, Weisheit 257: *... er macht den Gläubiger keuchen.*

ראב hi. (*schmachten lassen*) ist nicht in 𝔐 belegt; das Qal übersetzen LXX mit ἀσθενεῖν (Ps 87[88],9)[661] und πεινᾶν (Jer 38[31],12.25)[662] ; das davon abgeleitete Nomen ראבה (*d. Verzagen*) korrespondiert in Ijob 41,14 mit ἀπώλεια [= אבדה ?]; für (נפש) ראבון (*d. Verzagen*) steht in Dtn 28,65 τηκομένη (ψυχή). Das in 𝔐 29mal und in Sir 9mal bezeugte Verb מנע (*zurückhalten, verweigern*) entspricht in Gr folgenden Vokabeln: ἀντιλαμβάνεσθαι, ἀποκωλύειν, ἀφυστερεῖν, ἐμποδίζειν, κωλύειν, σκορακισμός (^LXXHplg), στερεῖν, συνέχειν. In LXX sind dafür neben einer Vielzahl von Singuläräquivalenten v.a. verwendet: στερεῖν (Gen 30,2; Num 24,11; Ijob 22,7; Ps 20[21],2; 83[84],11), ἀποκωλύειν (1 Sam 25,34; 1 Kön 21[20],7; Koh 2,10), κωλύειν (1 Sam 25,26; 2 Sam 13,13; Ez 31,15) und ἀφυστερεῖν (Neh 9,20). Gr hat offensichtlich über das in LXX gebräuchliche Wortfeld hinaus variierend "*neue*" Wiedergaben eingeführt. In textkritischer Hinsicht bleibt anzumerken, daß Syr in 4,1b statt אל תדאיב möglicherweise das graphisch ähnliche אל תכאיב (ܐ ܠ ܬ ܟ ܐ ܒ *quäle nicht*) gelesen hat, das in 4,3b steht und in Gr durch sonderbares προστaráσσειν (^LXXHplg) und in Syr allerdings durch die gleiche Wurzel (ܟܐܒ) übertragen wird. Die Übersetzungsweise in La bzgl. παρέλκειν ist lediglich in 29,5 (*postulare*) nicht recht plausibel, so daß man hinter dem ^LXXHplg eventuell das Verb παραιτεῖσθαι (Syr al. *er bläst sich auf*) vermuten könnte. Symmachus bedient sich παρέλκειν zur Wiedergabe von משך (*ziehen, wandern*, hier jedoch ein Ortsname [Meschech]) und ירד hi.: vgl. Ps 119(120),5 גרתי משך ο' ἡ παροικία μου ἐμακρύνθη α' προσηλύτευσα ἐν μακρυσμῷ σ' παροικῶν παρείλκυσα; Ez 32,18 הורדהו ο' καταβιβάσουσιν σ'θ' κλίνων πάρελκε). Das in Ijob 25,3 belegte Verbalabstraktum παρέλκυσις ist übersetzungstechnisch nicht zuzuordnen, während σ' μὴ ἔστιν ἀριθμὸς τῶν στρατιῶν αὐτοῦ mit 𝔐 (היש מספר לגדודיו) geht.

περιεργάζεσθαι sich (*überflüssigerweise*) um etw. kümmern[663]

3,23 ἐν τοῖς περισσοῖς τῶν ἔργων σου μὴ περιεργάζου

La: *et in pluribus operibus eius ne fueris curiosus*

H^A: [664] וביותר ממך אל תמר   Syr: [665] ܐܡܝܠܕܐ ܠ ܐ, ܘܐܡܪ ܕܥܪܟܬܟܐ ܘܚܪܟܬܟܐ ܐܝܪܪܕܟܐ

---

661 עיני דאבה מני עני οἱ ὀφθαλμοί μου ἠσθένησαν ἀπὸ πτωχείας.
662 V. 12: ולא־יוסיפו לדאבה עוד καὶ οὐ πεινάσουσιν ἔτι.
     V.25: וכל־נפש דאבה מלאתי καὶ πᾶσαν ψυχὴν πεινῶσαν ἐνέπλησα.
663 So mit WAHL: *male sedulus sum, curiosus sum*. LSJ: *meddle, interfere with.* FRITZSCHE, Weisheit 319: *Ueberflüssiges treiben*. PAPE: *Etwas mit Umsicht, Sorgfalt, Mühe thun, bes. Etwas mit Mühe betreiben, das der Mühe nicht Werth ist, auch sich um fremde Angelegenheiten neugierig kümmern*.

WF: περιεργία* {περιεργασία, περίεργος, περιεργεῖν} WFd: πολυπραγμονεῖν (2 Makk), πολυπραγμονσύνη (σ')

Zwischen מרה (*widerspenstig sein*) und dem pejorativ zu verstehenden
περιεργάζεσθαι ist schwer eine übersetzungstechnisch plausible Verbindung herzustellen; Gr gibt nämlich das Verb sonst mit ἀφιστάναι, ἀπειθεῖν (im Qal) und παραβαίνειν (im Hifil) wieder, während in LXX dafür
v.a. παραπικραίνειν, ἀπειθεῖν und ἀφιστάναι gebräuchlich sind (neben
ἀμελεῖν, ἀσεβεῖν, ἐρεθίζειν, ἐρίζειν, παροξύνειν). Es ist also von dem
in Hᴬ überlieferten מרה **nicht** als Gr-Vorlage auszugehen, zumal Syr mit
ܐܪܡܣܐ. ein aram. עשׁק voraussetzen könnte, das in 41,22 von Hᴹ bezeugt und in Gr durch das WF-verwandte περιεργία (ᴸˣˣHplg) übersetzt
wurde. Hᴬ hat also einen Aramaismus beseitigt und mit Hilfe des in 𝔐
geläufigeren מרה, das allerdings semantisch kaum mit περιεργάζεσθαι
vereinbar erscheint, "*umgedeutet*". La zeigt auffällige Parallelen mit Syr
gegen Gr: La *et* (= Syr Hᴬ) und *eius* (= Syr ܗܘ-) gegen Gr *om.* und
σου (= Hᴬ ממך). Bei Symmachus dient περιεργάζεσθαι als Wiedergabe
von בקשׁ (Koh 7,29 o' ζητεῖν) und דרשׁ (2 Sam 11,3 o' ζητεῖν). Eine
lexikographische Parallele zwischen Gr und Symmachus ist also in diesem
Fall aufgrund der unsicheren Gr-Vorlage nicht zweifelsfrei zu ermitteln.

περιεργία das sich Zu-Schaffen-machen[666] (*pejorativ*)

41,22 ἀπὸ περιεργίας παιδίσκης αὐτοῦ[667] La: *et ne scruteris ancillam eius*
Hᴹ: [668] מהתעשׂק עַם שׁפ|חה לך Syr: *om.*

---

[664] SMEND, Weisheit (Hebräisch - Deutsch) 5, nach Gr: *Mit dem, was über dich hinaus
geht, habe nichts zu schaffen.* SAUER, Sirach 513, מרה übersetzend: *Über das,
was größer ist als du, sei nicht verbittert!* EÜ frei nach Gr: *Such nicht hartnäckig
zu erfahren, was deine Kraft übersteigt.* ZB frei nach Gr: *Was über dich hinausgeht,
darüber mache dir nicht viele Gedanken.*

[665] *Und bei seinen restlichen Arbeiten sollst du nicht bekümmert sein.* Syh hat für περιεργάζεσθαι ܐܪܡܣܒܐ, das sonst dem ebenfalls pejorativen σοφίζεσθαι bzw. חכם
hitp. entspricht; in Syr allerdings korrespondiert ܐܪܡܣܒܐ auch mit ידע (12,8) und
בין (35(32),16.

[666] WAHL s.v. περιέργεια: *diligentia, industria ... ita de familiaritate inhonesta.* LEH:
meddling. PAPE: *Sorgfalt, Fleiß, bes. übertriebene Sorgfalt, Kleinlichkeit, Aengst-
lichkeit, od. Weitschweifigkeit im Thun und Sprechen, auch Beschäftigung mit Din-
gen, die Einen nichts angehen, Neugier.*

[667] Vgl. FRITZSCHE, Weisheit 394: *Dass du geschäftig um deine Magd bist.*

[668] SMEND, Weisheit (Hebräisch - Deutsch) 73: *mit einer Jungfrau (dich abzugeben)*
[=EÜ]. SAUER, Sirach 608, läßt sonderbar Hᴹ unübersetzt. ZB, EÜ: *und mit ihrer
Dienerin dich abzugeben.* LB: *Schäme dich, die Magd eines andern zu begehren.* JB:
Vertraulichkeiten mit einer Magd zu haben.

WF: περιεργάζεσθαι* {περιεργασία[669], περίεργος, περιεργεῖν} WFd: πολυπραγμονεῖν (2 Makk), πολυπραγμονσύνη (σ')

Für das nur noch in Gen 26,20[670] belegte עשׁק hitp. (Ges[17]: *hadern, streiten*[671]) steht in LXX ἀδικεῖν (α' συκοφαντεῖν). Der Konsonantenbestand עשׁק korrespondiert in Gr noch mit ἀδικία (H^A 10,7; Syr ܠܘܠܐ), πρᾶξις (H^A 11,10; Syr ܣܥܪܐ) und ἄδικος (H^B 32[35],15; Syr ܥܘܠܐ). Demnach wäre die Bedeutung *Gewalt antun, vergewaltigen* in H^M 41,22 durchaus denkbar. Das biblisch nicht bezeugte Nomen עסק, das als orthographische Variante mit עשׁק etymologisch zusammenhängen könnte, übersetzt Gr mit *Beschäftigtsein, Arbeit, Mühsal*: ἀσχολία, ἔργον μέγα, πρᾶξις, χρεία. Von daher wäre περιεργία (*überflüssiges Beschäftigtsein*) möglicherweise innersirazidisch erklärbar, zumal auch das dem Verbalabstraktum zugrundeliegende ^{LXX}Hplg περιεργάζεσθαι (s.o.) in der Bedeutung *überflüssigerweise herummachen, sich um etw. kümmern* in 3,23 verwendet ist. La *scrutari* allerdings deutet unser ^{LXX}Hplg wie in 3,23 das Verb (*curiosus*) im Sinne von *nach-* bzw. *ausspionieren*.

περιστροφή das Sich-Umdrehen[672]

50,5 ὡς ἐδοξάσθη ἐν περιστροφῇ ναοῦ

La: *qui adeptus est gloriam in conversatione gentis*

H^B: מה נהדר בהשגיחו מאהל   Syr: [673] ܟܡܐ ܫܦܝܪ ܗܘ ܟܕ ܢܦܩ ܡܢ ܒܝܬܐ

WF: περιστρέφειν (Gen, Num) WFd: ἀναστρέφειν* (#), ἀνατρέπειν* (#), περιάγειν (2 Makk, Am, Jes, Ez)

Das in מ nur 3mal belegte שׁגח hi. (*schauen, betrachten*[674]) wird in LXX mit ἐπιβλέπειν (Ps 32,14 α' ἐπικύπτειν), θαυμάζειν (Jes 14,16)

---

[669] Vgl. Sir 41,22 nach O-S^C: περιεργασία, ein korrekt von dem in GrI belegten Verbum περιεργάζεσθαι (3,19 in der Bedeutung *übertriebener Wißbegier*) abgeleitetes Verbalabstraktum. LSJ: *curiosity*.

[670] Hier geht es um die etymologisierende Deutung eines Brunnens ויקרא שם־הבאר עשׁק כי התעשׁקו עמו עשׁק כי התעשׁקו עמו (LXX καὶ ἐκάλεσεν τὸ ὄνομα τοῦ φρέατος Ἀδικία (α' συκοφαντία)· ἠδίκησαν γὰρ αὐτόν).

[671] Vgl. SKEHAN - DI LELLA, Wisdom 476: *trifling*.

[672] LEH: *turning round, parade, procession*, bzgl. des Präpositionalausdrucks in Gr: *amidst the people, surrounded by the people*. WAHL: *conversio (ad populum facta)*. Dagegen FRITZSCHE, Weisheit, 410: *Umzug*. Gemeint ist aber das "*Sich vom Tempel her Umdrehen zum Volk*" (vgl. 50,5b *wenn er [der Hohepriester] hervortrat aus dem Haus des Vorhangs*). Daher auch das kontextlich passende, von fast allen Textzeugen bestätigte λαοῦ gegenüber dem nur durch 603 und Syr (ܒܝܬܐ) überlieferten ναοῦ. Vgl. ferner PAPE: u.a. *das Sichumwenden*.

[673] Wie schön ist er, wenn er aus dem Tempel herausgeht.

und παρακύπτειν (Hld 2,9) übersetzt. In H^B 40,29 überträgt Gr jedoch ähnlich wie im Psalter שגה hi. mit βλέπειν. Hält man an בהשגיחו als Gr-Vorlage fest, so ist περιστροφή septuagintaspezifisch als auch übersetzungstechnisch nicht einzuordnen. SMEND (Weisheit 481) beurteilt den Präpositionalausdruck ἐν περιστροφῇ λαοῦ als "geschraubt" und "griechisch kaum möglich".

περιψύχειν verhätscheln (pejorativ)[675]

30,7 περιψύχων υἱὸν καταδεσμεύσει τραύματα αὐτοῦ
La: pro animabus filiorum conligabit vulnera sua
H^0 Syr: [676] ܡܕܚܐܠ ܡܕ ܚܣ ܒܡ ܚܝܬ ܗ ܩܠܘܠܐܡ

WF: Ø {περιψυγμός, περίψυξις, περίψυχρος}, ψύχειν (Num, 2 Sam, 2 Kön, Jer) WFd: τιθηνεῖν* (Klgl, 3 Makk), θρύπτεσθαι (σ'), διαθρύπτειν* (Lev, Nah, Hab, Jes), ἀπαλύνειν (2 Kön, Ijob, Ps), ἀπαλότης (Dtn, Ez), ἀπαλός (#)

Hinter περιψύχειν und ܦܣ, das in 24,19b (im Etpa.) mit ἐμπιμπλάναι (H^0) korrespondiert, und deren Nominalbildung (ܦܣܘܬ) mit Ausnahme von שׁשׁון durchgängig (5mal) auf תענוג zurückführt, könnte die Basis ענג für verweichlichen, verzärteln angenommen werden. RYSSEL (Sirach 381) hingegen nimmt mit Verweis auf Spr 29,21 das ^mHplg פנק (Ges^17: verzärteln; LXX κατασπαταλᾶν) als H-Lesart an.

πῆξις das starre Ausstrecken (des Arms)[677]

41,19 καὶ ἀπὸ πήξεως ἀγκῶνος ἐπ' ἄρτοις   La: de discubitu in panibus
H^B: וממטה אציל אל לחם   H^M: ממטה אציל אל לחם   Syr: om.

WF: πηγνύναι* (#) WFd: κατατιθέναι (#), στηρίζειν* (#), καταστηρίζειν (Ijob)

Das sonst in 𝔐 nur noch in Jes 8,8 (hier: Ausdehnung) und Ez 9,9 (hier: Beugung des Rechts) überlieferte Nomen מוטה wird in LXX mit παρεμ-

---

[674] Nach SMEND, Weisheit 481, bedeutet das Verbum "sonst auf etwas sehen, dann herausschauen, hier s.v.a. herauskommen", was durch Syr (ܢܦܩ) bestätigt würde.

[675] LEH: to refresh, to cherish, to pamper; neol. LSJ: refresh, revive, cherish. FRITZSCHE, Weisheit 369: verzärteln (= HAMP, Sirach 649; EÜ). SAUER, Sirach 577: verwöhnen.

[676] Wer seinen Sohn verweichlicht, dessen Wunden werden zahlreich sein.

[677] LEH: fixity, stiffness (of elbow; from reclining too long, or from relentless eating). PAPE: u.a. das Zusammenfügen, Zusammensetzen, Verbinden. WAHL: fixio. FRITZSCHE, Weisheit 393: (Und dass du den Ellenbogen über das Brod hältst).

βολή (Jes) und ἀδικία καὶ ἀκαθαρσία (Ez) wiedergegeben. Ein weiteres Nomen מטה (*Ast, Stab, Stamm*) übersetzt Gr mit σκῆπτρον, φυλή und sonderbarem λιμός (*Hungersnot*). Ein drittes Nomen מטה (*Lager, Bett*) steht in Gr (48,6) als κλίνη (La *lectus*). Dem häufiger in H verwendeten Verb נטה (*ausstrecken*) entsprechen in Gr ἐκκλίνειν, ἐμφυτεύειν[678], ἐπαίρειν, ἱστάναι, ὀλισθαίνειν, τανύειν, ὑποτιθέναι (im Qal) und κλίνειν, εἰσάγειν (im Hifil); in LXX stehen dafür v.a. ἐκτείνειν, ἐκκλίνειν, ὑψηλός, πηγνύναι (im Qal) und ἐκκλίνειν, κλίνειν, παραβάλλειν, πηγνύναι (im Hifil). Somit ist unser [LXX]Hplg über das in LXX für נטה gebrauchte πηγνύναι septuagintaspezifisch einzuordnen. Andererseits muß ferner festgehalten werden, daß Gr für das Verb נטה zwar ein breites Spektrum von Äquivalenten, die mitunter auch in LXX gebraucht werden, aufweist, sich nicht aber πηγνύναι bedient. La *discubitus* (*der Ehrenplatz bei Tisch;* vgl. Mk 12,39; Lk 20,46 πρωτοκλισία) geht sicherlich nicht auf Gr (πῆξις) zurück, sondern basiert auf einem Zeugen (GrII?), der מטה (*Lager, Bett*) übersetzt hat; von daher erübrigte sich der Genitiv ἀγκῶνος.

πλεονέκτης habgierig, habsüchtig[679]

14,9 πλεονέκτου ὀφθαλμὸς οὐκ ἐμπίπλαται μερίδι
La: *insatiabilis oculus cupidi in parte iniquitatis non satiabitur*
H[A]: [680] בעין כושל מְעַט הו}א{ חלקו
Syr: [681] ܚܠܩܬܗ܂ ܩܡ ܕܣܟܠܐ܂ ܘܒܚܠܝ ܥܝܢܗ ܣܓܝ

WF: πλεονεκτεῖν (Ri, Hab, Ez), πλεονέκτημα (α'), πλεονεξία (#) WFd: ἄπληστος* (Ps, Spr), ἀπληστία*, ἀπληστεύεσθαι*

Die Wiedergabe von כשל (q. ni. hi.) in Gr ist sehr indifferent bezeugt: ἐντρέπεσθαι in 4,22 (H[AC] כשל ni. Syr ܐܬܟ), θλίβειν σεαυτόν in 30,21 (H[B] כשל ni.; H[Bmarg] כשל hi. Syr ܠܘܕ), ἀπολλύναι in 34,25 (H[B] כשל hi. Syr ܐܒܕ), πταίειν in 37,12 (H[BD] כשל ni. Syr ܐܟܫܠ), ἐσχατόγηρως (ein [LXX]Hplg) in 42,8 (H[BmargM] כושל; H[B] ישיש; Syr *om.*) und unübersetzt in 41,9 (H[B] כשל ni. Syr *om.*). Da die hebräisch-syrisch-griechischen Äquivalente zu einem erheblichen Teil textkritisch nicht plausibel erschei-

---

[678] Hier dürfte Gr statt נטה wohl נטע (*pflanzen*) übersetzt haben.
[679] LEH: *greedy person, covetous man.* PAPE: *der mehr haben will, der Habsüchtige.*
[680] SAUER, Sirach 540, statt H[A] כושל KUHNS Konjektur מושל übersetzend: *Im Auge dessen, der vergeicht, ist sein eigener Teil zu klein.* EÜ mit Syr: *Dem Auge des Toren ist sein Besitz zu klein.* ZB hingegen zwischen Gr und Syr vermittelnd: *Für das Auge des Habgierigen ist der eigene Besitz zu klein.*
[681] *In den Augen des Toren ist sein Teil klein.*

nen, ist eine übersetzungstechnische Einordnung von כשל - πλεονέκτης
nur unter Vorbehalt möglich.[682] Aufgrund der Beobachtung, daß α' und
σ' in Ps 9,24 (10,3) πλεονέκτης für בוצע (der unrechtmäßigen Gewinn
macht) wählen und zudem in LXX (Hab 2,9; Ez 22,7) πλεονεκτεῖν mit
בצע korrespondiert[683], vermutete SMEND hinter πλεονέκτης בוצע.[684] Zu
den in H^A 11,28^bis bezeugten Partizipien בוצע (Syr ܟܠܐܙ, ܟܠܐܚ) ist in
Gr kein Äquivalent auszumachen, da H^A und Gr hinsichtlich Text und
Reihenfolge der Stichoi differieren. In 7,6 (H^A) entspricht das Nomen
בצע (Gewinn) jedenfalls nach der Überlieferungslage σκάνδαλον. La
hatte offensichtlich, deutlich an der Art und Abfolge der einzelnen Äquivalente, nicht den griechischen Text (GrII?) vor sich, wie er uns überliefert ist, und ist zudem von Teilen einer zweiten Übersetzung (vgl. z.B.
insatiabilis [ἄπληστος?] - non satiabitur [οὐκ ἐμπίπλαται]) durchsetzt.
Auch der b-Stichos weist größere Unstimmigkeiten gegenüber Gr auf. In
Syr entspricht dem πλεονέκτης der Tor (ܟܠܐܣܘ), woraus SMEND
(Weisheit 132) schließt, daß Syr "שכל bezw. כסיל, das auch nicht
taugt" gelesen bzw. geraten habe.

πνιγμός das Ersticken[685]

51,4 ἀπὸ πνιγμοῦ πυρᾶς κυκλόθεν   Syr: [686]ܘܐܬ.ܙܘܪ ܟܠܐܘ.ܙ ܟܠܐܚܘܡܠܚ ܘܡܣ
La: a pressura flammae quae circumdedit me   H^B: ... וממצוקות שלהבת

WF: πνίγειν (1 Sam), ἀποπνίγειν (Tob, Nah), {πνιγμονή, πνιγηρός, πνιγ-
μώδης} WFd: ἄγχειν (Ps, 4 Makk)

Das in 𝔐 7mal belegte Nomen מצוקה (Bedrängnis) korrespondiert in
LXX mit ἀνάγκη (Ps 24,17; 106,6.13.19.28; Zef 1,15) und θλῖψις (Ijob
15,24), das 6mal in 𝔐 vorkommende מצוק (Bedrängnis) mit ἀνάγκη (1
Sam 22,2; Ps 118,143), θλῖψις (Dtn 28,53.55.57) und πολιορκία (Jer
19,9). In Gr steht für מצוקה in 32(35),26 (H^B) numerusentsprechend
θλῖψις, während in 51,4 statt des von der Vorlage her gebotenen Plurals

---

[682] SMEND, Weisheit 132, zu כושל: "passt weder im Sinne von 'arm' (neuhebr.), noch
in dem von 'alt' (41,2; 42,8) ... Gr (πλεονέκτης) las vielleicht בוצע, das zu b gut
passte. Aber unerklärlich bleibt, wie כושל entstand."

[683] Auch die jüngeren Übersetzer verwenden für בצע vielfach πλεονεκτεῖν. Erwähnenswert bleibt jedoch die Wiedergabe von בצע durch φιλοκερδεῖν in σ' Jer 6,3.

[684] Vgl. ferner πλεονεξία - בצע in Ri 5,19^A (cod. B δῶρον), Ps 118(119),36, Hab
2,9, Jer 22,17, Ez 22,27; auch die jüngeren Übersetzer bedienen sich in den meisten
Fällen bei בצע des Nomens πλεονεξία.

[685] So FRITZSCHE, Weisheit 413, und WAHL. LEH: choking, suffocation (from choking
fire) [=LSJ]. PAPE: das Ersticken, Erwürgen, stickende Hitze.

[686] Und vor der Flamme des Feuers, die mich umgeben hat.

ein Singular favorisiert wird (möglicherweise bedingt durch die Wortwahl von πνιγμός selbst). Ferner kann in Gr der Konsonantenbestand מצרק den Äquivalenten ἀδικεῖσθαι (H^B 32[35],16) und καῦμα (H^B 43,4; H^BmargM מרצק) gegenübergestellt werden. πνιγμός ist ein Verbalabstraktum, dessen zugrundeliegendes Verb noch in 1 Sam 16,4f (בעת pi. *plötzlich überfallen*) belegt ist. In Nah 2,12(13) dient das Kompositum ἀποπνίγειν als Übersetzung der Wurzel חנק pi. (*würgen, erwürgen*). Textkritisch bleibt anzumerken, daß La (*quae circumdedit me*) erneut gegen Gr κύκλοθεν (vgl. 45,9 *in gyro*; 46,5.16; 47,7 *undique*; 50,12 *circa*) mit Syr (ܡܟܪܟܬܢܝ) verglichen werden kann.

πολύορκος viel schwörend[687] (*pejorativ*)

23,11 ἀνὴρ πολύορκος πλησθήσεται ἀνομίας
La: *vir multum iurans implebitur iniquitate*
H^0 Syr: [688] ܓܒܪܐ ܪܡܐ ܡܘܡܬܐ ܡܬܡܠܐ

27,14 λαλιὰ πολυόρκου ἀνορθώσει τρίχας
La: *loquella multum iurans horripilationem capiti statuet*
H^0 Syr: [689] ܡܡܠܠܗ ܕܣܓܝ ܝܡܐ ܡܩܝܡ ܣܥܪܐ ܕܪܝܫܐ

WF: Ø {πολυορκία}, ὅρκος* (#), ὁρκωμοσία (1 Esra, Ez), ὁρκίζειν (#) WFd: ὀμνύναι* (#) WB: πολυ- πολυάνδριον (Jer, Ez, 2-4 Makk), πολύβουλος (σ'), πολύγονος (Weish, 4 Makk), πολυδάκρυς (3 Makk), πολυέλεος[690] (#), πολυετής (Weish), πολυημερεύειν (Dtn), πολυήμερος (Dtn, Dan ο'), πολύθρηνος (4 Makk), πολυκαρπία (σ'), πολυκέφαλος (4 Makk), πολύλαλος (σ'), πολυλογία (Spr), πολυμερής (Weish), πολύμιτος (σ'), πολυοδία (Jes), πολυοχλία (Ijob, Bar), πολύπαις (4 Makk), πολυπειρία* (Weish), πολύπειρος*, πολυπλασιάζειν (Dtn), πολυπλάσιος (2 Makk), πολυπληθεῖν (Ex, Lev, Dtn), πολυπληθία (2 Makk), πολυπληθύνειν (Ex), πολύπλοκος (Est, Ijob, 4 Makk), πολυπραγμονεῖν (2 Makk), πολυπραγμοσύνη (σ'), πολυρρήμων (Ijob), πολύστρεβλος (Al.), πολυτελής* (#), πολυτόκος (Ps), πολυτρόπος (4 Makk), πολυφόρος (σ' θ'), πολυφροντίς (Weish), πολυχειρία (Quint.) πολυχρονίζειν (Dtn), πολυχρόνιος (Gen, Ijob, Weish, EpJer, 4 Makk), πολυωρεῖν (Dtn)

---

[687] LEH: *frequently swearing, given to oaths, frequent swearer of oaths*. Von LEH nicht als *neol.* klassifiziert. LSJ: *swearing much* mit *LXX Si. 23,11* als einzige Stellenangabe. WAHL: *multum iurans*.
[688] *Ein Mann, der schwört, erwirbt Sünden.*
[689] *Das Geschenk des Frevlers richtet die Kopfhaare auf.*
[690] Vgl. Sir 2,11a fin. nach O-S^c L'-672-694-743 679 Bo.

In wortstatistischer Hinsicht ist πολύορκος sowie das davon abgeleitete Nomen πολυορκία[691] äußerst selten und zudem ausschließlich in jüdisch-christlicher Literatur bezeugt (s. **Wortst.**). Von daher kann ein theologisch geprägter Neologismus nicht ausgeschlossen werden. In 23,11a ist das ᴸˣˣHplg gegenüber dem unmittelbar vorausgehenden (23,10c) ὀμνύων καὶ ὀνομάζων διὰ παντός (*der schwört und 'beeidet'*[692] *immerfort*) als *verdeutlichend* und *variierend* (zu ὀμνύειν, ὀνομάζειν - ὅρκος κτλ.) zu klassifizieren, wobei der in der Gräzität beliebte Wortbildungstyp πολυ-, zu dem im Hebräischen (das Syrische der Syh ist flexibler) kein Pendant existiert, wohl auf das Konto des Übersetzers geht; offensichtlich orientiert sich Gr in diesem Fall wiederum an den sprachlichen Möglichkeiten und der Wortstilistik der Zielsprache zulasten einer "wörtlichen" Übertragung der Vorlage. Eine septuagintaspezifische Auswertung hinsichtlich der Verwendung des WB-Typs πολυ- wird auf S. 374.381 vorgelegt.

πολύπειρος sehr erfahren, mit großer Erfahrung (*meliorativ*)

21,22 ἄνθρωπος δὲ πολύπειρος αἰσχυνθήσεται ἀπὸ προσώπου
La: *et homo peritus confundetur a persona potentis*
T.B. Niddah 16b: ואיש מזימות יכניע רבים
Syr: [693] ‏ܘܠܒܐ ܚܙܝܐ ܐܦܘܗܝ ܟܐܒܐ‎

31(34),9 καὶ ὁ πολύπειρος ἐκδιηγήσεται σύνεσιν
La: *et qui multa didicit enarrabit intellectum*
H⁰ Syr: [694] ‏ܘܡܢ ܕܚܟܝܡ ܠܟܠ ܡܕܡ ܒܨܐ‎

36,25 καὶ ἄνθρωπος πολύπειρος ἀνταποδώσει αὐτῷ
La: *et homo peritus resistet illi* Hᴮ: ואיש ותיק ישיבנה בו Hᴮᵐᵃʳᵍ: ישיבנו
Syr: [695] ‏ܘܠܒܐ ܚܟܝܡܐ ܡܣܬܟܠ ܒܗ ܠܗ‎

WF: ἀπειράγαθος (Est), ἀπειρία (σ'), ἄπειρος (Num, Weish, Sach, Jer), πολυπειρία*[696] (Weish), ἐμπειρία (Weish), ἐμπειρεῖν (Tob), ἔμπειρος (Tob) **WFd:** ἐπιστήμων* (Dtn, 1 Esra, Jes, Dan o'), σοφός* (#), φρόνιμος* (#), συνετός* (#) **WB:** πολυ- s.v. πολύορκος

---

[691] Philo, De decalogo II 196: φύεται γὰρ ἐκ πολυορκίας ψευδορκία καὶ ἀσέβεια. Philo, De specialibus legibus II 9,1: οὐ γὰρ πίστεως ἡ πολυορκία τεκμήριον ἀλλ' ἀπιστίας ἐστὶ παρὰ τοῖς εὖ φρονοῦσιν.
[692] S. hierzu auch die Ausführungen auf S. 260 (ὀνομασία).
[693] *Und ein weiser Mann senkt seinen Blick (eigtl. Gesicht).*
[694] *Und derjenige, der fähig ist, untersucht jede Einzelheit.*
[695] *Und ein weiser Mann hat darin Einsicht.*
[696] Bei Plato, *Leges 811a5*, steht πολυπειρία parallel zu πολυμαθία: ... εἰ μέλλει τις ἀγαθὸς ἡμῖν καὶ σοφὸς ἐκ πολυπειρίας καὶ πολυμαθίας γενέσθαι.

Gegenüber dem in Gr dreimal bezeugten πολύπειρος übersetzen La und Syr zweimal (beim adjektivisch gebrauchten πολυπ.) parallel mit den Adjektiven *peritus* bzw. ܪܰܒ݂ܽܘ, während beide in 31(34),9 unerwartet von Syntax und Wortwahl gegenüber Gr in Form eines Relativsatzes abweichen. Von daher ist zu fragen, ob La und Syr hier möglicherweise eine andere Vorlage (GrII?) hatten. Das in 𝔐 19mal bezeugte מזמה (*Gedanke, Klugheit, Hinterlist*) wird in LXX v.a. mit βδέλυγμα, βουλή, διαβούλιον, διαλογισμός, ἐγχείρημα, ἔννοια, παρανομία, παράνομος, φρόνιμος wiedergegeben, in Gr steht dafür in H^BM 44,4 *meliorativ* διαβούλιον und in H^B 32(35),24 *pejorativ* ἐνθύμημα. Das in 36,25 in H^B überlieferte חריק (aram. *fest, tüchtig, gewandt*[697]) ist in 𝔐 nicht belegt. Textkritisch erwähnenswert sind in 31(34),9 die Differenzen zwischen Gr und Syr; מבין wäre über ܒܝܢܐ mit σύνεσις erklärbar, ܣܓܐ über *εκζηθησεται mit ἐκδιηγήσεται. Zu πολύπειρος findet sich in 25,6 das Nomen πολυπειρία (La *multa peritia* H^0 Syr ܪܰܓ݂ܺܝ ܣܰܓ݂ܺܝܐܐ Syh ܣܰܓ݂ܺܝܐܐ ܪܓܝ), das im Folgestichos mit φόβος κυρίου parallel läuft. Ebenso steht πολυπειρία (La *multitudo scientiae*) in Weish 8,8, identifiziert als Teilaspekt von Weisheit.

πόρνος der Unzüchtige[698]

23,16 ἄνθρωπος πόρνος ἐν σώματι σαρκὸς αὐτοῦ
La: *et homo nequa in ore carnis suae*
H^0 Syr: [699] ܕܒܣܪܗ ܣܓܝܐ ܢܦܫܗ݁ ܕܓܒܪܐ

23,17 ἀνθρώπῳ πόρνῳ πᾶς ἄρτος ἡδύς
La: *homini fornicario omnis panis dulcis*
H^0 Syr: [700] ܠܗ ܒܣܝܡ ܠܚܡܐ ܟܠ ܕܙܢܝܐ ܐܢܫܐ݁ ܠܒܣܪܐ

WF: πορνεία* (#), πορνεῖον (Ez), πορνεύειν (#), πορνή* (#), πορνικός (Spr, Ez), πορνοκόπος (Spr) WFd: ἀκόλαστος (Spr), ἀκολασία (4 Makk), ἀσέλγεια (3 Makk, Weish), μοιχεύειν* (#), μοιχός* (Ijob, Ps, Spr, Weish, Jes)

Sonderbar setzt Gr zwei Nomina asyndetisch nebeneinander; vgl. ferner φίλος μωκός (36[33],6), γυνὴ ἑταῖρα (41,20). Da jeweils H nicht über-

---

[697] So SMEND, Weisheit 324.
[698] LEH: *fornicator, whoremonger.* EÜ: *der Unzucht treibt (V.16), der Wollüstige (V.17).* F. HAUCK - S. SCHULZ, πόρνη κτλ., in: ThWNT 6 (1959) 579-595, hier 587, verstehen das sirazidische πόρνος im Sinne von μοιχεύειν.
[699] [*und nicht folgt der Lehre*] *ein Mann, der unzüchtig ist in der Schmach seines eigenen Fleiches.*
[700] *Dem Fleisch eines unzüchtigen Mannes ist alles Fleisch willkommen.*

liefert ist, bleibt eine übersetzungstechnische Einordnung dieser syntaktisch auffälligen Erscheinung spekulativ. Allerdings wird in LXX das fem. Nomen πόρνη ebenso asyndetisch mit γυνή gesetzt, wobei abgesehen von Spr 5,3 (זרה) in 𝔐 dafür אשה זונה zu lesen ist.[701] Von daher wäre ἄνθρωπος πόρνος septuagintaspezifisch als analoger Fall erklärbar. Syr hat in einem Fall einen Relativsatz (ܕܗܘ ܐܝܟ) und im anderen Fall Nomen plus Adjektiv (ܐܝܟ ܓܒܪ). Während Syh wie Gr zweimal nominale Asyndese (ܓܒܪܐ ܙܢܝ) wählt, bevorzugt La aus sprachlichen Gründen ein Attributgefüge (Nomen + Adjektiv), wobei beim Adjektiv seltsamerweise im Ausdruck gewechselt wird: Las La *nequa* statt πόρνος das Adjektiv πονηρός? Der lateinische Stichos beruht jedenfalls auch bzgl. *in ore* (= *ἐν στοματι) auf einem anderen (fehlerhaften) Gr-Text. Hinsichtlich der schlechten griechischen Vorlage von La, die bei textkritischen Operationen auf der Basis singulärer La-Lesarten grundsätzlich ins Kalkül miteinzubeziehen ist, vgl. auch S. 43-45.

πασαχῶς in wie vielfacher Beziehung[702]

10,31a ὁ δεδοξασμένος ἐν πτωχείᾳ, καὶ ἐν πλούτῳ ποσαχῶς
La: *qui gloriatur in paupertate quanto magis in substantia*
H^A: הנכבד בעיניו בעשרו איככה   H^B: נכבד בעשרו איככה
Syr: [703] ܕܪܗܝܒ ܒܥܝܢܝܗܝ ܒܡܣܟܢܘܬܗ ܒܥܘܬܪܗ ܚܕ ܟܡܐ

10,31b καὶ ὁ ἄδοξος ἐν πλούτῳ, καὶ ἐν πτωχείᾳ ποσαχῶς
La: *et qui gloriatur in substantia paupertatem vereatur*
H^A: ונקלה בעשרו בעיניו איככה   H^B: ונקלה בעיניו איככה
Syr: [704] ܘܕܠܝܠ ܒܥܘܬܪܗ ܒܡܣܟܢܘܬܗ ܚܕ ܟܡܐ

WF WFd: Ø WB: ποσ- ποσάκις* (1 Kön, 2 Chr, Ps, 3 Makk), ποσαπλῶς (Ps)

איככה (*wie?*) ist innerhalb 𝔐 sonst nur in Hld 5,3^bis (πῶς) und Est 8,6^bis (πῶς) belegt. Syr und Syh haben für איככה bzw. ποσαχῶς beide ܚܕ ܟܡܐ (*um so mehr*). In Ps 62 (63), 2 ist für Theodotion ποσαχῶς als Wiedergabe von כמה (ο' ποσαπλῶς α' ἐπετάθη σ' ἱμείρεται) überliefert. In beiden Fällen argumentiert Sir auf der Basis des קל וחמר-Prinzips (*vom Geringeren zum Schwereren*).

---

[701] Vgl. Lev 21,7; Jos 2,1; Ri 11,1; 16,1; 1 Kön 3,16; 12,24; Spr 5,3; Ez 16,20; 23,44. Bei Lysias *Peri traumatos* ist allerdings ebenso zu finden: πόρνη ἄνθρωπος (9,5), ferner δούλη ἄνθρωπος (19,1).

[702] LEH: *in how many ways, how much more*. PAPE: *auf wie vielerlei Art?*

[703] *Wer geehrt wird in seiner Armut, in seinem Reichtum um so mehr.*

[704] *Und wer verachtet ist in seinem Reichtum, in seiner Armut um so mehr.*

πρασιά (feldähnliche) Gartenanlage[705]

24,31 καὶ μεθύσω μου τὴν πρασιάν La: *et inebriabo pratus mei fructum*
H⁰ Syr: [706],ܐܪܥܬܝ ܟܠܗܝܢ

WF: πράσινος (Gen), πράσον (Num) WFd: κῆπος* (#), παράδεισος* (#),
σικυήρατον (Jes, EpJer)

Wahrscheinlich vorlagebedingt variierend im Ausdruck gegenüber den
unmittelbar vorausgehenden Synonyma παράδεισος (30b Syr ܓܢܬܐ) und
κῆπος (31a Syr ܓܢܬܐ), die ihrerseits trotz Syr auf verschiedene Lexeme
in H zurückgehen dürften. Gr hätte für πρασιά aber auch ein zweites Mal
κῆπος bzw. παράδεισος benutzen können, denn in vielen Fällen wiederholt sich Gr auf engstem Raum, obgleich unterschiedliche Äquivalente in
H vorliegen: 4,2b.3a: παροργίζειν - חמיר hi. und עני; 4,5b.6a: κατ-
αράσασθαι - קלל und צעק; 14,24f καταλύειν - חנה und שכן; 43,17.
20 καταλύειν - שכן und קרם hi.; 34(31),27f. εὐφροσύνη - גיל und
ששון; 16,6ab ἐκκαίειν - יקד und יצת; 8,8f διήγημα - שיחה und
שמיעה; 44,20ab διαθήκη - ברית und חק etc. etc.

προαλής unaufmerksam[707]

30,8 καὶ υἱὸς ἀνειμένος ἐκβαίνει προαλής
La: *et filius remissus evadit praeceps*
H⁰ Syr: [708],ܣܒܐ ܕܠܐ ܡܪܕܘܬܐ ܗܟܢ ܒܪܐ ܫܒܝܩܐ

WF: Ø {προαλῶς[709]}, ἄλλεσθαι (Ri, 1 Sam), ἀφάλλεσθαι* (Ez, Nah),
διάλλεσθαι (Hld), ἐνάλλεσθαι (Ijob, 1 Makk), ἐξάλλεσθαι (Jes, Joël, Mich,
Nah, Hab), ἐφάλλεσθαι (1 Sam), ὑπεράλλεσθαι* WFd: προπετής* (Spr),
ἄφρων* (#), ἀλόγιστος (3-4 Makk, Weish), ἀλογίστως (4 Makk), ἄλογος (Ex,
Num, Ijob, 3-4 Makk, Weish), ἀλόγως (3 Makk), ἄνους (2 Makk, Ps, Spr),
ἀνόητος* (Dtn, 4 Makk, Ps, Spr, Weish), ἄνοια (#), ἀπρονοήτως (3 Makk),

---

[705] LEH: *garden-plot, garden-bed.* FRITZSCHE, Weisheit 359: *Beet.* PAPE: *das Garten-
beet … Sp. auch der Garten selbst, Gemüsegarten.*
[706] *Und ich will wässern meine Bezirke.* Zu ܚܒܬܝ vgl. Hld 5,13; 6,1 (מ; ערוגת
Balsambeete).
[707] LEH: *rash, precipitous.* LSJ: *II. metaph. heedless* (mit Verweis auf Lysis bei Iamb.
VP 17,77 ἀκουσταί), *wilful, rash.* PAPE: *übertr. bereit wozu, vorschnell im Sprechen, übh. voreilig.* FRITZSCHE, Weisheit 369: *unbesonnen.* HAMP, Sirach 650: *jäh-
lings.* EÜ: *unberechenbar.* SAUER, Sirach 577: *voreilig.* LB: *ungebärdig.*
[708] *So ist der ungestüme Sohn, der nicht auf seinen Vater hört.*
[709] Zensiert von Phrynichos (vgl. LOBECK, Phrynichi eclogae 221).

ἀφροσύνη* (#), ἀσύνετος* (#), ἀνοήτως (σ'), ἀνοητίζειν (α'), ἀνοησία (α' θ'), ἀκρατής (Spr), ἀβουλεύτως (1 Makk), ἀβουλία (Spr, Bar), μανιώδης (3 Makk), μανία (Hos, Ps, 4 Makk), ἀπαίδευτος* (Spr, Weish, Zef, Jes), ἀπαιδευσία* (Hos), ἀκόλαστος (Spr), ἀκολασία (4 Makk)

LXX weist hinsichtlich des Wortfelds *"unvernünftig - unbeherrscht"* ein erwartungsgemäß breites Spektrum von Begriffen mit bisweilen nur mäßiger Belegzahl und zudem buchspezifisch auffälliger Verteilung (z.B. Makkabäerbücher!) auf. Abgesehen von dem am meisten benutzten Wortstamm ἀφρ- sind auch in Gr seltenere LXX-Synonyma zu finden (s. WFd); das dem ᴸˣˣHplg προαλής semantisch ähnliche προπετής (Pape: *voreilig, vorschnell, keck*) steht in Gr 9,18 (ὁ προπετὴς ἐν λόγῳ αὐτοῦ) für pejoratives מֵשָׂא עַל פִּיהוּ (*der Ausspruch seines Mundes*[710]), in Spr 10,14 für אֱוִיל und in 13,3 für פֹּשֵׂק.

προθυμία Entschlossenheit, Bereitwilligkeit[711]

45,23 ἐν ἀγαθότητι προθυμίας ψυχῆς αὐτοῦ
La: *in bonitate et alacritate animae suae*   Hᴮ: אֲשֶׁר נָדְבוּ לִבּוּ   Syr: om.

WF: προθυμεῖν (1-2 Chr, 1-3 Makk), πρόθυμος (#), προθύμως (2 Chr, Tob, 2-4 Makk) WFd: ἑτοιμασία (#), πρόχειρος (Spr), ἐνέργεια (Weish, 2-3 Makk), πίστις* (#), σπουδή* (#)

Gr und Hᴮ sind sowohl *inhaltlich* als auch *syntaktisch* schwer zu vereinbaren. Die Genitivkonstruktion ἀγαθότης[712] προθυμίας ist sonderbar und auch semantisch nicht klar zu fassen.[713] Zudem haben La und Hs. 543 statt des Genitivs ein mit *et* bzw. καί verbundenes Syntagma (*lectio facilior*), so daß ἀγαθότης und προθυμία parallel nebeneinander stehen. Als einziger Textzeuge überliefert Hs. 336 den Nominativ προθυμία. Das sonst nur in Exodus gebrauchte Qal נָדַב (*antreiben* mit לֵב, רוּחַ als

---

[710] So SAUER, Sirach 528. SMEND, Weisheit (Hebräisch - Deutsch) 16 auf der Grundlage seiner Konjektur נוֹשֵׂא: *Grosssprecher*. EÜ: *prahlerischer Mund*.

[711] LEH: *willingness, eagerness*. PAPE, der ausdrücklich auf die plurale Verwendungsweise bei Hom. hinweist: *Geneigtheit, Bereitwilligkeit, Wunsch*.

[712] Das unscheinbare Adjektivabstraktum ἀγαθότης ist in der Gräzität auffälligerweise erstmals mit Gr und Weish (1,1; 7,26; 12,22) bezeugt, wird in der Folgezeit allerdings (insbesondere in der Patrologie) vielfach und *"gerne"* verwendet.

[713] FRITZSCHE, Weisheit 403, 23cd als einen Stichos auffassend: (*Und bei des Volkes Abkehr*) *in guter Neigung seines Sinnes* (*bestand*). WAHL s.v. ἀγαθότης: *bonitas, quam gignit* προθυμία *vel juncta c.* προθυμία.

Subjekt) übersetzt LXX mit δοκεῖν (Ex 25,2) und φέρειν (Ex 35,21.29).
Andererseits geht in 1-2 Chr προθυμεῖν 8mal auf נדב hitp. und πρόθυμος 2mal auf נדיב zurück. Daraus könnte gefolgert werden, daß Gr
nicht נדבו, sondern vielmehr das Nomen (לבו) נדבי bzw. נדבת (An-
trieb[e] seines Herzens) las, wenn man nicht grundsätzlich davon ausgeht,
daß Gr den in H überlieferten Relativsatz aus stilistischen Gründen verkürzend durch ein Präpositionalgefüge ersetzt hat. נדבה wird in LXX
v.a. mit ἑκούσιος und ὁμολογία wiedergegeben. Da ἀγαθότης wohl eher
mit ישר (vgl. SMEND) als mit dem überlieferten Relativpronomen אשר
in Zusammenhang gebracht werden kann, erscheint die in 2 Chr 29,34
(𝕸 und LXX)[714] belegte Entsprechung ישרי לבב προθύμως besonders
interessant. REITERER (»Urtext« 220) vermutet jedoch hinter der Relativ-
partikel das Nomen אֹשֶׁר, das er nach BAUMGARTNER im Sinne von לב
אשר als "Herzensfreude" versteht. Zu V.23 s. auch die detaillierte Argumentation bei REITERER, »Urtext« 220.

προσανατρέπειν noch dazu niederwerfen, umstoßen[715]

13,23 κἂν προσκόψῃ, προσανατρέψουσιν[716] αὐτόν
La: et si offenderit subvertunt illum
H^A: ואם נתקל גם הם יהדפוהו Syr: [717] ܘܐܢ ܢܬܩܠ ܣܡܝ̈ܟ ܢܣܚܦܘܢ

WF: Ø {Ø}, ἀνατρέπειν* (#) WFd: προσαπωθεῖν*, ἔτι/πρόσετι plus κατα-
βάλλειν* (#), καθαιρεῖν* (#), καταρρίπτειν (Weish, Klgl) WB: προσ- (adverbiell: noch dazu): προσαναβαίνειν (Ex, Jos, Jdt, 2 Makk), προσανάβασις
(Jos), προσαναλέγεσθαι (2 Makk), προσαναπληροῦν (Weish), προσαναφέρειν
(Tob, Jdt, 2 Makk), προσανοικοδομεῖν*, προσαξιοῦν (3 Makk), προσαπο-
θνήσκειν (Ex), προσαπολλύναι (2 Makk), προσαποστέλλειν (2 Makk), προσαπωθεῖν*, προσεκκαίειν (Num), προσεμβριμᾶσθαι*, προσεμπιπράναι (Ex),
προσεπιτιμᾶν*, προσταράσσειν*

Für diesen, in der LXX nicht gerade häufig verwendeten Kompositionstyp
(Präverb προσ- im adverbialen Nebensinn: noch dazu) zeigt Gr eine besondere Vorliebe (s.u.). Obgleich bei den anderen ^LXXHplg^Sir mit dem ad-

---

[714] כי הלוים ישרי לבב להתקדש מהכהנים ὅτι οἱ Λευῖται προθύμως ἡγνίσθη-
σαν παρὰ τοὺς ἱερεῖς.

[715] LEH: to overthrow (further), to overturn [τινα] neol. RYSSEL, Sirach 301: noch
vollends niederwerfen.

[716] Stilistisch markant ist das anaphorisch verwendete Präverb: προσκόψῃ, προσανατρέψουσιν; vgl. z.B. auch in 4,3ab die parallel stehenden Präverbia παρ- (2mal)
sowie προσ- (2mal).

[717] Und wenn er stolpert, so stoßen sie ihn nieder (Syh ܘܐܢ ܢܬܩܠ ܣܡ̈ܝܟ ܢܣܚܦܘܢ ...).

verbialen Präverb προσ- (s.u.) nicht von der Vorlage her erforderlich scheint, könnte in diesem Fall die Wortbildung mit προσ- durch גם הם erklärt werden; freilich übersetzt Gr sonst <u>ausnahmslos</u> גם bzw. וגם mit καί bzw. καὶ γάρ. Sonderbarerweise berücksichtigt La von den sechs ^{LXX}Hplg mit Präverb προσ- nur 2mal (13,21f προσαπωθεῖν, προσεπι-τιμᾶν) den adverbialen Nebensinn durch *et* bzw. *insuper*. Gr übersetzt הדף q. im Wortfeld verbleibend noch mit ἐξαίρειν (47,5 H^B), ἐκτρίβειν (33[36],9 H^B) und ἀνατρέπειν (12,12 H^A). In der LXX entsprechen diesem in 𝔐 11mal belegten Verb folgende Vokabeln: ἀναστρέφειν, ἀνα-τρέπειν (Spr 10,3), ἀπωθεῖν, ἀφαίρειν, διωθεῖν, ἐκδιώκειν, ἐξαναλίσ-κειν, ἐξολεθρεύειν, καταστρέφειν, παραλύειν, ὠθεῖν. Der wortstatisti-sche Befund (s. **Wortst.**) läßt bei προσανατρέπειν auf eine von Gr indivi-duell gebildete Wortschöpfung schließen, wobei der Schwerpunkt der Aus-sage offenbar auf der adverbialen Nuance des *noch dazu* liegt.

προσανοικοδομεῖν noch dazu erbauen, wieder errichten[718]

3,14 καὶ ἀντὶ ἁμαρτιῶν προσανοικοδομηθήσεταί σοι

La: *nam pro peccato matris restituetur tibi bonum*

H^A: ותמור חטאת היא תנתע   H^{Amarg}: תנטע

H^C: ותחת עונותו תתנצ(ב)   Syr: [719] ܘܣܠܐ ܣܘܬܟ ܡ ,ܚܐܠܝ

WF: Ø {Ø}, ἀνοικοδομεῖν (#), οἰκοδομεῖν* (#) WFd: ἔτι/πρόσετι plus ἱστάναι* (#), ἀνιστάναι* (#), ἱδρύειν (4 Makk), κτίζειν* (#) WB: s.v. προσ-ανατρέπειν

נטע übersetzt Gr in H^B 49,7 (Qal) noch mit καταφυτεύειν, das parallel mit dem vorausgehenden οἰκοδομεῖν (לבנת) verbunden ist (vgl. Jer 1,10). In LXX entspricht נטע neben ἱστάναι (Jes 51,16 *konj.* נטה; Dan o' 11,45) und πηγνύναι (Num 24,6) v.a. φυτεύειν. Für נצב steht in Gr ἱστάναι (49,13 H^B; 50,12 H^B im Nifal und Hifil), διαστέλλειν (44,23 H^B im Hifil) und ἑτοιμάζειν (47,13 H^B im Hifil). Demgegenüber wird in LXX dafür in den allermeisten Fällen ἱστάναι und deren Komposita ver-wendet. Daher ist die Wortwahl von προσ- ανοικοδομεῖν septuagintaspe-zifisch nur über das Wortfeld ἱστάναι einzuordnen, wobei der Wortbil-dungstyp προσ- mit adverbialem Nebensinn aufgrund des wortstatisti-

---

[718] LEH: *P. to be built up (credit) (metaph.) neol.* FRITZSCHE, Weisheit 319: (… *wird dein Wohlstand) wieder erblühen.* WAHL: *domus tua tibi reaedificabitur tropice pro: bene tibi erit.* LSJ zu Sir 3,14: *to be added for edification.* LSJ (Supplement 1996) zu Sir 3,14: *build on as an annex or support.*

[719] *Und anstelle der Sünden wird sie grundgelegt.*

schen Befunds (s. **Wortst.**) individuellen Charakter zeigt. Das Präverb verschärft den in H überlieferten Kontrast: Die dem Vater entgegenge- brachte Mildtätigkeit (אב צדקת ἐλεημοσύνη γὰρ πατρός) wird nicht nur nicht "vergessen", sondern wirkt sich *darüber hinaus auch noch* sün- denvergebend aus. Zur textkritischen Diskussion s. S. 35f.

προσαπωθεῖν noch dazu verstoßen[720]

13,21 ταπεινὸς δὲ πεσὼν προσαπωθεῖται ὑπὸ φίλων
La: *humilis autem cum ceciderit expellitur et a notis*
Hᴬ: ודל נמוט נדחה מרע אל רע
Syr: [721] ܘܡܣܟܢܐ ܢܦܠ ܡܢ ܚܒ ܠܚܒܪܗ

WF: Ø {Ø}, ἀπωθεῖν* (#), ὠθεῖν (Num, Ijob, Ps, Jes, Jer), προσωθεῖν (2 Makk), ἐξωθεῖν (#), παρωθεῖσθαι (2 Makk) WFd: προσανατρέπειν*, ἔτι/ πρόσετι plus ἀποδοκιμάζειν* (Ps, Weish, Jer), ἀποβιάζεσθαι (Spr), ἐκδιώ- κειν* (#), ἐκβάλλειν* (#), ἀποσοβεῖν* (Dtn, Jer) WB: s.v. προσανατρέπειν

Das abgesehen von Sam und Jer v.a. im Psalter gebrauchte דחה (*stoßen, umstoßen*), das hier durch Syr ܚܒܠܚܒ bestätigt wird, ist in LXX mit ἀνατρέπειν, ἐκθλίβειν, ὑποσκελίζειν, ὠθεῖν (im Qal), mit ἀπωθεῖν und ὑποσκελίζειν (im Nifal) und ἐξωθεῖν (im Pual) übersetzt. Von daher ist προσαπωθεῖν, das dem ᴸˣˣHplg προσανατρέπειν semantisch nahesteht, septuagintaspezifisch unauffällig bis auf das Präverb προσ- , das Gr indi- viduell zur Verstärkung des Kontrastes einbezogen hat.

προσεμβριμᾶσθαι darüber hinaus noch anmurren[722]

13,3 πλούσιος ἠδίκησεν, καὶ αὐτὸς προσενεβριμήσατο
La: *dives iniuste egit et fremebit*   Hᴬ: עשיר יענה הוא יתנוה
Syr: [723] ܥܬܝܪܐ ܛܠܡ ܘܠܐ ܒܛܝܠ ܠܗ

WF: Ø {Ø}, ἐμβριμᾶσθαι (Dan o'), ἐμβρίμημα (Klgl), ἐμβρίμησις (α' σ' θ' Al.) WFd: ἔτι/πρόσετι plus ὀργίζεσθαι (#), παροργίζεσθαι* (#), γόγγυσις (Num), γογγύζειν* (#), διαγογγύζειν* (Ex, Num, Dtn, Jos), καταγογγύζειν (1 Makk) WB: s.v. προσανατρέπειν

---

[720] LEH, den adverbialen Nebensinn nicht berücksichtigend: *P. to be pushed away neol.* PAPE: *noch dazu davon wegstoßen od. wegdrängen.*
[721] *Und der Arme fällt nieder und wird gestoßen vom Bösen zum Bösen.*
[722] LEH: *to continue to be indignant, to scream to prove oneself right or to prove to be the wronged one; neol.*
[723] *Der Reiche nämlich sündigt und es kümmert ihn nicht.*

προσεμβριμᾶσθαι ist nach dem wortstatistischen Befund als *Hapaxlego-menon totius graecitatis* (vgl. **Wortst.**) zu klassifizieren; da Gr weitere in der Gräzität äußerst schwach bezeugte Komposita vom Wortbildungstyp προσ- (mit adverbialem Nebensinn *noch dazu*) gebraucht, wird man mit großer Wahrscheinlichkeit wiederum von einer individuellen Wortprägung ausgehen können. Der Akzent der Aussage bei diesen Komposita liegt somit im adverbialen Nebenaspekt des *zusätzlich*, welcher den Kontrast der hebräischen Vorlage noch verschärft. Das anscheinend mit dem ᴸˣˣHplg korrespondierende נוה hitp. (aram. *sich schmücken, eitel sein*) ist in 𝔐 nicht bezeugt; lediglich in Ex 15,2c (*Moselied*) begegnet נוה hi. (LXX δοξάζειν), das parallel zu רום pil. (*preisen*; LXX ὑψοῦν) steht. Sowohl mit Hᴮ als auch mit Syr (ܘܐܡܪ) ist also προσεμβριμᾶσθαι über-setzungstechnisch nicht vereinbar. Für das in Dan 11,30 o' bezeugte ἐμβριμᾶσθαι (θ' ταπεινοῦσθαι) ist in 𝔐 kein Äquivalent auszumachen, steht allerdings im Kontext von זעם (o' ὀργίζεσθαι θ' θυμοῦσθαι). Auf das Verb greift Aquila für die Wiedergabe von זעם (Ps 7,12) zurück (vgl. ebenso Al. Num 23,8); bei Symmachus hingegen korrespondieren ἐμβριμᾶσθαι und גער (Jes 17,13). Vgl. ferner ἐμβρίμημα als Äquivalent zu זעם in Klgl 2,6 sowie θ' Ez 21,31(36). Das in LXX nicht belegte, aber von den jüngeren Übersetzern häufiger herangezogene Verbalabstrak-tum ἐμβρίμησις entspricht ausnahmslos זעם (α' σ' Ps 37(38),4; Hos 7,16; Jer 15,17; σ' Ez 21,31(36); θ' Jes 30,27; Al. Jer 10,10).

προσεπιτιμᾶν darüber hinaus noch Vorwürfe machen

13,22 ταπεινὸς ἔσφαλεν, καὶ προσεπετίμησαν αὐτῷ
La: *humilis deceptus est et insuper arguitur* Hᴬ: (!)דל נמוט גע גע ושׁא
Syr: ⁷²⁴ ܡܣܟܢܐ ܡܡܠܠ ܘܐܡܪܝܢ ܠܗ ܓܥ

WF: Ø {Ø}, ἐπιτιμᾶν* (#), ἐπιτιμία (Weish), ἐπιτίμιον*, ἐπιτίμησις* (2 Sam, Ijob, Ps, Koh, Weish) WFd: ἔτι/πρόσετι plus ὀργίζεσθαι (#), παροργίζεσθαι* (#), μέμφεσθαι* (2 Makk), ἐγκαλεῖν (Ex, 2 Makk, Spr, Weish, Sach), ἐκσυρίζειν*, ὀνειδίζειν* (#) WB: s.v. προσανατρέπειν

Der in Hᴬ überlieferte zweite Teil des Stichos, welcher mit προσεπιτιμᾶν korrespondiert, ist schwer verständlich und daher textkritisch verdäch-tig⁷²⁵. SMEND (Weisheit Hebräisch - Deutsch 23) übersetzt: ... *so ruft*

---

⁷²⁴ *Der Arme spricht und sie sagen zu ihm: Buh (Pfui)*. ܓܥ ist im Syrischen eine In-terjektion der Verachtung.
⁷²⁵ SMEND (Weisheit 128) konjiziert ושׁא nach Hab 1,3 in ישׁא (*man sagt*); vgl. aller-dings die textkritische Note in BHS: frt l אשׁא an exc nonn vb?.

man: pfui![726], was auch durch Syr (ܝܠ) bestätigt wird. Die für die Wortwahl von προσεπιτιμᾶν aufschlußreiche Interjektion גֹּעַ, die vom Übersetzer möglicherweise mit גֹעֶה bzw. ܓܥܐ ([an]brüllen, schreien) in etymologischem Zusammenhang gesehen wurde, ist in 𝔐 nicht belegt; von daher erübrigt sich ein septuagintaspezifischer Vergleich. Unter Umgehung dieser Interjektion übersetzt Gr sinngemäß. Neben diesem ᴸˣˣHplg benutzt Gr aber in 22,1 (H⁰ Syr *al.* ܢܦܨ) auch noch das ᴸˣˣHplg ἐκσυρίζειν (*auspfeifen, ausbuhen*), das an dieser Stelle vom Sinn her ebenso gut passen würde. In wortstatistischer Hinsicht fällt προσεπιτιμᾶν aus dem Rahmen (vgl. **Wortst.**), da es wie die anderen mit Präverb προσ- gebildeten ᴸˣˣHplgˢⁱʳ in der Gräzität nur äußerst schwach belegt ist.

προστᾰράσσειν darüber hinaus noch erschüttern[727]

4,3 καρδίαν παρωργισμένην μὴ προστᾰράξῃς[728]   La: *cor inopis ne adflixeris*
Hᴬ: וקרב עני אל תכאיב   Syr: [729] ܘܓܘܗ ܕܡܣܟܢܐ ܠܐ ܬܚܒܠ.ܗ

WF: Ø {Ø}, ταράσσειν* (#), ταραχή* (#), τάραχος (#), ταραχώδης (Ps, Weish), ἐπιταράσσειν (2 Makk), ἐκταράσσειν (Ps, Weish) WFd: ἔτι/πρόσετι plus ἐκπλήσσειν (2-4 Makk, Koh, Weish), καταπλήσσειν (Jos, Ijob, 2-3-4 Makk), καταπληγμός*, κατάπληξις (2 Esra) WB: s.v. προσανατρέπειν

Das Verbum כאב übersetzt Gr im Qal mit πονεῖν (13,5 Hᴬ), das Nomen mit πικρία (4,6 Hᴬ; 34[31],29 Hᴮ) und dem ᴸˣˣHplg ἀρρώστημα (30,17); מכאוב (3,27 Hᴬ; 34[31],20 Hᴮ; 38,7 Hᴮ) steht πόνος gegenüber. In LXX entsprechen der Wurzel כאב ἀλγεῖν, ἀχρειοῦν, διαστρέφειν, λύπη, ὀδύνη, πόνος (beim Verbum q. hi.), ἄλγημα, λυπεῖν, πληγή (beim Nomen כאב) sowie ἄλγημα, ἄλγος, διαφθορά, ἐπίπονος, μαλακία, μάστιξ, ὀδύνη, πληγή, πόνος (bei מכאוב). Aus dieser Zusammenstellung der Äquivalente ist zu ersehen, daß Gr sich einerseits Übersetzungsmuster, wie sie in LXX verwendet sind, bedient, andererseits aber auch im Wortfeld verbleibend variiert. Eine übersetzungstechnische Einordnung des ᴸˣˣHplg προστᾰράσσειν ist nach den o.g. Daten weder septuaginta-

---

[726] SAUER, Sirach 539, nach Hᴬ: *der Arme wankt, so ruft man: Unfall, Unfall!* JB nach Gr: *Stolpert ein Armer, macht man ihm Vorwürfe.* ZB nach Syr: *Spricht der Arme, so ruft man: «Pfui, Pfui!».* Auch EÜ orientiert sich an Syr.

[727] LEH: *to trouble further* (=LSJ). WAHL: *perturbo, amplius turbo.* FRITZSCHE, Weisheit 320: *noch mehr reizen.* LB: *noch mehr Leid zufügen.*

[728] Vgl. hierzu die Parallelität in der stilistisch markanten Verwendung von gleichen Wortbildungstypen: 4,3ab καρδίαν παρ- ωργισμένην μὴ προσ- ταράξῃς καὶ μὴ παρ- ελκύσῃς δόσιν προσ- δεομένου.

[729] *Den Eingeweiden eines armen Menschen füge keinen Schmerz zu.*

spezifisch noch innersirazidisch möglich. Allerdings muß festgehalten werden, daß Gr noch in zwei weiteren Fällen ταράσσειν mit menschlichen Organen (30,7 σπλάγχνα; 51,21 κοιλία) als Objekt kombiniert; demnach versteht Gr unter ταράσσειν bzw. προσταράσσειν nicht so sehr ein mentales *Verwirren*, als vielmehr ein körperlich-emotionales *Erschüttern, aus der Fassung Bringen*. Diese hier vorgenommene Nuancierung wird durch La (adfligere *niederschlagen*) bestätigt, falls das drastische *adflixeris* tatsächlich auf GrI zurückgehen sollte und nicht von einer nach H rezensierte Vorlage (GrII?) herrührt; denn ganz davon abgesehen, daß La das für GrI charakteristische Präverb προσ- nicht wie bei den ^{LXX}Hplg προσεπιτιμᾶν (*insuper*) und προσαπωθεῖν (*et*) durch ein entsprechendes Adverb umsetzt, bestätigt La zum einen mit *inopis* gegen Gr (παρωργισμένην) das in H^A stehende עָנִי (= Syr ܡܣܟܢܐ), zum anderen korrespondiert ταράσσειν in La sonst mit *turbare* (30,7) bzw. *conturbare* (51,21).

προφανῶς öffentlich[730]

51,13 ἐζήτησα σοφίαν προφανῶς ἐν προσευχῇ μου[731]
La: *quaesivi sapientiam palam in oratione mea*
H^B: וחפצתי בה ובקשתיה   H^Q: תעיתי ובקשתיה
Syr: [732] ܘܐܬܒܣܡܬ ܒܗ ܘܒܥܝܬܗ

WF: προφαίνειν (2-4 Makk), φανερῶς (2 Makk), ἐμφανής (Ex, Weish, Mich, Jes), ἐμφανῶς (Ps, Spr, Zeph) WFd: δημόσιος (2-3 Makk), δήμιος (2 Makk)

Gegen die gesamte griechische Sirachüberlieferung (einschl. La) hält SMEND aufgrund προθυμία in 45,23 "das sinnlose προφανῶς vielleicht als Fehler für προθύμως"[733], das jedoch - so muß man einwenden - auch nicht durch H^{BQ} und Syr bestätigt wird. EÜ übernimmt diese Konjektur und übersetzt mit *eifrig*, was "gut" in den Kontext paßt. Dagegen faßt PETERS (Ecclesiasticus 448) das überlieferte προφανῶς als "erläuternde Glosse zu ἔναντι ναοῦ" (La *ante tempus*) auf, so daß für dieses ^{LXX}Hplg nicht unbedingt GrI angenommen werden müßte. Aufgrund der in 51,13ff zutage tretenden unterschiedlichen Textfassungen, die zudem mit textkriti-

---

[730] LEH: *in a conspicuous or extraordinary fashion*. FRITZSCHE, Weisheit 414: ... *Bat ich offen um Weisheit in meinem Gebete*. LB: *offen und ehrlich*. RYSSEL, Sirach 473: *ehrlich*.

[731] RYSSEL, Sirach 473, rechnet *"in meinem Gebete"* zum darauf folgenden Stichos, wobei der Zusatz *"vor dem Tempel"* an dessen Stelle trat.

[732] *Und erfreute mich an ihr und suchte sie.*

[733] SMEND, Weisheit 504.

schen Unklarheiten behaftet sind, differieren nicht unerheblich auch die verschiedenen Übersetzungen, je nach dem textkritischen Ermessen des Übersetzers. Zu 51,13b vgl. z.B. EÜ, die Konjektur προθύμως von SMEND übernehmend : ... *suchte ich eifrig die Weisheit* {...}. JB nach Gr: *verlangte ich offen nach Weisheit im Gebet.* ZB nach H[B]: *hatte ich Neigung zur Weisheit und suchte sie.* GN: ... *betete ich schon ausdrücklich um Weisheit.* SKEHAN - DI LELLA, Wisdom 572, nach 11QPs[a]: *I kept seeking wisdom.* RYSSEL, Sirach 473: *suchte ich ehrlich Weisheit* ' '.

πυρώδης feurig[734]

43,4 ἀτμίδας πυρώδεις ἐκφυσῶν   La: *radios igneos exsufflans*

H[B]: [735] לשאון מאור תגמר נושבת   H[Bmarg] לשון

H[M]: לשון מאור תנ[ג]מור נושבת   Syr: [736] ܠܫܢܐ ܕܢܘܪܐ ܕܐܝܟ ܡܘܩܕܐ ܢܘܪܐ

WF: πῦρ* (#), πύρινος* (Ez), πυρρός (Gen, Num, 2 Kön, Hld, Sach), πύρπνοος (Weish), πυρόπνους (3 Makk) WFd: φλόγινος (Gen), φλογίζειν* (Ex, Num, Ps, Dan o'), φλόξ* (#) WB: s.v. ἀμμώδης

Die Konstruktusverbindung לשון מאור ist in 𝔐 nicht bezeugt; allerdings findet sich bei Jes 5,24 in ähnlicher Form לשון אש, was in LXX mit ἄνθραξ πυρός wiedergegeben ist. מאור, das sonst in Sir nicht bezeugt ist, korrespondiert in LXX neben φωτίζειν (Num 4,9) und φωτισμός (Ps 89,8) sowie mit φωστήρ (Gen 1,14.16), weswegen SAUER (Sirach 611 Anm. 4b) מאור als die Sonne (vgl. V.4b שמש ἥλιος) versteht. Gr hingegen deutet das *nomen rectum* מאור (vgl. Jes 5,24 πῦρ) nach 4a als *"feuerhaltige Dämpfe"* (Syh ܬ܇ܘܢ ܬ܇ܬܡܠ) auf den Ofen (κάμινον); vgl. 22,24a (ἀτμὶς καμίνου H[0] Syr ܬܢܢܐ ܟܒܪܐ) und 38,28c (ἀτμὶς πυρός H[0] Syr ܬܢܢܐ ܕܢܘܪܐ ܘ̈ܠܒ̈ܬܐ). Semantisch steht πυρώδης dem in 48,9 belegten πύρινος nahe, das in H[B] dem *nomen rectum* אש (Syr ܕܢܘܪܐ) entspricht. Im Gegensatz aber zu πύρινος hebt πυρώδης aufgrund des Wortbildungstyps - ώδης möglicherweise auf die Fülle (nicht so sehr das Aussehen, wie man meinen könnte) ab; s. hierzu S. 146 Anm. 156.

---

[734] LEH: *fiery*. PAPE: = πυροειδής *feuerähnlich*.

[735] SAUER, Sirach 611: *Die Zunge der Leuchte verbrennt das bewohnte (Land)*.

[736] *Ihre Hitze* [sc. die der Sonne] *ist wie Glut des Feuers.*

ῥεῦμα Flußbett[737]

39,13 ὡς ῥόδον φυόμενον ἐπὶ ῥεύματος ὑγροῦ
La: *et quasi rosa plantata super rivum*[738] *aquarum*
H⁰ Syr: [739] ܪ܏ܝܢ ܕܠ ܏ܠܕܐܬܙ ܐܝܙܪ ܩܝܪܩܐ

WF: ῥεῖν* (#), ἀπορρεῖν (Ri, Ps, Ijob, 1-4 Makk), ἀπόρροια (Weish), παραρρεῖν (Spr, Jes), περιρρεῖν (4 Makk), ῥύσις (#), ῥοῦς*, καταρρεῖν (1 Sam, Jer, 2-4 Makk), κατάρροια (α') WFd: ποταμός* (#), διῶρυξ* (Ex, Jes, Jer), ῥύσις (Lev, Dtn, Ijob), ῥοῦς*, ῥόαξ (Ez)

Sonderbar pleonastisch ist das Syntagma ῥεῦμα ὑγρόν (La hingegen *rivum aquarum*) im Sinne von "*der feuchte Fluß*"; daher verwundert es nicht, wenn einzelne Textzeugen (z.B. *cod.* B αγρου) statt ὑγρός das Nomen ἀγρός bezeugen: *der Fluß in der Flur*[740] , was allerdings auch nicht durch Syr (ܪ܏ܝܢ ܕܠ *am Wasser*) bestätigt wird. Nimmt man dennoch ὑγρός als authentisch an, so ist in Erwägung zu ziehen, ob ῥεῦμα nicht mit *Flußbett* zu übersetzen wäre. In LXX wird für *Fluß, Bach* v.a. das auch in Gr bezeugte ποταμός (insgesamt 242 Belege (Gr 9mal) mit den Äquivalenten פלג, נחל, נהר, יאר) gebraucht. Auffällig bestehen wiederum zwischen La und Syr gegen Gr Parallelitäten: *et quasi* = ܩܝܪܩܐ; *plantare -* ܏ܠܕܐܬ.

ῥοῦς Strömung[741]

4,26 καὶ μὴ βιάζου ῥοῦν ποταμοῦ   Hᴬ: ואל תעמוד לפני שבלת
La: *nec coneris contra ictum fluvii*   Syr: [742] ܐܠܐ ܏ܩܐܘܕ ܠܩܒܠ ܏ܚܒܠܐ

WF: ῥεῖν* (#), ἀπορρεῖν (Ri, Ps, Ijob, 1-4 Makk), ἀπόρροια (Weish), παραρρεῖν (Spr, Jes), περιρρεῖν (4 Makk), ῥύσις (#), ῥεῦμα*, καταρρεῖν (1 Sam, Jer, 2-4 Makk), κατάρροια (α') WFd: ποταμός* (#), διῶρυξ* (Ex, Jes, Jer), ῥύσις (Lev, Dtn, Ijob), ῥοῦς*, ῥόαξ (Ez)

---

[737] LEH: *stream*. PAPE: u.a. *auch das Flußbett*. SAUER, Sirach 600: *Bach*. EÜ: *Wasserlauf*. RYSSEL, Sirach 425: *am 'rieselnden' Bach*. FRITZSCHE, Weisheit 388: *an fliessender Strömung*.

[738] Vgl. Laⱽ *rivos* = ῥευμάτων Clem. Paed. II 8,76 Arm.

[739] *Und wie Zedern, die gepflanzt sind am Wasser.*

[740] Vgl. HAMP, Sirach 675: *am Bache der Flur.*

[741] LEH: *flow of water, current, stream, course*, ῥοῦς ποταμοῦ *course of river*. FRITZSCHE, Weisheit 321, RYSSEL, Sirach 272: *die Strömung [des Flusses]*. EÜ (26b) sonderbar: *leiste nicht trotzig Widerstand*. LB: ... *sonst versuchst du vergeblich, den Lauf eines Stromes zu hemmen.*

[742] *Und du sollst dich nicht gegen einen Tor erheben.*

Das 19mal in 𝔐 bezeugte שבלת wird in LXX in der Bedeutung *Ähre,
Getreidehalm* neben καλάμη und κλάδος vor allem mit στάχυς übersetzt,
in der Bedeutung *Strom, Strömung* mit διῶρυξ (Jes 27,12 הנהר ש' δ.
τοῦ ποταμοῦ) und καταιγίς (Ps 68(69),2(3); V.16: מים ש' κ. ὕδατος).
Von daher vermißt man in Hᴬ ein Äquivalent für ποταμοῦ. Zu dem noch
in Hᴬ 5,9 *plene*-geschriebenen שבולת (ש' ופונה דרך) ist kein griechisches Äquivalent zu bestimmen, da Gr in diesem Fall dem Parallelstichos
von Hᶜ folgt: ואל תלך לכל שביל (*und gehe nicht jedem Pfad nach*)
καὶ μὴ πορεύου ἐν πάσῃ ἀτραπῷ; Syr bestätigt in diesem Fall (5,9) partiell Hᴬ (ܠܚܠ ܘܡܚܦܝܐ) und Hᶜ (ܚܒܝܠ). An unserer Stelle (4,26) stimmt
Syr wiederum partiell mit Hᴬ überein, bezeugt aber gegenüber שבלת
(*Wasserflut*[743]) ܡܚܠܐ (*Dummkopf*). Möglicherweise hat Syr שבלת als
aram. סכלות (vgl. Koh 1,17 שכלות Syr ܡܚܠܘܬܐ) gelesen und -
zumal im unmittelbar folgenden Stichos ܡܚܠܐ durch ܬܪܥܐ (*Tor*) wiederaufgenommen wird - kontextlich bedingt personalisiert. Es ist allerdings
aufgrund Sir 5,9 auch nicht ganz von der Hand zu weisen, daß Syr statt
שבלת die in Hᶜ 5,9 als Variante bezeugte Lesart שביל zugrunde lag.
Auch La *conari* geht nicht eindeutig auf Gr βιάζεσθαι (vgl. 34(31),14
cogi) zurück und weist darüber hinaus eine Parallele zu Syr und Hᴬ
(gegen Gr) auf: *contra* (Gr *om.*) - לפני - ܠܩܘܡܚܠ. Für Aquila ist ῥοῦς
ebenso als Wiedergabe von שבלת (Ps 68[69],3 ο' καταιγίς σ' ῥεῖθρον)
überliefert.

ῥῦσις Rettung, Befreiung[744]

51,9 καὶ ὑπὲρ θανάτου ῥύσεως ἐδεήθην   Syr: ܘܡܦܨܐ
La: *et pro morte defluenti deprecatus sum*   Hᴮ: ומשערי שאול שועתי

WF: ῥύεσθαι* (#), ῥύστης (Ps, 3 Makk)[745] WFd: σῴζειν* (#), διασῴζειν* (#),
σωτηρία* (#), σωτήρ* (#), περιποιεῖν* (#), περιποίησις (2 Chr, Hag, Mal),
λύτρωσις (Lev, Num, Ri, Ps, Jes), ἀπολύτρωσις (Dan ο'), ἔκλυσις (Est, Jes,
Jer, Ez, 2 Makk)

Gr und Hᴮ liegen in ihrer Textgestalt soweit auseinander, daß eine exakte
übersetzungstechnische Einordnung von ῥῦσις kaum möglich ist. Die Annahme SMENDS (Weisheit 500), daß Gr θανάτου ῥῦσις möglicherweise
auf שאול משעת zurückgeht, erscheint zwar plausibel, bleibt aber den-

---

[743] So SMEND, Weisheit (Hebräisch - Deutsch) 7. SAUER, Sirach 516: *Strömung*.
SKEHAN - DI LELLA, Wisdom 174: *rushing stream*.
[744] LEH: *deliverance*, neol. (=LSJ).
[745] ῥύστης korrespondiert in Psalter durchgängig (4mal) mit פלט pi.

noch hypothetisch. In H^B liegt offensichtlich zwischen שַׁעַר und שׁוּעַ^I
(Ges[17] *um Hilfe schreien*) ein Wortspiel vor. Unabhängig von SMENDS
Vorschlag wäre auch möglich, daß Gr שׁוּעָתִי mit *ich bat um Rettung*
(ῥύσεως ἐδεήθην) übersetzt hat, wobei מִשַׁעֲרִי שָׁאוּל vereinfachend als
Tod(esgefahr) (= θάνατος) verstanden wurde. שׁוע q. wird in LXX (Gr
Ø) v.a. mit κράζειν, βοᾶν, δεῖσθαι und στενάζειν wiedergegeben, die
davon abgeleitete Nomina שׁוע und שׁוּעָה korrespondieren in LXX mit
βοή, βοήθεια, v.a. aber mit δέησις und κραυγή. Syr hat lediglich: *und
ich beugte mich nieder* (= *und ich betete*). Es ist eine übersetzungstechnische Eigenart von Gr, bei Präpositionalausdrücken Verbalabstrakta gegenüber substantivierten Infinitiven (hier z.B. τὸ ῥύεσθαι) den Vorzug zu
geben.[746] So kommt es, daß das favorisierte Substantiv (hier beispielsweise - wie sooft in Gr - ein äußerst selten in der Gräzität (s. **Wortst.**) vor-
kommmendes Verbalabstraktum) in LXX selten bzw. nur 1mal (^LXXHplg)
vorkommt, während das Verbum vom gleichen Wortstamm häufiger oder
gar vielfach in LXX belegt ist, wie im Falle von ῥύεσθαι (195 Belege in
LXX), das in 𝔐 meist auf נצל und גאל zurückführt.

σεῖσμα das Schütteln[747]

27,4 ἐν σείσματι κοσκίνου διαμένει κοπρία H^0 Syr: *om.*
La: *si in pertusura cibri remanebit stercus*

WF: σείειν (#), σεισμός (#), συσσεισμός* (#), συσσείειν* (Spr, Ps, Hab),
κατασείειν (1 Makk), ἀποσείειν (Jes), διασείειν (Ijob, 3 Makk), ἐνσείειν (2
Kön, 2 Makk), ἐπισείειν (Ri, 1-2 Sam, 2 Makk), κατασείειν (1 Makk) **WFd:**
σαλεύειν* (#), κινεῖν* (#), κίνησις (Ijob, Ps, Weish, 2 Makk), ταράσσειν*
(#), διατινάσσειν (α', Hebr.)

Auch in diesem Fall erklärt sich der Gebrauch des ^LXXHplg^Sir σεῖσμα
(σείειν ist in der LXX häufig (37mal) belegt!) durch den von Gr gewöhnlich bevorzugten Nominalstil, d.h. es werden vorrangig Verbalabstrakta benutzt, um umständliche Nebensätze, die der poetischen Diktion
der Vorlage entgegenlaufen, zu vermeiden. Durch diesen übersetzungstechnischen Aspekt dokumentiert Gr, den formalen d.h. gattungsspezifischen Gegebenheiten der Vorlage gerecht zu werden. Sowohl anhand formaler (Stichometrie) als auch syntaktischer (Nominalstil, selten Hypota-

---

[746] Andererseits verzichtet Gr nicht völlig auf den substantivierten Infinitiv (vgl. z.B.
4,31ab).
[747] LEH: *shaking neol.* (= LSJ). PAPE: *Erderschütterung LXX* [= REHKOPF, Septuaginta-Vokabular 258] . SCHLEUSNER III, 33: *commotio, concussio, quassatio, motus.*

xen) Indizien ist zu ersehen, daß Gr keine **prosaische** Übertragung intendiert hat, bei der es nur darum geht, Inhalte zu transportieren. In wortstatistischer Hinsicht fällt auf, daß die Verwendung von σεῖσμα erst ab dem 2. Jh. v. Chr. mit nur einem weiteren Belegen (PTeb 41.22 allerdings in der Bedeutung *Erpressung*) nachzuweisen ist, obgleich das Verb bereits bei Homer (Il. V 563; Od. III 486) auftaucht. Erst im 4. Jh. n. Chr. finden wir einen dritten Beleg in den Papyri (PMasp 58.11 II). Möglicherweise ist das gegenüber Gr überschüssige *si* in *sicut* zu korrigieren, das im Folgestichos mit *sic* (οὕτως) wiederaufgenommen wird.

σήπη Fäulnis[748]

19,3 σήπη καὶ σκώληκες κληρονομήσουσιν αὐτόν H⁰ Syr: *om.*
La: *putredo et vermes hereditabunt illum*

WF: σήπειν* (Ijob, Ps, EpJer, Ez), σῆψις (Jes), σηπεδών (σ') **WFd:** σαπρία (Ijob, Joël, Jes, 2 Makk), σαπρός (Sam.), σαπρίζειν (Koh)

Das σήπη zugrundeliegende Verb σήπειν verwendet Gr in 14,19 zur Übersetzung des selteneren רקב (*verfaulen*)[749]; in Ijob 33,21 korrespondiert σήπειν mit כלה[ן] (q. *dahinschwinden*) und in Ps 37(38),5 mit מקק (ni. *eitern*). Die durch O-V 753 Clem bezeugte *lectio varia* σῆψις, die anscheinend eine stilistische Korrektur darstellt, dient bei Jes 14,11 als Wiedergabe von רמה (*Fäulnis*). Aufgrund des Fehlens von H und Syr ist es nicht möglich, σήπη übersetzungstechnisch zu klassifizieren; in wortstatistischer Hinsicht jedoch ergibt sich erneut ein singulärer Überlieferungsbefund (s. **Wortst.**) abgesehen von Ijob 17, 14; 21,26 רמה α' σήπη (nach Colb. bzw. Reg.)[750]. Lediglich aufgrund der Beleglage einen Neologismus (bewußte Wortneuschöpfung) von seiten Gr anzunehmen, entbehrt allerdings eines sicheren Beweises, zumal σήπη nicht zu der Gruppe der Komposita zählt, bei denen man eher auf individuell gebildete Ausdrücke schließen kann.

---

[748] SAUER, Sirach 551, HAMP, Sirach 618, EÜ: *Moder.* FRITZSCHE, Weisheit 347: *Maden* (=LB). LSJ auf σηπεδών verweisend: *decay, putrefaction.* LEH: *decay, putrefaction neol.* PAPE auf σαπρία u. σαπρότης verweisend: *Fäulnis, Gestank durch Fäulnis.*

[749] Gr ahmt allerdings die *figura etymologica* (רקוב ירקבו) nicht nach (σηπόμενον εκλείπει).

[750] REIDER - TURNER, An Index to Aquila 214, notiert statt σήπη σῆψις.

σκανδαλίζεσθαι sich ärgern[751]

9,5 μήποτε σκανδαλισθῇς ἐν τοῖς ἐπιτιμίοις αὐτῆς
La: *ne forte scandalizeris in decore illius*
H^A: פֶּן תוֹקַשׁ בְּעוֹנֻשֵׁיהָ   Syr: [752] ܪܠܗ ܐܬܟܫܠ ܒܚܘܒܬܗ ܥܝܦܐ

23,8 καὶ λοίδορος καὶ ὑπερήφανος σκανδαλισθήσονται ἐν αὐτοῖς
La: *et maledicus scandalizabitur in illis*   H^0   Syr: [753] ܘܡܚܣܕܐ ܘܡܪܚܐ ܒܗ ܢܬܟܫܠܘܢ

35(32),15 καὶ ὁ ὑποκρινόμενος σκανδαλισθήσεται ἐν αὐτῷ
La: *et qui insidiose agit scandalizabitur in ea*
H^B: וּמִתְלַהְלֵהַּ יוּקַשׁ בָּהּ   Syr: *om.*

WF: σκάνδαλον* (#), σκανδαλοῦν (α'), {σκανδαλιστής} WFd: ἀγανακτεῖν
(4 Makk, Weish, Bel θ'), δυσφορεῖν (2 Makk), δυσφόρως (2-3 Makk), βαρέως
φέρειν (Gen, 2 Makk), ὀργίζεσθαι (#), παροργίζεσθαι* (#), {χαλεπῶς φέρειν}

Ein von dem in Gr und LXX vielfach belegten Nomen σκάνδαλον[754]
(*Fallstrick*) abgeleitetes Verbum auf -ίζειν (sog. *Faktitivum*). In zwei
Fällen geht σκανδαλίζεσθαι auf das in 𝔐 nur noch 4mal[755] belegte ni.
יקשׁ (*verstrickt, verführt werden*) zurück, während Syr in 9,3 ܐܬܟܫܠ
(*verurteilt, bestraft werden*) überliefert, das seinerseits sonst mit רשׁע,
נדח und אשׁם, nicht aber mit יקשׁ korrespondiert, und in 23,8 ܢܬܟܫܠ
(*straucheln*). In 34(31),30 wird ni. יקשׁ von Gr mit πρόσκομμα (Syr
ܬܘܩܠܬܐ), in 41,2 mit περισπώμενος (Syr ܕܢܬܟܫܠ) und in 34(31),7 mit
ἁλίσκεσθαι (Syr ܗܘ ܕܡܬܟܫܠ) übersetzt. Daraus geht hervor, daß sowohl
Gr als auch LXX trotz ähnlichen Kontexts jeweils verschiedene, aber
dennoch semantisch naheliegende Äquivalente für יקשׁ verwenden. Von
den jüngeren Übersetzern benutzt v.a. Aquila σκανδαλίζειν konsequent
zur Wiedergabe von כשׁל (Ps 63(64),9; Spr 4,12; Jes 40,30; 63,13; Dan
11,43).[756] La wählt zur Übersetzung des v.a. im NT und in der PG geprägten Begriffs (s. **Wortst.**) einen Gräzismus (*scandalizari*). Textkritisch
bemerkenswert bleibt ferner, daß *decus* in 9,5 mit ἐπιτίμιος nicht in

---

[751] LEH: *to be entrapped in; to take offence at.* WAHL: *indignor.* WBA: *durch jdn. oder
etw. zur Sünde verleitet werden* (= REHKOPF, Septuaginta-Vokabular). PAPE: *einen
Anstoß, ein Aegerniß geben, verursachen.*

[752] *...damit du nicht bestraft wirst zu ihrer doppelten Mitgift.*

[753] *Und der Tor stößt durch seinen Mund an.*

[754] Dient in LXX meist zur Wiedergabe von מוקשׁ (neben דפי, כסל, מכשׁול). Vgl.
Gr 7,6 בצע.

[755] Dtn 7,25 (πταίειν); Jes 8,15 (ἐγγίζειν?); 28,13 (συντρίβειν); Spr 6,2 (παγίς). Im
Qal noch belegt in Jer 27(50),24 (ἐπιτιθέναι); Ps 123(124),7 (θηρεύειν); 141,9
(συνιστάναι). Im Pual Koh 9,12 (παγιδεύεσθαι).

[756] Ebenso auch θ' und σ' in Mal 2,8 (כשׁל); σ' Jes 8,21 (ni. קשׁה).

Einklang zu bringen und in 23,8 für λοίδορος καὶ ὑπερήφανος lediglich ein Äquivalent (*maledicus*) - wie in Syr (ܡܨܚܐ) auch - bezeugt ist. Ob daher ὑπερήφανος Zutat des Übersetzers oder der Überlieferung ist, kann nicht zweifelsfrei geklärt werden; jedenfalls darf in H nur ein Ausdruck angenommen werden.

σκοπή Beobachtungsposten[757]

37,14 ἢ ἑπτὰ σκοποὶ ἐπὶ μετεώρου καθήμενοι ἐπὶ σκοπῆς

La: *quam septem circumspectatores sedentes ad speculandum*

H^B: משבעה צופים על מצפה   H^{Bmarg}: משבעים צפים ע' שן

Syr: *al.* [758] ܕܗܡ ܘܚܡܐ ܚܪ ܕܗܒܠܚܐ ܐܬܐ ܚ ܐܟ

WF: σκοπιά (#), σκοπεύειν (#), σκοπεῖν (Est, 2 Makk), σκοπός* (#), σκόπευσις (α'), σκοπευτής (α'), κατασκοπεῖν (2 Sam, 1 Chr, 1 Makk), κατασκοπεύειν (Gen, Ex, Dtn, Jos, 1 Makk), κατασκοπός* (Gen, 1-2 Sam, 1 Makk)
WFd: τηρεῖν* (#), παρατηρεῖν (Ps, Sus θ'), θεωρεῖν* (#), θεᾶσθαι (2 Chr, Tob, Jdt, 2-3 Makk), σκέπτεσθαι (Gen, Ex, Sach, Bel ο')

σκοπή ist vom semantischen Standpunkt aus gegenüber dem in LXX 13mal belegten σκοπιά[759] nahezu austauschbar (s. LSJ). Aufgrund der Tatsache, daß GrI meist mit H^M und H^{Bmarg} gegen H^B geht[760], ist durchaus anzunehmen, daß die Lesart ἐπὶ μετεώρου (H^{Bmarg} H^D שן *hoch aufragende Felsspitze*) GrI angehört, καθήμενοι ἐπὶ σκοπῆς hingegen GrII, die ihrerseits auf H^B על מצפה basiert.[761] In Dtn 3,27 fügt Symmachus zu פסגה (der Berg *Pisga*) noch σκοπή ein (s. hierzu auch **Wortst.**). La dagegen versteht (ἐπὶ) σκοπῆς *verbalabstraktiv* als *Spähen* (*ad speculandum*), wenn sie nicht mit 253 L' 68-744' alii ἐπισκοπῆς las.

σκορακισμός Beschimpfung[762]

41,19 ἀπὸ σκορακισμοῦ λήμψεως καὶ δόσεως

La: *et ab offuscatione dati et accepti*   Syr: *om.*

H^B: [ש]אלה..   H^{Bmarg}: מתת שאלה מם...   H^M: מתת שאלה ממנ[ועו] מתת

---

757 LEH: *watch-tower*. FRITZSCHE, Weisheit 383: *Warte*. WAHL: *specula*.
758 ... *ist besser als der Reichtum der Welt, der nicht nützt.*
759 Als hebräische Äquivalente sind zu nennen: משכית, q., pi. צפה, מצפה.
760 S. hierzu die Kollationstabelle in der Einleitung (S. 58-64).
761 In Unkenntnis der Masada-Lesart vermutete SMEND (Weisheit 332) noch eine Doppelübersetzung von GrI.
762 LEH: *contemptous behaviour neol.* LSJ: *contumely*. WAHL: *contumelia, vituperatio; Vorwürfe in Rechnungssachen.* PAPE: *das zu den Raben Jagen*, überh. *Beschimpfung, Verachtung, Ungnade.* FRITZSCHE, Weisheit 393: *Dass man dich schilt.*

WF: Ø {σκορακίζειν}, ἀποσκορακισμός (Jes), ἀποσκορακίζειν (Ps, Jes, 1 Makk) WFd: λοιδορεῖν (#), λοιδορία* (Ex, Num, Spr), λοίδορος* (Spr), λοιδόρησις (Ex), συλλοιδορεῖν (Jer), ἀτιμασμός (1 Makk), ὀνειδίζειν* (#), ὀνειδισμός* (#), ὄνειδος* (#), κακολογεῖν (Ex, 1 Sam, Spr, Ez, 2 Makk)

Gr hat in diesem Fall wahrscheinlich aufgrund der vorausgehenden Präposition ἀπό auf das nur noch in Jes 66,15 (גערה das Drohen) vorkommende, weitgehend synonyme Kompositum ἀποσκορακισμός zugunsten des Simplexnomens verzichtet. In LXX findet sich zum Kompositum auch das Verb ἀποσκορακίζειν, das in Ps 26(27),9 auf נטש und in Jes 17,13 auf גער zurückgeht. Als Äquivalent zu σκορακισμός das Verb q. מנע (jemandem etwas vorenthalten) anzunehmen, bleibt aufgrund der unvollständigen Überlieferung des Wortes hypothetisch. מנע wird allerdings gegen Gr durch La offuscatio (Verdunkelung, Vorschwindelung, Betrug) bestätigt. Sowohl die Simplicia σκορακίζειν[763] - σκορακισμός als auch die Komposita ἀποσκορακίζειν - ἀποσκορακισμός sind in der Gräzität äußerst selten belegt (s. Wortst.), obgleich man dies vom semantischen Standpunkt (s. WFd) nicht erwarten würde.

σκυβαλίζειν für Dreck halten[764]

26,28 καὶ ἄνδρες συνετοὶ ἐὰν σκυβαλισθῶσιν La: et vir sensatus contemptus
H⁰ Syr: [765] ܡܢ ܓܒܪܐ ܡܢ ܕ... ܐܝܟ ... ܐܝܟ

WF: σκύβαλον*, {σκυβαλισμός, σκυβάλισμα, σκυβαλικός, σκυβαλώδης}
WFd: ἐξουδενεῖν* (#), ὀλιγωρεῖν (Spr), καταφρονεῖν (#), ὑπερορᾶν* (#), ἀτιμάζειν* (#), ὀνειδίζειν* (#), κακολογεῖν (Ex, 1 Sam, Spr, Ez, 2 Makk)

Syr hat gegenüber σκυβαλισθῶσιν wie in 11,6 (Hᴬ נקלו מאד ἠτιμάσθησαν σφόδρα) die in ihrem Ansehen herabgesetzt werden (ܕ... ܐ...). Von den o.g. WFd-Begriffen trägt wohl σκυβαλίζειν den schärferen Ton, ist aber wiederum äußerst schwach in der Gräzität überliefert, was aus semantisch-inhaltlicher Sicht (s. WFd) überrascht.

---

[763] Erstbeleg bei Demosthenes (Ep. 11). Auffällig häufig verwendet Philo σκορακίζειν (vgl. Abr 127; SpecLeg I 243 IV 176; All I 95; Post 135; Ebr 177).

[764] LEH: to suffer contempt; neol?. PAPE: wie Kot achten, verächtlich behandeln. WAHL: vilipendo, contemptui habeo. La und die modernen Übersetzungen vermeiden (aus welchen Gründen auch immer) den drastischen Ausdruck, der dem Stamm σκυβαλ- (Dreck, menschlicher Kot) zugrunde liegt. HAMP, Sirach 641: mißachten [= EÜ]. SAUER, Sirach 570: geringschätzig behandeln. ZB: in Verachtung geraten. JB: verkannt werden. GN behält den schroffen Unterton bei: wie Dreck behandeln.

[765] Und über Männer, Herrschaften von Namen, die in ihrem Ansehen herabgesetzt werden.

σκύβαλον menschlicher Kot, Kehricht[766]

27,4 οὕτως σκύβαλα ἀνθρώπου ἐν λογισμῷ αὐτοῦ

H⁰ Syr: ܪܝܣܩܘ ܠܐ ܐܝܪ̈ܐ ܐܠܟܣܐ ܐܝܣܡ

La: *sic aporia hominis in cogitatu illius*

WF: σκυβαλίζειν* WFd: κοπρία* (#), κόπριον* (1 Makk, Jer), κόπρος (#), θολερός (Hab), ἀσυρής*, ῥύπος (Ijob, Jes), περίψημα (Tob), πηλός* (#), βόλβιτον* (Zef, Ez), ἰλύς (Ps)

σκύβαλον ist eines von den vielen Wörtern für die unterschiedlichsten Arten von Dreck, Mist, Unrat etc.[767] Gr verwendet σκύβαλον, das hier das vorausgehende κοπρία (was beim Schütteln des Getreidesiebs zurückbleibt) wiederaufnimmt, in übertragener Bedeutung für die Schlechtigkeiten des Menschen. Vgl. hierzu auch die Ausführungen zu σκυβαλίζειν (^LXXHplg^Sir) mit Objekt ἄνδρες. La geht mit *aporia* (*Unvermögen*, *Mangel*) wohl schwerlich auf σκύβαλα zurück (vgl. 22,2 βόλβιτον κοπρίων *stercus*; 27,4 κοπρία *stercus*; 36(33),13; 38,30 πηλός *lutum*). Syr hat: *so [gehen] die Schwätzereien der Menschen von der Überlegung aus.*

σκώπτειν seinen Spott mit jmdm. (etw.) treiben (*pejorativ*)[768]

10,10a μακρὸν ἀρρώστημα σκώπτει ἰατρός[769]

La: *brevem languorem praecidit medicus* La: *languor proxilior gravat medicum*

H^A: שמץ מחלה יצהיב רופא   Syr: [770] ܪܝܐ ܪܘܟܐ, ܐܘܗܒܬܘ, ܗܘܬ̈ܒ ܠܟܬ̈ܒ

WF: Ø {σκώπτης, σκωπτικός, σκώπτρια} WFd: ἐμπαίκτης (Jes), ἔμπαιγμα (Jes, Weish), ἐμπαιγμός (Ez, Ps, 2-3 Makk, Weish), ἐμπαίζειν (#), ἐκμυκτη-

---

[766] SAUER, Sirach 571, die drastische Ausdrucksweise abschwächend und übertragend: *die schlechten Gedanken (des Menschen)*; ebenso HAMP, Sirach 642: *das Häßliche*; ebenso FRITZSCHE, Weisheit 363: *Unsauberkeit*; ebenso EÜ: *die Fehler* [= GN]. SMEND, Weisheit (Hebräisch und Deutsch) 46: *Spreu*. LB: *etwas Unreines*. ZB: *Unlauterkeit*. Einzig JB orientiert sich an der schroffen Gr-Diktion: *Unrat*.

[767] βόλιτον, βόρβορος, ἡμιονίς, θόλος, ἰλύς, κάκκη, κοπρία, κόπρος, πηλός, περίττωμα, σκώρ, σπατίλη, σπυραθία, σπέλεθος.

[768] So mit LSJ: *mock, jeer, scoff at*. LEH: *to mock*. PAPE: *(ver)spotten, scherzen*. FRITZSCHE, Weisheit 331: *scherzen*.

[769] Mit Fr., Sw., Ra., gegen Zi. ἰατρόν. ZIEGLERS Konjektur (= S^c La Schleusner II 83) ist aufgrund der syntaktischen Parallelität von 10,10a und 10,10b (καὶ βασιλεὺς σήμερον, καὶ αὔριον τελευτήσει) nicht plausibel genug. Denn "μακρὸν ἀρρώστημα," korrespondiert zweifellos mit "καὶ βασιλεὺς σήμερον," und "σκώπτει ἰατρός" mit "καὶ αὔριον τελευτήσει".

[770] *Seine Seite und seine Eingeweide schneidet der Arzt auf.* Bzgl. σκώπτειν vgl. jedoch auch die Basis ܬܪܝ (SyrL: *murmuravit*).

ῥίζειν (1 Esra, Ps), ἐγκαταπαίζειν (Ijob), κολαβρίζειν (Ijob), ἐγγελᾶν (Ps, 4 Makk), καταγελᾶν* (#), χλευάζειν (Weish, 2-4 Makk), φαυλίστρια (Zef), φαυλίζειν (#), φαυλισμός (Hos, Jes), φαύλισμα (Zef), μωμᾶσθαι* (Spr, Weish)

σκώπτειν, deren WF weder in LXX noch im NT repräsentiert wird, steht in H^A צהב hi. (rot werden, zornig werden), das in dieser Bedeutung in 𝔐 nicht vorkommt[771], und in Syr ܪ (aufschneiden) gegenüber. Erwähnenswert bleibt, daß Gr einen Begriff wählt, dessen WFd in LXX breit bezeugt ist. Zur textkritischen Bewertung von σκώπτει s. S. 100.

σπατάλη Ausgelassenheit[772]

27,13 καὶ ὁ γέλως αὐτῶν ἐν σπατάλῃ ἁμαρτίας
La: et risus illorum delictis[773] peccati H^0 Syr: [774] ܐܘ ܪܟܐܘܬܐ ܗܘ ܓܘܚܟܗܘܢ

WF: σπαταλᾶν* (Ez), σπαταλός (σ'), κατασπαταλᾶν (Spr, Am), {σπατάλημα, σπατάλιον} WFd: ἀσωτία (2 Makk, Spr), ἀσέλγεια (Weish, 3 Makk), τρυφή* (#), τρύφημα*, τρυφᾶν* (2 Esra, Jes), τρυφερότης (Dtn), περισσεία (Koh), περίσσευμα (Koh), περισσός* (#), ἀναίδεια*

σπατάλη, dem in Syr wohl ܪܟܐܘܬܐ (Frechheit, Übermut) entspricht, ist sonst noch von Symmachus (Koh 2,8 תענוג ο' ἐντρύφημα; Hld 7,6 תענוג ο' α' τρυφή) und Al. (Jes 13,22 ענג) gebraucht. In Gr 21,15 korrespondiert ὁ σπαταλῶν als Antonym zu dem unmittelbar vorausgehenden ἐπιστήμων mit H^0 Syr ܚܟܝܡ, während hingegen in Ez 16,49 das Verb zur Übersetzung von שקט hi. dient. In Dtn 28,54 ist σπαταλός von Symmachus als Wiedergabe von העֹנג (ο' τρυφερός α' τρυφητής) gewählt. In Am 6,4 und Spr 29,21 steht das Kompositum κατασπαταλᾶν für סרוח (üppig und schlaff daliegend) und פנק pi. (verzärteln).

---

[771] Nur noch als Partizip Hofal in Esra 8,27 in der Bedeutung glänzend von נחשת (Kupfer, Bronze) vorhanden.

[772] LSJ: wantonness, luxury. LEH: wantonness; neol. PAPE: Schwelgerei, Luxus, bes. im Essen und Trinken. HAMP, Sirach 642: (sündhafte) Lust. SAUER, Sirach 571: (sündhafte) Schwelgerei. FRITZSCHE, Weisheit 363: (sündhafte) Ueppigkeit. LB: (wenn sie in Sünden) schwelgen. ZB: (sündhafte) Ausgelassenheit [=GN]. JB: (sündhafte) Freude.

[773] Nach La^wsc deliciis.

[774] Und ihr Lachen ist Dreistigkeit.

στάσιμος aufrecht stehend, stabil[775]

26,17 καὶ κάλλος προσώπου ἐπὶ ἡλικίᾳ στασίμῃ
La: *et species faciei super aetatem stabilem*
H^C הוד פנים על קומת תוכן Syr: [776] ܘܵܐܕ ܪ܂ܪ ܟܪܚܐܝ ܘܬܝܐ
Syr^WP und *cod. Ambr.*: ܘܵܐܕ ܐܵܗܒܪ ܟܪܬܠܟ ܟܪܚܐܝ ܘܬܝܐ (= 26,16b)

WF: στάσις* (#), στασιάζειν (Jdt, 2 Makk) **WFd:** ὀρθοῦν (#), ἀνορθοῦν* (#), ἀνιστάναι* (#), ὀρθός (#), εὐθύς* (#)

Das Nomen תוכן begegnet defektiv geschrieben in 𝔐 nur noch in Ex 5,18 (Ges[17]: *bestimmtes zu lieferndes Quantum*) und Ez 45,11 (Ges[17]: *geregeltes justiertes Maß*), wofür in LXX σύνταξις (ותכן לבנים תתנו καὶ τὴν σύνταξιν τῆς πλινθείας ἀποδώσετε) und ὁμοίως (האיפה והבת תכן אחד καὶ ἡ χοῖνιξ ὁμοίως μία ἔσται) zu lesen ist. Das Verb תכן (vgl. hierzu auch *s.v.* תקן *gerade s./w.*) entspricht in Gr κοσμεῖν (H^BBmarg 42,21)[777]; in LXX wird es durch γινώσκειν, κατευθύνειν (im Qal), ἑτοιμάζειν, εὐθύς, κατευθύνειν, κατορθοῦν (im Nifal), γινώσκειν, στερεοῦν (im Piel) und ἑτοιμάζειν (im Pual) wiedergegeben. Hat Gr das schwierige תוכן (H^C) im Sinne von תכן (aram. *zurechtstellen, aufstellen*; vgl. syr. ܘܐ) verstanden, so kann das ^LXXHplg στάσιμος übersetzungstechnisch innerhalb des in LXX belegten Wortfelds (εὐθύς, κατευθύνειν, κατορθοῦν, στερουν) eingeordnet werden. ἡλικία στασίμη übersetzt WAHL in Unkenntnis von H^C קומה mit La *aetas vigens* (vgl. auch LEH: *at a ripe age*); demgegenüber versteht FRITZSCHE (Weisheit 362), ἡλικία richtig als *Gestalt* (s. PAPE: *auch körperlich wird es von Größe, Wuchs gebraucht*) erfassend, στάσιμος als *ansehnlich*, was aber das Wort nicht hergibt (LB: *hoch*). Auf der Grundlage von H^C 'interpretiert' HAMP (Sirach 640) תוכן als *schlank* (SAUER, Sirach 569: *ansehnlich*; EÜ: *edel*). Aus diesen Übersetzungsversuchen ist zu ersehen, wie schwer man sich bei der adäquaten Wiedergabe von תוכן bzw. στάσιμος tut.

---

[775] LEH: *steady*. LSJ: *2. of men steadfast, steady*. WAHL: *firmus*. PAPE: u.a. *standhaft, fest*.
[776] *Die Schönheit einer Frau [liegt] am Orte ihres Hauses.* Syr^WP und *cod. Ambr.*: *Die Schönheit einer guten Frau [liegt] beim Zuhause-Sitzen*
[777] τὰ μεγαλεῖα τῆς σοφίας αὐτοῦ ἐκόσμησεν תכן תו... ...ג. H^Bmarg: גבורות (Syr al. ܟܐܬܝܐ ܘܟܐܪܙܡ܂ ,ܡܪܙܡܐ ܪܕܡܠ).

στέγειν etw. verdeckt halten[778]

8,17 οὐ γὰρ δυνήσεται λόγον στέξαι
La: *non enim poterunt diligere nisi quae ipsis placent*
H^A: סודך לכסות יוכל לא כי   Syr: [779] ܡܠܐ ܢܟܣܐ ܕܚܝܠܐ ܕܐ ܠܗܘ

WF: στεγάζειν (2 Chr, Neh, Ps), στέγη (Gen, 1 Esra, Ez, 4 Makk), στεγνός
(Spr) WFd: σιωπᾶν* (#), σιγᾶν* (#), ἀποσιωπᾶν (Jer), κατασιωπᾶν (Num, 2
Esra, Ijob), ἀποκρύπτειν* (#), κρύπτειν* (#), ἐπικαλύπτειν* (#)

כסה (*bedecken, verheimlichen*), das in 8,17 durch Syr (ܟܣܐ) geschützt
ist, wird in Gr im Piel noch mit ἐπικαλύπτειν (H^B 47,15; *dein Geist be-
deckte die Erde*) und παρορᾶν (H^B 35[32],18; + διανόημα) und im Pual
mit ἰσχυρότερον (H^A; H^C רעים) und κρυβεῖν (H^A 12,8; pass. vom
ἐχθρός) übersetzt. Gr wechselt offensichtlich im Ausdruck, wobei freilich
ein gewisser Grad interpretativer Motivation beim Übersetzer schon deutlich wird. LXX bedient sich für כסה v.a. der Komposita ἐπι-, κατα-,
συγ-καλύπτειν sowie der Simplicia καλύπτειν, κρύπτειν, κρυπτός und
σκεπάζειν. Septuagintaspezifisch ist Gr στέγειν als eine Erweiterung des
in LXX bezeugten Wortfelds (s.o.) für *verstecken, verbergen* etc. zu
werten. Das mit dem ^LXXHplg zusammenhängende στεγάζειν (s. PAPE:
στεγάζω = στέγω) in der Bedeutung *mit einem Dach bedecken* (LEH: *to
roof, to cover with a roof*) führt in 2 Chr 34,11; Neh 2,8; 3,3.6 auf קרה
und in Neh 3,3 auf עמד hi. zurück. In 1 Kor 13,7 heißt es von der
ἀγάπη, daß sie alles (πάντα στέγει) *mit Schweigen bedecke, bei sich be-
halte* (so WBA). Textkritisch gesehen bestehen in 8,17 abgesehen von Syr
und H^A (סודך in Syr nur durch Objektsuffix ܗ- [= ܐܪܙܐ *Geheimnis*]
umgesetzt) sowohl zwischen Gr und La (λόγον - *nisi quae ipsis
placent*)[780] als auch zwischen Gr und H^A (λόγον - סודך) Unstimmigkeiten, die jedenfalls im letzteren Fall (Gr-H^A) übersetzungsbedingt zu sein
scheinen, da Gr סוד zwar uneinheitlich noch mit μυστήριον, διήγησις,
σύμβουλος, βουλή, in 42,1b (=41,23b) aber erneut mit λόγος (κρύφιος)
übersetzt. Zur vorlagebedingten Differenz zwischen Gr στέξαι und La
diligere (= *στερξαι) s. S. 100.

---

[778] LSJ: *conceal, keep hidden*. LEH: *to cover, to conceal, to keep secret*. PAPE: *mit
Stillschweigen bedecken, verschweigen*. FRITZSCHE, Weisheit 329: *verschweigen*.
[779] *Denn er kann es* [sc. ܐܪܙܐ *d. Geheimnis*] *nicht verbergen*.
[780] Der in La überlieferte Plural *poterunt* (Gr δυνήσεται) erklärt sich durch den Plural
(*cum fatuis*) im vorausgehende Stichos; offensichtlich hat La nicht μετὰ μωροῦ,
sondern μετὰ μωρῶν gelesen (bzw. verlesen).

στειροῦσθαι unfruchtbar sein[781]

42,10 καὶ συνῳκηκυῖα, μήποτε στειρωθῇ [στειρωση Β Ο] Syr: *om.*

La: *ne forte cum viro commorata transgrediatur aut certe sterilis efficiatur*

H^B : צר[תע]... ה[יש]א בבית וב' פ' אי[ש]' בב H^{Bmarg} : תעצר פ' איש' בב

H^M: [צ[ובעל]

WF: στεῖρα (#), {στειρότης, στείρωσις, στειρωτικός, στειρώδης} WFd: ἀτεκνία (4 Makk, Ps, Weish, Jes), ἄτεκνος* (Gen, Lev, Jes, Jer), ἀτεκνοῦν (#), ἀτέκνωσις (α'), ἄγονος (Ex, Dtn, Ijob), {ἄπαις}

עצר q. (*verschließen*) mit Objekt שמים übersetzt Gr in H^B 48,3 durch ἀνέχεσθαι (οὐρανόν)[782]. In LXX entsprechen diesem Verb im Qal v.a. die Simplicia ἔχειν (ἀπ-, ἐπ-, κατ-, συν-) und ἰσχύειν (κατ-) mit den entsprechenden Komposita sowie συγκλείειν, im Nifal, wie es auch in H^{Bmarg} allerdings in der übertragenen Bedeutung *verschlossen sein* (vom Schoß der Frau) anzunehmen ist, sind dafür κοπάζειν, παύειν und συνέχειν verwendet. Das in Spr 30,16 zu findende Nominalgefüge עצר רחם (*Verschlossenheit des Mutterschoßes*) ist in LXX mit ἔρως γυναικός (α' ἐποχὴ μήτρας σ' συνοχὴ μήτρας) wiedergegeben. Das zum Wortfeld gehörige עקר (*unfruchtbar*)[783], das 12mal in 𝔐 steht, wird 11mal mit dem nur in der fem. Form in LXX bezeugten Adjektiv στεῖρα (in Dtn 7,14) übersetzt; nur in Jes 66,9 korrespondiert das Syntagma στεῖραν ποιεῖν mit עצר. Von Aquila ist στεῖρος in Dtn 7,14 für עקר überliefert. Dem zum WFd gehörigen ἄτεκνος sind in 𝔐 die Äquivalente שכל bzw. שכול (*kinderlos, unfruchtbar*) und ערירי (*einsam, kinderlos*) zuzuordnen. Gr hat also das ^{LXX}Hplg στειροῦν gegenüber der in Jes 66,9 verwendeten *figura periphrastica* vorgezogen, obgleich Gr häufiger auch Umschreibungen mit ποιεῖν bzw. ἔχειν wählt; s. hierzu S. 201f (ἐπιλησμονή).

στέργειν (in Liebe) achten, (aus Respekt) lieben[784]

27,17 στέρξον φίλον καὶ πιστώθητι μετ᾽ αὐτοῦ
La: *dilige proximum et coniungere fide cum illo*

---

[781] LSJ: *make barren.* LEH: *to prove barren, to be childless.* WAHL: *de femina sterilis reddita sum.* PAPE: *starr, hart od. unfruchtbar machen.* FRITZSCHE, Weisheit 395: *unfruchtbar sein.*

[782] Vgl. 1 Kön 8,35; 2 Chr 6,26 ἐν τῷ συσχεθῆναι τὸν οὐρανόν (בהעצר שמים).

[783] SAUER, Sirach 609 Anm. 10a, will in H^{Bmarg} 42,10 "pn f^eqr" lesen.

[784] LEH: *to love.* PAPE: *lieben; bes. von der gegenseitigen Liebe der Eltern u. Kinder; selten von der Geschlechtsliebe.*

H⁰ Syr: ⁷⁸⁵ ‏ܘܐܠܝ ܝܕܥܬܗ ܘܝܬܒ ܚܒܪܟ‎

WF: ἀποστέργειν (Dtn), στοργή (3-4 Makk), φιλοστοργία (2-4 Makk), φιλόστοργος (4 Makk), φιλοστόργως (2 Makk) WFd: ἀγαπᾶν* (#), ἀξιοῦν* (#), δοξάζειν* (#), ἐντιμοῦν (2 Kön), πιστεύειν (#), τιμᾶν* (#), φιλεῖν* (#)

Oftmals (vgl. z.B. Sophocles *OT 1023*; *OC 1529*; Platon *Leges 754b*) in der Bedeutung fürsorgender Zuneigung und Achtung zwischen Kind und Eltern (und umgekehrt) verwendet; insofern handelt es sich bei diesem Begriff um eine sehr intime Form der Wertschätzung eines Freundes. Auffällig selten gebraucht LXX für vielfach vorkommendes *lieben, wertschätzen* den Stamm στεργ- (bzw. στοργ-), während z.B. ἀγαπᾶν 283mal, φιλεῖν 33mal im griechischen AT gezählt werden kann.⁷⁸⁶ Lediglich in Dtn 15,7 dient das freilich textkritisch nicht unumstrittene Kompositum ἀπο-στέργειν *zu lieben aufhören, verschmähen* (nach *cod. A* ἀποστρέφειν; + καρδίαν) als Wiedergabe von אמץ pi. (Ges¹⁷: 2. *ein Kind großziehen*; hier: 4. [*s. Herz*] *verstocken*): לֹא תְאַמֵּץ אֶת־לְבָבְךָ וְלֹא תִקְפֹּץ אֶת־יָדְךָ מֵאָחִיךָ הָאֶבְיוֹן (*du sollst dein Herz nicht verstocken und deine Hand nicht vor deinem armen Bruder verschließen*). Diesen wortstatistischen Befund wird man also gewiß nicht als zufällig betrachten dürfen. Auch im NT kommen στεργ- bzw. στοργ- nicht vor, obgleich ἀγαπᾶν 141mal (ἀγάπη 116mal) und φιλεῖν 25mal bezeugt sind. Es ist also davon auszugehen, daß στεργ- bzw. στοργ- (aus möglicherweise konnotativen Gründen) **bewußt** vermieden wurde.

στερέωσις Beharrlichkeit, Beständigkeit⁷⁸⁷

28,10 καὶ κατὰ τὴν στερέωσιν τῆς μάχης αὐξηθήσεται   La *om.*
H⁰ Syr *al.*: ⁷⁸⁸ ‏ܝܣܓܐ ܩܪܒܐ ܕܚܝܠܬܐ ܐܝܟܢܐ *ܣܓܝ* *Syrᵂᴾ: ܕܬܣܓܐ‎

WF: στερεοῦν* (#), στερεός (#), στερέωμα* (#), στερεωματίζειν (α'), στερέωσις (Ijob) WFd: πρᾶγμα* (#), χρῆμα* (#)

---

⁷⁸⁵ *Erprobe deinen Gefährten und [dann] vertraue ihm.*
⁷⁸⁶ ἀγάπη kommt in LXX 19mal, ἀγάπησις 12mal, ἀγαπητός 24mal, φιλία 36mal, φίλος 187mal vor.
⁷⁸⁷ LSJ: *obstinacy of conflict* (=LEH). PAPE: *das Fest=* od. *Dichtmachen*. WAHL: *firmatio, consolidatio* mit der Erläuterung: *i.e. quo magis augetur contentionis et proelii materia, eo magis proelium exardescit.* FRITZSCHE, Weisheit 365, *Gegenstand.* SAUER, Sirach 573: *Stärke (des Streits).* EÜ: *Einfluß.* ZB: *(je) gewichtiger (der Streit ist).* JB: *Heftigkeit.* LB (für 28,10b): *... und wenn der Streit hart ist, entbrennt er um so heftiger.*
⁷⁸⁸ *Und alles, was du (* Syrᵂᴾ: *In dem Maß, wie ...) du im Rechtsstreit vergrößerst, wird sich vergrößern, ja vergrößern.*

Auch in diesem Fall bewirkt die nominale Übersetzungsweise (vgl. hingegen Syr) von Gr - möglicherweise bedingt durch die Vorlage[789] - die Favorisierung des in der LXX singulären und in der Gräzität äußerst seltenen (s. **Wortst.**) Verbalabstraktums gegenüber dem in der LXX häufig verwendeten Verbum στερεοῦν, das in LXX v.a. zur Wiedergabe von רקע q. hi. und חזק q. pi. verwendet wird. Das vom gleichen Verb gebildete Verbalabstraktum auf - μα (στερέωμα) korrespondiert in 𝔐 mit רקיע, סלע, und שחק. στερέωσις (*cod.* A als Verb στερεοῦν) steht mit ※ und ✓ versehen noch in Ijob 37,18 für רקע hi.

στόμωμα Stahl[790]

34(31),26 κάμινος δοκιμάζει στόμωμα ἐν βαφῇ La: *ignis probat ferrum durum*
H[B]: כור בוחן מעשה לוטש   H[Bmarg.]: ביתן
Syr: [791] ܐܝܟ ܓܝܪ ܐܬܘܢܐ ܕܒܚܢ ܥܒܕܐ ܕܩܝܢܝܐ

WF: στομοῦσθαι (σ'), {στόμωσις, στομωτής, στομωτός} **WFd:** χαλκός* (#), σίδηρος* (#), μέταλλον (1 Makk), ἄργυρος (#), χρυσός* (#), ἀδάμας (Am)

Gr deutet offensichtlich die Vorlage מעשה לוטש (*das Werk des Schmieds*), das auch durch Syr ܥܒܕܐ ܕܩܝܢܝܐ bestätigt wird, in Form des Konkretums *Stahl* mit dem Zusatz *im [Moment des] Eintauchens* (ἐν βαφῇ) aus. Zu ἐν βαφῇ vgl. im darauffolgenden Stichos ἐν μάχῃ; beide werden weder von La noch von H[B] und Syr gestützt!

στρόφος heftiger (Bauch)schmerz, Kolik[792]

34(31),20 καὶ στρόφος μετὰ ἀνδρὸς ἀπλήστου La: *et tortura viro infrunito*
H[B]: ופני הפוכות עם איש כסיל   H[Bmarg.]: ופנים
Syr: [793] ܘܡܦܩ ܓܠܐ ܗܓ ܓܒܪܐ ܪܥܒܬܢܐ

WF: Ø {στροφοῦσθαι, στροφώδης} **WFd:** ἀλγηδών (2-4 Makk, Ps), ἄλγος* (2-4 Makk, Ps, Klgl), ἄλγημα (Ps, Koh), ἀλγηρός (Jer), ἀλγεῖν (2 Sam, 4

---

[789] SMEND, Weisheit 251, vermutet hinter στερέωσις das von Syr (ܚܣܢܐ ܕܢ vgl. עצם *stark, zahlreich s.*) falsch verstandene עצמה (*Stärke*), das sowohl in Gr (H[BM] 41,2; H[B] 46,9) als auch in LXX (Jes 40,29; 47,9) mit ἰσχύς wiedergegeben wird.

[790] LSJ: *hardened iron.* PAPE: *das Zugespitzte, Geschärfte, Gehärtete* (σιδήρου) *die Härte des gestählten Eisens, das Stählen des Eisens.*

[791] *Wie nämlich der Ofen das Werk des Schmieds prüft,* [so ...].

[792] WAHL: *Leibschneiden* (= FRITZSCHE, Weisheit 372). PAPE: *Leibschneiden.* LEH: *inward disorder, twisting of the bowels, colic.*

[793] *Und eine Verdrehung der Eingeweide liegt bei einem begierigen Mann vor.*

Makk, Ps, Ijob, Jer), ὀδύνη* (#), ὀδυνηρός (1 Kön, Ijob, Jer, Klgl), ὠδίν* (#), ὠδίνειν* (#), σφακελίζειν (Lev, Dtn)

Auch hier zeigt sich erneut die übersetzungstechnische Eigenart von Gr, schwierigere Syntagma (v.a. Konstruktusverbindungen) durch einen einzigen sinngemäßen Ausdruck wiederzugeben (s. hierzu die s.v. χρηστοήθεια aufgelisteten Beispiele). Geht man davon aus, daß Gr פני הפוכות [H^Bmarg פנים] als *entstelltes Gesicht*[794] aufgefaßt hat, so könnte στρόφος von Gr als Ursache eines »schmerzverzerrten Gesichts« gedeutet worden sein. Jedenfalls stimmt das vom Verb στρέφειν abgeleitete ^LXXHplg übersetzungstechnisch mit der Basis הפך (*wenden, umdrehen*) überein; für הפך steht nämlich in Gr wie in LXX u.a. das Simplex στρέφειν und dessen Komposita (δια-, ἐπι-, κατα-, μετα-). La korrespondiert wohl eher mit כשיל als mit ἄπληστος, während Syr ܪܚ eher mit Gr (Syh ܐ‌ܚܪ‌ܗ [795] ܪܚ ܪܬܚ‌ܢ ܪܐ ܪܗܘ‌ܬ) zusammengeht.

συγγελᾶν gemeinsam lachen

30,10 μὴ συγγελάσῃς αὐτῷ, ἵνα μὴ συνοδυνηθῇς
La: *non conrideas illi ne doleas*
H^0 Syr: [796] ܠ ܐ‌ܪܟ‌ܠ ܚܟ‌ܕ‌ܡ ܪ‌ܟ‌ܥ ܣ‌ܝ‌ܡ‌ܘ ܪ‌ܠ‌ܕ ܘ‌ܬ‌ܠ‌ܝ‌ܩ

WF: Ø {Ø}, γελᾶν (#), γέλως* (#), καταγελᾶν* (#), καταγέλαστος (Weish), κατάγελως (Tob, Ps, 1 Makk), προσγελᾶν* (1 Esra) WFd: μειδιᾶν*, προσμειδιᾶν (4 Makk) WB: συν- (adverbiell: *gemeinsam, zugleich*)[797] συγγελᾶν*,

---

[794] So SAUER, Sirach 581; Dagegen übersetzen mit Gr: HAMP, Sirach 653: *Magenverstimmung*. EÜ: *Magendrücken*. SKEHAN - DI LELLA, Wisdom 384: *restless tossing*. ZB: *Grimmen im Leibe*. JB: *Leibschmerzen*. SMEND, Weisheit 280, erklärt הפוכות unter Vorbehalt als "*entstellt*" bzw. "*Entstellung*". In der Konkordanz von BARTHÉLEMY - RICKENBACHER ist הפוכות als passives Qal-Partizip eingordnet.

[795] *Und Bauch-schmerz ist bei einem begierigen Mann.*

[796] *Du sollst nicht mit ihm gehen, wie es ihm gefällt, damit er dich nicht zum Zorne reizt.* Vgl. jedoch den vorhergehenden Stichos: ܪܐ‌ܘ ܚܟ‌ܥ ܣܚ‌ܡ ܪ‌ܥ‌ܚ‌ܠ‌ܥ *und wenn du mit ihm lachst, wird er dich quälen* (σύμπαιξον αὐτῷ, καὶ λυπήσει σε).

[797] Hier geht es darum, unter den vielen Komposita mit Präverb συν- nur solche **Verben** herauszufiltern, deren Präfix συν- den adverbialen Nebensinn *gemeinsam, zugleich* beinhaltet, **nicht** jedoch **substantiell** die Bedeutung des *verbum simplex* modifiziert (z.B. συμμιγνύναι *zusammen-, vermischen*, nicht aber: *gemeinsam mischen*), und die zudem u.U. *individuell* vom Übersetzer *geprägt* (d.h. übersetzungstechnisch, stilistisch bedingte Augenblicksbildungen) zu sein scheinen. Vgl. z.B. οἰκίζεσθαι (+ πόλιν) in Gr 10,3; 38,2 gegenüber συν-οικίζεσθαι (+ πόλιν) in Gr 16,4. S. ferner auch z.B. Tob 1,3 συμ-πορεύεσθαι (GrI) gegenüber πορεύεσθαι (GrII); Tob 1,5 συν-αφιστάναι (GrI; GrII *om*.); Tob 11,12 συν-δάκνειν (GrI; GrII *om*.); Tob 12,12 συμ-παρεῖναι (GrI; GrII *om*.). Der Befund in Tob ist sicherlich

συγκαθῆναι (Ps), συγκαθίζειν (Gen, Ex, Num, 1 Esra, Jer), συγκαταβαίνειν (Ps, Weish, Dan ο' θ'), συγκαταγηράσκειν (Tob), συγκατακληρονομεῖν (Num), συγκαταφέρεσθαι (Jes), συγκληρονομεῖν*, συγκτίζειν*, συγχαίρειν (Gen), συλλοιδορεῖν (Jer), συλλυπεῖσθαι (Ps, Jes), συμβαστάζειν (Ijob), συμβόσκεσθαι (Jes), συμβραβεύειν (1 Esra), συμμιαίνειν (Bar), συμμισοπονηρεῖν (2 Makk), συμμολύνεσθαι (Dan ο'), συμπαίζειν*, συμπαρεῖναι (Tob, Spr, Weish), συμπαριστάναι (Ps), συμπεραίνειν (Hab), συμπεριφέρεσθαι* (Spr, 2-3 Makk), συμπίνειν (Est), συμποιεῖν (1 Esra), συμπολεμεῖν (Jos), συμπονεῖν*, συμπραγματεύεσθαι (3 Makk), συμπροπέμπειν (Gen), συμπροσεῖναι (Ps, Koh), συμπροσπλέκειν (Dan θ'), συμφεύγειν (1-2 Makk), συμφλέγειν (Jes), συμφλογίζειν (2 Makk), συμφύρεσθαι* (Hos), συνακολουθεῖν (2 Makk), συναλγεῖν*, συναναβαίνειν (Gen, Ex, Num, Jos, Ri, 2 Chr, 1 Esra), συναναπαύεσθαι (Jes), συναναστρέφεσθαι* (Gen, Bar), συναναφέρειν (Gen, Ex, 2 Sam), συναντιλαμβάνεσθαι (Ex, Num, Ps), συναπάγειν (Ex), συναποθνῄσκειν*, συναποκρύπτειν (EpJer), συναπολλύναι (Gen, Num, Dtn, Weish, Dan ο'), συναποστέλλειν (Ex, 1 Esra), συναφιστάναι (Tob), συνδάκνειν (Tob), συνδειπνεῖν (Gen, Spr), συνδιώκειν (2 Makk), συνεγείρειν (Ex, Jes, 4 Makk), συνεδρεύειν* (Sus ο'), συνεδριάζειν (Spr), συνεθίζειν*, συνείκειν (4 Makk), συνεισέρχεσθαι (Ex, Est, Ijob, 1 Makk), συνεκκεντεῖν (2 Makk), συνεκπολεμεῖν (Dtn, Weish), συνεκπορεύεσθαι (Ri), συνεκτρέφεσθαι (2 Chr), συνεκτρίβειν (Weish), συνεξέρχεσθαι (Jdt, Spr), συνεξορμᾶν (1 Esra), συνεπισκέπτεσθαι (Num), συνεπίστασθαι (Ijob), συνεπισχύειν (2 Chr, Est), συνερεῖν (1 Esra, 1 Makk), συνερίζειν (2 Makk), συνευθίειν (Gen, Ex, 2 Sam, Ps), συνευδοκεῖν (1-2 Makk), συνευφραίνεσθαι (Spr), συνθέλειν (Dtn), συνοδεύειν (Tob, Weish), συνοδυνᾶσθαι*, συνοικοδομεῖν (1 Esra), συνομολογεῖσθαι (4 Makk), συντρέφειν (Dan ο', 4 Makk)

συγγελάσῃς steht dem [LXX]Hplg συνοδυνηθῇς gegenüber als bewußt gesetzte WB-Entsprechung, die mit literarischen Mitteln (hier: WB) die Parallelität des Gedankens unterstreichen soll.[798] Unabhängig von der konkreten Vorlage (H⁰) wäre nach hebräischer Wortbildungslehre ein Kompositum mit Präverb συν- bei wörtlicher Übersetzung nicht notwendig gewesen. Neben dem Wortbildungstyp προσ- *zusätzlich, darüber hinaus* zeigt Gr eine besondere *Vorliebe* für Wortbildungen mit Präverb συν- (*gemeinsam/zugleich*), die meist nicht durch die Vorlage (d.h. durch die uns überlieferten Textzeugen) gestützt sind, und damit entbehrlich wären. Dabei handelt es sich um 9 <u>Verbalausdrücke</u>, die La bis auf drei Ausnah-

---

nicht statistischer Zufall, sondern darf vielmehr hinsichtlich einer adäquaten Beurteilung weiterer Recherchen, für die freilich hier nicht der Ort ist.
[798] S. z.B. auch in 4,3ab. Vgl. ebenso die auffälligen WB-Entsprechungen des Präverbs προσ- in 13,21b.22c. 23d (jeweils im zweiten Teil des Stichos); dabei unterstreicht προσ- den Gegensatz zwischen dem πλούσιος und dem ταπεινός bzw. πτωχός.

men (30,9 σύμπαιξον *lude*; 30,10 συνοδυνηθῇς *doleas*) jeweils mit einem Kompositum mit Präverb *con-* der Gr-Vorlage gemäß wiedergibt.

συγκληρονομεῖν gemeinsam erben

22,23 ἵνα ἐν τῇ κληρονομίᾳ αὐτοῦ συγκληρονομήσῃς
La: *ut et in hereditate illius coheres sis* H⁰ Syr: [799] ܐܬܪܐ ܩܘ̣ܕܬ̇ܐܬܘܪ ܂ܐܪܢ

WF: Ø, {συγκληρονόμος[800], συγκληρονομία[801]}, κληρονομεῖν* (#), κληρονομία* (#), κληρονόμος* (Ri, 2 Sam, Mich, Jer), κατακληρονομεῖν* (#) WFd: παραλαμβάνειν (#), διαδέχεσθαι (#) WB: συν- s.v. συγγελᾶν

Variierend in der Wahl des Wortbildungstyps Präverb συν- gegenüber der unmittelbar vorausgehenden Präposition μετά (*zusammen mit*) sowie ὁμοῦ (*gemeinsam*).[802] Das Präverb συν- hätte vermieden werden können durch den Präpositionalausdruck ... κληρονομήσῃς μετὰ αὐτοῦ (vgl. 23a). Möglicherweise hat WB συν- hier eine Entsprechung in der Vorlage (ּגַם bzw. אַף), wie man aus Syr ܐܪ (vgl. La *et* Gr *om.*) schließen könnte.

συγκολλᾶν zusammenkleben

22,9 συγκολλῶν ὄστρακον ὁ διδάσκων μωρόν
La: *qui docet fatuum quasi qui conglutinet testam*
H⁰ Syr: [803] ܐܟ̱ܘ̇ ܐܝܟ ܕܕܡ̇ܝ ܕܪ̈ܡܐ ܡܢ ܕ̇ܕܘܠ ܐ̇ܬܠܘ ܡ̇ܠܚܐ

WF: συγκόλλημα (θ'), προσκολλᾶν* (#), κολλᾶν* (#), κόλλησις*[804] WFd: συνάπτειν* (#), συντιθέναι (#), {συνάπτειν} WB: συν- s.v. συγγελᾶν

Das in LXX häufiger gebrauchte κολλᾶν führt in 𝔐 neben נָגַע hi., נָגַשׁ, נָצַר, רָבַק v.a. auf דָבַק (q., pu., hi., ho.) zurück. Zu dem 2mal in Gr bezeugten κολλᾶν (2,3; 19,2 mit Dativ der Person [κύριος; πόρνη]) steht kein hebräischer Textzeuge zur Verfügung, Syr jedoch hat beide Male ܕܒ̇ܩ, das in 11,34; 13,1; 34(31),10 ebenso auf דָבַק zurückgeht, während

---

[799] *Daß du auch bei seinem Erbe (mit)erbst.*
[800] Nur in Röm 8,17; Eph 3,6; 1 Ptr 3,7; Hbr 11,9.
[801] Nur in Clem *stromata* VI 14,114; Ath *Dialogi duo contra Macedonianos* (MPG 28 p.1320).
[802] 22,23a πίστιν κτῆσαι ἐν πτωχείᾳ μετὰ τοῦ πλησίον; 23b ἵνα ἐν τοῖς ἀγαθοῖς αὐτοῦ ὁμοῦ πλησθῇς. In beiden Fällen wäre unter Umgehung von μετά und ὁμοῦ ein Kompositum des Wortbildungstyps συν- möglich gewesen: συγκτῆσαι ... τῷ πλησίον bzw. συμπλησθῇς.
[803] *Wie ein Mensch, der einen Krug zusammenklebt, ist derjenige, der einen Toren belehrt.*
[804] Ein ᴸˣˣHplg in GrII (s.u.).

in 4,13 תמך, in 13,16 חבר und in 51,19 חרה bzw. חשק vorliegt. Das Kompositum προσκολλᾶν (+ σοφία αὐτῶν) korrespondiert in 6,34 (La *ex corde coniungi*) mit H⁰ Syr ܐܕܒܩ und in 13,16 (La *sociari*) mit חבר (Syr ܐܕܒܩ). Als Vorlage von συγκολλᾶν wäre daher v.a. דבק hi. denkbar, das in LXX v.a. mit κολλᾶν bzw. προσκολλᾶν (im Qal und Hifil) übersetzt wird.[805] Abgesehen von ܐܝܟ ܐܝܟ und ܐܝܟܢܐ, das auch durch La *quasi* (gegen Gr) bestätigt wird, decken sich Syr und Gr formal wie auch inhaltlich weitgehend. Beispiele für weitere Parallelen von Syr ܐܝܟ und La *quasi* (gegen Gr) s. auf S. 233.

συγκτίζειν zugleich/gemeinsam erschaffen[806]

1,14 καὶ μετὰ πιστῶν ἐν μήτρᾳ συνεκτίσθη αὐτοῖς
La: *et cum fidelibus in vulva concreatus est*
H⁰ Syr: [807] ܘܥܡ ܡܗܝܡܢ̈ܐ ܡܢ ܥܘܒܐ ܕܐܡܗܘܢ ܐܬܒܪܝܬ

GrII: 11,16 πλάνη καὶ σκότος ἁμαρτωλοῖς συνέκτισται La *om.*

Hᴬ: נוצרה לפשעים [..] וחון / שכלות

Syr: [808] ܘܥܘܝܐ ܘܚܫܘܟܐ ܠܚܛ̈ܝܐ ܐܬܒܪܝܘ

WF: Ø {σύγκτισις, συγκτίστης}, κτίζειν* (#), κτίσμα* (Weish, 3 Makk), κτίσις* (#), κτίστης* (2 Sam, Jdt, 2-4 Makk) WFd: ὁμοῦ (3 Makk) plus ποιεῖν* (#), ἐργάζεσθαι* (#) WB: συν- s.v. συγγελᾶν

Auch in diesem Fall zeigt sich wiederum die sprachlich-stilistische Vorliebe von Gr für Verbalkomposita mit Präverb συν- (im adverbialen Nebensinn *zugleich*) gegenüber der Verwendung von Simplexverben (syntaktisch verbunden mit der entsprechenden Präposition). Bedingt durch μετὰ πιστῶν erschien dem Übersetzer ein Kompositum erforderlich (vgl. La *cum ... concreatus*). Als Vorlage für συγκτίζειν wird man zunächst mit Syr ܐܬܒܪܝ an das Verb ברא denken, das Gr abgesehen von Hᴬᴮ 15,14 (ποιεῖν, Syr ܒܪܐ), Hᴮ 43,14 (ἀνοίγειν; Syr ܒܪܐ), Hᴮ 48,13 (προφητεύειν; Syr *om.*) sonst mit dem Stamm κτιζ- übersetzt. Da aber in GrII das nämliche Kompositum (in derselben Verwendungsweise!) auf יצר (Syr ܐܬܒܪܝ) zurückführt, erscheint auch יצר als Vorlage plausibel.

---

[805] Weitere Äquivalente sind z.B. ἀκολουθεῖν, ἅπτεσθαι, καταλαμβάνειν, προσκεῖσθαι, προστιθέναι (im Qal) und συνάπτειν, καταλαμβάνειν, καταβαίνειν, (κατα)φθάνειν (im Hifil).

[806] LEH: *P. to be created along with* (=LSJ). PAPE: *mit erbauen, gründen z.B. e. Colonie, mit schaffen.*

[807] *Und zusammen mit den Treuen ist sie* [sc. ܒܪ ܕܚܠܬܐ *Ehrfurcht vor dem Herrn*] *aus dem Schoß ihrer Mutter erschaffen worden.*

[808] *Verwirrung und Finsternis sind für die Sünder erschaffen worden.*

συγκύφειν (=συγκύπτειν) senken, niederbeugen

19,27 συγκύφων πρόσωπον καὶ ἐθελοκωφῶν

La: *et est iustus qui inclinat faciem et fingit non videre quod ignoratum est*

H⁰ Syr: ⁸⁰⁹ ܪܬܐܬܚ ܬܬܬܐܬ ,ܡܬܐܪ ܬܬܬ ܬܐܪ

WF: Ø συγκύπτειν* (Ijob), ἐπίκυφος (3 Makk), κύφειν (Ijob) WFd: Ø

Das textkritisch umstrittene Kompositum συγκύφειν (*cod.* B συνκυφων) - bisher noch nicht in LSJ verzeichnet - ist *Hapaxlegomenon totius graecitatis* und daher hinsichtlich seiner exakten Bedeutung schwierig. Dem ᴸˣˣHplg liegt das Simplex κύφειν (LEH: *to bend forward*) zugrunde, das innerhalb LXX nur noch in Ijob 22,9 (κύφοντα ὀφθαλμοῖς LEH: *with downcast eyes*)⁸¹⁰ vorkommt. Da κύφειν eine Nebenform zu κύπτειν ist, wird man wohl unter semantischem Aspekt συγκύφειν = συγκύπτειν (LEH: *to bend down*) annehmen können; συγκύπτειν begegnet innerhalb LXX noch in Gr 12,11 (πορεύηται συγκεκυφώς Hᴬ וילך בנחת), 19,26 (πονηρευόμενος [v.l. πορευόμενος] συγκεκυφώς H⁰ Syr ܐܪܟ ܬܬܐ ܐܟܪ ܟܚܚܚ *wie ein Niedergeschlagener und wie ein an der Seele Zerbrochener*) sowie in Ijob 9,27b (συγκύψας τῷ προσώπῳ στενάξω אעזבה פני ואבליגה). Hinsichtlich der phonetischen Variante π - φ vgl. ἀπ-ελπίζειν gegenüber ἀφ-ελπίζειν (ᴸˣˣHplgˢⁱʳ S. 168) sowie ἔπισος gegenüber ἔφισος (ᴸˣˣHplgˢⁱʳ S. 216). Zur Textkitik s. S. 100.

συμβιοῦν mit jdm vertrauten Umgang pflegen⁸¹¹

13,5 ἐὰν ἔχῃς, συμβιώσεταί σοι La: *si habes convivet tecum*

Hᴬ: אם שלך ⁸¹² ייטיב דבריו עמך

Syr: ⁸¹³ ܐܪܟ ܐܘܟ ܢܒܐܦܢ ܬܐܬܟܣ ܡܚܐܟ ܟܚܚܢܐ

WF: συμβίωσις (Weish), συμβιοτής (Bel θ'), ἐμβίωσις* (3 Makk), βίος* (#), βίωσις*, βιότης (Spr), βιοῦν* (Ijob, Spr, 4 Makk), βιοτεύειν*, βιότευσις (α'), διαβιοῦν (Ex), ἐπιβιοῦν (4 Makk), καταβιοῦν (Am), περιβιοῦν (Ex, 3 Makk)

---

⁸⁰⁹ *Es gibt jemanden, der sein Angesicht beugt und an Böses denkt.*

⁸¹⁰ Ausgehend von der syntaktischen Verwendungsweise bei Ijob (συγ-κύφειν + Dativ) wäre gegen Zi. der in *l* a-534 542 547ᶜ 755 bezeugte Dativ προσωπω vorzuziehen.

⁸¹¹ LEH: *to live with*. SKEHAN - DI LELLA, Wisdom 249: *to be part of household*. Kontextlich gesehen bezeichnet συμβιοῦν hier nicht so sehr das *häusliche Beisammensein*, als vielmehr das *Pflegen eines täglichen, vertrauten Umgang mit jemanden*, den der Reiche zu seinem eigenen Vorteil schamlos ausnützt (V. 5b).

⁸¹² Lies jedoch mit SMEND, Weisheit 122: יש לך (= Syr ܟܚ ܐܘܟ Gr ἔχῃς).

⁸¹³ *Wenn du etwas besitzt, läßt er seine Reden mit dir süß klingen (eigtl. macht schön).*

WFd: συνεῖναι (#), ὁμιλεῖν* (Jdt, Spr, Sus ο' θ'), χρῆσθαι* (#), συν-
αυλίζεσθαι (Spr), ζῆν* (#), ζωή* (#) WB: συν- s.v. συγγελᾶν

Nach SMEND (Weisheit 122) hat ייטיב דבריו עמך den Sinn "er lässt
es sich bei dir wohl sein".[814] Syr hingegen übersetzt weitgehend "wörtlich": *er hält schöne Reden bei dir*. In V. 6a, der in H^A "ausgelassen"(?)
ist, zeigt Gr (λαλήσει σοι καλά) jedoch eine erstaunliche Parallele zu V.
5a. Eine übersetzungstechnische Einstufung von συμβιοῦν ist also aufgrund der semantischen Unsicherheit in H^A als auch aufgrund der Zuordnung von V. 6a nur bedingt möglich. Unter Umständen handelt es sich
bei ייטיב דבריו עמך um eine Redewendung, die bei wörtlicher Übertragung nicht verständlich ist, weshalb sich Gr gezwungen sah, frei zu
übersetzen. In sprachlich-stilistischer Hinsicht ist wiederum die Vorliebe
von Gr für Verbalkomposita mit Präverb συν- gegenüber Simplicia (hier
als Alternative: βιώσεται μετὰ σου) zu erkennen. συμβίωσις dient in
Weish als Ausdruck eines *vertrauten, ja intimen Umgangs* bzw. einer
Gemeinschaft der σοφία mit Gott (Weish 8,3) bzw. des Weisen mit der
σοφία (Weish 8,9,16). Ebenso bezeichnet συμβιωτής nicht so sehr
Mitglied einer Hausgemeinschaft, als vielmehr eine vertraute Person, mit
der man wichtige Entscheidungen abspricht und sich berät; vgl. Bel θ'
2.30 (συμβιωτὴς τοῦ βασιλέως Βαβυλῶνος von Daniel bzw. den könig-
lichen Beratern) = Bel ο' 1.

συμπαίζειν miteinander scherzen, spielen

30,9 σύμπαιξον αὐτῷ, καὶ λυπήσει σε La: *lude cum eo et contristabit te*
H⁰ Syr: [815] ܘܢ... ܥܡܗ ܘܬܪܕ... ܘܬ...

WF: Ø {συμπαίκτης, συμπαίκτρια, συμπαίκτωρ, συμπαιστής, συμπαίστωρ},
προσπαίζειν* (Ijob), παίζειν* (#), ἐμπαίζειν (#), ἐμπαιγμός* (Ps, Weish, Ez,
2-3 Makk), ἔμπαιγμα (Ps, Weish, Jes), ἐμπαίκτης (Jes), ἐκπαίζειν (1 Esra),
ἐγκαταπαίζειν (Ijob), καταπαίζειν (2 Kön, Jer), παίγνιον (Weish, Hab),
παιγνία (Ri, Jer) WFd: σκώπτειν* WB: συν- s.v. συγγελᾶν

Dem Kompositum συμπαίζειν entspricht in Syr das Syntagma ܘܢ... ܥܡܗ
(*mit ihm lachen*), eine Konstruktion, die wir auch in H annehmen dürfen
unabhängig davon, ob nun tatsächlich שחק oder ein anderes Wort da-

---

[814] PETERS, Ecclesiasticus 111, übersetzt jedoch wörtlich: ... *macht er seine Worte süß
bei dir*; in diesem Sinn auch EÜ: ... *gibt er dir schöne Worte*. SAUER, Sirach 537,
hingegen: ... *pflegt er einen guten Umgang mit dir*. ZB: ... *so tut er sich gütlich bei
dir*. JB nach Gr: ... *wird er mit dir leben*. GN: ... *bleibt er bei dir*.

[815] *Und wenn du lachst mit ihm, wird er dich foltern.*

stand. Gr jedoch favorisiert wohl aus sprachlich-stilistischen Gründen wiederum, wie öfter zu beobachten, das mit Präverb συν- gebildete Kompositum, um ein mit μετά formuliertes Präpositionalgefüge zu vermeiden; zu παίζειν + μετά τινος vgl. Gen 21,9 מְצַחֵק (LXX + μετὰ Ισαακ τοῦ υἱοῦ αὐτῆς); 26,8 מְצַחֵק אֵת; in den meisten Fällen (abgesehen von Jes 3,16 עכס pi.) jedoch führt παίζειν auf die Nebenform שׂחק zurück. Sonderbar überliefert La für συμπαίζειν ein Simplex (*ludere*), für das unmittelbar folgende Simplex λυπεῖν das im Lateinischen geläufigere (unklass.) Kompositum *contristare* (*tristari* ist zudem intransitiv), weswegen aber nicht συλλυπησει konjiziert werden kann, obgleich diese Lesart der übersetzungstechnisch-stilistischen Eigenart von Gr hinsichtlich ihrer Vorliebe für Komposita mit Präverb συν- (insbesondere bei parallelen Formulierungen) entgegenkäme. Der unmittelbar sich anschließende Stichos lautet: μὴ συγγελάσῃς αὐτῷ, ἵνα μὴ συνοδυνηθῇς, wobei La allerdings bei συνοδυνηθῇς - was überrascht - nicht *condoleas* (vgl. 37,5 συμπονεῖ *condolet;* 37,12 συναλγήσει - *condolebit*), sondern die Simplexform (*doleas*) überliefert. Vgl. ferner 37,4 φιλοῦ ... ἥδεται La *amico ... con-iucundatur.*

συμπονεῖν sich miteinander abmühen

37,5 ἑταῖρος φίλῳ συμπονεῖ χάριν γαστρός

La: *sodalis amico condolet*[816] *causa ventris*

H^B *om.* H^Bmarg.: אוהב טוב נלחם עם זר   H^Bmarg.: נוחל

Syr: [817] ܟܠ ܐܢܫ ܪܚܡܐ ܕܪܚܡܐ ܢܥܕܪ ܠܡܥܒܕ ܛܒܬܐ ܘܣܟܪܐ

WF: Ø {συμπονία, σύμπονος}, πονεῖν (#), ἐπίπονος* (3 Makk), φιλοπονεῖν*, φιλοπονία* WFd: μοχθεῖν (1 Esra, Koh, Jes, Klgl), μοχθηρός*, ἐπιμελεῖσθαι* (Gen, 1 Esra, Spr, 1 Makk), σπεύδειν* (#), σπουδάζειν (#), κοπιᾶν* (#) WB: συν- s.v. συγγελᾶν

Das mit συμπονεῖν korrespondierende לחם ni., das durch Syr ܐܬܟܬܫ (*kämpfen*) gegenüber נוחל (steht über נלחם geschrieben) geschützt ist, wird in Gr noch mit πολεμεῖν (H^A 4,28; Syr ܐܬܟܬܫ), ἐπάγειν (im Sinne von *Kriege herbeiführen;* H^B 46,3; Syr ܐ̈ܝܬܐ) und sonderbar mit δόξα (H^B 47,6; Syr hingegen wie in 4,28 ܐܬܟܬܫ) wiedergegeben. In LXX ist

---

[816] Vgl. dazu die Wiedergabe von συναλγήσει (37,12) mit dem gleichen Verbum (*condolere*).

[817] *Gut ist ein Freund, der gegen einen Feind kämpft und das Schild zur Hand nimmt.* Zu der Konstruktion ܕ ܪܚܡܐ ܠ (ἑταῖρος φίλῳ) vgl. V.4a ܕ ܪܚܡܐ ܚܒܪܐ (ἑταῖρος φίλου).

πολεμεῖν das geläufigste Äquivalent für לחם ni.[818] Syr faßt V.5ab in einem einzigen Stichos zusammen. In V.5ab bezeugen jedoch weder H^Bmarg noch Syr einen Ausdruck, der mit Gr χάριν γαστρός (vgl. V.4a ἐν εὐφροσύνῃ La *in oblectatione*), das antithetisch in V.5b mit ἔναντι πολέμου wiederaufgenommen wird, wenigstens im Ansatz vereinbar wäre. Möglich wäre allerdings ein übersetzungstechnischer Bezug zu V.6a H^BBmargII בקרב (Gr ἐν ψυχῇ σου). Syr ܡܘܣܠ ܚܠܬܠ korrespondiert, obgleich syntaktisch mit ܐܬܘܬ (= συμπονεῖν) verbunden, wohl eher mit נגד עדים (= ἔναντι πολέμου) als mit עם זר. Eine Kongruenz zwischen זר und γαστήρ ist sowohl semantisch als auch übersetzungstechnisch nicht herzustellen, da Gr als Äquivalente dafür v.a. ἀλλότριος, ξένος, ἕτερος, ἀλλογενής, ἄνομος, ἑταιριζόμενος, ὕπανδρος wählt. Bzgl. einer Entsprechung von γαστήρ in Syr ist auf V. 4a ܐܘܠܐ (*Tisch, Tafel*) zu verweisen, das sonderbar mit εὐφροσύνη parallel läuft. Unter wortbildungstypischem Aspekt korreliert das Präverb des ^LXXHplg συν- mit der Präposition עם.

σvναλγεῖν Mitleid haben, sein Mitleid bekunden[819]

37,12 καὶ ἐὰν πταίσῃς, συναλγήσει σοι

La: *quicumque titubaverit in tenebris non condolebit tibi*

H^B: [820] אם תכשל יגיע אליך   H^Bmarg: יעבד בך

H^D: ואם יכשל יעבד בך

Syr: ܐܘ ܘܐܬ ܠܝ ܠܦܘܣܡ ܘܗ ܘܬ ܘܐܬ ܟܐܘ
[821] ܟܐܘ ܐܬܠܗ ܠܝ ܠܦܘܣܡ ܘܗ ܬܠܗ

WF: Ø, {συναλγηδών, συναλγύνειν}, ἀλγεῖν (2 Sam, Ijob, Ps), ἄλγος* (Ps, Klgl, 2-4 Makk), ἀλγηδών (#), ἄλγημα (Ps, Koh), ἀλγηρός (Jer) WFd:

---

[818] Seltener bezeugt sind die Wiedergaben: ἐκπολεμεῖν, καταπολεμεῖν, συνεκπολεμεῖν, διαμάχεσθαι, μάχεσθαι, μονομάχειν, ἐκπολιορκεῖν, ἐφιστάναι, πατάσσειν, περικαθίζειν.

[819] LEH: *to share in suffering with sb*. PAPE: *mit oder zugleich Schmerz haben, empfinden, mit leiden;* [mit Verweis auf Aischyl. Prom. 288 ταῖς σαῖς δὲ τύχαις, ἴσθι, συναλγῶ], = *auch Mitleid haben, bezeigen* [mit Verweis auf Plut. consol. ad Apoll.]. LB: *Mitleid haben mit jmdm*. FRITZSCHE, Weisheit 382: *mit jmdm leiden*. JB: *sich um jmdn bemühen*. GN: *dem es genauso wehtut wie dir*. ZB: *beklagen*.

[820] So BEN-ḤAYYIM und BEENTJES. VATTIONI (=LÈVI) hingegen: אליו. In der Tat ist in diesem Fall auf dem Faksimilefoto der Finalbuchstabe ך (verglichen mit den übrigen ך) nicht eindeutig zu entziffern.

[821] *Und wenn er dich böse behandelt, behandelt er sich selbst schlecht. Und wenn er dich gut behandelt, dann behandelt er sich selbst gut.*

ἐλεεῖν/ἐλεᾶν* (#), ἔλεος* (#), κατελεεῖν (4 Makk), οἰκτείρειν* (#), κατοικτείρειν (4 Makk), συμπαθεῖν (4 Makk), συμπαθής (4 Makk), {συμπάσχειν}
WB: συν- s.v. συγγελᾶν

Wiederum ist ein Kompositum mit adverbial zu verstehendem Präverb συν- (hier συναλγεῖν) hervorgerufen durch eine Präpositionalwendung (Verb + Präposition) in der Vorlage, ob man nun nach H[B] [822] נגע hi. + אל oder nach H[BmargD] עבד plus 'ב als authentisch annimmt oder wie SMEND (Weisheit 332) [823] עכר ni. + 'ב konjiziert. Das in LXX öfter gebrauchte ἀλγεῖν führt in ﬦ auf חול q., hi., חשׁך ni., כאב q., ni. und צר zurück, so daß septuagintaspezifisch gesehen zwischen Simplex und Kompositum keine übersetzungstechnische Brücke hergestellt werden kann. Auch ἀλγηδών (מכאוב) sowie ἄλγημα (כאב, מכאוב) und ἀλγηρός (חלה ni.) sind mit der "Vorlage" von συναλγεῖν nicht in Verbindung zu bringen. La *quicumque titubaverit* geht offensichtlich gegen Gr πταίσῃς und H[B] תכשׁל mit H[D] יכשׁל. Am ehesten unter den oben genannten Lesarten kommt wohl עבד plus ב als Gr-Vorlage in Betracht, obgleich dieses mit ב verbundene Verb sonst *mittels eines anderen arbeiten, ihn als Sklaven benutzen, ihm Dienst auferlegen* (so Ges[17]) bedeutet.[824] HAMP, Sirach 668: *der, wenn du strauchelst, sich um dich abmüht.* EÜ bietet für 37,12d: *der dir hilft, wenn du strauchelst.* SAUER (Sirach 594): *wenn du strauchelst, dient er dir.* SKEHAN - DI LELLA (Wisdom 425): *and will feel for you if you fall.*

συναποθνῄσκειν miteinander sterben

19,10 ἀκήκοας λόγον, συναποθανέτω σοι
La: *audisti verbum adversus proximum conmoriatur*
H[0] Syr: [825] ܥܡܟ ܕܒܠ ܐܘ ܕܢܘܡ ܥܕܠ

WF: Ø {Ø}, προσαποθνῄσκειν (Ex), ἀποθνῄσκειν* (#), θνῄσκειν (#) **WFd:** τελευτᾶν* (#), τελευτή* (#)

Das 8mal in Gr bezeugte ἀποθνῄσκειν führt 3mal auf מות (H[A] 10,11 Syr ܡܝܬ; H[AB] 16,3 Syr - ; H[BM] 41,9 Syr ܡܝܬ) zurück, 2mal auf das in Sir

---

[822] Für נגע stehen in LXX mehr als zwei Dutzend verschiedene, aber meist nur 1-2mal belegte Äquivalente zur Verfügung, von denen v.a. ἅπτεσθαι (für Qal und Hifil) häufiger verwendet wurde.

[823] Entspricht in LXX: ἀπαλλάσσειν, διαστρέφειν, ἐκτρίβειν, ἐμποδοστάτης, ἐξολλύναι, ὀλεθρεύειν, μισητός, ποιεῖν, τάραχος (im Qal), ἀνακαινίζειν, ἀπολλύναι (im Nifal).

[824] Vgl. Jer 22,13; 25,14; 30,8.

[825] *Hast du ein Wort gehört, so sterbe es in* [bzw. *mit*] *deinem Herzen.*

öfter vorkommende Synonymon גוע (14,17; 25,24 Syr -) sowie auf אסף
ni. (H^B 40,28 Syr ܡܠܐ). In den allermeisten Fällen korrespondieren in
LXX ἀποθνήσκειν und מות, selten steht das Verb für כרת, גוע, אבד
ni. und שכב. Auch hier wird man - gestützt durch Syr - einen verbalen
Präpositionalausdruck in der Gr-Vorlage vermuten dürfen (ob nun מות,
גוע oder ein anderes Synonym dastand, ist unter wortbildungstypischem
Aspekt sekundär), welcher das in LXX singuläre Kompositum συναποθνήσκειν hervorgerufen hat. συναποθνήσκειν meint hier sinngemäß (ein
Geheimnis) mit ins Grab nehmen [= ZB], für immer (= bis zum Tod) bei
sich behalten.[826]

σύνδειπνος Tischfreund[827]

9,16 ἄνδρες δίκαιοι ἔστωσαν σύνδειπνοί σου La: *viri iusti sint tibi convivae*
H^A: אנשי צדק בעלי לחמך Syr: [828] ܐܢ̈ܫܐ ܟܐ̈ܢܐ ܢܗܘܘܢ ܐܟܠܝ ܦܬܘܪܟ

WF: συνδειπνεῖν (Gen, Prov), δειπνεῖν (Tob, Spr, Dan ο'), δεῖπνον (Dan ο'
θ', 4 Makk), περιδειπνεῖν (2 Sam), περίδειπνον (EpJer), ἄδειπνος (Dan θ')
WFd: συμπότης (3 Makk), συμπόσιον* (Est, 1-2-3 Makk), συμποσία (3
Makk), συμποσιάζειν (α'), ξένος (#), ξενίζειν* (Est, 2-3 Makk), εὐωχία (1
Esra, Est, 3 Makk), εὐωχεῖν (Jdt, 3 Makk), συνεσθίειν (Gen, Ex, 2 Sam, Ps)

Die in H^A überlieferte Konstruktusverbindung בעלי לחמך (*deine Gast-*
geber[829]) ist in 𝔐 nicht belegt. Allerdings findet sich in Obd 7 die Wendung [830] אנשי שלמך לחמך (Ges^17 *deine Bundesgenossen*), wobei der
glossenhafte Charakter von שלמך sich durch Ps 41,10 erklärt, wonach
der [831] איש שלומי, auf den der Psalmist vertraut (אשר־בטחתי בו), in
Form einer Apposition als [832] אוכל לחמי (LXX ὁ ἐσθίων ἄρτους μου)

---

[826] EÜ hingegen: ... *so sterbe es in dir* (= HAMP, Sirach 619). LB: ... *so laß es mit dir*
sterben.
[827] LEH: *companion at table.* WAHL: *Tischgenosse* (= FRITZSCHE, Weisheit 330).
PAPE: *mit Einem essend, Tischgenosse.* LB: *Lade dir (rechtschaffene Leute) zu Gast.*
[828] *Gerechte Männer sollen sein, die an deinem Tische essen.*
[829] So SAUER, Sirach 528. EÜ, ZB: *deine Tischgenossen.* SKEHAN - DI LELLA, Wisdom
216: *your table companions.* Vgl. hierzu auch 6,10a H^A חבר שלחן κοινωνὸς
τραπεζῶν (Syr -) .
[830] LXX: ἄνδρες εἰρηνικοί σου; σ' οἱ συνεσθίοντές σοι.
[831] LXX: ὁ ἄνθρωπος τῆς εἰρήνης μου; α' ἀνὴρ εἰρήνης μου; σ' ἄνθρωπος, ὃς εἰρή-
νευέ μοι. In Jer 20,10 findet sich אנוש שלומי (LXX: ἄνδρες φίλοι θ' ἄνθρωποι
εἰρηνικοί μου), was Ges^17 (s.v. שלום) mit "*der mit mir in Freundschaftsverhältnis*
stand" übersetzt; EÜ: *meine nächsten Bekannten.* LB: *alle meine Freunde und Ge-*
sellen.
[832] *Jemands Brot essen* bedeutet (wie im Syrischen und Arabischen) *bei jemandem zum*
Gastmahl geladen sein.

erklärt wird. Bei den בעלי לחמך geht es also weniger um Gastgeber bzw. Gäste[833] als vielmehr um **vertraute** Personen, mit denen man bei Tisch Umgang pflegt. Die griechische Version mit σύνδειπνος geht wohl auf eine Konstruktusform in der Vorlage zurück. Ob allerdings diese identisch ist mit der in H^A überlieferten, kann nicht zweifelsfrei entschieden werden, zumal Syr für בעל, das sonst ausnahmslos mit ܒܥܠܐ, ܡܪܐ und ܒܥܠ wiedergegeben wird, ܐܟܠ (*essende*) und für לחמך ܘܦܬܘܪ (*Tisch*) liest, das in fünf von sieben Fällen (lediglich in 35,2.11 מוסר; מפקד) mit שלחן korrespondiert. Zudem zeigt Syr auffällige Berührungspunkte mit Gr (Syh ܕܢܗܘܘܢ ܟܐܢܐ ܗܠܝܢ ܕܒܡܐܟܘܠܬܐ) gegen H: Dem *nomen rectum* צדק entspricht in Syr das Adjektiv ܟܐܢܐ (*gerecht* = δίκαιοι); gegenüber dem in H^A vorliegenden Nominalsatz fügen Syr und Gr die *copula* ܢܗܘܘܢ (= ἔστωσαν) ein. Das zu σύνδειπνος korrespondierende Verbum συνδειπνειν dient in Gen 43,32 zur Wiedergabe von אכל und in Spr 23,6 von ^IIלחם (*Brot essen*). Vgl. hierzu auch 20,16c (οἱ ἔσθοντες τὸν ἄρτον αὐτοῦ H^0 Syr ܕܐܟܠ ܠܚܡܗ). Das vom Wortfeld her naheliegende Substitut ξένος (in LXX immerhin 20 Belege) ist - aus welchen Gründen auch immer - in Gr nicht gebraucht.

συνεθίζεσθαι sich etwas angewöhnen [834]

23,9 καὶ ὀνομασίᾳ τοῦ ἁγίου μὴ συνεθισθῇς
La: *nominatio vero Dei non sit adsidua in ore tuo*
H^0 Syr: *al.*[835] ܘܒܫܡܐ ܕܩܘܕܫܐ ܠܐ ܬܬܚܫܚ

23,13 ἀπαιδευσίαν ἀσυρῆ μὴ συνεθίσῃς τὸ στόμα σου
La: *indisciplinose non adsuescat os tuum*
H^0 Syr:[836] ܘܐܦ ܠܡܣܟܠܘܬܐ ܠܐ ܬܠܦ ܦܘܡܟ

23,15 ἄνθρωπος συνεθιζόμενος λόγοις ὀνειδισμοῦ
La: *homo adsuetus in verbis inproperii*
H^0 Syr:[837] ܓܒܪܐ ܓܝܪ ܕܝܠܦ *ܡܠܐ ܕܓܘܕܦܐ   * Syr^WP ܕܡܠܦ

WF: Ø {συνεθισμός}, ἐθίζειν* (2 Makk), ἐθισμός* (Gen, 1 Kön, Jdt, 2 Makk)
WFd: συνήθης (2 Makk), συνήθεια (4 Makk), χρῆσθαι* (#)

---

[833] Sowohl in H^A als auch in Gr bleibt unklar, ob die rechtschaffenen Männer als Gastgeber einladen oder als Gäste eingeladen werden.
[834] LEH: *to accustom* [im Aktiv]; *to become accustomed to* [im Passiv]. PAPE: *womit od. wozu gewöhnen.*
[835] *Und setze dich nicht zu Richtern.*
[836] *Und lehre deinen Mund auch nicht Einfalt.*
[837] *Ein Mann nämlich, der nichtige Worte lernt (lehrt)...*

In 23,9 bestehen zwischen Gr und La derart gravierende Differenzen, daß man für La den in Gr gebotenen Text nicht als Vorlage annehmen kann.[838] Syr ܬܒ (*sich setzen* = lat. *assidere*) ist mit συνεθισθῇς nicht vereinbar (allenfalls mit dem in Spr 3,32 belegten συνεδριάζειν [𝔐 [סוד]). Dem Aktiv συνεθίζειν (23,13) entspricht in Syr der Intensivstamm ܐܠܦ (*lehren*), der sonst als Wiedergabe von q., pi. למד verwendet wird. In V. 15 korrespondieren das medial gebrauchte συνεθίζεσθαι und das Peal ܝܠܦ (*lernen*), das ebenfalls meist dem hebräischen Äquivalent q., pi. למד (sonst חכם; יסר; תפש; שיח) zugeordnet werden kann.[839] Da למד und ܐܠܦ/ܝܠܦ neben *lernen, lehren* in selteneren Fällen auch die Bedeutung *(sich an etwas) gewöhnen*[840] haben kann, relativiert sich die vermeintliche Lesartdifferenz. Gr und Syr lag also wahrscheinlich die Wurzel למד, das in Gr sehr unterschiedliche Äquivalente (ἰχνεύειν, ὁμοιοῦν, διδάσκειν, μανθάνειν, ἀνυψοῦν, εὐοδοῦν, διδόναι σοφίαν) aufweist, in LXX meist aber mit διδάσκειν, μανθάνειν (*Standardwiedergaben*) übersetzt wird, vor.[841] Wortstatistisch betrachtet ist das Kompositum συνεθίζειν etwa ebenso breit in der Gräzität belegt wie das weitgehend bedeutungsgleiche Simplex ἐθίζειν, das in Gr unmittelbar (23,9a H⁰ Syr ܥܝܕ) dem συνεθίζειν in 23,9b vorausgeht und innerhalb der LXX abgesehen von Jer 11,19 (α' אלוף) nur in 2 Makk 14,30 verwendet ist.[842]

---

[838] 1. *nominatio* Gr ὀνομασίᾳ: Die Kasusdifferenz zwischen La und Gr ist infolge des Satzbaus in La sicherlich nicht auf einen simplen Lese- bzw. Hörfehler (-ία in ία) zurückzuführen. 2. *vero* Gr om. 3. *Deus* Gr ἅγιος: La übersetzt sonst ausnahmslos ὁ ἅγιος (sc. θεός) wörtlich mit *sanctus* (4,14; 43,10; 47,8; 48,20). 4. *sit adsidua* Gr συνεθισθῇς: *adsiduus* (bzw. *adsiduitas, adsiduare*) dient sonst als Wiedergabe des ᴸˣˣHplg ἐνδελεχίζειν (s. S. 190-192). 5. *in ore tuo* Gr om.

[839] In 23,9 bietet Syr einen völlig anderen Stichos: *Und zwischen Richtern setze dich nicht!* Syr denkt offenbar an das Schwören vor Gericht; s. hierzu ᴸˣˣHplgˢⁱʳ ὀνομασία (S. 260f.).

[840] Vgl. Ges¹⁷ s.v. למד sowie LSyr s.v. ܐܠܦ *consuefecit, domuit*.

[841] Allerdings ist auch die nur in Spr 22,25 (μανθάνειν) vorkommende Vokabel ¹אלף q. (*sich mit etwas vertraut machen*) als Vorlage denkbar.

[842] Andererseits könnte eine Verbindungslinie zwischen den beiden unterschiedlichen Lesarten *gewöhnen* und *lernen, lehren* mit Hilfe des durch keine griechische Handschrift (inkl. La) gestützten συνετίζειν (τ statt θ) hergestellt werden, mit dem in LXX (16 Belege) hi. בין, יעץ und hi. שכל übersetzt werden. Ebenso kann nicht ausgeschlossen werden, daß Syr bei Abhängigkeit von Gr συνεθίζειν als συνετίζειν (*unterweisen, einsichtig machen*) las oder verstand.

συνοδυνᾶσθαι gemeinsam Schmerz empfinden[843]

30,10 μὴ συγγελάσῃς αὐτῷ, ἵνα μὴ συνοδυνηθῇς
La: *non conrideas illi ne doleas*
H⁰ Syr: [844] ܐܠ ܪܝܟ ܣܟܬܡ ܟܪܝܦ ܣܟܘܡܡܙ ܐܝܗܝ ܪܟ

WF: Ø {Ø}, ὀδυνᾶν (#), ὀδύνη* (#) WFd: συναλγεῖν*, συμπαθεῖν (4 Makk), συμπαθής (4 Makk), ὠδίνειν* (#), {συμπάσχειν}, ἀλγεῖν (2 Sam, Ijob, Ps), ἄλγος* (Ps, Klgl, 2-4 Makk), ἀλγηδών (#), ἄλγημα (Ps, Koh), ἀλγηρός (Jer) WB: συν- s.v. συγγελᾶν

Die Vorliebe für Komposita mit adverbialem Präverb συν- (*zugleich, zusammen mit*)[845] führt in diesem Fall zu einem ᴸˣˣHplg, während dessen Simplexform (ὀδυνᾶν) in der LXX häufiger belegt (mit den Äquivalenten דוה, חיל, מרר) und damit als *geläufig* (d.h. unauffällig) zu bezeichnen ist. In übersetzungstechnischer Hinsicht wird man in diesem Fall das Präverb nicht als vorlagebedingt (= עמר) auffassen können. Vielmehr scheint hier der Enkel stilistisch orientiert (συγγελάσῃς - συνοδυνηθῇς) übersetzt zu haben. Die O- und L-Textzeugen (inkl. La) haben dieses zudem wortstatistisch auffällige (s. **Wortst.**) ᴸˣˣHplg zugunsten des geläufigeren Simplex (= H?) korrigiert. Aus stilistischen wie auch wortstatistischen Gründen ist συνοδυνᾶσθαι als von Gr individuell geprägte Wortschöpfung ("Übersetzungsneologismus") zu klassifizieren.

σφιγγία Geiz, Gier[846]

11,18 ἔστιν πλουτῶν ἀπὸ προσοχῆς καὶ σφιγγίας αὐτοῦ
La: *est qui locupletatur parce agendo*
Hᴬ: [847] מהתעשר מתעשר שׁ[ין] Syr: [848] ܐܠܟ ܪܝܢܕ ܬܐܝ ܠܝ ܣܬܚܣܡܡܐܘܗܣ

---

[843] LEH: *to suffer (pain) together* neol. PAPE: *mit, zugleich Schmerz verursachen* (im Aktiv), *mit Schmerzen leiden, betrübt sein, Einem sein Beileid bezeugen* (im Passiv). WAHL: *cum aliquo crucior.*

[844] *Du sollst nicht mit ihm gehen, wie es ihm gefällt, damit er dich nicht zum Zorne reizt.* Hinsichtlich der Zuordnung von Gr und Syr vgl. auch den vorhergehenden Stichos: ܟܘ ܪܝ ܠܚ ܟܘܡܡܙ ܣܟܬܡ ܟܪܝ *und wenn du mit ihm lachst, wird er dich quälen* (= σύμπαιξον αὐτῷ, καὶ λυπήσει σε ?).

[845] S. hierzu z.B. die ᴸˣˣHplg συγγελᾶν, συγκληρονομεῖν, συγκτίζειν, συμβιοῦν, συμπαίζειν, συμπονεῖν, συναλγεῖν, συναποθνήσκειν.

[846] LSJ: *greed.* LEH: *restraint, constriction, miserliness* neol. PAPE: *Geiz, Knickerei.* FRITZSCHE, Weisheit 335: *Knickerei.*

[847] SMEND, Weisheit (Hebräisch - Deutsch) 12, liest: מהתענותו (s. Syr ܠܚ-!). SAUER, Sirach 533: *Da gibt es einen, der sich dadurch bereichert, daß er sich abmüht.* JB zwischen Hᴬ und Gr vermittelnd: *... weil er sich abgeplagt und gegeizt hat.* GN zwischen Gr und La vermittelnd: *... weil er sein Leben lang knausert und spart.*

WF: σφίγγειν (2 Kön, Spr), σφιγκτήρ (α' σ'), συσφίγγειν (Ex, Lev, Dtn, 1 Kön), συσφιγκτήρ (σ'), σύσφιγκτος (α' σ') WFd: φιλαργυρία (4 Makk), φιλάργυρος (4 Makk), φιλαργυρεῖν (2 Makk), πλεονέκτης*

ᴵᴵענה (sich demütigen) begegnet noch in Gen 16,9, Esra 8,21, Dan 10,12 (o') und aramaisiernd im passivischen Sinne (gepeinigt werden) in Ps 107,17; an all diesen Stellen wird in LXX konsequent ταπεινοῦν als Wiedergabe herangezogen. Das von ᴵᴵענה abgeleitete Nomen ענוה, das an fünf Stellen in Sir vorkommt, wird in Gr mit einer Ausnahme (ᴸˣˣHplg ταπεινότης 13,20) durchgängig mit πραΰτης (3,17; 4,8; 10,28; 45,4) übersetzt. Gr verfährt bei der Wiedergabe von התענות, wie öfter bei Infinitivkonstruktionen mit vorgeschalteter Präposition zu beobachten, nominalisierend und zudem in Form eines Hendiadyoins: προσοχὴ καὶ σφιγγία (Aufmerksamkeit und Geiz), während La lediglich eine mit Adverb versehene Gerundkonstruktion (parce agendo) bezeugt, die nicht durch Gr gedeckt ist. Syr überliefert gegenüber dem Doppelausdruck in Gr nur ein Äquivalent Armut (ܡܣܟܢܘܬܐ). Zur erweiternden Übersetzungsweise bei schwierigen und vielschichtigen Ausdrücke (v. a. bei Konstruktusverbindungen) in H vgl. das Belegmaterial s.v. χρηστοήθεια.

ταπεινότης Unterwürfigkeit (pejorativ)[849]

13,20 βδέλυγμα ὑπερηφάνῳ ταπεινότης
La: et sicut abominatio est superbo humilitas
Hᴬ: תועבת גאוה ענוה Syr: om.

WF: ταπεινός* (#), ταπεινοφρονεῖν (Ps), ταπεινόφρων (Spr), ταπεινοῦν* (#), ταπείνωσις* (#), {ταπεινοφροσύνη} WFd: ἐλάττωσις* (Tob), ἀδοξία*, ἀδοξεῖν (Jes), ἄδοξος* (1 Makk), ἐπίδοξος* (Spr, Dan o'), ἐπιδοξότης (α'), ἐπιδόξως (1 Esra), εὐδόκιμος (3 Makk), εὐδοξία (σ'), ἀτιμία* (#), ἄτιμος* (#), αἰσχρός (Gen, Jdt, Est, 3-4 Makk), ἄκοσμος (Spr), ἀκόσμως (2 Makk), ἀκλεής (3 Makk), ἀκλεῶς (3 Makk), δυσκλεής (3 Makk), ὄνειδος* (#), ὀνειδισμός* (#)

ענוה (Demut), das in 𝔐 7mal[850] belegt ist, korrespondiert mit ταπεινότης, wofür A b 296-548 Anton. das in LXX (42mal) und NT (4mal) ge-

---

[848] Es gibt jemanden, der wird durch seine Armut reich.
[849] LEH: humility, abasement. LSJ: low estate, abasement. SCHLEUSNER III: humiliari aut in conditione humili esse. WAHL: sensu ethico modestia Demuth. FRITZSCHE, Weisheit 338: Niedrigkeit. LB (V.13,20a): wie der Hochmütige verachtet, was gering ist.

läufigere ταπείνωσις[851] überliefern. ταπεινότης ist in vGr, nGr und PG sehr häufig verwendet (s. **Wortst.**), fehlt jedoch sowohl in Hex. als auch in PS und NT. Semantisch weist das Verbalabstraktum gegenüber ταπεινότης nur geringfügige Differenz auf, wenngleich der Akzent beim Adjektivabstraktum mehr auf einer dauernden inneren Verfaßtheit liegt. Es geht somit aufgrund des Wortbildungstyps (Adjektiv + - ότης) und des Kontexts nicht um Demut bzw. Bescheidenheit qua *Selbsterniedrigung* (meliorativ) und auch nicht um die *Erniedrigung* des ὑπερήφανος durch andere; das wäre wohl eher das Verbalabstraktum ταπείνωσις[852]. Gr setzt in diesem Fall also bewußt in ihrer Wortwahl Nuancen. In H^AC 3,17; H^A 4,8; H^AB 10,28 und H^B 45,4 entspricht dem Präpositionalausdruck בענוה konsequent ἐν πραΰτητι (*in Sanftmut*). Gr schert hier also übersetzungstechnisch aus, verfährt ohne erkennbaren Grund (allenfalls durch *variatio* erklärbar) **inkonsequent**, wie es häufiger in Gr zu beobachten ist. Septuagintaspezifisch betrachtet dient der Stamm ταπειν- sehr häufig zur Wiedergabe von Begriffen mit der Basis [II]ענה (*niedrig sein*). Insgesamt läßt sich also konstatieren, daß Gr bei der Übersetzung von ענוה abgesehen vom Wortbildungstyp - ότης in der von LXX vorgegebenen Übersetzungsmuster verbleibt.

τολμηρός dreist, übermütig (*pejorativ*)[853]

8,15 μετὰ τολμηροῦ μὴ πορεύου ἐν ὁδῷ La: *cum audace non eas in via*
H^A: עם אכזרי אל תלך Syr: [854] ܟܡ ܐܚܒ̈ܬܐ ܡܥ ܠܐ ܬܐܪܟ ܟܣܛܘܪܐ ܚܒ

19,2 καὶ ὁ κολλώμενος πόρναις τολμηρότερος ἔσται
La: *et qui se iungit fornicariis erit nequa[m]*
H^0 Syr: [855] ܟܒܣܝ̈ ܠ ܕܒ̈ܝܐ ܠ ܕܗܬܐܒ̈ܕܬܘ

---

[850] 2 Sam 22,36 (ὑπακοή); Ps 45(44),5 (πραΰτης; Syh α' ܢ̇ܘܡܐ); 18(17),36 (παιδεία); Spr 15,33 (ἀποκρίνεσθαι; σ' θ' πραΰτης); 18,12 (ταπεινοῦσθαι); 22,4 (σοφία; σ' πραΰτης); Zef 2,3 (ταπεινός).

[851] ταπείνωσις (LEH: *humiliation, abasement, humility, low estate*) führt in 𝔐 auf עני דכא (bzw. עני, ענו, תענית), אצר, שפל zurück.

[852] In Gr findet sich das Verbalabstraktum im meliorativen Sinne (*Demut*) bzw. im Sinne von *Niedrigkeit, niedrige Lebensumstände* noch in 2,4 (H^0 Syr ܟܡܟܘܬܐ); 2,5 (H^0 Syr ܟܡܟܘܬܐ), 11,12 (H^A עפר צחנה Syr ܡܘܟܟ̈ܐ), 20,11 (H^0 Syr *om.*). In 20,11ab korrespondiert ταπείνωσις synonym mit dem abgesehen von Tob 4,13^AB nur noch in Gr (6mal) bezeugten ἐλάττωσις, das hebräerseits auf חסר, מחסור, מעצור und in Syr mit Ausnahme von 20,2 (ܠܐ ܘܠܐ ܘܠܡ) auf ܡܣܟܢܘܬܐ bzw. ܡܣܟܢ zurückführt.

[853] Pejorativ auch WAHL: *audax, temerarius*. FRITZSCHE, Weisheit 329, hingegen: *tollkühn.* LSJ s.v. τολμήεις: *daring, bold.* LEH: *bold, daring, audacious.*

[854] *Mit einem dreisten Manne sollst du nicht auf einem Weg gehen.*

19,3 καὶ ψυχὴ τολμηρὰ ἐξαρθήσεται

La: *et extolletur in exemplum maius et tolletur de numero anima eius*

H^c: ונפש עזה [ת]ת[שׁחית בעליה

Syr: ⁸⁵⁶ ܡܪܐ *ܩܪܒܬ܆ ܢܦܫܐ ܣܢܝܐ *Syr^{WP} ܩܪܒܬ܆

WF: τόλμα (Jdt, Ijob, 2-3 Makk), τολμᾶν (Jdt, Est, Ijob, 2-3-4 Makk), κατα-
τολμᾶν (2 Makk), εὐτολμία (2 Makk) WFd: ἀδεῶς (3 Makk), θαρραλέος (4
Makk), θαρραλέως (3-4 Makk), θαρρεῖν* (#), θράσος (#), θρασύς (Num),
θρασυκάρδιος (Spr), θυμώδης* (Spr, Jes), ἰταμός (Jer), ἰταμία (Jer), ὑπερήφανος* (#), ὑπερηφανία* (#), ὑπερηφανεῖν (2 Esra, 4 Makk),

Als Äquivalente zu τολμηρός (Syh konsequent ܪܗܝܒ *wagemutig, dreist*)
stehen die beiden hebräischen Begriffe אכזרי (*grausam, unbarmherzig*;
Syr ܡܪܚ *dreist*) und עזה (*stark, grausam*; Syr ܣܢܝܐ *frech*) zur Verfügung. In 19,2 hingegen differieren Gr, La und Syr nicht unerheblich,
da man hinter La *nequa* statt des in Gr bezeugten Komparativs (v.l. τολμηρός) einen Positiv (πονηρός?) annehmen muß, während Syr ܣܢܐ wohl
mit dem folgenden ܩܪܒܬ (von der *frechen Seele*) zusammenhängt. In H^A
13,12 (Syr wohl von Gr abhängig ܗ.ܬܝܫܘ ܐܪ); H^B 32(35),22 (Syr ܚܣܕܐ)
und H^D 37,11 (Syr wohl von Gr abhängig ܗ.ܠܬ ܡܠ ܬܝܫܘ ܐܪ) entspricht das
in 𝔐 lediglich 8mal⁸⁵⁷ belegte אכזרי, das aber in LXX nie mit dem
Stamm τολμ- übersetzt wird, in Gr konsequent ἀνελεήμων (*unbarmherzig*), wie es auch in Spr umgesetzt wird. Daß nun Gr und Syr in 8,15
אכזרי mit *dreist* bzw. *brutal* (τολμηρός; ܡܪܚ) übersetzen, muß nicht
unbedingt hinsichtlich ihrer Vorlage zu denken geben, da auch der Übersetzer von Jer in 6,23 und 50(27),42 אכזרי als *frech, dreist* (ἰταμός)
auffaßt. Andererseits stimmt Syr durch den Zusatz ܒܐܘܪܚܐ (= ἐν ὁδῷ)
mit Gr gegen H^A überein. Die Frage, ob Gr und Syr hier eigenständig und
unabhängig von einander den *Unbarmherzigen* als einen *Dreisten* interpretieren, beiden ein anderes Äquivalent vorlag oder Syr von Gr abhängig
ist, muß also offen bleiben. Auch in 19,3 (Gr) zeigen Gr und Syr gegenüber H^c עזה (*stark*) Übereinstimmung (τολμηρός; ܣܢܝܐ), wenngleich
in diesem Fall Syr aufgrund ܡܪܗ (=בעלה) gegen Gr mit H^c (בעליה)
geht.

---

⁸⁵⁵ *Und derjenige, der sich an eine Dirne hängt, wird umkommen.*
⁸⁵⁶ *Eine freche Seele richtet ihren Herrn zugrunde.*
⁸⁵⁷ Jes 13,9 (ἀνίατος); Jer 6,23 (ἰταμός; Syh α' ܗ.ܬ.ܬ.ܚܕ); 37(30),14 (στερεός);
50(27),42 (ἰταμός); Spr 5,9 (ἀνελεήμων); 11,17 (ἀνελεήμων); 12,10 (ἀνελεήμων);
17,11 (ἀνελεήμων).

τόσος so viel

11,11 καὶ τόσῳ μᾶλλον ὑστερεῖται La: *et tanto magis non abundat*
H[A]: וכדי כן הוא מתאחר Syr: [858] ܘܒܟܠܗܘܢ ܗܘ ܡܬܬܚܣܪ

13,9 καὶ τόσῳ μᾶλλόν σε προσκαλέσεται La: *ex hoc enim magis te advocabit*
H[A]: וכדי כן יגישך Syr: [859] ܘܒܟܠ ܙܒܢ ܗܘ ܢܩܪܒܟ

WF: Ø **WFd:** Ø

כדי (*nach Maßgabe von*) kommt in 𝔐 noch in Lev 25,16 (כדי גאלדו τὸ ἱκανὸν λύτρα αὐτοῦ), Dtn 25,2 (כדי רשעתו ο' κατὰ τὴν ἀσέβειαν αὐτοῦ α' πρὸς ἀρκετόν), Ri 6,5[A] (כדי ארבה ὡς [B καθὼς] ἀκρὶς εἰς πλῆθος), Neh 5,8 [=2 Esra15,8] (כדי בנו ἐν ἑκουσίῳ ἡμῶν) vor. Das Präpositionalgefüge כדי כן (*umsomehr*) ist jedoch in 𝔐 nicht bezeugt. Syr hat für כדי כן in 11,11 *und bei all diesen* (ܘܒܟܠܗܘܢ) und in 13,9 *und zu jeder Zeit, jedesmal* (ܘܒܟܠ ܙܒܢ). Ob Syr an beiden Stellen statt כדי in ihrer hebräischen Vorlage den Präpositionalausdruck … בכל gelesen oder den in H[A] bezeugten Wortlaut eigenständig umgedeutet hat, bleibt offen, wenngleich in textkritischer Hinsicht zu bedenken gilt, daß ל nicht leicht verlesen werden kann. Im Gegensatz zu Syr freilich verfährt Gr übersetzungstechnisch konsequent, was sehr oft nicht der Fall ist. In 11,11b hat Syh ܘܐܝܟܢ ܗܘܐ ܝܬܝܪܐܝܬ ܡܬܒܨܪ und in 13,9b ܘܟܠ ܟܡܐ ܕܝܬܝܪܐܝܬ ܢܩܪܒܟ. Textkritisch bedeutsam ist hierbei Syh ܘܟܠ (13,9b) und Syr ܘܒܟܠ.

τριπλασίως dreifach

43,4 τριπλασίως ἥλιος ἐκκαίων ὄρη La: *tripliciter sol exsurens montes*
H[B]: שולח שמש ידליק הרים H[Bmarg.]: שלוח ש' יסיק
H[M]: … שמ[. ..]של Syr: [860] ܚܕ ܬܠܬܐ ܟܠܗ، ܫܡܫܐ ܡܘܩܕ ܠܛܘܪܐ

WF: Ø {τριπλασιότης, τριπλασιάζειν, τριπλασιασμός}, τρισσῶς (1 Sam, 1 Kön, Spr, Ez) **WFd:** τριπλοῦς (Ez) **WB:** -πλάσιος s.v. μυριοπλασίως

Vorweg muß darauf hingewiesen werden, daß in 43,1-32 zwischen Gr, Syr und H[B] bzw. H[M] so zahlreiche und z.T. gravierende Unterschiede in der Textform festzustellen sind, daß fraglich bleibt, ob diese Differenzen ausschließlich durch die möglicherweise *interpretative* Übersetzungsweise von Gr erklärt werden können. Übersetzungstechnisch bereitet das Zahl-

---

[858] … *und [dennoch] in allem gehemmt wird.*
[859] *Und jedesmal wird er an dich herantreten.*
[860] *Dreimal mehr als er* [sc. ܟܘܪܐ Ofen] *ist die Sonne, die Berge verbrennt.*

adverb τριπλασίως ķeine Schwierigkeiten, wenn man statt H^B שולח (*der die [Sonne] schickt*) und H^{Bmarg} שלוח (YADIN: *the [sun's] dart*), das auch in H^M zu erwarten ist, ein von Gr *proportional* verstandenes שלוש als Vorlage annimmt, das unter Umständen durch das nachfolgende שמש korrumpiert ist. Von daher ist eher in der Gr- Vorlage ein Schreib- bzw. Hörfehler anzunehmen, als daß Gr eigenständig uminterpretiert hätte. Syr ܟܐܠܐ ܙܘ ist wahrscheinlich von Gr (Syh ܟܐܠܐܟ ܟܐܬܟ ܟܬܪܬܪ ܟܬܪܬ ܟܐܠܐܟ ܟܪܐܠ) abhängig. Proportionalia mit Suffix -πλάσιος sind im NT-Textkorpus auffälligerweise nicht belegt.[861] Hinsichtlich des Synonympaars נסק hi. und דלק hi. s. SCHRADER, Leiden und Gerechtigkeit 32.

τρύφημα Vergnügung, Lustbarkeit[862]

34(31),3 καὶ ἐν τῇ ἀναπαύσει ἐμπίμπλαται τῶν τρυφημάτων αὐτοῦ
La: *et in requie sua replebitur bonorum suorum*
H^B ואם ינוח לקבל תענוג H^{Bmarg} עמל Syr [863] ܟܐܬܬ ܗܦܬܬܟܐ ܘܪܗܐܠܬ ܠܚܦܬܠܗ ܘܪܗܐܠܬ

WF: τρυφή* (#), τρυφᾶν* (2 Esra, Jes), τρυφερεύεσθαι (Est), τρυφερία (α'), τρυφερός (#), τρυφερότης (Dtn), τρυφερῶς (θ'), ἐντρυφᾶν (4 Makk, Hab, Jes, Jer), ἐντρύφημα (Koh), κατατρυφᾶν (Ps) **WFd:** τέρψις (1-3 Makk, 1 Kön, Weish, Zef), ἡδονή (Num, 4 Makk, Spr, Weish), ἥδεσθαι* (Weish), σπατάλη*, τερπνόν (Ps), τερπνότης (Ps), τέρπειν* (#), ἡδυπάθεια (4 Makk), ἐπιθυμία* (#), ἐπιθύμημα* (#), χαρά* (#)

In 𝔐 liegen bzgl. תענוג insgesamt 5 Belege vor, die ausnahmslos durch den Stamm τρυφ- wiedergegeben werden (Koh 2,8 ἐντρυφήματα; Mich 1, 16 τρυφερός; 2,9 τρυφή; Spr 19,10 τρυφή; Hld 7,7 τρυφή). Insofern erweist sich dieses ^{LXX}Hplg sowohl übersetzungstechnisch als auch lexikalisch (Wortwahl) als terminologische Querbeziehung zu den o.g. LXX-Büchern. Bei τρύφημα handelt es sich um ein Verbalabstraktum, dessen zugrundeliegendes Verb τρυφᾶν sowohl in Gr (14,4 H^A יתעבע Syr ܙܘ,) als auch in LXX (allerdings lediglich in Neh 9,25 [עדן hitp.] und Jes 66,11 [ענג hitp.]) belegt ist. Das zu τρύφημα weitgehend deckungsgleiche τρυφή dient in Gr ebenso als Wiedergabe von תענוג (H^A 11,27; H^B 37,29) sowie von מאכל תענוג (H^B 37,20). Ungewöhnlicherweise geht in diesem Fall Gr eindeutig mit H^B gegen H^{Bmarg}. Syr bestätigt mit ܗܦܬܬܟܐ die Lesart von Gr und H^B, wobei der Plural mit Gr übereinstimmt. τρυ-

---

[861] Vgl. hierzu BLASS-DEBRUNNER-REHKOPF, Grammatik 49f (§ 63).
[862] LEH: *the object in which one takes pleasure or pride* (=LSJ). PAPE: *der Gegenstand - Sache oder Person - worin man schwelgt, Vergnügen findet.*
[863] *... und zur Ruhe gekommen, Leckerbissen zu empfangen.*

φημάτων zeigt ferner Assonanz mit dem im vorhergehenden Stichos (ebenfalls am Ende) belegten χρημάτων. Hinsichtlich des für Gr charakteristischen "*synonymen WF-Wechsel*" vgl. s.v. ὑπονόημα.

ὑπεράλλεσθαι (für jmdn stellvertretend) einspringen[864] (*pejorativ*)

38,33 καὶ ἐν ἐκκλησίᾳ οὐχ ὑπεραλοῦνται La: *et in ecclesiam non transilient*
H⁰ Syr: [865] ܐܢܘܢ ܬܕܘܚ ܠܐ ܟܢܘܫܬܐ   7a1: ܐܢܘܢ ܬܕܘܚ

WF: Ø {ὑπέραλμα}, ἅλλεσθαι (Ri, 1 Sam, Ijob, Weish, Jes), ἀφάλλεσθαι* (Ez, Nah), διάλλεσθαι (Hld), ἐνάλλεσθαι (Ijob, 1 Makk), ἐξάλλεσθαι (Jes, Joël, Mich, Nah, Hab), ἐφάλλεσθαι (1 Sam) WFd: Ø

Das Simplex ἅλλεσθαι korrespondiert in יוי mit דלג pi., סלד pi. und צלח, ἀφάλλεσθαι [in H^B 36,31 mit דלג (יאx)] mit נדד poal. und רחק, διάλλεσθαι mit קפץ pi., ἐνάλλεσθαι mit חבר hi., יכח hi., כרה und לטש, ἐξάλλεσθαι mit הום hi., פצח, קלל und רקד pi., ἐφάλλεσθαι mit צלח. Von daher ist septuagintaspezifisch keine Parallele zu einer durch Syr ܬܕܘܚ naheliegenden Gr-Vorlage der Wurzel רום (q. *sich überlegen zeigen, triumphieren*) herzustellen.

ὑπόλημψις Vermutung, Einbildung[866] (*pejorativ*)

3,24 πολλοὺς γὰρ ἐπλάνησεν ἡ ὑπόλημψις αὐτῶν
La: *multos enim inplanavit suspicio illorum*
H^A: כִּי רַבִּים עֶשְׁתּוֹנֵי בְּנֵי אָדָם
Syr: [867] ܕܒܢܝܢܫܐ ܡܚܫܒܬܐ ܐܢܝܢ ܕܣܓܝܐܢ ܡܛܠ

WF: ὑπολαμβάνειν (#), λῆμψις* (Spr) WFd: φαντασία (Weish, Hab, Sach), κενοδοξία (4 Makk, Weish), κενοδοξεῖν (4 Makk), δόξα* (#), ὑπονόημα*, ὑπονοεῖν* (Tob, Jdt, Dan θ')

---

[864] LSJ: II. metaph. *leap to a high place.* LEH: *to leap in a high place, to leap into prominence (metaph.).* PAPE: *darüberweg springen, überspringen.* FRITZSCHE, Weisheit 387: *sich hervorthun.* HAMP, Sirach 673, SAUER, Sirach 599, EÜ: *hervorragen.* WAHL: *ad magnos honores evehor.* LB: *hervortreten.* Vgl. jedoch JB: *und in der Gemeinde haben sie keine führende Stellung.* GN 33ab in einen Stichos zusammenziehend: *in der Gemeinde erreichen sie niemals eine ehrenvolle Stellung.*

[865] *Und in der Versammlung erheben sie sich nicht.*

[866] LSJ: *conceit.* LEH: *prejudice, assumption, speculation.* PAPE: u.a. *Annahme, Meinung, Grundsatz.* FRITZSCHE, Weisheit 319: *Wahn.* JB frei, zwischen H^A und Gr vermittelnd: *Denn viele sind irregegangen in ihrer Anmaßung.* ZB wie Gr pejorativ: *Einbildungen.* HAMP, Sirach 579, EÜ nach H^A: *Gedanken.*

[867] *Denn zahlreich sind die Gedanken der Menschen.*

Der Plural עשתרנות (*Pläne, Vorhaben*) ist in 𝔐 nur noch in Ps 146,4 belegt, wo LXX mit διαλογισμοί (Al. προσθέσεις) übersetzt. Das häufiger (51mal) in LXX verwendete ὑπολαμβάνειν korrespondiert in 𝔐 mit אחז, בוא, דלה pi., דמה pi., חשב pi, יתר ni. und ענה; darüber hinaus erscheint zur übersetzungstechnischen Einordnung von Gr die Verwendungsweise von ὑπολαμβάνειν in Dan o' 2,30 aufschlußreich: ἃ ὑπέλαβες τῇ καρδίᾳ σου רעיוני לבבך. Mit Syr ܪܥܝ könnte somit als Gr-Vorlage und Vokabelvariante zu Hᴬ עשתנים das nur noch in Koh 2,22 (רעיון לבו προαίρεσις καρδίας αὐτοῦ) bezeugte רעיון (hier: *Streben*) angenommen werden. Die inhaltliche Differenz zwischen Gr (=La) und Hᴬ (=Syr) ist textkritisch schwer erklärbar. Entweder hat Gr ein mit תעה hi. (V.24b; Gr ὀλισθαίνειν) synonym korrespondierendes Verb in der Vorlage gelesen oder eigenständig eingefügt, um das Gleichmaß des Distichons zu wahren. Unter den vielen Äquivalenten für πλανᾶσθαι befindet sich jedenfalls auch תעה q., ni., hi.

ὑπονόημα Überlegung, Gedanke(ngänge)[868]

25,7 ἐννέα ὑπονοήματα ἐμακάρισα ἐν καρδίᾳ
La: *novem insuspicabilia cordis magnificavi*
H⁰ Syr: [869] ܐܥܕ ܕܠܐ ܒܠܒܝ ܐܢܝܢ ܫܒܚܬ

WF: ὑπονοεῖν* (Tob, Jdt, Dan θ'), ὑπόνοια* (Dan o') WFd: διάνοια* (#), διανόημα* (#), ἔννοια (#), ἐννόημα*, λογισμός* (#), νόημα (Bar, 3 Makk)

ὑπονόημα ist gegenüber dem stammgleichen ὑπόνοια[870] (in Gr 3,24b [+ πονηρά] für Hᴬ דמיונות רעות) weitgehend gleichbedeutend, wobei wohl aufgrund des geforderten Plurals (ἐννέα) ὑπονόημα als *nomen rei factae* (auf - μα), das den Einzelaspekt stärker betont, dem Verbalabstraktum ὑπόνοια vorgezogen wurde. Vgl. hierzu auch den in Gr öfter zu beobachtenden synonymen WF-Wechsel von z.B. ἀρρωστία und ἀρρώστημα (ᴸˣˣHplg), βίωσις und βίος, δῶρον und δώρημα (ᴸˣˣHplg), ταπεί-

---

[868] LEH: *supposition, consideration*. PAPE: *Vermuthung, Meinung*. FRITZSCHE, Weisheit 138, erklärt ὑπονοήματα als *Gedanken, Dinge, die in den Sinn kommen* (wobei er hier gewisse Leute gemeint sieht), läßt allerdings das Wort aufgrund des Fehlens eines Äquivalents in Syr unübersetzt (s.S. 360). SAUER, Sirach 567: *Erkenntnisse*. HAMP, Sirach 637: *die ich im Sinne habe* (= EÜ, JB). LB: *(Neun) Dinge kommen mir in den Sinn* (so ähnlich auch ZB).

[869] *Neun, die nicht in meinem Herzen sind, habe ich gepriesen.*

[870] Das Nomen ist sonst in LXX nur noch in Dan o' 4,16 (רעיון), 4,32 (-) und 5,6 (רעיון) bezeugt.

νωσις und ταπεινότης (^LXXHplg). La *insuspicabilia* korrespondiert wohl eher mit S^c ανυπονοητα, das sonst in LXX nicht mehr, in Gr noch in 11,5 belegt ist; s. hierzu die Ausführungen auf S. 153 zum ^LXXHplg ἀν-υπονόητος (11,5), das in Syr ähnlich wie hier mit ܠܐ ܣܡ ܡܠܥܢ ܗܠܐ ܠܐ (*die einem nicht in den Sinn kommen* d.h. unvermutet) korrespondiert.

ὑπορράπτειν ausflicken, ausbessern[871]

50,1 ὃς ἐν ζωῇ αὐτοῦ ὑπέρραψεν οἶκον La: *qui in vita sua suffulsit domum*

H^B: אשר בדורו נפקד הבית   Syr: [872] ܐܬܒܚܠ، ܐܒܚܪ، ܒܗܬܚܡܬܒܚ

WF: Ø {ὑπορραφή, ὑπόρραφος}, ῥάπτειν (Gen, Ijob, Koh), συρράπτειν (Ijob, Ez) WFd: προστιθέναι* (#), προσανοικοδομεῖν*, πρόσετι ἀνοικοδομεῖν (#) bzw. οἰκοδομεῖν* (#)

נפקד ni. ist in diesem Kontext schwer verständlich; daher hat SMEND[873] wie vorher schon SCHECHTER mit Syr ܐܬܒܚ נפקד in נבדק konjiziert, zumal das Verb im Qal auch in 2 Chr 34,10 in der Bedeutung *ausbessern* bezeugt ist. Sowohl in 2 Chr als auch hier in 50,1bc korrespondieren die Synonyma דבק - חזק, die in beiden Fällen als Objekt בית haben. Das überlieferte נפקד ist wahrscheinlich bedingt durch 49,15 (נפקדה) oder 16 (נפקדו) verschrieben worden. Unter der Voraussetzung der Authentizität von נדבק ist eine wenigstens sprachliche Anspielung auf 2 Chr 34,10 durch Ben Sira anzunehmen, die allerdings Gr nicht in gleicher Weise wie LXX umsetzt: דבק LXX ἐπισκευάζειν Gr ὑπορράπτειν; חזק LXX κατισχύειν Gr στερεοῦν; בית LXX οἴκους Gr οἶκος. Gr geht hier also gegenüber LXX eigene Wege. Das dem ^LXXHplg zugrundeliegende Simplex ῥάπτειν (*zus.-nähen, -flicken*) steht in LXX 3mal für תפר (Gen 3,7; Ijob 16,15; Koh 3,7 v. Kleidungsstücken). In textkritischer Hinsicht ist hinsichtlich der Differenz von H^B (בדורו) und Syr (ܒܗܬܚܡܬܒܚ) festzustellen, daß Syr unter Vernachlässigung des synonymen בדורו das in V.1c folgende בימיו (ἐν ἡμέραις αὐτοῦ) übersetzt hat. Die Gr-Wiedergabe von בדורו mit ἐν ζωῇ αὐτοῦ ist insofern übersetzungstechnisch sonderbar, als in 5,3a der nämliche Präpositionalausdruck durch ἐν ἡμέραις αὐτοῦ übersetzt worden zu sein scheint; es ist aller-

---

[871] LEH: *to mend.* PAPE: *unten annähen, und übertr. hinzusetzen* λόγον mit Verweis auf Eur. Alc. 540. WAHL: *suffulcio, nova fulcra addo.* FRITZSCHE, Weisheit 410: *ausbessern* [= LB].

[872] *An dessen Tagen das Haus erbaut wurde.*

[873] Weisheit 471.

dings davon auszugehen, daß in diesem Fall Gr infolge *aberratio oculi* nochmals V. 2a בימיר (ὑπ᾽ αὐτοῦ) statt בדורר (V. 3a) übertragen hat.

ὑποσχάζειν hinterrücks (die Ferse) aufschlitzen[874]

12,17 καὶ ὡς βοηθῶν ὑποσχάσει πτέρναν σου
La: *et quasi adiuvans suffodiet plantas tuas* H^B: כאיש סומך יתפש עקב
Syr: [875] ܐܝܟ ܓܒܪܐ ܕܡܥܕܪ ܘܒܥܐ ܠܡܚܕܦ ܥܩܒܝ̈ܟ

WF: Ø {Ø}, σχάζειν (Am) WFd: ὑποσκελίζειν (Ps, Spr, Jes), ὑποσκέλισμα (Spr), ὑποκελισμός (Spr), σκελίζειν (Jer), σκελισμός (α')

תפש (*fassen, ergreifen*), das in Gr an einer zweiten Stelle (15,1 H^B תופש תורה) mit ἐγκρατής (vgl. Jer 2,8 ἀντέχεσθαι) wiedergegeben wird, ist in 𝔐 65mal belegt und entspricht in LXX einem breiten Spektrum von unterschiedlichen Vokabeln, von denen συλλαμβάνειν am häufigsten verwendet ist; das dem ^{LXX}Hplg zugrundeliegende Simplex σχάζειν (Am 3,5 עלה) befindet sich allerdings darunter nicht. Das Präverb ὑπο- steht hier für den adverbialen Nebenaspekt *heimlich, hinterrücks.*[876] Wie schon öfter zu beobachten war, bedient sich Gr häufiger 'adverbialer' Präverbien (vgl. δια-, προσ-, συν-), die nicht immer durch H gedeckt zu sein scheinen. In Ez 14,5 steht für תפש (*hart anfassen*) πλαγιάζειν (mit Objekt בית ישראל). Syr geht partiell mit H, Gr und La (gegen Gr) zusammen: ܓܒܪܐ - איש (gegen Gr *om.* vgl. jedoch Syh [ܕܡܥܕܪ] ܓܒܪܐ); ܕܡܥܕܪ - βοηθῶν (gegen H^B סומך); *suffodiet*[877] - ܠܡܚܕܦ (gegen H^B תפש); ܥܩܒܝ̈ܟ - *plantas tuas* (gegen den Singular in Gr πτέρναν und H^B עקב). Singulär gegenüber H, Gr und La ist in Syr ܘܒܥܐ (*er versucht, trachtet danach*), das in EÜ (*als heuchelnder Helfer sucht er dich zu stürzen*) zur Verdeutlichung des modalen Nebenaspekts übernommen wurde. Syh: ܐܝܟܐ ܓܒܪܐ ܕܡܥܕܪ ܐܦ ܨܒܐ ܠܡܫܬܦܠ ܕܢܬܚܝܒ.

---

[874] LSJ: *trip up.* LEH: *to cause, to collapse neol.* WAHL: *clam inhibeo,* τὴν πτέρναν τινός *supplanto calcem alicuius, ich schlage Jem. ein Bein.* PAPE: *Einem ein Bein unterschlagen, ein Bein stellen.* FRITZSCHE, Weisheit 336: *ein Bein stellen.* LB: *hinterrücks zu Fall bringen.* REHKOPF, Septuaginta-Vokabular 298: *abschlachten;* dieser Übersetzungsvorschlag beruht offensichtlich auf einer Verwechslung mit ὑποσφάζειν.

[875] *Wie ein Mann, der [scheinbar] hilft, aber [tatsächlich] danach trachtet, deine Fersen zu schlagen.*

[876] S. BORNEMANN-RISCH, Grammatik 206 [§ 197].

[877] Vgl. O-V υποσκαψει, das SMEND, Weisheit 121, für authentisch hält, entspricht Syr ܠܡܚܕܦ (*herauszureißen*).

φαντασιοκοπεῖν (phantastische) Verdächtigungen hegen[878]

4,30 καὶ φαντασιοκοπῶν ἐν τοῖς οἰκέταις σου
La: *evertens domesticos tuos et obprimens subiectos tuos*
H^A: ‏במלאכתך ומתירא ומוזר‎   H^C: ‏מתפחז בעבודתך‎
Syr: [879] ‏ܘܠܐ ܕܚܠܐ‎ .sc] ‏ܘܚܡܬ ܡܪܬܝ ܠܘܒܕܟ‎]

WF: Ø {φαντασιοκόπος}, φαντάζεσθαι* (Weish), φαντασία (Weish, Hab, Sach), φάντασμα (Ijob, Weish, Jes) WFd: Ø WB: {φαντασιοδοκητής, φαντασιοκόπος, φαντασιοπλήκτως, φαντασιώδης}

Dem sonst nur noch in einer Scholie zu Aristides und in PG (s. **Wortst.**) belegten Kompositum φαντασιοκοπεῖν stehen in H zwei Textfassungen gegenüber, von denen die ältere (?) H^C-Lesart (*aufbrausend*) auf den ersten Blick eher als Gr-Vorlage in Betracht zu kommen scheint als H^A (*scheu und furchtsam*[880]). Syr (‏ܕܚܠ‎) stimmt partiell mit H^A (‏מתירא‎) überein; Syh (‏ܘܚܡܬ ܙܥܦ ܢܦܚܐ‎ *schnaubend zürnend*) folgt Syr (‏ܚܡܬ‎). SMEND[881] bezieht ‏מתירא‎ auf H^C ‏מתפחז‎, das aus ursprünglich ‏מתפחד‎ verdorben sei[882], so daß hier zwischen H^A und H^C nur eine synonyme Vokabelvariante (vgl. ferner H^A ‏במלאכתך‎ gegenüber H^C ‏בעבודתך‎) zu beobachten wäre, wie sie desöfteren nicht nur zwischen diesen beiden Textzeugen (vgl. auch H^B und H^Bmarg)[883] festgestellt werden können. Fraglich bleibt allerdings nach wie vor, ob φαντασιοκοπεῖν auf einen *ein*gliedrigen (H^C) oder einen *zwei*gliedrigen (H^A) Ausdruck zurückgeht. Aufgrund der übersetzungstechnischen Eigenart in Gr, schwierige Syntagmata (v.a. Konstruktusverbindungen, idiomatische Wendungen) durch

---

[878] LSJ: *indulge vain fancies*. LEH: *to play a role, to act in pretence neol.* WAHL s.v. φαντασιακοπέω (!): *vanis opinionibus indulgeo, inani suspicioni me dedo adeoque inmitem, acerbum, crudelem me gero*. PAPE: *sich eitle Vorstellungen, Hoffnungen machen*. REHKOPF, Septuaginta-Vokabular s.v. φαντασο-κοπέω (!) 300: *Hoffnungen machen*. FRITZSCHE, Weisheit 321: *argwöhnisch*. RYSSEL 272: *Gespensterstehen*, in einer Fußnote erklärend: *d.i. argwöhnisch, mißtrauisch ohne thatsächlichen Grund*. LB: *Wüterich*. ZB wohl nach Gr: *träumerisch*. SKEHAN - DI LELLA, Wisdom 174, zwischen H^A und Gr vermittelnd: *sly and suspicious*

[879] (*Und sei nicht) zornerfüllt und furchterregend bei deinen Taten.*

[880] So SMEND, Weisheit (Hebräisch - Deutsch) 8. PETERS, Ecclesiasticus 50, für ‏מוזר‎: *entfremdet*; für ‏מתירא‎: *sich fürchterlich gebärdend d.i. herrisch*. SAUER, Sirach 516: *ganz verändert und furchtsam*.

[881] Weisheit 47.

[882] Gegen diese von SMEND mit textkritischem Scharfsinn erschlossene Konjektur spricht allerdings, daß das überlieferte ‏מתפחז‎ als *lectio difficilior* kontextlich durchaus nicht störend wirkt.

[883] S. hierzu auch die Kollationstabelle in der Einleitung (S. 58-64).

einen einzigen Ausdruck[884] sinngemäß wiederzugeben (s. hierzu das Belegmaterial s.v. χρηστοήθεια), ist der oftmals durch sekundäre Lesarten geprägte Textzeuge H^A nicht von vornherein als Gr-Vorlage zugunsten H^C auszuschließen.

φθονερός neidisch, gierig[885]

14,10 ὀφθαλμὸς πονηρὸς φθονερὸς ἐπ' ἄρτῳ[886]
La: *oculus malus ad mala et non satiabitur pane*
H^A: עין רע עין תעיט על לחם   Syr: [887] ܚܒ ܠܚܒܐ ܚܡܣ ܢ ܠ ܣܘܐ

WF: φθονεῖν (Tob), φθόνος (Weish, 1-3 Makk), ἄφθονος (3-4 Makk), ἀφθόνως (Weish), καταφθονεῖν (Dan θ' Bel) WFd: πλεονέκτης*, πλεονεκτεῖν (Ri, Hab, Ez), πλεονέκτημα (α'), πλεονεξία (#)

Das nur 3mal in 𝔐 bezeugte Verbum עיט (*auf etw. losstürzen*) wird in LXX mit ἐκκλίνειν (1 Sam 25,14 ויעט בהם er [sc. David] *hat sie* [sc. die Boten] *schroff abgewiesen* ἐξέκλινεν ἀπ' αὐτῶν α' ὠτρύνθη σ' ἀπεστράφη θ' ἐξουδένωσεν), κλίνειν (1 Sam 14,32 ויעט העם אל־שלל [BHS ויעש] *das Volk aber stürzte sich auf die Beute* ἐκλίθη [v.l. ὥρμησεν] ὁ λαὸς εἰς τὰ σκῦλα σ' ἐτράπη τοῦ ἁρπάζειν) und ὁρμᾶν (1 Sam 15,19 ותעט אל־השלל *und hast dich* [sc. Saul] *auf die Beute gestürzt* ὥρμησας τοῦ θέσθαι ἐπὶ τὰ σκῦλα) wiedergegeben. In Gr 34(31),16 steht für עיט nach H^{BBmarg} das ^{LXX}Hplg διαμασᾶσθαι. S. hierzu in einem ähnlichen Kontext auch 34(31),13ab (μνήσθητι ὅτι κακὸν ὀφθαλμὸς πονηρός / πονηρότερον ὀφθαλμοῦ τί ἔκτισται;). Syr versteht den Stichos möglicherweise in dem Sinne, daß ein übles Auge [= übler Blick sc. nach den Gästen] verhindert, daß diese zuviel essen, also mehr an Brot für den 'knausrigen Gastgeber' übrigbleibt; durch seine schlechte Miene *vermehrt* er also seinen Anteil am Essen.

---

[884] Viele dieser Äquivalente weisen einen unter septuagintaspezifischem Aspekt meist auffälligen Wortbildungstyp (wie hier φαντασιο-) auf.

[885] LEH: *envious.* LSJ: *envious, jealous.* PAPE: *neidisch, aus Mißgunst vorenthaltend, mißgönnend, spröde.* JB frei nach Gr: *Der Geizige knausert mit Brot.* LB: *Ein Neidhammel* **mißgönnt** *dem andern das Brot.* FRITZSCHE, Weisheit 339: *Ein neidisches Auge* **neidet** *beim Brote.* ZB nach Gr: *Das Auge des Missgünstigen giert nach Speise.* GN V. 10ab interpretierend: *Mancher geizt sogar mit dem eigenen Brot, darum sitzt er hungrig an seinem Tisch.*

[886] In diesem Stichos ist wiederum die von der Vorlage her bedingte, aber letztlich für Gr nicht zwingende *elliptische Übersetzungsweise* ersichtlich. In einer Prosaübersetzung würde dieses Gr-Charakteristikum stören.

[887] *Ein böses Auge vermehrt Brot.*

φωτεινός leuchtend, hell[888]

17,31 τί φωτεινότερον ἡλίου; καὶ τοῦτο ἐκλείπει
La: *quid lucidius sole et hic deficiet*
H⁰ Syr: [889] ܪܕܐܟܘ ܐܠ ܪܐܘ ܘܘ ܐܟ.٭ܪܟܪܘܟ ܟ ܪܟܢܟ ܬܕܕ ܪܘ

23,19 μυριοπλασίως ἡλίου φωτεινότεροι La: *multo plus lucidiores super solem*
H⁰ Syr: [890] ܪܟܢܟܒ ܐܒܬܒ .ܘ ܠܘܐܕ

WF: φωτίζειν* (#), φῶς* (#), φωστήρ* (Gen, 1 Esra, Weish, Dan oʹ), φωτισμός (Ijob, Ps) WFd: λαμπρός* (Tob, Weish, EpJer), ἐπιφαύσκειν (Ijob), πυρσεύειν (Ijob, Spr)

φωτεινός ist potentiell gleichbedeutend gegenüber λαμπρός[891] (vgl. EpJer 60 von den Gestirnen; Weish 6,12 von der σοφία; 17,19 λαμπρὸν φῶς), das aber in Gr (29,22 ἐδέσματα λαμπρά; 33,13b [=30,27] λαμπρὰ καρδία; 34[31],23 λαμπρὸς ἐπʼ ἄρτοις) nicht in der Grundbedeutung (*hell, leuchtend*), sondern eher im (übertragenen) Sinne von *vortrefflich, fröhlich* verwendet ist. φωτεινός steht desöfteren (vgl. Xenophon, Plutarch, ScholHom) in enger Verbindung mit ἥλιος. Bei Symmachus dient φωτεινός als Wiedergabe von אוֹר (Ps 119,11 ולילה אור בעדני): oʹ καὶ νὺξ φωτισμὸς ἐν τῇ τρυφῇ μου αʹ καὶ νὺξ φῶς περὶ ἐμέ σʹ ἀλλὰ καὶ νὺξ φωτεινὴ περὶ ἐμέ.

χαριτοῦσθαι sich charmant/liebenswürdig/taktvoll erweisen[892]

18,17 καὶ ἀμφότερα παρὰ ἀνδρὶ κεχαριτωμένῳ
La: *et utraque cum homine iustificato*
H⁰ Syr: [893] ٭ܪܬܒ ܪܟܪ ܠܟ ܘܒܐܬܐܢ ٭ Syr^WP ܪܬܚܒ

WF: χάρις* (#)[894], χαρίζεσθαι* (#) WFd: εὐλογεῖν* (#), εὐλογητός (#), εὐλογία* (#), εὐλογίζειν (Tob)

---

[888] LEH: *shining bright*. PAPE: *licht, leuchtend, hell*.
[889] *Wie sich freilich die Sonne noch bei Tage zurückzieht, so ist auch sie ihm [sc. Tag] Finsternis.* *cod. Ambr.* ܪܟܘܟ ܟ ܪܟܟܘܟ ܬܕܕ ܪܘ. *Gedacht ist an die Sonnenfinsternis.*
[890] *(Und er weiß nicht, daß die Augen Gottes) größer sind als die Sonne.*
[891] Ist in der Literatur nicht selten parallel zu φωτεινός als synonymes Syntagma zu beobachten.
[892] LSJ: *to have grace shown one, to be highly favoured*. LEH: *P. to be favoured, to be gracious, to be justified* neol. PAPE: *angenehm, lieblich od. reizvoll machen*.
[893] *Sie beide liegen bei geschickten (Syr^WP wohltätigen) Menschen.*
[894] Vgl. χάριν ἀνταποδιδόναι in Sir 3,31; 30,6; 32(35),3.

Das Partizip Perfekt Passiv von χαριτοῦν ist in ur- und frühchristlicher Literatur auffallend häufig (ca. 190 Belege nach TLG # D) verwendet, während es in profangriechischen Texten selten (nur in den Scholien zu Aristophanes und Pindar) vorkommt. Man wird also durchaus hinter χαριτοῦν einen theologischen Bezugsrahmen vermuten dürfen. Gegenüber Lk 1,28 κεχαριτωμένη *Begnadete* i. S. v. *'Auserwählte'* (wird in V. 30 durch die Wendung εὗρες γὰρ χάριν παρὰ τῷ θεῷ wiederaufgenommen) und den davon abhängigen Stellen ist allerdings hier aufgrund des Kontexts[895] eine andere Bedeutung anzunehmen. Da κεχαριτωμένος im unmittelbar darauffolgenden Stichos mit dem Antonym und [LXX]Hplg ἀχαρίστως (H⁰ Syr ܪܚܡ ܠܐ ܠܐ ... ܠܐ *ohne etwas Gutes zu tun*) wortspielerisch wieder aufgenommen wird, erscheint eine Übersetzung mit *liebenswürdig*[896], *taktvoll* (= mit χάρις *Charme*) passender als *wohltätig*[897] etc. Aquila gebraucht das PPP als Wiedergabe von תמים (Ps 17(18),26b עם־גבר תמים תתמם ο' καὶ μετὰ ἀνδρὸς ἀθῴου ἀθῷος ἔσῃ [sc. Gott] α' καὶ μετὰ τοῦ κεχαριτωμένου χαριτωθήσῃ). S. hierzu auch die Ausführungen zu ἄχαρις und ἀχαρίστως auf S. 169.

χρηστοήθεια Charakterstärke, Gutherzigkeit[898]

37,11 καὶ μετὰ ἀνελεήμονος περὶ χρηστοηθείας   La: *cum impio de pietate*
H[BD]: ואכזרי על טוב בשר

Syr: [899] ܡܛܠ ܐܟ ... ܐܠ ܕܠܬ ... ܕ ... ܐܘ ...

WF: Ø {χρηστοήθης}, χρηστός (#), χρηστότης (#) **WFd**: εὐήθης (2 Makk), οἰκτιρμός* (#), ἔλεος* (#), ἐλεημοσύνη* (#), εὔνοια* (#), συγγνώμη* (2 Makk), εὐμένεια (2 Makk), εὐεργεσία (Ps, Weish, 2-4 Makk) **WB**: χρηστο- Ø {χρηστογραφία, χρηστοκαρπία, χρηστολογία, χρηστομάθεια, χρηστομουσεῖν} **WB**: -ηθεια/ηθης κακοήθεια (Est, 3-4 Makk), κακοήθης (4 Makk), συνήθεια (4 Makk), συνήθης (2 Makk)

---

[895] Es geht in 18,15-18 vordergründig um das Benehmen, nicht so sehr um das Almosengeben an sich.

[896] So z.B. RYSSEL, Sirach 320. Vgl. auch FRITZSCHE, Weisheit 346: *holdselig*. LB: *freundlich*.

[897] So HAMP, Sirach 616; SAUER, Sirach 550, sowie JB. EÜ: *gütig*. PETERS, Ecclesiasticus 153, erklärt κεχαριτωμένος: *mit χάρις ausgestattet, d.h. hier wohltätig, freigebig (Syr) = איש חן*.

[898] LSJ: *goodness of heart*. LEH: *goodness of heart, generosity of spirit*. PAPE: *Guthmütigkeit, Gutherzigkeit*. FRITZSCHE, Weisheit 383: *Gutthätigkeit*. WAHL: *indoles hominis χρηστοῦ, quae est in beneficiis conferendis*. LB *barmherzig sein* folgt Syr. Ebenso JB: *Barmherzigkeit*.

[899] *Und mit demjenigen, der kein Erbarmen hat, bezüglich des Erweisens von Barmherzigkeit.*

Die schwer zu übersetzende Konstruktusverbindung טוב בשר (*körper-liche Unversehrtheit*[900]) ist weder ein weiteres Mal in Sir[901] noch, soweit ich sehe, überhaupt in 𝔐 bezeugt. בשר ist hier jedoch nicht wie z.B. in H^A 8,19 (ἄνθρωπος) und H^B 50,17 (λαός) personal zu verstehen. Übersetzungstechnisch ist zu bemerken, daß Gr bei derartigen ideomatischen Wendungen nicht auf der formal-syntaktischen Ebene verbleibt, sondern *sinngemäß* durch einen entsprechenden Begriff *überträgt*, wobei dessen Wortbildungstyp unter septuagintaspezifischen Aspekt meist als signifikant zu bewerten ist. Vgl. hierzu folgende Konstruktusverbindungen, die in Gr lediglich durch einen einzigen Begriff wiedergegeben sind:

H^A 4,6 קול צעקה δέησις; H^A 5,11 ארך רוח μακροθυμία; H^A 5,14; 6,1 בעל שתים δίγλωσσος (4,28 ψίθυρος); H^A 8,16 בעל אף θυμώδης; H^A 9,18 בעלי לחם σύνδειπνοι; H^A 12,5 פי שנים διπλάσιος; H^A 12,13 חית שן θηρία; H^A 13,8 חסירי מדע ἀφροσύνη; H^A 16,10 זדון לב σκληροκαρδία; H^B 30,16 טוב לבב εὐφροσύνη; H^B 31,20 פני הפוכות στρόφος; H^BD 37,3 פני תבל ἡ ξηρά; H^D 37,11 גמילות חסד εὐχαριστία; H^DDmarg 37,25 אין מספר ἀναρίθμητος, H^B 40,4 שמלת [עור ?] ὠμόλινον; H^BM 40,30 עו(ר)ז נפש ἀναιδής (H^Bmarg עז נפשות); H^B 45,16 ריח ניחח εὐωδία; H^B 48,2 מטה לחם λιμός. H^B 47,9 נגינות שיר ψαλτωδός; H^B 50,10 שמן עץ κυπάρισσος.

ψίθυρος heimlich verleumdender Schwätzer[902]

5,14 μὴ κληθῇς ψίθυρος   La: *non appelleris susurrio*
H^A: bis שתים אל תקרא בעל   Syr: [903] ܠܐ ܬܬܩܪܐ ܪܟܝܠ ܩܕܡ ܬܪܝܢ

28,13 ψίθυρον καὶ δίγλωσσον καταράσασθε
La: *susurrio et bilinguis maledictus*
H^0 Syr: [904] ܘܐܦ ܠܥܠ ܠܫܢܐ ܬܠܝܬܝܬܐ ܠܝܛ ܬܗܘܐ

---

[900] Vgl. SKEHAN - DI LELLA, Wisdom 425: *physical fitness*. Hingegen EÜ: *das Glück des Mitmenschen*. SMEND, Weisheit (Hebräisch - Deutsch) 63, ZB: *Glück eines Menschen*. SAUER, Sirach 594: *gute Taten*. PETERS, Ecclesiasticus 304, mit Verweis auf Spr 11,17: *Barmherzigkeit*. HAMP, Sirach 667: *Beglückung anderer*.

[901] Vgl. allerdings H^B 30,16 טוב לבב εὐφροσύνη; H^Bmarg "korrigiert" לבב in שאר, das mit בשר semantisch austauschbar zu sein scheint (s. 30,15ab).

[902] LEH: *whisperer*. PAPE: bes. *verleumdend*; ὁ ψίθυρος = ψιθυριστής *Verleumder, Ohrenbläser*. WAHL: *susurro i. e. clandestinus columniator*. FRITZSCHE, Weisheit 322: *Ohrenbläser*. LB (28,13) sowie JB: *Verleumder*.

[903] *Nicht sollst du als auf zwei (Wegen)* [bzw. *mit zweien*] *gehend bezeichnet werden.*

[904] *Und auch die dreigespaltene Zunge sei verflucht.* ZB sowie HAMP, Sirach 645, folgen Syr. EÜ zwischen Gr und Syr vermittelnd: *Der Verleumder sei verflucht.*

WF: ψιθυρίζειν* (2 Sam, Ps), ψιθυρισμός (Koh), διαψιθυρίζειν* WFd: βασκανία (4 Makk, Weish), βασκαίνειν* (Dtn), βάσκανος* (Spr), διαβάλλειν
(Num, 2-4 Makk, Dan o' θ'), διαβολή* (Num, 2-3 Makk, Spr), διάβολος (#),
κακότεχνος (4 Makk, Weish), κακοτεχνεῖν (3 Makk), κακηγορεῖν (4 Makk),
κακολογεῖν (Ex, 1 Sam, 2 Makk, Spr, Ez), συκοφαντεῖν (#), συκοφάντης
(Ps, Spr), συκοφαντία (Ps, Koh, Am)

Die in 𝔐 nicht belegte Wendung בעל שתים (*Herr von zwei* [*Din-
gen*])[905] taucht in Sir noch in 4,28 (Gr *om.*)[906], 5,14d (ἐπὶ διγλώσσου)
und 6,1 (ὁ δίγλωσσος) auf. Somit ist deutlich, daß Gr in der Wiedergabe
zwischen ψίθυρος und δίγλωσσος variiert[907], zumal Gr in einem ähnlichen Kontext (28,13 H⁰) δίγλωσσος, das nur noch in Spr 11,13 (רכיל)
steht, und ψίθυρος durch καί verbunden kombiniert, während Syr lediglich den sonderbaren Ausdruck *die dritte Zunge* (ܠܫܢܐ ܬܠܝܬܝܐ) bezeugt
(s.o.). Parallel zu בעל שתים und ψίθυρος ist in Syr 5,14 zu lesen: *der
auf zwei* [*Wegen*][908] *geht* (ܕܡܗܠܟ ܒܬܪ). Das von ψίθυρος abgeleitete
Verb ψιθυρίζειν korrespondiert mit לחש (Gr 21,28; im Hitp. 2 Sam
12,19; Ps 40[41],7), das Verbalabstraktum ψιθυρισμός (Koh 10,11)
ebenso mit לחש. Auch Aquila und Symmachus bedienen sich für לחש
des Wortstammes ψιθυρ- (vgl. Ps 40[41],8; 57[58],6; Jes 3,3); lediglich
in Ijob 4,3; 26,14 ist für Symmachus als Äquivalent von ψιθυρίζειν שמץ
(*flüstern?*) bezeugt. Von daher ist in textkritischer Hinsicht zu überlegen,
ob nicht hinter Syr ܠܥܙ mit Syh ܠܥܙܠܐ eine Basis ܠܥܙ (*zischeln, zuflüstern*) angenommen werden kann; ܠܫܢܐ könnte durch das nachfolgende und graphisch ähnliche ܠܥܙ entstanden sein. In 12,18b jedenfalls
korrespondiert Syr ܠܥܙ mit dem Kompositum δια- ψιθυρίζειν in Gr sowie
in H^A mit der nämlichen Basis לחש.

SKEHAN - DI LELLA, Wisdom 360, zwischen Gr und La (*maledictus* = *Syr* ܠܘܛ)
vermittelnd: *Cursed be the gossiper and the double-tongued.*
[905] SMEND, Weisheit 52, erklärt die Wendung mit "der zwei Zungen hat oder zweierlei
Reden führt".
[906] H^A 4,28cd ist offensichtlich eine aus 5,14 stammende Dublette.
[907] Es muß allerdings betont werden, daß ψίθυρος und δίγλωσσος - obgleich sie demselben Wortfeld angehören - auch nicht annähernd deckungsgleich (synoym) sind.
[908] So von SMEND, Weisheit 52, gedeutet. Der Ausdruck ist in der syrischen Literatur
singulär.

ὠμόλινον Umhang (Decke?) aus unbehandeltem Leinen[909]

40,4 καὶ ἕως περιβαλλομένου ὠμόλινον
La: *usque ad eum, qui operitur lino crudo*
H^B: ^910 [...] וער עוטה שמלת   H^Bmarg: [.]עד עוש

Syr: ^911 ܡܚܕܡܐ ܠܐ ܡܠܝ ܕܠܚܣܝܢ ܠܚܕܥܐ ܕܚܣܝܕܡܐ ܕܟܐܘܢܐ

WF: Ø {ὠμόλινος}, λίνον (Ex, Dtn, 1 Sam, Spr, Jes), λινοῦς (Ex, Lev, Ri,
Jer, Ez) WFd: ἀναβολή (1 Chr, 2 Esra, Ez), ἐσθής (1 Esra, 2 Makk), ἔνδυμα
(Spr), χιτών (#), χλαῖνα (Spr) στρῶμα (Spr), χλαμύς (2 Makk), ἱμάτιον* (#),
περιβολή (Gen, Dan o', 2 Makk) WB: ὠμο- ὠμοτοκεῖν (Ijob), ὠμόφρων (4
Makk)

שמלה (*Mantel, Obergewand*), das sonst in Sir nicht mehr bezeugt ist,
übersetzt LXX mit ἱμάτιον (20mal), ἱματισμός (3mal) und στολή
(5mal). Da an unserer Stelle zu שמלת (*st. constr.*) das dazugehörige *nomen rectum* nicht mehr überliefert ist, kann die in LXX ungebräuchliche
Wortwahl von ὠμόλινον nicht einwandfrei geklärt werden. Syr hat parallel zu ὠμόλινον (Syh ܕܐܣܐ ܣܢܚ) einen genitivischen Ausdruck: *eine
Kleidung der Armut* (ܕܚܣܝܕܡܐ ܕܟܐܘܢܐ) d.h. *eine minderwertige Garde-
robe, wie sie v.a. Arme und Bettler tragen*. In diesem Sinne wird man
auch ὠμόλινον verstehen müssen, da für normale Bekleidung sonst die
unter WFd (s.o.) genannten Vokabeln verwendet werden. GN gibt ὠμόλινον bzw. ... שמלת mit *Bußgewand* wieder und erklärt diesen Begriff
im Anhang (s. 307) allgemein: "Das Bußgewand entspricht der Trauer-
kleidung. Es wird getragen in persönlicher Not und bei allgemeinen Kata-
strophen, als Ausdruck der Trauer über eine (bewußte oder nur vermutete) Schuld vor Gott, die als Strafe die betreffende Notlage herbeigeführt
haben könnte."

---

[909] LEH: *flax, raw rough cloth, cloth made of raw flax*. LSJ(Supplement 1996): *linen
sack*. FRITZSCHE, Weisheit 390: *Leinwandkittel*. WAHL: *grobe Leinwand*. PAPE: *ro-
her, ungerösteter Flachs, der stärker von Faden ist als gerösteter, auch die daraus
gemachte, starke Leinwand, ein Tuch*.

[910] So H^B nach den Editionen von BEN-ḤAYYIM und BEENTJES. Im Gegensatz zur Le-
sung von BEENTJES steht bei BEN-ḤAYYIM für H^Bmarg: עד עט. SMEND, Weisheit
(Hebräisch - Deutsch) 38, liest: [עד שַׁי]ער ועד עוטה שמלת. Bei VATTIONI (=
LÉVI) ist zusätzlich das **nicht überlieferte, vielmehr rekonstruierte** *nomen rectum*
עור zu lesen: ועד עוטה שמלת עור H^Bmarg: עד עושה. JB stützt sich bei ihrer
Wiedergabe auf diese unzulässige Rekonstruktion: *Gewand von Fellen*. Ebenso auch
HAMP, Sirach 678: *Kleid von Fellen*.

[911] *Und bis zu denen, die mit einem Kleid der Armut bekleidet sind.*

5. Die Septuaginta-Hapaxlegomena in GrII[912]

Der Textbestand von GrII, wie er sich in den Zusätzen gegenüber der sixtinischen Textform ausweist, wurde zwar immer wieder von einzelnen Editoren[913] (jedoch nie vollständig) zusammen mit der Übersetzung des Enkels (GrI) herausgegeben, erfuhr allerdings in lexikalischer Hinsicht aufgrund seiner ausschließlichen Überlieferung in den Minuskeln (v.a. 248 253) bei nahezu allen Konkordanzen und Wörterbüchern, die sich ihrerseits meist auf die Unzialen bzw. deren Druckausgaben als Textgrundlage beschränkten, keine oder nur unzureichende Berücksichtigung.[914] Nicht zuletzt auch aus diesem Grund werden diejenigen sirazidischen [LXX]Hplg, die GrII angehören, in die Diskussion miteinbezogen, analysiert und ausgewertet. Ein vollständiger Index der GrII-Zusätze, wie sie in der Göttinger Sirachausgabe von J. ZIEGLER erfaßt wurden, liegt im Anhang dieser Studie vor.

ἀδέσποτος herrenlos, gottlos[915]

20,32 ἢ ἀδέσποτος τροχηλάτης τῆς ἰδίας[916] ζωῆς   (H⁰ La Syr om.)

WF: Ø {Ø}, δεσποτεία (Ps)[917], δεσποτεύειν (3 Makk)[918], δεσπότης* (#)

---

[912] Vgl. hierzu auch die Ausführungen in der Einleitung (S. 38-41).

[913] So z.B. in den alten Druckausgaben: GRABE (= cod. A); BERGIUS (= Compl.) 1580; Plantiniana (= Compl.), deren Herausgeber (1612) unbekannt ist. Während die weitverbreitete LXX-Gesamtausgabe von H.B. SWETE (= cod. B) aus den Jahren 1901-7 GrII völlig ausgeklammert hat, stehen die Zusätze (GrII) bei O.F. FRITZSCHE (= Sixt.) 1871, und A. RAHLFS (gestalteter Text auf der Grundlage von cod. B) 1935, wenigstens im kritischen Apparat. Erst J. ZIEGLER hat in seiner Göttinger Sirachedition das GrII-Material erneut textkritisch überprüft und in den GrI-Text (kenntlich durch Kleindruck) aufgenommen, "da sie [die GrII-Zusätze] nicht nur in philologischer, sondern auch theologischer Hinsicht bedeutsam sind und es wahrlich verdienen, in den Kommentaren besprochen zu werden" (ZIEGLER, Sapientia 69).

[914] Nicht aufgenommen wurde der GrII-Lexembestand von HRC, LEH, REHKOPF (Septuagintavokabular). Bei WAHL sind nur gewisse GrII-Lemmata behandelt.

[915] WAHL: herrenlos. LSJ: without master or owner.

[916] Hinsichtlich der selten in GrI belegten Verwendung von ἴδιος (sonst meist αὐτοῦ bzw. αὐτῶν) vgl. ferner 22,7 (GrII) τῶν ἰδίων γεννητόρων κρύψουσι δυσγένειαν, 26,20b (GrII) σπεῖρε τὰ ἴδια σπέρματα πεποιθὼς τῇ εὐγενείᾳ σου, 37,19 (GrI) καὶ ἐν τῇ ἰδίᾳ ψυχῇ ἐστιν ἄχρηστος, 37,22 (GrI) ἔστιν σοφὸς τῇ ἰδίᾳ ψυχῇ. Auffällig ist darüber hinaus, daß der überwiegende Teil der ἴδιος-Belege in LXX buchspezifisch in Weish und 2-4 Makk zu finden ist.

[917] Das nur im Psalter (102(103),22 und 144(145),13) bezeugte Nomen hebt auf die göttliche »δεσποτεία« ab.

[918] Auch in 3 Makk 5,28 fungiert als Subjekt zu δεσποτεύειν Gott.

WFd: Ø {ἄναρχος} **WB:** ἀ- (ἀ- *privativum*) s. S. 135 (s.v. ἀβοηθησία)

Aufgrund des unmittelbar vorausgehenden GrII-Stichos (κρείσσων ὑπομονὴ ἀπαραίτητος ἐν ζητήσει κυρίου) ist bzgl. der Metapher ἀδέσποτος τροχηλάτης (wörtl. *der herrenlose Wagenlenker*) kontextlich der *gottlose* Tor anvisiert. Diese theologische Bedeutungsverengung von ursprünglich *herrenlos* stützt sich unter terminologischem Aspekt auf GrI 23,1, wo Gott mit δεσπότης bezeichnet wird: κύριε πάτερ καὶ δέσποτα ζωῆς μου (H⁰ Syr: ܪܒܐ ܘܡܪܐ ܕܚܝܝ ܐܠܗܐ). Darüber hinaus läßt sich ebenfalls anhand der in LXX vorkommenden Belege δεσπότης als Gottesepitheton nachweisen: Gen 15,2.8 (δέσποτα κύριε אֲדֹנָי יהוה); Jes 1,24; 3,1; 10,33 (ὁ δεσπότης κύριος σαβαώθ bzw. κύριος ὁ δεσπότης σαβαώθ stets formelhaft als Wiedergabe von יהוה צְבָאוֹת הָאָדוֹן); Jer 1,6; 4,10 steht für אֲדֹנָי יהוה in Form einer Gebetsanrede δέσποτα κύριε.[919]

ἀδιάτρεπτος eigensinnig, ungehorsam[920]

26,25 γυνὴ ἀδιάτρεπτος ὡς κύων λογισθήσεται
H⁰ La *om.* Syr: [921] ܐܢܬܬܐ ܕܠܐ ܒܗܬܐ ܐܝܟ ܟܠܒܐ ܬܬܚܫܒ

WF: Ø {Ø}, διατρέπειν (Jdt, Est, Ijob, Dan o') **WFd:** σκληροτράχηλος* (Ex, Dtn, Spr, Bar), ἀσέλγεια (3 Makk, Weish), δύσκολος (Jer), ἀναιδής* (#), ἀπαναισχυντεῖν (Jer), ἀναίδεια* **WB:** ἀ- (ἀ- *privativum*) s.v. ἀβοηθησία

Wie in GrI dient auch hier ἀδιάτρεπτος zur negativen Charakterisierung einer Frau, vor der sich der Weise zu hüten hat.[922] Im Gefolge der antithetischen Gegenüberstellung der üblen und der guten Frau (vgl. GrII: 23ab ἀσεβής - εὐσεβής; 24ab ἀσχήμων - εὐσχήμων; 26ab τιμῶσα - ἀτιμάζουσα) wird der γυνὴ ἀδιάτρεπτος im Folgestichos (V.25b) sogleich der Frauentyp an die Seite gegeben, der über Schamgefühl, Zurückhaltung verfügt (ἡ δὲ ἔχουσα αἰσχύνην) und daher gottesfürchtig ist

---

[919] Hinsichtlich des auffälligen wortstatistischen Befunds von δεσπότης in LXX s. H. RENGSTORF, δεσπότης κτλ., in: ThWNT II (1935) 43-48, hier 45f.
[920] FRITZSCHE, Weisheit 362, bzgl. 26,10 (GrI): *hartnäckig*. HAMP, Sirach 640, sowie SAUER, Sirach 570: *lüstern*. ZB: *zügellos*. JB wohl nach Syr: *schamlos*. GN hier unzulässig frei: *eine hemmungslose Frau ist wie eine läufige Hündin*. Hinsichtlich der GrI-Stellen schlägt LSJ vor: *headstrong* (= LEH).
[921] *Eine Frau, die sich nicht schämt, ist wie ein Hund zu erachten.*
[922] Weitere Charaktere der üblen Frau sind in Gr 26: ἀντίζηλος (V.6a), μέθυσος (V.8a), μίσθιος (GrII V.22a), ἀσεβής (GrII V.23a), ἀσχήμων (GrII V.24a), μεγαλόφωνος καὶ γλωσσώδης (GrII V.27a).

(τὸν κύριον φοβηθήσεται).[923] Während das [LXX]Hplg in H⁰ Syr 26,10 mit ܟܕ... (*frech*) und in Syh mit ܟܕ...ܙܘܕܐ ܟܠ (*un-verschämt*) korrespondiert, bleibt es in H⁰ Syr 42,11 (Gr-Dublette) unberücksichtigt (Syh ܟܕ...ܠܘܕܐ ܟܠ *un-veränderlich* i.e. *un-einsichtig*). Betrachtet man den mageren wortstatistischen Befund (s. **Wortst.**), so stellt sich die Frage nach der lexikalischen Unabhängigkeit gegenüber GrI. Man wird aber wohl davon ausgehen müssen, daß GrII bewußt diesen Begriff von GrI übernimmt. S. hierzu auch die Ausführungen auf S. 138f.

ἀδιάφορος ohne Unterschied, bedeutungslos[924]

20,17bc οὔτε γὰρ τὸ ἔχειν ἐν ὀρθῇ αἰσθήσει εἴληφε,
          καὶ τὸ μὴ ἔχειν ὁμοίως ἀδιάφορον αὐτῷ   (H⁰ Syr *om.*)
La: *neque enim quod habendum erat directo sensu distribuit similiter et quod non erat habendum*

WF: Ø {ἀδιαφορία, ἀδιαφορεῖν, ἀδιαφορητικός}, διάφορος* (#) **WFd:** Ø {ἀμβλύς} **WB:** ἀ- (ἀ- *privativum*) s.S. 135 (s.v. ἀβοηθησία)

ἀειγενής immer wieder neu entstehend[925]

24,18cd δίδωμι δὲ σὺν πᾶσι[926] τοῖς τέκνοις μου
          ἀειγενεῖς τοῖς λεγομένοις ὑπ' αὐτοῦ   (H⁰ La Syr *om.*)

WF: Ø {ἀειγενεσία, ἀειγενέτης, ἀειγένητος} **WFd:** αἰώνιος (#), ἀΐδιος (4 Makk, Weish), ἀϊδιότης (Weish), ἀδιαλείπτως (1-2-3 Makk) **WB:** ἀει- Ø {ἀειβλαστής, ἀειβλύων, ἀείβολος, ἀειβρυής, ἀειγλεῦκος, ἀειδάκρυτος}

24,18cd ist aufgrund der indifferenten Textüberlieferung vieldeutig. Gegenüber SAUERS Übersetzungsversuch[927] (basierend auf Zi.) überzeugt die

---

[923] Als positive Eigenschaften einer Frau werden in Gr 26 genannt: σιγηρά (V.14a), αἰσχυντηρά (V.15a), εὐσεβής (GrII V.23b), εὐσχήμων (GrII V.24b).

[924] LSJ: *indifferent in Stoic philosophy*. PAPE: *nicht verschieden, gleichgültig, τὰ ἀδ. der Stoiker, was weder gut noch böse ist*. WAHL: *res quae media est alicui*. SAUER, Sirach 555, GN: *gleichgültig*. EÜ: *Gleichmut*. SKEHAN - DI LELLA, Wisdom 298: ... *is all the same*. RYSSEL, Sirach 332 Anm *h: bedeutungslos* (= SCHLATTER, Glossator 150). Nicht berücksichtigt in ZB, JB.

[925] LSJ: *eternal, everlasting*. LSJ (Supplement 1996) *everlasting* korrigierend: *born again and again*. PAPE: *wie das hom.* αἰειγενέτης, *stets seiend, ewig, neben* ἀθάνατος, *ferner immer entstehend*. ZB: *ewige* [Gabe].

[926] σὺν πᾶσι ist wohl mit GROTIUS und FRITZSCHE als συμπασι zu lesen; vgl. auch ουν πασι 493-637.

[927] SAUER, Sirach 565: *ich gebe aber allen meinen Kindern ewiges Werden, denen, die von ihm genannt sind.*

auf anderen Lesarten fußende Wiedergabe von SCHLATTER, Glossator 112, aus inhaltlichen Gründen mehr: *ich werde meinen sämtlichen* (δε συμπασι) *Kindern gegeben* (διδομαι), *als ewige* (αειγενης) *denen, die von ihm erwählt* (εκλεγομενοις) *werden.*[928] Nach diesem Verständnis ist die Weisheit (σοφία) als *immer wieder neu entstehend, hervorgehend* (ἀειγενής) zeitgleich mit der Erschaffung des Gläubigen (vgl. v.a. GrI 1,14)[929] zu verstehen. In 23,4a findet sich gegenüber GrI (κύριε πάτερ καὶ θεὲ ζωῆς μου) die GrII-Glosse [?] (s. Zi.): κύριε παντοκράτορ τῆς ἀειγενοῦς κτίσεώς σου; danach ist im Gegensatz zur (ἀειγενὴς) σοφία auch die Schöpfung als ἀειγενής - allerdings im Sinn von *ewig bestehend* - charakterisiert. Der in der Gräzität durchaus verbreitete Wortbildungstyp ἀει- ist in LXX (wie auch im NT) sonst nicht mehr durch einen weiteren Begriff vertreten und beansprucht daher einen Sonderstatus.

ἀμάχως ohne Streit[930]

19,6 ὁ ἐγκρατευόμενος γλώσσῃ ἀμάχως βιώσεται   (H⁰ La Syr *om.*)

WF: Ø {ἀμαχεί, ἀμάχετος, ἀμάχητος, ἀμαχητί} **WFd:** εἰρήνη* (#), εἰρηνικός* (#), εἰρηνικῶς (1-2 Makk), ἡσυχία* (#), ἥσυχος* (Weish), ἡσυχή* (Ri, Jes) **WB:** ἀ- (ἀ- *privativum*) s.v. ἀβοηθησία

In Gr ist μάχη (6,9 Hᴬ ריב; H⁰: 27,14f; 28,8ᵇⁱˢ.10f; 34(31),26) nicht in der sonst gebräuchlichen Bedeutung *Schlacht, Krieg*, sondern vielmehr im Sinne von *verbaler* oder *tätlicher Auseinandersetzung* (des Toren mit dem Weisen) verwendet. Von daher rückt ἀμάχως qua Privativbegriff[931] im

---

[928] Vgl. auch RYSSEL, Sirach 355: *ich werde aber gegeben allen meinen Kindern als ewige denen, die von ihm bezeichnet werden.* Im Anmerkungsteil der NJB: *Allen meinen Kindern werde ich gegeben, von Ewigkeit her jenen, die von ihm bestimmt werden.* EÜ (Anmerkungsapparat) übergeht Gr 18cd zugunsten La (*in me gratia omnis viae et veritatis, in me omnis spes vitae et virtutis*).

[929] *Der Anfang der Weisheit ist die Gottesfurcht / und zusammen/zugleich mit den Treuen* (πιστοί) *ist sie im Mutterleib erschaffen* (συγκτίζεσθαι) *worden.* Zur "vorgeburtlichen Erwählung" vgl. O. KAISER, Der Mensch als Geschöpf Gottes. Aspekte der Anthropologie Ben Siras, in: R. EGGER-WENZEL - I. KRAMMER, Der Einzelne und seine Gemeinschaft bei Ben Sira (BZAW 270), 1-19, hier 7f.

[930] So mit WAHL: *sine controversia.* SAUER, Sirach 552: *unangefochten* (= LSJ: *incontestably*). In ZB ist V. 5b.6a (GrII) nicht berücksichtigt. GN frei für ἀμάχως βιώσεται: *erspart sich manchen Ärger.* WBA: *friedfertig.* In Epigr Gr 387.6 findet sich die Wendung ἄμαχος ἐβίωσα μετὰ φίλων.

[931] Unter dem Gesichtspunkt der Wortwahl kehren Privativbildungen im Gegensatz zu Positivbegriffen den Kontrast deutlicher und betonter hervor. Von daher ist auch die Perspektive und die Argumentationsweise eine ganz andere.

Unterschied zu dem potentiellen Pendant ἐν εἰρήνῃ (vgl. 26,2) bzw. εἰρηνικῶς stärker die *Abwesenheit* von μάχη (hier: *Anfeindung*), der der geschwätzige Tor in Gestalt der *Erniedrigung* (19,7b) und des *Haßes* (9,18b; 19,9b; 20,5b.8ab.20ab) ausgesetzt ist, in den Vordergrund. In 1 Tim 3,3 wird ἄμαχος εἶναι (kontextlich eingebettet zwischen ἐπιεικὴς und ἀφιλάργυρος εἶναι) als Charaktereigenschaft eines Bischofsanwärters eingefordert; in Tit 3,2 hingegen wird von allen Christen die Tugend des *Streitvermeidens* d.h. ἄμαχος εἶναι (kontextlich eingereiht zwischen μηδένα βλασφημεῖν und ἐπιεικὴς εἶναι) erwartet.

ἀναισθητεῖν stumpfsinnig, ohne Gespür sein[932]

22,13 ἀναισθητῶν γὰρ ἐξουθενήσει σου τὰ πάντα   (H⁰ La Syr *om.*)

WF: Ø {ἀναισθησία, ἀναίσθητος, ἀναισθητεύεσθαι}, ἀναίσθητος (σ' θ'), αἰσθάνεσθαι (#), αἴσθησις* (#), αἰσθητήριον (Jer, 4 Makk), αἰσθητικός (Spr), **WFd:** Ø **WB:** ἀ- (ἀ- *privativum*) s.v. ἀβοηθησία

SAUER, Sirach 559 Anm 13a, liest gegen ZIEGLERS Akzentsetzung das Adjektiv ἀναισθήτων: *Wegen der nicht wahrnehmbaren Dinge wird er dir das alles gering achten.* SKEHAN - DI LELLA, Wisdom 308, übersetzen frei: *for he will treat you with total and callous disregard.* In EÜ, ZB, GN und JB wurde dieser GrII-Zusatz nicht berücksichtigt. Im übrigen ist unter textkritischem Aspekt zu überlegen, ob nicht über die Variante ἀναίσθητος (*l*) statt ἀναισθητῶν das Adverb ἀναισθήτως zu lesen ist.[933] Andererseits ist bei Theodotion in Spr 17,21 נבל durch ἀναίσθητος (ο' ἀπαίδευτος, α' ἀπορρέων, σ' μωρός) wiedergegeben. Ebenso ist auch in 22,13c (GrII) der Tor (vgl. GrI V.13ab ἄφρων, ἀσύνετος) anvisiert. Vgl. ferner auch σ' Ijob 35,16 (וְ בְּלִי־דַעַת) ἀνόητος (Olymp.) bzw. ἀναίσθητος (Colb., Reg. unus).

γεννήτωρ Erzeuger (pl. Eltern), Sippenangehörige[934]

22,7b τῶν ἰδίων γεννητόρων κρύψουσι δυσγένειαν (H⁰ La Syr *om.*)

WF: γεννητός (Ijob), γέννησις* (1 Chr), γέννημα (Ri, 4 Makk), γεννᾶν* (#) **WFd:** πατήρ* (#), μήτηρ* (#), γονεῖς (#)

---

[932] LSJ: *lack perception, to be without sense of.* PAPE: *stumpfsinnig sein.* Zu ἀναισθητεῖν vgl. auch GrII 20,17b οὔτε ... *ἐν ὀρθῇ αἰσθήσει* εἴληφε [sc. μωρός].
[933] S. hierzu auch SCHLATTER, Glossator 150 Anm. zu 20,16 a).
[934] LSJ: = γεννητής *begetter, parent.* PAPE: *Erzeuger.* GN: *Eltern.*

Da V.7b offensichtlich mit GrII V.8b antithetisch korrespondiert (δυσγένεια - εὐγένεια), sind hinter den γεννήτορες nicht ausschließlich die Erzeuger (= Eltern, γονεῖς), sondern vielmehr im Blick auf συγγένεια ἑαυτῶν (V.8b) die *Sippenangehörigen* zu verstehen.[935] Hinsichtlich des Ableitungstyps - τωρ (Nomina agentis), der vornehmlich in poetischer Literatur bezeugt ist, kann septuagintaspezifisch folgender signifikanter Befund festgestellt werden: Abgesehen von den in LXX häufig benutzten Gottesepitheta παντοκράτωρ und ἀντιλήμπτωρ finden sich weitere Begriffe v.a. in den Büchern, die in der bisherigen lexikalischen Analyse bereits aufgefallen sind: 2-4 Makk (ἀλάστωρ, αὐτοκράτωρ, ἐθνοπάτωρ, ἑπταμήτωρ, μεγαλοκράτωρ, νύκτωρ, προπάτωρ, φιλομήτωρ); Spr (ἀλέκτωρ, λικμήτωρ, οἰκήτωρ); Ijob (συνίστωρ, παρακλήτωρ); Gr (νύκτωρ); Jes (πράκτωρ). Demgegenüber weisen die zu - τωρ gehörigen Ableitungssuffixe - τήρ (τῆρος) und - της in LXX ein unspezifisches Verteilungsverhältnis auf.

διπλάσιος doppelt, zweifach

26,26b ὁ γὰρ ἀριθμὸς τῶν ἐτῶν αὐτοῦ διπλάσιος ἔσται   (H⁰ La)
Syr: [936] ܐܝܟ ܐܟܣܪ ,ܘܗܘܬ ܟܝܢܗ̈ ܬܠܝ ܟܝܢܗ

WF: διπλασιασμός (Ijob), διπλασιάζειν (Ez), διπλασίασμα (Al.) WFd: διπλοῦς* (#) WB: δι- (zwei) s.S 179 (s.v. διπλάσιος)

Während GrII 26,26a mit GrI V.1a (γυναικὸς ἀγαθῆς μακάριος ὁ ἀνήρ) identisch ist, weist V.26b gegenüber GrI V.1b· (καὶ ἀριθμὸς τῶν ἡμερῶν αὐτοῦ διπλάσιος; H⁰ Syr hingegen ܟܝܢܗ̈ ,ܘܗܘܬ ܟܕܗ̈ܬ ܚܠܝ ܐܝܟ)[937] eher geringfügigere Differenzen auf. Vom wortstatistischen Befund (s. **Wortst.**) her ist eher mit lexikalischer Unabhängigkeit gegenüber GrI zu rechnen. Dennoch sticht die syntagmatische Parallelität zu GrI 26,1ab ins Auge. S. ferner auch die Ausführungen auf S. 179.

---

[935] Vgl. PAPE s.v. γεννήτης: *Stammverwandte, d.i. die Bürger, die zusammen ein γένος ausmachen, auch συγγενεῖς genannt.*

[936] *Die Zahl seiner Lebensjahre nämlich sind doppelt.*

[937] Syr ܡܢ ܐܝܟ (26,1b) bezeugt hier gegen GrI (καί) mit GrII 26b γάρ (Syr ܬܠܝ) eine signifikante Parallele; vgl. ferner Syr 26,1b ,ܘܗܘܬ (ܟܕܗ̈ܬ) gegenüber GrI τῶν ἡμερῶν mit Syr 26,26b ,ܘܗܘܬ (ܟܝܢܗ̈).

δυσγένεια unedle, schlechte Abstammung[938]

22,7 τῶν ἰδίων γεννητόρων κρύψουσι δυσγένειαν (H⁰ La Syr *om.*)

WF: Ø {δυσγενής, δυσγενῶς}, εὐγένεια (Koh, Weish, 2-4 Makk), εὐγενής (Ijob, 2-4 Makk) **WFd:** ἀδοξία*, ἄσημος, ἀτιμία* (#), ἄτιμος* (#), αἰσχρός (Gen, Jdt, Est, 3-4 Makk), ἄκοσμος (Spr), ἀκόσμως (2 Makk), ἀκλεής (3 Makk), ἀκλεῶς (3 Makk), δυσκλεής (3 Makk), ὄνειδος* (#), ὀνειδισμός* (#), ταπεινότης*

WB: δυσ- (in Übersetzungsliteratur): δυσβάστακτος (Spr), δυσκολία (Ijob ※), δύσκολος (Jer, θ' Ez, Al. 2 Kön), δύσκωφος (Ex), δυστοκεῖν (Gen), δύσχρηστος (Jes). Bei den jüngeren Übersetzern: δυσαρεστεῖσθαι (α' σ' θ'), δυσειδής (Al.), δύσκολος (θ', Al.), δυστοκεῖν (α'), δυσωδία (σ'), δυσωπεῖσθαι (α' σ' Heb.).

WB: δυσ- (im originär-griechischen AT): δυσάθλιος (3 Makk), δυσαίακτος (3 Makk), δυσάλυκτος (Weish), δυσδιήγητος (Weish), δυσημερία (2 Makk), δυσκατάπαυστος (3 Makk), δυσκλεής (3 Makk), δυσμένεια (2-3 Makk), δυσμενής (Est, 3 Makk), δυσμενῶς (2 Makk), δυσνοεῖν (Est, 3 Makk), δυσπέτημα (2 Makk), δυσπολιόρκητος (2 Makk), δυσπρόσιτος (2 Makk), δυσσέβεια (1 Esra, 2 Makk), δυσσεβεῖν (2 Makk), δυσσέβημα (1 Esra, 2 Makk), δυσσεβής (2-3 Makk), δυσφημεῖν (1 Makk), δυσφημία (1-3 Makk), δύσφημος (2 Makk), δυσφορεῖν (2 Makk), δυσφόρως (2-3 Makk), δυσχέρεια (2 Makk), δυσχερής (2 Makk), δύσχρηστος (Weish), δυσώδης (4 Makk)

Eine septugintaspezifische Untersuchung hinsichtlich der Verwendungsweise des Wortbildungstyps δυσ- zeigt sehr deutlich, daß dieses in der Gräzität geläufige Präverb (vgl. LSJ 453-463!) in der atl. Übersetzungsliteratur (insbesondere in LXX) zurückhaltend (sowohl lemmatisch als auch von der Frequenz her) im Gegensatz zum orginär-griechischen AT herangezogen wurde:

• Spr 27,3 βαρὺ λίθος καὶ δυσβάστακτος ἄμμος (𝔐 כבד־אבן ונטל החול); נטל (*Schwere, Last*) ist in 𝔐 nur hier bezeugt.

• Jer 29(49),8 δύσκολα ἐποίησεν (𝔐 אידו עשׂו); das 24mal in 𝔐 bezeugte איד (*Not, Verderben, Unglück*) wird sonst in LXX v.a. mit ἀπώλεια (9mal, so auch in Jer 26(46),21), ἡμέρα (3mal, so auch in Jer 31(48),16), καταστροφή (2mal) und ansonsten mit je nur 1 Beleg durch ἀτυχεῖν, θλῖψις, κάλωσις, ὄλεθρος, πονηρός, πόνος, πτῶμα, τροπή wiedergegeben.

---

[938] LSJ: *low birth, meanness.* PAPE: *unedle Geburt, übertr. unedle, niedrige Gesinnung.* GN nicht pejorativ: *einfache Herkunft.*

• Ex 4,11 τίς ἐποίησε δύσκωφον καὶ κωφόν; (𝔐 או אלם מִי־יָשׂוּם
חֵרֵשׁ); das 6mal in 𝔐 belegte אִלֵּם (*stumm*) wird in LXX sonst mit ἄλαλος, ἐννεός, κωφός und μογίλαλος übersetzt.

• Gen 35,16 ἐδυστόκησεν ἐν τῷ τοκετῷ (𝔐 בְלִדְתָּהּ וַתְּקַשׁ); das Piel der Wurzel קָשָׁה ist nur hier bezeugt.

• Jes 3,10 εἰπόντες Δήσωμεν τὸν δίκαιον, ὅτι δύσχρηστος ἡμῖν ἐστι (𝔐 al. אִמְרוּ[a] צַדִּיק כִּי־טוֹב vgl. BHS a *l* אַשְׁרֵי G + δήσωμεν [a אָסַר]). Eine Vorlage für δύσχρηστος ist über 𝔐 nicht zu ermitteln.

In den hellenistisch durchdrungenen Makkabäerbüchern (insgesamt 24mal) und Weish (immerhin 3mal) kommt jedoch der Wortbildungstyp δυσ- häufig (sowohl lemmatisch als auch von der Frequenz her) zur Anwendung. Die Esterbelege (δυσμενής Est 3,13d.g; δυσνοεῖν Est 3,13e) gehören - was nicht überrascht - den griechischen Zusätzen an. Daß für die auffallend reservierte Verwendung des Präverbs δυσ- in der Übersetzungsliteratur vorwiegend übersetzungstechnische und stilistische, nicht aber semantische Gründe ausschlaggebend waren, wird man auch ohne inhaltliche Gegenprobe akzeptieren können. Vgl. nur δυσσέβεια (*Gottlosigkeit*), δυσσεβής (*gottlos*), δυσμένεια (*feindliche Gesinnung*), δυσφημεῖν (*beschimpfen*). Es sei ferner darauf hingewiesen, daß der Wortbildungstyp δυσ- auch im NT auffallend selten bezeugt ist: δυσβάστακτος (Lk 11,46 φορτία δ. vgl. Mt 23,4 φ. βαρέα [καὶ δ.]), δυσεντέριον (Apg 28,8), δυσερμήνευτος (Hebr 5,11), δύσκολος (Mk 10,24), δυσκόλως (Mt 19,23; Mk 10,23; Lk 18,24), δυσνόητος (2 Petr 3,16), δυσφημεῖν (1 Kor 4,13), δυσφημία (2 Kor 6,8).

ἔκπρακτος, - ον was eingetrieben, veräußert werden kann

10,8cd φιλαργύρου μὲν γὰρ οὐδὲν ἀνομώτερον,
οὗτος γὰρ καὶ τὴν ἑαυτοῦ ψυχὴν ἔκπρακτον ποιεῖ (H⁰ Syr *om.*)

La: *avaro autem nihil est scelestius ...*
hic enim et animam suam venalem habet

WF: Ø {ἐκπράσσειν, ἔκπραξις} WFd: Ø

In sämtlichen Lexika (LSJ [einschl. Suppl.], PAPE etc.) ist das Verbaladjektiv ἔκπρακτος bisher nicht berücksichtigt. Mit Hilfe des Verbums ἐκπράσσειν[939] könnte man unter Beachtung des Kontexts in 8cd die Bedeutung von ἔκπρακτος mit "*eintreibbar*" (d.h. *was man veräußern, eintreiben kann*) ansetzen. La *venalis* rekurriert möglicherweise auf ἐκπράκ-

---

[939] PAPE: *1. ausmachen, vollführen; auch = tödten 2. einfordern, eintreiben.*

της (*Eintreiber von Darlehen etc.*). Demnach scheut nach GrII der φιλάργυρος nicht davor zurück, sogar seine eigene Seele zu *veräußern* (vgl. auch GN: *verkaufen*). SAUER, Sirach 529 Anm, übersetzt V.8d nicht recht nachvollziehbar bzgl. ἔκπρακτος: *denn dieser macht auch (seine Seele) sich selbst verwerflich*; RYSSEL, Sirach 288 Anm, mit Bezug auf La: *denn dieser macht auch seine eigene Seele verkäuflich* (= SCHLATTER, Glossator 150). In EÜ und JB ist der GrII-Zusatz 10,8cd nicht übersetzt. Hinsichtlich der Periphrase mit ποιεῖν in GrI vgl. ἀκουστὸν ποιεῖν (45,9; 46,17; 50, 16), ἀνάγνωσιν ποιεῖν (Prol. 17), ἔλεος ποιεῖν (29,1; 46,7), ἐπιλησμονὴν ποιεῖν (11,27), ἐπίχαρμα ποιεῖν (6,4; 18,31; 42,11), προσφιλῆ ἑαυτὸν ποιεῖν (4,7; 20,13), τόπον ποιεῖν (16,14).

ἐνέργημα Machterweis (v. Gott); Anlage, Begabung (v. Mensch)[940]

16,15ab κύριος ἐσκλήρυνε Φαραω μὴ εἰδέναι αὐτόν
ὅπως ἂν γνωσθῇ ἐνεργήματα αὐτοῦ τῇ ὑπ᾽ οὐρανόν (La *om.*)

H^A: ייי הקשה את לב פרעה אשר לא לא ידעו׃
שמעשיו מגולין תחת השמים

Syr: ܟܐܠܐ ܡܢ ܠܗܡ ܕܦܬܗ ܕܐܠܐ ܒܘܬܒܐ܀ܗܡܘܢ,
ܕܘܢ ܘܐ ܒܚܕܟܬ̈ܐ ܗܡ̈ ܕܐܟܒܪ ܐܢܘܢ [941]

17,5a ἔλαβον χρῆσιν τῶν πέντε τοῦ κυρίου ἐνεργημάτων (H⁰ La Syr)

17,5c καὶ τὸν ἕβδομον λόγον ἑρμηνέα τῶν ἐνεργημάτων αὐτοῦ (H⁰ La Syr)

WF: ἐνεργεῖν (Num, 1 Esra, Spr, Weish, Jes), ἐνέργεια (Weish, 2-3 Makk), ἐνεργός (Ez) WFd: δύναμις* (#), δυναστεία* (#), δεσποτεία (Ps)

Im Kontext des Tun-Ergehen-Zusammenhangs (vgl. GrI V.14b ἕκαστος κατὰ τὰ ἔργα αὐτοῦ εὑρήσει) fügt GrII unvermittelt, die ἔργα des Menschen mit den ἐνεργήματα Gottes kontrastiv verknüpfend, das aus Ex 7-11 bekannte Motiv der Züchtigung des verstockten Pharaos durch die sog. Plagen ein (V.15ab). Von daher fokussiert ἐνεργήματα die göttlichen Machterweise und Interventionen an, die Gott am Pharao demonstriert hat, um seine Souveränität vor aller Welt (τῇ ὑπ᾽ οὐρανόν; ܬܚܝܬ ܫܡܝܐ)

---

[940] Vgl. Diodor Siculus *4.51* (von den Taten des Herakles). LSJ: *action, activity, operation.* WBA: 1. *Kraftbetätigung* 2. *Wirkung.* PAPE: *das Bewirkte, die That.* SAUER, Sirach 547: *Kräfte.* NJB: [... *der fünf] Gewalten [des Herrn].* GN: *Taten* (16,15b), *Fähigkeiten* (17,5ac). EÜ GrII 16,5: *Werke,* übergeht allerdings GrII 17,5abc mit der Begründung, daß es sich hierbei um einen "späten Zusatz" handle. S. hierzu v.a. auch G. BERTRAM, ἔργον κτλ., in: ThWNT II (1935) 631-653, hier v.a. 649-651 (WF ἐνεργ-); BERTRAM berücksichtigte leider die GrII-Belege nicht.
[941] ... *damit seine Werke unter dem Himmel sichtbar werden.*

zum Ausdruck zu bringen. In H^A steht dafür das unspezifische מעשה, das in Gr und LXX in den allermeisten Fällen mit ἔργον wiedergegeben wird. Lediglich in Ez 46,1 korrrespondiert מעשה mit dem Kompositionstyp ἐνεργός (ימי המעשה ἡμέραι ἐνεργαί Werktage). Insofern konkretisiert ἐνέργημα die göttliche ἐνέργεια (vgl. 2 Makk 3,29; 3 Makk 4,21; Weish 7,26)[942]. Im Gegensatz zu 16,15 ist der in GrII 17,5ac bezeugte Plural ἐνεργήματα als Bezeichnung für die "fünf Sinne"[943] des Menschen lexikographisch schwer einzuordnen, da das Wort sonst sowohl in der Gräzität als auch in theologischer Literatur (LXX, NT) nicht in diesem Sinne gebraucht ist. Im Hinblick auf die Deutung von ἐνεργήματα als den fünf (menschlichen) Sinnen wirkt der daran angeschlossene, meist possessiv verstandene Genitiv τοῦ κυρίου störend. Ferner irritiert die in GrII 17,5c stehende Aussage, daß die Redegabe (λόγος) als siebtes (τὸν ἔβδομον) der Ausdeuter der ἐνεργήματα αὐτοῦ [sc. τοῦ κυρίου] sei. In 1 Kor 12,6.10 sind die ἐνεργήματα als (unterschiedliche) Anlagen, Begabungen[944] (des Menschen) zu deuten, die freilich relativiert werden in der Feststellung, daß Gott es ist, der alles in allem bewirkt (θεὸς ὁ ἐνεργῶν τὰ πάντα ἐν πᾶσιν).

ἑρμηνεύς Verkünder, Ausleger[945]

17,5c καὶ τὸν ἔβδομον λόγον ἑρμηνέα τῶν ἐνεργημάτων αὐτοῦ (H^0 La Syr)

WF: ἑρμηνεία* (Dan ο'), ἑρμηνευτής (Gen), ἑρμηνεύειν (2 Esra, Est, Ijob), μεθερμηνεύειν*, διερμηνεύειν (2 Makk) WFd: ὁρίζειν (#), ὁρισμός* (#), διορίζειν (#), ἐξηγεῖσθαι (#), ἐξήγησις (Ri), ἐξηγητής (Gen, Spr)

---

[942] In 2 Makk 3,29 kennzeichnet ἐνέργεια das machtvolle Eingreifen Gottes (διὰ τὴν θείαν ἐνέργειαν nimmt das unmittelbar vorausgehende V.28 τὴν τοῦ θεοῦ δυναστείαν wieder auf); durch diese göttliche Intervention wird Heliodor zum Schweigen gebracht und bar jeglicher Hoffnung auf Rettung niedergestreckt.

[943] So RYSSEL, Sirach 313: [... der fünf] Kräfte (d.h. der fünf Sinne); ebenso übersetzt SAUER, Sirach 546f, und erklärt: "Die fünf Kräfte sind die fünf menschlichen Sinne, denen die Stoa drei weitere hinzufügt, von denen zwei hier genannt sind (νοῦς, λόγος); τὸ σπερματικόν fehlt." Vgl. hierzu auch SCHLATTER, Glossator 163-171, (mit Bezug auf Aristobul) sowie J. de FRAINE, Het Loflied op de menselijke waardigheid in Eccli 17,1-14, in: Bijdragen (Nijmegen) 11 (1950) 10-23, hier: 13.

[944] Kennzeichnend ist hierbei die dreigliedrige Anapher (12,4.5.6) διαιρέσεις χαρισμάτων, διαιρέσεις διακονιῶν, διαιρέσεις ἐνεργημάτων. Vgl. hierzu BERTRAM, ἔργον κτλ. 650: "ἐνέργημα ist dabei entweder = χάρισμα im allgemeinen (12,6) oder es ist dabei an eine bestimmte Gruppe von Gotteskräften, δυνάμεις, gedacht (12,10; vgl Mk 6,14^7 = Mt 14,2: δυνάμεις ἐνεργοῦσιν ἐν αὐτῷ)."

[945] LSJ: interpreter esp. of foreign tongues. PAPE: Ausleger, Erklärer, Herold.

Dadurch daß GrII nicht das Verb ἑρμηνεύειν (syntaktisch eingebunden durch einen Relativsatz), sondern das Nomen ἑρμηνεύς wählt, wird der λόγος personalisiert und gewinnt dadurch eine individuell-eigenständige Dimension. SAUER, Sirach 546, übersetzt 17,5c: *und als siebente das Wort, das seine Kräfte erklärt*. RYSSEL, Sirach 313 Anm *r* hingegen: *und zu siebent das Wort, den Dolmetscher seiner Kräfte (oder auch: "seiner [d. i. der göttlichen] Werke")*. Zum λόγος als ἑρμηνεὺς τῶν νόμων vgl. Platon, Leges X 907d. In Jes 43,27 übersetzen Aquila und Symmachus (nach der Überlieferung Procops) das Hifil-Partizip von ^{II}ליץ (*Dolmetscher*) mit ἑρμηνεύς (ο' ἄρχων); das dazu weitgehend bedeutungsgleiche ἑρμηνευτής (vgl. PAPE: = ἑρμηνεύς) dient in Gen 42,23 ebenso als Wiedergabe des Hifil-Partizips von ^{II}ליץ.

εὔγεως (= εὔγειος) fruchtbar (vom Boden)[946]

26,20 ἀναζητήσας παντὸς πεδίου εὔγεων κλῆρον
H⁰ La *om*. Syr: [947] ܚܕܪ ܩܐܚ ܠܟ ܕܗ ܐܝܪ ܐܩܣܕ ܐܝ̈ܩܕ ܠܕܗܩ ܚܕܪ

WF: Ø {Ø} **WFd:** κάρπιμος (Gen), καρποφόρος (Ps, Jer), {εὔκαρπος, πολύκαρπος} **WB:** εὐ- s. S. 209f (s.v. εὐδία)

ζήτησις das Suchen, die Suche

20,32 κρείσσων ὑπομονὴ ἀπαραίτητος ἐν ζητήσει κυρίου (H⁰ La Syr *om*.)

WF: ζητεῖν* (#), ζήτημα (α' σ' θ'), ἀναζητεῖν (Ijob, 2 Makk), ἐπιζητεῖν* (#) **WFd:** ἐρευνᾶν (#), ἔρευνα (Weish), ἀνερευνᾶν (4 Makk), ἐξερευνᾶν (#) ἰχνεύειν* (Spr), ἐξετάζειν* (#)

Hier zeigt sich wiederum die bereits von GrI her bekannte Bevorzugung eines Verbalabstraktums (Präpositionalausdruck) gegenüber einer Infinitivkonstruktion (bzw. Nebensatz). Hinsichtlich des häufig in LXX, nicht aber in Gr belegten Syntagmas ζητεῖν mit Gott als Objekt (κύριον, θεόν) vgl. z.B. Ex 33,7; Dtn 4,29; 2 Sam 12,16; 21,1; 2 Chr 11,16 (בקש pi.); 2 Chr 14,7(6); 15,12; 26,5; 34,3 (דרש); 2 Chr 33,12 (חלה pi.).

---

[946] LSJ: *of or with good soil*. PAPE: *att.* = εὔγειος *mit gutem, fruchtbarem Boden*. RYSSEL, Sirach 365: *Hast du aus dem ganzen Feld einen Acker mit gutem Boden ausgesucht...* SAUER, Sirach 570: *Wenn du dir ausgesucht hast im ganzen Land einen guten Besitz...*
[947] *Suche nach deinem Anteil überall auf der Erde, (wo) eine gute Ebene ist.*

κοίμησις Schlaf *(euphemistisch für Tod)*[948]

18,9 ἀλόγιστος δὲ ἑκάστου πᾶσιν ἡ κοίμησις (H⁰ La Syr *om.*)

WF: κοιμᾶσθαι* (#), ἀκοίμητος (Weish) WFd: θάνατος* (#), ὕπνος (#)

Vom wortstatistischen Befund her ist κοίμησις vornehmlich (erst) in der Patrologia Graeca *häufig* verwendet. Ob auch hier (wie möglicherweise bei ἀδιάτρεπτος) GrII lexikalisch bzw. terminologisch von GrI abhängt, ist nicht zweifelsfrei zu entscheiden. S. hierzu auch die Ausführungen auf S. 231f. (s.v. κοίμησις).

κόλλησις das Anhaften[949]

25,12 πίστις δὲ ἀρχὴ κολλήσεως αὐτοῦ
H⁰ La *om.* Syr: ⁹⁵⁰ ܘܬܗ ܠܝܪܐܠ ܪܗܐܝܟܝܘܘ ܝܬܐ

WF: κόλλησις (σ')[951], κολλᾶσθαι* (#), συγκόλλημα (θ'), προσκολλᾶν* (#), WFd: συνάπτειν* (#), συντιθέναι (#), {συνάπτειν}

Auch in diesem Fall wird die Verwendung des Verbalabstraktums (κόλλησις) einer Infinitivkonstruktion mit dem in der LXX geläufigen Verbum κολλᾶσθαι (für v.a. דבק, seltener נגע, נגש, נצר, רבק), das auch GrI (2,3 κολλήθητι αὐτῷ [sc. Gott] καὶ μὴ ἀποστῇς) in der Bedeutung *sich an Gott festhalten* in den Dienst nimmt, vorgezogen. Im Gegensatz zu GrII bezeugt allerdings Syr mit ܠܝܪܐܠ einen Infinitiv. Hinter κολλᾶν bzw. κολλᾶσθαι mit dem Nominativ und Dativ der Person (vgl. GrI 19,2b καὶ κολλώμενος πόρναις τολμηρότερος ἔσται; ferner GrII 24,24b κολλᾶσθε δὲ πρὸς αὐτόν [sc. Gott], ἵνα κραταιώσῃ ὑμᾶς) steht

---

[948] SAUER, Sirach 548, übersetzt 18,9: *unbegreiflich für einen jeden aber ist, daß allen der (ewige) Schlaf zuteil wird.* PETERS, Ecclesiasticus 150, hingegen syntaktisch abweichend: *Unergründlich aber ist für alle eines jeden Entschlafen.* So auch SKEHAN - DI LELLA, Wisdom 280,: *but the death (koimesis) of each one is beyond the calculations of all.*

[949] SCHLATTER, Glossator 113: *(der Anfang der) Einigung mit ihm* [sc. Gott]. SAUER, Sirach 567, unscharf: *(der Anfang)* seines *Anhangens.* JB korrekt (αὐτοῦ ist objektiver Genitiv): *(der Anfang) des ihm Anhangens.* EÜ, ZB: *(Anfang der) Gemeinschaft mit ihm.* GN: *(der Anfang davon) ihm treu zu bleiben.*

[950] *Und der Kernpunkt (eigtl. "Kopf") des Glaubens [besteht darin], ihm nachzugehen.* Vgl. hierzu GrII 23,28a δόξα μεγάλη ἀκολουθεῖν θεῷ.

[951] In Jes 41,7 ist als Äquivalent für לדבק im Gegensatz zu α' und θ' (κόλλη *Leim*) bei Symmachus κόλλησις bezeugt, das allerdings in seiner Grundbedeutung ("*das Zusammenleimen*") gebraucht ist.

implizit ein *intimes,* bisweilen *sexuelles Verhältnis* bzw. *inniges Zusammengehörigkeitsgefühl.*[952] Unter dem Aspekt der Wortwahl handelt es sich also um eine terminologische Parallele zwischen GrII und GrI, die aber aufgrund außersirazidischer Belegstellen[953] nicht durch literarische Abhängigkeit (wie im Falle von [LXX]Hplg[Sir] ἀδιάτρεπτος, διπλάσιος, κοίμησις und συγκτίζειν) erklärt zu werden braucht. κόλλησις begegnet ferner bei Clem. (paed. I 9 p. 146) als Variante zu GrI 18,14b τὰ κρίματα (s. Zi z.St.). Danach erbarmt sich Gott nicht nur derer, die Zucht annehmen (V.14a τοὺς ἐκδεχομένους παιδείαν), sondern auch derer, die sich um die κόλλησις mit ihm bemühen.

μεγαλόφωνος mit lauter Stimme *(pejorativ)*[954]

26,27 γυνὴ μεγαλόφωνος καὶ γλωσσώδης[955]

Syr: [956] ܟ݀ܐܬ݂ܬ݂ܐ ܟ݀ܠܝ݈ܠܬܐ ܘܡܠܝܠܬܐ

WF: Ø {μεγαλοφωνία, μεγαλοφωνεῖν} WFd: βοᾶν (#), {μακρόφωνος, λυγίφθογγος}

WB: μεγαλο- (in Übersetzungsliteratur): μεγαλαυχεῖν* (Ps, Zef, Ez), μεγαλοποιεῖν*, μεγαλοπρέπεια (Ps), μεγαλοπρεπής (Dtn), μεγαλοπτέρυγος (Ez), μεγαλορρημονεῖν (Ps, Obd, Ez), μεγαλορρημοσύνη (1 Sam), μεγαλορρήμων (Ps), μεγαλόσαρκος (Ez), μεγαλόφρων (Spr), μεγαλώνυμος (Jer)

μεγαλο- (in originär-griechischem AT): μεγαλαυχεῖν (2 Makk), μεγαλαυχία (4 Makk), μεγαλόδοξος (3 Makk), μεγαλοδόξως (3 Makk), μεγαλοκράτωρ (3 Makk), μεγαλομερής (3 Makk), μεγαλομερῶς (2-3 Makk), μεγαλοπρεπής (2-3 Makk), μεγαλοπρεπῶς (2-4 Makk), μεγαλορρημονεῖν (Jdt⁷), μεγαλορρήμων (4 Makk), μεγαλοσθενής (3 Makk), μεγαλοφρονεῖν (4 Makk), μεγαλόφρων (4 Makk), μεγαλόψυχος (4 Makk), μεγαλοψύχως (3 Makk)

Der Tendenz nach zeigt sich auch bei diesem Wortbildungstyp (μεγαλο-) eine auffällige Konzentration im originär-griechischen AT (insbesondere

---

[952] Vgl. hierzu K.L. SCHMIDT, κολλάω, προσκολλάω, in: ThWNT III (1938), 822f: "Von hier aus ist es begreiflich, daß κολλᾶσθαι für den intimen Verkehr im Sinne des Geschlechtsverkehrs gebraucht wird."

[953] Vgl. ferner 2 Kön 18,6 ἐκολλήθη τῷ κυρίῳ (von Hiskija); auch προσκολλᾶν in Gen 2,24 (zitiert in Eph 5,31), Mt 19,5, 1 Kor 6,16f; 1 Clem 49,5.

[954] LSJ: *loudvoiced.* EÜ: *großsprecherisch.* HAMP, Sirach 641: *(ein Weib) mit großem Mundwerk.* ZB: *kreischend.*

[955] In 25,20b werden ferner die *geschwätzige* Frau (γυνὴ γλωσσώδης) und der ruhige d.h. *schweigsame* Mann (ἀνὴρ ἥσυχος) kontrastiv gegenübergestellt.

[956] *Eine streitsüchtige und geschwätzige Frau.*

wiederum wie bei WB δυσ- (s. S. 333f) in den Makkabäerbüchern). Von 22 Lemmata mit Präverb μεγαλο- sind 15 Begriffe in 1-4 Makk (bisweilen mehrmals belegt) zu finden; ferner können 15 als ^{LXX}Hplg und 4 als ^{LXX}Dislg bestimmt werden, was sicherlich unter dem Aspekt der Wortwahl und Übersetzungstechnik als signifikant einzuschätzen ist. Bezeichnenderweise kann nur ein einziger Beleg im griechischen Pentateuch nachgewiesen werden:

- Dtn 33,26 ὁ μεγαλοπρεπής (אלהים בגאותו); גאוה (hier im Sinne von der *Erhabenheit Gottes*) wird in Ps 67(68),35 ebenso mit μεγαλοπρέπεια, übersetzt; vgl. hingegen Dtn 33,29 (גאוה von Israel) καύχημα sowie Ps 45(46),4 (גאוה vom Meer) κραταιότης. Offensichtlich unterschied man hier terminologisch sehr genau hinsichtlich der göttlichen und weltlichen Dimension.[957]

Abgesehen vom Pentateuch wird der Wortbildungstyp μεγαλο- in der atl. Übersetzungsliteratur v.a. im Psalter und den prophetischen Büchern herangezogen[958] :

- μεγαλορρημονεῖν: in Ps 34(35),26; 37(38),16; 54(55),12 sowie Ez 35,13 korrespondiert μ. mit גדל hi., in Obd 1,12 mit גדל hi. plus פה. In LXX steht für גדל hi. v.a. μεγαλύνειν, ὑψοῦν.
- μεγαλορρήμων: Ps 11(12),3 γλῶσσα μ. (מדבר גדלות).
- μεγαλόσαρκος (LEH: *great of flesh, with agreat member*): Ez 16,26 (גדל בשר אלהים).
- μεγαλώνυμος: in Jer 39(32),19 differieren LXX und אלהים derart, daß eine mögliche Vorlage hinsichtlich des Gottesepithetons μ. nicht möglich ist.

ὁμοιότροπος im Charakter ähnlich sein[959]

26,27cd ἀνθρώπου δὲ παντὸς ψυχὴ ὁμοιότροπος τούτοις
       πολέμου ἀκαταστασίαις τὴν ψυχὴν διατηθήσεται[960]

---

[957] Die in Gr und LXX bezeugten Übersetzungsmuster zum pejorativen גאוה (*Hochmut des Menschen*) können hierbei unberücksichtigt bleiben.

[958] Ausnahmen sind: 1 Sam 2,3 μεγαλορρημοσύνη, das in אלהים auf das lediglich noch im Psalter (30(31),19 ἀνομία; 74(75),6 ἀδικία; 93(94),4 ἀνομία) bezeugte עתק zurückführt; Spr 21,4 μεγαλόφρων (אלהים רום־עינים); vgl. hierzu Ps 130 (131),1 οὐδὲ ἐμετεωρίσθησαν οἱ ὀφθαλμοί μου (אלהים ולא־רמו עיני) sowie Spr 30,13 ὑψηλοὺς ὀφθαλμοὺς ἔχει (אלהים מה־רמו עיניו).

[959] LSJ: *of like manners and life*. PAPE: *von gleicher Art und Weise, gleichen Sitten, gleichem Charakter*. ZB: *gleichgeartet*. JB umschreibend: *(jeder Mann) in solchen Verhältnissen*.

Syr al. *ܒܥܕ ܡܢ ܕܗܠ܇ ܕܒܚ ܙܝܐ܇ ܐܝܟ ܠܐܝܠ ܚܠܐ ܡܒܠܐ
961 ܟܠܟܣܐ܇ ܗܘܬܐ ܟܢܝ ܐܘ̈ܠܪ̈ܟ ܐܘܕܪܢܛܐ
* cod. Ambr. ܐܕܪܢܟ

WF: Ø {ὁμοιοτροπία}, τρόπος (#) WFd: ὅμοιος* (#), ὁμοίως* (#), {ὁμοειδής}
WB: ὁμοιο- ὁμοιοπαθής (Weish, 4 Makk), ὁμοιόψηφος (2 Makk cod.
A) ὁμο-
ὁμοεθνής (2-3 Makk), ὁμογνώμων (σ'), ὁμοζηλία (4 Makk), ὁμοθυμαδόν (#),
ὁμολογεῖν* (#), ὁμολογία (#), ὁμόλογος (Sus o'), ὁμολογουμένως (4 Makk),
ὁμολόγως (Hos), ὁμομήτριος (Gen), ὁμονοεῖν (Lev, Est, Dan o'), ὁμόνοια*
(Ps, Weish, 4 Makk), ὁμοπάτριος (Lev), ὁμόσπονδος (3 Makk), ὁμόφυλος (2-3
Makk), ὁμόψηφος (2 Makk), ὁμόψυχος (4 Makk)

ὁμοιότροπος (ὁμότροφος GROTIUS) könnte mit Syr (nach cod. Ambr.
ܐܕܪܢܟ; vgl. 13,15b ܗܪ - הדמ- πλησίον) auf die Basis Iהמד (ähnlich
s., gleichen) zurückgehen. Die Lesart in Syr^WP ܐܕܪܢܟ ist wohl, wie bereits SMEND und RYSSEL vermuten, durch verschriebenes ܝ bzw. ܕ korrumpiert. In Ps 54(55),14 ist bei σ' ἄνθρωπε ὁμότροπός μοι als Wiedergabe für כערכי אנוש (o' ἄ. ἰσόψυχε) bezeugt. Der in der Gräzität
häufiger zu findende Wortbildungstyp ὁμοιο- ist septuagintaspezifisch gesehen wiederum nur in originär-griechischen Schriften zu finden, was aus
übersetzungstechnischer Hinsicht nicht überrascht. Ein ähnlicher Befund
kann auch im NT-Vokabular festgestellt werden; hinsichtlich des WB-typs
ὁμοιο- ist lediglich in Apg 14,15 und Jak 5,17 das aus der LXX bekannte
ὁμοιοπαθής vertreten. Unter wortstatistischem Gesichtspunkt läßt sich für
das mit ὁμοιο- verwandte ὁμο- in LXX ebenfalls, obgleich lemmatisch
breiter gefächert als ὁμοιο-, eine signifikante Tendenz zu originär-
griechischen Schriften (v.a. Makk) aufweisen. Aufschlußreich sind allerdings ὁμομήτριος in Gen 43,16.29 (בן־אמו) sowie ὁμοπάτριος in Lev
18,11 (מולדת אביך).

παντοκρατορία allumfassende Souveränität[962]

19,20 καὶ γνῶσις τῆς παντοκρατορίας αὐτοῦ (H⁰ La Syr om.)

---

[960] SAUER, Sirach 570: Jeder, der ebenso veranlagt ist, wird sein Leben in pausenlosem
Kampf zubringen. GN übersetzt nicht recht nachvollziehbar: Der Mann, der bei ihr
aushalten muß, bringt sein ganzes Leben unter Kriegslärm zu.
[961] RYSSEL, Sirach 367 Anm. m übersetzt Syr: Die Seele aber jedes Menschen, der
[nur] existiert, wird sich auf alles dies werfen ... im Getümmel des Kampfes wird das
Leben (sc. jedes Menschen) in Drangsal geführt werden.
[962] EÜ, ZB: Allmacht (= SAUER, Sirach 553). SCHLATTER, Glossator, 111: Allgewalt.
GN: die umfassende Macht.

WF: παντοκράτωρ* (#), παντοκρατεῖν (Sach) {κρατορία, αὐτοκρατορία}
WFd: ἀρχή* (#) βασιλεία* (#), δυναστεία* (#), μεγαλοκράτωρ (3 Makk),
παμβασιλεύς*, παντοδύναμος (Weish), αὐτοκράτωρ (4 Makk)
WB: παν- (παντο-) s.S. 262f (s.v. παμβασιλεύς)

Hinsichtlich des von dem häufig in der LXX vorkommenden Gottesepitheton παντοκράτωρ (als Übersetzung des *nomen rectum* צבאות bzw.
שׁדּי) abgeleiteten Nomens παντοκρατορία läßt der wortstatistische Befunds (s. **Wortst.**) in diesem Fall die Schlußfolgerung zu, daß es sich bei
diesem ᴸˣˣHplg um eine von GrII gebildete »**theologische**« Wortneuschöpfung handelt, die die Wesenheit des *nomen agentis* παντοκράτωρ (nur
von Gott; vgl. GrII 24,24c) beschreibt.[963] Kontextlich betrachtet lag wohl
GrII daran zu betonen, daß sich Weisheit im *umfassenden* Sinn (V.20a ἐν
πάσῃ σοφίᾳ) nicht im Tun des Gesetzes allein (GrI ποίησις τοῦ νόμου)
erschöpft, sondern ebenso auch der Einsicht in die **allumfassende Souveränität** Gottes (= παντοκρατορία) bedarf. In GrII 24,24cd wird daher
erneut die Einzigartigkeit und Heilsexklusivität des Pantokrators betont:
κύριος παντοκράτωρ θεὸς μόνος ἐστίν / καὶ οὐκ ἔστιν ἔτι πλὴν αὐτοῦ
σωτήρ. Vgl. ferner die Variante zu GrI 23,4a (s. Zi.): κύριε παντόκρα-
τορ τῆς ἀειγενοῦς κτίσεώς σου.

περιγραφή das Äußerliche[964]

22,23ef οὐ καταφρονητέον γὰρ ἀεὶ τῆς περιγραφῆς[965]
        οὐδὲ θαυμαστὸς πλούσιος νῦν οὐκ ἔχων   (H⁰ La Syr *om.*)

WF: περιγράφειν (σ') WFd: Ø

---

[963] Eine Analogbildung liegt z.B. bei dem häufiger bezeugten αὐτοκρατορία (LSJ: *so-
vereignty of the Emperors* DS 67.12) vor.

[964] LSJ: *outline*. PAPE: *die Umschreibung, der Umriß*. FRITZSCHE, Sirach 114: "Περιγραφή Begränzung ist hier beschränkte Lage, res angusta, wofür sonst kein Beispiel
vorliegt." In Abgrenzung zu FRITZSCHE deutet RYSSEL, Sirach 344f Anm. *i*, περιγραφή als "= das Äußerliche, d.h. hier: den Reichtum".

[965] SCHLATTER, Glossator 49: *Denn man darf das Äußerliche nicht immer verachten.*
Nach SCHLATTER ist dieser GrII-Einschub deswegen für die Charakterisierung des
Glossators aufschlußreich, als "er damit eine derbe Nützlichkeitserwägung Ben Siras
deckt." RYSSEL, Sirach 344f Anm. *i: Denn man darf nicht immer die äußeren Ver-
hältnisse* [(...)] *mißachten.* Hingegen SAUER, Sirach 560: *denn niemals zu verachten
ist der Bedürftige* [?]. SKEHAN - DI LELLA, Wisdom 316: *For there should never be
dispising of a person's appearance.* GN: *Einen, der ärmlich aussieht, sollman nie
verachten.*

πρόσληψις Annahme, Aufnahme (durch Gott)⁹⁶⁶

10,21a προσλήψεως ἀρχὴ φόβος κυρίου   (H⁰ La Syr *om.*)
19,18a φόβος κυρίου ἀρχὴ προσλήψεως   (H⁰ La Syr *om.*)

WF: προσλαμβάνειν (1 Sam, Ps, Weish, 2 Makk) **WFd:** ἀποδέχεσθαι (Tob, Ri, 1-2-3-4 Makk), παραδέχεσθαι (Ex, 3 Makk, Spr), ὑποδέχεσθαι (Tob, Jdt, 1-4 Makk), {ἀποδοχή}

Als Gegenbegriff zu ἐκβολή (*Verdammnis*), die sich der Mensch durch seine Verstockheit (ᴸˣˣHplg GrII σκληρυσμός) und Hybris (ὑπερηφανία) selbst verdient (s. GrII 10,21b), steht πρόσληψις für die Aufnahme der φοβούμενοι κύριον in die Gemeinschaft mit Gott. Auch in Röm 11,15 stehen sich ἀποβολή [!] und πρόσλημψις antonym gegenüber. Für die theologische Dimension von πρόσληψις ist ferner das in Gr 17,17 (L' Arm Mal) und in GrII 23,28b bezeugte Verb προσλαμβάνειν, das ebenso in Röm 15,7⁹⁶⁷ in diesem Sinne verwendet ist, aufschlußreich:
GrII 17,17c (bei Zi. im Apparat): προσελάβετο τὸν Ισραηλ ἑαυτῷ μερίδα (*er* [sc. Gott] *nahm Israel an zum Erbteil für sich selbst*).
GrII 23,28b: μακρότης δὲ ἡμερῶν τὸ προσληφθῆναί σε ὑπ' αὐτοῦ (*ein langes Leben [das heißt], daß du von ihm* [sc. Gott] *angenommen bist*).
Im Psalter bezeichnet προσλαμβάνειν (jeweils mit Gott als Subjekt) ein *rettendes Aufnehmen* des Bedrängten durch JHWH (Ps 17(18),17 יםשני ממים רבים) sowie ein *Zuwenden* JHWHs in absoluter Verlassenheit (Ps 26(27),10 כי־אבי ואמי עזבוני ויהוה יאספני); in Ps 64(65),5 steht προσλ. zudem im Kontext der Erwählung: אשרי תבחר ותקרב. In Ps 73(72),24b ואחר כבוד תקחני korrespondiert προσλ. (σ' διαδέχεσθαι) erstaunlicherweise mit dem Entrückungsterminus לקח.
In 21,11b (GrI καὶ συντέλεια τοῦ φόβου κυρίου σοφία) begegnet als Variante zu σοφία nach 248 σοφιας πρόσληψις; demnach findet also die Gottesfurcht (= wahre Weisheit) in der Aufnahme bei Gott (= πρόσληψις) ihre Vollendung. In theologischer Hinsicht steht πρόσληψις in enger Beziehung zu κόλλησις (ᴸˣˣHplg in GrII), das die Hingabe (i.e. das *Sich-Festmachen*) des Menschen an Gott, also das Bemühen um ein enges Gottesverhältnis, bezeichnet.

---

⁹⁶⁶ Sᴀᴜᴇʀ, Sirach 530: *Annahme (durch Gott)*. BAW: *Aufnahme, Annahme (durch Gott)*. EWNT: *Annahme (evtl. auch Hinzunahme/Wiederannahme) Israels durch Gott als Ziel der Geschichte Gottes mit den Menschen*. S. hierzu auch G. Dᴇʟʟɪɴɢ, λαμβάνειν κτλ., in: ThWNT IV (1942) 5-16, hier 16: *πρόσλημψις bezeichnet die Hinzunahme. Das Wort fehlt in LXX.*

⁹⁶⁷ Διὸ προσλαμβάνεσθε ἀλλήλους, καθὼς καὶ ὁ Χριστὸς προσελάβετο ἡμᾶς.

(ὁ) σίαλος Mastschwein *bzw.* τὸ σίαλον Speichel[968]

26,22 γυνὴ μισθία ἴση σιάλῳ λογισθήσεται

H⁰ La *om.* Syr: [969] ܐܬܬܐ ܓܝܪܐ ܠܐ ܬܚܫܒ ܠܟ

WF: Ø {σιαλοῦν} WFd: σῦς (Ps), ὕειος (1-2-4 Makk, Ps, Jes) bzw. ἔμπτυσμα (Jes), ἐμπτύειν (Num, Dtn), πτύελος (Ijob), πτύειν* (Num)

Die Übersetzung des Dativs σιάλῳ mit *Schwein* ist aufgrund der Existenz eines weiteren Lemmas (τὸ σίαλον der *Speichel*) nicht eindeutig. In LXX ist zwar nicht (τὸ) σίαλον, jedoch die Nebenform (τὸ) σίελον als Wiedergabe für das in 1 Sam 21,14 belegte רִיר (*Speichel, Geifer*) bezeugt. In Jes 40,15 werden vor dem Hintergrund der Größe und Allmacht Gottes die Völker der Erde (πάντα τὰ ἔθνη), nachdem sie unmittelbar vorher als Tropfen im Eimer (ὡς σταγὼν ἀπὸ κάδου כְּמַר מִדְּלִי) und als Staubkorn an der Waage (ὡς ῥοπὴ ζυγοῦ כְּשַׁחַק מֹאזְנַיִם) eingeschätzt (ἐλογίσθησαν נֶחְשָׁבוּ) wurden, darüber hinaus noch in LXX als *Speichel* betrachtet (ὡς σίελος λογισθήσονται), während 𝔐 stattdessen überliefert: *Siehe, Inseln wiegen (nicht mehr) als ein Sandkorn* (הֵן אִיִּים כַּדַּק יִטּוֹל). Kontextlich gesehen dient somit *Speichel* als Metapher für Nichtigkeit und Bedeutungslosigkeit; vgl. ferner das Resümee zu V.15 in V.17:

כָּל־הַגּוֹיִם כְּאַיִן נֶגְדּוֹ מֵאֶפֶס* וָתֹהוּ נֶחְשְׁבוּ־לוֹ (כָּאֶפֶס l BHS *)

Insofern tendiert Syr (ܠܐ ܬܚܫܒ) eher zu τὸ σίαλον (*Speichel*). Andererseits ist, falls Syr von GrII abhängt, nicht auszuschließen, daß ὁ σίαλος (*Schwein*) echt ist, zumal in GrII 26,25 die eigensinnige Frau (γυνὴ ἀδιάτρεπτος) mit einem Hund (ὡς κύων λογισθήσεται) verglichen wurde.

σκληρυσμός Verstocktheit, Starrsinn[970]

10,21 ἐκβολῆς δὲ ἀρχὴ σκληρυσμὸς καὶ ὑπερηφανία (H⁰ La Syr *om.*)

---

[968] SAUER, Sirach 570, τὸ σίαλον übersetzend: *Speichel* [= ZB]. HAMP, Sirach 640: *Auswurf.* FRITZSCHE, Weisheit 147: *Geifer, Speichel.* GN paraphrasierend: (… *gilt wie) etwas, das man ausspuckt.* SKEHAN - DI LELLA, Wisdom 345, orientieren sich an Syr (ܠܐ ܬܚܫܒ): *trifle.* RYSSEL, Sirach 365, *Speichel*; in der dazugehörigen Anmerkung *n* vermutet RYSSEL, daß Syr לרִק *für Eitles* statt לרֹק *für Speichel* gelesen habe, falls die Glosse wenigstens teilweise auf einen hebräischen Urtext zurückgeht. Das in 𝔐 nur 2mal belegte רֹק wird in Jes 50,6 mit ἔμπτυσμα und in Ijob 7,19; 30,10 mit πτύελος wiedergegeben.

[969] *Eine ehebrecherische Frau wird für nichts erachtet.*

[970] LSJ: *hardening, induration.* SCHLATTER, Glossator 132: "σκληρυσμός ist nicht als Gottes That gedacht, sondern meint das 'sich hart zeigen' des Menschen. Das zeigt die Parallele mit ὑπερηφανία." So auch RYSSEL, Sirach 289 Anm. *p: [Selbst=]Verhärtung.* JB: *Verhärtung.* SAUER, Sirach 530: *Verstockung.* SKEHAN - DI LELLA, Wisdom 227: *effrontery.*

WF: σκληρός* (#), σκληρῶς (Gen, 1 Sam, Jes, 3 Makk), σκληρότης (Dtn, 2 Sam, Jes), σκληρύνειν* (#), σκληροκαρδία* (Dtn, Jer), σκληροκάρδιος* (Spr, Ez), σκληροτράχηλος* (Ex, Dtn, Spr, Bar) **WFd:** αὐθάδης (Gen, Spr), αὐθάδεια (Jes), ἀδιάτρεπτος*, θρασύς (Num)

Das Verbalabstraktum steht semantisch den in LXX belegten stammgleichen Begriffen σκληρότης[971] und σκληροκαρδία[972] sehr nahe. Die Verstocktheit und der Hochmut sind nach GrII die Urache für die *Verdammnis* (ἐκβολή) des Menschen vor Gott, während die Gottesfurcht zur *Annahme* (πρόσληψις) bei Gott führt. Das [LXX]Hplg πρόσληψις sowie ἐκβολή sind - theologisch gesehen - die Gegensatzbegriffe von Heil und Unheil.

<h3 style="text-align:center">συγγηρᾶν gemeinsam alt werden[973]</h3>

11,16b τοῖς δὲ γαυριῶσιν ἐπὶ κακίᾳ συγγηρᾷ κακία[974]

La: *qui autem exultant in malum* (v.l. *malis*) *consenescunt in mala* (v.l. *malo*)

H[A] : ומרעים רצה עמם

Syr: [975] ܡܕܡ ܐܠܝܢ ܗܕܐܬܕ ܗܒܬܚܝܟ ܚܒܣܟܐ ܚܝܣܐܠ ܟܒܚܚ ܡܒܚ ܘܟܟܪ

WF: Ø συγκαταγηράσκειν (Tob), καταγηράσκειν (Jes), γηράσκειν* (#)

Das den adverbialen Nebensinn *zusammen mit, gemeinsam mit* tragende Kompositum συγγηρᾶν, dessen Simplex (γηρᾶν bzw. γηράσκειν) häufiger in LXX (mit den Äquivalenten גּוּע, זקן q., hi., זקנה) zu finden ist, korrespondiert bzgl. des WB-Typs συν- mit dem vorausgehenden [LXX]Hplg συγκτίζειν (GrII s.u.; zu GrI s. S. 302f).[976] Danach bleibt die κακία (vgl. πλάνη καὶ σκότος), die hier personifiziert dargestellt wird, ein Leben lang bei den Hochmütigen (τοῖς δὲ γαυριῶσιν; vgl. ἁμαρτωλοῖς). In semantischer Hinsicht ist das [LXX]Hplg mit dem in Tob 8,7 (G[I]; G[II]) bezeugten συγ- καταγηράσκειν weitgehend bedeutungsgleich.

---

[971] Dtn 9,27 vom *Starrsinn Israels* (קשׁי), 2 Sam 22,6 von den *Todesqualen* (σκ. θανάτου מקשׁי־מות), Jes 4,6 (-), Jes 28,27 (חרוץ).

[972] In Dtn 10,16a und Jer 4,4 dient σκλ. als Übersetzung der metaphorischen Wendung ערלת לבב (*die 'Vorhaut' des Herzens*).

[973] LSJ: *grow old together with*. PAPE: *mitaltern, das Alter womit, bei Einem zubringen, mit Einem bis ins Alter zusammenleben*.

[974] SCHLATTER, Glossator 107: *wer aber auf die Bosheit pocht, mit dem altert das Schlimme* (=κακα O *l-694*). RYSSEL, Sirach 292 Anm. *l*: *wer aber mit der Bosheit sich brüstet* [(...)], *mit dem zugleich altert das Böse.*

[975] *Und mit denen, die in Bosheit aufwachsen, mit denen wird die Bosheit alt.* SMEND, Weisheit 106, deutet jedoch aufgrund γαυριῶσιν ܚܒܣܟܐ als die "grosstuenden".

[976] Vgl. hierzu insbesondere die übersetzungstechnisch-stilistischen Ausführungen zur Verwendung des Präverbs συν- (*gemeinsam, zugleich*) in GrI auf S. 299f (s.v. συγγελᾶν).

συγκτίζειν *zusammen mit, zugleich mit* erschaffen

11,16a πλανὴ καὶ σκότος ἁμαρτωλοῖς συνέκτισται
La: *error et tenebrae peccatoribus concreata sunt*
Hᴬ: שכלות / וחון[..] לפשעים נוצרה
Syr: ⁹⁷⁷ ܐܬܒܪܝ ܠܚܛܝܐ ܚܫܘܟܐ ܘܛܥܝܘܬܐ

WF: Ø {σύγκτισις, συγκτίστης}, κτίζειν* (#), κτίσμα* (Weish, 3 Makk),
κτίσις* (#), κτίστης* (2 Sam, Jdt, 2-4 Makk) WFd: ὁμοῦ plus ποιεῖν* (#) etc.

Das einen adverbialen Nebensinn tragende Kompositum συγκτίζειν steht
bereits in GrI 1,14 καὶ μετὰ πιστῶν ἐν μήτρᾳ συνεκτίσθη [sc. σοφία]
αὐτοῖς: *Und zusammen mit den Frommen ist sie im Mutterleib für sie*
[αυτοις La *om.*] *zeitgleich erschaffen worden.* D.h. der Fromme hat bereits vor seiner Geburt (im ersten Moment seines Werdens) die Gottesfurcht (= ἀρχὴ σοφίας V.14a) von Gott empfangen.⁹⁷⁸ Von daher ist
GrII 11,16a analog zu übersetzen: *Irrtum und Finsternis (= Blindheit⁹⁷⁹,
Uneinsichtigkeit) sind zeitgleich mit der [Erschaffung] der Sünder erschaffen worden.*⁹⁸⁰ Unter wortbildungstypischem Aspekt korrespondiert συγκτίζειν mit dem im folgenden Stichos stehenden ᴸˣˣHplg συγγηρᾶν (s.o.).

τροχηλάτης (Wagen)lenker⁹⁸¹

20,32b ἢ ἀδέσποτος τροχηλάτης τῆς ἰδίας ζωῆς (H⁰ Syr La *om.*)

WF: Ø {τροχηλατεῖν, τροχήλατος} WFd: κυβερνήτης (Spr, Ez, 4 Makk),
ἱππεύς (#), ἁρματηλάτης (2 Makk), ἡνίοχος (1 Kön, 2 Chr) WB: -ηλάτης
κωπ-ηλάτης (Ez), ἁρματ-ηλάτης (2 Makk) {ζευγ-ηλάτης}

Das wortstatisch auffällige (s. **Wortst.**) Kompositum τροχηλάτης, dessen
WF v.a. in den klassischen Dramen (Sophokles, Euripides, Aischylos,

---

⁹⁷⁷ *Irrtum und Finsternis sind für die Sünder erschaffen worden.*
⁹⁷⁸ Vgl. SCHLATTER, Glossator 107: *Irrtum und Finsternis sind mit den Sündern zusam-
    men erschaffen.* HAMP, Sirach 575: *und den Getreuen ist sie schon im Mutterschoße
    anerschaffen.* EÜ frei und verkürzend: *den Glaubenden ist sie angeboren.*
⁹⁷⁹ Das offenbar hinter σκότος stehende חושך (Syr ܚܫܘܟܐ) ist möglicherweise nicht
    in der gewöhnlichen Bedeutung *Finsternis*, sondern im Sinne von *Blindheit* (vgl. Syr
    4,1 [Hᴬ *al.*] ܣܡܝܐ SyrL *caecus*) zu verstehen. Von daher ließen sich beide Ele-
    mente des Syntagmas πλάνη καὶ σκότος kausal zuordnen.
⁹⁸⁰ Die Übersetzungsmöglichkeit *für die Sünder* (= Syr ܠܚܛܝܐ) scheidet daher kon-
    textlich aus. SAUER, Sirach 533, bietet bzgl. GrII 11,15ab16ab eine Übersetzung,
    die mit dem Text von Zi. schwer vereinbar ist; hier V.16a (Zi.): *Kinderlosigkeit und
    Finsternis sind den Sündern vorbehalten.*
⁹⁸¹ LSJ: *charioteer.* PAPE: *eigtl. der die Räder lenkt, d.i. der den Wagen lenkt, der Wa-
    genlenker, Fuhrmann.*

Aristophanes) bezeugt ist, steht semantisch sowohl ἁρματηλάτης (2 Makk 9,4) als auch ἡνίοχος (1 Kön 22,34 = 2 Chr 18,33: רכב) nahe; eine inhaltliche Parallele ist jedoch zu dem in GrII metaphorisch gebrauchten τροχηλάτης τῆς ἰδίας ζωῆς nicht herzustellen; der freilich poetische Charakter dieser Wendung ist offensichtlich. Unter septuagintaspezifischem Aspekt zeigt sich hinsichtlich des Wortbildungstyps - ηλάτης (von ἐλαύνειν) erneut ein signifikanter Befund: Abgesehen von dem in Ez häufiger gebrauchten κωπ- ηλάτης (*Ruderer*), das auf מלח (27,9.27), שוט (27,8.26) und תפש משוט (27,29) zurückgeht, findet sich lediglich in 2 Makk ein weiteres Lemma (ἁρματ- ηλάτης), was aufgrund der bisherigen WB-Analysen nicht überrascht.

ὑγεῖα[982] (= ὑγίεια) Gesundheit, Unversehrtheit[983]

17,26 αὐτὸς γὰρ ὁδηγήσει ἐκ σκότους εἰς φωτισμὸν ὑγείας (H⁰ Syr La *om.*)

WF: ὑγίεια* (#), ὑγιάζειν (#), ὑγιαίνειν (#), ὑγιής* (Lev, Jos, Tob, Jes), ὑγιῶς (Spr) WFd: εὔρωστος*, εὐρώστως (2 Makk, Weish), εὐεξία*, ῥωμαλέος (2 Makk), εὐεκτεῖν (Spr), εὔτονος (2-4 Makk), εὐτόνως (Jos)

Gegenüber dem in LXX häufiger (14mal) bezeugten ὑγίεια[984] ist in GrII die orthographische (?) Variante ὑγεῖα bzw. ὑγεία belegt. LSJ vermerkt hierzu (s.v. ὑγίεια) *from about II B.C. written* ὑγεῖα (pronounced ὑγία, *contracted from* ὑγία) und fügt inschriftliche Belegstellen vom 2. Jh. v. bis 3. Jh. n. Chr. an. PAPE (s.v. ὑγίεια) hingegen äußert sich hierzu in Unkenntnis der von LSJ aufgeführten Belege: *erst spät und unattisch* ὑγεία. Wie in 20,32b (τροχηλάτης τῆς ἰδίας ζωῆς s.o.) manifestiert sich auch hier in der Wendung φωτισμὸς ὑγείας[985] die poetische Diktion von GrII. Nach SCHLATTER (Glossator 145) ist "der φωτισμὸς ὑγιείας nach Meinung des Glossators wahrscheinlich im jenseitigen Leben zu schauen, vgl. 11,14; 16,14; 17,14."

---

[982] Hinsichtlich der Kontraktion von ιει zu (ε)ι vgl. HANHART, Tobit 43.

[983] LSJ: *health, soundness of body*. PAPE: *die Gesundheit sowohl des Leibes als der Seele*. LEH: *health; μετὰ ὑγιείας in safety Tob^BA 8,21.*

[984] Von den 14 Belegen entfallen allein 5 auf Gr: 1,18 H⁰ Syr ܐܠܡ; 30,14 schwach überlieferte Überschrift περι υγ(ι)ειας H^B Syr *om.*; 30,15 H^B חיים Syr ܐܠܡ; 30,16 H^B שר H^Bmarg שאר Syr ܐܠܦܘܬܐ; 34(31),20 [v.l. ὑγίας B*-S C 253; ὑγείας 248] H^B חיים Syr ܠܫܠܡܐ. In Gen 42,15f (νὴ τὴν ὑγίειαν Φαραω) geht ὑγίεια auf חי, in Est 9,31 auf נפש und in Ez 47,12 auf תרופה zurück.

[985] SCHLATTER, Glossator 145: ... *zu dem Gesundheit gebenden Glanz*. RYSSEL, Sirach 316 Anm. i: ... *zu dem Lichtglanze, der Gesundheit verleiht*. JB: *zum Licht des Heiles*. SAUER, Sirach 548: ... *in das Licht des Wohlergehens*.

4. Kapitel

Aspekte und Tendenzen zur Wortwahl

Unter Zugrundelegung des in Kap. III erarbeiteten analytischen Materials geht es in diesem Abschnitt darum, über Einzelbeobachtungen hinaus *signifikante* Aspekte und Tendenzen im Bereich des Untersuchungsgegenstands zu eruieren und ansatzweise - v.a. der übersetzungstechnische und wortstatistische Befund zwingt zur Zurückhaltung - vorsichtige Schlußfolgerungen zu unterbreiten, die insbesondere zur Klärung der Frage hinsichtlich der überproportionalen Häufigkeit von Septuaginta-Hapaxlegomena im griechischen Sirach (im Vergleich zur übrigen LXX) beitragen.

1. Zur Frequenz der $^{LXX}Hplg^{Sir}$ in GrI und GrII

Nach textkritischer Überprüfung und auf der Basis der in Kap. I vorgelegten Definition sind für Gr 273 Begriffe als ^{LXX}Hplg erfaßt. Davon entfallen 18 auf den Prolog, 232 auf GrI und 27 auf GrII; 4 ^{LXX}Hplg[1] sind sowohl in GrI als auch in GrII belegt. Bei einem ungefähren LXX-Lexembestand von etwas mehr als 9500 Lemmata[2] stehen somit etwa 3% nur im Sirachbuch, das mit ca. 2730 Vokabeln (GrI: ca. 2350 bei 3275 Stichoi; GrII: 381 bei 134 Stichoi) über ein Viertel des Septuagintawortschatzes in Anspruch nimmt.

225 ^{LXX}Hplg (ca. 82%) sind 1mal, 31 ^{LXX}Hplg (ca. 12%) 2mal, 15 ^{LXX}Hplg (ca. 5%) 3mal, 1 ^{LXX}Hplg[3] (ca. 0,5%) ist 5mal und 1 ^{LXX}Hplg[4] (ca. 0,5%) 8mal verwendet.[5] Daraus wird ersichtlich, daß der Großteil

---

[1] ἀδιάτρεπτος, διπλάσιος, κοίμησις, συγκτίζειν.

[2] Errechnet wurde diese Zahl mit Hilfe von REHKOPFS Septuaginta-Vokabular: 317 Seiten mit je 30 Lemmata (= 9510). REHKOPF (Septuaginta-Vokabular VIII) orientierte sich an HRC, wobei er die in der Konkordanz mit dem Vermerk *passim* belegten Wörter (z.B. Artikel, Pronomina, gängige Partikeln) nicht berücksichtigte.

[3] ἀρρώστημα: 10,10; 30,17; 34(31),2.22; 38,9.

[4] ἐνδελεχίζειν: 9,4; 12,3; 20,19.24f; 27,12; 30,1; 37,12; 41,6 (20,19 und 20,24 wurden als Dubletten nur einmal gezählt).

[5] Die *absolute* Anzahl des Vorkommens von ^{LXX}Hplg^{Sir} beträgt somit 345. Eine eindeutig erkennbare Konzentration innerhalb bestimmter Abschnitte oder Teile von GrI bzw. GrII konnte nicht festgestellt werden. Anders dagegen in Weish; vgl. GÄRTNER, Komposition und Wortwahl des Buches der Weisheit 104: "Auffällig ist auch noch, dass allein im 17. Kapitel von den 212 Worten, die nur in der Sap. belegt sind, 31 vorkommen ..."

der ^{LXX}Hplg auch in GrI bzw. GrII singulär ist. Zugleich bedarf es jedoch einer näheren Betrachtung der beiden ^{LXX}Hplg, die auffallend oft in den Dienst genommen wurden[6]:

ἀρρώστημα (*Erkrankung, Kraftlosigkeit*) hat an den fünf Stellen vier verschiedene Vorlagen: מחלה und חולי (*Krankheit*) bereiten in übersetzungstechnischer Hinsicht keine Schwierigkeiten. Septuagintaspezifisch gesehen entspricht מחלה 2mal πόνος sowie je 1mal μαλακία und νόσος. חלי (bzw. חולי) wird meist mit μαλακία (8mal) und ἀρρωστία (6mal) wiedergegeben; danach folgen νόσος und πόνος mit jeweils 3 Belegen sowie τραῦμα und ἁμαρτία mit je 1 Beleg. Gr wählt für מחלה konsequent ἀρρώστημα, für חולי neben dem nämlichen ^{LXX}Hplg noch νόσος (H^{BD} 37,30).[7] Anders liegt der Fall bei כאב (*Schmerz, Leid*) und אסון (*Unglücksfall, Schaden*). Bezeugt sind in LXX als Wiedergaben für כאב: ἄλγημα, λυπεῖν, πληγή, πόνος (in Gr: 2mal πικρία), für מכאוב: ἄλγημα, ἄλγος, ἐπίπονος, μαλακία, μάστιξ (in Gr: 2mal πόνος). Als LXX-Äquivalente für אסון sind zu nennen: ἐξεικονίζειν, μαλακία, μαλακίζεσθαι, ἀπώλεια (in Gr: θάνατος, ἀπώλεια). Beleuchtet man den Kontext zu 30,17, so wird erkennbar, daß hier die Wiedergabe von כאב durch ἀρρώστημα als terminologische Angleichung des Übersetzers an das Thema *Gesundheit* (V.14-17) zu betrachten ist. Derselbe Fall liegt in 34(31),22 bei אסון vor. Auch an dieser Stelle orientiert sich der Übersetzer gegen seine Vorlage an das konkrete Thema *Gesundheit* (V.20: ὑγίεια) bzw. *Wohlbefinden* (V.20-22). Demnach könnte die Verwendung des Begriffs ἀρρώστημα als lexikalische Erweiterung des in LXX und Gr vorgegebenen Wortfelds *Krankheit* verstanden werden, wobei damit zugleich erneut (s. Kap. III) eine vom Übersetzer intendierte Tendenz zu "*interpretativer Nuancierung*" festzustellen ist.[8] Der Begriff ἀρρώστημα ist erstmals bei dem Mediziner Hippokrates[9] (5. Jh. v. Chr.) belegt und findet sich vornehmlich in hellenistischer Literatur (s. **Wortst.**); er fehlt bemerkenswerterweise bei attischen Klassikern (z.B. Platon[10]), obwohl

---

[6] Es sei hierbei auch auf die Ausführungen zu ἀρρώστημα und ἐνδελεχίζειν in Kap. III (S. 163-165 sowie S. 190-192) verwiesen.

[7] Bei Aquila dient ἀρρώστημα als Übersetzung von חלי (Jes 1,5 o' πόνος σ' νόσος; Jer 10,19 o' τραῦμα σ' ἀρρώστημα).

[8] Da es bekanntlich keine absolute Synonymie gibt, ist bei einem Wechsel eines Synonymons zwangsläufig mit sprachlichen (dialektalen), stilistischen, konnotativen und nicht zuletzt auch semantischen Differenzierungen zu rechnen.

[9] *De flatibus 9.*

[10] Der Stamm ἀρρωστ- findet sich in den Werken Platons nur 1mal (*Respublica* 359b1), während das Synonym νόσος/νόσημα sehr häufig (über 100mal) begegnet.

das Verb ἀρρωστεῖν bereits bei Heraklit (6. Jh. v. Chr.) auftaucht, und man andererseits nicht davon ausgehen kann, daß in diesem Fall inhaltlich-semantische Gründe eine Rolle hinsichtlich der späten Überlieferung dieses Wortes gespielt haben. In LXX ist der Wortstamm ἀρρωστ- breiter bezeugt als WF νόσος; ein umgekehrter Befund ist im NT zu erheben.[11]

Bezüglich ἐνδελεχίζειν (*verharren, andauern*) ist ein vollständiger Vergleich mit H nicht möglich, da von den acht Stellen nur vier mit hebräischen Äquivalenten zur Verfügung stehen: דמך (aram. *liegen, einschlafen*), נוח (*ausruhen*) und 2mal תמיד (*beständig*). Eine übersetzungstechnische Einordnung dieses häufig von Gr herangezogenen Verbs ist daher schwierig. Soweit man jedoch erkennen kann, muß mit unterschiedlichen Äquivalenten in der Vorlage gerechnet werden, die Gr ihrerseits mit dem unspezifischen, jedoch in der Gräzität selten bezeugten (s. **Wortst.**) ἐνδελεχίζειν übersetzt hat.[12] Demnach schränkt Gr die in der Vorlage anzunehmende Bandbreite von Synonymen ein. Neben dem Verb verwendet Gr vom selben Wortstamm auch das Nomen (ἐνδελεχισμός), das Adjektiv (ἐνδελεχής[13]) und das Adverb (ἐνδελεχῶς[14]). Andererseits relativiert sich die Frequenz dieses Verbs, wenn man die in Gr häufig bezeugte Wortfamilie μένειν (*bleiben, er-warten*) zum Vergleich heranzieht: ἀναμένειν (3mal), διαμένειν (8mal!), ἐμμένειν/ἔμμονος (7mal), ἐπιμονή (1mal; [LXX]Hplg), μένειν (3mal), παραμένειν (4mal) und ὑπομένειν (5mal); vgl. ferner διάγειν (1mal).

Resümee:
Unabhängig von der These ZIEGLERS[15], wonach es sich bei ἀρρώστημα und ἐνδελεχίζειν um sirazidische "Lieblingswörter"[16] handelt, erscheint es aufgrund der hier vorgelegten Fakten als plausibel, daß einerseits

---

[11] ἀρρωστία/ἀρρώστημα/ἀρρωστεῖν/ἄρρωστος (LXX 35; NT 5 [nur ἄρρωστος]); νόσος/νοσεῖν (LXX: 13; NT 12).
[12] דמך und נוח hätten von seiten des Übersetzers durchaus wörtlicher (z.B. durch κοιμᾶσθαι, ἀναπαύειν, καταλύειν) wiedergegeben werden können: Zu נוח vgl. ferner H^M 39,28 κοπάζειν, H^B 40,5 ἀνάπαυσις, H^AC 5,6; H^B 44,23; H^B 47,13 καταπαύειν, H^B 46,19 κοίμησις. Zu תמיד vgl. H^A 6,37 διὰ παντός, H^B 45,14; H^B 51,11 ἐνδελεχῶς.
[13] 17,19; in der übrigen LXX nur noch ein Beleg in 1 Esra.
[14] 20,26; 23,10; 37,18; 45,14; 51,11; ansonsten nur je 1 Beleg in Ex, Lev, Num, 1 Esra, Dan o' θ'.
[15] Wortschatz 283f.
[16] Im Grunde genommen bezeichnet der von ZIEGLER benutzte Begriff *Lieblingswort* (in linguistischer Terminologie: *Vorzugswort*) nur einen wortstatistischen Sachverhalt, dessen einziges, allerdings zu hinterfragendes Kriterium anscheinend die häufige Verwendung eines bestimmten Begriffs bei evtl. abweichenden Vorlagen ist.

ἀρρώστημα[17] als in literarischer κοινή gängiges (hellenistisches) Wort anzusprechen ist, das dem Übersetzer schlichtweg geläufig war, und daß andererseits ἐνδελεχίζειν aufgrund der vom Übersetzer intendierten *variatio* als Pendant zu der in Gr ebenfalls breit angelegten WF μένειν zu betrachten ist.

2. Zur Vorlage

Die hebräischen Sirachtexte unkritisch als Vorlage von GrI zu behandeln, erweist sich, insbesondere wenn nur eine Lesart zur Verfügung steht, in textkritischer und textgeschichtlicher Hinsicht als problematisch, wie in der Einleitung (s. S. 58-64) bereits durch Kollation verschiedener hebräischer Textzeugen (unter Einbeziehung von Gr, La und Syr) demonstriert wurde. Andererseits ist für eine übersetzungstechnische Beurteilung der [LXX]Hplg[Sir] die Einsicht in den hebräischen Text unabdingbar. In arbeitstechnischer Hinsicht empfiehlt sich daher, zunächst aus einer mechanischen Gegenüberstellung von H und GrI[18] **unvoreingenommen** *vorläufige* Übersetzungstechniken abzuleiten, deren Plausibilität sich freilich erst *a posteriori* durch textkritische und kontextliche Detailanalysen bestätigen muß.[19] Insofern unterliegen die hier vorgebrachten übersetzungstechnischen Kriterien der Vorläufigkeit.

Von den insgesamt 345 Belegstellen von Septuaginta-Hapaxlegomena steht nicht einmal für 200 ein hebräisches Pendant zur Verfügung, wobei darüber hinaus zumeist nur ein einziger Textzeuge (großenteils aus Kairo) überliefert ist. Eine Gegenüberstellung der hebräischen und griechischen Lesarten liefert unter wortstatistischem und übersetzungstechnischem Aspekt folgende Fakten:

a) Ein nicht unerheblicher Teil der zu den einzelnen [LXX]Hplg[Sir] überlieferten hebräischen Äquivalente kann nicht als singulär innerhalb 𝔐 ein-

---

[17] Zur bevorzugten Verwendung von Verbalabstrakta und *nomina rei actae* bei GrI s. die Ausführungen in Kap. V (S. 367f).

[18] Aufgrund ihres fragmentarischen Charakters wird GrII nicht unter übersetzungstechnischem Aspekt betrachtet.

[19] Gerade dieses mechanische Prinzip hat SMEND (Index X-XI) in seiner Kritik an HRC für die Erstellung eines mehrsprachigen Index hervorgehoben: "Der hauptsächlichste Fehler ist aber der, dass Hatch-Redpath die Gleichsetzung von griechischen und hebräischen Wörtern unterlassen, wo sie ihrer Sprachkenntnis nicht einleuchtet. Das ist eine übel angebrachte Gewissenhaftigkeit. Man will aus einer Konkordanz doch nicht nur das lernen, was man schon weiss."

gestuft werden.[20] Viele Begriffe finden sich oftmals (mehr als 10mal) in 𝔐, sowohl in prosaischen als auch weisheitlich-poetischen Texten bzw. Zusammenhängen:

3,11 H^A קלל ἀδοξία; 3,14 H^Amarg נטע προσανοικοδομεῖν[21]; 4,3 H^B מנע παρέλκειν; 5,14 H^A חרפה κατάγνωσις; 6,5 H^A שלום εὐπροσήγορος; 6,21 H^A משא δοκιμασία; 6,27 H^A, 42,18 H^BM חקר ἐξιχνεύειν; 7,8 H^A קשר καταδεσμεύειν; 7,19, 8,9 H^A מאס ἀστοχεῖν; 7,24 H^A, 32(35),11 H^B אור ἱλαροῦν; 8,17 H^A כסה στέγειν; 9,3 H^A זר ἑταιρίζεσθαι; 9,8 H^A חן εὔμορφος; 11,25 H^B שכח ἀμνησία; 11,27 H^B שכח ἐπιλησμονή; 12,5 H^A שנים διπλάσιος; 13,19 H^A מאכל κυνήγια (pl.); 13,21 H^A נדה προσαπωθεῖν; 14,9 H^A כשל πλεονέκτης; 14,10 H^A מהומה ἐλλιπής; 14,22 H^A חקר ἰχνευτής; 20,4 H^B לין ἀποπαρθενοῦν; 20,7 H^C כסיל λαπιστής; 30,15 H^B טוב εὔρωστος; 32(35),19 H^B אנחה καταβόησις; 34(31),7 H^B אויל ἐνθουσιάζων; 34(31),29 H^B כעס ἀντίπτωμα; 35(32),2 H^B מוסר εὐκοσμία; 35(32),4 H^B מזמר ἀκρόαμα; 35(32),10, 42,1 H^B בוש αἰσχυντηρός; 36(33),6 H^E שנא μωκός; 36,19 H^B הוד (H^Bmarg הדר) ἀρεταλογία; 37,6 H^B עזב ἀμνημονεῖν; 38,9 H^B חולי (H^Bmarg מחלה) ἀρρώστημα; 39,17 H^B אוצר ἀποδοχεῖον; 40,5 H^Bmarg חרה μηνίαμα; 40,28 H^B מתן ἐπαίτησις; 40,30 H^B שאלה ἐπαίτησις; 41,5 H^BM מאס βδελυρός; 41,15 H^BM אולת μωρία; 42,9 H^M מאס παρακμάζειν; 42,14 H^B טוב ἀγαθοποιός; 43,6 H^B ממשלה ἀνάδειξις; 43,14 H^BM עוף ἐκπέτεσθαι; 44,5 H^B משל ἔπος; 45,7 H^B כבוד (H^Bmarg ברכה) εὐκοσμία; 46,15 H^B דרש ἀκριβάζεσθαι; 46,19 H^B נוח κοίμησις; 47,19 H^B נתן παρανακλίνειν; 49,13 H^B רפא ἀνεγείρειν, 50,27 H^B נבע ἀνομβρεῖν.

Aus der Gegenüberstellung der Äquivalente kann leicht ersehen werden, daß Gr trotz ihrer in LXX singulären Wortwahl (^LXXHplg) *weitgehend* der hebräischen Vorlage entsprechend bzw. nach dem konkreten Zusammenhang übersetzt hat. Demnach sind die ^LXXHplg v.a. unter stilistischem Gesichtspunkt zu betrachten.

b) Nicht wenige ^LXXHplg, die häufiger (meist zwei- oder dreimal) von Gr herangezogen wurden, zeigen ein indifferentes Bild hinsichtlich der Re-

---

[20] Die exakte Belegzahl kann sehr leicht aus A. EVEN-SHOSHAN, A New Concordance of the Bible, Jerusalem 1982, ermittelt werden. Eine verfeinerte übersetzungstechnische Beurteilung der oben aufgeführten ^LXXHplg bedarf jedoch weiterführender Recherchen hinsichtlich des individuellen Kontexts, der über die konkrete semantische Konstellation die Wortwahl mitbestimmt.

[21] Hier im übertragenen Sinne; in H^B 49,7 übersetzt Gr jedoch das Verb q. נטע in ihrer Grundbedeutung mit καταφυτεύειν.

gelmäßigkeit (*consistency*[22]) der Wiedergabe. Bei folgenden ^{LXX}Hplg^{Sir} ist nach Maßgabe der Überlieferungslage eine konstante Wiedergabe[23] erkennbar: ἀστοχεῖν; ἐξιχνεύειν; ποσαχῶς; σκανδαλίζεσθαι; τόσος. In den meisten Fällen wurde jedoch von GrI aus literarischen (*variatio*), kontextlichen oder exegetischen Gründen "inkonsequent" übersetzt: ἀντίπτωμα, ἀπληστεύεσθαι, ἀπληστία, ἀποδοχεῖον, ἀρρώστημα, διπλάσιος, ἐνδελεχίζειν, ἐπαίτησις, ἐπιδεής, ἐσχατόγηρως, εὐκοσμία, ἱλαροῦν, κοίμησις, παρέλκειν, πολύπειρος, τολμηρός. Diese übersetzungstechnische Beobachtung der Inkonsistenz im Bereich der ^{LXX}Hplg^{Sir} kann für weite Teile des Buches (sowohl hebräischerseits als auch vom griechischen Text her) konstatiert werden.[24] Es ist geradezu typisch für den Enkel, daß er im Vokabular (lexikalisch) und in der Wiedergabe (übersetzungstechnisch) abwechselt, was die Erschließung der Vorlage bzw. des "Urtextes" erheblich erschwert, wenn nicht unmöglich macht.

c) Bei unspezifischen hebräischen Begriffen verfeinert der Übersetzer bisweilen die farblose Ausdrucksweise durch terminologische Präzisierung: In 13,18 ersetzt er die *Nahrung* des Löwen (H^A ‏מאכל ארי‎) durch die *Jagdbeute* der Löwen (κυνήγια λεόντων); in 42,14 qualifiziert er eine "*gute*" Frau (nach H^M ein Nominalgefüge ‏טוב אשה‎) als *wohltätig* (γυνὴ ἀγαθοποιός); in 12,13 konkretisiert er den *gebissenen* Dompteur (H^A ‏חובר נשוך‎) als *von einer Schlange gebissenen* (Schlangen)Beschwörer (ἐπαοιδὸς ὀφιόδηκτος); in H^B 30,15 übersetzt er ‏רוח טובה‎ (*froher Sinn*[25]) in Parallele zum vorausgehenden εὐεξία mit dem gleichen Wortbildungstyp (Präverb εὐ-) σῶμα[26] εὔρωστον (*ein starker Körper*).

d) An verschiedenen Stellen deutet der Enkel den Gedanken in der Vorlage eigenständig um: In 51,10 wird aus *Untergang und Vernichtung*

---

[22] Vgl. hierzu Tov, Text-Critical Use of the Septuagint 54.

[23] Diese übersetzungstechnische Regelmäßigkeit trifft jedoch nur aus der Perspektive der ^{LXX}Hplg^{Sir} zu. Die hebräischen Äquivalente können unschwer in Kap. III eingesehen werden.

[24] S. hierzu die hebräisch-griechischen Gleichungen in der Konkordanz von BARTHÉLEMY-RICKENBACHER sowie im Index von SMEND.

[25] So SMEND, Weisheit (Hebräisch-Deutsch) 52. SAUER, Sirach 578, in Anlehnung an GrI: *gesunder Geist*. EÜ: *frohes Herz*. ZB: *froher Sinn*.

[26] Der Konjekturvorschlag von SMEND, Weisheit 268, πνευμα, der von J. ZIEGLER in den Text aufgenommen wurde, ist von keiner einzigen Handschrift gedeckt. Trotz der in der Einleitung dargelegten einseitigen Überliegerungslage von Gr überzeugt das Argument der Entsprechung von πνευμα mit ‏רוח‎ nicht, da La, die bisweilen gegen GrI nach H rezensierte Lesarten zeigt (s. S. 43-45), mit GrI *corpus* liest. Andererseits wäre die in H^B 48,24 belegte Wendung ‏רוח גבורה‎ (πνεῦμα μέγα) eine nachvollziehbare Vorlage für πνεῦμα εὔρωστον.

(H^B שואה ומשואה) die *Hilflosigkeit gegenüber frevlerischen Angriffen* (ἀβοηθησία ὑπερηφανιῶν); in 30,15 folgt auf die *Perlen* (H^B פנינים) die poetische Umsetzung mit *unermeßlicher Reichtum* (ὄλβος ἀμέτρητος)[27]; in 20,4 spitzt er die Rede vom *Übernachten bei einer Jungfrau* (H^B לן עם בתולה) durch den Ausdruck *entjungfern* (ἀποπαρθενοῦν) zu. In 37,6 macht er aus der Mahnung, den Freund bei der Beuteverteilung (בשלל) zu *verlassen* (H^B q. עזב), die Aufforderung, ihn im Reichtum (ἐν χρήμασιν) nicht zu *vergessen* (ἀμνημονεῖν).[28] In 38,21 versteht er die *Hoffnungslosigkeit* (H^B אין לו תקוה), die dem Toten beschieden ist, als *Unmöglichkeit der Rückkehr* [ins Leben] (οὐ ἔστιν ἐπάνοδος). Der <u>Hilfeschrei</u> von den *Toren der Unterwelt* aus (51,9 H^B משערי שאול) wird zur <u>Bitte</u> um *Rettung vor dem Tod* (ῥῦσις θανάτου) umformuliert. Vom Mangel an *Bildung* (37,31 H^BD בלא מוסר) leitet der Enkel die *Unersättlichkeit* (ἀπληστία) ab.[29] In 34(31),7 charakterisiert er den (gottlosen) *Toren* (H^B אויל) als ("von einem Gott ergriffenen") *Ekstatiker* (ἐνθουσιάζων).[30] Die *Verwicklung* in Geldstrafen (9,5 H^A תוקש בעונש) scheint ihm mit *Ärger* (σκανδαλίζεσθαι) verbunden zu sein, ebenso wie in 35(32),15.[31] Statt dem *Werk des Schmieds* (H^B מעשה לוטש) wird in 34(31),26 nach GrI das Material, der *Stahl* (στόμωμα), beim Eintauchen (ἐν βαφῇ H *om.*) im Hochofen geprüft.[32] Der *Dienst* (37,12 H^D q. עבד)[33] des Frommen am Nächsten transformiert GrI zum *Mitleid* (συναλγεῖν). Die *Selbstkasteiung* (H^A hitpa. ענה) um des Reichtums willen wertet der Enkel als (einschnürenden) *Geiz* (σφιγγία) ab. Die Warnung in

---

[27] In 7,19 dagegen deutet er die *Perlen* (H^A פנינים) als Gold (χρυσίον).

[28] Die Mahnung in 3,12, den Vater nicht zu *verlassen* (H^A אל תעזבהו) deutet GrI in der Weise um, ihn nicht zu *betrüben* (μὴ λυπήσῃς αὐτόν). Las Gr vielleicht fälschlich תכאבהו?

[29] Der Enkel übersetzt aber in H^B 34(31),17; H^B 35(32),14; H^BM 41,14; H^Bmarg 42,5; H^BBmargM 42,8; H^B 50,27 מוסר mit dem Standardäquivalent παιδεία, das er allerdings in H^B 47,14 durch σύνεσις und in H^A 6,22 durch σοφία synonym-variierend ersetzt, um in H^B 35(32),2 den nämlichen Begriff mit dem ^LXXHplg^Sir εὐκοσμία ([*Sinn für*] *Schönheit*) wiederzugeben.

[30] Dagegen versteht GrI in 6,20 und 8,4 אויל (nach H^A) als den *Unbelehrsamen* (ἀπαίδευτος), in 41,5 deutet er das gottlose Geschlecht (H^BM נכד אויל) als Kinder, die *sich* (mit Frevlern) *einlassen* ([sc. τέκνα] συναναστρεφόμενα).

[31] Andererseits gibt GrI das Verb ni. נקש in H^B 34(31),30 mit πρόσκομμα (*Fehltritt, Stolpern*) wieder; in H^BBmargM 41,2 deutet er den *Menschen, der strauchelt und an allem anstößt* (איש כושל ונקש), als ἐσχατόγηρως (ein ^LXXHplg^Sir) καὶ περισπώμενος (*Mensch, der uralt ist und sich um alles kümmern* [*muß*]). In H^B 34(31),7 wiederum versteht er ni. נקש als *gefangen werden* (ἁλώσεται) [La *deperiet*].

[32] Diese Übersetzungsweise ist insofern auffällig als GrI sonst מעשה stereotyp mit dem Standardäquivalent ἔργον übersetzt.

[33] Nach der Lesart von H^B hi. רגע *sich bemühen*.

10,6 vor *Vergeltung* gegenüber dem Bundesgenossen (H^A אל תשלים
רע) schwächt GrI ab, ihm lediglich nicht zu *zürnen* (μὴ μηνιάσῃς). In
4,3 H^A setzt GrI den Rat, dem Innersten des Armen (קרב עני) keinen
Schmerz zu bereiten (אל תכאיב), dahingehend um, ein erzürntes Herz
(καρδίαν παροργισμένην) nicht noch *zusätzlich* zu *verwirren* (μὴ προσ-
ταράξῃς).

Resümee: Aus den oben dargelegten Fakten kann hinsichtlich des Aspekts
der Wortwahl festgestellt werden, daß bei übersetzungstechnischer Betrachtung sowohl eine Tendenz zu sachgerechter Wiedergabe als auch zu
eigenständiger Uminterpretation faßbar ist, die sich u.a. in einem Vokabular zu erkennen gibt, das innerhalb des LXX-Wortschatzes teils wortfamiliäre, z.T aber auch keine wortfamiliäre Bezüge aufweist. Von diesem Befund her wird daher in einem weiteren Arbeitsschritt das WF-Verhältnis
der ^{LXX}Hplg^{Sir} innerhalb der LXX einer lexikalischen Durchsicht unterzogen.

3. Zur Wortfamilie (WF)

In diesem Abschnitt sollen die in Kap. III unter dem Siglum WF erfaßten Daten in der Weise ausgewertet werden, inwieweit innerhalb des
Textkorpus' der LXX zu den einzelnen Septuaginta-Hapaxlegomena die
dazugehörige Wortfamilie (WF) zu finden ist. Hierbei wird neben WF
(im **herkömmlichen** Sinn) auch auf die bereits in Kap. III vorgenommene
Differenzierung der **engeren** Wortfamilie[34] zurückgegriffen. Dadurch
kann unter dem Aspekt der Verwendung desselben Kompositionstyps graduell die lexikalische[35] Homogenität des sirazidischen Sondervokabulars
gegenüber LXX festgestellt werden.

---

[34] Hinsichtlich der Definition von *Wortfamilie im engeren Sinn* gilt bei Komposita das
Kriterium der gleichen Kompositumsstruktur (identische Kompositumselemente).
Bei Simplexbegriffen muß die Simplexstruktur gewahrt sein. Differenzen hinsichtlich des Ablauts und der Stammableitung spielen hierbei keine Rolle. Daher stellen
z.B κατάγνωσις und das in Dtn 25,1 und Spr 28,11 belegte Verb καταγινώσκειν
bzw. λευκότης und das häufig in der LXX vorkommende Adjektiv λευκός je eine
Wortfamilie im **engeren** Sinn dar, während das Simplexwort μειδιᾶν und das in 4
Makk 8,4 verwendete Kompositum προσμειδιᾶν lediglich als Wortfamilie im **herkömmlichen** Sinn qualifiziert werden kann.
[35] Eine Überprüfung der *semantischen* Homogenität der ^{LXX}Hplg^{Sir} gegenüber der in der
LXX belegten Wortfamilie bleibt aufgrund des übergroßen Lexemmaterials einer se-
paraten Untersuchung vorbehalten.

3.1 ᴸˣˣHplgˢⁱʳ mit **engerer** Wortfamilie in LXX

Prol.: ἀδυναμεῖν, ἀφόμοιον, βιοτεύειν, βίωσις, Ἑβραϊστί, ἔννομος, ἰσοδυναμεῖν, πρόλογος, συγγράφειν.

GrI: ἀβοηθησία, ἀγαθοποιός, ἀδοξία, αἰσχυντηρός, ἀκριβάζεσθαι, ἀκρόαμα, ἀμνησία, ἀνάδειξις, ἀναίδεια, ἀξία, ἀπληστεύεσθαι, ἀπληστία, ἀποδοχεῖον, ἀρρώστημα, ἀσθμαίνειν, ἀσχολία, ἀφελπίζειν, ἄχαρις, βδελυρός, βλάστημα, δανεισμός, δάνος, δέσις, διαλλαγή, διαμαχίζεσθαι, διεστραμμένως, διπλάσιος, δισσῶς, δίχα, δοκιμασία, δώρημα, εἴδησις, ἐκθαμβεῖν, ἔκκλητος, ἐμφραγμός, ἐνδελεχίζειν, ἐννόημα, ἐνοικίζειν, ἐντιναγμός, ἐξιχνεύειν, ἐπαίτησις, ἐπιδεής, ἐπιλησμονή, ἐπιμονή, ἐπιτίμιον, ἐπιχείρημα, ἔπος, ἐρώτημα, ἑταιρίζεσθαι, εὐεξία, εὐκαίρως, εὐκοσμία, εὔμορφος, εὔρωστος, ζωγραφία, ἱλαροῦν, ἰοῦσθαι, ἰχνευτής, καταβόησις, κατάγνωσις, καταδεσμεύειν, κατανόησις, κατάπαυμα, καταπληγμός, καταψευσμός, κεφαλαιοῦν, κοίμησις, κύκλωσις, κυνήγιον, λευκότης, λιθουργός, λυσιτελής, μακροημέρευσις, μεῖγμα, μελανία, μεταβολία, μέτριος, μηνίαμα, μηνιᾶν, μοχθηρός, μυριοπλασίως, μωκός, μωρία, ὀνομασία, παρέλκειν, περιστροφή, πῆξις, πλεονέκτης, πνιγμός, πολύπειρος, πόρνος, πρασιά, προθυμία, προφανῶς, ῥεῦμα, ῥοῦς, ῥῦσις, σεῖσμα, σήπη, σκανδαλίζεσθαι, σκοπή, σπατάλη, στάσιμος, στέγειν, στειροῦν, στέργειν, στερέωσις, σύνδειπνος, σφιγγία, ταπεινότης, τολμηρός, τρύφημα, ὑπόλημψις, ὑπονόημα, φθονερός, φωτεινός, χαριτοῦσθαι, ψίθυρος.

GrII: γεννήτωρ, διπλάσιος, ἐνέργημα, ἑρμηνεύς, ζήτησις, κοίμησις, κόλλησις, παντοκρατορία, πρόσληψις, σκληρυσμός, ὑγεία.

Resümee:
Wortstatistisch gesehen läßt sich für 136 ᴸˣˣHplgˢⁱʳ (Prol. 9; GrI 118; GrII 11[36]) eine *engere* Wortfamilie innerhalb LXX nachweisen. Das entspricht unter Zugrundelegung der Gesamtzahl der sirazidischen Septuaginta-Hapaxlegomena (273) ca. 50%. Freilich muß dabei differenziert werden, welche lexikalische Bandbreite, welche buchspezifische Streuung und wortstatistische Häufigkeit die einzelnen Wortfamilien in Septuaginta erkennen lassen.

Zu 76[37] ᴸˣˣHplgˢⁱʳ (kenntlich durch Unterstreichung) sind Begriffe aus der *engeren* Wortfamilie vorhanden, die in mehr als vier Septuaginta-

---

[36] Zwei Begriffe (διπλάσιος, κοίμησις) sind sowohl in GrI als auch GrII berücksichtigt.

[37] κοίμησις (GrI und GrII) wurde nur als ein Beleg verrechnet.

schriften belegt sind und insofern als *geläufig* eingestuft werden können; die Streuung dieser WF-Begriffe innerhalb der Septuaginta-Schriften ist unauffällig. Bei den übrigen ^{LXX}Hplg^{Sir} jedoch ist unter buchspezifischem Aspekt eine deutliche Streuungskonzentration in den Makkabäerbüchern, Weish, Spr, Ps und Prophetenbüchern (v.a. Jes) festzustellen. Nur in wenigen Fällen[38] weist der Befund auf den Pentateuch hin.

3.2 ^{LXX}Hplg^{Sir} mit **unspezifischer** Wortfamilie in LXX

Über den Aspekt der *engeren* Wortfamilie hinaus können unter den ^{LXX}Hplg^{Sir} mit unspezifischer Wortfamilie (WF im herkömmlichen Sinn) nicht wenige Begriffe benannt werden, die ebenfalls (wenigstens graduell) auf lexikalische Homogenität zum LXX-Wortschatz hinweisen, insofern als sich die Differenz nur in einem adverbialen Nebensinn (vornehmlich durch Verwendung von Präverbien) bzw. in einer nicht gravierenden Bedeutungsverschiebung zeigt:

a) ^{LXX}Hplg^{Sir}, bei denen das entsprechende Grundwort (bei Triplabegriffen das Kompositum) in der Septuaginta belegt[39] ist:

Prol.: ἐπιπροστιθέναι, μεθερμηνεύειν, προκατασκευάζεσθαι.

GrI: ἀνεγείρειν, ἀντιπαραβάλλειν, ἀποθησαυρίζειν, ἀποφεύγειν, διαλοιδόρησις, διαμασᾶσθαι, διαψιθυρίζειν, ἐθελοκωφεῖν, ἐκθαυμάζειν, ἐκπέτεσθαι, ἐκσυρίζειν, ἔμφοβος, ἐναρίθμιος, ἐνεξουσιάζεσθαι, ἐπανακαλεῖσθαι, ἐπιχορηγεῖν, εὐπροσήγορος, εὔσταθμος, ἔφισος, ἰοῦσθαι, ἰσηγορεῖσθαι, λιθώδης, παρακμάζειν, παρανακλίνειν, πολύορκος, προσαπωθεῖν, προσεμβριμᾶσθαι, προσεπιτιμᾶν, προσταράσσειν, προσανατρέπειν, προσανοικοδομεῖν, πυρώδης, συγγελᾶν, συγκληρονομεῖν, συγκτίζειν, συμπονεῖν, συναλγεῖν, συναποθνήσκειν, συνοδυνᾶσθαι, ὑπορράπτειν, ὑποσχάζειν.

GrII: ἀδέσποτος, ἀδιάφορος, ἀμάχως, δυσγένεια, συγγηρᾶν, συγκτίζειν.

---

[38] Bei folgenden ^{LXX}Hplg^{Sir} ist innerhalb der engeren WF eine exklusive lexikalische Querverbindung zum Pentateuch verifizierbar: ἐκθαμβεῖν (Dtn), ἐπιδεής (Dtn), ἐπιμονή (Ex), λιθουργός (Ex), πρασιά (Gen, Num). Darüber hinaus: καταβόησις (Ex, Dtn, **2 Makk**), κατάγνωσις (Dtn, **Spr**), κυνήγιον (Gen, 1 Chr), μακροημέρευσις (Dtn, Ri), σύνδειπνος (Gen, **Spr**).

[39] Mit Hilfe von <u>Unterstreichungen</u> werden hier die morphologischen Bestandteile gekennzeichnet, die innerhalb der Septuaginta in **weniger** als vier Büchern belegt sind.

b) [LXX]Hplg[Sir] (hier: Simplexlexeme), bei denen das Kompositum in der Wortfamilie belegt ist:

Prol.: Ø   GrI: μειδιᾶν, σκορακισμός.   GrII: Ø

Resümee:
Deutlich erkennbar ist der bevorzugte Gebrauch von Komposita gegenüber Simplexbegriffen bei GrI, eine Tatsache, die bereits R. SMEND[40] allgemein zur Übersetzungsweise des Enkels angemerkt hat.[41] Diesen sprachlichen Wesenszug hat der Enkel wiederum mit Weish[42] und den Makkabäerbüchern[43] gemeinsam. Seine besondere Vorliebe gilt dabei Komposita mit den Präverbien προσ- und συν- .
Die in a) und b) erfaßten 51[44] Begriffe ergeben einen Anteil von ca. 19% am Gesamtbestand der [LXX]Hplg[Sir]. Zusammen mit dem unter 3.1 (engere WF) ermittelten Prozentsatz (50%) besteht also zu über zwei Drittel der 273 [LXX]Hplg[Sir] eine *mehr oder weniger* enge lexikalische Homogenität zum Wortschatz der Septuaginta, so daß im Falle des griechischen Sirachbuchs die Kategorie der Septuaginta-Hapaxlegomena nicht pauschal als **ein** Indiz für *lexikalische* Eigenständigkeit des Übersetzers gegenüber der Septuaginta herangezogen werden kann.[45]

3.3 [LXX]Hplg[Sir] ohne Wortfamilie

Prol.: Ø
GrI: ἀρδαλοῦν, ἀσπάλαθος, ἀσυρής, εὐδία, ἔχις, κόσκινον, λαγών, λαπιστής, μειοῦσθαι, ὄλβος, ὀχεία, σκύβαλον, σκυβαλίζειν, σκώπτειν, στόμωμα, στρόφος, τόσος.
GrII: σίαλος [?].

---

[40] Weisheit LXIV.
[41] Eine umfassende septuagintaspezifische Analyse unter diesem Aspekt wurde bisher noch nicht unternommen, nicht zuletzt weil buchspezifische Indizes (SMENDS Index sowie HÜBNERS Wörterbuch zur Sapientia Salomos sind glückliche Sonderfälle) fehlen, die die immense analytische Arbeit gegenüber der mit nicht wenigen Unzulänglichkeiten behafteten Standardkonkordanz (HRC) erleichterten.
[42] Vgl. dazu A. SCHMITT, Das Buch der Weisheit. Ein Kommentar, Würzburg 1986, 9-12. Ferner D. WINSTON, The Wisdom of Solomon (AncB 43), New York ²1981, 15 Anm. 5.
[43] Vgl. KLAUCK, 4. Makkabäerbuch 665.
[44] συγκτίζειν (GrI und GrII) wurde nur 1mal verrechnet.
[45] Vgl. hierzu die Äußerung von ZIEGLER, Wortschatz 282: "Jedoch ist Sirach nicht sklavisch von der LXX abhängig; dies zeigen seine zahlreichen Hapaxlegomena, viele abweichende Wiedergaben und Lieblingswörter."

Resümee: Durch kein morphologisches Prinzip auf ein Grundelement aus dem Septuagintawortschatz herleitbar[46] sind von insgesamt 273 ^{LXX}Hplg^{Sir} lediglich 18 Begriffe, was einen Prozentsatz von ca. 7% ausmacht. Mit einer Ausnahme (εὐδία) handelt es sich dabei um Simplexbegriffe, von denen in wortstatistischer Hinsicht (bezogen auf die Gesamtgräzität) ἀρδαλοῦν, ἀσυρής, λαπιστής, σκυβαλίζειν aufgrund ihrer schwachen Überlieferung (s. **Wortst.**) besondere Aufmerksamkeit verdienen, während ἀσπάλαθος, εὐδία, ἔχις, κόσκινον, λαγών, μειοῦσθαι, ὄλβος, ὀχεία, σκύβαλον, σκώπτειν, στόμωμα, στρόφος, τόσος weitgehend breit bezeugt sind und insofern kein lexikographisches Problem darstellen.

3.4 Synonyme Variation innerhalb der Wortfamilie

Im Sirachvokabular lassen sich viele stammgleiche Begriffe benennen, die sich nur durch verschiedene Stammableitungen[47] bzw. Präverbien unterscheiden[48]; oftmals ist kontextlich keine **gravierende** semantische Differenzierung feststellbar, so daß sich die Frage stellt, ob der Übersetzer *vorlagebedingt* (d.h. um zu differenzieren zwischen den verschiedener Äquivalenten in der Vorlage) oder aber aus *sprachästhetischen* (literarischen) Gründen variiert. Innerhalb der Gruppe der ^{LXX}Hplg^{Sir} (hier nur GrI berücksichtigt) können nach Prüfung der Einzelkontexte folgende Begriffspaare angeführt werden; bemerkenswert ist dabei, daß das Pendant zum ^{LXX}Hplg^{Sir} meist auch in GrI (*) vorkommt und/oder in LXX geläufig (kenntlich durch #) ist:

a) ἀρρώστημα* - ἀρρωστία* #   i) κατάπαυμα* - κατάπαυσις #
b) βιοτεύειν* - βιοῦν* #   j) καταπληγμός* - κατάπληξις
c) βίωσις* - βίος* #   k) μεταβολία* - μεταβολή #
d) βλάστημα* - βλαστός* #   l) μηνιᾶν* - μηνίειν #
e) διαμαχίζεσθαι* - διαμάχεσθαι*   n) σκοπή* - σκοπιά #
f) δώρημα* - δῶρον* #   o) τρύφημα* - τρυφή* #
g) ἐννόημα* - ἔννοια #   p) ὑπονόημα* - ὑπόνοια*
h) ἐξιχνεύειν* - ἐξιχνιάζειν* #   q) φιλομαθῶν* - φιλομαθής*

---

[46] Zur Definition von Wortfamilie vgl. LUTZEIER, Lexikologie 99.

[47] Es handelt sich hierbei meist um Verbalabstrakta (*nomina actionis*) sowie *nomina rei actae*. Beide Wortbildungsgruppen weisen nach BORNEMANN-RISCH, Grammatik 312 (§ 302), "keine scharfe Abgrenzung" zueinander auf.

[48] Vgl. z.B. ἀδικία - ἀδίκημα; ἁμάρτημα- ἁμαρτία; διάνοια -διανόημα; διήγημα - διήγησις; θαυμάσιος - θαυμαστός, πολέμιος - πολεμιστής, καύχημα - καύχησις. Viele gleichartig gebildete Begriffspaare lassen sich auch im NT-Wortschatz benennen.

Über die **engere** Wortfamilie hinaus können bei den ^{LXX}Hplg^{Sir} auch Variationen in der Verwendung von Simplex und Kompositum festgestellt werden. Trotz eines bestehenden Nebenaspekts (meist Verstärkung), der allerdings ebenso durch separate Adverbia hätte ausgedrückt werden können, steht das Kompositum in einer engen semantischen Beziehung zum Simplex, so daß man im Hinblick auf die Wortwahl fragen mag, ob hier tatsächlich der Nebenaspekt ausschlaggebend war oder lediglich das Bestreben, im Sinne literarischer *variatio* (μεταβολή) den Ausdruck zu wechseln :

a) ἀκριβάζεσθαι* - διακριβάζεσθαι*   e) διαλοιδόρησις* - λοιδορία* #

b) ἀνομβρεῖν* - ἐξομβρεῖν*   f) ἐξιχνεύειν* - ἰχνεύειν*

c) διαψιθυρίζειν* - ψιθυρίζειν*   g) ἐκθαυμάζειν* - θαυμάζειν* #

d) διαμάχεσθαι* - μάχεσθαι #   h) ἐκθαμβεῖν* - θαμβεῖν #

i) συνεθίζειν* - ἐθίζειν*

4. Zum Wortfeld (WFd)

Mit Hilfe des in Kap. III unter dem Siglum **WFd** erarbeiteten Wortmaterials (und darüber hinaus)[49] wird in diesem Unterpunkt Einzelindizien zu benennen versucht, die zur übersetzungstechnischen, sprachlichen und literarischen Charakterisierung von Gr (v.a. GrI) beitragen und damit Argumente hinsichtlich der Genese der *singulären* Wortwahl in der Gestalt von Septuaginta-Hapaxlegomena bereitstellen.

4.1 Unter septuagintaspezifischem Aspekt

a) Eine **WFd**-Gruppierung innerhalb des Bestands der ^{LXX}Hplg^{Sir} zeigt, daß in Gr das weisheitliche Vokabular zur moralisch-ethischen Charakterisierung von Personen (insbesondere des Toren und Weisen) mit 44 Begriffen (ca. 17%) sehr ausgeprägt ist:

Prol.: ἐννόμως, φιλομαθής, φιλομαθῶν.
GrI: ἀγαθοποιός, ἀδιάτρεπτος (s. GrII), ἀδοξία, αἰσχυντηρός, ἄκαιρος, ἀκαίρως, ἀναίδεια, ἀξία, ἀπληστία, ἀπληστεύεσθαι, ἀσυρής, ἄχαρις, ἀχαρίστως, βδελυρός, διεστραμμένως, ἐλλιπής, ἔμφοβος, ἐνθουσιάζων, ἐντρεχής, εὐκαίρως, εὐπροσήγορος, λαπιστής, λυσιτελής, μικρολόγος,

---

μωκός, πλεονέκτης, πολύορκος, πόρνος, προαλής, σπατάλη, σφιγγία, τολμηρός, τρύφημα, φθονερός, χαριτοῦσθαι (κεχαριτωμένος), χρηστοήθεια, ψίθυρος.
GrII: ἀδέσποτος, ἀδιάτρεπτος, ἀμάχως, μεγαλόφωνος, σίαλος.

b) Zu nicht wenigen ᴸˣˣHplg kann innerhalb Gr bzw. LXX ein breites und/oder häufig bezeugtes Wortfeld (v.a. in Form von Synonyma) nachgewiesen werden, so daß zu fragen bleibt, ob Gr dem rhetorischen Gebot der μεταβολή (lat. *variatio*) folgend "nur" im Ausdruck abwechselt oder aber bewußt semantische Nuancierungen vornimmt, die mit dem Austausch eines Synonymons unvermeidlich verbunden sind. Als besonders signifikante Beispiele (s. hierzu **WFd** in Kap. III) sind zu nennen:
ἀβοηθησία (WFd *Hilflosigkeit, Not*), ἀδυναμεῖν (WFd *Unvermögen*), ἀμνησία/ἀμνημονεῖν/ἐπιλησμονή (WFd *uneingedenk, vergessen*), βιοτεύειν/βίωσις (WFd *leben*), διαλοιδόρησις (WFd *Streit, Auseinandersetzung*), εἴδησις (WFd *Wissen, Erkenntnis*), ἐνέργημα (WFd *Werk, Tat*), ἐννόημα/ὑπονόημα (WFd *Denken, Überlegung*), ἐξιχνεύειν (WFd *erforschen*), ἐπιχείρημα (WFd *nachstellen, betrügen*), ἔπος/μῦθος (WFd *Wort, Rede*), εὔμορφος (WFd *schön*), εὔρωστος (WFd *gesund, bei Kräften*), ἔχις (WFd *Schlangen*), ζωγραφία (WFd *Bild, Gemälde*), καταβόησις (WFd *Geschrei*), κατάγνωσις/ἀδοξία (WFd *Verachtung*), κατάπαυμα (WFd *Ruhe, Rast*), καταψευσμός (WFd *Verleumdung*), λάγονες (WFd *Eingeweide*), λαπιστής/ σπατάλη (WFd *Hybris, Zügellosigkeit*), λυσιτελής (WFd *Nutzen, Vorteil*), μειδιᾶν (WFd *lachen*), μειοῦσθαι (WFd *verkleinern*), μηνίαμα/ μηνιᾶν (WFd *Zorn, Haß*), μοχθηρός (WFd *übel, elend*), μωκός (WFd *Spott, Hohn*), μωρία (WFd *Torheit*), ὄλβος (WFd *Glück, Reichtum*), παμβασιλεύς/παντοκρατορία (WFd *König, Herrscher*), ῥῦσις (WFd *Rettung, Hilfe*), σκληρυσμός (WFd *Verstockheit, Starrsinn*), σκυβαλίζειν (WFd *verachten*), σκύβαλον (WFd *Dreck, Unrat*), στέργειν/ἀξία (WFd *Liebe, Wertschätzung*), στρόφος/συναλγεῖν/συνοδυνᾶσθαι (WFd *Schmerz*), συγγράφειν (WFd *schreiben*), ταπεινότης (WFd *Erniedrigung, Demut*), τολμηρός (WFd *Dreistigkeit*), τρύφημα (WFd *Lust, Vergnügen*), φιλοπονία (WFd *Eifer, Fleiß*).

4.2 In übersetzungstechnischer Hinsicht

Überprüft man die zu den einzelnen ᴸˣˣHplgˢⁱʳ unter dem Siglum WFd erfaßten Begriffe bezüglich ihrer Vorlage, so wird deutlich, daß GrI vielfach auch die in LXX mehr oder weniger häufig bezeugten Übersetzungsmuster verwendet. Es geht ihm also nicht darum, das *"konventionelle"*

Begriffsinstrumentarium durch ^{LXX}Hplg^{Sir} zu ersetzen, sondern zu **erweitern**. Dies hängt u.a. mit seiner übersetzungstechnischen Inkonsequenz[50] zusammen, die einerseits als literarische *variatio* (Verschönerung, Präzisierung bzw. Differenzierung des Ausdrucks) andererseits als bewußte *inhaltliche Umformulierung* seiner Vorlage bei weitgehend gleichbleibendem Kontext zu bewerten ist. An signifikanten Beispielen soll dies verdeutlicht werden:

a) Zum Wortfeld "*uneingedenk, vergessen*"
Mit ca. 110 Belegen in LXX und 9 Vorkommen in GrI stellt ἐπιλανθάνεσθαι die geläufigste Vokabel für "*vergessen*" dar. Während GrI in 3,14a H^C ni. שכח (H^A ni. ¹מחה *tilgen, auslöschen*) noch mit dieser Vokabel operiert, übersetzt er allerdings das 3mal auf engstem Raum vorkommende pi. שכח mit drei verschiedenen Begriffen, von denen zwei ^{LXX}Hplg^{Sir} sind[51]:

11,25a H^A תשכח *nominal* ἀμνησία (^{LXX}Hplg^{Sir})
11,25b H^A תשכח *negierend* οὐ μνησθήσεται
11,27a H^A תשכח *syntagmatisch* ἐπιλησμονὴν ποιεῖ (^{LXX}Hplg^{Sir})

In 37,6a greift der Enkel jedoch bei der Übersetzung von H^{BBmargD} q. שכח wiederum auf das geläufige Verbum ἐπιλανθάνεσθαι zurück, um im folgenden Stichos gegen H^{BD} q. עזב unter Wahrung der Synonymik des Gedankens das ^{LXX}Hplg^{Sir} ἀμνημονεῖν heranzuziehen. Darüber hinaus verwendet GrI in 14,7a λήθη (H^A *om*. Syr ܠܐ ܕܚܠ), das insgesamt 10mal in LXX als Wiedergabe von מעל, שכח, נשא vorkommt.

b) Das Wortfeld "*ehren*"
Die geläufigsten Begriffe für "*ehren*" sind in GrI wie in der LXX δοξάζειν (ca. 140 Belege nach HRC) und τιμᾶν (ca. 48 Belege), für das Antonym "*nicht ehren*" ἀτιμάζειν (ca. 33 Belege) bzw. ἀτιμία (ca. 55 Belege). GrI verwendet darüber hinaus in 3,11b noch das ^{LXX}Hplg^{Sir} ἀδοξία, das in synonymer Variation nach dem 2mal vorausgehenden ἀτιμία (3,10a; 3,10b) zum Einsatz kommt. Innerhalb 3,1-16 (Ehrung der Eltern) übersetzt GrI das Verbum der Basis כבד mit ἀναπαύειν, δοξάζειν, τιμᾶν. In

---

[50] Zwar gibt es hierzu keine detaillierten Untersuchungen (s. jedoch die bereits von SMEND, Weisheit LXIV, geäußerten Bemerkungen zur abwechselnden Übersetzungsweise des Enkels), doch bereits ein flüchtiger Blick in die Konkordanz von BARTHÉLEMY-RICKENBACHER bestätigt den Befund, wie er nachfolgend durch charakteristische Einzelbeispiele veranschaulicht wird.

[51] Moderne Übersetzer (SMEND, HAMP [=EÜ], SAUER) formulieren dagegen stereotyp der hebräischen Vorlage entsprechend mit "*vergessen*".

3,11a formuliert er gegen den parallelen Gedanken in Hᴬ כבוד איש
כבוד אביו nach ἡ γὰρ δόξα ἀνθρώπου ἐκ τιμῆς πατρὸς αὐτοῦ entsprechend der für ihn typischen *variatio* um.[52]

c) Zum Wortfeld "*Speise, Nahrung*"
Für *Speise, Nahrung* (hebr. z.B. אכלה, מאכל, לחם, טרף) verwendet
GrI v.a. βρῶμα, das wie bei GrI auch in LXX die geläufigste Wiedergabe
für מאכל ist. Aufgrund des Kontexts (es geht um die Nahrung des Löwen) übersetzt jedoch GrI in 13,19 מאכל nicht mit dem Stereotyp
βρῶμα, sondern präzisierend mit *Jagdbeute* (κυνήγιον).

d) Zum Wortfeld "*Torheit, Unverstand*"
Das 25mal in 𝔐 bezeugte אולת übersetzt GrI in 20,31 (Dublette in
41,15) mit dem ᴸˣˣHplg μωρία, während sie die gleiche Vorlage in 30,13
"*nuancierend*" mit ἀσχημοσύνη (*Unanständigkeit*) überträgt und in 8,15,
47,23 mit dem in Ps und Spr üblichen Äquivalent ἀφροσύνη wiedergibt.
In LXX korrespondiert אולת neben ἀβουλία, ἀνόητος, ἄνοια, διατριβή
v.a. mit ἀφροσύνη und ἄφρων.

e) Zum Wortfeld "*hassen, verachten*"
Gr übersetzt das häufig in 𝔐 und Sir bezeugte שנא neben den auch in
LXX dafür verwendeten Vokabeln μισεῖν, μισητός, ἐχθρός mit dem
ᴸˣˣHplg μωκός (*Spötter*). Das öfter in Sir zu lesende מאס gibt Gr wiederum sowohl mit aus LXX her bekannten Äquivalenten (ἀπαναίνειν,
μισεῖν) wieder als auch mit eigenen βδελυρός, μισητός, προσοχθίζειν,
προσκόπτειν.

---

[52] Moderne Bibelausgaben würden sich hüten, in diesem Fall gegen den stilistischen
Duktus der Vorlage zu übersetzen.

5. Kapitel

Aspekte und Tendenzen zur Wortbildung

Ähnlich wie in Kap. IV sollen nun auch in diesem Abschnitt charakteristische Einzelaspekte hinsichtlich der Wortbildung durch *Ableitung* und *Komposition* innerhalb der Gruppe der ^{LXX}Hplg eruiert werden. Aufgrund der partiellen Überlieferung sowie des uneinheitlichen Charakters von GrII (s. hierzu v.a. S. 38-41) wird hierbei jedoch vornehmlich (freilich nicht ausschließlich) zum wortbildungstypischen Kolorit des Enkels (Prolog, GrI) Stellung bezogen und septuagintaspezifisch zu werten versucht.

1. Wortbildung durch Ableitung

Die in allen Epochen der griechischen Sprache breit angelegte und häufig genutzte Möglichkeit, durch verschiedene Ableitungssuffixe neue Worte (mit oder ohne neue Bedeutungen)[1] zu kreieren, verdient vor allem zur Erfassung der "Spracheigentümlichkeiten" der Koine ein besonderes Augenmerk. Da in dieser Studie Wortmaterial untersucht wird, das wir sonst nicht in der LXX, die ein wichtiges Sprachdokument der frühhellenistischen Epoche darstellt, finden (^{LXX}Hplg), ist zu klären, inwieweit von den Ableitungsformen her signifikante Resultate, die zur Beschreibung von Sprache und Stil des offensichtlich klassisch-hellenistisch gebildeten Enkels Ben Siras beitragen, vorgelegt werden können.[2] Betrachtet man bei den 273 ^{LXX}Hplg^{Sir} die statistische Verteilung der vier wichtigsten Wortarten, so ergibt sich folgendes Resultat:

109 Substantive (ca. 40%)
95 Verben (ca. 35%)
55 Adjektive (ca. 20%)
14 Adverbien (ca. 5%)

Demnach ist ein annähernd ausgewogenes Verhältnis von Substantiven und Verben festzustellen. Wenn man bedenkt, daß das Hebräische arm an

---

[1] Man denke hier beispielsweise nur an die "Synonympaare" ἀκριβάζεσθαι* - ἀκριβοῦν - ἀκριβεύεσθαι, ἀρρώστημα* - ἀρρωστία, δώρημα* - δῶρον - δωρεά, ἐξιχνεύειν* - ἐξιχνιάζειν, καταπληγμός* - κατάπληξις, κατάπαυμα* - κατάπαυσις, μηνιᾶν* - μηνίειν - μηνίζειν etc. etc.

[2] Leider ist in der Septuaginta-Forschung diesem sprachlichen Teilaspekt bisher noch nicht die gebührende Aufmerksamkeit entgegengebracht worden.

Adjektiven ist, so verdient der Anteil der Adjektive (ca. 20%) am Bestand der ^{LXX}Hplg^{Sir} unter übersetzungstechnischem, aber auch sprachlichem Aspekt ein besonderes Interesse (s. hierzu die Ausführungen in Kap. III).[3] Im folgenden sollen nun die Substantive und Verba auf der Grundlage der in Kap. III dokumentierten Recherchen (**WF** - **WB**) näher auf Indizien und Tendenzen untersucht werden.

1.1 Klassifizierung der Substantive nach Ableitungstypen

Eine Sondierung der Substantive innerhalb des Bestands der ^{LXX}Hplg zeigt im Blick auf spezifische Ableitungsformen einen sehr deutlichen Schwerpunkt (über 50%) im Bereich der *nomina actionis* (Verbalabstrakta) und *nomina rei actae*, bei denen keine scharfe Abgrenzung gegenüber den Verbalabstrakta möglich ist.[4] Dadurch werden verbale Aspekte in "nominale Formen" gegossen, was einer verkürzten Formulierungsabsicht entgegenkommt, wie sie nicht selten in der hebräischen Vorlage (nach Maßgabe der Textzeugen) festgestellt werden kann. Hinsichtlich der Frage nach Charakteristika zur Wortwahl eines Übersetzers (hier: GrI) bzw. Autors muß gerade dem Gesichtspunkt der Wortbildung durch Ableitung ein besonderer Aussagewert zuerkannt werden, da ein bestimmter Wortbildungstyp insbesondere in einem Übersetzungswerk auch *"behelfsmäßig"* durch *mehr oder weniger* adäquate Alternativen ersetzt werden kann. An drei Beispielen soll dies verdeutlicht werden: Das ^{LXX}Hplg^{Sir} λευκότης (*"Weißheit"*) könnte "ebenso" durch das determinierte Adjektiv τὸ λευκόν (*"das Weiße"*), (τὰ) εὐπροσήγορα (das *Freundliche*) durch εὐπροσηγορία[5] (*"Freundlichkeit"*), ὀνομασία (das *Benennen*) durch den deklinierten Infinitiv τὸ ὀνομάζειν ausgetauscht werden. Daß mit dem Wechsel des Wortbildungstyps auch unweigerlich stilistische Konsequenzen verbunden sind, läßt sich aus den eben vorgestellten Einzelbeispielen leicht ersehen.

a) *nomina actionis* (Verbalabstrakta):
• auf - σις: ἀνάδειξις, δέσις, διαλοιδόρησις, εἴδησις, ἐπαίτησις, ζήτησις, ἱμάντωσις, καταβόησις, κατάγνωσις, κατανόησις, κοίμησις, κόλ-

---

[3]   Von insgesamt 55 Adjektiven sind immerhin mehr als ein Viertel davon (15) substantivisch (bisweilen mit Artikel) und nur 11 prädikativ gebraucht. Insofern stößt man auch hier auf ein Indiz nominaler Präferenz.

[4]   Hinsichtlich der Terminologie vgl. BORNEMANN-RISCH, Grammatik 312 (§ 302).

[5]   In 6,5 ersetzen O-V 493-694 C 307 336 404 aus stilistischen (?) Gründen das substantivisch gebrauchte Adjektiv (τὰ) εὐπροσήγορα durch das davon abgeleitete Substantiv εὐπροσηγορία.

ληϲιϲ, κύκλωϲιϲ, μακροημέρευϲιϲ, πῆξιϲ, πρόϲληψιϲ, ῥῦϲιϲ, ϲτερέω-
ϲιϲ, ὑπόλημψιϲ.

• auf - μόϲ: δανειϲμόϲ, ἐμφραγμόϲ, ἐντιναγμόϲ, καταπληγμόϲ, κατα-
ψευϲμόϲ, πνιγμόϲ, ϲκορακιϲμόϲ, ϲκληρυϲμόϲ.

• auf - ή, - ίᾱ, - είᾱ: διαλλαγή, δοκιμαϲία, ἐπιμονή, ζωγραφία, μεταβολία, ὀνομαϲία, ὀχεία, περιγραφή, περιεργία, περιϲτροφή, ϲκοπή, ϲφιγ-
γία.

b) *nomina rei actae*:

• auf - μα: ἀκρόαμα, ἀντίπτωμα, ἀρρώϲτημα, βλάϲτημα, δώρημα, ἐνέργημα, ἐννόημα, ἐπιχείρημα, ἐρώτημα, κατάπαυμα, μεῖγμα, μηνίαμα, ῥεῦμα, ϲεῖϲμα, ϲτόμωμα, τρύφημα, ὑπονόημα.

c) *Von Adjektiven abgeleitete Substantive*:

• auf - ίᾱ: ἀβοηθηϲία, ἀδοξία, ἀμνηϲία, ἀναίδεια, ἀξία, ἀπληϲτία,
ἐργολαβία, εὐεξία, εὐκοϲμία, μελανία, μωρία, προθυμία, φιλοπονία.

• auf - ότηϲ: λευκότηϲ, ταπεινότηϲ.

d) *Selten vom Übersetzer herangezogene Ableitungsformen*:

• *nomina agentis* auf - τηϲ: ἰχνευτήϲ, λαπιϲτήϲ, τροχηλάτηϲ; auf - τωρ:
γεννήτωρ; auf - εύϲ: ἑρμηνεύϲ, παμβαϲιλεύϲ; auf - όϲ: λιθουργόϲ.

Resümee: Da zu dieser Thematik m.W. keine buchspezifischen (wortstatistischen) Analysen im Bereich des Septuaginta-Textkorpus vorliegen, ist
eine sprachliche und übersetzungstechnische Einordnung und Wertung des
oben dargelegten Befunds sehr schwierig. Inwieweit dieser sirazidische
Befund unter septuagintaspezifischem Aspekt auffällig ist, und inwiefern
signifikante Querverbindungen zu Weish, Spr und den Makkabäerbüchern, mit denen Gr häufiger Gemeinsamkeiten teilt, hergestellt werden
können, bleibt einer separaten Einzeluntersuchung vorbehalten.

1.2 Ableitungsformen bei den Verben[6]

Von den 95 Verben innerhalb der Gruppe der ^LXXHplg^Sir weist mehr als
die Hälfte die am häufigsten in der Gräzität bezeugten Ableitungsformen
- ειν bzw. εῖν auf. Etwa gleich stark bezeugt sind die Suffixe - άζειν

---

6   S. hierzu BLASS-DEBRUNNER-REHKOPF, Grammatik 86f; MAYSER, Grammatik I/3,
    126-153. Ferner E. FRAENKEL, Griechische Denominativa in ihrer geschichtlichen
    Entwicklung und Verbreitung, Göttingen 1906 (F. berücksichtigt - αίνειν, - ύνειν, -
    οῦν und - εύειν); J. RICHTER, Ursprung und analogische Ausbreitung der Verba auf
    - άζω, Leipzig 1909; L. SÜTTERLIN, Zur Geschichte der Verba denominativa im
    Altgriechischen. I Die Verba auf - άω, - έω, - όω, Straßburg 1891.

bzw. -ίζειν sowie -ᾶν, -οῦν. Deutlich eingeschränkt ist -εύειν. In sprachlicher, wortstatistischer und/oder septuagintaspezifischer Hinsicht bemerkenswert sind:

ἀδυναμεῖν* - ἀδυνατεῖν; ἀκριβάζεσθαι* - ἀκριβοῦν, ἀμνημονεῖν* - ἀμνημονεύειν, ἀναισθητεῖν* - ἀναισθητεύειν, ἀποπαρθενοῦν* - ἀποπαρθενεύειν, βιοτεύειν* - βιοῦν; διακριβάζεσθαι* - διακριβοῦν, διαμαχίζεσθαι* - διαμάχεσθαι, ἐνδελεχίζειν* - ἐνδελεχεῖν, ἐνθουσιάζειν* - ἐνθουσιᾶν, ἐξιχνεύειν* - ἐξιχνιάζειν, ἑταιρίζεσθαι* - ἑταιρεύεσθαι, ἱλαροῦν* - ἱλαρύνειν, μηνιᾶν* - μηνίειν, παρέλκειν* - παρελκύειν, σκανδαλίζεσθαι* - σκανδαλοῦν, συγχρονίζειν* - συγχρονεῖν.

2. Wortbildung durch Komposition[7]

Eine Sortierung der ᴸˣˣHplgˢⁱʳ nach Wortbildungstypen durch Komposition liefert unter Zugrundelegung der u.g. fünf Typformen nachfolgende Verteilung:

Einfache Wörter (*verba simplicia*): 94 (ca. 34%)
Komposita (mit Präposition als Präverb[8]): 106 (ca. 39%)
Komposita (mit Nomen, Adjektiv, Adverb als Präverb): 47 (ca. 17%)
Komposita (mit α-privativum): 22 (ca. 8%)
Komposita (mit signifikantem Suffix[9]): 4 (ca. 2%)

Von besonderer Bedeutung für die Beurteilung und Klassifizierung der ᴸˣˣHplgˢⁱʳ unter dem Gesichtspunkt der Wortbildung durch Komposition erscheinen die Gruppe mit Nomen, Adjektiv, Adverb als *Präverb*, die mit vorgeschaltetem α-*privativum* sowie die mit signifikantem Suffix, da diese Wortbildungsklassen keine Entsprechung im Hebräischen besitzen und insofern sprachlich-übersetzungstechnische Charakteristika bei den unterschiedlichen LXX-Übersetzern erwarten lassen. Hinsichtlich des hohen Anteils von Komposita mit Präposition als *Präverb* wird man zunächst kaum mit sprachlichen Indizien rechnen müssen; denn die "Koine braucht [!] gern Verba composita, wo die klass. Sprache mit dem Simplex aus-

---

[7] S. hierzu v.a. G. MEYER, Die stilistische Verwendung der Nominalkomposition im Griechischen (Ph.S XVI/3), Leipzig 1923; A. DEBRUNNER, Griechische Wortbildungslehre, Heidelberg 1917; E. RISCH, Wortbildung der homerischen Sprache, Berlin ²1974.

[8] Der Begriff *Präverb* wird hier allgemein als Bezeichnung des ersten Kompositumselements (= *Vorderglied*) eines zusammengesetzten Wortes verwendet.

[9] Hier wurden die septuagintaspezifisch aufschlußreichen Suffixe -ώδης und -τελής berücksichtigt.

kommen kann".[10] Dennoch zeigte es sich bereits in Kap. III und IV, daß GrI mit dem Wechsel von Präverbien (Simplex - Kompositum) auf der Ebene der Synonymie durchaus individuell stilistische Akzente setzt.[11]

2.1 Komposita mit Nomen als Präverb

Folgende [LXX]Hplg[Sir] können der Gruppe von Komposita mit Nomen als Präverb zugewiesen werden:

Prol.: φιλομαθεῖν, φιλομαθής, φιλοπονεῖν, φιλοπονία.

GrI: ἀρεταλογία, βοοζύγιον, διχομηνία, ἐργολαβία, ζωγραφία, κυνήγιον, λιθουργός, ὀφιόδηκτος, φαντασιοκοπεῖν.

GrII: Ø

Resümee: Deutlich erkennbar ist der relativ häufige Gebrauch des Präverbs φιλ- . Daß diese Form der Wortbildung, die sich im Griechischen zu allen Zeiten, speziell aber in der hellenistischen Epoche, besonderer Beliebtheit[12] erfreute, nur im Prolog erscheint, erklärt sich von der sprachlichen und stilistischen Differenz zwischen Prolog, der in seiner Diktion von keiner hebräischen Vorlage beeinflußt ist, und der Übersetzung (GrI), die sich in Wortwahl (und damit Wortbildung) *mehr oder weniger eng* an der Vorlage zu orientieren hat. Eine septuagintaspezifische Analyse der Verwendung von Begriffen mit Präverb φιλ- zeigt ein charakteristisches (buchspezifisches) Verteilungsverhältnis (s. Diagramm 1)[13]. Danach gibt es unter dem Aspekt der Wortbildung eine Querverbindung zwischen dem *Enkel* (Prol.) sowie 2-3-4 Makk[14] und Weish. Dies muß nicht verwundern, da diese Texte ausnahmslos keine Übersetzungen im engeren Sinne, sondern *originalgriechisch* abgefaßt sind. Darüber hinaus kann daraus abgelesen werden, daß Begriffe mit Präverb φιλ- zur Übersetzung der hebräischen Bibel nicht besonders geeignet erschienen und

---

[10] BLASS-DEBRUNNER-REHKOPF, Grammatik 93 (§ 116); MAYSER, Grammatik I/3 207-257.

[11] Näheres dazu s. S. 360f. Darüber hinaus bemerkenswert ist in GrI eine bevorzugte Verwendung von Komposita mit adverbial zu verstehendem Präverb προσ- (*zusätzlich*) und συν- (*gemeinsam, zugleich*).

[12] Vgl. LSJ s.v. φιλάβουλος bis φιλώραιος (mit insgesamt 24[!] Spalten).

[13] Zum Wortmaterial dieser statistischen Untersuchung s. Kap. III (S. 130 **WB**). Die hexaplarischen Belege wurden im Diagramm nicht berücksichtigt.

[14] Das Fehlen von 1 Makk wird man sicherlich damit begründen können, daß diese Schrift wahrscheinlich auf eine hebräisch/aramäische Grundschrift zurückgeht.

somit überwiegend vermieden wurden. Umso beachtenswerter aber sind die Stellen, denen ein hebräisches Äquivalent gegenübersteht.[15]

Weiterhin ist zu erwähnen, daß innerhalb dieser Kategorie (Komposita mit Nomen als Präverb) der GrI-Übersetzer Vokabeln wählt, die nach Maßgabe der überlieferten Gräzität äußerst schwach belegt sind (s. **Wortst.**):

ἀρεταλογία (*Lobpreis*)

Das Präverb ἀρετ- ist mit Ausnahme des zur WF gehörigen ἀρεταλόγος sonst in der Gräzität (s. LSJ) nicht bezeugt und insofern wortbildungstypisch auffällig. Die in 𝔐 geläufigen Begriffe הדר/הוד, die nach Maßgabe von H[B] bzw. H[Bmarg] als Vorlage zu ἀρεταλογία anzusehen sind, werden sonst in LXX mit ἁγιωσύνη (Ps 144), δόξα (Num, 1 Chr, Ijob, Ps, Spr, Jes, Ez, Dan o', Dan θ'), ἔπαινος (1 Chr), κάλλος (Dtn), μεγαλοπρέπεια (Ps #), ὡραῖος (Lev), ὡραιότης (Ps, Ez) wiedergegeben. S. auch Kap. III (S. 163).

βοοζύγιον (*Kuhjoch*)

Das durch Retroversion von Syr ܢܝܪ (*Joch*) als möglich[16] in Betracht zu ziehende Äquivalent על (mehr als 40mal in 𝔐) wird in den meisten Fällen mit ζυγός/ζυγόν[17], ansonsten nur noch mit κλοιός (*Halseisen, Halsband*) wiedergegeben. Eine Näherbestimmung des Begriffs durch ein Präverb wie z.B. βοο- (Ochsen-; Kuh-) in GrI wurde sonst in LXX nicht vorgenommen, da ζυγός (ζυγόν) sicherlich keine Verständnisprobleme erwarten ließ. Auch GrI übersetzt על in H[B] 40,1 (Syr ܢܝܪܐ) und H[B] 51,26 (Syr ܢܝܪܐ) mit ζυγός. Inwieweit die Verwendung des auffälligen Präverbs βοο- hier im Blick auf die üble Frau (γυνὴ πονηρά) motiviert sein könnte, s. Kap. III (S. 171f).

---

[15] 1 Kön 11,1 והמלך שלמה אהב נשים καὶ ὁ βασιλεὺς Σαλωμων ἦν φιλογύναιος; 2 Chr 26,10 כי־אהב אדמה היה ὅτι φιλογέωργος ἦν; Spr 3,30a אל־תרוב עם־אדם חנם μὴ φιλεχθρήσῃς πρὸς ἄνθρωπον μάτην; Spr 10,12b ועל כל־פשעים תכסה אהבה πάντας δὲ τοὺς φιλονεικοῦντας καλύπτει φιλία; Spr 17,19a אהב פשע אהב מצה φιλαμαρτήμων χαίρει μάχαις; Ez 3,7 כי כל־בית ישראל חזקי־מצח וקשי־לב המה ὅτι πᾶς ὁ οἶκος Ισραελ φιλόνεικοί εἰσιν καὶ σκληροκάρδιοι; Dan 1,20 (𝔐 und o') וימצאם עשר ידות על כל־החרטמים האשפים κατέλαβεν αὐτοὺς σοφωτέρους δεκαπλασίως ὑπὲρ τοὺς σοφιστὰς καὶ τοὺς φιλοσόφους.

[16] Die Rekonstruktion des hebräischen Wortlauts (Vorlage) durch Retroversion sowohl von Syr als auch von Gr aus ist insbesondere bei Sir äußerst unsicher und aufgrund der übersetzungstechnischen Inkonsequenz problematisch.

[17] ζυγός/ζυγόν dient in LXX darüber hinaus (wenn auch seltener) noch als Wiedergabe für מאזנים (*Waagschalen*), מטה (*Stab*), משורה (*Maß*), סבל (*Last*), עבת (*Seil d. Wagens*), קנה (*Waagebalken*), שבט (*Stab*), שכם (*Nacken, Rücken*).

φαντασιοκοπεῖν (*phantastische Verdächtigungen hegen*)
Der Wortbildungstyp φαντασιο- ist in LXX sonst gar nicht, in der Gräzität äußerst selten bezeugt. Die durch die hebräischen Textzeugen überlieferten Lesarten מתפח bzw. ומתירא מזר sind in inhaltlicher Sicht kaum mit φαντασιοκοπεῖν, das selbst hinsichtlich der genauen Bedeutung Schwierigkeiten bereitet, in Einklang zu bringen. Allerdings sind die Basen פחם (*überschäumen, aufbrausen*) und מזר[18] (*verfaulen*) in 𝔐 sehr selten und zudem semantisch diffizil, so daß möglicherweise der Übersetzer aus eben diesem Grund auf einen individuell geprägten (?) "Übersetzungs-Neologismus" zurückgegriffen hat. S. ferner Kap. III (S. 321).

2.2 Komposita mit Adjektiv als Präverb

Folgende [LXX]Hplg[Sir] sind der Gruppe von Komposita mit Adjektiv als Präverb zuzuweisen:
Prol.: ἰσοδυναμεῖν.
GrI: ἀγαθοποιός, ἐθελοκωφεῖν, ἰσηγορεῖσθαι, μακροημέρευσις, μεγαλοποιεῖν, μικρολόγος, μυριοπλασίως, ὀλιγοποιεῖν, ὁλοσφύρητος, παμβασιλεύς, πλεονέκτης, πολύορκος, πολύπειρος, χρηστοήθεια, ὠμόλινον.
GrII: μεγαλόφωνος, ὁμοιότροπος, παντοκρατορία.

Resümee: Unter Einbeziehung der in Kap. III vorgenommenen Erfassung der septuagintaspezifischen Beleglage nach Wortbildungstypen (WB) lassen sich hinsichtlich o.g. Gruppierung folgende Einzelergebnisse festhalten:

1. Die Verwendung von Komposita mit den Präverbien ἀγαθο-, ἐθελο-, μικρο-, ὀλιγο-, πλεον-, χρηστο- und ὠμο- zur Übersetzung semitischer Begriffe ist innerhalb der LXX als äußerst zurückhaltend zu bewerten. Inwieweit hier inhaltlich-sachliche (von der Vorlage her bedingt) oder übersetzungstechnische (vom Übersetzer her bedingt) Gründe eine Rolle gespielt haben, bedarf noch eingehender Einzeluntersuchungen.[19]

2. Eine Reihe von adjektivischen Präverbien kann genannt werden, die innerhalb der LXX durchaus geläufig, ja bisweilen oft in Dienst genom-

---

[18] Vgl. arab. مَذَرَ *verfaulen*, syr. ܚܒ݂ܠ *verderben*.
[19] Es muß angemerkt werden, daß unter der Vielzahl von übersetzungstechnischen Untersuchungen (soweit ich sehe) kaum bzw. nur ansatzweise der Aspekt der septuagintaspezifischen Verwendung von auffälligen Wortbildungstypen behandelt wurde.

men werden, wobei freilich die Repräsentanz bestimmter Bücher bzw. Buchgruppen ins Auge sticht.

a) ἰσο- : In LXX sind 11 Lemmata[20] zu benennen, die das Präverb ἰσο- aufweisen. Schon allein die Tatsache, daß von den 11 Lemmata (10 [LXX]Hplg und 1 [LXX]Dislg!) nur ein einziger Beleg aus der "Übersetzungs-Septuaginta" vorhanden ist, kann als Indiz dafür gewertet werden, daß diese Form der Wortbildung für die Übertragung aus dem Hebräischen den LXX-Übersetzern nicht adäquat erschien. Abgesehen von den in den Makkabäerbüchern (2-3-4 Makk)[21] belegten Lemmata, liegt die einzige Stelle, an der ein hebräischer Begriff durch ein griechisches Kompositum mit Präverb ἰσο- übersetzt wurde, in Ps 55(54),14 vor: ואתה אנוש כערכי (*doch du, ein Mensch meinesgleichen*) σὺ δὲ, ἄνθρωπε ἰσόψυχε (σ' ἀλλὰ σὺ, ἄνθρωπε ὁμότροπός μοι).
Demnach zeigt sich auch in diesem Fall wiederum eine WB-Querverbindung des Enkels (Prol.; GrI) zu den Makkabäerbüchern und Ps 54 (LXX).[22]

b) μακρο- : Bei dieser Gruppe handelt es sich um 12 in der LXX belegte Lemmata, worunter 6 Begriffe als [LXX]Hplg und 2 als [LXX]Dislg anzusprechen sind.[23] Abgesehen von den 3 Begriffen[24], die in mehr als 4 LXX-Büchern begegnen, und μακροτονεῖν (2 Makk) haben alle anderen Begriffe inhaltlich mit dem biblischen Topos des *langen und erfüllten Lebens* zu tun. In wortstatistischer Hinsicht auffällig ist hierbei μακροβίωσις (Bar), das sonst nur noch in PG (GrNyss, Thdt, Bas, JoD) überliefert ist.

c) μεγαλο- : Bei dieser Gruppe handelt es sich um immerhin 22 Lemmata[25], von denen 16 [LXX]Hplg, 4 [LXX]Dislg und 1 [LXX]Trislg sind.[26] Ein Blick auf Diagramm 2 zeigt wiederum auch hier, daß dieser Wortbildungstyp vor allem von den von vornherein in Griechisch abgefaßten Makkabäerbüchern (2-3-4 Makk) verwendet wird. Andererseits zeugen doch

---

[20] Hinsichtlich der einzelnen Begriffe s. Kap. III (S. 220 **WB**).

[21] Auch in diesem Fall ist 1 Makk nicht vertreten.

[22] Diese Parallelität muß zwar aufgrund der geringen Zahl der Sir-Belege (Prol. ἰσοδυναμεῖν; GrI ἰσηγορεῖσθαι) relativiert werden, ist aber dennoch aufschlußreich.

[23] Bezüglich des Wortmaterials mit Präverb μακρο- vgl. Kap. III (S. 240 **WB**).

[24] μακροθυμεῖν: אפק hitp. in Gr; האריך אף in Spr; ארך in Koh; Ijob (-), Bar, 2 Makk; μακροθυμία: ארך רוח in Gr; ארך אפים in Jer, Spr; 1 Makk; Jes (-); μακρόθυμος: ארך אפים in Gr, Ex, Num, Neh, Ps, Spr, Joël, Nah; ארכא bzw. ארכה in Dan θ'; ארך רוח in Koh; קר רוח in Spr.

[25] Die hexaplarischen Belege wurden nicht mitgezählt.

[26] Lediglich μεγαλαυχεῖν ist in fünf Büchern der Septuaginta belegt.

die vereinzelten Belege in der "Übersetzungs-Septuaginta" von einer partiellen Akzeptanz dieses Wortbildungstyps:
μεγαλοπρεπής[27] in Dtn 33,26; μεγαλορρημοσύνη[28] in Sam 2,3; μεγαλόφρων[29] in Spr 21,4; μεγαλαυχεῖν[30] in Zef 3,11; Ez 3,11; Ps 10(9),18(39); μεγαλώνυμος[31] in Jer 39,19; μεγαλοπτέρυγος[32] in Ez 17,3.7; μεγαλόσαρκος[33] in Ez 16,26.

d) όλο- : In diese Gruppe von Komposita fallen 13 Lemmata[34], von denen je 3 Begriffe den Wortstämmen όλοκαρπ- und όλοκαυτ- (kultische Terminologie[35]) zuzurechnen sind.[36] Von diesen Belegen abgesehen lassen sich lediglich zu 2 Begriffen hebräische Äquivalente benennen, während όλοριζεί (Est 3,13^f), όλόρριζος (Ijob 4,7; Spr 15,5) und όλοσχερῶς (Ez 22,30) zwar in Übersetzungswerken vorkommen, aber auf keine hebräische Vorlage zurückgeführt werden können: όλόκληρος: תמים in Lev 23,15; Ez 15,5; שלם in Dtn 27,6; Jos 9,2; נצב in Sach 11,16. όλοπόρφυρος: ארגמן in Num 4,13; תכלת in Num 4,7.

e) παν- : Besonderer Beliebtheit erfreute sich bei den LXX-Übersetzern der Wortbildungstyp mit Präverb παν- (36 Wörter). Auffällig ist allerdings, daß von diesen 36 Begriffen 28 ^{LXX}Hplg, 2 ^{LXX}Dislg und 2 ^{LXX}Trislg sind. Nur 4 Wörter begegnen in mehr als 3 LXX-Büchern:
πανοικία: בית in Gen 50,8.22; Ex 1,1; טף in Ri 18,21; ferner Est 8,13 (-); 3 Makk 3,27. πανοπλία: חלצה in 2 Sam 2,21; חרם in Sir 46,6[37]; ferner Ijob 39,20 (-); Jdt 14,3; Weish 5,17; 1 Makk 13,29; 2 Makk 3,25; 10,30; 11,8; 15,28. πανουργία: ערמה in Jos 9,4; Spr 1,4; 8,5; ferner

---

[27] Entspricht dem in 𝔐 19mal belegten גאוה, das in LXX neben καύχημα, κραταιότης, μεγαλοπρέπεια, ὑβρίζειν, ὑπερηφανεύεσθαι meist mit ὕβρις und ὑπερηφανία (wie in Gr) übersetzt wird.

[28] Entspricht dem in 𝔐 sonst nur noch in Ps 31(30),19 (ἀνομία); 75(74),6 (ἀδικία) und 94(93),4 (ἀνομία) bezeugten Adjektiv עתק (frech).

[29] Entspricht in 𝔐 רום עינים (vgl. Ps 131(130),1 μετεωρίζεσθαι)

[30] Entspricht in 𝔐 גבה (in LXX sonst v.a. mit ὑψοῦν übersetzt) und ערץ (in LXX durch ein breites Spektrum von unterschiedlichen Verben wiedergegeben: z.B. θραύειν, πτάσσειν, τιτρώσκειν).

[31] In 𝔐 ist hierfür kein Äquivalent zu bestimmen; Jer 32(39),19:
גדל העצה רב העליליה κύριος μεγάλης βουλῆς καὶ δυνατὸς τοῖς ἔργοις, ὁ θεὸς ὁ μέγας ὁ παντοκράτωρ καὶ μεγαλώνυμος κύριος.

[32] Entspricht der in 𝔐 nur hier bezeugten Wortverbindung גדול הכנפים.

[33] Entspricht der in 𝔐 nur hier bezeugten Wortverbindung גדלי בשר.

[34] Die hexaplarischen Belege wurden nicht mitgezählt.

[35] Vgl. EWNT und WBA s.v. όλοκαύτωμα.

[36] όλοκαύτωσις und όλοκαύτωμα sind in der LXX bei fast allen Büchern zu finden.

[37] SMEND, Weisheit 441, vermutet hinter πανοπλία das Nomen ἀπώλεια, falls der Enkel nicht חרם in חרבו verlas.

Num 24,22 (-); Sir 19,23.25 (H⁰ Syr ܒܚ̈ܢܬܐ, ܡܬ); 21,12 (-);
31(34),11 (H⁰ Syr ܒܚ̈ܢܬ). παντοκράτωρ: אֱלֹהִי, יהוה, צְבָאוֹת, שַׁדַּי;
aufgrund der Masse von Belegstellen sei hier summarisch auf HRC verwiesen. Ein Blick auf Diagramm 3 zeigt wiederum, daß sich die Verwendung dieses Wortbildungstyps v.a. auf die deuterokanonischen Makkabäerbücher (2-3-4 Makk), Weish und Gr konzentriert. Innerhalb der protokanonischen LXX hebt sich lediglich Ijob ab.

f) πολυ-: Auch diese WB-Gruppe zeigt innerhalb der LXX mit 31
Lemmata[38] ein auffällig breites Spektrum. Wiederum ergibt sich auch hier
die typische Verteilung: 21 ^{LXX}Hplg, 4 ^{LXX}Dislg, 2 ^{LXX}Trislg, die hauptsächlich in den deuterokanonischen Schriften zu finden sind.[39] Nur 4 Begriffe sind in mehr als 3 Büchern überliefert:
πολυάνδριον: גיא in Jer 2,23; 19,2.6; Ez 39,11; הָמוֹן in Ez 39,11.15;
הַמּוֹנָה in Ez 39,16; ferner 2 Makk 4,9.14; 4 Makk 15,20. πολυέλεος:
גְּדָל־חֶסֶד in Ps 144(145),8; רַב־חֶסֶד in Ex 34,6; Num 14,18; Neh
9,17; Ps 85(86),5.15; Joël 2,13 (=Jona 4,2); ferner 3 Makk 6,9. πολυτελής: חֵפֶץ in Sir 45,11; יָקָר in Spr 1,13; Dan o' 11,38; פֶּתֶם in Spr
25,12; Ijob 31,24; פּוּךְ in 1 Chr 29,2; פְּנִינִים in Spr 3,15; 8,11; 31,10;
ferner 1 Esra 6,9; Est 5,1ᶜ; Weish 2,7; Jes 28,16 (-); Sir 50,9 (H⁰ Syr
ܝܩܝܪ). πολυχρόνιος: רַב in Ijob 32,9; אָרְכוּ הַיָּמִים in Gen 26,8; ferner Weish 2,10; 4,8; EpJer 46; 4 Makk 17,12. Hinsichtlich der septuagintaspezifischen Verteilung der Wörter dieser WB-Gruppe s. Diagramm 4.

2.3 Komposita mit Adverb als Präverb

Folgende ^{LXX}Hplg^{Sir} können der Gruppe von Komposita mit Adverb als
Präverb zugewiesen werden:
Prol.: Ø
GrI: διπλάσιος, εὐδία, εὐεξία, εὐκαίρως, εὐκοσμία, εὔμορφος, εὐπροσ-
ήγορα, εὔρωστος, εὔσταθμος.
GrII: ἀειγενής, διπλάσιος, δυσγένεια, εὔγεως.

Resümee: Innerhalb dieser Gruppe ist vor allem die Verwendung des
Präverbs εὐ- aufschlußreich. Insgesamt begegnen in der LXX (einschließ-

---

[38] Die in Kap. III s.v. πολύορκος (S. 272 **WB**) notierten hexaplarischen Belege sind
nicht mitgezählt.

[39] 7 der 21 ^{LXX}Hplg stammen von 4 Makk, 5 von 2 Makk, 5 von Weish, 4 von 3 Makk
und nur 2 von Ijob und je 1 von Dtn, 1 Sam, Jes.

lich der hexaplarischen Belege) 189 Lemmata mit Präverb εὐ-.[40] Davon finden sich lediglich 16 Wörter, von denen jedes in mehr als fünf Büchern der Septuaginta belegt ist: εὐδοκεῖν, εὐλαβεῖσθαι, εὐλογεῖν, εὐλογία, εὐοδοῦν, εὐπρέπεια, εὐπρεπής, εὐσέβεια, εὐσεβής, εὐφραίνειν, εὐφροσύνη, εὐωδία (auch in GrI vorkommend) sowie εὐαγγελίζειν, εὐθηνεῖν, εὐλογητός, εὐώνυμος (nicht in GrI vorkommend). 81 Wörter (ca. 42%) stehen jeweils nur in einem Buch der Septuaginta, sind also ^{LXX}Hplg, 33 Wörter (ca. 17,5%) je nur in zwei LXX-Büchern (= ^{LXX}Dislg) und 14 Wörter (ca. 7,5%) je nur in drei LXX-Büchern, so daß ca. 67% des Wortmaterials mit Präverb εὐ- als *singulär bis selten* einzustufen sind.[41] Ein Blick auf Diagramm 5 zeigt, daß auch bei den Begriffen mit Präverb εὐ- buchspezifische Tendenzen hinsichtlich der Wahl dieses Wortbildungstyps greifbar sind.[42] Danach konzentriert sich der Hauptteil der Belege auf die Makkabäerbücher (v.a. 2-3-4 Makk), Weish sowie Gr und Spr. Außerdem fällt auf, daß innerhalb der hexaplarischen Belege, die in der LXX nicht vorhanden sind, bei α' 11 Lemmata (davon 10 nur bei ihm belegt) und bei σ' 14 Lemmata (davon 13 nur bei ihm belegt) überliefert sind, während bei θ' lediglich 2 Wörter (davon 1 nur bei ihm belegt) nachweisbar sind. Dieses Phänomen wird man sicherlich nicht ausschließlich durch den ungleichen Überlieferungsumfang von θ' gegenüber α' oder σ' erklären können.

2.4 Komposita mit α-privativum

Bei den 22 Komposita mit α-privativum handelt es sich um folgende ^{LXX}Hplg^{Sir}:

Prol.: ἀδυναμεῖν.
GrI: ἀβοηθησία, ἀδιάτρεπτος, ἀδιεξέταστος, ἀδοξία, ἄκαιρος, ἀκαίρως, ἀμνημονεῖν, ἀμνησία, ἀναίδεια, ἀνυπονόητος, ἀπληστεύεσθαι, ἀπληστία, ἀρρώστημα, ἀστοχεῖν, ἀσχολεῖσθαι, ἄχαρις, ἀχαρίστως.
GrII: ἀδέσποτος, ἀδιάτρεπτος, ἀδιάφορος, ἀμάχως, ἀναισθητεῖν.

Resümee: Zieht man die uns verfügbaren hebräischen Äquivalente dieser Privativbegriffe hinzu, so ist sehr leicht festzustellen, daß diese Vokabeln auch mit Hilfe einer Negation (μή, οὐ etc.) entsprechend der Vorlage

---

[40] Vgl. hierzu das Wortmaterial in Kap. III (S. 209f **WB**).
[41] Inwieweit dieses wortstatistisch auffällige Phänomen von der Vorlage her (d.h. hervorgerufen durch ebenfalls *singuläre bis seltene* hebräische Begriffe) zu erklären ist, bleibt einer gesonderten Detailuntersuchung vorbehalten.
[42] Die hexaplarischen Belege wurden nicht miteinbezogen.

wiedergegeben hätten werden können. Wo aber in H keine Negation vorlag, hätte ganz auf den Privativbegriff verzichtet werden können. Eine
septuagintaspezifische Untersuchung der Verwendung von Begriffen mit
α-privativum zeigt in wortstatistischer Sicht folgendes Bild:
Insgesamt gibt es innerhalb des Textkorpus' der LXX 350 Wörter mit
Präverb α-privativum. Somit ist diese WB-Gruppe die größte und wohl
auch beliebteste in der LXX. Allerdings sind von den 350 Lemmata 182
(ca. 52%) als [LXX]Hplg, 46 (ca. 13%) als [LXX]Dislg und 39 (ca. 11%) als
[LXX]Trislg einzuordnen, so daß ungefähr ¾ des Wortbestands dieser Gruppe als *singulär bis selten* einzustufen sind. Diagramm 6 veranschaulicht
erneut die bereits in den vorhergehenden Untersuchungen festgestellte
buchspezifische Tendenz, wonach v.a. die Makkabäerbücher (2-3-4
Makk), Weish, Sir und Spr durch die Anzahl ihrer Belege gegenüber der
restlichen Septuaginta hervorstechen.

2.5 Komposita mit signifikantem Suffix

Die unter dieser Kategorie erfaßten Komposita sind Begriffe mit Suffix
-ώδης und -τελής:

a) Suffix -ώδης

Prol.: Ø   GrI: ἀμμώδης, λιθώδης, πυρώδης   GrII: Ø

Resümee: Im Septuagintavokabular sind 22 Lemmata[43] anzutreffen, die
das signifikante Suffix -ώδης aufweisen. Aufgrund der Tatsache, daß sich
unter diesen 22 Wörtern 15 [LXX]Hplg, 4 [LXX]Dislg und 3 [LXX]Trislg befinden,
kann bereits *prima vista* gemutmaßt werden, daß auch dieser WB-Typ nur
unter bestimmten Bedingungen als Übersetzungsmöglichkeit eines hebräischen Begriffs herangezogen wurde. In übersetzungstechnischer Hinsicht
ist festzustellen, daß diese Art von Adjektiven z.T auf *nomina recta*[44],
z.T. auf bloße Nomina[45] in der Vorlage zurückgehen. Lediglich in Aus-

---

[43] Die absolute Zahl der Verwendung dieses Wortbildungstyps beträgt 32 Belege; davon entfallen immerhin 20 auf Übersetzungswerke: Spr (6mal), Sir (5mal), 2 Makk
(4mal), Ps (3mal), Jer (2mal), Weish (2mal), 4 Makk (2mal) und je 1mal in den Büchern Ex, 1 Sam, 2 Kön, 3 Makk, Ijob, Hos, Mich, Ez.
[44] Vgl. Spr 21,19 γυναικὸς ... γλωσσώδους - כעס ... אשׁת; Spr 15,18 ἀνὴρ
θυμώδης - אישׁ חמה; Gr 8,3 ἀνθρώπου γλωσσώδους - אישׁ לשׁון;
[45] Vgl. Jer 37(מ 30),23 θυμώδης - חמה; Spr 23,21 ῥακώδης - קרעים; Hos 6,10
φρικώδη - שׁעריר; Spr 8,8 στραγγαλῶδες - עקשׁ.

nahmefällen[46] stehen sich griechische und hebräische Adjektive gegenüber.

b) Suffix - τελής

Prol.: Ø   GrI: λυσιτελής   GrII: Ø

Resümee: In der LXX existieren 7 Lemmata mit Suffix - τελής, worunter
sich 6 [LXX]Hplg befinden: In 2 Makk sind παντελῶς, εὐτελῶς belegt, in 3
Makk δεμοτελής, παντελής und in Weish εὐτελής, βραχυτελής. Nur
πολυτελής ist häufiger (vornehmlich die Junktur λίθος πολυτελής) in der
Übersetzungs-Septuaginta als Wiedergabe von יקר (Spr 1,13), כתם
(Ijob 31,24; Spr 25,12), פוז (1 Chr 29,2), פנינים (Spr 3,15; 8,11;
31,10) bezeugt. Demzufolge scheint auch dieses Suffix nur sehr zurückhaltend zur Übersetzung hebräischer Begriffe herangezogen worden zu
sein.

Gesamtresümee zur Wortbildung durch Komposition:

Die hier vorgelegten septuagintaspezifischen Ergebnisse hinsichtlich der
von GrI verwendeten Wortbildungstypen erhärten die Annahme, daß die
große Anzahl von [LXX]Hplg[Sir] zu einem guten Teil von der Wortbildung
von GrI erklärt werden können. Denn nicht wenige Wortbildungsgruppen
mit Präverbien (wie z.B. εὐ-, πολυ-, παν-) oder Suffix (z.B. -ώδης,
- τελής) teilen auch innerhalb der Septuaginta das Los singulärer Verwendung. Zudem ist deutlich eine graduelle Gemeinsamkeit von GrI mit den
Büchern festzustellen, die originalgriechisch abgefaßt sind, obgleich freilich GrI Übersetzung eines hebräischen Textes ist. Daraus läßt sich weiters schließen, daß GrI in einem gewissen Maße stilistischen Schwerpunkt
auf die Zielsprache (literarisch gebildeter Adressatenkreis) gelegt hat.

---

[46] Vgl. Ex 19,16 νεφέλη γνοφώδης - ענן כבד; 2 Kön 16,4 ξύλου ἀλσώδους - עץ
רענן.

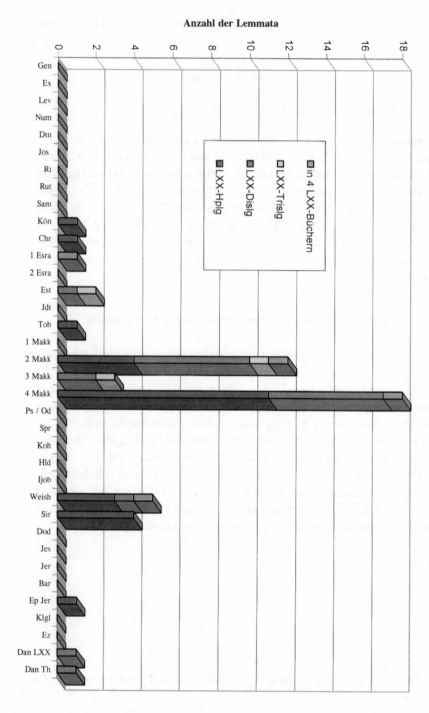

Anzahl der Lemmata

Diagramm 1: Häufigkeit von Komposita mit Präverb φιλ- in LXX

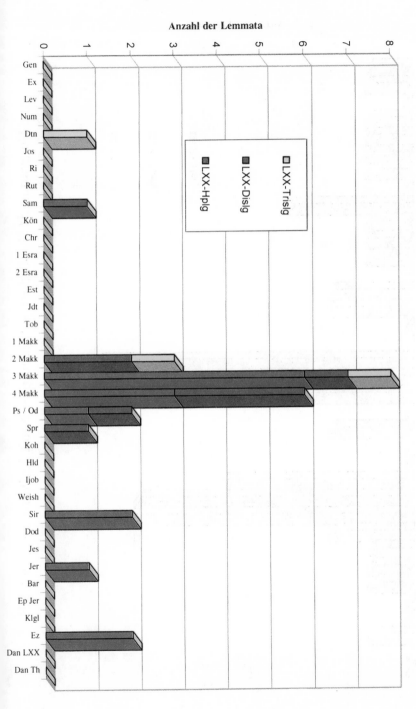

Anzahl der Lemmata

Diagramm 2: Häufigkeit von Komposita mit Präverb μεγαλο- in LXX

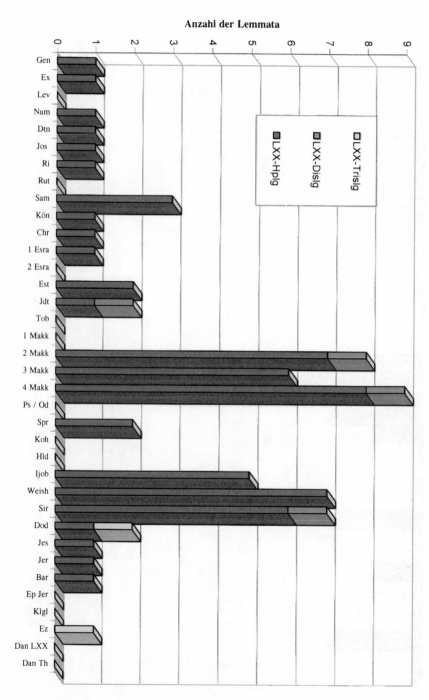

Diagramm 3: Häufigkeit von Komposita mit Präverb παν- in LXX

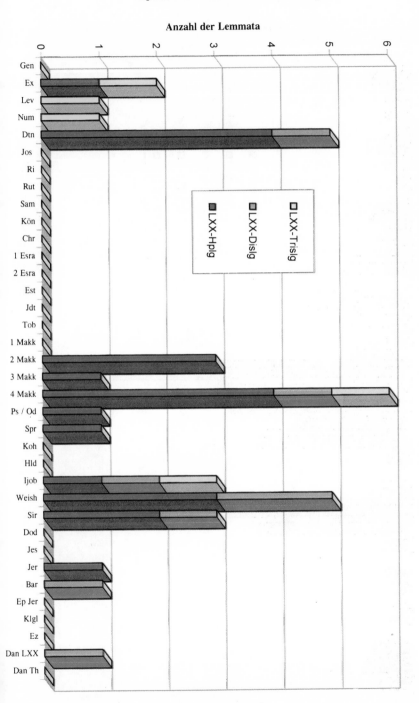

Diagramm 4: Häufigkeit von Komposita mit Präverb πολυ- in LXX

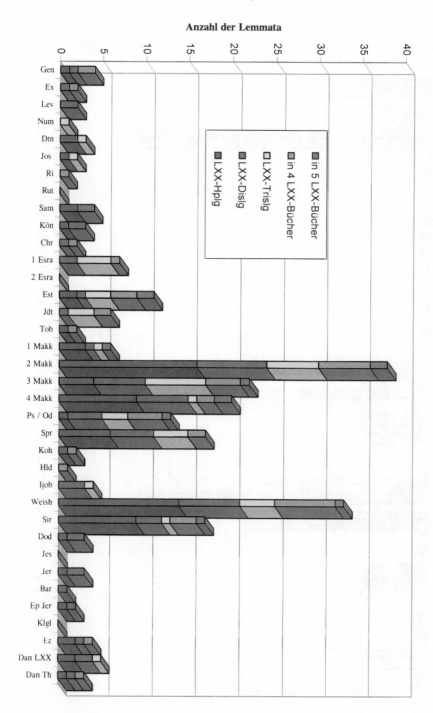

Diagramm 5: Häufigkeit von Komposita mit Präverb εὐ- in LXX

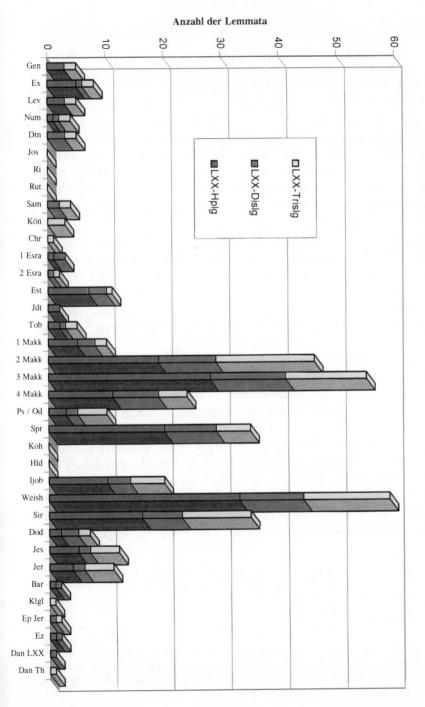

Diagramm 6: Häufigkeit von Komposita mit α-privativum in LXX

Schlußwort

Die Auslegung des deuterokanonischen Buches Jesus Sirach steht aufgrund seiner indifferenten und fragmentarischen Überlieferung vor gravierenden Hindernissen hinsichtlich des Textzugriffs. Die seit 1896 entdeckten hebräischen Handschriften decken weder einzeln noch zusammengenommen das gesamte Buch ab.[1] Auch die Peschitta-Übersetzung, die trotz etlicher Berührungspunkte mit dem griechischen Sirach primär aus dem Hebräer schöpft, weist nicht wenige Auslassungen auf und gilt zudem als das "wohl schlechteste Uebersetzungswerk der syrischen Bibel"[2]. Diese beiden Textzeugen differieren im Verbund mit der griechischen Sirachtradition (GrI und GrII) und deren altlateinischer Tochterübersetzung in ihrer Textgestalt so weitreichend, daß sie nicht auf eine einzige »Textform« (= Urtext) zurückgeführt werden können.[3] Als älteste Zeugin, die das 'gesamte' Buch (also alle 51 Kapitel) abdeckt, kommt der griechischen Tradition - obgleich "nur" Übersetzung - fundamentale Bedeutung für die Exegese von Sir zu. Zu bedenken gilt es auch, daß die Weisheitsschrift Ben Siras nicht von "*irgend jemand*", sondern vielmehr - dem Prolog zufolge - vom eigenen Enkel gewissermaßen "*authorisiert*" übertragen wurde.

Die vorliegende Untersuchung hat sich zur Aufgabe gestellt, Charakteristika und Motive der singulären Wortwahl im griechischen Sirach, wie sie sich in der bisher kaum methodisch reflektierten Kategorie der Septuaginta-Hapaxlegomena (bzgl. der Definition vgl. Kap. I) zeigt, zu ermitteln. In Kap. III wurden die 273 [LXX]Hplg unter textkritischem, septuagintaspezifischem, übersetzungstechnischem bzw. sprachlich-stilistischem Aspekt analysiert und auszuwerten versucht. Desöfteren konnten in der Detailbesprechung (Kap. III) jedoch über den septuagintaspezifischen und übersetzungstechnischen Befund (in GrI und LXX) hinaus keine stichhaltigen Argumente benannt werden, die die Motive und Gründe hinsichtlich der Favorisierung eines bestimmten LXX-Hapaxlegomenons gegenüber

---

[1]   Lediglich zwei Drittel des Buches sind überliefert, meist nur durch einen einzigen Textzeugen. Darüber hinaus sind bei Parallelüberlieferungen erhebliche Unterschiede und textkritische Mängel nachweisbar.

[2]   SMEND, Weisheit CXXXVII.

[3]   Nichtsdestoweniger bieten moderne Bibelausgaben (z.B. EÜ, ZB, JB) und Übersetzungen auf der Basis der hebräischen, griechischen, syrischen und nicht zuletzt auch lateinischen Tradition **Mischtexte**, die entsprechend dem »Urtextprinzip« nach textkritischer Maßgabe des einzelnen Übersetzers zustande gekommen sind. Wie gravierend diese Unterschiede an nicht wenigen Stellen des Sirachbuches sein können, wurde in Kap. III im Anmerkungsapparat dokumentiert.

anderen Synonyma hätten evident erklären können; die Wortwahlanalyse stößt hier an Grenzen, die nur auf Kosten einer *spekulativen* Überinterpretation hinausgeschoben werden können.[4] Abgesehen von den in Kap. III festgehaltenen Einzelbeobachtungen und Detailergebnissen, auf die das Hauptaugenmerk dieser Untersuchung lag, sollen folgende Gesichtspunkte zu Wortwahl und Wortbildung im Bereich der Septuaginta-Hapaxlegomena summarisch vorgelegt werden:

• Trotz der in LXX singulären Wortwahl ([LXX]Hplg) hat GrI *weitgehend* der hebräischen Vorlage entsprechend (nach Maßgabe der Textzeugen) bzw. dem konkreten Zusammenhang gemäß übersetzt. Andererseits ist in GrI auch eine nicht zu übersehende Tendenz zu eigenständiger Uminterpretation meist unter weitgehender Wahrung des Makrokontexts faßbar (s. S. 352-356). Bei einer am »*Urtextprinzip*« orientierten Auslegung wird man also vermehrt mit der (stilistischen und exegetischen) Partizipation des Enkels am Weisheitsbuch seines Großvaters zu rechnen haben.

• Bei über zwei Drittel der 273 Septuaginta-Hapaxlegomena ist eine *mehr oder weniger* enge lexikalische Homogenität (**WF**) zum Wortschatz der Septuaginta nachzuweisen, so daß in diesem Fall die Kategorie der Septuaginta-Hapaxlegomena nicht als **ein** Indiz für *lexikalische* Eigenständigkeit des Übersetzers gegenüber LXX herangezogen werden kann. Der größte Teil der [LXX]Hplg ist demnach nicht als lexikalischer "*Fremdkörper*" zu klassifizieren.

• In vielen Einzelfällen erklärt sich die singuläre Verwendung eines Wortes ([LXX]Hplg) durch den nominalen Stil von GrI; d.h. es werden bevorzugt Verbalabstrakta, deren zugrundeliegendes Verb in der LXX vielfach als *geläufig* zu bezeichnen ist (s. Kap. III **WF**), benutzt, um dadurch umständliche Nebensätze, die der poetischen Diktion der Vorlage entgegenlaufen, zu vermeiden. Damit dokumentiert GrI durch diese stilistische Manier, den literarischen d.h. gattungsspezifischen Gegebenheiten der Vorlage gerecht zu werden. GrI liefert somit keine prosaische Übertragung, bei der es nur darum geht, Inhalte zu transportieren.

• Der in Kap. III registrierte Wortfeld-Befund (**WFd**) zeigt in übersetzungstechnischer Hinsicht, daß GrI zu den einzelnen [LXX]Hplg vielfach auch die in der LXX mehr oder weniger häufig belegten Übersetzungsmuster verwendet. Es geht ihm also letztlich nicht darum, das "*konventionelle*" Begriffsinstrumentarium durch [LXX]Hplg zu ersetzen, sondern zu **erweitern**.

---

[4] Hinsichtlich der eingeschränkten Möglichkeiten bei Wortwahluntersuchungen in LXX vgl. z.B. auch TOV, Text-Critical Use of the Septuagint, 59.

• Als das wohl signifikanteste Charakteristikum der Wortwahl von GrI muß der *synonyme* Wechsel[5] im Ausdruck bei gleicher "Vorlage" genannt werden, ohne daß hierfür immer inhaltlich zwingende Gründe angeführt werden können. Diese Eigenschaft, die insbesondere im Bereich der Wortfamilie (s. Kap. III; ferner S. 360f) als auch des Wortfelds (s. Kap. III; ferner S. 361-364) zutage tritt, kann über den Bestand der [LXX]Hplg hinaus auf Schritt und Tritt in GrI beobachtet werden.[6] Der literarisch geschulte und exegetisch selbstbewußte Enkel nutzt hier die im Rahmen einer Übersetzung eingeschränkten Möglichkeiten, an der Weisheitsschrift seines Großvaters zu partizipieren, insofern als er das "Original" (nach Maßgabe der hebräischen Textzeugen) *lexikalisch* bereichert bzw. modifiziert und damit auch zu einem gewissen Grad *semantisch*[7] entfaltet. Von daher kann der GrI-Übersetzer zu Recht als "*creative translator*"[8] charakterisiert werden. Gerade die übersetzungstechnische Manier der *inconsistency* (= Inkonsequenz, Eigenständigkeit), die den Enkel von Aquila unterscheidet und ihn sozusagen als "*Anti-Aquila*" ausweist, rückt unseren Übersetzer in die hermeneutische Nähe eines Symmachus; bereits ZIEGLER[9] hat im Rahmen seiner Wortschatzuntersuchung zum griechischen Sirach eine beiden "gemeinsame Übersetzerschule" mit "einheitlicher Tradition" vermutet.

Allerdings ist hinsichtlich einer *vorschnellen* Klassifizierung dieses übersetzungstechnischen Verfahrens im Sinne *literarischer variatio* (μεταβολή) Vorsicht geboten, denn das Abwechseln im Ausdruck ist nicht immer unter sprachästhetischen Gesichtspunkten als zufällig, willkürlich oder be-

---

[5] Zur synonymen *variatio* in LXX vgl. z.B. J.A. LEE, Translations of the Old Testament. I. Greek, in: S. PORTER (*ed.*), Handbook of Classical Rhetoric in the Hellenistic Period (330 B.C. - A.D. 400), Leiden u.a. 1997, 775-783.

[6] Bereits ein flüchtiger Blick in die Konkordanz von BARTHÉLEMY-RICKENBACHER bzw. in den Index von SMEND zeigt dies an.

[7] Vgl. hierzu z.B. LANDFESTER, Stilistik 150: "Eine Variation durch Synonyme ist darüber hinaus auch zur Ausdrucksintensivierung geeignet, da sinnverwandte Wörter zusätzliche Bedeutungsaspekte einbringen."

[8] Die Bezeichnung '*creative translator*' geht auf den amerikanischen Germanisten H. BLUHM zurück, der bei seiner Untersuchung der biblischen Übersetzungsweise Martin Luthers das *kreative* Moment hervorgekehrt hat. S. hierzu H. BLUHM, Martin Luther - Creative Translator, St. Louis (Missouri) 1965.

[9] Wortschatz 284. Ließe sich ZIEGLERS These durch weiterführende Untersuchungen erhärten, dann wäre über Sirach (2. Jh. v. Chr.) und Symmachus (2. Jh. n. Chr.) eine **nahezu 300jährige** Übersetzertätigkeit mit einer doch eher als *frei* zu bezeichnenden Hermeneutik zu konstatieren, eine Übersetzertradition, von der jedoch keine äußeren Zeugnisse überliefert sind. [Verf. wird sich hierzu demnächst kritisch zu Wort melden.]

liebig zu sehen. Vielmehr kann der Austausch von Äquivalenten auch *ausgangs-* (z.B. unterschiedliche Semantik einer bestimmten Vorlage) oder *zielsprachlich* (z.B. terminologische, phraseologische Präzisierung) motiviert sein. In den nicht wenigen Fällen freilich, in denen eine bestimmte Wiedergabe nicht in das von GrI vorgegebene Übersetzungsfeld paßt und zudem kontextlich fragwürdig erscheint, muß die überlieferte "Vorlage" in Zweifel gezogen werden.

• Die in Kap. III (unter **WB**) vorgelegten und in Kap. V ausgewerteten Analysen berechtigen zur Annahme, daß ein großer Teil der ^{LXX}Hplg seine Singularität der von GrI bevorzugten Wahl von bestimmten Wortbildungstypen verdankt. Denn eine Vielzahl von LXX-Begriffen mit einer spezifischen Wortbildungsstruktur (wie z.B. mit den Präverbien α-*privativum*, εὐ-, πολυ-, παν-) oder Suffix (z.B.-ώδης, -τελής) teilen auch innerhalb der Septuaginta das Los singulärer Verwendung. Zudem ist deutlich eine graduelle Gemeinsamkeit von GrI mit den Büchern festzustellen, die originalgriechisch abgefaßt sind (v.a. 2-3-4 Makk, Weish). Daraus läßt sich weiters schließen, daß GrI im Gegensatz zur älteren Septuaginta (v.a. Pentateuch) zu einem gewissen Maß stilistischen Schwerpunkt auf die Zielsprache (literarisch gebildeter Adressatenkreis) gelegt hat, wie sich explizit bereits aus dem Prolog ergibt.

• Der Tatbestand, daß eine sprachlich-stilistisch ausgefeilte »Vorrede« in der Gestalt eines *Proömions* der Übersetzung (GrI) vorangestellt ist, sowie explizit ein Publikationsterminus (Prol. 33: ἐκδιδόναι) Verwendung findet, muß als Indiz dafür gewertet werden, daß die Übersetzung des bildungsmäßig hochstehenden und literarisch selbstbewußten Enkels qua 'Buchveröffentlichung' für einen griechisch-hellenistisch geprägten und zudem exegetisch versierten Adressatenkreis jüdischen Glaubens bestimmt war.

• Desiderata: 1. Die in dieser Studie vorgelegten Argumente hinsichtlich des hohen Stellenwerts der Wortbildung lassen es ratsam erscheinen, in einer *systematischen* Abhandlung den Befund in LXX insgesamt auf ihre übersetzungstechnischen und hermeneutischen Implikationen hin zu klären. 2. Da die Exegese des Siraziden trotz H nach wie vor auf Gr aufbaut, sind zur Intensivierung des textkritischen Instrumentariums weiterführende Recherchen zur Übersetzungsweise des Enkels angezeigt; dabei müßte in besonderer Weise auch La Berücksichtigung finden.

ὅταν συντελέσῃ ἄνθρωπος, τότε ἄρχεται·
καὶ ὅταν παύσηται, τότε ἀπορηθήσεται.

Abkürzungsverzeichnis

Die Abkürzungen für außerkanonisches Schrifttum, für Zeitschriften, Reihen, Lexika und Quellenwerke orientieren sich an S. SCHWERTNERS *Theologische Realenzyklopädie. Abkürzungsverzeichnis* (Berlin ²1994). Biblische Bücher und Eigennamen werden nach den *Loccumer Richtlinien* abgekürzt. Griechische Autoren und deren Werke werden abgekürzt zitiert nach: LIDDELL-SCOTT-JONES, *A Greek-English Lexicon* XVI-XXXVIII.

*	in GrI bzw. GrII belegt
#	häufig belegt (LXX: in mehr als fünf Büchern)
Ø	kein Beleg vorhanden
{ ... }	nur in der Profangräzität belegt
בֿ	hebräischer Buchstabe (hier ר) nicht sicher entzifferbar

α'	Aquila
Adj.	Adjektiv
Adv.	Adverb
Al	Alius (in der Hexapla)
Ald.	Aldina
Ambr.	codex Ambrosianus (Ceriani)
atl.	alttestamentlich
Arab^WP	arabische Übersetzung nach der *Waltoner Polyglotte*
Arab^Sin	arabische Übersetzung nach Hs. Sinai ar. 155 (9. Jh.)
Arm	Armenische Sirachübersetzung (ArmI und ArmII)
BAW	Bauer-Aland-Wörterbuch (6. Auflage)
BHS	Biblia Hebraica Stuttgartensia
cod.(codd.)	codex (codices)
Compl.	Complutensis (Druckausgabe von cod. 248)
Cop.	Koptische Sirachübersetzung
Dod.	Dodekapropheton
EÜ	Einheitsübersetzung
EWNT	BALZ-SCHNEIDER, Exegetisches Wörterbuch zum NT
Fr.	Lesart von FRITZSCHE, Libri apocryphi
ε'	Quinta, quae dicitur, Origenis
θ'	Theodotion
GN	Die Gute Nachricht des Alten und Neuen Testaments
Gr	der griechische Sirachtext (undifferenziert)[1]

---

[1] Aufgrund der besonderen Überlieferungslage des griechischen Kurz- und Langtextes ist es bisweilen äußerst problematisch, bestimmte Lesarten zweifelsfrei GrI bzw. GrII zuzuordnen; in einem solchen Fall ist aus methodologischer Sicht angezeigt, in der Zuweisung zurückhaltend d.h. undifferenziert zu verfahren.

GrI	die Übersetzung des Enkels
GrII	die fragmentarisch überlieferte *zweite* Sirach-Übersetzung
Ges[17]	GESENIUS, Handwörterbuch über das Alte Testament
H	der hebräische Sirachtext bzw. die hebräischen Sirachfragmente aus der Kairoer Genisa, aus Qumran und Masada
H^0	hebräischer Text nicht überliefert
H^A	Fragment A aus der Kairoer Genisa
H^B	Fragment B aus der Kairoer Genisa
H^{Bmarg}	Marginalnote (hier von Fragment B)
H^C	Fragment C aus der Kairoer Genisa
H^D	Fragment D aus der Kairoer Genisa
H^E	Fragment E aus der Kairoer Genisa
H^F	Fragment F aus der Kairoer Genisa
H^M	Fragment aus Masada
H^Q	Fragmente aus Qumran (Höhle 4 und 11)
HALAT³	KOEHLER-BAUMGARTNER-STAMM: Hebräisches und aramäisches Lexikon zum Alten Testament
Han.	Lesart der Hanhart-Edition
Hebr	ὁ ἑβραῖος Origenis
hi.	Kausativform
HRC	HATCH-REDPATH-Concordance
JB	Jerusalemer Bibel (deutsche Ausgabe, Freiburg ²1968)
KBL²	KOEHLER-BAUMGARTNER: Lexicon in Veteris Testamenti Libros
La	Vetus Latina
LB	Luther-Bibel
LEH	LUST-EUNICKEL-HAUSPIE: Greek-English Lexicon
LSJ	LIDDELL-SCOTT-JONES: A Greek-English Lexicon
LXXDislg	LXX-Dislegomenon (nur in zwei Büchern der LXX belegt)
LXXHplg	LXX-Hapaxlegomenon (zur Definition s. Kap. II)
LXXHplgSir	LXX-Hapaxlegomenon im Buch Jesus Sirach
LXXTrislg	Trislegomenon (nur in drei Büchern der LXX belegt)
𝔐	der masoretische Text (nach BHS)
ni.	Nifal
o'	der (hexaplarische) LXX-Text
om.	omisit bzw. omiserunt
PG	Patrologia Graeca
pi.	Piel
Prol.	Sirach-Prolog (Zählung nach ZIEGLER, Sapientia)
q.	Qal
Ra.	Lesart der RAHLFS-Septuaginta
σ'	Symmachus
Sixt.	Sixtina

Sm.	SMEND, Weisheit (bei Varianten oder Konjekturen)
st. constr.	status constructus
s.v.	sub voce
Sw.	Lesart der SWETE-Septuaginta
Syh	syrohexaplarischer Text zitiert nach CERIANI
Syr	die syrische Übersetzung zu Sir, zitiert nach DE LAGARDE
SyrL	Lexicon Syriacum (C. BROCKELMANN)
Syr^WP	Syrischer Text der Waltoner Polyglotte
TgOnk	Targum Onkelos
TLG	Thesaurus Linguae Graecae # D (CD-Rom)
TGL	Thesaurus Graecae Linguae (STEPHANUS-DINDORF-HAASE)
v. l.	varia lectio
WB	Wortbildungstyp
We.	Lesart nach WEWERS
WF	Wortfamilie
WFd	Wortfeld
WBA	BAUER-ALAND, Wörterbuch zum Neuen Testament
Wortst.	Wortstatistische Analyse der sirazidischen LXXHplg auf der Grundlage der Gesamtgräzität (erscheint separat)
ZB	Zürcher Bibel
Zi.	Lesart nach ZIEGLER, Sapientia

Literaturverzeichnis

Sekundärliteratur wird beim erstmaligen Vorkommen vollständig bibliographisch angegeben, im folgenden nur mehr in Kurzform. Als Textgrundlage für LXX dienten im allgemeinen die Textausgaben des Göttinger Septuaginta-Unternehmens; lediglich wo diese noch nicht zur Verfügung stehen, wurde auf die von A. RAHLFS edierte Stuttgarter Septuaginta zurückgegriffen. Die Kapitel-, Vers- und Stichenzählung im Buch Jesus Sirach richten sich nach der Göttinger Sirachedition. Da bei Textrecherchen eine auf CD-Rom abrufbare Datenbank (TLG # D) benutzt wurde, liegen den zitierten Textstellen in der Regel die bei BERKOWITZ - SQUITIER, *Thesaurus Linguae Graecae,* notierten Editionen zugrunde.

1. Wörterbücher, Konkordanzen, Hilfsmittel

BALZ, H. - SCHNEIDER, G. (*Hg.*), Exegetisches Wörterbuch zum Neuen Testament I-III, Stuttgart u.a. ²1992.

BARTHÉLEMY, D. - RICKENBACHER, O., Konkordanz zum hebräischen Sirach mit syrisch-hebräischem Index, hrsg. im Auftrag des biblischen Instituts der Universität Freiburg (CH), Göttingen 1973.

BAUER, W., Griechisch-deutsches Wörterbuch zu den Schriften des Neuen Testaments und der frühchristlichen Literatur (völlig neubearbeitet im Institut für neutestamentliche Textforschung unter besonderer Mitwirkung von V. REICHMANN, hrsg. von K. ALAND und B. ALAND), Berlin - New York ⁶1988.

BAUER, H. - LEANDER, P., Historische Grammatik der hebräischen Sprache des Alten Testamentes, Hildesheim 1991 [ND Halle 1922].

BERKOWITZ, L. - SQUITIER, K.A., Thesaurus Linguae Graecae. Canon of Greek Authors and Works, New York - Oxford ²1986.

BibleWorks 3.2 by Hermeneutika Computer-Aided Bible Research (CD-Rom).

BLASS, F. - DEBRUNNER, A. - REHKOPF, F., Grammatik des neutestamentlichen Griechisch, Göttingen ¹⁷1990.

BORNEMANN, E. - RISCH, E., Griechische Grammatik, Frankfurt a.M. ²1978.

BROCK, S.P. - FRISCH, C.T. - JELLICOE, S., A Classified Bibliography to the Septuagint, Leiden 1973.

BROCKELMANN, C., Lexicon Syriacum, Halle ²1928.

BUCK, C. - PETERSON, W., A Reverse Index of Greek Nouns and Adjectives, Hildesheim - New York 1970 [ND Chicago 1945].

CAMILO DOS SANTOS, E., An Expanded Hebrew Index for the Hatch-Redpath Concordance to the Septuagint, Jerusalem 1973.

Computer-Konkordanz zum Novum Testamentum Graece hrsg. v. Institut für neutestamentliche Textforschung und vom Rechenzentrum der Universität Münster, Berlin 1980.

CREMER, H., Biblisch-theologisches Wörterbuch der neutestamentlichen Gräcität, Gotha ⁹1892.

DALMAN, G.H., Aramäisch-neuhebräisches Handwörterbuch zu Targum, Talmud und Midrasch, Hildesheim 1967 [ND Göttingen 1938].

DENIS, A.-M., Concordance grecque des pseudépigraphes d'Ancien Testament, Louvain 1987.

DOGNIEZ, C., Bibliography of the Septuagint. Bibliographie de la Septante (1970-1993) [VT.S 60], Leiden u.a. 1995.

EVEN-SHOSHAN, A., A New Concordance of the Bible. Thesaurus of the Language of the Bible, Hebrew and Aramaic Roots, Words, Proper Names, Phrases and Synonyms, Jerusalem 1983.

GEORGES, K.E., Ausführliches Lateinisch-Deutsches Handwörterbuch I-II, Hannover ¹⁰1959.

GESENIUS, W., Wilhelm Gesenius' Hebräisches und Aramäisches Handwörterbuch über das Alte Testament, in Verbindung mit H. ZIMMERN, M. MÜLLER und O. WEBER bearb. v. F. BUHL, Berlin ¹⁷1962 [ND 1915].

—, - KAUTZSCH, E., Hebräische Grammatik, Hildesheim ²⁹1962 [ND 1909].

GRIMM, W., Lexicon Graeco-Latinum in Libros Novi Testamenti, Lipsiae ³1888 und ⁴1903.

GÜTHLING, O., Enzyklopädisches Wörterbuch der griechischen und deutschen Sprache II. Deutsch-Griechisch, Berlin ⁴1963.

HATCH, E. - REDPATH, H., A Concordance to the Septuagint and Other Greek Versions of the Old Testament (Including the Apocryphal Books) I-II, Graz 1954 [ND Oxford 1897-1906].

HÜBNER, H., Wörterbuch zur Sapientia Salomos. Mit dem Text der Göttinger Septuaginta (Joseph Ziegler), Göttingen 1985.

JOÜON, P., Grammaire de l'Hébreu Biblique, Rom 1947.

—, - MURAOKA, T., A Grammar of Biblical Hebrew (SubBi 14/II), Rom 1993.

KIESSLING, E., Wörterbuch der griechischen Papyrusurkunden. Mit Einschluß der griechischen Inschriften, Aufschriften, Ostraka, Mumienschilder usw. aus Ägypten. Supplement 1 (1940-1966), Amsterdam 1969.

KOEHLER, L. - BAUMGARTNER, W., Lexicon in Veteris Testamenti Libros, Leiden 1958.

—, Hebräisches und aramäisches Lexikon zum Alten Testament I-IV, neu bearb. v. W. BAUMGARTNER und J.J. STAMM, Leiden ³1967-1990.

KÖNIG, F.E., Historisch-kritisches Lehrgebäude der hebräischen Sprache I-II, Hildesheim 1979 [ND Leipzig 1881-1897].

KRETSCHMER, P. - LOCKER, E., Rückläufiges Wörterbuch der griechischen Sprache, Göttingen ²1963.

KÜHNER, R. - GERTH, B., Ausführliche Grammatik der griechischen Sprache I-II, Darmstadt ⁴1964 [ND Hannover-Leipzig ³1904].

LAMPE, G.W., A Greek Patristic Lexicon, Oxford 1961.

LEISEGANG, I., Philonis Alexandrini opera quae supersunt VII. Indices ad Philonis Alexandrini opera I-II, Berlin 1963 [ND Berlin 1926].

LIDDELL, H.G., - SCOTT, R., A Greek-English Lexicon. Revised and Augmented throughout by Sir H.St. JONES with the Assistance of R. MCKENZIE and with the Cooperation of Many Scholars, Oxford ⁹1977.

—, Greek-English Lexicon. A Supplement (edited by E.A. BARBER with the Assistence of P. MAAS, M. SCHELLER and M.L. WEST), Oxford 1968.

—, A Greek-English Lexicon. Revised and Augmented throughout by Sir H.St. JONES with the Assistance of R. MCKENZIE and with the Cooperation of Many Scholars. With a Revised Supplement, Oxford ⁹1996.

LUST, J. - EYNIKEL, E. - HAUSPIE, K., A Greek-English Lexicon of the Septuagint I-II (A-Ω), Stuttgart 1992-96.

MAUERSBERGER, A., Polybios-Lexikon I-III, Berlin 1956.

MAYSER, E., Grammatik der griechischen Papyri aus der Ptolemäerzeit. Mit Einschluß der gleichzeitigen Ostraka und der in Ägypten verfaßten Inschriften I/3, Berlin 1936.

MEIER-BRÜGGER, M., Griechische Sprachwissenschaft II. Wortschatz, Formenlehre, Lautlehre, Indizes (Göschen 2242), Berlin 1992.

MOULTON, J.H. - MILLIGAN, G., The Vocabulary of the Greek Testament I-VIII, London 1914-29.

—, Einleitung in die Sprache des Neuen Testaments, Heidelberg 1911.

MURAOKA, T., Classical Syriac. A Basic Grammar with a Chrestomathy (PLO NS 19), Wiesbaden 1997.

PAPE, W., Griechisch-deutsches Handwörterbuch I-II, Graz 1954 [ND Berlin ³1880].

PAYNE SMITH, R., Thesaurus Syriacus I-II, Hildesheim 1981 [ND Oxford 1879-1901].

PREISIGKE, F. - KIESSLING, E. Wörterbuch der griechischen Papyrusurkunden. Mit Einschluß der griechischen Inschriften, Aufschrifqten, Ostraka, Mumienschilder usw. aus Ägypten, Berlin 1925-1931.

REHKOPF, F., Septuaginta-Vokabular, Göttingen 1989.

RENEHAN, R., Greek Lexicographical Notes. A Critical Supplement to the Greek-English Lexicon of LIDDELL-SCOTT-JONES (Hyp. 74), Göttingen 1982.

RENGSTORF, K.H., A Complete Concordance to Flavius Josephus I-IV, Leiden 1973.

RUPPRECHT, H., Wörterbuch der griechischen Papyrusurkunden. Mit Einschluß der griechischen Inschriften, Aufschriften, Ostraka, Mumienschilder usw. aus Ägypten. Supplement 2 (1967-1976), Wiesbaden 1981.

SCHLEUSNER, J.F. (Hg.), Novus thesaurus philologico-criticus sive lexicon in LXX et reliquos interpretes Graecos ac sprictores apocryphos veteris testamenti post Bielum et alios viros doctos I-V, [ND 1820-21].

SCHMIDT, J.H.H., Synonymik der griechischen Sprache I-IV, Hildesheim 1967 [ND Amsterdam 1876-86].

SCHWYZER, E., Griechische Grammatik. Auf der Grundlage von K. Brugmanns griechischer Grammatik (HAW II 1/1), München 1939.

SMEND, R., Griechisch-syrisch-hebräischer Index zur Weisheit des Jesus Sirach, Berlin 1907.

SOKOLOFF, M., A Dictionary of Jewish Palestinian Aramaic of the Byzantine Period, Jerusalem 1990.

SOPHOCLES, E.A., Greek Lexicon of the Roman and Byzantine Periods, Hildesheim - New York 1975 [ND Cambridge u.a. 1914].

THACKERAY, H., A Grammar of the Old Testament in Greek, Hildesheim 1978 [ND Cambridge 1909].

Thesaurus Linguae Graecae (TLG # D) in Verbindung mit Mousaios 1.0c.

TOV, E., A Classified Bibliography of Lexical and Grammatical Studies on the Language of the Septuagint, Jerusalem 1982.

WAHL, C.A., Clavis librorum Veteris Testamenti apocryphorum philologica, Graz 1972 [Um einen Index vermehrter ND Leipzig 1853].

WAHRMUND, A., Handwörterbuch der arabischen und deutschen Sprache I-II, Graz 1970 [ND Gießen 1898].

WINTER, M.M., A Concordance to the Peshitta Version of Ben Sira (Monographs of the Peshitta Institute - Leiden 2), Leiden 1976.

2. Textausgaben und Übersetzungen

AUSTIN, C., *Nova fragmenta Euripidea in papyris reperta*, Berlin 1968.

BAILLET, M., - MILIK, J. - DE VAUX, B., Les 'Petites Grottes' de Qumran (DJD III), Oxford 1962.

BEENTJES, P., The Book of Ben Sira in Hebrew. A Text Edition of All Extant Hebrew Manuscripts and a Synopsis of All Parallel Hebrew Ben Sira Texts (VT.S LXVIII), Leiden 1997.

BEKKER, I., *Apollonii Sophistae lexicon Homericum*, Hildesheim 1967 [ND Berlin 1833].

BEYER, K., Die aramäischen Texte vom Toten Meer, Göttingen 1984.

—, Die aramäischen Texte vom Toten Meer (Ergänzungsband), Göttingen 1994.

Die Bibel. Die Heilige Schrift des Alten und Neuen Bundes (deutsche Ausgabe mit den Erläuterungen der Jerusalemer Bibel), hg. v. D. ARENHOEVEL, A. DEISSLER, A. VÖGTLE, Freiburg i. Br. 1968.

Die Gute Nachricht des Alten und Neuen Testaments. Die Bibel in heutigem Deutsch, Stuttgart ²1982.

Die Heilige Schrift des Alten und Neuen Testamentes. Nach den Grundtexten übersetzt und herausgegeben von V. HAMP, M. STENZEL, J. KÜRZINGER, Aschaffenburg ¹⁷1965.

Neue Jerusalemer Bibel (Einheitsübersetzung). Mit dem Kommentar der Jerusalemer Bibel hrsg. v. A. DEISSLER und A. VÖGTLE, Freiburg u.a. ⁷1985.

Die Bibel. Nach der Übersetzung Martin Luthers. Mit Apokryphen (revidierte Fassung), Stuttgart 1985.

Biblia Hebraica Stuttgartensia cooperantibus H.P. RÜGER et J. ZIEGLER edd K. ELLIGER et W. RUDOLPH, Stuttgart 1967-77.

Biblia Sacra iuxta Latinam Vulgatam versionem XII, Rom 1964.

Biblia Sacra iuxta versionem simplicem, quae dicitur Pschitta I-II, Beirut 1951.

BEN-ḤAYYIM, Z., The Book of Ben Sira. Text, Concordance and an Analysis of the Vocabulary; published by the Academy of Hebrew Language and the Shrine of the Book, Jerusalem 1973.

BOCCACCIO, P. - BERARDI, G., Ecclesiasticus. Textus hebraeus secundum fragmenta reperta, Rom 1976.

BROOKE, A., MCLEAN, N., THACKERAY, J.H.St., The Old Testament in Greek According to the Text of Codex Vaticanus, Supplemented from Other Uncial Manuscripts with a Critical Apparatus Containing the Variants of the Chief Ancient Authorities for the Text of the LXX I-II, Cambridge 1897-1940.

CASSIO, A., Aristofane. Banchettanti (ΔΑΙΤΑΛΗΣ) I Frammenti, Pisa 1977.

CERIANI, A.M., Codex Syro-Hexaplaris Ambrosianus photolithographice editus curante et adnotante (Monumenta sacra et profana ex codicibus praesertim bibliothecae Ambrosianae 7), Milano 1874.

—, Translatio Syra Pescitto Veteris Testamenti ex codice Ambrosiano IV, Milano 1883.

CLEMENTZ, H., Des Flavius Josephus Jüdische Altertümer I, Köln 1899.

COWLEY, A. - NEUBAUER, A., Facsimiles of the Fragments of Hitherto Recovered of the Book of Ecclesiasticus in Hebrew, Oxford - Cambridge 1901.

DREXLER, H., Polybios Geschichte I, Zürich - Stuttgart 1961.

EDMONDS, J.M., The Fragments of Attic Comedy I, Leiden 1957.

ERBSE, H., Scholia Graeca in Homeri Iliadem (Scholia Vetera) I-VI, Berlin 1969-1988.

FIELD, F., Origenis Hexaplorum quae supersunt fragmenta I-II, Hildesheim 1965 [ND Oxford 1875].

FRANK, R.M., The Wisdom of Jesus Ben Sirach (Sinai ar 155. IXth/Xth cent.) [CSCO 357/8 SA 30/31], Löwen 1974.

FRITZSCHE, O.F., Libri Apocryphi Veteris Testamenti Graece, Lipsiae 1871.

HANHART, R., Esther (Septuaginta VIII/3), Göttingen 1966.

—, Tobit (Septuaginta VIII/5), Göttingen 1983.

HART, J.H.A., Ecclesiasticus. The Greek Text of Codex 248, Cambridge 1909.

KLAUCK, H.J., 4. Makkabäerbuch (JSHRZ III/6), Gütersloh 1989.

LAGARDE, P. de, Libri Veteris Testamenti Apocryphi Syriace, Osnabrück 1972 [ND Leipzig-London 1861].

LÉVI, I., The Hebrew Text of the Book of Ecclesiasticus Edited with Brief Notes and a Selected Glossary (SSS 3), Leiden 1904.

LOBECK, C.A., *Phrynichi eclogae nominum et verborum atticorum*, Hildesheim
1967 [ND Leipzig 1820].

MEISNER, N., Aristeasbrief (JSHRZ II/1), Gütersloh 1973.

MICHEL, O. - BAUERNFEIND, O., Flavius Josephus. De bello Iudaico. Der jüdische Krieg I, Darmstadt 1959.

MUTSCHMANN, H. - MAU, J., *Sextus Empiricus. Adversus mathematicos*, Leipzig ²1961.

NACHMANSON, E., *Erotiani vocum Hippocraticarum collectio*, Göteborg 1918.

NESTLE, E. - ALAND, K., Novum Testamentum Graece. Apparatum criticum
recensuerunt et editionem novis curis elaboraverunt Kurt Aland et Bar-
bara Aland, Stuttgart ²⁶1979.

PELLETIER, A., Lettre d'Aristée à Philocrate (SC 89), Paris 1962.

RAHLFS, A., Septuaginta. Id est Vetus Testamentum graece iuxta LXX interpretes I-II, Stuttgart ⁸1965 [ND Stuttgart 1935].

RYSSEL, V., Die Sprüche Jesus' des Sohnes Sirachs, in: E. KAUTZSCH (*Hg.*),
Die Apokryphen und Pseudepigraphen des Alten Testaments I, Tübingen
1921, 230-475.

SANDERS, J.A., The Psalms Scroll of Qumrân Cave 11 (11QPsᵃ), DJD IV, Oxford 1965.

SAUER, G., Jesus Sirach (Ben Sira), JSHRZ III/5, Gütersloh 1981.

SCHIRMANN, J., A New Leaf from the Hebrew »Ecclesiasticus« (Ben Sira), in:
Tarbiz 27 (1958) 440-443.

—, Some Additional Leaves from Ecclesiasticus in Hebrew, in: Tarbiz 29
(1960) 125-134.

SMEND, R., Die Weisheit des Jesus Sirach. Hebräisch und Deutsch, Berlin
1906.

SPERBER, A., The Bible in Aramaic I-V, Leiden 1959-73.

SWETE, H., The Old Testament in Greek. According to the Septuagint I-III,
Cambridge 1909-1912.

STRACK, H.L., Die Sprüche Jesus' des Sohnes Sirachs. Der jüngst gefundene
hebräische Text mit Anmerkungen und Wörterbuch (SIJB 31), Leipzig
1903.

Syriac Bible (ܟܬܒܐ ܩܕܝܫܐ ܕܕܝܬܩܐ ܥܬܝܩܬܐ) hg. United Bible Societies
1979.

THIELE, W., Vetus Latina. Die Reste der altlateinischen Bibel. Sirach (Ecclesiasticus), Freiburg 1988.

VATTIONI, F., Ecclesiastico. Testo ebraico con apparato critico e versioni greca,
latina e siriaca (Instituto Orientale di Napoli. Pubblicationi del Semina-
rio di Semitistica. Testi I), Napoli 1968.

WALTON, B., Biblia Sacra Polyglotta IV, Graz 1964 [ND London 1657].

YADIN, Y., The Ben Sira Scroll from Masada, Jerusalem 1965.

ZIEGLER, J., Sapientia Iesu Filii Sirach (Septuaginta XII/2), Göttingen ²1980.

Zürcher Bibel. Die Heilige Schrift des Alten und Neuen Testaments, Zürich 1966 (hrsg. v. Kirchenrat des Kantons Zürich).

3. Kommentare, Monographien, Aufsätze und Artikel

AEJMELAEUS, A., Parataxis in the Septuagint. A Study in the Renderings of the Hebrew Coordinate Clauses in the Greek Pentateuch (AASF 31), Helsinki 1982.

—, - SOLLAMO, R. (*Hg.*), Ilmari Soisalon-Soininen. Studien zur Septuaginta-Syntax (AASF B 237), Helsinki 1987.

—, On the Trail of the Septuagint Translators. Collected Essays, Kampen 1993.

—, Übersetzung als Schlüssel zum Original, in: *Dies.*, On the Trail of the Septuagint Translators. Collected Essays, Kampen 1993, 150-165.

—, What can we know about the Hebrew Vorlage of the Septuagint, in: *Dies.*, On the Trail of the Septuagint Translators. Collected Essays, Kampen 1993, 77-115.

ANGERSTORFER, A., Überlegungen zu Sprache und Sitz im Leben des Toratargums 4QTgLev (4Q156), sein Verhältnis zu Targum Onkelos, in: BN 55 (1990) 18-35.

AUVRAY, P., Notes sur le prologue de l'Ecclésiastique, in: Mélange biblique (FS A. ROBERT - TICP 4), Paris 1957, 281-287.

AVIGAD, N., The Paleography of the Dead Sea Scrolls and Related Documents, in: C. RABIN - Y. YADIN (*ed.*), Scripta Hierosolymitana IV, Jerusalem 1958, 56-87.

BAARS, W., Rezension zu *The Greek English Lexicon. A Supplement*, in: VT 20 (1970) 371-379.

BARR, J., Bibelexegese und moderne Semantik. Theologische und linguistische Methode in der Bibelwissenschaft, München 1965.

BAUMGÄRTEL, F. - HERRMANN, J., Beiträge zur Entstehungsgeschichte der LXX, Berlin u.a. 1923.

BEENTJES, P.C. (*ed.*), The Book of Ben Sira in Modern Research. Proceedings of the First International Ben Sira Conference 28-31 July 1996 Soesterberg, Netherlands (BZAW 255), Berlin 1997.

BEHM, J., ἑρμηνεύειν κτλ., in: ThWNT II (1935) 659-662.

BERGENHOLTZ, H., Zur Wortfeldterminologie, in: Muttersprache 85 (1975) 278-285.

BERTRAM, G., Der Sprachschatz der Septuaginta und der des hebräischen Alten Testaments, in: ZAW 57 (1939) 85-101.

—, ἔργον κτλ., in: ThWNT II (1935) 631-653.

—, - BULTMANN, R. - RAD, G. v., ζάω κτλ., in: ThWNT II (1935) 833-877.

—, μωρός κτλ., in: ThWNT IV (1942) 837-852.

BEYER, K., Das Prooemium im Geschichtswerk des Thukydides, Marburg 1971.

BICKELL, G., Der hebräische Sirachtext eine Rückübersetzung, in: WZKM 13 (1899) 251-256.

BICKERMANN, E., The Septuagint as a Translation, in: PAAJR 28 (1959) 1-39.

—, The Colophon of the Greek Book of Esther, in: JBL 63 (1944), 339-362.

—, Zur Datierung des Pseudo-Aristeas, in: ZNW 29 (1930) 280-296.

BLANKE, g., einführung in die semantische analyse (hueber hochschulreihe 15), München 1973.

BLÖSSNER, N., Dialogform und Argument. Studien zu Platons 'Politeia' (AAWLM.G 1997-1), Stuttgart 1997.

BOHLEN, R., Die Ehrung der Eltern bei Ben Sira. Studien zur Motivation und Interpretation eines familienethischen Grundwertes in frühhellenistischer Zeit (TThSt 51), Trier 1991.

BÖHME, R., Das Proömium, Würzburg 1937.

BÖHMISCH, F., Die Textformen des Sirachbuches und ihre Zielgruppen, in: Protokolle zur Bibel 6 (1997) 87-122.

—, »Haec omnia liber vitae«: Zur Theologie der erweiterten Textformen des Sirachbuches, in: SNTU 22 (1997) 160-180.

BREITENBACH, W., Untersuchungen zur Sprache der euripideischen Lyrik, Stuttgart 1934.

BREITENSTEIN, U., Beobachtungen zu Sprache, Stil und Gedankengut des Vierten Makkabäerbuchs, Basel-Stuttgart ²1978.

BRUYNE, D. de, le Prologue, le titre et la finale de l'Ecclésiastique, in: ZAW 47 (1929) 257-263.

—, Étude sur le texte latin de l'Ecclésiastique, in: RBén 40 (1928) 5-48.

BURKITT, T.A., Ecclesiasticus, in: IDB II (1962) 13-21.

BUSSMANN, H., Lexikon der Sprachwissenschaft, Stuttgart ²1990.

CADBURY, H.J., The Grandson of Ben Sira, in: HThR 48 (1955) 219-225.

CAIRD, G.B., Ben Sira and the Dating of the Septuagint, in: E.A. LIVINGSTONE (ed.), Studia Evangelica VII (TU 126), Berlin 1982, 95-100.

CASPARI, W., Über den biblischen Begriff der Torheit, in: NKZ 39 (1928) 668-695.

COHEN, H.R. (Chaim), Biblical Hapax Legomena in the Light of Akkadian and Ugaritic (SBL 37), Missoula (Montana) 1978.

COLPE, C., Art. Aristeas, in: KP I (1964) 555f.

COLLINS, N., 281 BCE: The Year of the Translation of the Pentateuch into Greek under Ptolemy II, in: G. BROOKE - B. LINDARS (ed.), Septuagint, Scrolls and Cognate Writings. Papers Presented to the International Symposium on the Septuagint and Its Relation to the Dead Sea Scrolls and Other Writings (SCSS 33), Atlanta 1992, 403-503.

COOK, J., Are the Syriac and Greek Versions of the אשה זרה (Prov 1 to 9) identical? On the Relationship between the Peshitta and the Septuagint, in: Textus 17 (1994) 119-132.

—, The Septuagint of Proverbs: Jewish and/or Hellenistic Proverbs? Concerning the Hellenistic Colouring of LXX Proverbs (VT.S LXIX), Leiden 1997.

CROSS, F., The Development of the Jewish Script, in: G. WRIGHT (ed.), The Bible and the Ancient Near East, New York 1961, 130-167.

DANIELS, S., Recherches sur le vocabulaire du culte dans la Septante (Études et Commentaires LXI), Paris 1966.

DEBRUNNER, A., Griechische Wortbildungslehre, Heidelberg 1917.

DECK, S., Wortstatistik - ein immer beliebter werdendes exegetisches Handwerkszeug auf dem (mathematischen) Prüfstand, in: BN 60 (1991) 7-12.

DEGEN, R., Zu den aramäischen Texten aus Edfu, in: NESE 3 (1978) 59-66.

DEISSMANN, G.A., Bibelstudien. Beiträge, zumeist aus den Papyri und Inschriften, zur Geschichte der Sprache, des Schrifttums und der Religion des hellenistischen Judentums und des Urchristentums, Marburg 1895.

—, Art. Hellenistisches Griechisch, in: RE VII (1899) 627-639.

—, Neue Bibelstudien. Sprachgeschichtliche Beiträge, zumeist aus den Papyri und Inschriften zur Erklärung des Neuen Testaments, Marburg 1897.

DELLING, G., λαμβάνειν κτλ., in: ThWNT IV (1942) 5-16.

DENIS, A.-M., Introduction aux pseudépigraphes grecs d'Ancien Testament (SVTP I), Leiden 1970.

DESELAERS, P., Das Buch Tobit. Studien zu seiner Entstehung, Komposition und Theologie (OBO 43), Freiburg (Ch) - Göttingen 1982.

DIEBNER, B., Mein Großvater, in: Dielheimer Blätter zum Alten Testament 16 (1982) 1-37.

DIETERICH, K., Untersuchungen zur Geschichte der griechischen Sprache von der hellenistischen Zeit bis zum 10. Jh. n. Chr., Leipzig 1898.

DI LELLA, A., Review of Sapientia Iesu Filii Sirach, ed. Joseph Ziegler, in: CBQ 28 (1966) 539-541.

—, Authenticity of the Geniza Fragments of Sirach, in: Bib. 44 (1963) 171-200.

—, The Hebrew Text of Sirach. A Text-Critical and Historical Study (Studies in Classical Literature 1), London-Paris 1966.

—, The Recently Identified Leaves of Sirach in Hebrew, in: Bib. 45 (1964) 153-167.

—, The Newly Discovered Sixth Manuscript of Ben Sira from the Cairo Geniza, in: Bib. 69 (1988), 226-238.

—, - SKEHAN, P., The Wisdom of Ben Sira. A New Translation with Notes by † Patrick SKEHAN, Introduction and Commentary by Alexander A. DI LELLA (AnB 39), New York 1987.

DILLER, A., The Manuscripts of Pausanias, in: D. HARFLINGER (Hg.), Griechische Kodikologie und Textüberlieferung, Darmstadt 1980, 501-525.

DOGNIEZ, C. - HARL, M., La Bible d'Alexandrie V, Paris 1992.

DROSTE, P., De adiectivorum in -ειδής et in -ώδης desinentium apud Platonem usu, Marburg 1886.

DUPONT-SOMMER, A., Le Quatrième Livre des Macabées. Introduction, traduction et notes (BEHE.H 274), Paris 1939.

EARP, F.R., The Style of Aeschylos, Cambridge 1948.

EGGER, W., Methodenlehre zum Neuen Testament. Einführung in die linguistische und historisch-kritische Methoden, Freiburg i.Br. ³1993.

EISSFELDT, O., Einleitung in das Alte Testament unter Einschluß der Apokryphen und Pseudepigraphen sowie der apokryphen und pseudepigraphenartigen Qumran-Schriften, Tübingen ³1964.

FANTUZZI, M., Ricerche su Apollonio Rodio, Roma 1988.

FICHTNER, J., Der AT-Text der Sapientia Salomonis, in: ZAW 57 (1939) 155-192.

FOSSUM, A., Hapax Legomena in Plato, in: AJP 52 (1931) 205-231.

FRAENKEL, E., Griechische Denominativa in ihrer geschichtlichen Entwicklung und Verbreitung, Göttingen 1906.

FRAINE, J. de, Het Loflied op de menselijke waardigheid in Eccli 17,1-14, in: Bijdragen (Nijmegen) 11 (1950) 10-23.

FRIEDLAENDER, J., Ueber die kritische benutzung der homerischen ἅπαξ λεγόμενα, in: Ph. 6 (1851) 228-253.

FRITZSCHE, O.F., Die Weisheit Jesus-Sirach's (Kurz gefasstes Handbuch zu den Apokryphen des Alten Testamentes 5), Leipzig 1859.

FUCHS, A., Textkritische Untersuchungen zum hebräischen Ekklesiastikus. Das Plus des hebräischen Textes des Ekklesiastikus gegenüber der griechischen Übersetzung (BStF XII/5), Freiburg 1907.

FUSS, W., Tradition und Komposition im Buche Jesus Sirach, Tübingen 1962 (Diss. masch.).

GÄRTNER, E., Komposition und Wortwahl des Buches der Weisheit (Schriften der Lehranstalt für die Wissenschaft des Judentums II/2-4), Berlin 1912.

GECKELER, H., Strukturelle Semantik und Wortfeldtheorie, München 1971.

GELHAUS, H., Die Prologe des Terenz. Eine Erklärung nach den Lehren von der *inventio* und *dispositio*, Heidelberg 1972.

GILBERT, M., Art. Jesus Sirach, in: RAC 135 (1995) 878-906.

—, l'Ecclésiastique. Quel texte? Quelle autorité?, in: RB 94 (1987) 233-250.

GONZÁLES LUIS, J., Los targumim y la versión de Símaco, in: N. FERNÁNDEZ MARCOS (*ed.*), Simposio bíblico español, Madrid 1984, 255-268.

GREENSPAHN, F.E., Hapax Legomena in Biblical Hebrew. A Study of the Phenomenon and Its Treatment since Antiquity with Special Reference to Verbal Forms, AnnArbor (Michigan) 1977.

GRUNDMANN, W., δύναμαι κτλ., in: ThWNT II (1935) 286-318.

HAMP, V., Das Buch Sirach oder Ecclesiasticus, in: F. NÖTSCHER (*Hg.*), Die Heilige Schrift in deutscher Übersetzung IV (EB-AT), Würzburg 1959, 569-717.

HANHART, R., Fragen um die Entstehung der Septuaginta, in: VT 12 (1963) 141-163.

—, Die Bedeutung der Septuaginta-Forschung für die Theologie, in: TEH 140 (1967) 38-64.

—, Die Septuaginta als Interpretation und Aktualisierung. Jesaja 9:1 (8:23)-7(6), in: A. ROFÉ - Y. ZAKOVITCH (ed.), Isaac Leo Seligmann Volume III, Jerusalem 1983, 331-346.

—, Zum gegenwärtigen Stand der Septuagintaforschung, in: A. PIETERSMA - C. COX (ed.), De Septuaginta (FS J. W. WEWERS), Toronto-Brandon 1984, 3-18.

—, Text und Textgeschichte des Buches Tobit (MSU XVII), Göttingen 1984.

—, Die Bedeutung der Septuaginta in neutestamentlicher Zeit, in: ZThK 81 (1984) 395-416.

—, Die Bedeutung der Septuaginta für die Definition des »Hellenistischen Judentums«, in: J.A. EMERTON (ed.), Congress Volume Jerusalem 1986 (VT.S XL), Leiden 1988, 67-80.

—, D. Septuaginta, in: Ders. - W.H. SCHMIDT - W. THIEL, Grundkurs Theologie 1. Altes Testament (UB 421), Stuttgart 1989, 176-196.

HANN, R.R. - WRIGHT, R.B., A New Fragment of the Greek Text of Sirach, in: JBL 94 (1975) 111f.

HARL, M. - DORIVAL, G. - MUNNICH, O., la Bible grecque des Septante. Du judaïsme hellénistique au christianisme, Paris 1988.

HART, J.H.A., The Prologue to Ecclesiasticus, in: JQR 19 (1907) 284-297.

HARRISON, P.N., The Problem of the Pastoral Epistles, Oxford 1921.

HASPECKER, J., Gottesfurcht bei Jesus Sirach. Ihre religiöse Struktur und ihre literarische und doktrinäre Bedeutung (AnBib 30), Rom 1967.

HAUCK, F. - SCHULZ, S., πόρνη κτλ., in: ThWNT 6 (1959) 579-595.

HAWKINS, J.C., Horae Synopticae, Oxford 1899/²1909.

HEER, C. de, Μάκαρ- εὐδαίμων- ὄλβιος- εὐτυχής. A Study of the Semantic Field Denoting Happiness in Ancient Greek to the End of the 5th Century B.C., Amsterdam 1969.

HELLER, J., Grenzen sprachlicher Entsprechung der LXX. Ein Beitrag zur Übersetzungstechnik der LXX auf dem Gebiet der Flexionskategorien, in: MIOF 15 (1969) 234-248.

HENGEL, M., Judentum und Hellenismus. Studien zu ihrer Begegnung unter besonderer Berücksichtigung Palästinas bis zur Mitte des 2. Jh. v. Chr. (WUNT 10), Tübingen ²1973.

—, - SCHWEMER, A.-M. (Hg.), Die Septuaginta zwischen Judentum und Christentum (WUNT 72), Tübingen 1994.

HERKENNE, H., De Veteris Latinae Ecclesiastici capitibus I-LXIII una cum notis ex eiusdem libri translationibus Aethiopica, Armeniaca, Copticis, Latina Altera, Syrohexaplari depromptis, Lipsiae 1899.

HEUPEL, C., Taschenwörterbuch der Linguistik, München 1973.

HILL, H., Greek Words and Hebrew Meanings. Studies in the Semantics of Soteriological Terms (SNTS.MS 5), Cambridge 1967.

HOBERG, R., Die Lehre vom sprachlichen Feld. Ein Beitrag zu ihrer Geschichte, Methodik und Anwendung, Düsseldorf 1970.

HOLTZ, T., Rezension zu: F. REHKOPF, Septuaginta-Vokabular, Göttingen
1989, in: ThLZ 115 (1990) 670f.

—, Rezension zu: J. LUST u.a., A Greek-English Lexicon of the Septuagint I
(A- I), Stuttgart 1992, in: ThLZ 121 (1996) 917-920.

HUNGER, H., Die Handschriften, Ausgaben und Übersetzungen von Iamblichos
'De Mysteriis', in: D. HARFLINGER (Hg.), Griechische Kodikologie und
Textüberlieferung, Darmstadt 1980, 526-534.

HYVÄRINEN, K., Die Übersetzung von Aquila (CB.OT 10), Lund 1977.

JACQUES, X., List of Septuagint Words Sharing Common Elements. Supplement to Concordance or Dictionary (SubBi 1), Rom 1972.

JAEGER, W., Paideia. Die Formung des griechischen Menschen I-III, Berlin -
Leipzig 1936/44/47.

JEPPSEN, Biblia Hebraica - et Septuaginta. A Response to Morgens Müller, in:
SJOT 10 1996, 271-281.

JOOSTEN, J., Elaborate Similes - Hebrew and Greek. A Study in Septuagint
Translation Technique, in: Bib. 77 (1996) 227-236.

JURIS, A., De Sophoclis vocibus singularibus, Halle 1876.

KAHLE, P., Die Kairoer Genisa. Untersuchungen zur Geschichte des hebräischen Bibeltextes und seiner Übersetzungen, Berlin 1962.

KAISER, O., Grundriß der Einleitung in die kanonische und deuterokanonischen
Schriften des Alten Testaments III. Die poetischen und weisheitlichen
Werke, Gütersloh 1994.

—, Die Begründung der Sittlichkeit im Buche Jesus Sirach, in: ZThK 85 (1955)
51-63.

—, Der Mensch als Geschöpf Gottes - Aspekte der Anthropologie Ben Siras, in:
R. EGGER-WENZEL - I. KRAMMER (Hg.), Der Einzelne und seine Gemeinschaft bei Ben Sira (BZAW 270 - FS F.V. REITERER), Berlin
1998, 1-22.

KATZ, P., Rezension zu: A. RAHLFS, Septuaginta. Id est Vetus Testamentum
Graece iuxta LXX interpretes I-II, Stuttgart 1935, in: ThLZ 61 (1936)
265-287.

—, Das Problem des Urtextes der Septuaginta, in: ThZ 5 (1949) 1-24.

—, Zur Übersetzungstechnik der Septuaginta, in: WO 2 (1952) 267-273.

—, The Text of the Septuagint. Its Corruptions and Their Emendation (posthu-
mously edited by D.W. GOODING), Cambridge 1973.

KAUT, T., Befreier und befreites Volk. Traditions- und redaktionskritische Untersuchung zu Magnifikat und Benediktus im Kontext der vorlukanischen
Kindheitsgeschichte (BBB 77), Frankfurt a.M. 1990.

KAYSER, W., Das sprachliche Kunstwerk. Eine Einführung in die Literaturwissenschaft, Bern - München [14]1969.

KEARNS, C., The Expanded Text of Ecclesiasticus. Its Teaching on the Future Life as a Clue to Its Origin, Rom 1951 (Diss. masch.).

KEDAR, B., Biblische Semantik. Eine Einführung, Stuttgart 1981.

KENYON, F.G., The Text of the Greek Bible (revised and augmented by A.W. ADAMS), London [3]1975.

KILPATRICK, G.D., προσανοικοδομηθήσεται Ecclus. iii 14, in: JThS 44 (1943) 147f.

KLEINKNECHT, H. - GUTBROD, W., νόμος κτλ., in: ThWNT IV (1942) 1016-1084.

KOCH, K., Rezeptionsgeschichte als notwendige Voraussetzung einer biblischen Theologie - oder: Protestantische Verlegenheit angesichts der Geschichtlichkeit des Kanons, in: H.H. SCHMID - J. MEHLHAUSEN (Hg.), Sola Scriptura. Das reformatorische Schriftprinzip in der säkularen Welt (Veröffentlichungen der wissenschaftlichen Gesellschaft für Theologie), Gütersloh 1991, 143-160.

KÖNIG, E., Die Originalität des neulich entdeckten hebräischen Sirachtextes, textkritisch, exegetisch und sprachgeschichtlich untersucht, Freiburg i. Br. u.a. 1899.

—, Stilistik, Rhetorik, Poetik in Bezug auf die biblische Litteratur, Leipzig 1900.

KOOIJ, A., Die alten Textzeugen des Jesajabuches. Ein Beitrag zur Textgeschichte des Alten Testaments (OBO 35), Freiburg - Göttingen 1981.

—, Symmachus, de vertaler der Joden, in: NTT 42 (1988) 1-20.

—, The Oracle of Tyre. The Septuagint of Isaiah XXIII as Version and Vision (VT.S LXXI), Leiden 1998.

—, Zur Frage der Exegese im LXX-Psalter. Ein Beitrag zur Verhältnisbestimmung zwischen Original und Übersetzung (gehalten anläßlich des Göttinger Symposiums zum LXX-Psalter im Juli 1997; erscheint demnächst in MSU).

KORNFELD, W., Zu den aramäischen Inschriften aus Edfu, in: WZKM 71 (1978) 49-52.

KRISCHER, T., Herodots Prooimion, in: Hermes 93 (1965) 159-167.

KUMPF, M.M., Four Indices of the Homeric Hapax Legomena. Together with Statistical Data, Hildesheim 1984.

—, The Homeric Hapax Legomena and Their Literary Use by later Authors, Especially Euripides and Apollonius Rhodius, University of Ohio 1974 (Diss. masch.).

KYRIAKOU, P., Homeric Hapax Legomena in the Argonautica of Apollonius Rhodius (Palingenesia LIV), Stuttgart 1995.

LAUHA, A., Kohelet (BK XIX), Neukirchen 1978.

LAUSBERG, H., Handbuch der literarischen Rhetorik I-II, München 1960.

LEE, J.A.L., A Note on Septuagint Material in the Supplement to Liddell and Scott, in: Glotta 47 (1969) 234-242.

—, A Lexical Study of the Septuagint Version of the Pentateuch (SCS 14), Chico 1983.

—, Translations of the Old Testament, in: S. PORTER (ed.), Handbook of Classical Rhetoric in the Hellenistic Period, Leiden u.a. 1997, 775-783.

LEWANDOWSKI, T., Linguistisches Wörterbuch I-III (UTB 200-201-300), Heidelberg 1979/80.

LUST, J., J.F. Schleusner and the Lexicon of the Septuagint, in: ZAW 102 (1990) 256-262.

LUTZEIER, P.R., Lexikologie. Ein Arbeitsbuch, Tübingen 1995.

—, Wort und Feld. Wortsemantische Fragestellungen mit besonderer Berücksichtigung des Wortfeldbegriffs, Tübingen 1981.

MAAS, P., Textkritik, Leipzig ²1950.

MAORI, Y., The Peshitta Version of the Pentateuch and Early Jewish Exegesis, Jerusalem 1995.

MARBÖCK, J., Das Buch Jesus Sirach, in: E. ZENGER u.a., Einleitung in das Alte Testament, Stuttgart u.a. 1995, 285-292.

—, Structure and Redaction History of the Book of Ben Sira. Review and Prospects, in: P. BEENTJES (ed.), The Book of Ben Sira in Modern Research (BZAW 255), Berlin 1997, 61-79.

—, Sir 38,24-39,11: Der schriftgelehrte Weise. Ein Beitrag zu Gestalt und Werk Ben Siras, in: M. GILBERT (éd.), la Sagesse de l'Ancien Testament (BEThL 51), Gembloux-Löwen 1979, 293-316.

MARCUS, J., A Fifth MS. of Ben Sira, in: JQR 21 (1930/31) 223-240.

MARGOLIOUTH, D.S., The Origin of the "Original Hebrew" of Ecclesiasticus, London 1899.

MARGOLIS, M.L., Entwurf zu einer revidierten Ausgabe der hebräisch-aramäischen Aequivalente in der Oxford Concordance to the Septuagint, in: ZAW 25 (1905) 311-319.

MAROUZEAU, S., Lexique de la terminologie linguistique, Paris 1933.

MARQUIS, G., Consistency of Lexical Equivalents as a Criterion for the Evaluation of Translation Technique. As exemplified in the LXX of Ezekiel, in: C. COX (ed.), VI. Congress of the International Organization for Septuagint and Cognate Studies (SCS 23), Jerusalem 1986, 405-424.

MARROU, H.-I., Geschichte der Erziehung im klassischen Altertum, Freiburg i. Br. 1957.

MARTINAZZOLI, F., Hapax Legomenon I, Roma 1953.

—, Hapax Legomenon II, Bari 1957.

MCHARDY, W.D., The Arab Text of Ecclesiasticus in the Bodleian Ms. Hunt 260, in: JThS 46 (1945) 30-41.

MERKEL, H., καταλλάσσειν κτλ., in: EWNT II 644-650.

MEYER, G., Die stilistische Verwendung der Nominalkomposition im Griechischen (Ph.S XVI/3), Leipzig 1923.

MICHAELIS, W., Pastoralbriefe und Wortstatistik, in: ZNW 28 (1929) 69-76.

MIDDENDORP, T., Jesu Ben Siras Stellung zwischen Judentum und Hellenismus, Leiden 1973.

MINISSALE, A., La versione greca del Siracide. Confronto con il testo ebraico alla luce dell' attività midrascica e del metodo targumico (AnBib 133), Rom 1995.

MOMIGALIANO, A., Per la data caratteristica della Lettera di Aristea, in: Aeg. 12 (1932) 161-173.

MORGENTHALER, R., Statistik des neutestamentlichen Wortschatzes, Zürich - Frankfurt a.M. 1958 (²1973).

MÜLLER, A., Rezension zu Beentjes, Book of Ben Sira, in: BN 89 (1997) 19-21.

MÜLLER, M., The First Bible of the Church. A Plea for the Septuagint, Sheffield 1996.

MÜLLER, P., Lexikon exegetischer Fachbegriffe (Biblische Basisbücher 1), Stuttgart 1985.

MURAOKA, T., Towards a Septuagint Lexicon, in: C. COX (ed.), VI. Congress of the International Organization for Septuagint and Cognate Studies (SCS 23), Jerusalem 1986, 255-276.

—, Hebrew Hapax Legomena and Septuagint Lexicography, in: C. Cox (ed.), VII. Congress of the International Organisation for Septuagint and Cognate Studies (SCS 31), Atlanta 1991, 205-222.

—, A Greek-Hebrew/Aramaic Index to I Esdras (SCS 16), Chico (California) 1984.

—, Literary Device in the Septuagint, in: Textus 8 (1973) 20-30.

NÄGELI, T., Der Wortschatz des Apostels Paulus. Beitrag zur sprachgeschichtlichen Erforschung des Neuen Testaments, Göttingen 1905.

NELSON, M.D., The Syriac Version of the Wisdom of Ben Sira Compared with the Greek and Hebrew Materials (SBL.DS 107), Atlanta (Georgia) 1981.

NESTLE, E., Zum Prolog des Ecclesiasticus, in: ZAW 17 (1897) 123-134.

PETRUŠEVSKI, M.D., Quelques mots sur les ἅπαξ λεγόμενα homériques, in: ZAnt. 17 (1967) 105-108.

NORDEN, E., Antike Kunstprosa, Leipzig - Berlin 1923.

NORMAN, Libanius' Autobiography (Oration I), London u.a. 1965.

NUCHELMANS, D., Die Nomina des sophokleischen Wortschatzes. Vorarbeiten zu einer sprachwissenschaftlichen und stilistischen Analyse, Utrecht 1949.

OLOFSSON, S., God is my Rock. A Study of Translation Technique and Theological Exegesis in the Septuagint (CB.OT 31), Lund 1990.

ORLINSKY, H.M., Some Terms in the Prologue to Ben Sira and the Hebrew Canon, in: JBL 110 (1991) 483-490.

OWENS, R., The Early Syriac Text of Ben Sira in the Demonstrations of Aphrahat, in: JSS 34 (1989) 39-75.

408 Literaturverzeichnis

PACK, R.A., The Greek and Latin Literary Texts from Greco-Roman Egypt, AnnArbor ²1965.

PELLETIER, A., Flavius Josèphe adapteur de la lettre d'Aristée (EeC XLV), Paris 1962.

PERCY, E., Die Probleme der Kolosser- und Epheserbriefe, Lund 1946.

PETERS, N., Das Buch Jesus Sirach oder Ecclesiasticus. Übersetzt und erklärt (EHAT 25), Münster 1913.

PFEIFFER, R., History of Classical Scholarship, Oxford 1968.

PÖHLMANN, E., Einführung in die Überlieferungsgeschichte und in die Textkritik der antiken Literatur, Darmstadt 1994.

POPE, M., A Nonce Word in the Iliad, in: CQ 35 (1985) 1-8.

RADERMACHER, L., Koine (SAWW.PH 224,5), Wien 1947.

RAHLFS, A., Verzeichnis der griechischen Handschriften des Alten Testaments. Für das Septuaginta-Unternehmen aufgestellt (MSU 2), Berlin 1914.

REESE, J.M., Hellenistic Influence on the Book of Wisdom and Its Consequences (AnBib 41), Rom 1970.

REICHMANN, V., Römische Literatur in griechischer Übersetzung (Ph.S 34), Leipzig 1943.

REINHARDT, K., Sophokles. Antigone - übersetzt und eingeleitet, Göttingen ⁶1982.

REITERER, F.V., »Urtext« und Übersetzungen. Sprachstudie über Sir 44,16-45,26 als Beitrag zur Siraforschung (ATSAT - MUS 12), St. Ottilien 1980.

—, Bibliographie zu Ben Sira (BZAW 266), Berlin - New York 1998.

—, Review of Recent Research on the Book of Ben Sira, in: P. BEENTJES (ed.), The Book of Ben Sira in Modern Research (BZAW 255), Berlin - New York 1997, 23-60.

RENGAKOS, A., Der Homertext und die hellenistischen Dichter (Hermes.E 64), Stuttgart 1993.

REVELL, E.J., LXX and MT: Aspects of Relationship, in: A. PIETERSMA - C. COX (ed.), De Septuaginta (FS J.W. WEVERS), Toronto-Brandon 1984, 41-51.

REVENTLOW, G. (Hg.), Theologische Probleme der Septuaginta und der hellenistischen Hermeneutik (Veröffentlichungen der wissenschaftlichen Gesellschaft für Theologie 11), Gütersloh 1998.

REYNOLDS, L.D. - WILSON, N.G., Scribes and Scholars. A Guide to the Transmission of Greek and Latin Literature, Oxford ²1974.

RICHARDSON, N.J., The Individuality of Homers's Language, in: J. BREMER - I. DE JONG - J. KALFF (ed.), Homer. Beyond Oral Poetry, Amsterdam 1987, 165-184.

RICHTER, J., Ursprung und analogische Ausbreitung der Verba auf - άζω, Leipzig 1909.

RISCH, E., Wortbildung der homerischen Sprache, Berlin ²1974.

RÖSEL, M., Übersetzung als Vollendung der Auslegung. Studien zur Genesis-Septuaginta (BZAW 223), Berlin - New York 1994.

—, Theo-logie der griechischen Bibel zur Wiedergabe der Gottesaussagen im LXX-Pentateuch, in: VT 48 (1998), 49-62.

—, Die Übersetzung der Gottesnamen in der Genesis-Septuaginta, in: *Ders.* u.a. (*Hg.*), Ernten, was man sät (FS K. KOCH), Neukirchen 1991, 357-377.

ROST, L., Einleitung in die alttestamentlichen Apokryphen und Pseudepigraphen einschließlich der großen Qumranhandschriften, Heidelberg ²1979.

RUCKSTUHL, E., Die literarische Einheit des Johannesevangeliums (SF NS 3), Freiburg (CH) 1951.

RÜGER, H.-P., Text und Textform im hebräischen Sirach. Untersuchungen zur Textgeschichte und Textkritik der hebräischen Sirachfragmente aus der Kairoer Geniza (BZAW 112), Berlin 1970.

SAILHAMER, J., The Translational Technique of the Greek Septuagint for the Hebrew Verbs and Participles in Psalms 3-41 (SBG 2), New York 1991.

SALVESEN, A., Symmachus in the Pentateuch (JSS 15), Manchester 1991.

SAMAAN, K.W., Sept traductions arabes de Ben Sira (EHS.T XXIII - 492), Frankfurt 1994.

SCHAPER, J.L.W., Eschatology in the Greek Psalter, Tübingen 1995.

—, Rezension zu: M. RÖSEL, Übersetzung als Vollendung der Auslegung. Studien zur Genesis-Septuaginta (BZAW 223), Berlin 1994, in: VT 46 (1996) 131-134.

SCHLATTER, A., Das neu gefundene hebräische Stück des Sirach. Der Glossator des griechischen Sirach und seine Stellung in der Geschichte der jüdischen Theologie (BFChTh I,5-6), Gütersloh 1897.

SCHMID, W. - STÄHLIN, O., Geschichte der griechischen Literatur (HAW VII 1/1), München 1929.

SCHMIDT, K.L., κολλάω, προσκολλάω, in: ThWNT III (1938) 822f.

SCHMIDT, L. (*Hg.*), Wortfeldforschung (WdF 250), Darmstadt 1973.

SCHMITT, A., Das Buch der Weisheit. Ein Kommentar, Würzburg 1986.

—, Die griechischen Danieltexte (»θ′«) und das Theodotionproblem, in: BZ 36 (1992) 1-29.

—, Die Danieltexte aus Qumran und der masoretische Text (M), in: H.M. NIEMANN u.a. (*Hg.*), Nachdenken über Israel, Bibel und Theologie (FS K.-D. SCHUNK - BEATAJ 37), Frankfurt a.M. 1994.

—, Wende des Lebens. Untersuchungen zu einem Situations-Motiv der Bibel (BZAW 237), Berlin 1996.

—, Die Henochnotiz (Gen 5,21-24) in der Septuaginta und die hellenistische Zeit, in: G. SCHMUTTERMAYR u.a. (*Hg.*), Glaubensvermittlung im Umbruch (FS M. MÜLLER), Regensburg 1996, 47-62.

—, Der Gegenwart verpflichtet. Literarische Formen des Frühjudentums im Kontext griechisch-hellenistischer Schriften, in: G. SCHMUTTERMAYR

(*Hg.*), Im Spannungsfeld von Tradition und Innovation (FS J. RATZIN-
GER), Regensburg 1996, 63-88.

SCHRADER, L., Leiden und Gerechtigkeit. Studien zu Theologie und Textgeschichte des Sirachbuches (BET 27), Frankfurt a.M. 1994.

—, Verwandtschaft der Peschitta mit der (alt)lateinischen Übersetzung im Sirachbuch? Ein Beitrag zur Methodik textgeschichtlicher Forschung (BN.B
11), Bamberg 1998. [Konnte leider nicht mehr berücksichtigt werden!]

SCHREINER, J., Rezension zu BEENTJES, Book of Ben Sira, in: BZ 42 (1998)
118f.

SCHRENK, G., γράφειν κτλ., in: ThWNT I (1933) 742-773.

SEELE, A., Römische Übersetzer: Nöte, Freiheiten, Absichten. Verfahren des
literarischen Übersetzens in der griechisch-römischen Antike, Darmstadt
1995.

SEGAL, M., The Evolution of the Hebrew Text of Ben Sira, in: JQR 25 (1934/
35) 91-149.

SMEND, R., Die Weisheit des Jesus Sirach, Berlin 1906.

—, Nachträgliches zur Textüberlieferung des syrischen Sirach, in: ZAW 27
(1907) 271-275.

SOISALON-SOININEN, I., Die Textformen der Septuaginta-Übersetzung des Richterbuches (AASF 72/1), Helsinki 1951.

—, Die Infinitive in der Septuaginta (AASF B 132), Helsinki 1965.

—, Methodologische Fragen der Erforschung der Septuaginta-Syntax, in: C.
COX (*ed.*), VI. Congress of the International Organization for Septuagint
and Cognate Studies (SCS 23), Jerusalem 1986, 425-443.

—, Die Wiedergabe des hebräischen, als Subjekt stehenden Personalpronomens
im griechischen Pentateuch, in: A. PIETERSMA - C. COX (*ed.*), De Septuaginta (FS J.W. WEVERS), Toronto - Brandon 1984, 115-128.

—, The Rendering of the Hebrew Relative Clause in the Greek Pentateuch, in:
A. SHINAN (*ed.*), Proceedings of the Sixth World Congress of Jewish
Studies, Jerusalem 1977, 401-406.

SOLAMO, R., Renderings of Hebrew Semiprepositions in the Septuagint (AASF
19), Helsinki 1979.

STÄHLIN, G., μῦθος, in: ThWNT IV (1942) 769-803.

STADELMANN, H., Ben Sira als Schriftgelehrter. Eine Untersuchung zum Berufsbild des vor-makkabäischen Sofer unter Berücksichtigung seines Verhältnisses zu Priester-, Propheten- und Weisheitslehrern (WUNT 2/6),
Tübingen 1980.

STAMMERJOHANN, H. (*Hg.*), Handbuch der Linguistik. Allgemeine und angewandte Sprachwissenschaft, München 1975.

STOESSL, F., Art. Prolog, in: KP IV (1972) 1170-1173.

SÜTTERLIN, L., Zur Geschichte der Verba denominativa im Altgriechischen. I
Die Verba auf - άω, - έω, - όω, Straßburg 1891.

SWETE, H.B., An Introduction to the Old Testament in Greek, New York 1968 [ND Cambridge 1902].

THACKERAY, H.St.J., The Septuagint and Jewish Worship, London 1920.

THIELMANN, P., Die lateinische Übersetzung des Buches Sirach, in: Archiv für lateinische Lexikographie und Grammatik 8 (1893) 501-561.

—, Die europäischen Bestandteile des lateinischen Sirach, in: Archiv für lateinische Lexikographie und Grammatik 9 (1896) 247-284.

THUMB, A., Griechische Sprache im Zeitalter des Hellenismus. Beiträge zur Geschichte und Beurteilung der KOINH, Strassburg 1901.

TOV, E., Compound Words in the LXX Representing Two or More Hebrew Words, in: Bib. 58 (1977) 189-212.

—, The Text-Critical Use of the Septuagint in Biblical Research (Jerusalem Biblical Studies 3) Jerusalem 1981.

—, Greek Words and Hebrew Meanings, in: T. MURAOKA (ed.), Melbourne Symposion on Septuagint Lexicography (SCS 28), Atlanta 1987, 83-126.

—, Der Text der Hebräischen Bibel. Handbuch der Textkritik, Stuttgart 1997.

TRIER, J., Der deutsche Wortschatz im Sinnbezirk des Verstandes. Die Geschichte eines sprachlichen Feldes I, Heidelberg 1973 (1931).

UEDING, G. (Hg.), Historisches Wörterbuch der Rhetorik I-III, Darmstadt 1992-96.

ULRICH, W., Wörterbuch. Linguistische Grundbegriffe, Kiel ³1981.

VELTRI, G., Eine Tora für den König Tolmai. Untersuchungen zum Übersetzungsverständnis in der jüdisch-hellenistischen und rabbinischen Literatur (TSAJ 41), Tübingen 1994.

VOLKMANN, R., Die Rhetorik der Griechen und Römer in systematischer Übersicht, Leipzig ²1885 [ND Hildesheim 1963].

WELTE, W., moderne linguistik: terminologie/bibliographie I-II (hueber hochschulreihe 17), München 1974.

WEST, M.L., Textual Criticism and Editorial Technique (Teubner Studienbücher), Stuttgart 1973.

WEVERS, J., An Apologia for Septuagint Studies, in: BIOSC 18 (1985) 16-38.

—, Notes on the Greek Text of Deuteronomy (SCS 39), Atlanta 1995.

WILKEN, U., Archiv für Papyrusforschung III, 1906.

WILPERT, G. v., Sachwörterbuch der Literatur, Stuttgart ⁵1969.

WINSTON, D., The Wisdom of Solomon (AncB 43), New York ²1981.

WINTER, M.M., The Origins of Ben Sira in Syriac, in: VT 27 (1977) 237-253, 494-507.

WRIGHT, B.G., No Small Difference. Sirach's Relationship to Its Hebrew Parent Text (SCS 26), Atlanta 1989.

WOLF, P., Libanios. Autobiographische Schriften, Zürich 1967.

ZENNER, J.K., Der Prolog des Buches Ecclesiaticus, in: ZKTh 20 (1896) 571-573.

—, Ecclesiasticus 38,24-39,10, in: ZKTh 21 (1897) 567-574.

ZIEGLER, J., Art. Bibelübersetzungen. I. Griechische B., in: LThK² II (1958) 375-380.

—, Zum Wortschatz des griechischen Sirach, in: J. HEMPEL - L. ROST (Hg.), Von Ugarit nach Qumran. Beiträge zur alttestamentlichen und altorientalischen Forschung (FS O. EISSFELDT - BZAW 77), Berlin 1958, 274-287 [ND: Ders., Sylloge (MSU 10), Göttingen 1971, 450-463].

—, Hat Lukian den griechischen Sirach rezensiert?, in: E. VOGT (Hg.), Studia Biblica et Orientalia I (AnBib 10), Rom 1959, 76-95 [ND: Ders., Sylloge (MSU 10), Göttingen 1971, 464-483].

—, Die hexaplarische Bearbeitung des griechischen Sirach, in: BZ NF 4 (1960) 174-185.

—, Zwei Beiträge zu Sirach, in: BZ NF 8 (1964) 277-284.

—, Textkritische Notizen zu den jüngeren Übersetzungen des Buches Isaias, in: Ders., Sylloge (MSU 10), Göttingen 1971, 43-70.

—, Die Vokabel-Varianten der O-Rezension im griechischen Sirach, in: D.W. THOMAS (ed.), Hebrew and Semitic Studies presented to G.R. DRIVER, Oxford 1963, 172-190 [ND: Ders., Sylloge (MSU 10), Göttingen 1971, 615-633].

—, Ursprüngliche Lesarten im griechischen Sirach, in: Mélanges E. TISSERANT I (StT 231), Città del Vaticano 1964, 461-487 [ND: Ders., Sylloge (MSU 10), Göttingen 1971, 634-660; ebenso in: S. JELLICOE (ed.), Studies in the Septuagint: Origins, Recensions and Interpretations, New York 1974, 470-496].

—, Die Wiedergabe der nota accusativi ʾaet- mit σύν, in: ZAW 100 (1988) 222-233.

1. Wortindex zur sog. zweiten Übersetzung (GrII)

Die Bestandserfassung des GrII-Wortschatzes beruht auf der Göttinger Sirachedition von J. ZIEGLER (gegenüber GrI kenntlich durch kleineres Schriftbild).

ἀγαθός	26,26	ἀντοφθαλμεῖν	19,5
ἀγαπᾶν	1,18 13,14	ἀπαιδευσία	22,8
ἀγάπησις	1,10.12; 11,15; 17,18	ἀπαραίτητος	20,32
	19,18; 24,18	ἅπας	16,18.22
ἅγιος	16,9; 18,3	ἀπό	18,3
ἄγνοια	30,11	ἀποκαλύπτειν	3,19
Αδαμ	16,16	ἀπορεῖν	3,25
§ ἀδέσποτος	20,32	ἀποστρέφειν	1,21
§ ἀδιάτρεπτος	26,25	ἀπωθεῖσθαι	1,21
§ ἀδιάφορον	20,17	ἀπώλεια	41,9
ἀεί	22,23	ἀρέσκειν	19,21
§ ἀειγενής	24,18	τὰ ἀρεστά	19,19
ἀθανασία	19,19	ἀριθμός	26,26
αἰνεῖν	47,9	ἀρχή	10,21;19,18; 25,12
αἴσθησις	20,17	ἀσεβής	26,23.26
αἰσχύνη	26,25	ἀσχήμων	26,24
αἰών	50,29	ἀτιμάζειν	26,26
αἰώνιος	1,5	ἀτιμία	26,24
ἀκαταστασία	26,27	ἄωρος	16,3
ἀκμή	26,19	βασιλεύς	18,3
ἀκολουθεῖν	23,28	βάσκανος	20,14
ἀκούειν	13,14	βέβηλος	18,3
ἀλλά	3,19	βία	30,20(21)
ἄλλος	18,2	βιοῦν	19,6
ἀλλότριος	26,19	γάρ 1,12; 10,8; 16,3; 17,17.26; 18,3.33;	
ἀλόγιστος	18,9	20,8; 20,17; 22,13.23; 26,26; 41,9	
ἀμάρτημα	1,21; 20,8	γαυριοῦν | γαυριᾶν	11,16; 22,8
ἁμαρτωλός	11,16	γένημα (sic!)	26,21
§ ἀμάχως	19,6	§ γεννήτωρ	22,7
ἄμοιρος	3,25	γῆ	17,17
ἀμφότεροι	1,18	γίνεσθαι 2,5; 16,18; 42,15; 50,29	
I ἄν	16,15	γινώσκειν 26,26; 16,3.15	
II ἄν (=ἐάν)	1,10	γλῶσσα	19,6
ἀναζητεῖν	26,20	γλωσσώδης	26,27
ἀνάγκη	20,14	γνῶσις 3,25; 11,15; 19,19.20; 24,18	
§ ἀναισθητεῖν	22,13	γρηγορεῖν	13,14
ἀνήρ	26,24.26	γυνή 26,22.23.24.25.26.27	
ἄνθρωπος	26,27	δέ 1,12.18.21; 3,25; 10,21	
ἀνιέναι	17,18.21	11,16; 12,6; 17,5.21; 18,9;	
ἄνομος	10,8; 26,23	19,6.18.19; 20,14; 24,18.24	
ἀνταπόδομα	2,9	25,12; 26,22.23.24.25.26.27	
ἀντέχεσθαι	18,29	δένδρον	19,19
ἀντί	17,16	δεσπότης	18,29; 19,21

2. Kollation der Sirachzitate des Georgius Monachus

Kollationiert wurden die Sirachzitate des Georgius Monachus (GMon) nach *Georgii Monachi chronicon* vol. II ed. C. DE BOOR 1904 in der verbesserten Edition (Bibliotheca scriptorum Graecorum et Romanorum Teubneriana) von P. WIRTH, Stuttgart 1978.

1,25b: GMon I 46 (= Zi.)
5,6c: GMon I 137 αὐτῷ] αυτου GMon (= B La)
8,2c: GMon II 775 (= Zi.)
8,2d: GMon II 775 (= Zi.)
16,1b: GMon I 163 μηδέ] μη GMon (= La)
16,2b: GMon I 163 φ. κ. μετ᾿ αὐτῶν] μετ αυτων φ. θεου GMon (= H)
16,3a: GMon I 163 (= Zi.)
16,3c (GrII): GMon I 163 στενάξεις] και pr. GMon | γάρ 1°] om. GMon | ἐξαίφνης] εξαπινα GMon | συντέλειαν] αυτων pr. GMon
16,12a: GMon I 137 καί] + πολυς GMon | οὕτως] ουτω GMon
21,18b: GMon II 785 γνῶσις] σοφια GMon | ἀσυνέτου] μωρου GMon
27,26a: GMon I 272 βόθρον] + τω πλησιον GMon (= Aeth Arm)
27,26b: GMon I 272[Hs.P] (= Zi.)
27,27a: GMon I 272 πονηρά] πονηρον GMon | αὐτόν] αυτο GMon | κυλισθήσεται] εγκυλισθησεται GMon
31(34),4a: GMon II 654 (= Zi.)
31(34),4b: GMon II 654 ψευδοῦς] ψεύδους GMon
37,29aα: GMon II 775 (= Zi.)
37,31a: GMon II 775 (= Zi.)
47,13b: GMon I 202 post 16b | ᾧ] η GMon | ὁ θεός κατέπαυσεν] tr. GMon (= La.)
47,15a: GMon I 202 ψυχή] σοφια GMon
47,16ab: GMon I 202 πόρρω] + και μακρας χωρας GMon | τὸ ὄνομά σου] σου το μνημοσυνον GMon
47,17ab: GMon I 202 ἐν 2°] om. GMon (= 248 La) | ἀπεθαύμασαν] εθαυμαστωθης GMon | σε] om. GMon (= 248 La^{Vpl}) | χῶραι] om. GMon
47,18ab om. GMon
47,18c: GMon I 202 μόλιβον] μολιβδον GMon
47,19ab: GMon I 202 init.] αλλα pr. GMon (= H) | παρανέκλινας] παρενεκλινας GMon (= 68 248 744)
47,20abc: GMon I 202 (=Zi.)

Stellenregister (in Auswahl)

Dionysius v. Halikarnaß
IV 47 127

Herodot
Hist. 1,1 27

Libanius
or. 1,55 25
or. 1,88 25
or. 4,8 25

Martial
I 2,1-4 33

Plautus
Asinaria 24

Polybios
Hist. 1,1 133

Quintilian
Institutio oratoria
  IV 1,5 26
  IX 4,22 27

Terenz
Andria 1-3 25
Eunuchus 25

Sach- und Stichwortregister (in Auswahl)

Hebräisches, griechisches und syrisches Wortregister
(in Auswahl)

1. Hebräisch

2. Griechisch

3. Syrisch